T0298796

أسس وقواعد

العلاقات الدبلوماسية والقنصلية

(دليل عمل الدبلوماسي والبعثات الدبلوماسية)

الطبعة الأولى

١٤٢٢ هـ - ٢٠٠١ م

رقـم التصنيـف : **٣٢٧.٢**

المؤلف ومن هو في حكمه : **ناظم عبد الواحد الجاسور**

عنـوان الكتاب : **أسس وقواعد العلاقات الدبلوماسية والقنصلية**

الموضـوع الرئيـسي : **١- العلاقات الدبلوماسية**

٢- السياسة الخارجية

بيانـات النشر : **عمان : دار مجدلاوي للنشر**

رقـم الإيـداع : **(١٦٢٣ / ٨ / ٢٠٠١)**

* - تم اعداد بيانات الفهرسة الأولية من قبل دائرة المكتبة الوطنية

دار مجــدلاوي للنشــر والتــوزيــع

عمان - الرمز البريدي: ١١١١٨ - الأردن

ص.ب: ١٨٤٢٥٧ - تلفاكس: ٤٦١١٦٠٦

ISBN 9957 - 02 - 068 - 4 **(ردمك)**

أسس وقواعد

العلاقات الدبلوماسية والقنصلية

(دليل عمل الدبلوماسي والبعثات الدبلوماسية)

الدكتور

ناظم عبد الواحد الجاسور

رئيس قسم الدراسات الأوربية

مركز الدراسات الدولية

جامعة بغداد

دار مجـــدلاوي للنشـــر والتـــوزيع

عمان - الأردن

المحتويات

المقدمـة

ترسخت على مدى قرون من الزمن ، أسس وقواعد تواترت على استعمالها العديد مـن الأمـم والشعوب في توثيق علاقاتها ، وتسوية مشاكلها ، وحل نزاعاتها ، بالطرق التـي تراهـا مناسـبة لإحـلال الأمن والاستقرار بينها . وإذا كانت هذه الأسس والقواعد قد أصابها التغير والتعديل ، فمـرد ذلـك إلى التطور الذي شهدته الحضارة الإنسانية على مدى عصور مسـيرتها ، ونتيجـة لـبروز ظـواهر جديـدة لم تألفه الحقب الماضية ، الأمر الذي ترتـب عليـه تكييـف هـذه القواعـد طبقـا للعصرـ الـذي تواكبـه ، والأحداث التي تعيشها ، وتبعا أيضا للقوى المهيمنة التي تفرض قانونها وشرائعها الخاصـة عـلى بقيـة الأمم والشعوب الأخرى .

فالظاهرة ((الدبلوماسية)) بقدر ما أنها ظاهرة قديمة قدم المجتمعات البشرية نفسها ، فإنهـا انعكاس موضوعي لحركة الجماعات البشرية في تفاعلها معها وحاجاتها لتنظيم وضبط العلاقات فـيما بينها . ورغم ذلك ، فإن الإنسان بطبيعته الاجتماعية - السياسية اتجه إلى تقنـين وتنظـيم كـل حياتـه الداخلية والخارجية ، وتسوية مشاكله ليس فقط مع الطبيعة نفسها أولا ، وإنما مع أخيه الإنسان من خلال مبدأ واحد بقي ملازم له حتى في أرقى العصور تقدما، ألا وهو : التفـاوض ، أو مـا يطلـق عليـه ((الأسلوب الدبلوماسي)) ، أي الوسيلة أو الأداة التي يمكن من خلالها وضـع حـدا للحـرب ، أو النـزاع وحتى في حالة السلم ، من أجل بناء علاقات ودية راسخة تعود بالنفع المتبادل على الطرفين ، أي أنهـا بتحديد المعنى الرؤية والحكمة والهدوء والحيطة والبراعة ، وهي المفردات التي اكتسبها الإنسان مـن محيطه الاجتماعي سواء كان في الإطار الداخلي أو الخارجي ، بغية توفير الأمـان والاسـتقرار لعائلتـه ، لمجتمعه ، لدولته، لأمته .

وعلى الرغم من الاختلافات التي أصابت هذه المفردة ، الأمـر الـذي جعلهـا تسـتند إلى أسـس وقواعد وممارسات مختلفة أيضا بحسب مصادرها ، وعصور تطورها، وقرارات المحاكم الوطنية التـي منحتها التفوق على كل القوانين الأخرى ، أنها (أي الدبلوماسية) بقية علـم وفـن ، وخصوصـا عنـدما يتصف من يتول ممارستها بالذكاء والكياسة والمتأتية من مصالحها المتبادلة ومن مبادئ القانون . وقد غدت أداة لتنظيم العلاقة بين عدد من

الأطراف سواء كان في وقت السلم أو في حالة العداء ، بغية الوصول إلى وضع أفضل أو تجنب ما يحمد عقباه . وفي كل الأحوال ، فإنها مجموعة القواعد والأعراف والمبادئ التي ترسخت بمرور الزمن بهدف تنظيم وإدارة العلاقات القائمة بين أطراف المحيط الدولي . فعندما لم يكن قائما في هذا المحيط غير دولة المدينة التي عرفتها حضارة وادي الرافدين والنيل ، ومن ثم دولة المدينة اليونانية ، فقد أوجدت بعض الممارسات في إطارها الدبلوماسي المحدد بتبادل المبعوثين ، وتسوية النزاعات ، وإبرام المعاهدات ، والاتفاقيات للصلح والسلام ، والتحالف، لتأمين المصالح وتنظيم العلاقات ، حيث الاستمرار على ممارستها أوجد لدى المدن اليونانية والحضارات الإنسانية الأخرى في الشرق ، قواعد ونظم عامة للتمثيل والتفاوض سرت على الجميع ، وترصن من أسسها تجارب الآخرين ، التواتر على استعمالها بحث أوجدت لها الحرمة ، والتقاليد الراسخة في احترامها ومراعاتها بالشكل الذي يؤدي خرقها إلى درجة إعلان الحرب .

وهكذا دواليك ، فقد سارت الحضارة الإنسانية نحو مراحل تقدمها وهي تحمل معها تقاليد وأسس وقواعد عامة منظمة لعلاقاتها تتغير حسب تغيير الأوضاع القائمة في المحيط الدولي إلى أن وصل الأمر بالقوى الأوروبية الكبرى المتطاحنة إلى الجلوس على طاولة واحدة مستديرة لوضع أسس وقواعد عامة لعلاقاتها فيما بينها ، ومع القوى الأخرى في الشرق التي كان لها أيضا تراثها الحضاري الذي تجسد في علاقاتها الخارجية . إلاّ أن الحقيقة التي يجب الاعتراف بها هو أن ما يطلق عليه اليوم بالقانون الدبلوماسي الدولي ، لم يكن في حقيقته إلا قانونا أوربيا أو ((بنظام الدولة الأوربية)) أوجدته القوى الأوربية المتصارعة لتنظم بموجبه علاقاتها ، ليسري بعد ذلك على بقية شعوب الأرض .

وإذا كان ما ترسخ من التقاليد فمنذ شرائع الرومان مرورا بالعصور التي عاشتها ، فإن العالم انقسم خلال هذه العصور إلى كتلتين ، كتلة الأمم الإسلامية وقد كانت إمبراطورية عظمى وصلت إلى جنوب فرنسا ووسط أوروبا والصين ، وعلاقات المسلمين كانت تخضع إلى قواعد منظمة مستمدة من أحكام القرآن الكريم تسودها روح التسامح والعدالة بين الشعوب . وبالمقابل هناك كتلة الشعوب المسيحية التي تجمعت تحت سلطة البابا فيما عرب بالحروب الصليبية التي أوجدت بعض المزايا في محيط العلاقات الدولية من خلال تجميع أوربا المسيحية ، وقيام علاقات تجارية . وعلى

ضوء ذلك فقد استند القانون الدولي وقواعده المنظمة للعلاقات بين الأمم والشعوب إلى الرابطة الدينية ، وخصوصا من ناحية سلطة الكنيسة التي لعبت دورا هاما في تطور الدبلوماسية في القرون الوسطى حيث درجت على إيفاد المبعوثين والرسل في مهمات دبلوماسية مؤقتة وهو ما يمكن اعتباره البداية العملية للبعثات البابوية في الوقت الحالي والتي تعرف بالقاصد الرسولي . ولكن سرعان ما أخذت سلطة الكنيسة تهتز من خلال الإصلاحات الدينية ، وظهور حركات الاكتشافات العظيمة ، والاستكشافات ، التي هزت كل أسس ومرتكزات التفكير الأوربي ، حيث أن إبرام معاهدة وتسلفاليا عام ١٦٤٨ ، أوجد الاتجاه الذي أخذت تسير فيه العلاقات الدولية بشكل يختلف عن السابق ، من خلال قواعد منظمة لها في التحكيم والتراضي . إذ أنه ولأول مرة في تاريخ الإنسانية نشأ نظام السفارات الدائمة بعد أن ساد نظام الدبلوماسية المتنقلة ، والتخلص من السيادة البابوية ، تأكيد فكرة الاجتماع والتشاور ، وقيام علاقات قائمة على التوازن والسلم ، والمصالح المتبادلة .

إلا أن النقطة الجوهرية هو أن مؤتمر وتسفاليا فتح الباب لتدوين القواعد القانونية المنظمة لعلاقات الدول . ولكن سرعان ما أصابها الاضطراب وعدم الاستقرار بفعل أوضاع أوربية جديدة ، حتى لتقرر أوروبا بنفسها بعد سقوط نابليون لتجلس من جديد في مؤتمر فينا لعام ١٨١٥ بهدف إعادة تنظيم العلاقات فيما بين دولها ، وأعادت التوازن الدولي وتكريس الأوضاع السابقة التي انهارت بحروب نابليون ووضع قواعد دولية جديدة ، ومن بينها ترتيب المبعوثين السياسيين ، حسب الأسبقية . أي أنه أرسى لأول مرة نظام حق التصدر أو التقدم الذي فشل فيه مؤتمر وتسفاليا . وقد تزعزعت مبادئ مؤتمر فينا بالحلف المقدس ١٨١٥ ، ومعاهدة أكس لاشابيل ١٨١٨ ، التي انبثق عنها سياسة تدخل أوروبية أوصلت القارة إلى حروب طاحنة وتدخلات عديدة أفضت إلى نمو أفكار جديدة ليست في الأوساط السياسية الأوربية وإنما في إطار علاقاتها الدولية ، حيث استقرت المبادئ التي طالبت بحق الشعوب في تقرير مصيرها ، واختيار نظام الحكم ، وحق المساواة بين الدول ، وحرية الملاحة وجواز عدم التدخل في الشؤون الدولية ، حتى لتجد أوروبا نفسها مرة أخرى رغم المعاهدات التي عقدتها أمام أكبر حرب عالمية أولى في القرن العشرين بعد أن انهارت كل الجهود لتوطيد السلم العالمي .

وبعد الحرب وجدت أوروبا نفسها تجلس أيضا على طاولة مؤتمر باريس لعام ١٩١٩ لتخرج منه بخمس معاهدات صلح هزيلة لم تعبر في جوهرها إلا عن النزعة الاستعمارية المتأصلة في الدولة الإمبريالية - الأوربية الأمريكية ولتخرج بصيغة الانتداب على الشعوب والأمم غير الأوربية التي كافحت من أجل استقلالها وحق تقرير مصيرها . وفي الوقت الذي اختفت فيه إمبراطوريات برزت قوى دولية ، ودول صغيرة حاولت تأكيد شرعية وجودها في عصبة الأمم التي كان الأمل المرتجى منها أن تكون منظمة لحفظ السلم والأمن الدوليين ، وبجانبها هيئات قضائية دولية - محكمة العدل الدولية - للفصل في النزاعات . وقامت في ظل هذه العصبة العديد من المؤتمرات الدولية ، وأصدرت العديد من البروتوكولات التي هدفها تسوية المنازعات بالطرق السلمية ، ومنع الحرب ، واعتبارها جريمة دولية . إلاّ أن ذلك لم يكن إلاّ آمالا مسطرة في نصوص ميتة ، إذ سرعان ما انتفض المارد الألماني من قمقمه ليمزق معاهدات باريس وفرساي ويعلن عن أكبر حرب عالمية ثانية في القرن العشرين ، لتجد أوروبا نفسها مرة رابعة تجلس ، ولكن ليس بمفردها ، ولا في عقر دارها ، وإنما عبر الأطلسيـ ، وعلى طاولة مؤتمر سان فرانسيسكو ومع دولة مستقلة أخرى كانت تستعمرها لتوقع على ميثاق إنشاء منظمة الأمم المتحدة ، حيث أقرت نظاما دوليا جماعيا جديدا لصيانة السلم والأمن الدوليين ، وتحديد مجالات التعاون ، وحرم اللجوء إلى الحرب أو التدخل في الشؤون الداخلية من خلال ميثاق أحتوى على مائة وإحدى عشرة مادة وقعت عليه خمس وأربعون دولة في حزيران ١٩٤٥.

وعلى الرغم من أن الأوضاع الدولية التي تلت الحرب لم تكن بتلك الأوضاع المستقرة ، حيث الحروب بالإنابة التي اندلعت في إطار حرب باردة سادها الرعب النووي ، إلاّ أن المجتمع الدولي استطاع أن ينظم علاقاته الدولية والدبلوماسية من خلال العديد من المواثيق والمعاهدات التي أضحت ملزمة إلزاما قانونيا لا يجوز مخالفته ، حيث العقوبات التي أقرها القانون الدولي . فانعقدت لذلك المؤتمرات وتشكلت اللجان ، ومن بينها لجنة القانون الدولي التي حددت الأسبقية في التقنين حول المعاهدات ونظام البحار وإجراءات التحكيم ، إضافة إلى العديد من المواضيع الأخرى . وكذلك مؤتمر فينا لعام ١٩٦١ لتنظيم العلاقات الدبلوماسية ، ومؤتمر فينا للعلاقات القنصلية لعام ١٩٦٣ ، وهي ثمرة أعمال مضنية للجنة القانون الدولي التي تشكلت في

١١/كانون الأول/١٩٤٦، حيث انتهت من إقراره في عام ١٩٥٨. إذ حددت اللجنة في تقريرها النهائي موضوع العلاقات والحصانات الدبلوماسية في مشروع اتفاقية دولية حددت فيها القواعد الخاصة بالتمثيل الدبلوماسي والحصانات والامتيازات التي يتمتع بها المبعوثون الدبلوماسيون ليخرج هذا المشروع في اتفاقية حملت اسم ((اتفاقية فينا للعلاقات الدبلوماسية)) بتاريخ ١٨/نيسان/أبريل/١٩٦١ وذلك تخليدا لذكرى مؤتمر فينا لعام١٨١٥ الذي وضعت فيه أول اتفاقية دولية خاصة بالتمثيل الدبلوماسي نظمت فيه مسألة مراتب المبعوثين الدبلوماسيين والتقدم والصدارة بينهم . كما جاءت جهود اللجنة كما أسلفنا ، معززة نحو إصدار اتفاقية فينا للعلاقات القنصلية في ٢٤/نيسان/١٩٦٣ التي اشتركت فيها ٩٢ دولة ، والحق بها بروتوكولان اختياريان أحدهما بشأن اكتساب الجنسية ، والآخر بشأن التسوية الإلزامية للمنازعات التي تنشأ عن تنفيذ الاتفاقية .

وتأسيسا على ما تقدم أو بعد هذه الخلفية التاريخية لنشأة وتطور العلاقات الدولية والدبلوماسية فإن ما يحاول هذا الكتاب أن يقدمه من إطلالة على أسس وقواعد العلاقات الدبلوماسية والقنصلية ، لم يكن إلاّ بمثابة دليل عمل الدبلوماسي والبعثات الدبلوماسية على اختلاف أنواعها المنشأة لهذا الغرض ، مستندا إلى العديد من المنهجيات التي طرحتها العديد من المؤلفات القيمة التي تم الاستعانة بها في إرساء هيكلية هذا الكتاب بأجزاءه العديدة ، حيث يقف على رأسها :

الوجيز في القانون الدبلوماسي للأستاذ جان سالمون .

القانون الدبلوماسي والقنصلي ، وكتاب القانون الدولي العام للأستاذ صادق علي أبو هيف.

الدبلوماسية في عالم متغير للأستاذ الجليل فاضل محمد زكي .

إضافة إلى العديد من الكتب والمصادر الأخرى . ناهيك عما شكلته الاتفاقيات والمعاهدات الدولية المكرسة للبعثات الدبلوماسية والقنصلية ، من مصادر أساسية في التحليل، حيث نصوصها التي اعتبرت المرجع الأول الذي يركن إليه في توضيح المهام التي يجب على الرجل الدبلوماسي أن يكون على اطلاع تام بها . إضافة إلى القوانين والأحكام القضائية الوطنية والدولية التي مثلت ممارسات عملية لا يمكن تجاهلها في وضع أسس وقواعد هذه العلاقات الدبلوماسية . وقد توزعت هيكلية هذا الكتاب بين

خمسة أجزاء ضمتها العديد من الفصـول والمطالـب التـي تناولـت هـذا الموضـوع بالدراسـة والتحليل ، مختتمة بدراسة حول دبلوماسـية المسـتقبل ، ودبلوماسـية علـم النـفس ، التـي تعـد مـن المواضيع الجديدة في عالم الدبلوماسية حيث المتغيرات الجذرية التي طرأت علـى العـالم وخصوصا في عقد التسعينات حيث أن مطلع القرن الحادي والعشرون قد أشر أيضا جملة من المتغيرات التي رمت بثقلها على العلاقات الدولية ومساراتها المستقبلية.

الدكتور

ناظم عبد الواحد الجاسور

رئيس قسم الدراسات الأوربية

مركز الدراسات الدولية

جامعة بغداد

الجزء الأول

العلاقات الدبلوماسية الثنائية الدائمة

الفصل الأول

مصادر القانون الدبلوماسي

أولا: مصادر القانون الدبلوماسي:

تتوزع هذه المصادر التي استهدفها القانون الدبلوماسي قواعده الملزمة في العلاقات الدولية ، حيث العلاقات الدبلوماسية أساس هذه العلاقات ، على ينابيع عدة ، جرى التواتر على الأخذ بها ، والتي أطلق عليها بالمصادر الدولية ، وهي أيضا المصادر الكلاسيكية للقانون الدولي العام .

١- المعاهدات والاتفاقيات

في الواقع فانه ، منذ القرن التاسع عشر ومموضوع العلاقات الدولية خضع للاشتراطات في المعاهدات والاتفاقيات إذ انه ومن المناسب التميز ما بين المعاهدات والاتفاقيات حسب طبيعتها الثنائية أو المتعددة الاطراف . فهناك عدد من الاتفاقيات الثنائية التي عالجت، بشمولية أو جزئية، الوظيفة الدبلوماسية أو بعضا من مظاهرها، وخصوصا تلك الاتفاقات القديمة ما بين الولايات المتحدة والدول الأوربية من جهة ودول أمريكا اللاتينية، والشرق الأوسط والأقصى من جهة أخرى . إذ تؤشر بهذا الصدد الاتفاقية الدبلوماسية الموقعة في ٢٦ شباط ١٩٢٣ بين أفغانستان وبلجيكا ، والتي نصت على تبادل البعثات الدبلوماسية ، وتمتعها بالامتيازات المنصوص عليها في القانون الدولي العام، وتشكيل هذه البعثات . ومهما كان لهذه الاتفاقية من أهمية محدودة، وحتى ابطل مفعولها ما بين بلجيكا وأفغانستان منذ عام ١٩٧٩ ، حيث لم تقم بين البلدين أي علاقات دبلوماسية ، إلا انه بصورة عامة ، فان الفكرة الجوهرية لمثل هذه الاتفاقيات الثنائية ساهمت في إقامة العلاقات الدبلوماسية وتأسيس الوضع القانوني للبعثات وكذلك للامتيازات والحصانات الدبلوماسية على قاعدة المعاملة بالمثل . فالأمثلة عديدة بهذا الخصوص مثل الاتفاقية البلجيكية - السوفيتية في ١٢ تموز١٩٣٥ التي نصت على إقامة العلاقات الدبلوماسية من خلال التراسل وكذلك الاتفاقية المعقودة بين بلجيكا وألمانيا الديمقراطية في ١٨ كانون الأول ١٩٧٢ ، حيث ابطل مفعولها بعد ٣ أكتوبر ١٩٩٠، على اثر توحيد شطري ألمانيا .

ومـن خلال تتبع مجرى العلاقات الدولية يتضح بـان إقامـة العلاقـات الدبلوماسية يجري أحيانا مـن خـلال تبـادل المـذكرات ، أو مـن خـلال الاتصـالات الثنائية، وهو مـا حصل بـين بلجيكا وجمهورية الصين الشعبية حيث الاتصال الذي جرى بين الدولتين في ٢٦ أكتوبر ١٩٧١ ، وكذلك ما بـين بروكسل وجمهوريات دول البلطيق السوفيتية في ٥ أيلول ١٩٩١ .

كما انه لابد من الإشارة إلى العديد من الاتفاقيات الثنائية التي أبرمت خلال القرن التاسع عشر ومطلع القرن العشرين والتي وصفت بمعاهدات الصداقة أو معاهدات تجارية وبحرية والتي احتوت على نصوص معينة متعلقة بمهمة الأشخاص الدبلوماسيين والقناصل ، ومن بينها المعاهدة التجارية بين البرازيل وبلجيكا في ٢٢/ أيلول / ١٨٣٤، والمعاهدة الصينية - البلجيكية في نوفمبر ١٨٦٥ . وان الاستشارات الخاصة بالامتيازات والحصانات الدبلوماسية في المعاهدات الثنائية نادرا ما تم تحديدها أو تفصيلها ، وان الاطراف المعنية استندت إلى المبادئ العامة المعترف بها في القانون الـدولي ، حيث العرف والقواعد العامة للقانون ، وهكذا فان المـادة الثالثـة مـن الاتفاقيـة المؤقتـة في ٤ تمـوز ١٩٤٦ مـا بـين الولايـات المتحدة والفلبين حول العلاقات الودية ما بين الدولتين نصت :

((أن الممثلـين الدبلوماسـيين للـدولتين يتمتعـون عـلى أراضيهما بالامتيـازات والحصـانات المنصوص عليها في القانون الدولي العام المعترف به)) .

وهناك العديد من المعاهدات المختلفة الموقعة مـن قبـل بلجيكا في نهايـة الحرب العالميـة الثانية والمتعلقة بمرور المنتجات المستوردة والخاصة بالمبعوثين الدبلوماسيين ، وخصوصا مع الولايـات المتحدة في ٢٦ شباط ١٩٤٨ ، ومع البرازيل في ١١ اب ١٩٥١، ومع اليونان في ١٠-١١/ كانون الثاني ١٩٥٦ .

ومن الجدير بالذكر ان هناك بعض الاتفاقيـات الدوليـة التـي اقتصرت عـلى ان تحتـوي نـص الدولة الأكثر رعاية المتعلقة بالعلاقة الممنوحة إلى ممثليها الخاصين ، حيث الاتفاقيـة المبرمـة مـا بـين بلجيكا وايران في ٢٣/ايار ١٩٢٩. وبالمقابل، فان هناك اتفاقيات قد جاءت بعد إزالـة الاستعمار، كمـا سنرى في الصفحات القادمة، وذات طابع دولي والتي هدفت إلى إنشاء وضع خـاص بحق التصـدر أو الأسبقية ، مثل معاهدة التحـالف الإنكليزيـة - المصريـة في ٢٦ اب ١٩٣٦ والاتفاقيـة الفرنسيـة - المغربية في ٢٨ / ايار مايو /

١٩٥٦ ، والاتفاقيـة الفرنسـية - التونسـية ، في ١٥ / حزيـران / ١٩٥٦ ، ومختلـف اتفاقيـات التعاون مع دول المجموعة الفرنسية ، هذه النصوص في هذه المعاهدة من الصعب مقارنتها مع مبدأ المساواة للدول واحكـام اتفاقية فينا لعام ١٩٦١ المتعلقة بالأسبقية وغير المطبقة اليوم .

وقد طرحت العلاقات الدولية مجموعة من الاتفاقيات الثنائية هدفها إنشاء وضع تعـاوني مـا بـين الـدول المتعاقـدة في مجـال التمثيـل الـدبلوماسي ، وخاصـة المعاهـدة المعقـودة للمصـالح اللوكسمبورغية من قبل البعثات الدبلوماسية الهولندية ، إضافة إلى الاتفاقيات الثنائية التي تعقد بين دولتين بهدف رعاية مصالح إحدى الدول في حالة قطع العلاقات الدبلوماسية مع دولة ثالثـة، كـما ان هناك عددا من الاتفاقيات المتعددة الاطراف ، وعلى قلتها ، إلا أنها الأكـثر أهميـة في ترسـيخ القـانون الدبلوماسي الذي أضحى بقواعده ونصوصه أسس العلاقات الدبلوماسية . إذ أن لائحة فيينـا (ملحـق ١٧ من المعاهدة) الموقعة في مؤتمر فيينا في التاسع عشر من مارس / آذار ١٨١٥ ، تعد مثالا على ذلك . فهذه اللائحة تعالج تصنيف المبعـوثين الدبلوماسـيين ومكـانتهم وقـد وضعـت هـذه اللائحـة نهايـة للنزاعات التي نشبت بين البعثات الدبلوماسية حول حقوق الأسبقية أو التقدم . وقد تم تكملتها من خلال البروتوكول الصادر عن مؤتمر اكـس – لاسـتابيل Conference d'Aix lachapeel ٢١ نـوفمبر ١٨١٨ ، الذي أوجد تصنيف جديد لرؤساء البعثات الدبلوماسية (ينظر الملحق) . وعلى الرغم من انه لم يوجد إلا سبع قوى موقعة على هذه اللائحة في المؤتمر لكن أهميتها الكبيرة في أوربا كانـت في أنهـا قـد تـتم تبنيها بالتدرج بشكل عام .

ومن الاتفاقيات الدولية المتعـددة الاطـراف ذات الأهميـة الكبـيرة في العلاقـات الدبلوماسـية اتفاقية هافانا ((La Convention dela Havane)) المتعلقة بالموظفين الدبلوماسيين التي تـم إقرارهـا في ٢٠ /شباط / ١٩٢٨ من قبل المؤتمر الدولي الأمريكي السادس . وقد تناولت مجموع النظام الدبلوماسي ، حيث صادقت عليها في عام ١٩٨٨ خمس عشر دولة من أمريكا اللاتينية كما يمكن الإشـارة أيضـا إلى اتفاقية فيينا في١٨ نيسان أبريل ١٩٦١، والتي تناولت العلاقات الدبلوماسـية ومنظمـه أيضـا مجمـوع النظام الدبلوماسي، وكانت نتيجة لمؤتمر فيينا الذي عقد تحت رعاية الأمم المتحدة للفترة مـن ٢/ آذار إلى ١٤نيسان١٩٦١، بحضور ٨١ دولة، حيث الميثاق النهائي للمؤتمر، والاتفاقية

والبروتوكولين الملحقين تم التوقيع عليهما في العاصمة النمساوية. وتعد هذه الاتفاقية من بين اكثر الاتفاقيات أهمية وشعبية ، حيث انه قد ازداد عدد الدول التي صادقت عليها والتزمت بنصوصها، حيث بلغت حتى الحادي والثلاثين من كانون الأول / ديسمبر / ١٩٩٢ اكثر من ١٩٦٥ دولة إذ أنها يمكن اعتبارها كسند عرفي. ويضاف إلى ذلك الاتفاقية المبرمة حول الوقاية وردع المخالفات ضد الأشخاص الذين يتمتعون بالحماية الدولية ، بما فيهم المعتمدين الدبلوماسيين والتي تم تبنيها من قبل الجمعية العامة للأمم المتحدة في الرابع عشر من كانون الأول / ديسمبر ١٩٧٣ ، حيث دخلت حيز التنفيذ في العشرين من شباط ١٩٧٧ . وقد بلغ عدد الدول المصادقة عليها حتى ٣١ كانون الأول / ديسمبر ١٩٩٢ حوالي ٨٣ دولة ، وفي الأخير هناك اتفاقية فينا الموقعة في ٢٤ نيسان-ابريل/ ١٩٦٣ حول العلاقات القنصلية، حيث وصلت الدول التي أقرتها حتى نهاية سنة ١٩٩٢ حوالي ١٤٤ دولة ، وتوجد هذه الاتفاقيات في الملاحق المرفقة بالكتب .

٢- العـرف

حتى لحظة إقرار اتفاقية فيينا لعام ١٩٦١ ، فان العرف كان المصدر الأكثر أهمية فيما يتعلق بالعلاقات الدبلوماسية ، أو قانون العلاقات الدبلوماسية هو القانون الدولي الذي تشكل خلال الوقت ، وخاصة في العقود الثلاثة الأخيرة ومن خلال التطور البطيء للسياقات العرفية . إذ ان الاتفاقيات الثنائية أو المتعددة الاطراف قد ساهمت في أدراك هذه الأعراف وبلورتها في قواعد حرت بفترة طويلة من التطبيق وبناء على ذلك فان المذهب يميز بين عنصرين في العرف :

- العنصر المادي ((التطبيق)) المنشأ من خلال عدد من المواثيق والتي تواتر العمل بموجبها بشكل كافي (السوابق) .
- العنصر البسكولوجي (النفسي) حيث الاعتقاد الراسخ بان هذه المواثيق تتطابق أو تنسجم في التنفيذ مع الالتزام القانوني .

وهنا فانه من المناسب تمييز العرف الدبلوماسي ، الذي يتصف بخاصية الالتزام ، والأعراف الدبلوماسية البسيطة التي تتعلق بالمجاملة ، بالبروتوكول أو بالوسيلة التي ليس لها أي صفة إلزامية. في الواقع ، فان القانون الدولي هو في أساس المعاملة بالمثل وانه في مصلحة أعضاء المجتمع الدولي حيث بعثاتهم في الخارج يجب أن تتمتع بوضع مقبول من اجل إنجاز وظائفهم بشكل متناسق . وان هذا القانون هو حقل للعمل

الخصب بالنسبة للأعراف الدولية والإقليمية(في هذا الفئة الأخيرة فان المثال الكلاسيكي هو حق اللجوء في القانون الدولي الأمريكي) على الرغم من أن تقرير وجود العرف يطرح مع ذلك مشاكل حساسة في التطبيق ، ولا سيما في مسألة حق اللجوء Droitd'asil فالعرف تحرر من تكرار بعض المواثيق أو المواقف في الحياة الدولية للدول ، ولتطبيقه من قبل مختلف أجهزة الدولة ، التنفيذية ، التشريعية ، والقضائية الممثلة لمصلحة الدولة .

وفيما يتعلق بالقوانين الداخلية ، فان السكرتارية العامة للأمم المتحدة قد نشرت في سلسلتها التشريعية الجزء السابع (نيويورك ١٩٥٨) مجموعة ((القوانين واللوائح المتعلقة بالامتيازات والحصانات الدبلوماسية والقنصلية التي تشمل ٦١ دولة. وان هناك نصوص قد تم إقرارها منذ ذلك الوقت والتي يمكن العثور عليها في المجلات الرسمية الوطنية ، وكذلك الحال بالنسبة للقرارات القضائية الداخلية ، حيث الأجزاء التسعة من القانون الدولي الإنكليزي ((British International Law)) والأجزاء الخمسون من القانون الدولي الأمريكي (١٧٨٣ حتى الوقت الحاضر) التي نشرت تحت اسم فرانسيس دكاك((Francis Dcak)) وبخصوص التطبيق التنفيذي، فان المصادر تبدو نادرة ، حيث تم الأخذ بالسوابق من هذا النوع والتي تم اختبارها ومتواترة في مساحة جغرافية واسعة في فرنسا، حيث الفهرس الفرنسي للقانون الدولي العام، بأجزاء السبعة ١٩٦٢ -١٩٧١ وكذلك الحال في الولايات المتحدة وبريطانيا ، وهولندا ، وسويسرا حيث الفهرس السويسري للقانون الدولي العام ١٩١٤-١٩٣٩ ، الجزء الرابع بال ١٩٧٥. وكذلك بالنسبة لبلجيكا حيث المجلة البلجيكية للقانون الدولي العام منذ ١٩٦٥ .

وفي الواقع ، فان للعرف ميزة اكثر تتمثل في مرونته، ويتقولب على الأحداث، ويتغير بدون معارضة وحسب مشيئة المتطلبات الاجتماعية للحياة الدولية . وبالمقابل فانه يعاني من غموض نسبي ، وحدوده غير مثبته ، ولاسيما في الصعوبات الكبيرة والتي يثيرها على سبيل المثال حق اللجوء الذي كان موضوعا للعديد من المشاريع التي طرحت بهذا الخصوص بغية تقنينها في نص قانوني دولي ، في إطار القانون الدبلوماسي . إذ انه في عام ١٩٢٥ قامت عصبة الأمم بإنشاء لجنة فرعية مكلفة بدراسة مسألة الامتيازات والحصانة الدبلوماسية ، إلا ان هذه الجهود لم تؤد إلى تقنين ما طرحته اللجنة . وقد التزمت الأمم المتحدة بهذا المشروع من خلال لجنة القانون الدولي برئاسة رجل قانون سويدي يساعده واحد وعشرون قاضٍ ، والتي أعدت المشروعات

الخاصة بذلك والتي خضعت إلى المشاورات الحكومية للدول الأعضاء ، حيث تم الانتهاء من صياغة المشروع الذي تم إقراره في عام ١٩٥٩ ، وخضع إلى المصادقة والتوقيع في فيينا في ١٨ نيسان ١٩٦١ كما مر ذكره .

ولابد من الإشارة إلى بعض الملاحظات حول العلاقات الموجودة ما بين العرف بصدد العلاقات الدبلوماسية والاتفاقية المقننة لفينا في ١٩٦١ والتي دخلت حيز التطبيق في الرابع والعشرين من نيسان ١٩٦٤ وفي هذه الخطوة الكبيرة فان لاتفاقية ١٩٦١ مهمة تقنين العرف النافذ ، وبهذا الصدد فإنها اتفاقية مثبتة لقواعده، حيث ان ذلك جاء في ديباجة الاتفاقية : ان قواعد العرف الدولي يجب ان تستمر في تنظيم القضايا التي يتم تسويتها صراحة في أحكام الاتفاقية الحالية)) .

٣- المصادر الأخرى :

في الواقع ان المبادئ العامة للقانون المطبقة بطريقة القياس في الإطار الدولي لا تلعب دورا خاصا في موضوع العلاقات الدبلوماسية . وبالمقابل فان عددا من قرارات المنظمات الدولية وبشكل خاص الجمعية العامة ومجلس الأمن التابعين للأمم المتحدة يمكن الإشارة أليهما في هذا الشأن .

٤- المصادر الوطنية وتنازع المصادر :

في هذه النقطة سنكتفي بالإشارة إلى عدد من المصادر الوطنية الخاصة بالعلاقات الدبلوماسية . إذ أنها تتميز بتعددها وعموميتها وخصوصيتها إضافة إلى دورها في توضيح الظاهرة العرفية ، وان ما يمكن التأكيد عليه هو المسالة العامة للقانون الدولي العام الذي تم تثبيته بالتالي بخصوص القانون الدبلوماسي ، حيث العلاقات ما بين القانون الدولي والقانون الداخلي ، وبشكل خاص مسالة التنازع ما بين قواعد النظامين . والمقصود بذلك المسألة الكلاسيكية التي تناولها كل مجموعات القانون الدولي .

ومما هو معروف ان كل نظام داخلي يتبنى حلولا مستقلة بهذا الشان . إذ من بينها ما تعترف بشكل أو بآخر بأولوية القانون الدولي ، العرفي أو التقليدي . والأنظمة الأخرى لم تفسح أي مجال للقانون الدولي إلا على اثر اندماج قضائي أو تشريعي . إذ صدر في شيلي قرار يبين المحكمة العليا الشيلية أعطيا الأولوية لمبدأ حقوق الإنسان المدون في الدستور الشيلي على اتفاقية فيينا لعام ١٩٦١ ، ولعام ١٩٦٣ . في حين انه في بلجيكا ، فان محكمة التمييز قد أكدت على ان القانون الدولي العرفي يشكل

جزءا من القانون الداخلي البلجيكي وتطبيق القانون الدولي العرفي بصدد العلاقات الدبلوماسية في عدة مرات .

ومنذ ٦ حزيران عام ١٩٦٨ ، وهو التاريخ الذي صادقت فيه بلجيكا على اتفاقية فيينا ، فان قضية التنازع ما بين النظامين لم تثر إلا نادرا ما بين قاعدة القانون الداخلي والقاعدة الدولية التقليدية . ومن المؤكد بان اتفاقية فيينا لعام ١٩٦١ ، فيما يتعلق بالتوافق مع حقوق والتزامات الأفراد ، تذهب إلى الآثار المباشرة في النظام القانوني الداخلي ، فيما يخص الحصانات على سبيل المثال . وفي الواقع ، فانه في اغلب الأحيان فان اختصاص عقد المعاهدات يبقى من حصة الدولة الفيدرالية ، وتنفيذ المعاهدة يستخدم الاختصاصات المطلقة للولايات الفيدرالية ، وذلك الذي يقصد به الاختصاصات التشريعية أو التنفيذية في المجالات مثل المالية، العقارات ، القضايا المدنية، وتنظيم المدن ، والبوليس .. الخ .

وهذا الوضع كثيرا ما تواجهه الدولة الفيدرالية الكندية ، وآثار لها صعوبات عديدة في اونتبريو وفي مقاطعة كيوبيك فيما يتعلق بحماية الحصانات الدبلوماسية والقنصلية ، إذ يطبق انتيريو Common Law في حين يطبق في مقاطعة كيوبيك القانون المدني .

ومما لاشك فيه ، فان الحلول لهذه النزاعات في الاختصاص يمكن البحث عنها في داخل كل نظام قانوني فيدرالي من خلال المشاروات في لحظة المفاوضات لعقد المعاهدة أو الاتفاقية ، والتوصل إلى إبرامها بشكل يضمن بان تطبيقها والالتزام بما تم التعاقد عليه سوف لا يثير إلا صعوبات محلية ، وهذا ما يمكن أيضا تجاوزه من خلال عقد اتفاقية مسبقة ما بين السلطات المركزية والسلطات المحلية لتحديد طرف الاختصاص في الإبرام والتنفيذ.

وبهذا الصدد فان المسالة قد تم حلها في الاتحاد السويسري ، حيث ان الوزارة الفيدرالية السويسرية للشؤون الخارجية قد أعلنت : ((بأنه طبقا للمبدأ الفيدرالي في القانون الدولي العام ، فان المجلس الفيدرالي الذي يمثل الدولة السويسرية إزاء الدول الأجنبية ، ويضطلع على المستوى الدولي ، بمسؤولية احترام الالتزامات المترتبة على سويسرا ولا سيما بخصوص الامتيازات والحصانة الدبلوماسية . والمجلس الفيدرالي لم يكن الوحيد في ضمان احترام الالتزامات التي تضطلع بها سويسرا حسب القانون

الدولي العام ، وفي الواقع فان بموجب المادة ١١٣ ، فقرة ٣ ، من الدستور الفيدرالي ، فان المحكمة الفيدرالية ، وبشكل عام كل الأجهزة المكلفة بتطبيق القانون ، يجب ان تلتزم بالمعاهدات الدولية التي يرتبط بها الاتحاد السويسري وكذلك بقواعد القانون الدولي العرفي)) .

ثانيا / المراحل التاريخية للدبلوماسية

١- المراحل الأولى حتى مؤتمر فينا

في الواقع ، فان تاريخ الدبلوماسية يمتزج بتاريخ الشعوب . وانه ينسجم مع الحاجة الاجتماعية الأساسية للمجتمعات في تنظيم علاقاتهم المتبادلة . وان ما يمكن ملاحظته بان أي مفاوضات لا يمكن ان تؤدي إلى نتيجة مقبولة فيما إذا تم قتل المبعوثين حال وصولهم : وتاريخيا ، فان أحد المبادئ الأولية التي أقرت صراحة هو مبدأ الحصانة الدبلوماسية . وهذا المبدأ الذي تم الاعتراف به من قبل سكان استراليا الأوائل ، والذي اصبح من مبادئ قانون قبيلة Manou ، وكذلك في الفترات اللاحقة ، باعتباره مبدأ غير قابل للنقاش ، وأحيانا مقدسا لكل الشعوب والأمم لما قبل التاريخ ، حتى ان اليونان كانوا يتمتعون بنظام من العلاقات الدبلوماسية المتقدم ، وخصوصا فيما يتعلق بمبدأ الحصانة ، التي كانت يتمتع بها المبعوثون الذين جاءوا للتوصل إلى حل لحرب طروادة من خلال الطرق السلمية ، ولا سيما حول خطف هيلين .

وقبل ثمانمائة سنة قبل الميلاد ، فقد اشر بان هناك سفراء قد تم استقبالهم من قبل جمعية مدينة أثينا واستقبلوا في جلستها الاعتيادية ، حتى ان فكرة خرق الحصانة الدبلوماسية للمبعوثين وقتلهم كانت تثير غضب الرأي العام . وان المفهوم الذي صوره اليونانيين للدبلوماسية بتأسيس بصورة حول مفاهيم الاستراتيجية والمهارة اكثر من ان تكون مؤسسا على الثقة . وقد كان هرمس (رسول الآلهة عند الإغريق) اله الدبلوماسيين ولكن أيضا رسول القيم . وأخيرا ، فان الغموض ما بين اختصاصات التنفيذ والتشريع حالت دون وصول الدبلوماسيين إلى حلول مقبولة لانهم لم يكونوا ممثلين بشكل مؤكد وصريح لمدنهم ولم يجدوا من آراء جديدة في عودتهم . وفي روما ، فان الحصانة قد تم الاعتراف بها أيضا بالنسبة للسفراء الأجانب . إذ تم إنشاء مركز لاستقبال السفراء الأجانب والمحافظة ، وعليهم ان يقدموا أوراقهم أمام مجلس الشيوخ ،

ويسمح لهم بالقراءة أو قول ما يشاءون التصريح به ، ثم يأذن لهم بالخروج والانتظار في مركز الاستقبال حتى يصدر قرار مجلس الشيوخ . ومن الواضح بان ذلك كان نظاما للتفاوض المتماسك .

وقد عرفت الهند القديمة أيضا قواعد خاصة حول بعث أو استقبال السفراء مثل بقية الدول الإسلامية التي نشأت فيما بعد . أن يؤكد أستاذنا الجليل فاضل زكي في كتابه ((الدبلوماسية في عالم متغير)) ، إلى ان الدبلوماسية التي وصلت في أساليبها وفنونها وأغراضها المتنوعة اوجها في العصور العباسية ، كان العرب قد مارسوها قبل تلك العصور ومنذ عصر الجاهلية بالذات . ذلك ان طبيعة العرب في حب الأشعار ، وما احاط بهم من ظروف اجتماعية واقتصادية وجغرافية كان قد دفعهم إلى ممارسة التجارة وإلى الاجتماعات في الأسواق والأندية لشهود المواسم الثقافية والدينية . فكان على اثر ذلك ان قامت العلاقات والارتباطات بين بعضهم البعض أولا ، ثم امتدت هذه العلاقات والارتباطات تدريجيا مع الأقوام والشعوب الأخرى مبتدئة بتلك الأمم المجاورة لهم . ولعل من بين أسباب تكوين العلاقات مع الغير ، وقوع بلادهم في مركز ستراتيجي وعلى الطرق الرئيسية بالذات الأمر الذي دفعهم إلى الاتصال بالغير وإلى إقامة العلاقات الدبلوماسية .

واذا كانت الدبلوماسية العربية القديمة قد ارتكنت إلى مفاهيم تجارية ، فأنها مرت بتطورات جذرية بظهور الإسلام ، حيث دول العرب الأولى التي أقامها الرسول فرضت الحاجة إلى تنظيم الدبلوماسية التي أصبحت من الأدوات الفعالة في تنفيذ السياسة الخارجية للدولة العربية ثم تجاوزت هذه الدبلوماسية الحدود التي رسمت لها في عهد الخلفاء الراشدين ، حيث المفهوم السياسي والاجتماعي الذي اكتسبته بناءا على توجيهات الرسول صلى الله عليه وسلم لنشر تعاليم الإسلام بين الأمم والشعوب . وكذلك الحال في الدولة الأموية ، والعباسية حيث بلغت الدبلوماسية درجة من التقدم مواكبة للعصور التي مرت بحث خضعت لقواعد دقيقة وتنظيم في الأصول والمبادئ . وثمة أدوار لعبت فيها الدبلوماسية كان من بينها استخدامها كوسيلة لتحقيق التوازن الدولي ، منذ ذلك الوقت ، حيث تطلب الأمر قيام سفارات مستمرة بين بغداد وبيزنطة ، وسفارات مماثلة بيت قرطبة والقسطنطينية حتى أضحى بأن تكون للدبلوماسية العربية مقومات جوهرية مرتكزة على فلسفة ورسالة حضارية . وتبدو الإمبراطورية البيزنطية كانت أول دولة في

تنظيم قسم حكومي وحيد مكلف بمعالجة القضايا الخارجية وتأهيل أشخاص في فن التفاوض. وقد تركت خلفها معاهدات طويلة متعلقة بالمسائل البروتوكولية والاحتفالية .

وخلال كل هذه الفترة من حكم الإمبراطورية ، فان الدبلوماسية عرفت تحت شكل من الملامح العامة التالية : أنها فردية ومترهلة ، وانها تأتي في المناسبات حيث ضرورة التوصل إلى معاهدة سلام ، أو تحالف أو للتجارة ، ولاعلان الحرب ، وأنها نادرا ما تكون منظمة . وفي الوقت الحاضر، فان ما توصف بمثل هذه الدبلوماسية ، بأنها مهمة مؤقتة ، Diplomatic ad hoc وتؤكد الوثائق التاريخية بان أول علاقات دبلوماسية دائمة تلك التي عقدت ما بين البابا والإمبراطورية البيزنطية . والبابوات ، منذ القرن السابع بعثوا مبعوثيهم للإقامة لفترات طويلة في بيزنطة . وقد تم تطبيق هذه الظاهرة في القرن الرابع عشر من قبل فينيسيا تحت تأثير بيزنطة . وأنها المدينة الأولى التي احتفظت بأرشيف لهذه المهمة . كما أنها تبعث لهم بما يجري في المدينة من أحداث لتضعهم في صلب مهماتهم التي انتدبوا من اجلها ونقل الصورة التي يرونها بكل دقة لكي يمثلوا بلدانهم بجدارة . وقد كانت حياة السفراء جدا صعبة ، حيث انهم يرسلون بدون عوائلهم (ولكن مع طباخ من اجل الحيلولة دون تسممهم) ، وان مهنتهم يمكن أن تطول لأكثر من سنتين ، ويتوجب على الدبلوماسي ان يحمل نفقاته الثقيلة ، وخلال السفر المتعب الذي كثيرا ما يتعرض خلاله إلى السطو ، والمخاطر الأخرى من الأمراض

وفي مراحل متقدمة ، ولا سيما في مطلع القرن الخامس عشر ، فقد شهد ظهور الدبلوماسية الدائمة ، ومن فينيسيا ، حيث التطبيق الذي امتد إلى كل الجمهوريات الإيطالية ، جنو ، ميلانو ، فلورنس ، وان البابا ليوف العاشر أسس في عام ١٥١٣ أول سفراء لدى المحاكم في ألمانيا ، فرنسا ، إنكلترا . ويلاحظ في مستشارية الدول ضرورة إنشاء أداة للعمل الجديد بهدف الاحتفاظ باتصال دائم مع الأصدقاء الحاليين أو مع أعداء المستقبل . وان هناك العديد من العوامل التي ساهمت أساسا في بروز نظام التمثيل الدبلوماسي الدائم :

١- عامل الموده : حيث التأثير الكبير الذي مارسته في أوربا وخصوصا ذلك الذي تم انتاجه في إيطاليا ، إذ منذ ١٦١٣ ، فان ليوس الحادي عشر أقام علاقات دبلوماسية مع ميلانو وفلورنسا ، وفينيسيا .

٢- العوامل المالية : فالمديشيون ، اسياد فلورنسا مثلوا الرأسمال الكبير في تلك الفترة وشكلوا قوة مالية في المقام الأول . وقاموا بإقراض المال إلى كل الملوك وامراء أوربا، وذلك من خلال وكلاء يشرفون على استعمالها أو أعلامهم بالسياسة العامة للأنفاق وأحوال دائنيهم ، يضاف إلى ذلك فان الأموال التي أتت من العالم الجديد سمحت بمواجهة الانفاقات الهائلة الأمر الذي تطلب المحافظة عليها من خلال سفراء دائميين والجدير بالذكر بهذا الخصوص هو ان الدبلوماسيين البيزنطينين ومن اجل الاستمرار بمهماتهم وتوفير أسباب العيش، كانوا يحملون معهم بضائع يبيعونها أثناء الطريق .

٣- العامل السياسي : إذ ان أفكار ((أمير)) مكيافيلي دفعت إلى وجود سياسة واقعية مؤسسة على المعلومات الموضوعية . وان الاحتفاظ بالتوازن ما بين مختلف الدول يتطلب استخدام الدبلوماسية اكثر مما يتطلب استخدام القوة .

كما ان الملوك الكاثوليك أوجدوا من جانبهم بعثات دائمة في الخارج . إذ ان لويس الحادي عشر لعب دورا كبيرا في شيوع هذه المؤسسة في زيادة مدة الإقامة لسفراء في إنكلترا وفي برغونيا . وقد تم تفعيل هذه السياسة من قبل رشيلو الذي جعل من نفسه داعية الدبلوماسية الدائمة . ومن وقت لاخر ، فان الولايات المتحدة في الأقاليم الإيطالية بعثت أول ممثليها الدائميين إلى إنكلترا في عام ١٥٨٤ وإلى فرنسا في عام ١٥٨٧، هذه التأثيرات المترافقة سرت على كل الدول الأوربية في فترة سلام وستفاليا ((Westphalie)) عام ١٦٤٨ ، فان هذا التنظيم الدبلوماسي اصبح شائعا على الرغم من بروز عدد معين من القيود التي أدت إلى عدم تطوره . وابتداء من الثورة الفرنسية ، فان العلاقات الدولية اتسعت بشكل كبير. إذ ان وصولها إلى مؤتمر فيينا ((Congres de Vienne 1814-1815)) حيث التسوية أدت إلى البت في مسالة التصنيف وترتيب المعتمدين الدبلوماسيين .

وخلال هذه القرون الثلاثة فان الدبلوماسية أخذت شكلها الكلاسيكي وتدريجيا فان قواعد القانون الدولي قد تم تحديدها وتوطيدها سواء فيما يتعلق بالامتيازات او الحصانات . فالمعتمد الدبلوماسي تخلى عن صفة تمثيله لشخص ملكه واصبح يمثل الدولة نفسها وبعلمها. وبشكل مترابط ، فان الدبلوماسية أصبحت مهنة حقيقية للدبلوماسيين، لمعتمدي الدولة ، بينما في القرن السابع عشر- والثامن عشر ، فان اختيار

الدبلوماسيين كان يتم من قبل رئيس الدولة من بين المقربين أو المفضلين لديه سواء كانوا نبلاء أو قضاة أو تجار . وحتى خلال اقامتهم الدائمة ونوعيتهم وبطأ وسائل الاتصال ، فان المعتمدين الدبلوماسيين يتمتعون باستقلالية كبيرة وتأثير كبير في السياسة الخارجية لبلدانهم ، لا بل قسما يساهمون في صياغتها.

٢- من مؤتمر فيينا حتى الوقت الحاضر

حتى الحرب العالمية الأولى ، فان الملامح الكبرى للدبلوماسية الكلاسيكية تلك التي سنأتي على إجمالها، تحتفظ باستقرار كامل ، في إطار العلاقات الدولية والرؤية الأوربية. وبالتلازم مع الدبلوماسية الثنائية ، يمكن ذكر العديد من المؤتمرات الأوربية : باريس ١٨٥٦، برلين ١٨٧٨ ، وبرلين ١٨٧٨ ، وبرلين ١٨٨٥ .. الخ وابتداء من الحرب العالمية الأولى، فان عناصر جديدة ظهرت بشكل تدريجي قللت من استقلالية الدبلوماسيين. إذ ان فيليب كاييه Philippe Cahier قد سلط الضوء على هذه العناصر المختلفة.

أ- من السرية ، فان الدبلوماسية اضحت دبلوماسية علنية ، وهذه كانت أحد النقاط الاربعة عشر للرئيس الأمريكي ديلسن .

ب- فان صعود وتنامي دور البرلمان في الحياة السياسية للدولة جعل من السياسة الخارجية التي كانت من اختصاص حكومة رئيس الدولة إلى اللجان المختصة في البرلمان أولا ، ومن خلال تاثير ديمقراطية الحياة السياسية واستخدام الرأي العام من العوامل المهمة التي يجب ان تأخذ بنظر الاعتبار في صياغة واقرار السياسة الخارجية ، مع ما يترتب في ذلك من اخطار ناتجة تحت شكل من الدعاية والديماغوجي ، وتشويه المعلومات .

ج- ان تنامي دور الدولة ، سواء كانت ليبرالية ، أو تدخلية ، وتخطيطية، له نتائجه الدولية التي غيرت بشكل جوهري حقل عمل الدبلوماسية التقليدية ، إذ ان هذه الأخيرة لم تكن تتضمن فقط السياسة ، والعسكرية ، وانما تشمل الاقتصاد والثقافة والقضايا الفنية، وان البعثات الدبلوماسية اذا ارادت ان تكون اكثر فعالية فيجب ان يرافقها عدد كبير من الفنيين .

وبشكل متوازٍ، فان الدبلوماسية الثنائية التقليدية فقدت احتكارها لصالح الأجهزة الأخرى الداخلية ، إلى الدبلوماسية المتعددة الاطراف وإلى الدبلوماسية الإقليمية .

أ- الدبلوماسية من خلال أجهزة أخرى

على راس مرتبة أجهزة الدولة التي تحتل مكانا مهما في ممارسة الدبلوماسية، فانه يجب الاشارة إلى الدور الذي يلعبه رؤساء الدول، ورؤساء الحكومات ، ووزراء الخارجية .

وقد بدات هذه الظاهرة تاخذ مجالها في بداية القرن إذ ان البارون Beyens في كتابه ((سنتان في برلين ١٩١٢ -١٩١٤)) قد كتب يقول : سابقا فان وزراء خارجية الدول الكبرى كانوا نادرا ما يلتقون إلا في المؤتمرات الاحتفالية . والذين اعقبوهم من تلك المناصب فيما بعد ، فانهم شعروا بضرورة الاجتماعات غير الرسمية الأكثر ودية والاكثر تواترا... وهكذا فإنها ستكون الخطوة المتقدمة بعد الخطوة خطوة الاحداث . الامر الذي أدى إلى تقليص الدور الذي يحتفظ به السفراء والدبلوماسيون المحترفون)) وبمرور الوقت فقد تسارعت هذه الظاهرة ، إذ ان رؤساء الدولة والحكومة ، ووزير الخارجية اشتركوا بشكل اكثر شخصي- في ممارسة الدبلوماسية خلال اللقاءات ، والقرارات ، والزيارات الرسمية ، حيث التواتر اخذ يتسع ، حيث اجتماعات رؤساء الدول في الاتجاهات المختلفة ، واللقاءات الثنائية واحيانا الدورية ما بين رؤساء الدول ، والمؤتمرات على مستوى القمة ، واجتماعات الجمعية العامة للامم المتحدة وخصوصا في إطار المنظمات الإقليمية ، منظمة الوحدة الافريقية ، جامعة الدول العربية ، الاتحاد الاوربي ، حلف الناتو ، مجلس الأمن والتعاون في اوربا ، والمؤتمرات الدولية المختلفة . ان ازدياد ، ولاسيما الخاصية الأكثر فنية لبعض مجالات التعاون الدولية جعلت من العلاقات الدولية مهمة مختصة بالخبراء الذين ليس لديهم إلا الميل المفرط في الاخذ بالدبلوماسيين إلى مديات بعيدة، بينما هؤلاء الدبلوماسيون يمكن ان يساعدونهم في مقاومة عملهم الجزئي في سياق شامل . والاكثر مما يقلق أيضا هو ان بعض البعثات الدبلوماسية يعهد بها أحيانا إلى مبعوثين غير متخصصين في هذا المجال ، وعلى الاقل المهمات السرية ، التي تتطلب ((ممثلين اختصاصيين)) ويبدو ان هذه الدبلوماسية المتوازية تثير غضب وزراء الشؤون الخارجية .

ب- الدبلوماسية المتعددة الاطراف

فيما سبق، فقط عواصم الدول هي وحدها التي تستقبل البعثات الدبلوماسية. وقد تغير الوضع كثيرا في عالم اليوم حيث ان عددا من المنظمات الدولية ايقظت

مصلحة خاصة وحيوية. إذ ان مجال كبير من السياسة الدولية والاقليمية يجري تسويته في الاطار المتعدد الاطراف. حيث ان عدد كبير من القرارات، إدارية، لوائح، توصيات أو اتفاقات قد تم التحضير لها واعدادها في داخل المنظمات الدولية وتتطلب انتباه خاص . يضاف إلى ذلك ، فانه خلال الحرب الباردة فقد حلت سياسة التحالفات الثنائية في محل سياسة الكتل العسكرية أو الاقتصادية - حلف الناتو - ميثاق وارشو ، المجموعة الأوربية ، الكوميكون) حيث المظهر المتعدد الاطراف يخفي بشكل غير مقبول هيمنة القوتين العظميين ، وكل قوة في كتلتها (نظام متعددة الأقطاب) .

على مستوى المؤسسات الدبلوماسية ، فان الدبلوماسية المتعددة الاطراف أدت إلى تكوين مزدوج :

١- فالدول الاعضاء في بعض المنظمات الدولية الكبيرة (الأمم المتحدة في نيويورك، والامم المتحدة في جنيف ، اليونسكو ، حلف الناتو ، اتحاد غرب اوربا ، والاتحاد الاوربي .. الخ) تحتفظ في مقر هذه المنظمات بوفود دائمة مؤلفة على الأقل في جزء منها من دبلوماسيين محترفين :

٢- وان الدول الأخرى (غير الاعضاء في المنظمة) تعتبر هذه المنظمات ذات أهمية كبيرة في الاعتماد عليها .

- أما بعثة دبلوماسية : إذ انه في بروكسل يمكننا ان نحصي بجانب الهيئات الدبلوماسية المعتمدة لدى الدولة البلجيكية ، فان هناك هيئات دبلوماسية معتمدة لدى المجموعة الأوربية .

- أو بعثة مراقبة : وهذا ما يحصل مثلا لسويسرا والكرسي الرسولي حيث يحتفظا بمندوب مراقب لدى الأمم المتحدة في نيويورك كما ان سويسرا عينت مندوبا بصفة مراقب في مكتب الأمم المتحدة في جنيف .

وعلى مستوى الأساليب فان الدبلوماسية المتعددة الاطراف تقدم مميزات خاصة جدا والتي يطلق عليها الدبلوماسية البرلمانية . فالتصويت من خلال المجموعات النيابية واللوبيات والاستخدام الدائم لغايات سياسية أحيانا لقواعد الإجراءات المحددة في التسويات الداخلية، فإنها من بين العناصر التي نطلق عليها الأساليب البرلمانية الجارية.

ج- الدبلوماسية الإقليمية والقطاعية

في الواقع فان لبعض المنظمات الدولية تاثير على السياسة الدولية لأعضائها

مثلما يمكن القول بأنه في مجالات هذه المنظمات فالقرار يأخذ ليس فقط في وزارة العلاقات الخارجية لكل دولة عضو ولكن في الأجهزة القرارية لهذه المنظمات . وهذه الحالة من جهة فيما يتعلق بالمجال العسكري - قرارات أو توصيات الناتو تترك قليلا من هامش المناورة للدولة الوطنية - ومن جهة أخرى فيما يتعلق بالمجموعة الأوربية . ولكن فيما يتعلق بهذه المجموعة الأخيرة فان الدول الأعضاء التزموا في ميكانزم التعاون السياسي حيث مكانة الدول التسعة عشرة قد تم مناقشتها وتنسيقها أو توحيدها مما يمكن العمل به .

وبناء عليه هل من الممكن الاستنتاج من كل هذه الإجراءات بان الشكل الثنائي للعلاقات الدولية قد فقد كل فائدته ؟ بالتأكيد لا لان مهمات الدبلوماسية التقليدية ما زالت عديدة ومهمة . إذ ان تحليل حوادث الحياة الدولية واعلام حكوماتهم حول وضع الدولة المعتمدين لديها يفسر السياسة أو مكانة حكوماتهم ، في الثقة ، السلوك ، وتحضير المفاوضات ، واستشارة حكومتهم ، التزام العلاقات والاتصالات الإنسانية التي ما زالت التجربة الضرورية للعلاقات الودية ما بين الدول . وحول هذه المهمات فان الدبلوماسية التقليدية ما زالت ضرورية وغير قابلة لان يحل محلها نموذج آخر . وسيتم التطرق إليها مرة أخرى .

الفصل الثاني

مبادئ تنظيم البعثات الثنائية الدائمة

أولا: حق التفويض او التمثيل الدبلوماسي

١- المذهب التقليدي

تمتعت الدول ذات السيادة بحق التفويض سواء كان سلبا أم إيجابا . ومن خلال حق التفويض الإيجابي ، يلاحظ حق اعتماد المبعوثين الدبلوماسيين لدى الدول الأجنبية؛ ومن خلال حق التفويض السلبي، هو استقبال هؤلاء المبعوثون من هذه الدول. والمقصود بهذا هنا هو ان يعزى إلى السلطة المطلقة . إذ ان الأستاذ سيبرت (Sibert) يحدد ذلك : ((ان حق التفويض يجب ان لا يعتبر ككفاءة بسيطة تابعة لموافقة الدول الأخرى . انه حق حقيقي الذي لا يرتكز فقط على أسباب المجاملات والتوافقات)) .

وبالتأكيد فان الأستاذ سيبرت نفسه توجب عليه تحديد هذا الحق في حالة حيث الدولتين المعنيتين اعترفتا بالاتفاق . ((إذ ان الدولة تسيء استعمال حقها بدون سبب مقبول(حالة الحرب أو قطع العلاقات الدبلوماسية) اذا رفضت استقبال المبعوثين الدبلوماسيين لدولة أخرى منذ اللحظة التي تعترف بها)) . وجهة النظر هذه لا تحظى بالتأكيد في الوقت الحالي.

٢- في الوقت الحاضر :

ليس هناك دولة لا تتمسك بالقانون الدولي في استقبال أو ارسال البعثات الدبلوماسية . إذ ان اوبنهايم (pinhim) في كتابه (القانون الدولي) رد حق التفويض إلى نسبياته الصحيحة، أي تقريبا لاشيء في إجراء التمييز التالي : هناك دولة لا تتمسك بارسال ممثلين دبلوماسيين ولا تستقبل ممثلين دائميين ، ودولة يجب عليها التفاوض أحيانا حول عدد من المسائل ، وكل عضو في المجتمع الدولي يعطي اهتماما للمبعوثين الدبلوماسيين الذين يحملون اليه رسائل العضو الآخر . في إطار هذا التصور ، فانه لا يعني إلا التزام محدد جدا : استقبال المفوض الذي ياتي لمهمة محددة في ذاته . وهذا في الحقيقة العودة إلى الخاصية المقدسة للمبعوثين القدماء . وهذا الالتزام الدولي قد وجد حتى في الوقت الحاضر مع ذلك فانه من غير المحتمل ، حتى في الاستناد إلى هذه النسبيات المتواضعة

يمكن الحديث عن حق التفويض . ومثلما سنلاحظ ذلك في الصفحات القادمة فان الاتفاق المتبادل هو القاعدة حتى وان كان بالنسبة لمهمة خاصة . ومن الواضح وما تم السير عليه فان تبادل البعثات الدائمة هو عملية تقديرية خالصة . أي أنها كفاءة بسيطة . وان استخدام المفردة (حق التفويض) لتغطية هذا الوضع الأخير لا يمكن تبريره إلا من خلال استخدامه التقليدي في التعبير الملائم : ((حق التفويض الإيجابي والسلبي)) . واذا كان من المنطقي فان للدول اهلية الارتباط بعلاقات دبلوماسية فان لها ميل في ذلك ، ولان ذلك يشكل عنصرا في قدرته القانونية ، بمقدار أنها دول فانه لم يقر لها اقل من الممارسة المادية تفترض توافق الشركاء.

وبناء عليه هل يمكن ان نعتبر بأنه يوجد حق حقيقي للتفويض استثنائيا عندما ينص عليه من خلال معاهدة ؟

ان مختلف المعاهدات القديمة قد نصت أحيانا على إقامة العلاقات الثنائية ما بين الدولتين . وهكذا فان الاتفاقية المبرمة ما بين بلجيكا وافغانستان في ٢٦ شباط ١٩٢٣ المذكورة سابقا قد نصت على ذلك والاتفاقية المعقودة بين إسرائيل ومصر في ٢٦ آذار ١٩٧٩ حيث المادة الثالثة الفقرة ٣ نصت على ان تطبيع العلاقات يفضي إلى علاقات دبلوماسية كاملة . إذ ان المادة الأولى من الملحق الثالث نصت على تبادل السفراء بعد انتهاء الانسحاب الاسرائيلي من الأراضي المصرية . وقد تم ذلك في ٢٦ / شباط / ١٩٨٠. كما يمكن الإشارة بهذا الصدد إلى اتفاقية هافانا في ٢٠ شباط ١٩٢٨ حيث المادة الأولى منها قد أعلنت بان ((للدول الحق في ان تمثل نفسها عند الدول الأخرى من خلال مفوضين دبلوماسيين)). ينظر الملحق .

وهكذا حالة جمهورية كوبا حيث ان أغلبية الدول الموقعة على اتفاقية هافانا قررت قطع علاقاتها الدبلوماسية مطبقة توصية منظمة الدول الأمريكية. وافغانستان تعتبر إحدى الدول النادرة التي علقت معها بلجيكا علاقاتها الدبلوماسية . ان اتفاقية فيينا لا تتضمن أي مرجع في الادعاء بـ((حق التفويض)) وهذا ناتج عن موقف تشاوري لمحرري الاتفاقية والتي خرجت عنها الأعمال التحضيرية ونص المادة الثانية الذي حرر في الصيغة التالية :

((تنشأ العلاقات الدبلوماسية ما بين الدول وإرسال البعثات الدبلوماسية الدائمة تنشأ بناء على الاتفاق المتبادل بينهما)) .

وفي القانون الدولي ان اتفاق الدول المعنية يشكل اذا الأساس الوحيد لالتزاماتها:

فقط هذا المصطلح اقام وزنا للحقائق والخاصية السياسية لنشأة العلاقات الدبلوماسية . وان نشأة العلاقات الدبلوماسية هو عمل تقديري وحر في أعلى قمة هرم الاطراف المعنية بالاتفاقية .

٣- تدرجات العلاقات الدولية :

ان نص المادة الثانية من اتفاقية فيينا يميز بين وضعين إنشاء العلاقات الدبلوماسية وإرسال البعثات الدبلوماسية الدائمة . وفي الواقع فان الحالة الثانية لم تكن إلا تنفيذا للآليات التي رسمتها الأولى . وما بين الغياب الكامل للعلاقات الدبلوماسية وإرسال البعثات الدبلوماسية الدائمة فان التطبيق يتحقق من الأوضاع الوسيطة العديدة . وان الرفض الكامل أو الشامل لكل شكل من اشكال العلاقات الدبلوماسية ما بين الدول التي تعترف ببعضها البعض تبدو حالات نادرة . والمثال الكلاسيكي هو ذلك الذي يتعلق بلوتوانيا التي رفضت على اثر احتلال مدينة فلنا من قبل بولونيا في عام ١٩٢٠ إقامة كل اتصال سياسي مع هذه الدولة . وحتى الإنذار النهائي الذي أطلقته بولونيا في آذار ١٩٣٢ لإجبارها على التخلي عن موقفها . وفي آذار ١٩٦١، القرار الذي اتخذته الحكومة الإندونيسية وطلبت من الحكومة البريطانية التخلي عن تمثيل المصالح الهولندية في اندونيسيا. وان العلاقات ما بين هولندا واندونيسيا التي قطعت في اب ١٩٦٠ تسممت بخصوص الصراع الطارئ في غينيا الجديدة الغربية بدون السماح لأي دولة ان تحتل هذا الدور ليدل على الرغبة المتبادلة، وان هذه القطيعة لم تدم طويلا إذ سرعان ما تم استئناف العلاقات الدبلوماسية في آذار ١٩٦٣ .

ومما هو جدير بالإشارة هو ان العلاقات الدبلوماسية ممكن ان تنشأ بدون ان يتم إرسال بعثات دبلوماسية دائمة . إذ ان نص المادة الثانية من اتفاقية فيينا التي سبق ذكرها تميز بين وضعين . ومن الممكن بان الدولتين المتعاقدتان ان تنصان على انه لايوجد بينهما من علاقات إلا من خلال إرسال البعثات الفردية أو ان العلاقات سيتم ضمانها من خلال بعثة لدولة ثالثة (فرضية تمثيل المصالح) ومن الممكن ان تقيم البعثة الدائمة في عاصمة الدولة الثالثة (حالة البعثات المعتمدة لدى عدة دول مختلفة) في بعض الحالات المحددة فانه يمكن للموظفين القنصليين القيام بنشاطات دبلوماسية محددة . وان مرتبة أو المستوى التي أنشأته البعثات الدائمة يمكن ان يكون موضوعا لتدرجات : إذ ان رئيس البعثة يمكن ان يكون ببساطة قائم بالأعمال بدلا من الوزير أو السفير . وهكذا فان ممثلي الحكومة

البريطانية وايرلندا في بكين كانوا يتمتعون بهذا المستوى منذ عام ١٩٥٠ حتى ١٩٧٢ . وعلى ضوء ذلك فانه يمكن درج شدة العلاقات والتي يمكن تبريرها من خلال الرسائل مثل :

- الرفض المؤقت للموافقة .

والذي تمثل في رفض الحكومة الفرنسية قبول السفير اليوناني الذي حل محل السفير السابق بعد الانقلاب العسكري الذي قام في اثينا ١٩٦٧ . وكذلك عدم اجابة الحكومة الانغولية خلال ثمانية اشهر على طلب الموافقة للسفير الفرنسي .

- الرفض المؤقت بقبول اوراق الاعتماد .

إذ ان الرئيس الفرنسي فرانسوا ميتران رفض في عام ١٩٨٧ استقبال اوراق اعتماد سفير أفريقيا الجنوبية .

- تخفيض مستوى العلاقات الدبلوماسية إلى قائم بالأعمال .

وهو ما قامت به فرنسا في علاقاتها الدبلوماسية تجاه حكومة غانا وكذلك مع بولندا والاتحاد السوفيتي السابق ويوغسلافيا على اثر اعتراف هذه الدول بالحكومة الجزائرية المؤقتة في الوقت الذي اعترفت بهذه الحكومة في تلك الفترة حوالي ٣٨ دولة إلا ان باريس اختارت هذه الدول الأربعة فقط وقد واجهت تشيلي هذه الحالة من تخفيض مستوى العلاقات الدبلوماسية معها من قبل العديد من الدول على اثر الانقلاب العسكري الذي حدث في عام ١٩٧٣ ضد حكومة سلفاندور الندي . كما أقدمت الصين في كانون الثاني من عام ١٩٨١ تخفيض مستوى علاقاتها الدبلوماسية مع هولندا إلى قائم بالأعمال وذلك لقيام الحكومة الهولندية ببيع تايوان غواصتين . كما ان بروكسل بررت تخفيض مستوى علاقاتها الدبلوماسية مع هانوي إلى قائم بالأعمال بسبب دخول القوات الفيتنامية الأراضي الكمبودية.

- استدعاء رئيس البعثة ((للتشاور))

إذ في هذه الحالة لا يوجد سفير ولكن كل اعضاء البعثة باقون في اماكنهم والسفارة مستمرة في أداء أعمالها . والمثال الذي يعبر عن هذه الحالة ما قامت به باريس من سحب سفيرها من المغرب بعد مقتل بن بركة ، وكذلك قيام الأردن باستدعاء سفيرها من القاهرة عام ١٩٦٧على اثر خطاب عبد الناصر الهجومي ضد المملكة الهاشمية ، وما قامت به المانيا الغربية من استدعاء القائم بالأعمال وجزء من طاقم السفارة في غواتيمالا على اثر مقتل السفير الالماني ، وما قامت به تركيا من استدعاء من باريس على اثر قيام الحكومة الفرنسية بإنشاء نصب تذكاري للأرمن الذي ذبحوا خلال السلطة العثمانية ، وكذلك ما

قامت به المجموعة الأوربية (ماعدا فرنسا وإيطاليا) باستدعاء سفراءها من مدريد على اثر قيام الحكومة الاسبانية باعدام خمسة أشخاص من منظمة ايتا بالباسك .

- ويمكن ان يوجد سوء تفاهم ما بين الشركاء الامر الذي يترتب على ذلك الاستدعاء المتبادل لرؤساء البعثات الدبلوماسية ، بدون قطيعة في العلاقات . وهذا يشير إلى المزاج السيئ لكل دولة نحو الأخرى والرغبة في تجميد العلاقات ولكن ليس بالضرورة الوصول إلى حد القطيعة . والمثال على ذلك هو عندما استدعت الحكومة المصرية في عام ١٩٥١ سفيرها في لندن على اثر الموقف البريطاني من قضية قناة السويس والسودان. وبصورة عامة ، فانه عندما يتخذ مثل هذا النوع من القرارات ، فان الدولة الأخرى تلجأ لاتخاذ القرار نفسه . لاسباب سيادية أو المعاملة بالمثل ، إلا ان ما هو شاذ عن الممارسة المعتادة هو ان بريطانيا احتفظت بسفيرها في القاهرة .

- تخفيض فعالية البعثات ، وذلك استدعاء كل البعثة بدون قطع العلاقات الدبلوماسية. وهذا ما قامت به فرنسا في عام ١٩٨١ عندما خفضت فعالية بعثتها العسكرية في جيوكسلوفاكيا السابقة ، وعندما قامت الولايات المتحدة في اغلاق سفارتها في كمبالا في ١٩٧٣ ، في الوقت الذي احتفظت فيه الحكومة الاوغندية ببعثتها كاملة في واشنطن وممارسة نشاطها كاملة .

- تعليق العلاقات بدون قطعها .

إذ ان كندا علقت علاقاتها الدبلوماسية مع الغابون ، وطلبت من سفيرها المعين في ليبرفيل عدم تقديم اوراق اعتماده على اثر قيام الغابون بدعوة حكومة مقاطعة كيوبك بحضور مؤتمر وزراء التعليم الوطني في أفريقيا الفرانكوفونية وكذلك ما قامت به الصين في تعليق علاقاتها الدبلوماسية مع القاهرة أثناء الثورة الثقافية الصينية.

- في حالة قطع العلاقات ، فان هناك طرق مختلفة قد طرحت خلال الممارسة من اجل عدم قطع كل جسور الاتصال . إذ ان مصالح الدول التي قطعت علاقاتها الدبلوماسية تتطلب رعايتها من خلال أطراف ثالثة ، مما يترتب وجود بعثات مقيمة على اقليم الدولة التي قطعت معها العلاقات .

ثانيا : من الذي يمتلك أهلية المحافظة على العلاقة الدولية ؟

من هو صاحب الحق في هذه الأهلية الخاصة بالعلاقات الدبلوماسية ؟ عصران يجب التميز بينهما :

- عنصر موضوعي من جهة : إذ ان صاحب الحق في هذه الأهلية يجب ان يكون موضوعا للقانون الدولي ، يتمتع بشخصية دولية ، على الأقل مصغرة ؛

- وعنصر ذاتي من جهة أخرى : إذ ان إقامة العلاقات الدبلوماسية يفترض الاتفاق المتبادل للمواضيع المطروحة . وسنوضح بعض هذه الأوضاع حيث النزاع الموجود أو المفتعل بين هذين العنصرين أو الوضع الفعلي والقانوني . ((de facto,de hour)).

أ- العنصر الموضوعي : الشخصية الدولية .

ان أهلية الارتباط بعلاقات دبلوماسية تتعلق بالدرجة الأولى بالدول المستقلة وذات السيادة ، وهو الوضع الطبيعي . واستقلال الدولة يجب ان يكون فعليا (واقعيا) فعلى سبيل المثال ، فقد سبق وان تم وضع أرمينيا أمام الجلسة الأولى لمحكمة اثينا في ١٩٢٤ في مسألة العلاقات الخارجية لارمينيا إذ ان المحكمة التي استندت إلى حجة بان معاهدة سيفر ((Traite de Severes)) لم يتم المصادقة عليها ، اعتبرت بأنه لم يكن وجود لدولة ارمينية مستقلة ، وبالتالي فانه ليس من الممكن ان يكون لها سفراء .

وعندما احتلت ألمانيا من قبل الحلفاء بعد الحرب العالمية الثانية ، فان الحلفاء واستنادا إلى اعلان برلين في ٥ / حزيران - يونيو / ١٩٤٥ قرروا الاضطلاع بالسلطة العليا في المانيا . إذ أنها لم تكن في عام ١٩٤٥ دولة مستقلة ، وليس محكومة من قبل حكومة مستقلة . وان العلاقات الدبلوماسية لالمانيا مع الدول الأخرى قد تم تعليقها بمجرد استسلامها بدون شرط للحلفاء . وهم الذين تولوا مهمة تسوية كل القضايا التي تتعلق بعلاقات المانيا مع الاطراف الأخرى .

وفي حالة انصهار الدول، فان الدبلوماسية تصبح واحدة، وهو المثال الذي نقدمه من خلال عملية الوحدة الاندماجية ما بين مصر وسوريا تحت اسم الجمهورية العربية المتحدة ما بين ١٩٥٨ -١٩٦١ وكذلك في عملية اندماج زنجبار مع تنجانيقا تحت اسم تنزانيا ، والمثال المعاصر في الوحدة اليمنية في عام ١٩٩٠، وكذلك في الوحدة الالمانية في تشرين الأول ١٩٩٠.

وهناك من يرفض صفة الدولة وكل تمثيل دبلوماسي للوحدات العابرة إذ انه في عام ١٩٧٦ طالبت جماعة من السود في ولاية المسيسبي إنشاء جمهورية أفريقيا الجديدة Republic of new africa في مسيسبي لويزيانا ، جورجيا كلفورنيا الجنوبية . وعليه ، فان المحاكم الأمريكية رفضت منح أي حصانة إلى اعضاء هذه المجموعة . وفي عام ١٩٧٩، فان

المحكمة الفيدرالية الاسترالية رفضت طلب بعض الأشخاص بانشاء سفارة لكرواتيا في ضواحي كانبيرا .

وفي القانون الاستعماري ، فان المستعمرات أو الاقاليم غير المتمتعة بالحكم الذاتي لا تتمتع باي شخصية قانونية دولية خاصة وليس لها حق التفويض في المنظمات الدولية مثلا الهند ، وروديسيا الجنوبية . وان هذا القانون لم يبطل مفعوله إلا مع قرار ازالة الاستعمار ، حيث ظهرت بعض الاشكال لحق التفويض او التمثيل الدبلوماسي . إذ انه في إطار الاتحاد الفرنسي ، فان باريس عهدت إلى فيتنام في عام ١٩٤٩ وضع ((الدولة المستقلة العضو في الاتحاد الفرنسي)) فمن خلال تبادل الرسائل بين الطرفين فأن الحكومة الفرنسية وافقت على ان تمثل فيتنام من خلال بعثات دبلوماسية في عدد من الدول التي يجب ان تحصل على موافقة الحكومة الفرنسية .

وبالنسبة للاقاليم تحت الانتداب أو الحماية لاتتمتع بهذه الحقوق إلا مع حصولها على الاستقلال . حيث ان هذا الوضع كان سائدا بعد الحرب العالمية الأولى بشكل واضح إلا انه ما زال بعض الاقاليم تحت الوصاية ، وخصوصا الفرنسية ، الامر الذي دفع باربس في عام ١٩٨٧ الى الأعلان عن قرارها في عدم اقامة علاقات دبلوماسية مع الاقاليم الواقعة تحت الوصايا إلا بعد رفع هذه الوصاية . ومبدئيا ان الاقاليم الواقعة تحت السيادة المطلقة أو لا تتمتع ابدا بهذه الأهلية . إلا ان التطبيق سجل بعض الحالات الاستثنائية . إذ انه طبقا لنصوص معاهدة كوجك - كانبارج Kutechuk - Kainardj المبرمة في عام ١٧٧٤ بين السلطة العثمانية وروسيا ، فان إمارات مولدافيا وفلاشي سمح لها باعتماد قائم بالأعمال لدى الدول الأجنبية .

أما فيما يتعلق بالمحميات، فان نصوص الاتفاقيات المبرمة تنص على ان الدول الحامية تقبل احتكار ممارسة اختصاصات المحمية فيما يتعلق بالعلاقات الخارجية ، حيث الأمثلة التي قدمتها فرنسا تجاه المغرب وتونس خلال فترة الحماية . وكذلك علاقة انكلترا بمحمياتها في الخليج العربي . وحالة الاتحادات الخفيفة أدت الى انصهار السياسات الخارجية وممارسة الدبلوماسية الموحدة ، وهو المثال المتأتي من الاتحاد السويدي - النرويجي ١٨١٥ -١٩١٥ ، والنمساوية-الهنغارية ١٨٦٧-١٩١٨ . وبالمقابل في وضع الاتحاد الشخصي ، أي وجود دولتان متميزتان بشخصيتين قانونيتين متميزة حيث فقط رئيس الدولة هو العنصر المشترك .

وفي حالة الدولة الكونفدرالية ، الحقيقة بأنها تحتفظ بالاستقلال الدولي للدولل

المكونة منها ، تنطوي على تعددية في التمثيل الدبلوماسي ، وهو ما كان الحال بالنسبة لكونفدرالية الولايات المتحدة لامريكا الشمالية ١٧١٨-١٧٨ ، والكونفدرالية الجرمانية ١٨١٥-١٨٦٦ ، وكونفدرالية المانيا الشمالية ، ١٨٦٧ -١٨٧١ إذ ان كل دولة في الكونفدرالية تحتفظ بحقها في تمثيل خاص سواء كان بالنسبة للدول المتحالفة معها في الاتحاد الكونفدرالي أو مع الدول الأخرى .

في حالة الدولة الفيدرالية ، فان ذلك ينطوي بالمقابل على اختفاء الشخصية الدولية للدولة المكونة للاتحاد الفيدرالي لصالح الدولة الفيدرالية ، وهو المثال الذي قدمته الولايات المتحدة الأمريكية في ١٧ أيلول ١٧٨٧ وكذلك الاتحاد السويسري . وفي كل دولة فيدرالية يوجد تناقض ما بين حقيقة ان بعض الاختصاصات المادية قد منحت بشكل مفرط إلى الكيان الفيدرالي ، وحقيقة ان الكيان الفيدرالي يتمتع بشكل واسع بسلطة إقامة العلاقات مع الدول الأخرى . ولا يوجد امتداد خارجي في الاختصاصات الداخلية ، وهذه الحالة ادت إلى بروز توترات في الوضع الفيدرالي والمساهمة في المفاوضات الدولية ، وتنفيذ الالتزامات الدولية .

ومن المؤكد ، فقد ظهر من خلال الممارسة ، بان هذه التناقضات لم يجري تسويتها بشكل منتظم. إذ ان حالات منح الكيان الفيدرالي سلطة عقد المعاهدات قد أصبحت نسبيا متكررة . وبالمقابل ، فان وظيفة التمثيل الدبلوماسي والقنصلي قد أصبحت ذات طابع مركزي ولا سيما في استراليا، كندا، الولايات المتحدة ، سويسرا ، وفي حالة الاتحاد السوفيتي السابق حيث الأجهزة العليا التي احتفظت بحق إقامة العلاقات الدبلوماسية ، على الرغم من ان دستور ١٩٤٤ منح الحق إلى كل الجمهوريات الاتحادية. وقد شهدت العلاقات الدولية هو ان بعض الكيانات الفيدرالية بعثت مفوضين أو ممثلين للخارج لحماية مصالحها التجارية، السياحية ، ونشر المعلومات عن اقليمها (استراليا ، كندا حيث مقاطعة كيوبك) .

أما بالنسبة للوضع الدولي للكرسي الرسولي يبدو نسبيا معقدا من حقيقة ان البابا يجد نفسه يتمتع بشخصيتين دوليتين : الكرسي الرسولي ، فيما اذا اعتبرناه كرئيس ذو سيادة للكنيسة ، وتلك الشخصية لمدينة الفاتيكان ، فيما اذا اعتبرناه كرئيسا للفاتيكان . إذ ان القانون الايطالي الصادر في ١٣ مايو ايار ١٨٧١ . والذي أطلق عليه قانون الضمانات اعترفت للبابا بحق الاستمرار في استقبال مبعوثي الحكومات الأجنبية ، وارسال البعثات الدبلوماسية مع الدول الأخرى . كما عقدت بين ايطاليا ودولة الفاتيكان معاهدة لتران

Latran في ١١ / شباط / ١٩٢٩ ، التي نصت على ان للبابا سلطة على اقليم الدولة ، وتم تحديد موطنة الفاتيكان وسيادتها . وان تمثيل دولة الفاتيكان إزاء الدول الأخرى من اجل التوصل للمعاهدات أو بالنسبة للعلاقات الدبلوماسية تبقى من اختصاص الكرسي الرسولي حسب نص المادة الثالثة من القانون الأساس لمدينة الفاتيكان . وان الهيئات الدبلوماسية معتمدة لدى الكرسي الرسولي وليس لدى مدينة الفاتيكان . وبشكل متوازٍ ، فان الكرسي الرسولي هو الذي يمثل دبلوماسيا لدى الدول الأجنبية .

وبالنسبة للاشتراك لدى المنظمات الدولية ، في بعض الحالات ، فان هذا الاختصاص يمارس أحيانا من قبل الكرسي الرسولي (الأمم المتحدة بصفة مراقب) واحينا من قبل مدينة الفاتيكان ، وكذلك الوضع بالنسبة لتوقيع المعاهدات الدولية (الكرسي الرسولي وقع على معاهدات جنيف ١٩٤٩ ، فيينا ١٩٦١) . وهذه الحالات تعتمد على الكيفية التي ينظر فيها البابا إلى الأمور ، حيث انه يتحرك روحيا وسياسيا اذا كانت الحالة تستدعي ذلك .

ومن غير المشكوك فيه اليوم هو ان المنظمات الدولية العامة المتمتعة بالشخصية القانونية الدولية تستطيع ممارسة حقها في التفويض السلبي ، وحتى الإيجابي ، وان كل ذلك يعتمد على الأحكام التعاقدية الخاصة ، ومن نظرية السلطات الضمنية ومن الممارسة. وهذا ما سنلاحظه في الصفحات القادمة .

وان بعض الكيانات غير الدولتية غير الكرسي الرسولي فإنها كانت أيضا موضوعا لحق التفويض على الاقل السلبي المحدد ، إذ انه ما بين الحربين ، فان مقاطعة دانزك Dantzig استقبلت ممثل دبلوماسي بولوني وصف بالقوميسار العام . وبالنسبة للباقي ، فان بولونيا هي التي اضطلعت بالعلاقات الخارجية لمقاطعة دانزك التي لا تتمتع بشخصية قانونية خاصة . وقد كانت لدى مجلس مراقبة الحلفاء اثنتا عشر بعثة عسكرية ، وهو المجلس الذي يمارس السلطة العليا في برلين وان السفير البلجيكي في بون كان في نفس الوقت رئيسا للبعثة العسكرية البلجيكية .

وكذلك الحال بالنسبة لحركات التحرر الوطني ، فإنها أيضا تمارس حق التفويض السلبي والايجابي إذ ان الاعتراف ببعض الحركات بالشخصية القانونية الدولية اصبح حقيقة مكتسبة في القانون الدولي العام المعاصر ، وما زالت بشكل اختياري ، بالنسبة للشعوب المناضلة ضد الاستعمار ، وضد الحكومات العنصرية وضد الاحتلال الاجنبي .

إلا ان كثير من الحكومات الغربية انكرت هذا الحق على الكثير من الحركات التحرر وخصوصا خلال الحرب الباردة ، وهي الحركات التي اصطفت مع المعسكر الاشتراكي ، أو التي حاربت القوى الصهيونية في احتلالها لفلسطين ، مثل منظمة التحرير الفلسطينية التي كانت تتمتع بالشخصية القانونية الدولية ، وبكامل الوضع الدبلوماسي في كل الدول العربية واليونان ، وأسبانيا وكل الدول الافريقية . إلا انه في بعض الدول لم يكن لديها إلا مكتب اعلامي واتصال بدون وضع دبلوماسي .

وبالنسبة لفرنسا ، فانه منذ الخامس من كانون الثاني / يناير / ١٩٨٩ ، فان باريس قررت رفع مستوى ((التمثيل الدبلوماسي)) لمكتب منظمة التحرير الفلسطينية إلى المفوض العام لفلسطين (بدون وضع دبلوماسي) . وقد حذت بلجيكا حذو فرنسا ، إذ قررت في ٤ / آذار – مارس / ١٩٩٣ رفع مستوى التمثيل لمنظمة التحرير . وبعد عام ١٩٨٩ عندما قررت منظمة التحرير اعلان الدولة الفلسطينية فقد اعترفت بها العديد من الدول التي اقامت معها العلاقات الدبلوماسية. وكذلك الحال بالنسبة لجبهة البوليساريو ، التي تم الاعتراف بها كدولة (RASD) من خلال اغلبية منظمة الوحدة الافريقية ، ويوجد لها سفراء في العديد من الدول ومكاتب اتصال في دول أخرى .

ب- العنصر الذاتي - الاتفاق المتبادل للمواضيع المطروحة

لاجل ان ترتبط الدولتان بعلاقات دبلوماسية ، فانه ليس بكاف ان تكون هاتان الدولتان موضوعا في القانون الدولي ، ولكنه يتوجب أيضا ان تتوفر الرغبة لديهما في إقامة هذه العلاقات ، والذي ينطوي على انه تعترف أحدهما بالاخرى وبشكل متبادل. وهذا يتطلب تحديد العلاقات الموجودة ما بين إقامة العلاقات الدبلوماسية والاعتراف .

١- إقامة العلاقات الدبلوماسية ينطوي على الاعتراف

ان نشاة العلاقات الدبلوماسية ، بمعنى ارسال البعثة الدائمة ، ينطوي ، مبدأيا ، على الاعتراف في الوقت نفسه بالدولة المعتمدة لديها وبحكومتها .

وكثيرا جدا بان الإعلان من خلال بيان مشترك لقرار إقامة العلاقات الدبلوماسية هو دليل على الاعتراف بالدولة الجديدة - وهو ما تم ملاحظته في البيان المشترك البلجيكي – الصيني في ٢٦ اكتوبر - تشرين الأول / ١٩٧١ ، وكذلك البيان المشترك ما بين بلجيكا والمانيا الديمقراطية في ٢٧ / ديسمبر - كانون الأول / ١٩٧٣ .

وان الاعتراف يمكن أيضا يتزامن مع تسليم أو قبول اوراق الاعتماد . وهذه تبين رسميا التكييفات القانونية التي تطالب بها الدولة أو الحكومة التي فوضت مبعوثا والدولة أو الحكومة التي استقبلت المبعوث . ان ارسال أو قبول اوراق الاعتماد اقام مقام الاعتراف الضمني في كل الذي يتم الاشاره اليه . إذ ان الولايات المتحدة الأمريكية اعترفت ضمنيا بعدة حكومات ثورية فرنسية من خلال قبولها لاوراق اعتماد ممثليها في عام ١٧٩٣ .

وفي حالة تغير الحكومة في الدولة المعتمدة لديها فان ذلك ينتج عن أسلوب مزعج . إذ ان الاحتفاظ بالبعثة الدبلوماسية في مكانها لايعني بالضرورة الاعتراف بهذه الحكومة. والبعثة التي تقتصر مهماتها أحيانا على الاتصالات الرسمية البسيطة والخاصة لاتقوم إلا على القضايا الملحة والروتينية أو أنها تغيب عن كل اتصال مهما يكن مع السلطات الجديدة . وهذا ما التجأت اليه البعثة الدبلوماسية في بلجيكا خلال الانقلاب العسكري في بوليفيا ١٩٧٩ عندما غاب رئيس البعثة عن أي اتصال مع قادة الانقلاب . ولكن مثل هذه المواقف تؤدي إلى عدم تسامح الحكومة الجديدة مما يدفعها إلى اجبارها على الاعتراف أو غلقها للبعثة الدبلوماسية ، إذ ان الاحتفاظ بالبعثة الدبلوماسية في عاصمة الدولة المعتمدة لديها يصاحبه اتصالات رسمية مع الحكومة الجديدة فانه يعبر عن رغبة الاعتراف بهذه الحكومة . وهو ما حصل عند استلام جنرالات الجيش في اليونان السلطة . إذ ان الموافقة على ارسال البعثة إلى الحكومة الجديدة وكذلك في قبول اوراق الاعتماد التي تنقلها أو تسلم الرسائل التي تبعث بها يحل محل الاعتراف بالحكومة الجديدة . وان هذا يكشف حدود النظرية المؤيدة في بعض الدول بأنها لا تعترف بالحكومات ولكن فقط بالدول . وهو ما قامت به فرنسا واعلنت عنه في انقلاب جنرالات الجيش في اليونان اكتوبر / ١٩٦٨.

ومثلما اكدنا بان إقامة العلاقات الدبلوماسية ينطوي ، من حيث المبدأ ، على الاعتراف في هذا المجال ، مثلما في المجالات الأخرى ، فان رغبة الاطراف هي أساس الاعتراف . واذا اصرت دولة ما في إقامة العلاقات الدبلوماسية على بعض التحفظات حول الاعتراف ، فان هذه الرغبة تتحول حتما إلى قانون . واذا ذهبت مسألة إقامة العلاقات الدبلوماسية بالاعتراف الضمني ، فان ذلك لم يكن قرينة لا تنقص ، فانه يخضع لبرهان الرغبة المتناقضة .

٢- الاعتراف بالدولة -أو الحكومة- لا ينطوي بالضرورة على إقامة العلاقات الدبلوماسية

من الجائز الاعتراف بدولة أو بالحكومة بدون إقامة العلاقات الدبلوماسية معها

وهذا ماحصل بين الصين واسرائيل عام ١٩٥٠ ، وكذلك بين الهند واسرائيل في السنة نفسها ، وذلك عندما اعترفت الدولتان الصينية والهندية بإسرائيل ، إلا انهما امتنعتا عن القامة العلاقات الدبلوماسية معها إلا في عام١٩٩٢، وكذلك بلجيكا التي امتنعت عن إقامة علاقات دبلوماسية مع النظام الشيوعي الالباني إلا في ١٩٧١ كما ان بلجيكا اعترفت بدولة غينيا يساو في اب/ ١٩٧٤، وكذلك بانغولا ١٩٧٥ ، إلا أنها لم تقم علاقات دبلوماسية معهما.

٣- ان لم يوجد اعتراف لا علاقات دبلوماسية

منطقيا ، ومن خلال ملاحظة كل تاريخ العلاقات بين الدول ، قديما وحديثا ، إذا لم يوجد اعتراف بالدولة لا وجود لعلاقات دبلوماسية معها . وهذا ما حصل بالنسبة للدول العربية عشية قيام اسرائيل ، إذ ليس هناك من دولة اعترفت بها ، وبذلك انعدمت معها كل اثر للعلاقات الدبلوماسية ، وتغير الحال بعد اتفاقيات كامب ديفد التي نصت على الاعتراف واقامة العلاقات الدبلوماسية . وكذلك بالنسبة للنظام العنصري في روديسيا وحاليا مع جمهورية قبرص التركية التي لم تحض باعتراف أي دولة ما عدا تركيا وحدها . وكذلك لوضع كوريا الشمالية وموقف الدول الغربية منها ، وجمهورية المانيا الديمقراطية ، حتى بداية السبعينات وتايوان الآن ، حيث ان من شروط إقامة علاقات دبلوماسية مع جمهورية الصين الشعبية هو عدم الاعتراف بالوضع القانوني لنظام تايوان كدولة مستقلة ذات سيادة .

ومن الأولى أيضا بان عدم الاعتراف بالكيانات الوهمية التي تدعي بأنها دولة، فان ((المعتمدين)) لديها من العبث ان يطالبوا بامتيازات أو حصانات إذ ان الولايات المتحدة من خلال القرار الذي اصدرته عام ١٩٨٤ رفضت الاعتراف بأي نوع فيما يتعلق بالحكومة المؤقتة لجمهورية أفريقيا الجديدة أو أي صفة دبلوماسية ، ولا تمنح أي امتيازات أو حصانات للبعثات المعتمدة لديها .

وكذلك الحال فان الدول التي تبقى أمينة في تطبيق الاعتراف بالحكومة لايمكنها إقامة علاقات دبلوماسية مع هذه الحكومات إذ لم تعترف بها . إذ ان الولايات المتحدة وعلى اثر التغير في حكومة المكسيك في عام ١٩٢٢ قررت عدم الاعتراف بالإدارة الحكومية الجديدة ، وجمدت العلاقات الدبلوماسية مع هذه الحكومة الجديدة . كما ان الحكومة الأمريكية لم تعترف بالوضع القانوني للسفير الاسباني الذي قدم اوراق اعتماده على أساس انه يمثل نظام فرانكو ، لان واشنطن قد أعلمته بأنها لا تعترف بالنظام الذي جاء في عام ١٩٣٧ .

والموقف التقليدي لبلجيكا هو أنها لا تقيم أي علاقات رسمية مع الأنظمة المنبثقة عن ثورات حتى الاعتراف الرسمي بالحكومة الجديدة .

وبخصوص الاعتراف بالحكومة فالواقعية تذهب به نحو الشرعية ، وبالرجوع ، بهذا الصدد إلى موجز القانون الدولي للمؤلف دو فاتيل DE Vattel يطرح القضية لمعرفة ((فيما اذا الأمم الأجنبية تستطيع استقبال السفراء والوزراء الآخرين قسرا ، وترسل لها ممثليها ؟)) يجيب : ((ان القوى الخارجية تتبع هنا الهيمنة في الحث على استضافة مبعوثها)) إذ ان الكاردينال مازارين Mazarin اجبر على استقبال مبعوث كردوميل كسفير لجمهورية انكلترا ، ولم يرغب في رؤية الملك شارل الثاني ولا وزراءه. والمسالة لم تكن إلا في مظهرها البسيط بالنسبة للدول (فرنسا ، انكلترا ، المانيا ، كندا ، سويسرا) التي أكدت بعدم اعترافها بالدول وتمتنع عن أي اعتراف بالحكومات ، وان أي حكومة تأتي عن طريق الانقلاب العسكري فانه يجب اتخاذ القرار - بدلا من الاعتراف - فيما اذا اريد الاحتفاظ أو لا بالعلاقات الدبلوماسية مع هذه الحكومة . إلا أن الحكومة البلجيكية قد أعلنت موقفها الواضح في مجلة وزارة الخارجية في عددها الصادر عام ١٩٧٤ تحت رقم ١ ما بين الصفحات ٤٥ -٤٤٥ ، والتي جاء في قسم منها : على غرار ما تتخذ الدول الأخرى فرنسا والمانيا ، فان بلجيكا تعترف بالدول والحكومات . وفي اللحظة التي يتم فيها الاعتراف بالدولة فان مسالة الاعتراف بالحكومة لا يثير أي اهتمام .. ولكن فان إقامة العلاقات الدبلوماسية مع أي دولة لا ينطوي أبدا الإقرار بحكومتها وبسياستها ، وبايديولوجيتها ؛ ومثل هذه العلاقات تبدو ضرورية للمسار الطبيعي لعلاقاتنا الخارجية وللدفاع عن مواطنينا ومصالحنا في الخارج)) .

ان التطبيق الشبه التلقائي للاحتفاظ بهذه العلاقات الناتجة عن هذا الموقف يبرر من خلال أسباب فعلية : من غير الجائز الادعاء بان إقامة العلاقات الدبلوماسية لا تنطوي على أي إقرار بالأنظمة ، فالخاصية الاعتيادية لهذا التبرير يستبعد في الحالات النادرة التي لا تقام فيها علاقات دبلوماسية (هذا ما حصل مع فيتنام مع بعض الدول ، ومع افغانستان حيث تعاقب الأنظمة والحكومات) .

٤- قبل الاعتراف ، العلاقات الدبلوماسية

في اللحظة التي توجد فيها سلطة فعلية ، ومهما كانت الأسباب تبرر عدم الاعتراف وتحمل غياب العلاقات الدبلوماسية ، فان الدول الأخرى لا يمكن ان لا تأخذها بنظر

الاعتبار إذ ان مصالح رعاياها يجب ان تتم حمايتها إضافة إلى مصالحها الاقتصادية ، وكذلك استمرار الاتصالات السياسية القائمة . وكما سنلاحظ في الصفحات القادمة ، فان تأسيس دولة جديدة وبالأحرى حكومة جديدة لا يستبعد الاحتفاظ بقناصل في الدول الأخرى . ولكن هذا يتضح أحيانا بأنه غير كاف وعندما يتم التفكير بإقامة علاقات رسمية ذات طبيعة سياسية اكثر .

إذ ان الولايات المتحدة بعثت إلى جمهوريات البلطيق ممثليها في عام ١٩١٩ ولكن لم تعترف بهذه الجمهوريات إلا في ١٩٢٢ . وهناك أمثلة عديدة فيما يتعلق بالحكومات الجديدة، والحروب الأهلية ، والدول المقسمة .

في حالة الحرب الأهلية ، بما ان الاعتراف الممنوح إلى الحكومة ((الشرعية)) لاينسحب لمصلحة الحكومة الجديدة ، فقط الممثلين الدبلوماسيين للحكومة ((الشرعية)) يمثلون الدولة المعتمدة ، ويستطيعون المطالبة بحق تمثيل هذه الدولة في كل مصالحها ، تمثيل عادل ، أشغال المقر الدبلوماسي ، حيازة الارشيف ، والموارد الأخرى للدولة وبالمقابل ، بمجرد الاعتراف الممنوح إلى الحكومة الجديدة ، فان مبعوثيها يمثلون فقط الدولة المعتمدة. وقد جرت في باريس حادثة في ١٢ / آذار / ١٩٦٦ تتعلق ببعثة جمهورية الصين (تايوان) في اليونسكو . إذ عندما اعترفت فرنسا واقامت العلاقات الدبلوماسية مع جمهورية الصين الشعبية في كانون الثاني ١٩٦٤ ، فان دبلوماسيي تايوان حولوا مباني السفارة إلى ممثلية دائمة لتايوان في اليونسكو . موضحا ان السفارة تعود للدولة الصينية وطبقا لفرنسا فان نظام تايوان لم يعد ممثلا لديها . وطالبت السلطات الفرنسية بسحب الأفراد الذين احتلوا المبنى . وقدمت لهم مباني أخرى من قبل الجمهورية الفرنسية . وأمام رفضهم ، فقد وجه إليهم تحذيرا انتهى في ١١ / آذار / ١٩٦٦ ، الأمر الذي دفع قوات البوليس اقتحام المبنى بمصاحبة موظفين من وزارة الخارجية وطردوا أعضاء البعثة الدبلوماسية لتايوان . وقد أيدت اليونسكو هذا الأجراء من قبل المجلس التنفيذي .

وفي الواقع ، فان عدم الاعتراف لاينطوي على غياب شامل للاعلاقات ، والتي يمكن ان تأخذ مختلف الأشكال ، حيث يمكن تصنيف من بين (البعثات الخاصة)) :-

- البعثات التجارية ، وهو ما تتمتع به البعثة التابعة لجمهورية كوريا الديمقراطية في فرنسا، وكذلك قبل تطبيع العلاقات ما بين دول أوربا الشرقية ودول أوربا الغربية . وما يحصل حاليا للبعثات الإسرائيلية في المغرب ، تونس ، وعمان ، وقطر .

- المعتمدون الدائميون ، وهو ما يتمتع به هؤلاء في فرنسا منذ كانون الأول ١٩٨٤ .

- تعين (معتمد) وما حصل بين هولندا والحكومة الثورية المؤقتة في فيتنام الجنوبية في نيسان ١٩٧٥ .

- افتتاح ((ممثلية)) وهو ما كانت تمثله جمهورية فيتنام الديمقراطية التي حولت هذه الممثلية إلى سفارة في عام ١٩٧١ بموافقة الحكومة البلجيكية .

- إقامة مكتب اتصال ، حالة الولايات المتحدة في بكين عام ١٩٧٣ .

- المكتب الإعلامي ، وهو المكتب الذي افتتحته جبهة التحرير الوطنية في فيتنام الجنوبية في فرنسا عـام ١٩٦٨ في الفترة التي لا تعترف فيها باريس إلا بحكومة جمهورية فيتنام

- معهد، عندما قامت الولايات المتحدة بالاعتراف بجمهورية الصين الشعبية وقطع علاقاتها الدبلوماسية مع نظام تايوان، حولت سفارتها في تايبيه إلى((المعهد الأمريكي في تايوان)) والذي سمح لـه بمتابعة ((العلاقات التجارية والثقافية ، والمجالات الأخرى مـا بين شـعب الولايات المتحـدة وشعب تـايوان)) والمعهد الأمريكي((American Institll)) تمت أدارته من قبل دبلوماسي محال على التقاعد مع عدد مـن المستخدمين ويتمتعون بسلطات قنصلية ، وله الحق في عقد اتفاقيات مع تايوان ، أما نظام تابيه فقـد احتفظ في الولايات المتحدة بكل الحقوق التي سبق وان منحتها الولايات المتحدة لنظام تـايوان في السابق بحيث ان تايوان لم يعترف بها كما كانت . أما سفارتها في واشنطن فقـد تحولـت إلى ((مجلـس التنسيق لشؤون أمريكا الشمالية)) وان هذين المؤسستين ، الخاصتان تمتعتا بالامتيازات والحصانات.

- الممثليات الدائمة، وقد نشأت هذه الحالة من خلال البروتوكول لاتفاقيـة ١٤/ آذار–مارس / ١٩٧٤ ، إذ قررت المانيا الغربية والمانيا الديمقراطية بهدف إعطاء ميزة خاصة لعلاقاتهم بتبادل الممثليـات الدائمـة ما بينهما ، حيث تم تطبيق اتفاقية فيينا في ١٨ نيسان / ١٩٦١ .

٥- في التطبيق الاعتراف بالحكومات أو الدولة يلازمـه في اكثر الأحيـان عـرض بافتتـاح علاقـات دبلوماسـية أو الإعلان عـن اتفاقية ما بين الدولتين .

- الاعتراف بالحكومات

لقد قررت حكومة الجمهورية الفرنسية وحكومة جمهورية الصين الشعبية في اتفاقية مشتركة إقامة العلاقات الدبلوماسية وتوصلتا نتيجة لذلك إلى تعيين السفراء

في فترة ثلاثة اشهر . وكذلك الحال ما بين بلجيكا وجمهورية الصين الشعبية حيث قررتا الاعتراف المتبادل واقامة العلاقات الدبلوماسية ابتداء من ٢٥/اكتوبر/١٩٧١ ، وتبدل السفراء في غضون ثلاثة اشهر .

ومن الطبيعي ، فان الاعتراف بالدولة يلازمه إقامة العلاقات الدبلوماسية مع الدولة الجديدة وهو ما حصل بالنسبة للدول التي انفصلت عن الاتحاد السوفيتي السابق، وكذلك بالنسبة للدول التي خرجت من الاتحاد اليوغسلافي ، حيث ان الاعتراف بها من قبل الدول الأخرى فتح المجال بشكل طبيعي في إقامة العلاقات الدبلوماسية .

٦- قطع العلاقات الدبلوماسية بدون سحب الاعتراف

وهذا الإجراء الذي تلجا إليه بعض الدول في الأوضاع الطبيعية وغير الطبيعية الهدف منه هو سحب الاعتراف بالحكومة ، وهو ما اقدم عليه العراق في قطع علاقاته الدبلوماسية مع عدد من الدول خلال حرب ١٩٩١ ، وكذلك قيام بعض الدول العربية بقطع علاقاتها الدبلوماسية مع فرنسا وبريطانيا خلال العدوان الثلاثيني عام ١٩٥٦ ، وكذلك قطع العراق لعلاقاته الدبلوماسية مع المانيا الغربية والولايات المتحدة في حرب ١٩٦٧ . وبالمقابل فان الاعتراف يمكن ان يلغى أو يصبح غير قائم في حالة اختفاء الدولة ، كما هو الحال بالنسبة لجمهورية فيتنام الجنوبية ، حيث ان الاعتراف بها وقطع العلاقات الدبلوماسية معها اصبح لا اثر له بعد اختفاءها من الخارطة السياسية .

ج- النزاع ما بين الواقعية والشرعية الدولية

مثلما لاحظنا في الصفحات السابقة ان إقامة العلاقات الدبلوماسية عمل تقديريي وحر مثل الاعتراف ومع ذلك لاحظنا بان إقامة العلاقات الدولية عمل ينطوي على الاعتراف بالأوضاع " De jure , De facto " وجود الدولة الحكومة وامتدادها الإقليمي .. الخ .

ماذا سيحدث اذا كان موضوع هذا الاعتراف الضمني اعترافا غير شرعي دوليا؟ فالمسالة كما درسناها في الصفحات السابقة هي مسالة الاعتراف بالدولة ، ووجود الالتزامات في عدم الاعتراف بوضع ينتهك القاعدة الجوهرية للقانون الدولي ، ولا سيما مبدأ عدم التدخل ، وحظر اللجوء إلى القوة وحق الشعوب في تقرير مصيرها .

واذا كان التطبيق الدولي التلقائي لاقامة العلاقات الدبلوماسية يمكن ان يطمح أيديولوجيا وسياسيا إلى تبرير مؤسسي على فاعلية تقتصر على علاقات مع السلطة

الفعلية بدون ان يحمل حكما على شرعيتها الداخلية . وان هذه العلاقات سوف لا تكون بنفس الاتجاه إذا كانت الواقعية التي نعترف بها هكذا هي وضع دولي غير شرعي .. وفي فرضية مماثلة فان الوضع غير الشرعي لا يمكن ان يتركز على واقعية وحدها من اجل الركون إلى الاعتراف .

ان الوضع غير الشرعي - وحتى الواقعي - لا يمكن ان يعترف به وسنحاول توضيح المبدأ من خلال بعض الأمثلة .

١- الضم

ان ضغط الدولة التي تضم إليها دولة أخرى عن طريق القوة ، تجبر الدول الأخرى على غلق سفاراتها ومفوضيها المقيمة لدى الدولة التي ضمتها وحل محلها عند الضرورة من خلال قنصليات عامة . وهو ما قامت به ايطاليا عندما ضمت اثيوبيا ، وألمانيا تجاه النمسا ، والاتحاد السوفيتي في البلطيق . وان هناك عدد من الدول الأخرى التي لا تعترف بهذا الضم، فإنها تستمر في الاحتفاظ بالبعثات الدبلوماسية لهذه الدولة التي جرى ضمها ومنح مبعوثيها الامتيازات والحصانات الدبلوماسية . إذ ان المفوضين الدبلوماسيين الجيكوسلوفاكيين في فرنسا وبريطانيا وفي الولايات المتحدة استمروا في ممارسة وظائفهم بالرغم من الاحتلال الالماني لبلدهم في عام ١٩٣٤ . كما ان هناك من الحالات التي تفرض فيها الدول الأخرى عملية الضم التي تقوم بها أحد الدول لأراضي محتلة وتجعل منها عاصمة لدولتها ، وهو ما قامت به إسرائيل عندما أعلنت ضم القدس وتحويلها عاصمة لها بدلا من تل ابيب الأمر الذي أدى إلى رفض جميع الدول الممثلة لديها بنقل سفاراتها إلى ((العاصمة الجديدة)) ما عدا عدد قليل من الدول .

٢- الاحتلال غير الشرعي

لا يمكن الاعتراف بالاحتلال غير الشرعي . ويترتب عليها التزامات بالنسبة للدول الأخرى . إذ ان العديد من الدول تلجا إلى إيقاف العلاقات الدبلوماسية مع التي تحت الاحتلال وهو الحالة التي التجأت بلجيكا بالنسبة لافغانستان عند دخول القوات السوفيتية إلى كابل في عام ١٩٧٩ وكذلك الحال في كمبوديا عندما دخلت القوات الفيتنامية . وكذلك التجأت فرنسا وبريطانيا إلى نفس الموقف تجاه كمبوديا .

٣- الاعترافات السابقة لاوانها

ان مبدأ عدم التدخل يحظى أيضا عدم الاعتراف - من خلال إقامة العلاقات الدبلوماسية - بالتغيرات الحكومية التي ما زالت غير فعلية . وهذا الذي يمكن ان نطلق عليه بالاعترافات السابقة لأوانها .

٤- الأوضاع المخالفة لحق الشعوب في تقرير مصيرها

وهذا ما يمكن ملاحظته في الصفحات القادمة من ان مجلس الأمن والجمعية العامة حظرت الاعتراف أحيانا بالأوضاع غير الشرعية وخصوصا فيما يتعلق بإقامة العلاقات الدبلوماسية مع الكيان غير الشرعي. والمثال الواضح على ذلك والذي شهدته العلاقات الدولية هو مع روديسيا الجنوبية ، وكذلك مع دولة قبرص التركية في شمال جزيرة قبرص . وبالمقابل فانه يمكن رؤية إقامة أو الاحتفاظ بعلاقات دبلوماسية مع كيانات لم تكن حصلت على الوضع الفعلي ، حتى وان كانت دوليا تتمتع بوضع شرعي .

أ- الحكومات في المنفى ، وهي الحالة التي تنشا نتيجة وقوع دولة تحت الاحتلال حيث تلجا حكوماتها إلى تشكيلها في المنفى . وقد تكررت هذه الحالات في الحرب العالمية الأولى والثانية ، حيث حكومة فرنسا الحرة . إذ انه خلال الحرب العالمية الثانية بعض حكومات دول الحلفاء التي احتلت من قبل القوات الألمانية التجأت إلى لندن ، وخصوصا حكومة بلجيكا ، اليونانية ، الهولندية ، النرويجية ، البولونية ، الجيكية ، اليوغسلافية . وعلى الرغم من فقدان صفة الوجود الفعلي على أراضيها ، فان هذه الحكومات لا يبقى لها على الاقل فقد التمثيليات الشرعية من وجهة نظر القانون الدولي ، وان ذلك بالصفة المحددة بان الهيئات الدبلوماسية تتابع نشاطها من لندن .

وهذه الحالة لوحظت بالنسبة للجنة الفرنسية للتحرر الوطني CFLN ، التي تم الاعتراف بها في ٢٣ / أيلول / ١٩٤٣ في لندن ومنحت صفة السفير بينما مثل السيد Duff cooper الحكومة البريطانية لدى اللجنة الفرنسية للتحرير الوطني في الجزائر حيث حتى تلك اللحظة لم تكن CFLN تمثل الحكومة المؤقتة للجمهورية الفرنسية .

ب- حركات التحرر الوطني

ان حالة الحكومة المؤقتة للجمهورية الجزائرية قد أثارت نقاشات حادة في هذا المجال . حسب المفاهيم التقليدية للقانونيين الفرنسيين ، فان الحكومة المؤقتة التي

أعلنت في القاهرة، واعترفت بها الدول الأخرى ، كان ينقصها الإقليم وحق التصرف بالاختصاصات التي تشكل جوهر كل حكومة . وبتاريخ ٣٠ حزيران / ١٩٦٢ أي عشية الاستفتاء على حق تقرير المصير ، فقد تم الاعتراف بالحكومة المؤقتة من قبل ٣٦ دولة ، ومن بين هذه الدول ، بعض منها لا ترتبط بعلاقات دبلوماسية مع فرنسا ، واستقبلت الممثلون الدبلوماسيون للحكومة المؤقتة للجمهورية الجزائرية .

ومن هذه الحالة فان القانون الدولي وثق نهائيا مسالة الاعتراف بالشرعية الدولية لبعض حركات التحرر الدولية ، وهذا الذي برر إقامة مع ممثليها العلاقات الدبلوماسية حتى وان كانت حقيقة وجود هذه الحركات ناقصة ، وهو ما طبق بالنسبة للمستعمرات البرتغالية وحركات التحرر فيها ، وكذلك الحال مع منظمة التحرير الفلسطينية والبوليساريو.

٥- العلاقات الدبلوماسية والمعاملة بالمثل

من المؤكد بان مبدأ المعاملة بالمثل مع الاتفاق المتبادل ، يمثل أحد أعمدة القانون الدولي . اليس من المفروض معرفة ما هي حدود هذا المبدأ ومختلف طرقه في التطبيق .

مبدأ عدم التمييز

بعض مواد اتفاقية فيينا لعام ١٩٦١حددت وجود واجب عدم التمييز بصدد المواد الخاصة (المادة ١١، فقرة الثانية حول عدد من فئات الموظفين في البعثات أو المواد ١٣، ١٤ المتعلقة بتسليم رسائل الاعتماد ، وترتيب رؤساء البعثات) . وقد تم التعبير عن المبدأ في غايات تبدو عامة من الفقرة الأولى للمادة ٤٧ .

((عند تطبيق نصوص هذه الاتفاقية الحالية - ١٩٦١ - فعلى الدولة المعتمدة لديها ان لا تفرق في المعاملة بين الدول)) .

وفي الواقع ، ان جوهر هذا المبدأ يكمن في مبدأ المساواة في حق الدولة وفي رؤية واقعية ، وحتى تشنجية ، فان المعاملة بالمثل هي الأخرى الأكثر اغراء والاكثر فعالية في القانون الدبلوماسي . والمادة ٤٧ تطبق بالتحديد مبدأ المعاملة بالمثل أو عدم التمييز ليس فقط في مجال الامتيازات والحصانات ولكن في كل مواد الاتفاقية ، وهكذا فان ما سنلاحظه ، بأنه ما عدا الاتفاق المتبادل حول الحلول المتناقضة ، فان المعاملة بالمثل تقتصر على إرسال البعثات الدائمة ، ومستوى هذه البعثات ، ووضعية رؤساء البعثة ما

عدا الأمور التي تتعلق بالمراسيم وحق الصدارة ، وحجم بعثات الدول بالمستويات المقارنة .. الخ . ولكن ما يبدو فيه مبدأ المعاملة بالمثل اكثر وضوحا ويلعب دورا كبيرا هو في مجال الامتيازات والحصانات سواء كان للبعثات أو لملاك هذه البعثات .

تنظيم المبدأ

دائما وحسب نص المادة ٤٧ من اتفاقية فيينا لعام ١٩٦١ ، إذ ان الفقرة الثانية قد نصت ، مع ذلك ، فإنها سوف لا تعتبر تميز في المعاملة :

أ- بان الدولة المعتمدة لديها تطبق أحد نصوص الاتفاقية بشكل ضيق بسبب تطبيقه على بعثتها في الدولة المعتمدة .

ب- إذا استفادت الدولتان بشكل متبادل ، من خلال العرف أو عن طريق الاتفاق ، بمعاملة افضل بما تقتضيه نصوص هذه الاتفاقية)).

فهذه الفقرة (ب) لا تثير أي صعوبة : إذ أنها أباحت منح من خلالها الاتفاقات ما بين المستفيدين معاملة افضل من التي تنص عليها الاتفاقية . ولكن الالية ، وابتداء من أنها تكون سهلة المنال لكل الذين يرغبون بالمشاركة – على غرار مبدا الدولة الأولى بالرعاية - يجب ان تكون مصادق عليها مبدئيا .

وهناك اتفاقيات موجودة لمنح الامتيازات الأكثر اتساعا بالنسبة للاشخاص غير الدبلوماسيين في البعثات ، فيما يتعلق بالضرائب ، الرسوم الكمركية مثلا . ان دول مختلفة – مثل بريطانيا - وافقت على تعويض تلقائي لكل ضرر يصيب البعثة الدبلوماسية في ظرف حيث مسئوليتها لم تكن متورطة في ذلك ، وذلك عن طريق التسديد exgration وعلى أساس المعاملة بالمثل .

والفقرة (أ) في أعلاه تمثل تفسيرا اكثر حساسية أي ما يقصد بالتطبيق الضيق من خلال المعاملة بالمثل ، وينتج عن ذلك أعمالا تحضيرية للاتفاقية بان مشرعيها لم ينتظروا من هذا الأسلوب ان يسمح بخرق الاتفاقية من خلال طريق المجازاة بالمثل ولكن فقط ان يسمح بالتطبيق الضيق عن طريق الرد .

ومن الجدير بالذكر ، فان الرد هو التطبيق عن طريق المعاملة بالمثل لفعل لا يتناقض مع القانون الدولي بينما الثأر يمثل تصرفا مخالفا للقانون الدولي .

وهنا ، لماذا يكون من الضروري ، عند تطبيق المادة ٤٧ ، التحديد في كل من سبق

فيما اذا كان السلوك يمثل خاصية قانونية ملزمة أو انه يتخلل خاصية تميزية أو أيضا فيما اذا كان يعبر عن مجاملة بسيطة .

وفيما يتعلق بإمكانية التطبيق الضيق لجوهر المادة ٤٧ فقرة ٢ (أ) ، فانه يجب ان يتعلق بالمادة التي تسمح بالتأويل ، أما أنها لا تترك المجال لقرار تمييزي ، أو لان جوهرها غير واضح . وهنا يثار ، بهذا الصدد ، المادة ٣٤ (ب) من الاتفاقية المتعلقة بالرسوم والضرائب على المباني الخاصة .

عقوبات السلوكيات المحظورة

بصورة عامة ، فان الاتفاقية تسمح بالمعاملة بالمثل في ان تلعب تحت صيغة من الرد ، أي عقوبات جائزة منصوص عليها في الاتفاقية ، على سبيل المثال الإعلان عن شخص غير مرغوب فيه Personal non Grata أو تجميد أو قطع العلاقات الدبلوماسية ، وكل القرارات تعبر عن القوة التميزية لتلك الدولة التي تتخذها .

وبالمقابل ، فان الاتفاقية استبعدت أي عمل أو سلوك انتقامي . مثلا الطرد، قطع الاتصالات التلفونية ، تحديد حق التنقل ، وخضوع البعثات للضرائب ، فتح الحقائب الدبلوماسية .. الخ .

عندما تنص التشريعات الوطنية على تبني إجراءات المعاملة بالمثل فإنها لا تعمل التمييزات يفترض ان توضع ما بين الردود المسموحة ، والانتقامات المستبعدة في إطار اتفاقية فيينا ، وهذا ما يلاحظ بالنسبة للولايات المتحدة الأمريكية مرسوم الرابع والعشرون من اب / ١٩٨٢ حول البعثات الأجنبية .

الفصل الثالث
تنظيم البعثات الدبلوماسية

لقد طرحت مسالة تنظيم البعثات الدبلوماسية من خلال مظهرين : الأول وطني، والآخر دولي ، ومن وجهة النظر الوطنية ، فان كل دولة تنظم حسب هواها ، من خلال قوانينها ومراسيمها خدماتها الدبلوماسية . ومن وجهة النظر الدولية ، فان التطبيق أسس عددا معينا من فئات المفوضين الذين يتوافقون مع تلك الفئات التي استخدمت في النظام الوطني . حيث سيتم توضيح ذلك من خلال طرح الفئات التقليدية ومن ثم دراسة الخطوط العامة لتنظيمها .

أولا – التنظيم الدولي والوطني
١- الفئات التقليدية للمبعوثين الدبلوماسيين

من هذه الناحية ، فان التطبيق يميز أولا مبعوثي المراسم : أي أولئك الذين أرسلوا من قبل الملك (التتويج ، التعميد ، الزواج ، الجنائز، اليوبيل) أو لمهمة تبليغ التغيير في العرش ومن ثم المبعوثين السياسيين ومن بينهم يمكن تمييز نوعين :

- أولئك الذين اعتمدوا(دبلوماسي دائم) ؛

- أولئك الذين لم يعتمدوا بعد ولكنهم أرسلوا فقط لتمثيل دولتهم في مؤتمر أو اجتماع، إذ انهم لم يجهزوا باوراق اعتماد ولكن ((بسلطات)) (دبلوماسي) (Ad hoc) . مؤقت.

ومن جهة رؤساء البعثات، فانهم يمكن ان يرتبطوا بالتصنيفات المتناقضة التالية :

١- السفراء فوق العادة ومطلقي الصلاحية .

٢- المبعوثين فوق العادة والوزراء المفوضون مطلقي الصلاحية .

٣- القائمون بالأعمال (برسائل اعتماد) أو بدونها * .

_____

* لقد طرح معجم الدبلوماسيين والشؤون الدولية للأستاذ سموحي فوق العادة ، عددا من التعريفات بصدد فئات المبعوثين الدبلوماسيين . وللفائدة نذكرها بشيء من الاختصار :

- السفير هو رئيس البعثة الدبلوماسية من الدرجة الأولى ، حسب نظام فينا لعام ١٨٥ ، ونظام فينا لعام ١٩٦١ وهو الشخص الذي يعتمده رئيس دولة لدى رئيس الدولة المستقبلة بموجب كتاب اعتماد رسمي ، بعد ترشيحه والموافقة على تعيينه ، ويحق للسفير طلب مقابلة رئيس الدولة كلما اقتضت الضرورة لذلك ، ويعتبر لا في الحفلات الرسمية التي يحضرها هذا الأخير بمثابة عمل شخصي لرئيس الدولة الذي اوفده .

وهنا يمكن التميز بين القائم بالأعمال بدون اوراق اعتماد أصيل (Sur Pied) وقائم بالأعمال بالنيابة adinterim بينما الثاني لا يضمن إلانابة في انتظار عودة رئيس إلى عمله (سفير أو سفير فوق العادة) ، بينما الأول يعين كمبعوث بشكل دائم ورئيس بعثة .

- السفير المتجول (Ambassadeur itinerante) واصطلاح حديث في التعامل الدبلوماسي يشير إلى السفير والشخصية البارزة او وزير الدولة الذي توفده حكومته بمهمة خاصة وسرية الى بلد معين واحيانا عدة دول ليتولى الاتصال بكبار المسؤولين ، ويساعده في مهمته السفير المقيم ، ويمنحه الاسبقية عليه بوصفه مبعوثا خاصا ، ويقابل السفير المتجول في المجال الدبلوماسي الممثل الشخصي لرئيس الدولة .
- سفير معين (Ambassedeur desingne) وهو السفير الذي رشحته دولة معينة ليمثلها لدى دولة أخرى ، وقبلته هذه الاخيرة واصبح شخصا مقبول person grata لديها ، وتضيف الاسم الى قائمة السلك الدبلوماسي بانتظار قدومه وتقديمه كتاب اعتماده الى رئيس الدولة المعتمد لديها.
- وزير مفوض Minister plenipotentaire ، وهو ممثل دبلوماسي من الدرجة الثانية يأتي مركزه بعد السفير مباشرة ، ويتم اعتماده في مفوضية كرئيس بعثة في مفوضية بموجب كتاب اعتماد مماثل لكتاب اعتماد السفير ، كما ان يتمتع بجميع الامتيازات والحصانات والإعفاءات التي يتمتع بها السفير . ويجوز اعتماد الوزير المفوض في سفارة كبيرة يرأسها سفير ، ويسمى في هذه الحالة (وزير - متشاور) ولا يزود في هذه الحالة بكتاب اعتماد .
- وزير مقيم Minister resident ، في العرف القديم ممثل دبلوماسي يأتي في الدرجة الثالثة في ترتيب رؤساء البعثات الدبلوماسية كما ذكر في بروتوكول اكس لاشابيل لعام ١٨١٨ أي بعد السفراء الوزراء المفوضين وقبل القائم بالأعمال. ولم يشر نظام فينا لعام ١٩٦١ الى الوزير المقيم.
- القائم بالأعمال بالإنابة chargé dàffaire ad intrin. اذ غاب رئيس البعثة الاصلي ، سفيرا كان ام مديرا مفوضا ، او قائما بالاعمال اصلا ، يتولى رئاسة البعثة اثناء غيابه اعلى موظف دبلوماسي مرتبة باسم "قائم بالاعمال بالنيابة" ويبلغ بذلك الى وزارة الخارجية المعتمد ليدها.
- قائم بالاعمال مكلف بتسيير اعمال السفارة في حالة غياب رئيس البعثة سفيرا كان ام قائما بالاعمال ولم يكن في البعثة أي موظف دبلوماسي ، فحينئذ يجوز اعلى موظف اداري من جنسية بلاده بتسيير اعمال السفارة ريثما يعود رئيس البعثة chardé des affaures de amassade ولا يحق لهذا الموظف المكلف ان يتمتع بأي امتياز او حصانة دبلوماسية خلال توليه هذا المنصب .
- قائم بالاعمال الاصيل chardé des affaures tituaire (sur pied) وهو رئيس بعثة دبلوماسية من الفئة الثالثة كما صنفته المادة ١٤ ، فقرة ج ، من نظام فينا لعام ١٩٦١ ، أي انه يأتي بعد السفير والوزير المفوض ، وقد يكون برتبة وزير مفوض (في سفارة) او برتبة مستشار او سكرتير أول أو ثانٍ حسب مقتضيات الظروف وتقدير حكومته ، ويعتمد بموجب كتاب رسمي يوجهه وزير خارجية دولته الى وزير خارية الدولة المستقبلة .

أثناء اعداد اتفاقية فينا حول العلاقات الدبلوماسية لعام ١٩٦١ ، فقد ظهر من المقبول ، وخصوصا تعيين الامتيازات والحصانات ، والاخراج الافضل للفئات المختلفة التي تشكل جزءا من ذلك الذي ندعوه من قبل ((اتباع)) رئيس البعثة .

واذن فان اتفاقية فينا ادخلت سلسلة من التحديدات حيث الاستعمال الشامل قد ضمن من خلال النجاح الكبير للاتفاقية ، وحسب المادة الأولى :

أ- ان تعبير((رئيس البعثة)) ليشمل الشخص المكلف من قبل الدولة المعتمدة للتصرف بهذه الصفة. حيث ان هناك إجراء خاص يتعلق بتصنيفه سيتم التطرق اليه لاحقا.

ب- وان تعبير ((عضو البعثة)) ليشمل رئيس وأعضاء ملاك البعثة وان فئة ((اعضاء البعثة)) هي التي تبدو اكثر اتساعا . وان فئة أعضاء ملاك البعثة تنقسم إلى ثلاث فئات فرعية والتي لها اوضاع مختلفة من ناحية الالتزامات والحصانات ، كما سنرى في الصفحات القادمة .

١- أعضاء الملاك الدبلوماسي الذي يشمل أعضاء ملاك البعثة الذين لديهم صفة الدبلوماسي . وضمن هذه الفئة نجد عادة الوزراء أو الوزراء المستشارون والمستشارون . والسكرتاريون الأول ، والثاني ، والثالث .

وان صفة (الملحقون) تعطي في الوقت نفسه إلى الدبلوماسيين المتدربين ، والى ملاك خاص مثل الملحقين العسكريين أو البحريين ، والملحقون التجاريون ، والملحقون الصحفيون أو الإعلام الذين يحملون صفة الدبلوماسي إذ انهم بمرتبة الدبلوماسيين .

٢- أعضاء الملاك الإداري والفني يشمل أعضاء ملاك البعثة المستخدمون في الخدمة الإدارية والفنية في البعثة (مادة ١ فقرة و) ويبدو ان هذه الفقرة تغطي السكرتاريون ، والطباعون ، والارشيف ، الرامز ، وطاقم القنصلية ، والمترجمون،... وكلهم يمكن الاستعانة بهم من داخل الدولة المتعمدة لديها البعثة.

٣- ان أعضاء ملاك البعثة يشمل أعضاء ملاك البعثة المستخدمون في خدمة البعثة أي السواق ، الفلاح ، والطباخ ، موزع البريد .

وان التحديدات التي أعطتها اتفاقية فيينا تبدو تحديدات مختصرة واقل تفسيرا واحيانا زائدة. وينجم عنها بان المراقبة الملائمة للتصنيف المعطى من قبل الدولة المعتمدة تبدو مراقبة صعبة التحقيق منها من قبل الدولة المعتمدة لديها . وعائلات اعضاء البعثة والمنازل الخاصة لاعضاء البعثة ، فإنها تتمتع بوضع خاص في الدولة المعتمدة لديها ، ولا تشكل أي جزء من ملاك البعثة .

٢- التنظيم الدولي للبعثات الدبلوماسية

ا- حرية الدول

في الواقع ، لا يوجد إلا مبدأ واحد في هذا الصدد : كل دولة تنظم حسب رغبتها ، من خلال قوانينها ومراسيمها بعثتها الدبلوماسية . والقانون الدولي العام لا يحتوي على أي قاعدة تتعلق بالدخول في الخدمات الدبلوماسية . وفي عدد من الدول مثل سويسرا ، لا يوجد امتحانات ، ولا مسابقات ، والمثال الذي تقدمه الولايات المتحدة الأمريكية يوضح بان هذا التنظيم يعتمد اساسا على الجوازات القومية والولايات المتحدة بقيت لفترة طويلة أمينة بمبدأ ((Spoil system)) إذ ان المادة الثانية، القسم الثاني ، فقرة ٢ من الدستور الأمريكي أعطت الرئيس صلاحية تعيين السفراء ، أو الوزراء والمفوضين ، والقناصل . وفيما يتعلق بفرنسا ، فعند وصول الاشتراكيين إلى السلطة في عام ١٩٨١ ، فان هناك حركة دبلوماسية واسعة قد حدثت .

هل يمكن ان نندهش من وضع مشابه في الدولة حيث السلطة الرئاسية تبدو قوية إلى درجة أدارتها للسياسة الخارجية ؟ هكذا سيتكرر في حالة السلطة الشخصية أو في تغيير حقيقي في النظام .

وكثيرا ما يتساءل المرء فيما اذا استطاعت النساء ان يكونن سفيرات لبلادهن . إذ ان هناك من يعتقد من بينهم الاستاذ (Wiequefort) بأنه يبدو من التناقض مع شرف وكرامة الملك ان تمثله امرأة . ومهما يكن فان التطبيق الدولي الحالي قليل ما يطرحه من الأمثلة عن ذلك خصوصا قبل القرن العشرين . وهناك حالة توضح ذلك في عام ١٦٤٦ ، فان لويس الرابع عشر اعتمد لدى بلاط بولونيا ارمة المارشال ((Deguebriant)) . في القرن العشرين، فان هذه الحالات أصبحت شيئا عاديا بسبب اندفاع الاتحاد السوفيتي : إذ ابتدأ من الثورة فان مدام Kollontui مثلت الاتحاد السوفيتي لدى المكسيك ، وفي النرويج والسويد . وقد سارت الولايات المتحدة على نفس الموجة من الحركة الجديدة حيث فوضت امراة بدرجة سفير لتمثلها في كوبنهاغن عام ١٩٣٥ ، ومن ثم في لوكسمبورغ في عام ١٩٤٩، وفي روما ١٩٥٣ (مدام Luce) وقد كان للهند في عام ١٩٤٩ سفيرة في موسكو ، وأخرى في واشنطن ، أما بالنسبة لبريطانيا فإنها لم تلجا إلى تفويض امراة إلا في تشرين الثاني نوفمبر ١٩٦٢ التي عينت لها امراة موظفة بدرجة سفير* ، في فرنسا في اكتوبر ١٩٧٢، وفي اليابان في آذار ١٩٨٠ . وقد عينت

* منح مرسوم بريطاني صدر في عام ١٩٢١ بعدم تعيين المرأة في وظائف دبلوماسية وقنصلية وادارية

اوغندا في كانون الثاني / يناير ١٩٧٥ امرأة كسفيرة لدى الكرسي الرسولي بدون ان تثير أي معارضة . ويوجد في سويسرا عشر نساء سفيرات ، أربعة منهن تحت التمرين .

ب- دبلوماسية الحبر الاعظم

ان المكتب المركزي لدبلوماسية الحبر الاعظم ، المشابه إلى وزير الشؤون الخارجية، يمثل سكرتارية الدولة. وان الممثلين الدبلوماسيين للكرسي الرسولي ينقسمون إلى مبعوثين فوق العادة وعاديين .

مبعوثين فوق العادة ومؤقتين

سفير البابا لدى دولة أو مجمع مسكوني : وهو الكاردينال المبعوث في الحاشية القريبة جدا للبابا ، ومكلف من قبله لمهمة خاصة ، والتي خلالها يمثل صديق موثوق للبابا وله حق تشريعات الحبر الأعظم .

قاصد رسولي للحبر الاعظم : أي انه ممثل الحبر الاعظم بدون ان تكون له صفة الكاردينال نائب القاصد الرسولي (مفوض بابوبي) : كاهن مكلف من قبل البابا بمهمات بروتوكولية .

رؤساء البعثات الدائميون

يوجد نوعان من مبعوثي الكرسي الرسولي حيث ليس من المفروض الخلط بينهما:

أ- مفوضي الكرسي الرسولي : حيث ليس لهم صفة دبلوماسية. وانهم يمثلون البابا مع تكليف دائم مجرد من الصفة الدبلوماسية ، قريب المرتبة الكنيسة ، اكليروس، والملتزمون الكاثوليك في منطقة كنيسة محدودة، ووضعهم القانوني يضم أيضا عدد من الأسقفية، والوكلاء لاملاك الكنيسة، والولاة الكنيسيون والذين يمكن ان يقيموا في دول مختلفة. وانهم أرسلوا إلى الدول حيث ليس للكرسي الرسولي تمثيل دبلوماسي.

لدى العديد من الدول. اما فرنسا فقد منعت استخدام المرأة في الوظائف الدبلوماسية والقنصلية للعمل في الخارج . وتقتصر خدمتهن في الوظائف الإدارية في الوزارة. وقد ظلت هذه الحالة قائمة حتى بعد الحرب العالمية الثانية ، حيث فتح الباب للعمل في السلك الدبلوماسي والقنصلي امام المرأة . ومن بين الدول الشرقية التي سارعت الى تعيين المرأة في العمل الدبلوماسي هي الهند حيث عينت لها سفيرة في واشنطن ولندن ثم رئيسة للوفد الهندي في الأمم المتحدة وهي اول سيدة انتخبت للجمعية العمومية عام ١٩٤٦ . وفي الوقت الحاضر احتلت المرأة مراكز مهمة في البعثات الدبلوماسية ، إلا انها لا تعد إلا على الاصابع اليد بالنسبة للدول العربية .

ب- سفراء البابا ، والسفير ، نائب السفير ، قائم بالقصادة الرسولية ، قائمون بالأعمال ، والاوصياء على العرش ، هم الذين يتمتعون بالصفة الدبلوماسية.

١-بعثات ذات صفة دبلوماسية

حتى نهاية عام ١٩٦٥ ، فان الدبلوماسية الدائمة للحبر الاعظم كانت منقسمة إلى ثلاث فئات مثل بقية الدول . إذ ان الكرسي الرسولي لم يبعث رئيس بعثة من الدرجة الأولى ، يطلق عليه سفير بابوي – في اغلب الأحيان أسقف يضفي عليه الشرف الاسقفية - إلا بشرط ان الدول المعتمدة لديها تمنحه الامتياز المعترف به تقليديا إلى السفراء أو عميد للسلك الدبلوماسي . ويعني هذا انه بالنسبة لكل الدول حيث الدين الكاثوليكي لم يكن الدين المهيمن ، فان العلاقات ليس من الممكن أقامتها إلا بمستوى المرتبة الثانية ، وهي قائم بالقصادة الرسولية ، البابوية . وهكذا انه في عام ١٩٦٣ وجد ٣٢ سفيرا بابويا و ١٣ قاصد رسولي . والقاصد الرسولي في الدول الكاثوليكية يعتبر عميدا للسلك الدبلوماسي .

ومنذ عام ٩٦٥ ، فان الكرسي الرسولي قرر بعدم استبعاد إنشاء سفارة بابوية لحساب القاصد الرسولي في الدول التي لا تستطيع أو لا ترغب الاعتراف بمثل البابا كعميدا فعليا. ومع ذلك ، في هذه الحالة فان رئيس البعثة للسفارة البابوية لم يكن سفيرا ، وانما نائب للسفير البابوي . وهذا الأخير ينتمي كسفير إلى المرتبة الأولى من رؤساء البعثة . وفي نهاية عام ١٩٩١ فان الوضع تغير حيث السفارات البابوية وضعت تحت إشراف سفير بابوي في ٤٨ دولة ، بينها عدد من الدول الأوربية ولبنان واغلبية دول أمريكا اللاتينية . وهناك حوالي ٧٨ بلدا تم فيه تمثيل البابا من خلال نائب السفير Pro-nonce بينها الجزائر، ومصر والعراق وايران، والولايات المتحدة الأمريكية والصين واليابان ، المغرب ، بريطانيا . واجماليا فان للكرسي الرسولي علاقات دبلوماسية مع ١٢٦ دولة من خلال سفير . وقد كان هذا الرقم في عام ١٩٧٧ لم يصل إلا إلى ٧٨ دولة والذي يؤكد زيادة تمثيل البابوية حتى في الدول البروستانتية مثل بريطانيا حيث لايوجد فيها ممثل للكرسي الرسولي إلا منذ عام ١٩٣٨ ، وتحول في عام ١٩٨٢ إلى (Pro – nonce) وكذلك الحال بالنسبة للدول الاسكندنافية فيه حيث الممثل للكرسي الرسولي تحول إلى سفير في الثاني من اب / ١٩٨٢ . ومنذ عام ١٩٨٢ فان الكرسي الرسولي الغى وظيفة الوزراء المفوضين البابويين وبعد الانفتاح الذي حصل في اوربا الشرقية وروسيا الاتحادية فقد أقيمت العلاقات الدبلوماسية مع دول هذه المنطقة والكرسي الرسولي .

وفيما يتعلق بالعلاقات الدبلوماسية بين الفاتيكان والولايات المتحدة فإنها انقطعت منذ ١٨٦٧ وقد وجد في واشنطن مفوض بابوي وممثل للرئيس روزفلت وترومان ما بين ١٩٣٩-١٩٥٠ . وفي عام ١٩٧٠ فان الرئيس نيكسون عين مبعوثا خاصا للولايات المتحدة لدى الكرسي الرسولي . إلا ان كارتر عاد في عام ١٩٧٧ إلى نفس ما قام به روزفلت وقد أخذت العلاقات الدبلوماسية بين الدولتين مسارها الطبيعي في عهد الرئيس رونالد ريغان في عام ١٩٨٤ ، كما ان إرسال اليونان سفيرا لها لدى الكرسي الرسولي في بداية عام ١٩٨٠ وضع حدا للنزاع القائم مع الكنيسة الارثوذكسية اليونانية .

٣- بعثات بدون صفة دبلوماسية

ويقصد بذلك مفوضي الكرسي الرسولي ، فالمفوض الرسولي هو الاسقف الذي يمثل البابا ، ولكن بدون صفة دبلوماسية ، مجرد من المهمة الدائمة حسب الترتيبة الكنيسية لمنطقة كنيسة محددة . ويوجد مفوض الكرسي الرسولي في المناطق التالية :

البانيا، انغولا، فلسطين ، القدس ، ليبيا ، موريتانيا ، موزمبيق وعددا من الدول الأخرى.

واذا تم دراسة المسالة من وجهة أخرى -الدبلوماسيون المعتمدون لدى الكرسي الرسولي - فانه يتضح بان لكل دولة سفير لدى الفاتيكان ، ما عدا فترة العطل المؤقتة، ومع فانه ليس هناك من ممثل للاتحاد والاوربي ولا سويسرا لدى الفاتيكان وبالمقابل فان لمالطا وموناكو سفراء معتمدين لدى الفاتيكان ، ولكن بدون المعاملة بالمثل .

ج- دول الكومنولث

ان الهيئات الدبلوماسية لدول الكومنولث تضفي أيضا بعض المظاهر الخاصة.. وانها تتبادل الممثلين الذين ليس لهم صفة السفراء ، ولكن بصفة المندوبين الساميين . إذ ان ملك انكلترا بقي رئيس الكومنولث و لايمكن ان يبعث بسفراء إلى نفسه إلا ان هذه الاوضاع قد تغيرت بعد حصول العديد من الدول على استقلالها والتي ارتبطت بعلاقات دبلوماسية طبيعية مع بريطانيا ، وخصوصا بالنسبة للعديد من الدول الافريقية إلا انه بالنسبة لاستراليا ، وكندا فلا زالت بريطانيا ممثلة بمندوب سامٍ ، وفي عام ١٩٤٧ ، فان الهند قررت البقاء في الكومنولث على الرغم من إعلانها النظام الجمهوري . وان الهند قررت أيضا الاعتراف بملكة انكلترا كرئيس للكومنولث ولكن اوراق اعتماد مهمة المندوب السامي البريطاني في نيو دلهي أو المندوب السامي الهندي في لندن توقع من قبل رؤساء الدولتين : أي من قبل ملكة بريطانيا ورئيس الجمهورية

الهندية ، وكذلك الحال بالنسبة لماليزيا . وفي الواقع ان رابطة الكومنولث التي برزت بعد تفكك الامبراطورية البيزنطية بعد الحرب الثانية وتضم الآن ٣٢ دولة ، تتميز تتميز بظاهرتين هي الولاء المشترك للملك او مملكة بريطانيا وحرية الاشتراك في الرابطة الأمر الذي يتجلى في النقاط التالية :

١- عقد المعاهدات بملىء الحرية فيما بينها او مع عدد من الدول الأخرى وابرامها بصورة مستقلة .

٢- الاشتراك في المؤتمرات الدولية وايفاء مندوبين مستقلين .

د- العلاقات ما بين الالمانيتين

بهدف تسجيل الطبيعة الخاصة للعلاقات الدبلوماسية ما بين الالمانيتين ((RFA- RDA)) المقررة بموجب معاهدة ٢٤ نيسان / ابريل / ١٩٧٤ فان رؤساء البعثة يحملون صفة الممثلين الدائمتين . ولكن هذه الحالة انتهت بتوحيد الدولتين في اكتوبر ١٩٩٠.

هـ- تحول السفارات الليبية إلى المكتب الشعبي

على اثر الدعوة التي اطلقها العقيد معمر القذافي فان السفارات الليبية تم احتلالها من قبل اللجان العربية الليبية للعمل الشعبي للفترة ١٩٧٩ والى ايار - مايو / ١٩٨٠ والتي انتخبت ((المكتب الشعبي)) عدد من الأعضاء مع ((سكرتير)) يعمل بوظيفة رئيس المكتب .. وان العديد من الدول المضيفة أقرت باستقبال هذه التغيرات ، واعترفت بان ذلك يتعلق بليبيا التي اعطت إلى ممثليها والى اعضائها الصفة التي ترغب بها ، وطلبت من ليبيا ان تحدد فيما اذا كان المكتب ينصب في إطار البعثات المنصوص عليها من قبل معاهدة فيينا ، واي الأشخاص يتمتعون بالاوضاع المنصوص عليها من قبل هذه الاتفاقيات وفي أي مرتبة يفترض ان تحدد صفة هذه البعثات : سفارة أو مفوضية .. الخ إلا انه بالمقابل هناك بعض الدول الافريقية التي رفضت هذه التغييرات في السلك الدبلوماسي الليبي وصيغة التمثيل الجديدة وقررت قطع العلاقات الدبلوماسية مع طرابلس الغرب مثل السنغال ، نايجيريا ، نيجر ، مالي ، موريتانيا ، فولتا العليا وذلك في كانون الثاني / يناير / ١٩٨١.

الفصل الرابع

الهيئة الدبلوماسية (السلك الدبلوماسي)

لم تكن الهيئة الدبلوماسية موضوعا لاهتمام اتفاقية فيينا إلا ما يكون متعلقا بالاسبقية في داخل هذه الاتفاقية . وسنتطرق إلى الهيئة الدبلوماسية في مظهرها العام قبل التطرق إلى المسألة الخاصة بالتصنيف والاسبقيات أو حق التقدم .

أولا : الهيئة الدبلوماسية - بصورة عامة

نطلق على الهيئة الدبلوماسية مجموع المفوضين الدبلوماسيين المعتمدين لدى نفس رئيس الدولة ومثلما اليوم فانه توجد هيئات دبلوماسية معتمدة لدى المنظمات الدولية ويمكن ان يصل إلى انه تتعايش عدة هيئات دبلوماسية في العاصمة نفسها. إذ انه على سبيل المثال ، فانه توجد في بلجيكا في نهاية اب ١٩٩٣ الهيئة الدبلوماسية المعتمدة لدى ملك بلجيكا (١٦٦ بعثة) وتلك الهيئة المعتمدة لدى الاتحاد الاوربي ١٥٠ بعثة و١٥ ممثلا للدول (الاعضاء) ، وهيئة دبلوماسية معتمدة لدى مقر حلف الناتو (١٩ بعثة) وهيئة دبلوماسية معتمدة منظمة اتحاد غرب اوربا (سبع بعثات) وكل واحدة متميزة عن الأخرى في التشكيل والمهمة المناطة بها . كما هو الحال أيضا في باريس أو في الولايات المتحدة ، وكذلك في العواصم التي تضم المنظمات الإقليمية مثل جامعة الدول العربية ، ومنظمة الوحدة الافريقية .

ليس للهيئة الدبلوماسية شخصية معنوية ، ولكنها تجمع لعدد من الشخصيات المستقلة الواحدة عن الأخرى . وفي المناسبات النادرة ، فانه قد أدى إلى التفاوض حول بعض البعثات على أساس أنها جهاز ((للمجتمع الدولي)) . وفي القرن التاسع عشر أو في بداية القرن العشرين ، إذ انه في بعض المدن ، فان الهيئة الدبلوماسية استقبلت وظائف تنفيذية أو قانونية . في بكين وطنجة . وبالنسبة لمدينة بكين نرى البروتوكول الصادر في ٧/ أيلول - سبتمبر / ١٩٠١ (وقد وقعت عليه بلجيكا) . إذ ان المادة السابعة من النص تنص بان الحي الذي يسكنه الدبلوماسيين سيكون مخصص لاستقبالهم ويضع تحت مراقبتهم المطلقة ، وليس للصينيين حق السكن فيه . ومن اجل الدفاع عن كل هيئة فان كل قوة يمكن ان تحتفظ بحرس شخصي للدفاع عن المفوضية وبالنسبة

لمدينة طنجة فأن الميثاق العام للمؤتمر الدولي في ٧ / نيسان - ابريل / ١٩٠٦ حيث المواد العديدة التي نظمت وجود هذه الهيئات في المدينة .

ويمكن ان تعمل الهيئة الدبلوماسية بما انها هيئة أو يمكن ان تكون محجوزة في ظروف معينة ، وهكذا فان الهيئة الدبلوماسية أحيانا ما قادت إلى عمل بيانات أو اعتراضات في أوضاع تعتقد بأنها أوضاع خطيرة أو متعلقة ، إذ انه في عام ١٨٧٠ ، فان الهيئة الدبلوماسية احتجت ضد قصف باريس بدون انذار سابق من قبل القوات الالمانية وفي عام ١٩٧٩ ، وبسبب حالة فقدان الأمن في كمبالا، فقد نظمت خطوة جماعية للمعتمدين الدبلوماسيين في العاصمة الاوغندية من اجل الحصول على بعض الإجراءات المباشرة لحماية البعثات الدبلوماسية . وفي لندن وفي عام ١٨٩١ فان الهيئة الدبلوماسية احتجت بخصوص الضرائب التي فرضت على الدور الدبلوماسية وان قرار محكمة الاستئناف الإيطالية في ٣١ كانون الثاني - يناير / ١٩٢٢ اثار احتجاج شكلي للسفير الفرنسي وكذلك من السلك الدبلوماسي في روما .

ومن جهة أخرى ، فان الهيئة الديبلوماسية يمكن ان تكون محجوزة من قبل الحكومة التي تعتمده لديها . اذ ان الجنرال بيتان " pétain " جمع الهيئة الدبلوماسية في ١٩٤٤ بهدف الاحتجاج ضد ابعادها من المانيا . كما ان الجنرال موبوتو استدعى السفير البابوي في آب ١٩٦٩ وطلب منه باحترام إعفاء الهيئة الدبلوماسية بقواعد عدم التدخل في الشؤون الداخلية . كما ان الحكومة الكوبية أجتكعت بالهيئة الدبلوماسية لاتهام سفير البرتغال بأنه مرتبطا بالمخابرات المركزية الامريكية " CIA" ، وباشعارهم عن احتلال سفارة الاكوادور في هافانا في عام ١٩٨١ .

ومن الطبيعي ان تمثل الهيئة الدبلوماسية من خلال عميدها . ومبدئيا فأن تحديد عميد ، الهيئة الدبلوماسية يتعلق بالهيئة نفسها ، وفي المذكرة المؤرخة في ٧ / تموز - يوليو / ١٩٢٢ فأن الإدارة السياسية الفدرالية السويسرية تمسكت بهذه النقطة : يعود للهيئة الدبلوماسية مسألة تعيين العميد الذي يرأسها ، سواء الذي تدعوه للاجتماع بها او الذي يتكلم بأسمها . ولكن في التطبيق ، والممارسة المعتادة فأن رئيس البعثة في المرتبة الأولى الذي تم اعتماده منذ فترة طويلة لدى الدول المعينة يصبح عميد السلك الدبلوماسي ، ما عدا الحالة حيث الدولة المعتمدة تمنح هذا الامتياز إلى السفير البابوي.

وعميد السلك الدبلوماسي هو الناطق الرسمي بالهيئة الدبلوماسية في

الاحتفالات الرسمية وانه أيضا الحارس لامتيازاتها والوظائف الاعتيادية لعميد السلك هي في ضمان التجانس للهيئة الدبلوماسية والاحتفاظ بالعلاقات الصحيحة والودية ما بين أعضائها . وله دور مهم بصدد السفراء الجدد الذين يصلون وهم بحاجة معرفة خصوصيات البروتوكول والعادات المحلية . ان حصانة ولياقة العميد يمكن ان تضعه بجدية في امتحان أثناء اللقاء ما بين ممثلي الدول الذي لم يعترف بهم .

ثانيا : التصنيف والأسبقية

١- الوضع قبل تسوية فيينا

ان منح الأسبقية أو حق التصدر المتزامن من الحكومة إلى عدد من الدبلوماسيين من شانه إثارة قضايا ونزاعات في الأسبقية . إذ ان العصور الوسطى ولفترات حديثة كانت مكتظة بهذه الحالات . ففي العصور الوسطى فان حق تحديد الأسبقية أو التصدر ما بين الدول يرجع إلى البابا ، وليس بدون اعتراضات في مناطق أخرى . إذ نجده على قمة التدرج ، وأمام الإمبراطور ، وملك روما ، ومن ثم يتبعه الملوك في النظام الذي حدده البابا ، وخصوصا جوليوس الثاني الذي وضع نظاما خاصا في الأسبقية يلي بعده الإمبراطور سيزار إلى آخر القائمة التي تختتم بالباطرياركين . إلا ان هذا النظام لم يحظى بالقبول من قبل الدول الأخرى ، إضافة إلى ان التطور التاريخي أدى إلى بروز شواخص من المعارضة الجدية .

إذ انه في عام ١٦٣٣ بينما ملك الدنيمارك كريستيان الرابع يحتفل بزواج الامير الملك نشب نزاع ما بين سفراء فرنسا وأسبانيا بخصوص المكان الذي يجب ان يحتله أحد السفيرين خلال الحفلة . وطرح السفير الفرنسي- الكونت دافو (D'vaux) حلان : مقعد قرب الملك أو مقعد قرب سفير الإمبراطور ، إلا ان السفير الأسباني اختار بعدم حضور الاحتفال مدعيا استدعائه لمهمة عاجلة . والتاريخ يقدم لنا الكثير من الأمثلة حول حق الأسبقية في الجلوس والاستقبال والتي بسببها حدثت الكثير من الحروب وقطع العلاقات الدبلوماسية ، وبشكل خاص بين فرنسا وأسبانيا ، وكذلك بين فرنسا وروسيا . إذ انه وخلال حفلة راقصة جرت في لندن عام ١٧٦٨ ، فقد تم تخصيص مقعدان لجلوس السفراء . وقد اخذ السفير الروسي المقعد المجاور لسفير الإمبراطور ، وبعد وصول سفير فرنسا فانه اراد ان يجلس بين الاثنين ، مما أدى إلى نشوب معركة بالايدي جرح خلالها السفير الروسي .

ونظام الأفضلية الذي يعبر عن الغيرة الفرنسية قد تأسس أقدمية الملكيات ، الأمر الذي جعلها تطالب بأن الملك Clovis كان الأكثر قدما بعد سيزار Cesar ، وملك روما . وكان لسفراء فرنسا التعليمات الخاصة بعدم التنازل في موضوع حق التصدر آلا لوزراء البابا وإمبراطور ألمانيا .

٢- لائحة فينا لعام ١٨١٥

أن الحروب الطاحنة والمنازعات العميقة التي عاشتها أوربا لابد وأن تنعكس أيضا على حالة العلاقات الدبلوماسية بين ممالكها وإمبراطوريتها ، الأمر الذي أنسحب ومن الطبيعي جدا ، كما رأينا في الأسطر السابقة ، إلى عدم إمكانية الإقرار بحق الأسبقية أو التصدر بالنسبة لبعثاتها الدبلوماسية الدائمة أو المؤقتة وخصوصا في حفلات التتويج أو الزواج بين العائلات الملكية . ونتيجة لذلك فقد توصلت هذه الدول في مؤتمر فينا لعام ١٨١٥ الى تشكيل لجنة من ثمان دول مهمتها بحث وتدارس نظام الأسبقية بالنسبة للبعثات الدبلوماسية . وبعد تحديدها للدول التي تتصدر ذلك وعلى ثلاث مراتب فقد أثارت الشكوك والخلافات حول هذا التقسيم الذي لم يكن من شأنه إرضاء رغبات العظمة والغيرة التي تكمن في نفوس قادة هذه الدول حيث عظمتها تفوق أي مجد أخر . وقد تم التخلي عن هذا النظام ، ووضع لائحة أتفق عليه الجميع لترتيب الأسبقية حسب درجاتهم وتاريخ وصولهم إلى الدول المعتمدين لديها .

فلأول مرة تم التخلي عن المعايير السابقة من حيث قدم الدولة أو عراقة أسرتها الحاكمة أو قوتها . ومن وجهة نظر الوضع القانوني فأن الكل يتمتع بالامتيازات والحصانات ، وأن التميزات لا يكن السماح بها آلا في مجالات التقاليد الاحتفالية والأسبقيات . وإذا كانت التميزات مسموح بها في هذا الصدد ، ما بين الفئات ، فأنه لا يسمح به في داخل كل فئة ، وهو ما نصت به المادة الخامسة من تسوية فينيا وفي داخل كل فئة ، فأن الأقدمية التي تلعب دورا ، أي في هذه الفترة ، فأن تاريخ التصديق الرسمي لوصول الدبلوماسي وذلك حسب المادة الرابعة من اللائحة .

ونتيجة لذلك ، فأن رئيس البعثة من الدرجة الأولى الذي يتمتع بأكثر أقدمية يكون مبدأيا ، عميدا للسلك الدبلوماسي . كما أن تسوية فينا قد سمحت مع ذلك باستثناء لصالح ممثل البابا.

وفي الواقع ، فأنه كان من المعتاد في الدول حيث الهيمنة الكاثوليكية الرومانية

بأن السفير البابوي كان عميدا للسلك الدبلوماسي مهما كانت أقدميته . هذا الامتياز في حق التصدر ليس له أهمية بالنسبة لأقل مرتبة من السفير البابوي في ترتيبه . وهكذا فأنه في عام ١٨١٢ ، فأن وزير إنكلترا في لاهاي رفض التخلي عن خطوة كان المفروض أن يقوم بها لصالح ما هـو بحكم السفير البابوي "Inter – nonce" .

لقد صيغ نظام التسوية في فينا بشكل تم فيه استبعاد كل نظام أخر : بعثـات فـوق العـادة ، علاقات القرابة أو أي أشكال أخرى من العلاقات العائلية ما بين الممالك أو التحالفات السياسية.

وقد نصت تسوية فينا أخيرا على نص خاص بالنسبة للمعاهـدات : أنه نظام المناوبة.على سبيل المثال ، إذا ما توصلت أربع دول إلى التوقيع على معاهـدة متعـددة الأطـراف ، فسيتم إرسـال أربع نسخ أصلية وكل دولة توقع على نسختها الأولى ومن ثم تترك توقيعها للـدول الأخـرى بـدون أي نظام يتبع ، وحتى بدون أتباع إي نظام لتوقيعها من قبل الآخرين . وهذه هي الخطوط العامة مـن النظام الذي تم إقراره من قبل مؤتمر فينا . ومما هو جدير بالذكر في هذه الصدد ، هو أن تسوية فينا وضعت حدا للمشاكل الناجمة عن الأسبقية أو حق التصدر . وكانت النتيجة خطوة نحو المساواة مـا بين الدول (على الأقل فيما بين الفئة نفسها) وأصبح الأمر ما بين الفئات المختلفـة محـددا المفردات القانونية . وتكمن أهمية تسوية فينا أيضا من أنها طبقت بشكل عام مـن قبـل الـدول التـي وقعـت عليها وهي : النمسا ، أسبانيا ، فرنسا ، بريطانيا ، البرتغال ، بروسيا ، روسيا ، والسويد .

٣- تطور تطبيق الأسبقية على أثر تسوية فينا

أ- إن أول تحول في النظام كان في الاختفاء السريع في مرتبة الوزراء المقيمين والـذين لا يختلفـون عـن الآخرين في أي ميزة خاصة . تاريخيا ، فأن الوزراء المقيمـون يتميـزون - وكـذلك أسمهم يـدل على ذلك - من خلال أقامتهم الدائمة .

فالسفراء أو الوزراء مطلقي التفويضات قد جاءوا في مهمات غير عاديـة ، فـأنهم كتحصيل حاصل يستفادون من رسميات هي في الوقت نفسه الأكـثر احتفاليـة وغاليـة التكـاليف ، ويتمتعـون بالشرف وبالاعتبارات العالية . فهذه الأوضاع أدت إلى الاستغناء عنها نتيجة للتقشـف في النفقـات ، والاستعاضة عنها بإرسال رؤساء بعثات فوق العادة

التي بقيت لفترة أطول ، من جعلها تستقر وتدار من قبل الوزراء المقيمين الذين سحبت منهم كل خصوصية .

ويمكن الإشارة بأنه في باريس ، وفي ظل ملكية تموز ، فأنه لم يقبل آلا بالوزراء المقيمين أو القائمون بالأعمال كممثلين للممالك الدوقيات الكبيرة . في عام ١٨٧٠ ، فأن بلجيكا قد أرسلت إلى الخارج ثمانية وزراء مقيمين في إنكلترا ، برازيل ، دنمارك ، وفي اقليم الهاس والبرتغال ، والسويد - النرويج - تركيا وفي الولايات المتحدة . في عام ١٩٠٨ ، وجد وزراء بلجيكيون مقيمون في الدول التالية : أرجنتين ، برازيل ، شيلي ، يونان ، دوقة لوكسمبورغ ، مكسيك ، ومصر . وفي نهاية الحرب العالمية الأولى فأن هذا التصنيف قد اختفى على ما يبدو من التطبيق . ولكن في عام ١٩١٩ فأن بلجيكا مازال لديها عدد من السفراء المقيمين ، ولكن بالتحديد في أمريكا اللاتينية . وبالمقابل لا يمكن أن نحصي في نفس الفترة ، آلا وزير مقيم في الهيئة الدبلوماسية المعتمدة في بروكسل - وفي عام ١٩٦٦ ، فقد سرت بعض الأخبار - بأن جمهورية الكونغو الديمقراطية قد نسبت وزيرا مقيما في بروكسل . ولكن هذا الاقتراح الغريب لم يكن له أي أثر فيما بعد .

ب- إن مقصورية الطبيعة التمثيلية المحددة من خلال المادة الثانية من لائحة فينا إلى الممثلين فقط من المرتبة الأولى ، لم يكن من المفترض أن يبقى على الحالة نفسها. منذ القرن التاسع عشر فقد رفضت هذه التسوية لتختفي سريعا. إن تطور الأنظمة الدستورية نحو الجمهوريات البرلمانية أو الملكيات الدستورية قد نزع كل معنى من الفكرة التي تتعلق بأن السفير سيكون ممثلا شخصيا لرئيس الدولة المكلف بالتفاوض شخصيا مع رئيس الدولة المعتمدة لديها . أن الأنظمة الدستورية المؤسسة على المسؤولية الوزارية وعدم المسؤولية المترابطة لرئيس الدولة قد أدى بالتدريج إلى تأكل هذا المفهوم بدور السفير. وليس من الممكن أن توجد الظروف الضرورية في أعادة ظهوره آلا لصالح الأشكال المؤقتة من شخصانية السلطة.

على الرغم من الصياغات الشخصية لرسائل الاعتماد أو رسائل التوزير ، فأن رئيس البعثة "ممثل الدولة المعتمدة لدى الدولة المعتمدة لديها" (اتفاقية فينا ، مادة ٣)، سواء كان سفير ، مبعوث فوق العادة ، أو قائم بالأعمال . أن التميز الوحيد ما بين المراتب الذي لم يكن دقيقا أرتبط بالأسبقيات والمراسيم التي اختفت. وهو ما أعلن عنه

المقطع الثاني من المادة الرابعة عشر من اتفاقية فينا لعام ١٩٦١ .

٢- ما عدا فيما يتعلق بالأسبقية والمراسيم ، ليس هناك أي تفرقة ما بين رؤساء البعثة بسبب مرتبتهم " .

جـ- منذ عام ١٩١٨ ، تطور بطيء قد تتابع نحو التمهيد لثلاث مراتب بقيت أو على الأكثر للمرتبتين الأولين . فالاتحاد السوفيتي السابق ومن خلال مرسوم ٣ حزيران ١٩١٨ ألغى كل التميزات في المراتب كتناقض لمبدأ المساواة للدول ، ومن خلال مرسوم ٢٦/أيار - مايو / ١٩٢١ سمي بلا تميز الممثلين مطلقي الصلاحيات والمفوضون الدبلوماسيون السوفيت في الخارج . وخلال الحرب العالمية الثانية (مرسوم ٢٩ / أيار - مايو ١٩٤١) ، فأن الاتحاد السوفيتي عاد إلى التراتيبيه التقليدية.

وقد صنفت بعض الدول الأخرى ممثليها في فئة " القائم بالأعمال " .

في عام ١٩٢٧، فأن مسألة أعادة النظر في تصنيف المعتمدين الدبلوماسيين قد وضعت في مناقشات لجنة الخبراء في عصبة الأمم من أجل تقنين تدريجي للقانون الدولي .

أن تقرير اللجنة الفرعية أشار بأن التصنيف الذي تم وضعه في فينا وأكس لاشابيل قد تم أستلهامه خاصة من الأهتمام " بضمان مرتبة أكثر رفعة لممثلي القوى الكبرى " وأن الخاصية التمثيلية المفترضة المحددة من خلال المادة الثانية من تسوية فينا للسفراء وحدهم ، والقاصد أن الرسولي ، وسفراء البابا لم توجد حتى في هذه الفترة ولأكثر من سبب قوي ، حيث:

أن الملك لم يعد هو الملك الذي يقف في المرتبة الأولى من السيادة . فالمساواة المطلقة والمماثلة توجد ما بين درجات التصديق للسفراء والوزراء مطلقي الصلاحية الذين تم تفويضهم . وهكذا فأن لا يوجد أي سبب في تصنيف السفراء بدرجة أعلى من الوزراء . وبهذا فأن لجنة الخبراء استلمت ٢٧ جوابا ، بينها فقط ١٢ جوابا تأكيديا ودولتان كان جوابهما سلبيا ، وأربع دول لم تجيب بأي شكل من الأشكال . وبخصوص بلجيكا فقد عبرت عن موقفها في نقل مرتبة السفراء تبرر من خلال رغبة بعض الدول في إعطاء أكثر أهمية لعلاقاتها الدبلوماسية مع الدول الأخرى ومن أجل تأثير الروابط الخاصة التي تجمعها مع الدول الأخرى .

فأن المهم في ذلك هو معرفة الطبيعة المترددة للمواقف ، إذ أن كل فكرة في تغير المراتب قد تم التخلي عنها وقتيا ، وهذا لم يمنع الدول في أقامه العلاقات بصدد

التطبيقات الجديدة . ومع ذلك فأن القاعدة التي من الممكن أن يتم بموجبها اعتماد السفراء حيث الملوك الذين يتمتعون بالشرف الملكي " قد أهمل تطبيقها . ففي عام ١٨٧٠ ، وعلى سبيل المثال، فأن هناك فقط في العلاقات الدبلوماسية سفراء لروسيا ، إمبراطورية ألمانيا ، فرنسا ، النمسا ، بريطانيا، تركيا . أما القوى الصغيرة فأنها لم تتمتع بهذا الامتياز . وابتداء من عام ١٩٢٠ فأن قائمة الهيئات الدبلوماسية المعتمدة لدى بلجيكا قد ازدادت حيث سفراء الدول : أسبانيا ، فرنسا ، بريطانيا وإيطاليا . وابتداء أيضا من نفس السنة فأن بلجيكا أرسلت سفراءها إلى هذه الدول . وقبل الحرب العالمية الثانية ، فأن بريطانيا اعترضت على إرسال سفراء يمثلون مصر والعراق ، أو على تفويضهم سفراء يمثلونهم في الدول الأخرى .

وابتداء من الحرب العالمية الثانية فقد تغيرت كثيرا من الأشياء في مجال العلاقات الدبلوماسية. إذ أن إرسال السفراء لم يعد امتياز خاص بأي قوة. وكل دول أمريكا اللاتينية قررت بأن ليس هناك من يمثلها غير السفراء . وفي عام ١٩٤٢ فأن دول الحلفاء قد ثبتت نفس الموقف في علاقتها المتبادلة " وأن هذا الاتجاه أخذ في التزايد بعد عام ١٩٤٥.

٤- اتفاقية فينا لعام ١٩٦١ .

ا- التصنيفات

أثناء انعقاد مؤتمر فينا ، وفي اللجنة المنعقدة بكامل أهليتها ، فقد أدخلت عدة تعديلات فيما يتعلق بإلغاء المرتبة الثانية المنصوص عنه في المشروع :إرسال الوزراء أو من هم بحكم الإنابة عن السفير البابوي المعتمدون لدى رؤساء الدول الأخرى . آلا أن هذه التعديلات قد تم رفضها من قبل خمسة وأربعين صوتا ضد ١٢ في حين غاب عن التصويت ١٥ دولة . وقد بررت العديد من الدول هذا الرفض لاعتبارات سياسية ، تتعلق بعلاقاتها مع الكرسي الرسولي خاصة ، ومع بقية الدول الأخرى . وهكذا فأن اتفاقية فينا احتفظت بفئة المبعوثين ، الوزراء ومن هم بحكم السفير البابوي . وبالمقابل، فأن فئة الوزراء المقيمون قد تم الاستغناء عنها ، إذ جاء في المادة ١٤ من اتفاقية فينا ما يلي:

١- أن رؤساء البعثات يتوزعون في ثلاث فئات ، كالأتي :

أ- السفراء ، وسفراء البابا المعتمدين لرؤساء البعثات الذين لهم مرتبة مشابهة .

ب- المبعوثين ، الوزراء أو من هم بحكم السفير البابوي المفوض المعتمدين لدى رؤساء الدولة .

ج- القائمون بالأعمال المعتمدون لدى وزراء الخارجية ."

ومما هو جدير بالملاحظة ، فأن تعبير " رؤساء البعثة الذين لهم مرتبة مساوية" قد تم استخدامه من أجل الأخذ بنظر الاعتبار بالمندوبين الساميين للكومتولت وبالمفوضين الساميين في المجموعة الفرنسية . وقد سمح للكرسي الرسولي أن ينشأ في عام ١٩٦٥ درجة "Prononce " أي السفير البابوي في البلاد غير الكاثوليكية ويأخذ اسبقية مع باقي السفراء في أثناء ذلك ، فأن الظاهر قد ازدادت . وخلال فترة عشر سنوات ، فأن أغلبية الدول التي حصلت على استقلالها قد ضمنت في تمثيلها الخارجي الوضع الأكثر تفضيلا . أن بعض الأرقام توضح الزيارة السريعة في مجموع السفراء قياسا إلى المفوضين ، وذلك من خلال الأشارة إلى العلاقات الدبلوماسية بين فرنسا وعدد من الدول الأخرى . إذ أنه لم يوجد في باريس عام ١٩٦٤ آلا السفير البابوي ، و٩٦ سفيرا و٧ دبلوماسين بدرجة مفوض ، أرتفع الرقم في عام ١٩٧٥ إلى ١٣٠ سفيرا وأثنان بدرجة مفوض . أما في بلجيكا ، فأن لم يكن ممثلا لديها في عام ١٨١١ آلا من هو يحكم السفير البابوي ، وخمسة وزراء و٧ قائمون بالأعمال . ثم تطور في عام ١٩٤٠ إلى السفير البابوي و١٨ سفيرا ، و٣٠ وزيرا ، و٥ قائمون بالأعمال . أما في عام ١٩٩٠ ، فأنه إضافة إلى السفير البابوي يوجد حوالي ١٤٥ سفيرا . وأن التغير السياسي الأكثر خصوصية كان بدون جدال ، في الاتحاد السويسري . تقليدا ، فأنه لم يوجد في العاصمة برن Berne آلا ممثلين من الدرجة الثانية . أي المبعوثون فوق العادة والوزراء مطلقي التفويض ، ما عدا السفير البابوي وسفير فرنسا . في عام ١٩٥٣ ، فأن المكتب السياسي الفيدرالي ، وبناء على طلب عدد من الدول حيث الولايات المتحدة ، حصلت على ترخيص المجالس الفيدرالية في تغير هذه الحالة . وعلى أثر ذلك فقد تم رفع كل المفوضين المعتمدين لدى سويسرا إلى مرتبة سفراء .

وبالمقابل فأنه يبدو من الواضح بأن العلاقات الدولية من شأنها أن تأخذ وضعا من التدرجات ، و "أعادة التسخين" و "التجميد" ، حيث من المناسب ، سياسيا ، التحدث عن امتلاك حلقة من المستويات الأكثر أتساعا وممكنة في نفس الوقت . إذ أنه بموجب المادة ١٥ من اتفاقية فينا لعام ١٩٦١ :

"تتفق الدول على الفئة التي يفترض أن ينتمي أليها رؤساء بعثاتها " .

في حالة أعدادهم لهذه المهمة ، فأنهم لم يغضوا النظر عن هذه العناصر في الأفضلية والفرص التي تتقرر خلال الوقت .

ومن الجدير بالذكر ، فأنه من المعتاد بأن الدول ترسل مندوبين من الدرجة نفسها ، في تطبيق قاعدة المعاملة بالمثل ، حيث هنا لا يوجد أي التزام . قبل ضم أثيوبيا من قبل إيطاليا في عام ١٩٣٦ ، وجد في أديس أبابا وزير بلجيكي ولكن ليس هناك في بروكسل مفوض دبلوماسي . وأن الاتحاد السويسري كان ممثلا في باريس قبل ١٩٥٧ من خلال وزير بينما كان هناك سفيرا لفرنسا في برن . واليوم فأن فرنسا التي قبلت بسفير في موناكولا تمثل آلا من خلال قنصل عام . (المجلة العام للقانون الدبلوماسي لعام ١٩٧٨ / ص ٣٠٠) .

ب- الاسبقيات (أو التصدر) .

أن المعيار الذي يستند أليه في هذا المجال هو ما أفضى أليه مؤتمر فينا : إذ أن الأقدمية تشير إلى الأسبقية في كل فئة . وهو ما أشارت أليه الفقرة الأولى من المادة١٦ :

- تكون لرؤساء البعثات مرتبتهم في كل فئة حسب التاريخ والساعة التي يباشرون فيها وظائفهم حسب ما جاء في المادة (١٣) .

وأحيانا ، فأنه يوجد تطور في مباشرة الوظائف التي تحدد الأقدمية : فأنه لم يكن فقط تاريخ التبليغ الرسمي بالوصول للدبلوماسي الذي يتضمنه ولكن أيضا عند تقديم أوراق الاعتماد "

فأن اتفاقية فينا لم ترغب البت في المسألة : أنها تركت الاختيار إلى كل دولة ما بين هذا أو ذلك من الحل بشرط بأن النظام الذي يجري تبنيه أن يكون على نمط واحد ولا يعطي آلا مجالا للتميز . فحسب المادة ١٣ ، فقرة ١ تنص على :

"أن رئيس البعثة يعتبر نفسه قد تسلم مهام منصبه لدى الدولة المعتمدة لديها منذ اللحظة التي قدم فيها أوراق اعتماده أو إذا ما قام بالتبليغ عن وصوله ، وقدم إلى وزير خارجية الدولة المعتمد أليها نسخة من أوراق اعتماده ، أو إلى أي وزير أخر ، ووفقا لما يجري عليه التطبيق الجاري في الدولة المعتمدة لديها ، والذي يجب أن يكون مطبقا بشكل موحد ."

أما بصدد ما نصت عليه المادة ١٨ من الاتفاقية فقد جاء فيها :

" في كل دولة ، فأن الأجراء المتبع لاستقبال رؤساء البعثة يجب أن يكون إجراءا موحدا وبصدد كل فئة ."

وفي بلجيكا ، فأنه يأخذ بعين الاعتبار بتاريخ التبليغ بالوصول وتسليم نسخة من أوراق الاعتماد .

مع أنه ، أثناء الوفاة أو التغير في رئيس الدولة ، فأن رسائل الأعتماد يمكن أن تقدم إلى خلفه، ومن المعتاد الاحتفاظ بنظام الأسبقية الذي وجد أثناء الوفاة. وهذا التطبيق كان قد أتبع في فرنسا عام ١٨٣٠، وفي ١٨٥٢. كما أن نفس الموقف قد تم تبنيه في بلجيكا وذلك أثناء وفاة ليوبولد الأول وليوبولد الثاني . وأن تسليم أوراق الاعتماد الملكية الجديدة من قبل المبعوثين البلجيكيين في الخارج لم يقدم ميزة في تغير مرتبتهم في الأسبقية.

وفيما يتعلق بالأسبقية المتوقعة أو الاتفاقية لممثل الكرسي الرسولي ، فأن اتفاقية فينا لم تنال منها: وتركت كل دولة حرة في التصرف حسب رغبتها بهذا الصدد. وأي دولة غير ملزمة بمنح هذه الأسبقية، ولكنها لو منحتها ، فأن الدول الأخرى لا تستطيع أن تعارضها في ذلك ، ولكن يجب أن تمنح إلى ما هو بدرجة سفير بابوي Nonce وترفض بالنسبة Pro - nonce التي تم التخلي عن هذه الصفة. بعد عام ١٩٧١ .

فالمادة ١٦ ، فقرة ٣ نصت :

" أن هذه المادة لا تؤثر في الأعراف الجارية التي قبلتها أو التي ستقبلها الدول فيما يتعلق بأسبقية ممثل الكرسي الرسولي . "

وينتج عن ذلك بأن عميد السلك الدبلوماسي سيكون ممثلا من الدرجة الأولى والأكثر قدما في الوظيفة لدى رئيس الدولة المعتمد لديها . والاستثناء الوحيد المسموح به هو بالنسبة للسفير البابوي في الدول الكاثوليكية .

وقد حدثت في عام ١٩٦٧ حادثة دبلوماسية في هنغاريا ، حيث أن منصب عميد السلك الدبلوماسي يجب أن يمنح إلى سفير اليونان بصفته الدبلوماسي الأقدم المعتمد لدى بودابست التي رفضت منحه هذه الصفة . وقد بررت الحكومة الهنغارية قرارها هذا من خلال التغير السياسي الداخلي الذي حصل في أثينا . آلا أن العقداء اليونانيين اعتبروا بأن هذا التصرف يشكل " تدخل في الشؤون الداخلية اليونانية" وأعلنت هذا الرفض يمثل " أجراء سابق على الاعتراف الدبلوماسية " .

وأن أستثنات الاتفاقية الناتجة من المعاهدات الثنائية أضحت حالات عديدة عشية إزالة الاستعمار في القرن العشرين . إذ أنه بعد حصول العراق على الاستقلال ، فأن بغداد أقرت بأن السفير الأول لبريطانيا يتمتع بالأسبقية على القوى الأخرى . وتشمل هذه الأسبقية حتى على الذين يخلفون السفير في منصبه في بغداد . كما أن مصر قبلت نفس الشرط أثناء توقيع معاهدة ٢٦/ آب - أغسطس ١٩٣٦ مع بريطانيا . وكذلك هناك الاتفاقية الدبلوماسية فرنسا - توغو في ١٠ تموز - يوليو ١٩٦٣ ، حيث نصت مادتها الأولى بأن سفير الجمهورية الفرنسية في لومي هو عميد السلك الدبلوماسي ، مقابل أن يحظى السفير التوغي بمكانة متميزة في باريس بين السعراء المعتمدين لدى الدولة الفرنسية . وبدون شك فأن هذه النوع من التطبيق غير المتساوِ يتناقض نصا وروحا مع اتفاقية فينا . وقد تم أعادة النظر في اتفاقيات التعاون ما بين فرنسا والدول الأفريقية التي عدلت من هذا التطبيق . كما أن العراق تخلى عن ذلك بعد ثورة ١٤ تموز ١٩٥٨ ، وكذلك بالنسبة لمصر بعد ثورة يوليو ١٩٥٢ .

وقد نظر البعض من الفقهاء أن هناك تعسف في تطبيق الأسبقية . إذ أنه لوحظ في عام ١٩٦٨ بأن عميد السلك الدبلوماسي في واشنطن ، في منصبه منذ عشرون عاما ، كان سفير نيكاراغوا ، وقد كانت هذه الحالة غير مقبولة من بقية الدول الأخرى وخصوصا وأن نيكاراغوا دولة صغيرة على الرغم من مكانتها السياسية لدى الولايات المتحدة . ومع ذلك فأن الأسبقيات لا يمكن تسويتها آلا ما بين رؤساء البعثة . وحتى في داخل نفس البعثة ، فأن نظام الأسبقية قد تم تحديده من قبل الدولة المتحدة لديها . وحسب المادة ١٧ من اتفاقية فينا :

" أن نظام الأسبقية لأعضاء الملاك الدبلوماسي للبعثة يتم تبليغه من قبل رئيس البعثة إلى وزير الخارجية أو إلى وزير أخر حسب ما أتفق عليه ."

الفصل الخامس

وظائف البعثات الدبلوماسية والواجبات المترابطة

تضم وظائف البعثات الدبلوماسية عددا معينا من الوظائف الطبيعية وكذلك عدد من الوظائف الاستثنائية . إضافة إلى أنها تنطوي على واجبات مترابطة.

أولا : الوظائف الطبيعية

المقدمة

جرت العادة بأن القانون الداخلي للدولة المعتمدة هو الذي يحدد تفاصيل وظائف معتمديها الدبلوماسيين ، ولكن القانون الدولي أعترف بعدد من الوظائف الطبيعية التي تدخل في اختصاصه ، حيث أن المادة ٣ من اتفاقية فينا لعام ١٩٦١ نصت كالاتي :

١. أن وظائف البعثة الدبلوماسية تتركز في :

أ- تمثيل الدولة المعتمدة لدى الدولة المعتمد لديها .

ب- حماية مصالح الدولة المعتمدة في الدولة المعتمد لديها ومصالح رعاياها في الحدود المقررة في القانون الدولي ؛

ج- التفاوض مع حكومة الدولة المعتمد لديها .

د- الاطلاع من خلال كل الوسائل المشروعة على ظروف وتطور الاحداث في الدولة المعتمدة لديها وأعداد التقرير اللازم بذلك لحكومة الدولة التي اعتمدته .

هـ- العمل على ترقية علاقات الصداقة وتطور العلاقات الاقتصادية ، الثقافية والعلمية بين الدولة التي اعتمدته والدول المعتمد لديها .

٢- لا يمكن تفسير أي نص من هذه الاتفاقية بأنه يمنع من استعمال حق ممارسة الوظائف القنصلية من قبل البعثة الدبلوماسية .

أن هذه المادة لا يمكن أن تكون نموذجا في التحرير. أنها تمزج بالغايات (حماية المصالح وترقية العلاقات، وضمان العلاقات القنصلية) والوسائل (التمثيل، التفاوض ، والاطلاع) وفي إهمال الاحتفاظ ببعض الوسائل : التحقق على سبيل المثال .

٢- الغايـات

أ- ضمان حماية مصالح الدولة ومصالح رعاياها

١- في الواقع ، فأن مصالح الـدول التي تعتمـد المفـوض الدبلوماسي تبـدو متعـددة . وإنها تعتمـد بالتأكيد على سلسلة محددة ، ولا سيما الحالة العامة للعلاقات الثنائية ما بين الدولة المعتمدة والدولة المعتمدة لديها . ومصالح الدولة المعتمدة يمكن أن تكون سياسية وعسكرية ، اقتصـادية واجتماعية ... الخ .

٢- وأن حماية رعايا الدولة يمكن النظر أليه من خلال أسلوبين . من جهة فأنه هنـاك الحمايـة العامـة للمصالح القومية ، ولا سيما الوضع العام للجالية الوطنية في الـدول المعتمـدة لـديها : ظروف الهجرة ، الاقامة ، شروط العمل ، والضمان الاجتماعي ... والمصالح العامة القومية تشتمل أيضا الشروط العامة التي يستطيع من خلالها المواطن القيـام بزيارات عمل أو سياحة : مسائل التنقل الحر ، تأشيرة الدخول، سهولة التبادل الخ .. ومن المعتاد فأن هـذه الوسائل تشكل موضعا لاتفاقيات متعدد بين الدول . وان البعثة الدبلوماسية تكون شـديدة الانتبـاه والحرص لمصالح مواطنيها في الحالة التي تقوم فيه الدولـة المعتمـدة لـديها بإصـدار تشريعات أو أي قواعد تتعلق بالاجانب بصورة عامة .

٣- وهناك من جهة أخرى ضمان الحماية الدبلوماسية للرعايا الذين يواجهون مشكلة خاصة ، فردية . وهذه الحماية واسعة جدا والاكثر غموضا من الحماية الدبلوماسية التـي يـنص عليها بشكل اعتيادي القانون الدولي العام والـذي يسـتجيب إلى ظروف أحيانـا أكثـر حساسـية . والحمايـة الدبلوماسية ، في المعنى المحدد في القانون العام للمعتمدين الدبلوماسيين في حماية رعاياهم ، هي نظام عرض غير قابل للنقاش .

أذن ، أليس من المفروض أيضا كما جاء في المادة ٣ ، فقرة أ - ب من اتفاقية فينا لعام ١٩٦١ ، بأن هذه الوظيفة تمارس في الحدود المقررة من قبل القانون الدولي." وهكذا يمكن أدانـة العمليات العسكرية أو الاعمال الاخرى العسكرية .

من المعتاد الاقرار بأن الحماية الدبلوماسية هي عمل تقديري للدولـة المعتمـدة . وفي الواقع فأن هذه المسألة قد تم تسويتها حسب كل قانون داخلي . إذ أنه حسب

القانون الايرلندي مثلا فأن الدولة مطلوب منها تقديم المساعدة الدبلوماسية إلى مواطنيها في الخارج ، ولكن للدولة سلطة واسعة تقديرية لتحديد أي مساعدة يجب أن تقدم . وفي ألمانيا ، فأن الدستور نص على واجب السلطات الفيدرالية بمنح الحماية الدبلوماسية للرعايا الالمان .

ولكن الحكومة تتمتع بسلطة واسعة لتعين الحد الذي تستطيع من خلاله تحديد كل حالة ومدى تدخلها . وعندما تمارس الحماية الدبلوماسية لمواطن ، فأن الدولة تعبر عن حقها الخاص وليس عن حق المواطن ؛ أنها لا تمثل المواطن في هذه الممارسة . وبعض الدول تميز ما بين الحماية الدبلوماسية والحماية القنصلية . فالثانية تتميز عن الاولى في أنها لا تنطوي على طلب سلطات الدولة لمبعوث حسب خطة العلاقات الرسمية من دولة إلى دولة ، ولكن بكل بساطة تدخل لدى هذه السلطات بمستوى الاداريين أو القضائيين المحليين في الدولة المقيمة . وبالعكس من الحماية الدبلوماسية ، فأن الحماية القنصلية لا تكون تقديرية ، لأن ذلك حتى المحتل أن يؤدي إلى رقابة متنازع عليها . وسوف تكون حالة أخرى - سواء كان بالنسبة للدبلوماسيين أو للقنصل فيما إذ كان مندوب حقيقي ، أي إذا أنتدب من قبل المواطن لكي يمثله لدى المحاكم .

وهل يقبل القنصل بعمل ذلك ؟ . ولكن مجلس الدولة الفرنسي ـ أعتقد أو رأى بأنه ليس للسلطات القنصلية التزام تمثيل رعاياها في المحاكم ولا التزام بصياغة طلب للمساعدة القانونية المجانية لدى السلطات الاجنبية .

ومما هو جدير بالذكر أيضا هو أن الحماية الدبلوماسية لا يمكن أن تمارس الا بصدد الرعايا . وبهذا الخصوص فأن الحكومة البلجيكية أجابت على استفسار أحد النواب بأن حكومة بلجيكا لم تتدخل لإطلاق سراح موسى توشومبا الذي أعتقل في الجزائر وذلك لعدم إمكانية تدخل الحكومة البلجيكية لحماية شخص مالطي . الا أن هناك بعض القواعد العامة في القانون الدولي التي تسمح بحماية " المشمولين بالحماية". وهذا ما لوحظ في وضع المسيحيين اللبنانيين الذين تم حمايتهم من قبل فرنسا في جزء من جزيرة قبرص خلال احتلالها من قبل تركيا .

ومن يلاحظ فأن التطبيق الحديث قد سجل تدخلات دبلوماسية لصالح المقيمين أو الاعلان فيها كلاجئين . وقد تدخلت فرنسا لصالح زوجين أجنبيين من الرعايا الفرنسيين . وخلال الوجود القانوني والسياسي لدولة ألمانيا الديمقراطية فقد أثيرت

مسألة حماية الرعايا مع الدول الغربية التي كانت تدعم موقف ألمانيا الغربية التي رأت بأن مواطني ألمانيا الديمقراطية يمكنهم الحصول على جنسيتها وحمايتها، أما ألمانيا الديمقراطية فأنها ترى بأن سلطة حمايتها لرعاياها الذين يحملون جنسيتها وحسب قوانينها .

وقد تم النظر إلى الوضع الخاص من خلال المادة الثامنة لاتفاقيات الاتحاد الاوربي، أي اتفاقية ماستريخت "Traite de Maastricht" في ٩/شباط/١٩٩٢ :

" كل مواطن في الاتحاد يستفيد ، في أرض الدولة الاخرى حيث الدولة عضو وهو من الرعايا لم يكن ممثلا ، بحماية من جهة السلطات الدبلوماسية والقنصلية من كل دولة عضو ، في نفس الشروط التي يتمتع بها مواطني هذه الدولة . وقبل ٣١ ديسمبر / كانون الاول / ١٩٩٣ ، فأن الدول الاعضاء أقامت فيما بينها القواعد الضرورية والالتزام بالمفاوضات الدولية المطلوبة بهدف ضمان هذه الحماية " .

وحسب المادة الرابعة من اتفاقية لاهاي في ١٢ نيسان - أبريل / ١٩٣٠ المتعلقة ببعض المسائل الخاصة بتنازع القوانين حول الجنسية .

" لا يمكن للدولة أن تفرض حمايتها الدبلوماسية لصالح أحد مواطنيها بخلاف بالضد من الدولة التي يحمل هذا المواطن جنسيتها " . وهذا ما أثار العديد من المشاكل فيما يتعلق " الحماية الدبلوماسية للمواطن ذو الجنسية المزدوجة " . الامر الذي أدى إلى إبرام اتفاقيات فرنسية - غينية ، وفرنسية - سوفيتية ، ولكن هناك صعوبات كثيرة برزت في العلاقات الدبلوماسية الفرنسية - الفيتنامية .

وفي إطار بعثتها الدبلوماسية ، فأن السفارة البلجيكية في الخارج يمكن أن تعطي لرعاياها إرشادات الحذر ، وأحيانا القيام بإجلائهم في الحالات التي تحدث فيها الاضطرابات أو حروب أهلية ، أو نزاعات تكون هذه الدولة متورطة فيها بشكل غير مباشر . حيث المثال الذي يذكره التاريخ ما حصل في الكونغو ١٩٦٠ ، وكذلك في عام ١٩٧٩ في أيران ، وأفغانستان ، كوسوفو ١٩٩٩ . كما أن هناك حالات عديدة تتدخل فيها البعثات الدبلوماسية لاطلاق سراح أحد الرعايا المعتقلين ، والقيام بزيارته ، وحضور محاكمته ، والسعي بهدف الحصول على العفو أو الاستبعاد .

ومن الامور التي تشغل أيضا البعثات الدبلوماسية مشاكل اختطاف الاطفال ، ومتابعتها المستمرة في أيجاد أثر الاشخاص الذين اختطفوا .

وهناك العديد من الدول التي تثير انتباه رعاياها من أن بعثاتها الدبلوماسية في

الخارج ليس على استعداد بإقراضهم المال أو منحهم مساعدة مالية للأشخاص الذين لم يحتاطوا لنفقاتهم خلال سفراتهم الخارجية . وهذا ما قام به وزير الخارجية البلجيكي. كما أن هناك من البعثات التي تستطيع أعادة رعاياها إلى أوطانهم ، والتدخل في حالة الوفاة ، وفي أوضاع الازمات والكوارث .

ب- تشجيع العلاقات الودية وتنمية العلاقات الاقتصادية ، الثقافية ، العلمية ما بين الدول المعتمدة والدولة المعتمدة لديها .

تعد مهمة تنمية العلاقات الاقتصادية من النشاطات المهمة للبعثات الدبلوماسية . إذ أن جزء كبير من وقتهم يكرس لهذه الغاية . فدور الدبلوماسيون يتركز في الاطلاع على إمكانيات الاسواق المناسبة لصادرات بلدانهم ، ومعرفة التشريعات المحلية والتفاوض حول مختلف الاتفاقيات . وتنشغل البعثات الدبلوماسية أيضا بالبحث ودراسة الاسواق (تنظيم المعارض) وتنسيق الامكانيات التي يمكن من خلالها دخول الشركات الاستثمارية والبحث عن أفضل الامكانيات للتصدير . وإضافة إلى ذلك فأن تنمية وتعزيز العلاقات الثقافية تعد من بين المهمات التي أضحت اليوم من اختصاص البعثات الدبلوماسية حيث تخصيص دبلوماسي يلتزم بالاضطلاع بهذه المهمة مثل المستشار الثقافي .

ج. الاضطلاع بالوظائف القنصلية .

لقد نظمت العديد من البعثات الدبلوماسية لكي تضطلع بالوظائف القنصلية: منح الفيزا (تأشيرة الدخول) وإصدار الجوازات وتصديق الوثائق وتحرير العقود وبطاقة الاحوال المدينة وتوقيع العقود .. الخ . هذه الممارسة تبدو متكررة بالنسبة للدول الصغيرة التي لا تستطيع أن تفتح بعثة دبلوماسية وقنصلية في وقت واحد .

إذ إن نص الفقرة (٢) من المادة (٣) من اتفاقية فينا تنص :

" إن أي نص من هذه الاتفاقية لا يمكن أن يفسر بأنه يمنع من ممارسة الوظائف القنصلية من قبل البعثة الدبلوماسية " . هذا النص كان نتيجة للتسوية ما بين الدول التي رأت بأن للبعثة الدبلوماسية واجب حق ممارسة الوظائف القنصلية وتلك التي رأت بأن هذه الممارسة يجب أن تكون لاتفاق جماعي واضح .

وأن اتفاقية فينا حول العلاقات القنصلية في ٢٤ نيسان - أبريل / ١٩٦٣ قد أوضحت هذه المسألة بشكل كبير إذا أن المادة (٣) قد نصت : " تمارس الاعمال

القنصلية من قبل الدوائر القنصلية وأنها تمارس أيضا من البعثات الدبلوماسية تطبيقا لأحكام هذه الاتفاقية "

أما المادة (٢) الفقرة الثانية فقد جاء فيها :

"أن الاتفاق على إنشاء علاقات دبلوماسية بين دولتين يتضمن الموافقة على إنشاء العلاقات القنصلية ، باستثناء ما يشير إلى خلاف ذلك " . فهذا النص الذي ينشأ افتراض ممكن قبله من خلال توضيح مخالف ، يتضمن بأن الاتفاقية المميزة لإقامة العلاقات الدبلوماسية هي اتفاقية مطلوبة ولكنها من الطبيعي أن تتضمن ذلك وبأي شكل من الاشكال ، فأن هذا يعني بأن اتفاقية فينا لعام ١٩٦٣ تنطبق حالا على هذه الوظائف القنصلية وأن موافقة الدولة المضيفة يبدو لازما لهدف أقامه المكتب القنصلي لممارسة بعض الوظائف .

ومع ذلك فأنه ليس من المفروض التجاهل بأن هذه المسألة التي تبدو أكثر تعقيدا فأن مختلف الوظائف القنصلية المحددة في المادة الخامسة من اتفاقية فينا لعام ١٩٦٣ تبدو متماثلة لتلك التي خصصت إلى الدبلوماسيين حسب المادة الثالثة من اتفاقية فينا لعام ١٩٦١ ، أو حسب الاتفاقيات الخاصة بصدد تسليم المجرمين ، والتعاون القانوني الخ.

٤- الوسائل

أ / تمثيل الدولة المعتمدة لدى الدولة المعتمد لديها

من أجل أن يمثل الدولة التي اعتمدته ، فأن رئيس البعثة قد منح السلطة الضرورية للتحدث باسمها . خلال حكم الملكيات المطلقة ، فأن السفير يمثل شخص الملك ويتمتع بعدد معين من الامتيازات المتعلقة بصفته سفير : إذ يحق له الدخول مباشرة إلى رئيس الدولة المستقلة . وهذا ما كان الوضع عليه في بلجيكا خلال حكم ليوبولد الاول Leopold 1er ، وفي بعض الحالات خلال فترة حكم ليوبولد الثاني . الا أن التوسع في النظام البرلماني قد أدى إلى اختفاء بعض المفاهيم . واليوم ، فأن رئيس البعثة لا يمثل قانونا أي شيء ما عدا الدولة التي اعتمدته ، وحتى في الدول حيث الهيمنة للسلطة الشخصية لرئيس الدولة .

حاليا ، فأن رئيس البعثة يضمن الاتصالات الرسمية ما بين حكومته وبين تلك الدولة التي يكون معتمدا لديها . أنه الوسيط المباشر الدائم للتقارير الرسمية (الشفهية

أو المكتوبة ، نقلها في ملاحظات شفوية ، والمذكرات .. الخ) ، والمصدر المخول بالمعلومات المتعلقة بالدولة التي تمثلها . ومن أمثلة المذكرة الشفهية ، أو المكتوبة ، ولكنها غير موقعة ، يسلمها موظف دبلوماسي إلى حكومة أجنبية :

" أن سفارة بلجيكا تقدم تهانيها إلى وزارة خارجية الجمهورية الفرنسية ولها الشرف في جلب انتباها حول هذا الموضوع ...

أن سفارة بلجيكا تنتهز هذه المناسبة لتجدد إلى وزير الخارجية الثقة لأسمى اعتبارها".

أما بصدد مذكرة خلاصة Laide - memoire فهي تقرير يجري تحريره بدون صيغة شخصية ، وفي أسلوب مترفع ، ومن الشخصية الثالثة ، و لا تحمل أي توقيع او ختم باستثناء التاريخ . إذ أن قاموس المصطلحات للقانون الدولي يحددها كالاتي : أنها الوثيقة التي يقوم بها المعتمد الدبلوماسي بتلخيص الاتصال الشفوي الذي أجراه مع وزير خارجية الدولة التي اعتمد لديها وطرح له فيها نهاية لقاء معه . ويمكن أن تشكل أيضا خلاصة الحديث الدبلوماسي الذي طرحه أحد المشاركين على الاخر من أجل تذكيره ببعض الاوضاع لأثاره انتباهه .

والمذكرة الدبلوماسية يمكن أن تكون مشابهة لمفكرة خلاصة أو أنها تشير إلى " الوثيقة المحتوية على العرض الموجز لقضية وأحداث ومبررات التي تتعلق بهذه المسألة أو توجيهات قد أعطيت إلى أحدهم ، الذي يمكن أن يصطحب مذكرة أو رسالة لنقلها.

والحقيقة بأن رئيس البعثة يمثل الدولة المعتمدة يفسر بأنه يمثلها بشكل طبيعي في النشاطات القانونية العادية : التوصل إلى عقد الاتفاقيات مثلا ، أو تمثيلها في القضاء . وأنه يمكن أن يكون حذرا في التأكد من الترخيص المعين لم يكن مطلوبا من خلال الدولة المعتمدة أو لم يكن موضوعا في الهياكل الخاصة في الدولة المعتمدة لديها . إذ أن بعض الدول ، مثلا بلجيكا ، تتطلب سلطات خاصة في حالة التمثيل في القضاء أو في عقد الاتفاقيات المحررة .

والتمثيل في قضاء الدولة يمكن أن يأخذ مظهران : كمدع أو مدعي عليه

أ- كمدع : إذا أقامت الدولة المعتمدة دعوى على أرض الدولة المعتمدة لديها ، أو أنسجم مع الاعتراف بأن لرئيس البعثة التفويض لكي يمثلها .

ب- كمدعي عليه : ولكن العكس هل هو صحيح ؟ فيما إذا رغبنا استدعاء الدولة المعتمدة على أراضي الدولة المعتمدة لديها ، هل أن لرئيس البعثة ipso facto

(بحكم الواقع)* صفة تمثيلها ؟ في قرار لمحكمة روما في ٢٨/ كانون الثاني ١٩٥٢ في قضية Castiglioi الجمهورية الشعبية الفيدرالية اليوغسلافية ، فأن الدعوى وجهت ضد حكومة يوغسلافيا ، وبشخصية رئيس الجمهورية ، ممثلا في إيطاليا بوزير مطلق الصلاحيات ، وكانت قد أرسلت إلى رئيس الجمهورية اليوغسلافية من خلال قنوات الوزير الايطالي للشؤون الخارجية إلى الوزير اليوغسلافي في روما في الصفة الوحيدة لتمثيل هذه الدولة في قضية تتعلق بالقانون الخاص والتي ليس لها أي علاقة بالتشريع .

وفي الواقع ، فأن حول هذه النقطة تثير الكثير من المناقشات . إذ أنه بمعزل عن مسألة معرفة فيما إذا لم يكن للدبلوماسي في هذه الفرضية الحق في أن يطرح حصانته الشخصية ، فأن هناك مسألة اختصاص أو أهلية الدبلوماسي المعتمد والذي يعتمد على نظامه الداخلي لقد أقرت المحكمة العليا النمساوية في قرارها الصادر في ٩/آب / ١٩٥٨ ضمنيا بموقف مفوض الجمهورية الاندونيسية في فينا الذي رفض قبول الوثائق القضائية باسم الدولة الاندونيسية .

وكنتيجة طبيعية للخاصية التمثيلية لرئيس البعثة الذي يفترض أن يعمل وفقا لتوجيهات وزارة الخارجية . وأنه ملتزم مباشرة بمسؤولية حكومته . وعندما يتصرف المفوض الدبلوماسي بدون توجيهات ، وإذا لم ترغب حكومته أن تأخذ علما بتصرفه ، فأنه يجب عليه اللجوء حالا إلى النفي ، وحتى اللجوء إلى التأكيد . وفي حالة فشل النفي أو الايضاح المباشر ، فأن الاعمال التي يقوم بها المفوض الدبلوماسي تلزم الحكومة التي يمثلها.

عدد من أمثلة النفي :

- حالة سفير ألمانيا الاتحادية السيد كرول Kroll في موسكو الذي طلب مقابلة خروتشوف بدون توجيهات وزارة الخارجية الالمانية وقدم اقتراحات لتسوية قضية برلين (لوموند في ١٤ نوقمبر ١٩٩١) .

- حالة الملحق الفرنسي في بوينس أيرس الكولونيل Guen الذي مجد ، في عام ١٩٧٩

---

* ipso factoبحكم الواقع ، بطبيعة الحال . عبارة لا تينية تستعمل للدلالة على تطبيق حكم ما ، وتوقع نتيجة معينة بمجرد وقوع حادث معين .

" مغزى واجب القوات المسلحة الارجنتينية في صراعها ضد التخريب " في اللحظة التي تقوم بها لجنة تحقيقيه من منظمة الدول الامريكية في جرائم الجيش الارجنتين في قضية الذين اختفوا في المعتقلات .

- حالة المندوب السامي الاسترالي في نيود لهي حيث الاراء التقيمية المثيرة التي وردت في تقريره السري الذي أفشي في مالبورت ، أدى بالحكومة الاسترالية أن تقدم أعتذارها للسيدة أنديرا غاندي في نوفبر ١٩٨٠ .

- وفي حالة مشابهة أخرى ، فأن الحكومة الايطالية قدمت أسفها إلى الحكومة السويسرية واستدعت على الفور سفيرها حيث قام بنشر تقرير سري يسيء إلى الاتحاد السويسري .

- في الوقت الذي يتم فيه تزويد رؤساء البعثات الدبلوماسية بتوجيهات معينة ، الا أن تطور الاوضاع داخل الدولة يدفعهم إلى تبني مواقف مخالفة للتوجهات التي أعطيت لهم ، وهي أمور طبيعية ولكنها نادرا ما تحدث ، وتثير خلافات في وجهات النظر بين وزارة الخارجية ومعتمدها الدبلوماسي.

ولكن ما هو موقف رئيس البعثة فيما إذا كانت التوجيهات التي تبعث له مخالفة للقانون الدولي ؟ وعن الجواب عن هذا السؤال ، لابد من ذكر حالة السفير النمساوي في شيلي الذي أستلم تعليمات من حكومته يمنح اللجوء في بعض الحالات ، الا أنه أعتبر هذه التوجيهات مخالفة للقانون الدولي ورفض تنفيذها وطلب من المحكمة الادارية النمساوية أن تعلن بأن هذه التعليمات غير شرعية . ولكن المحكمة رفضت دعوته ورأت في قرارها بأنه يتوجب على الموظفين السير على التوجيهات مهما كانت شرعيتها الدولية .

وليس أكثر من ذلك بأن أقامه العلاقات الدبلوماسية مع الدول لا ينطوي على القبول بسياسة حكومتها ، وأن حضور الدبلوماسي في العيد الوطني لا ينطوي على أي قبول من قبل الدولة المعتمد لديها وفي سؤال إلى وزير الخارجية الفرنسي من قبل أحد أعضاء الجمعية الوطنية الفرنسية حول حضور السفير الفرنسي في موسكو احتفالات الاول من أيار عام ١٩٨٠ فقد أجاب بأن ذلك لا يمثل عن أنه تأبيد للتدخل العسكري السوفيتي في أفغانستان .

ب / التفاوض مع حكومة الدولة المعتمد لديها .

أن ما يقصد بذلك هو محاولة توفيقية والبحث عن الاتفاقات وأعداد المعاهدات والتوصل إلى الترتيبات السياسية وهذا النوع من النشاط الذي يقوم به الدبلوماسي يشكل من بين النشاطات المهمة والتي تجري في الخفاء وبدون أي إعلان وهناك العديد من الامثلة التي يزخر بها المحيط الدبلوماسي الدولي أضافه إلى أن اتفاقيات قانون المعاهدات في ٢٣/ أيار مايو / ١٩٦٩ فقد نصت بشكل محدد حول الاعمال التي يمكن أن ينجزها رئيس البعثة الدبلوماسية بدون صلاحيات مطلقة فيما يتعلق بعقد المعاهدات إذ جاء في المادة السابعة فقرة ؟ :

بمقتضى وظيفتهم بدون سلطات مطلقة فأنهم يعتبرون ممثلي دولتهم :

أ- " رؤساء البعثات الدبلوماسية لتبني نص معاهد ما بين الدول المعتمدة والدولة المعتمدة لديها . "
وهذا يعني بأنه من المفروض التصديق النهائي على المعاهدة بصلاحيات مطلقة (التوقيع) وبالأحرى الالتزام المرتبط بذلك .

ج/ الاطلاع على ظروف وتطور الأحداث في الدولة المعتمدة لديها

يفترض بالبعثة ان تتطلع بأي شكل من الأشكال على الأوضاع السياسية والاقتصادية والاجماعية وتعد التقارير حول تطور الاحداث والاوضاع السياسية في الدولة المعتمدة لديها. إذ أن أي حقيقة من الحقائق التي تنقلها البعثة لها تأثيرها الفعال على العلاقات الثنائية ما بين الدولة المعتمدة والدولة المعتمدة لديها . أي تصريح العبارة نقل كل معلومة صغيرة أو كبيرة يمكن أن تساهم في تحقيق مصالح الدولة التي اعتمدتها ولفت الانتباه إلى رعاياه في حمايتهم وحفظ مصالحهم وبدون شك فأنه بالنسبة للعديد من الاوضاع فأن المعلومات المستقاة من بعض المنظمات الدولية (السناتور صندوق النقد الدولي منظمات الام المتحدة المتخصصة) او من قبل المؤسسات العلمية فأنها تبقى محيط تنافس بالنسبة للدبلوماسيين . إذا أكد وزير الخارجية الفرنسي بأنه على الرغم من تقدم هذه المؤسسات من معلومات وما تقدمه الصحافة ووسائل الاعلام والاخرين من معلومات وتحليلات الاوضاع الداخلية لبعض الدول الا أن ما يقوم به السفير يعد دورا مهما بالنسبة لوزارة الخارجية ومن خلالها إلى الرئيس الجمهورية والحكومة وكذلك إلى اللجان الخاصة في الجمعيات الوطنية .

وكل دولة بدون استثناء تشكل تقارير بعثتها الدبلوماسية مصدر معلوماتها

الدقيقة والموثق منها وخصوصا وأن لهذه البعثات قنواتها الخاصة في الدولة المعتمدة لديها على الحصول إلى المعلومات التي تتسم بالدقة ونفوذ البصيرة بالنسبة لمعدي هذه التقارير الذين لا يعتمدون فقط على ما يطرح في الصحافة اليومية دائما من خلال العلاقات الاجتماعية التي تحتل مكانة مهمة في ذلك ، إضافة إلى اللقاءات الرسمية ، والسفرات ، والزيارات ، وحضور مختلف الفعاليات التي يدعون أليها .

إذ أن المادة الثالثة من اتفاقية فينا لعام ١٩٦١ ركزت على حقيقة أن هذه المعلومات يمكن الحصول عليها من خلال كل الوسائل المشروعة . ومفهوم الوسائل "المشروعة" يعني الالتزام بكل القوانين وانظمة الدولة المعتمد ليدها مما يعني ان التجسس او الابتزاز من الامور المرفوضة . ومما يلاحظ بأن جمع المعلومات في أنظمة ديمقراطية ، حيث الصحافة الحرة ، والمعارضة البرلمانية ، يبدو من الامور السهلة مما في الدولة الشمولية حيث لا وجود لأي معارضة والصحافة لا تنطق الا بما تقرره السلطة في ظل رقابة صارمة. يضاف إلى ذلك بأن مفهوم السرية فيما يتعلق بالاوضاع الاقتصادية أو العلمية خاصة ، يبدو بأنه مفهوم يخضع لتفسيرات عديدة ومطاطية ولا سيما في عدد من الدول التي تتبنى اقتصاد السوق . كما أنه توجد من الحالات الحساسة في مسألة تحديد هذه المعلومات بأنها معلومات تجسسية وخصوصا في الدول المنغلقة على نفسها ، أو تخشى تسربها إلى الاعداء المحيطين بها خصوصا إذا كانت في نزاع معها . مثلا الصين خلال الثورة الثقافية ، أو العراق وإيران وبين مصر وإسرائيل .

د / إطلاع الدولة المعتمد لديها

حول الدولة التي اعتمدته

وبما أن هذه المهمة لم تذكر في المادة الثالثة من اتفاقية فينا لعام ١٩٦١ ، الا أن ما يقصد بذلك هو الوظيفة الاساسية للدبلوماسيين الذين يعلمون الدولة المعتمدة لديها بموقف و"حساسية " الدول المعتمدة . وتنفذ هذه المهمة ليس فقط فيما يتعلق بسلطات هذه الدولة ولكن أيضا بصدد جمهورها . إذ أن الدبلوماسيين يكرسون وقتا كبيرا من عملهم في تنظيم الزيارات لشخصيات مختلفة مهمة ، وفي الاتجاهين وما بين البلدين . كما أن ذلك يفسر بأن الدبلوماسيين يقومون أحيانا بممارسة حق الرد على ما ينشر في الصحافة والتي ، حسب آراءهم ، تقوم بتشويه الحقائق عن بلدانهم . وفي

حالة من هذا النوع فأن الدبلوماسي لا يعمل الا ممارسة حق أصلي ، حتى أنهم ينتهون إلى كسب هذا النوع من المعارك مع الصحفيين ، وأحيانا فأنهم يستطيعون إيصال هذا النوع من النزاعات إلى المحاكم .

ثانيا : الوظائف الاستثنائية حماية أو تمثيل مصالح

١- مبدأ المهنة

لوضع استثنائي يمكن لدولة ما أن تكلف أحدا ليمثلها في الخارج . وهذا ما يطلق عليه برعاية المصالح. وأن أساس هذه المؤسسة لا يمكن أن نجده في مفهوم التمثيل.

٢- أوضاع تمثيل المصالح

أن وضع تمثيل المصالح بعرض أساسا في ثلاث حالات :

أ- الدول الصغيرة ذات السيادة

هناك في المجتمع الدولي عددا من الدول الصغيرة ، سواء كانت ذات سيادة أو مستقلة ، قد تم " تبنيها " من قبل الدول الاكبر منها والاكثر أهمية والتي تقع ضمن حدودها أو بجانبها مثل سان - مارنيو Saint -Marin التي تقع داخل إيطاليا ودولة لايخشنتاغ Liechtentein في سويسرا ، وهي الدول المكلفة بإدارة علاقاتها الخارجية . وهناك الدوقة ، الكبيرة في لوكسمبورغ التي تعد الاكثر أهمية فأنها كلفت هولندا بتمثيلها في الدول التي لا يوجد فيها للدوقة سفارة معينة .

وأن هذا التطبيق يعود إلى الاتحاد الشخصي لعام ١٨٣٠ ما بين الدولتين وكان موضوع تسوية في عام ١٩٦٤ حول التعاون في مجال التمثيل الدبلوماسي ، وألحق بالتراسل من ٥ حزيران / ٢٥ تموز ١٩٦٨ .

كما أن رعاية المصالح القنصلية للرعايا قد تم الاضطلاع بها من قبل بلجيكا في إطار الاتحاد الاقتصادي البلجيكي - اللوكسمبورغي ، والذي تم تسويته في ١٢ نيسان ١٩٦٧ ما بين الحكومتين والمتعلق فقط بتدخلات المعتمدين الدبلوماسيين وبالوظائف القنصلية البلجيكية في الدفاع عن المصالح اللوكسمبورغية . وقد تم الاعتراف بهذا التطبيق من خلال المادة ٤٦ لاتفاقية فينا :

" مع الموافقة المسبقة للدولة المعتمد لديها ، وحسب طلب الدولة الثالثة غير ممثلة لديها ، فأنه يمكن للدولة المعتمدة الاضطلاع بمهمة الرعاية المؤقتة لمصالح الدولة الثالثة ورعاياها ."

الدول الجديدة

في الوقت الذي تتطلب فيه إجراءات إعلان الاستقلال وقتا طويلا فأن هذه الدول الجديدة ما زالت عند إمكانياتها المحدودة في أقامه علاقات دبلوماسية دائمة مع دول المجتمع الدولي ، فأنه من المعتاد أن تقوم هذه الدول المستقلة بتكليف دولة ثالثة ، وأحيانا تلك الدول التي كانت تستعمرها ، بالاضطلاع بمهمة تمثيلها ورعاية مصالح رعاياها في عدد من الدول الاخرى . ويلاحظ بهذا الخصوص الاتفاقية الفرنسية - المغربية في ٢٨ / أيار - مايو / ١٩٥٦ ، والتي تم إلغاءها من قبل المغرب في ١٥ شباط / ١٩٦٠ . وكذلك الاتفاقية الفرنسية - التونسية في ١٥ حزيران ١٩٥٦ .

ج. قطع العلاقات أو استدعاء البعثة

في حالة قطع العلاقات الدبلوماسية أو في حالة استدعاء البعثة ما بين الدولتين ، فأن رعاية مصالح رعاياهم يتم تنظيمها بصورة عامة من قبل دولة ثالثة . وأن اتفاقية فينا لعام ١٩٦١ اعترفت بهذه الممارسة في المادة ٤٥ :

" في حالة قطع العلاقات الدبلوماسية ما بين دولتين أو اذا تم استدعاء البعثة نهائيا أو بشكل مؤقت :

" فأن الدولة المعتمدة يمكنها أن تعهد لرعاية مصالحها وكذلك مصالح رعاياها إلى دولة ثالثة توافق عليها الدولة المعتمدة لديها ."

وهذا الوضع دائم التكرار في محيط العلاقات الدبلوماسية . إذ أن هناك عدد من الدول التي تغري باستمرار الاضطلاع بتمثيل الدول الاخرى . وهذه الحالة كثيرا ما توجد لدى الدول الاوربية ، وخصوصا سويسرا، السويد وأحيانا بلجيكا وهولندا ، إضافة إلى دول عديدة .

إذ أنه في عام ١٩٦٢ قامت بلجيكا بتمثيل رعاية مصالح إحدى عشر دولة في إحدى عشر دولة أخرى . كما أن مصالح الولايات المتحدة وضعت في بغداد تحت رعاية الحكومة البولونية بعد عام ١٩٩١ . وقامت سويسرا برعاية المصالح الامريكية في طهران بعد قطع العلاقات الدبلوماسية عام ١٩٨٠ . وقامت المغرب برعاية المصالح العراقية في باريس بعد قطع العلاقات الدبلوماسية بين فرنسا والعراق عام ١٩٩١ . وحيث العلاقات الدولية الحالية التي تتسم بعدم الاستقرار وكثرة النزاعات والمشاكل ، فأنه من النادر جدا أن لا نجد دولة وقد استغنت عن دولة ثالثة تقوم برعاية مصالحها لدى الدول الاخرى .

٣- صيغة تمثيل المصالح .

أن الصيغة الطبيعية هو أن البعثة الممثلة تتكلف بحماية مصالح الدولة التي تمثلها . ولكن منذ أكثر من عشرين عاما ، فقد برزت صيغة جديدة ، حيث أن الدولة المعتمدة توافق على فتح شعته لرعاية المصالح في داخل البعثة في الدولة المعتمدة لديها ، مؤلفة من دبلوماسيين أو على الاقل مستشار يمثل الدولة الثالثة . وقد حصل هذا التطبيق من قبل بريطانيا عندما قطعت سبع دول أفريقية علاقاتها الدبلوماسية معها على أثر قرارها الانفرادي بإعلان استقلال روديسيا في ١٩٦٦ .

وخلال قطع العلاقات الذي حصل على أثر حرب ١٩٦٧ فأن الولايات المتحدة حصلت على موافقة أن يكون السفير الاسباني في القاهرة ممثلا للمصالح الامريكية في مصر ، وذلك من خلال " قسم المصالح الامريكية " مع وجود دبلوماسي أمريكي . وكذلك استطاعت الولايات المتحدة أن تحصل على موافقة الحكومة البلجيكية أن تمثل مصالح للولايات المتحدة في بغداد بعد قطع العلاقات الدبلوماسية ، وذلك من خلال إنشاء " قسم المصالح" داخل السفارة البلجيكية ، يقوم بإدارته دبلوماسيان .

وفي بعض الحالات فأن قسم المصالح لا يتميز عن البعثة الطبيعية . وهكذا فأنه عندما قامت أيسلندا في شباط ١٩٧٦ بقطع علاقاتها الدبلوماسية مع المملكة المتحدة بسبب النزاع الـذي ثار بين الدولتين على الصيد في المياه الاقليمية ، فأن بريطانيا أقامت قسم المصالح الذي ضم كل أعضاء البعثة السابقة باستثناء السفير الذي سحب. واليوم فأن تطبيق " أقسام المصالح " أضحى الاكثر تواترا في اللجوء أليه وأقامته في سفارة الدولة الثالثة . إذ أقامت بريطانيا قسما لرعاية مصالحها في أوغندا داخل السفارة الفرنسية . وفي إطار العلاقات الكوبية الامريكية في ١٩٧٧ فأن قسمان لرعاية المصالح قد تم أقامتها من قبل كوبا لدى السفارة الجيوكسلفاكيا . في واشنطن ومن قبل الولايات المتحدة في السفارة السويسرية في هافانا ، ولكن في نفس مباني السفارات القديمة . وقد حصل هـذا التمثيل المتبادل بموجب الاتفاقية لتنظيم وضع هذه الاقسام في ٣٠/ أيار - مايو ١٩٧٧ .

ويكن أن ينشأ قسما لرعاية المصالح حتى في حالة غياب قطع العلاقات . إذ أنه في عام ١٩٨٦ ، فأن الناطق الرسمي للشؤون الخارجية في مكتب الكومنولث قد أعلن بأن المملكة المتحدة ما زالـت محتفظة بعلاقاتها الدبلوماسية مع إيران . ولكن لأسباب أمنية

فأنها قررت في عام ١٩٨٠ تحويل سفارتها إلى قسم مصالح تحت الرعاية السويسرية ، في الوقت الذي احتفظت إيران بقائم بالاعمال في لندن . وقد تم إبرام اتفاقية ما بين السويد وبريطانيا ثم بموجبها توضيح الظروف التي من خلالها تستطيع استكهولم تمثيل المصالح البريطانية .

٤- النظام القانوني لتمثيل المصالح

أ- اتفاقية الأجزاء الثلاثة

في أوضاع منذرة بالخطر فأن اتفاقية الاجزاء الثلاثة تبدو مهمة وخاصة بالنسبة للدول المعتمدة لديها . إذ نشير إلى الفارق الذي يوجد ما بين المادة ٤٥ من اتفاقية فينا لعام ١٩٦١ - المتعلقة بوضع قطع العلاقات - والتي تطالب بموافقة الدولة الثالثة بالنسبة للدولة المعتمدة لديها والمادة ٤٦ التي تقتضي الموافقة المسبقة . ويبدو أن التميز قد تطور ، إذ أن ذلك يعني بأنه في حالة قطع العلاقات الدبلوماسية فأنه لا يمكن معارضة الرفض المتزامن في كل تمثيل للمصالح . ويلاحظ ذلك بأنه بعد قطع العلاقات الدبلوماسية ما بين هولندا واندونيسيا في ١٧/ آب / ١٩٦٠ ، فأن بريطانيا تكلفت بتمثيل المصالح الهولندية في جاكارتا . الا أنه في العاشرة من مارس / آذار ١٩٦١ فأن الحكومة الاندونسية طلبت من الحكومة البريطانية إغلاق هذه البعثة، واعتبرت ذلك بأنه أجراء بدون سابقة في العلاقات الدولية ، ولم تحاول أي دولة الموافقة على أن تحل محل بريطانيا، في الوقت الذي لا تستطيع إندونيسيا وبأي شكل المطالبة بإلغاء دولة هولندا من قائمة التمثيل .

ب- علاقات الممثل – والممثل له

في العلاقات ما بين الممثل والممثل له ، فأننا نجد ذلك في وضع التمثيل .

فالممثل يتصرف لحساب الممثل له . إذ أنه ينتج عن ذلك بأنه عندما يتصرف الممثل ، فأنه يلتزم لا بمسئوليته وإنما بمسئولية الممثل له ، بمقدار ما يبقى في إطار الوظائف التي يتكلف بها ، وحتى إذا تصرف المندوب بتهاون . وإذا كان الممثل يعمل طبقا للتوجيهات ، فأنه يلتزم بالممثل له . إذ أن تسلم المذكرة الامريكية من قبل بلجيكا التي تمثل المصالح الامريكية في طرابلس ، لا تلتزم بلجيكا بصدد محتوى المذكرة ، حيث أن السفارة البلجيكية هي التي تقوم برعاية المصالح الامريكية في الجماهيرية الليبية .

وإذا قام الممثل بتجاوز بعض السلطات وهو يقوم بإنجاز بعض الاعمال في أدارته لمصالح الدولة الممثل لها ، فأنه سيكون مسؤولا عن هذا العمل الملتزم به عن مسؤوليتة الخاصة . وأنه يجب على الدولة الممثلة أن تفي بما على بعثتها من كتمان في العمل ، لآن ذلك يعني إدارة مصالح الدولة الممثلة لها . ويجب عليها بالتأكيد المثابرة في رفع المعلومات إلى الدولة الثالثة حول محتوى ممارستها لمهمتها الا إذا لا يوجد هناك من ضرورة أو ترخيص من قبل الدولة الممثلة لها . إذ أن الحكومة الهولندية رفضت أعلام البرلمان بالارقام المتعلقة بعدد المهاجرين السوفيت إلى إسرائيل حيث أنها تضطلع بمهمة تمثيل مصالحها . كما أن الحكومة البلجيكية رفضت إبلاغ البرلمان عن قائمة الدول التي تقوم فيها بلجيكا برعاية المصالح الدبلوماسية لأسرائيل . ولكن للبرلمان الحق في معرفة في أي الدول يقوم وزير الخارجية بممارسة هذا الاختصاص أو بالاحرى ، في أي الشروط الادارية والمالية . وعلى أي حال فأن القوة الحامية يجب أن تقتصر في تقديم جهودها الحميدة بدون أن تجعل من نفسها محامية للقوة التي تمثلها . وإذا أظهرت القوة الحامية عن موقعها ، فأن ذلك لا يلزم الا نفسها .

ج- العلاقات مع الدولة المعتمد لديها

في العلاقات مع الدولة المعتمدة لديها ، فأنه من المفروض التميز فيما إذا كان يوجد أو لا قسما للمصالح . في غياب قسم المصالح ، فأن العلاقات تكون حصرا ما بين الدول المعتمدة لديها وممثل الدولة. والممثل أو المندوب يستعمل حقوق الممثل له. وهكذا فأنه يحل محله في ممارسة هذه الحقوق الجارية بالاتفاقيات النافذة بين الدولة المعتمدة لديها والممثل لها . مثلا في الاتفاقيات القنصلية . من المجدي أحيانا بأن الممثل يشترط من جهة بأنه يتصرف من أجل أن يتجنب كل غموض بصدد الدولة الثالثة بحسن النية. وبالنسبة لنظامه في الامتيازات والحصانات، فأنه، في كل الغايات، دبلوماسي الدولة المعتمدة فأنه أيضا محمي على نحو وافٍ . وإذا وجد هناك قسم للمصالح ، فأن ذلك سيعتبر - ومن الطبيعي - كجزء من بعثة الدولة الممثلة ويستفاد من حماية وامتيازات وحصانة هذه الدولة . وأن القسم سيمارس وظيفة تحت غطاء علم الدولة الممثلة . وإذا أقترف أعضاء قسم المصالح بعض الاخطاء - مثل التجسس - فأن الممثل يكون مسؤولا أمام الدولة المعتمدة لديها ، لأن قسم المصالح يعمل تحت غطاء ممثلها .

ثالثا : الواجبات الإضافية

لقد كشفت المادة ٤١ من اتفاقية فينا عن الحدود التي يجب أن تمارس وظائف المفوضون الدبلوماسيون في اطارها :

" ١. عدم المساس بامتيازاتهم وحصاناتهم ، فأن لكل الاشخاص الذين يستفيدون من هـذه الامتيازات والحصانات واجب احترام القوانين وأنظمة الدولة المعتمدين لديها . وكذلك واجب عدم التدخل في الشؤون الداخلية لتلك الدولة ."

إذ أن هذه المادة تذكر بأن المفوضين الدبلوماسيين لا يمكن أن يضعوا فـوق القوانين حيـث يتوجب عليهم احترام النظام القانوني (فقـرة ١) . ويجب عليهم احترام قنـاة العلاقات الرسـمية التي تفرض عليهم الممارسة في الدولة المعتمدين لديها (فقرة ٣)

١- الالتزام باحترام القوانين والانظمة في الدولة المعتمدين لديها

أ- المبدأ

ما يتداول في الاوساط غير المختصة مـن أن الـدبلوماسي غير ملتـزم باحترام قوانين الدولة المعتمد لديها قول غير صحيح . إذ أن المفوضين الدبلوماسيين ملتزمون بـاحترام القوانين والانظمة في الدولة المعتمدين لديها باستثناء فيما إذا كان هناك امتياز أو حصانة تعفيه مـن ذلك . إذ أن عـدم خرق القوانين والحصانة في القضـاء التـي يتمتع بها الدبلوماسيون لا يمكن أن تكون الا حصانات إجرائية . وأنها ليس لها تأثير الا ان تعفي الدبلوماسي من تطبيق القانون . وما يلاحظ ذلك في مسـألة الهيئة الدبلوماسية والقنصلية للولايات المتحدة الذين تم استدعاءهم مـن واشـنطن. وهذا المبدأ لا يعاني من استثناء الا بحقيقة الامتيازات والحصانات المادية التي يتمتع بها المستفيدين من الحصانات . إذ أن المفوضين الدبلوماسيين يفترض أن لا يلتزموا بالقوانين وأنظمة الدولة المعتمدين لـديها التي ستكون صراحة مخالفة لامتيازاتهم وحصاناتهم . وهكذا ، فأنه ما يتعلق بالهجرة وبالدخول والخروج من الاقليم والاعفاء المالي ، الكمر كي ، أو الامن الاجتماعي ، الخ . ومع ذلك فأنه يتطلب في كـل مـرة التحقق من المحتوى الصحيح للامتياز أو الحصانة ، وعلى سبيل المثال ، فأنه يتوجب على التعلـيمات الدبلوماسية احترام القوانين في المدن ، ولكن حقهم في الاتصال من خلال جهاز الراديو يسـمح لهـم باستخدام جهاز خاص . والدول تحظر تصرفات السيادة العامة المنفذة على أراضيها مـن خـلال سلطات أجنبية . ولكن في حدود معينة ، فأن القبول بأن البعثة تستطيع إنجاز أعمال قنصلية ، تعفي هذه البعثة من الحظر .

ب- حقل التطبيق

أن الالتزام باحترام القوانين وأنظمة الدولة المعتمدة لديها يغطي كل حقل الشرعية الملزمة . وما يمكن الاشارة أليه في هذا المجال أولا في القانون الجزائي وحاشيته في التحريم والتي لا يمكن أبدا أن تعفي أعضاء البعثات : السرقات ، الاغتصاب ، التجسس ، حمل السلاح ، تجارة المخدرات ، الاختطاف ، اعتقال الاشخاص بدون وجه حق ، الخ . وأن المخالفات فيما يتعلق بالطرق المرورية تبدو عديدة والاكثر أثاره . وليس هناك من يسمح لأعضاء البعثات بخرق الانظمة المرورية أو البوليسية المتعلقة بحظر التوقف ، وتجاوز السرعة المقررة ، والسياقة في حالة من السكر . ونتيجة للمخالفات المرورية التي تحدث ، فأن الولايات المتحدة الامريكية أصدرت في الاول من نيسان ١٩٦١ أنظمة أكثر صرامة تتعلق بالمخالفات المحظورة في الساحات . والدبلوماسيون الذين يستلمون الاخطار بالمخالفات يجب عليهم تسديد الغرامات المترتبة على ذلك ، والا فأن لوحة السيارات سوف لا يتم تجديدها للدبلوماسيين الذين لا ينفذوا هذه التعليمات . ومع ذلك فأن هذا الاجراء الجديد لا يتضمن بأي حالة من الحالات الاعتقال أو الحجز . وتعتقد الوزارة الامريكية بأن هذه السياسة سوف لا تضر بحصانة الدبلوماسيين المقيمين في واشنطن وهو ما أكده منشور وزارة الخارجية الامريكية في ٩/ آذار / ١٩٨٣ . وفي منشور للوزارة في ٢ تموز ١٩٨٤ أعلنت فيه بأنها لا تطلب بإلغاء إشعارات السفارات المتعلقة بالمخالفات المرورية . والعقوبة هي النتيجة الطبيعية لذلك والتي تتطلب دفع الغرامة المترتبة .

وقد سارت بريطانيا وكندا، ونيوزيلندا على نفس هذه الانظمة وثبتت الاجراءات نفسها في عدم التسامح فيما يتعلق بالمخالفات المرورية . ومن هنا فأنه يتطلب من أعضاء البعثات الدبلوماسية الاحترام الملزم للقوانين والانظمة فيما يتعلق بالتأمين الالزامي في المسؤولية وخصوصاً المركبات ، المراكب ، والطائرات . وقد حاولت الولايات المتحدة خلال السنوات ١٩٧٩ - ١٩٨٥ إصدار العديد من التشريعات التي أجبرت البعثات الدبلوماسية على الالتزام باتفاقيات ملائمة فيما يتعلق بالتأمينات عن مسؤولياتهم المدنية ولا سيما من خلال "Diplomatic relations Act" الصادر في ٣٠/ أيلول / ١٩٧٨ ، وكذلك منشور ٢٠/ كانون الثاني ١٩٨٥ ، وتبعتها دول مثل كندا ، وقد سبق لسويسرا أن طبقت هذه الاجراءات في عام ١٩٣٢ .

ويتطلب أيضا من البعثة أن تنفذ بحظر استيراد الاشياء الممنوعة لأسباب أخلاقية، وأمنية ، وصحية أو النظام العام (على سبيل المثال المخدرات والاسلحة الخ). وهذا ما أبلغت به وزارة الخارجية الامريكية في منشورها الصادر ١٩ / كانون الاول / ١٩٨٨ إلى رؤساء البعثات الدبلوماسية .

وهناك التزام في مواد القانون الخاص . وفي فرنسا ، فأن وزير الخارجية الفرنسي- أجاب بهذا الصدد ، وبشكل واضح في المساءلة البرلمانية التي طرحت عليه في ٣ نوفمبر / ١٩٥٤ :

" أن الوضع المتميز للدبلوماسي سوف لا يعفيه من الامتثال إلى التشريع حول الايجار الذي يمنحه له القانون في الاحتفاظ بمنزل حيث المؤجر الرئيسي قد طرده بناء على قرار من المحكمة ." .

كما يتطلب أيضا من البعثات التقيد ، وخصوصا في القضايا القنصلية ، بتشريعات الدولة المعتمدين لديها والتي تحظر التصرفات السياسية المنفذة من قبل القوى الخارجية على إقليمها . إذ ما يطرح بهذا الخصوص هو وجهة النظر السويسرية فيما يتعلق بتنظيم العمليات الانتخابية الاجنبية على أراضيها . حيث أنها سمحت للأجانب المقيمين على أرضيها المساهمة في عمليات التصويت في انتخابات بلدانهم الاصلية من خلال وسيط أو إرسال بطاقة التصويت عن طريق البريد مباشرة إلى الخارجية أو من خلال الممثل الدبلوماسي أو القنصلي . وأن العراق سمح لأجانب المقيمين على أرضه الاشتراك في عمليات التصويت في الانتخابات التي تجري في بلادهم عن طريق سفاراتهم أو مكاتب القنصلية وهناك بعض الدول لا تسمح بذلك خشية وقوع رعاية الدولة المعتمدة تحت ضغط البعثات الدبلوماسية . الا أن قد تم التخلي عنه في أغلبية الدول.

ج- النشاط المهني أو التجاري

في هذا المجال لابد من العودة إلى المادة ٢٤ من اتفاقية فينا العام ١٩٦١ التي نصت بصراحة :

" لا يجوز للمفوض الدبلوماسي ممارسة أي نشاط مهني أو تجاري لغرض الربح الشخصي- في الدولة المعتمدة لديها . " وقد سبق لبعض الدول أن حضرت ممارسة هذه الاعمال قبل المصادقة على هذه الاتفاقية . إذ إن الاتحاد السويسري قد أعتبر ممارسة النشاط

التجاري والصناعي لا تتطابق مع المهمات والوظائف المحدد للدبلوماسيين الدائميين. وما فهم من النص المادة بأن ما هو مقصود هو فقط نشاط الدبلوماسي وليس عائلته ، أو أحد أعضاء البعثة . وهذا الاعفاء ناتج من المادة ٢٤ من اتفاقيات فينا. إذ أن الاطراف المتعاقدة يمكن أن تبدو أكثر مرونة وتقر في علاقاتها المتبادلة حالة بعد حالة ، وبالاعفاء المطلوب. وكثيرا ما يحصل ذلك في الولايات المتحدة. الا انه من غير المعقول بأن مفوض دبلوماسي ينضوي في أدارة أو تجمع مؤسسة تجارية وهذا ما أعلنه التشريع السويسري الذي قرر رفع الحصانة الدبلوماسية عندما يتم تعين دبلوماسي في مجلس إدارة إحدى المؤسسات المساهمة. وبالمقابل فأن الاعمال المسموح بها هي النشاطات العلمية الادبية، الفنية التي يجري مكافئاتها كتشريف . والدولة المعتمدة لديها تحتفظ بكل قوانينها في الضرائب بهذا الصدد ، بالقضاء المدني ، أو فيما يتعلق بالضمان الاجتماعي .

١-حظر التدخل في شؤون الدولة الداخلية المعتمد لديها .

أ. مبدأ عام

أن الملاحظة الاولى التي تطرح بهذا الصدد هي أن مفهوم عدم التدخل الذي يطبق على اعفاء البعثات بتميز عن مبدأ عدم التدخل الذي حدد سلوك الدول . وبدون شك فأنه توجد علاقة واضحة ما بين المضمومين في هذا المعنى فيما إذا قام الدبلوماسي بعمل التدخل الدولتي المتميز مثلا في الحرب الاهلية ، أو قدم المساعدة العسكرية أو المالية إلى أحدا الاطراف المتنازعة فأنه بذلك سيخالف التزامه الشخصي كعضو في بعثة دبلوماسية ملزمة بعدم التدخل . والاختلاف ما بين المفهومين يكمن في أن الالتزام الشخصي للدبلوماسي أكثر أتساعا من مفهوم تدخل الدول .

وهكذا فأنه على الرغم من بعض القيود فأن القانون الدولي قد حدد على ما يبدو في هذا الاتجاه بأن الدولة تستطيع الطلب في كل الظروف باحترام حقوق الانسان من قبل الدول الاخرى بدون خرق مبدأ عدم التدخل ، بينما يوجد هناك خطر بالنسبة للدبلوماسي الذي اعتمدته الدولة في التدخل في الشؤون الداخلية للدولة المعتمدة لديها.

ويبدو أيضا بأن مفهوم عدم التدخل مفهوم نسبي من شأنه أن يكون له محتوى متغير في الوقت والشكل ، ويعتمد على وجهات نظر الحكومات التي تعتبر بعض التصرفات تدخلا في الشؤون الداخلية، وخصوصا إذا وصلت العلاقات درجة حساسة ويتم البحث فيها عن أي نقطة من شأنها أن تؤدي إلى قطع العلاقات أو أبعاد الدبلوماسي تحت

ضغط خارجي كما حصل في قطع العلاقات الدبلوماسية ما بين العراق وموريتانيا التي أبعدت السفير العراقي بحجة تدخله في الشؤون الداخلية وذلك في عام ١٩٩٨ .

إذ أنه في مثل هذه الحالات التي يعتمد على رأي الدولة بأن خرق للواجب فأنه ليس أمام الدولة المعتمد لديها الا خيار واحد ما بين الاقتصار على الاحتجاج أو طلب استدعاء السفير، وهذا ما يعتبر عملا تقديريا. وأنه من العبث محاولة تحديد بشكل معين امتداد مفهوم عدم التدخل . ولكن بالمقابل فأن تحليل تطبيق الدول وممارستها يبدو إشارة واضحة لتحديد المناطق الحساسة التي يتوجب على الدبلوماسيين عدم تجاوزها .

ب / أمثلة السلوكيات المنتقدة

يجب على المفوض الدبلوماسي الحذر من تحريك الاضطرابات وتجنب الاتصال بالمعارضة البرلمانية أو غير البرلمانية . والتاريخ الدبلوماسي مليء بالأمثلة المتعددة التي توضح تدخلات الدبلوماسيين في هذا النوع من الأعمال والتصرفات . إذ أن الحكومة البوليفية قررت في عام ١٩٦٠ طرد القائم بالاعمال الكوبي لاشتراكه في المطالب الاجتماعية في الاضرابات العمالية التي جرت في العاصمة لاباز . كما قامت الحكومة النيكاراغوية بطرد المندوبين الدبلوماسيين الامريكيين الذين اتهموا بالتحريض على إضرابات المعلمين في عام ١٩٨٩ .

وفي الواقع ، فأنه ليس من السهل معرفة في أي مجال يمكن أن يحظر على الدبلوماسي الاتصال بشخصيات من المعارضة . وهذا بالتأكيد يعتمد على حرية النظام السياسي للدولة المعتمد لديها . إذ أن السيد جاك سنيراك قد دافع عندما كان رئيس وزراء السيد فاليري جيسكار ديستان ، عن حضور السفير الفرنسي لاجتماع انتخابي للحزب المسيحي في روما عام ١٩٧٦ . ولكن بالمقابل فأن السيد جاك شيراك نفسة " أنصدم " من اللقاء الذي جرى بين السفير أمريكي في باريس مع السيد فرانسوا ميتران عندما كان سكرتير الحزب الاشتراكي في عام ١٩٧٧ . كما كان رئيس الجمهورية فاليري جيسكا ديستان قد عبر عن عميق استياءه من أعضاء سفارة الولايات المتحدة الذي زاروا مقر الحزب الشيوعي الفرنسي ١٩٧٧ . ومن المؤكد بأن أي دبلوماسي لم يكن بعيدا عن الاستقلال السياسي من سلوكياته وخصوصا إذا استطاع أن يظهر بأنه متضامن مع الجهة الني يزورها .

ومن الامثلة التي حصلت قبل الحرب العالمية الثانية نذكر أن النائب الاشتراكي

في الجمعية الوطنية الفرنسية بـول رامادية Paul Ramdier أنتقد فيها بشـدة في عـام ١٩٢٩ حضور سفير الكرسي الرسولي في نفس المدينة التي يعقد فيها اجتماع للجمعية الكاثوليكي . وما حصـل أيضا في العلاقات الدبلوماسية الحديثة مـا بـين سـفير ألمانيا الغربية وجنرالات الانقلاب اليونانـي في أكتوبر / ١٩٧١ وتدخل الحكومة المالطية بهدف تخفيض الاتصالات ما بين السفراء الاجانب وحـزب المعارضة الوطنية . والتحذير الذي قدمه الجنرال بينو شيت في شيلي في كانون الاول ١٩٨٥ إلى سـفراء المجموعة الاوربية الذين اجتمعوا في لقاء مفتوح مـع ممثلي إحـدى عشـر حـزبـا الـذين وقعـوا علـى الميثاق الوطني من اجل الديمقراطيـة في شيلي وحسب القواعـد الدبلوماسية المتعارف عليهـا بأنـه يتوجب على المفوض الدبلوماسي أن يشرح وجهات نظر حكومته التي هـي مختلفـة بالتأكيد عـن وجهات نظر الدولة المعتمد لديها . ويوجد هنا توازن واضح في الاحتفاظ بعـدم التـدخل في الشـؤون الداخلية للدولة المعتمدة لديها وضرورة إطلاع والدفاع عن مواقف الدولة التي اعتمدته . وهو بدون شك مسألة أجراء . في الفطنة والحذر .

ويفترض بالمفوضين الدبلوماسيين ، بشكل خاص ، الانتباه ، عندما يتحدثون في مكان عام في الدولة المعتمدين لديها ، في عدم التطرق إلى الاوضاع والسلوكيات السـيئة لهـذه الدولة . إذ أن مثل هذه الحماقة يمكن أن تؤد إلى استدعاء المفوض الدبلوماسي ، أو تخفيض مكانته في الدولة المعتمـد لديها .

ومن بين هذه الحالات ما قام به سفير الولايات المتحدة في أكتوبر ١٩٥٨ عندما أعلن في لنـدن بأن الولايات المتحدة تعارض دخول جمهورية الصين الشعبية للأمم المتحدة لأن ذلك سيدمر الامـم المتحدة . وهذا التصريح لاقى استياء كبيرة من قبل الاوساط البريطانية ، وذلك لأن بريطانيا اعترفت بالصين الشعبية . وهناك بعض الحالات التي اعتبرت فيها التصريحات التي يطلقها الدبلوماسيون غـير مخالفة للأعراف الدبلوماسية وهو ما حصل عام ١٩٧٤ عندما أعلـن السفير الشيلي في بلجيكا مبررا عملية الانقلاب العسكري ضد سلفادور النيدي ، مما دفع وزير الخارجية البلجيكي إلى اعتبار ذلك " من الشيء الطبيعي والذي يتعلق باختصاص الـدبلوماسي في شرح الوضع السـياسي في بلـده وموقف حكومته " . في الوقت الذي أنتقد فيه الرئيس اليوغسلافي تيتو في تموز ١٩٧٦ سفير الولايات المتحدة وأعتبر تصريحاته الصحفية تدخلا في الشؤون الداخلية .

وفي حزيران ١٩٧٧ ، فأن وزير الخارجية الفرنسي أحتج على استياء السفير

الشيلي في باريس من قيام رئيس الجمهورية الفرنسية مقابلة أرملة الرئيس الشيلي السابق سلفادور النيدي . وما أكثر الحالات التي يتجاوز فيها سفراء الولايات المتحدة الاعراف الدبلوماسية من خلال تصريحاتهم الصحفية أو تدخلاتهم في الشؤون الداخلية للدول الاخرى وهو ما قام به السفير الامريكي في كندا الذي صرح في عام ١٩٨٣ بأن كندا تنفق على الخدمات الاجتماعية أكثر مما تنفق على دفاعها . وكذلك ما قام به السفير الاسرائيلي في بروكسل الذي أراد أن يبرر ما قامت به تل أبيب من غزو للبنان عام ١٩٨٢ . حيث هاجم الصحافة البلجيكية وأتهمها بالكذب ، مما دفع وزير الخارجية البلجيكي إلى التدخل إلى اعتبار ذلك تدخلا في التصور البلجيكي لحرية الصحافة ووصف كلمات السفير الاسرائيلي بنزوة الغضب والوحشية ، ويفقدان الفطنة والحذر بصدد الصحفيين والجمهور . ويتطلب من الدبلوماسي أيضا أن يكون حذرا في الحد الذي يحاول إطلاع الدولة المعتمد لديها . وأن إصدار نشرة المعلومات من خلال السفارات ينطوي على احتراس خاص لأن ذلك من شأن ذلك أن يؤدي عكس النتيجة ، وتجاوز في الاعراف . وقد حصلت بعض الحالات من هذا النوع ما بين بريطانيا وإيران في عام ١٩٤٧ وما بين فرنسا وبلغاريا ، وما بين سويسرا ودول أوربا الشرقية . وقد طلب وزير الخارجية النيكاراغوي في ٢ حزيران ١٩٦٠ من الحكومة الكوبية استدعاء سفيرها وكل طاقم البعثة الدبلوماسية في ماناغوا ، وذلك لأن السفير وزع بعض النشرات للدعاية " الشيوعية " . كما أن موسكو طلبت في ٢٧ حزيران ١٩٦٣ من بكين سحب ثلاثة دبلوماسيين من سفارتها وحالا لأنهم قاموا بتوزيع منشورات ضد سياسة التعايش السلمي التي أعلنها خروتشوف .

ونفس النتائج يمكن أن تطرح عندما يتعلق الامر بحماية الرعايا . إذ أن ممارسة هذه المهمة يمكن أن تدفع الدبلوماسي إلى توجيه انتقاد إلى تصرفات السلطات التنفيذية، والتشريعية والقضائية في الدولة المعتمد لديها وخصوصا عندما يتخذ أجراء موجه ضد أحد رعايا هذه الدولة التي تمثلها والتي يعتبرها خرقا لطبيعة القانون الدولي .

هل يعتبر ذلك تدخلا في الشؤون الداخلية للدولة المعتمدة ؟

يؤكد فيليب كابيه (philippe cahier) في كتابه :

" للدولة الحق في التدخل من خلال الطرق الشرعية في الحياة الداخلية لدولة أخرى عندما يكون أحد مصالحها قد تعرض للخطر ، وفي معرفة عندما تكون الدولة

المعتمدة لديها قد فرضت القانون أو على استعداد لخرق القانون المعترف به من قبل الدولة المعتمدة من خلال القانون الدولي العرفي أو من خلال الاتفاقية ، ولكن بالمقابل، فأن الدبلوماسي لا يتمتع بأي حق في التدخل عندما تكون إحدى مصالحه السياسية في اللعبة . إذ يمكن أن يمارس التأثير من خلال المفاوضات أو الوسائل الشرعية وليس التدخل مباشرة في الحياة الداخلية للدولة ، أي أنه يتصرف من خلال الوسائل المرفوضة في المجالات التي تفلت من المصالح الرسمية الشرعية للبعثة وبأسلوب غير منسجم مع طبيعة الوظيفة الدبلوماسية ."

والحذر الخاص يفرض نفسه عندما يتعلق الامر بحماية مجموعة من الرعايا أو الاقليات القومية المقيمة في الدولة المعتمد لديها والذين ما زالوا محتفظين بجنسية الدولة المعتمدة . وهذا ما أثاره اتصال السفير اليوناني بخمسين ألف من الرعايا اليونانيين المقيمين في كازاخستان من مشاكل عديدة في عام ١٩٦٣ .

يبدو من النظرة الاولى من أن العلاقات ما بين دبلوماسي الدولة المعتمدة وأعضاء جالياتها الوطنية ليس له من أثر في الاضرار بالشؤون الداخلية للدولة المعتمدة لديها ، فأنه من المفروض الاحتفاظ بالنظام العام لهذه الدولة حيث الاضرار يمكن أن تعتبر مشكلة أو بالاحرى شرعية الشؤون الداخلية . ومثل ذلك الحادثة الخطيرة التي جرت في ٢٣ نيسان ١٩٧٠ عندما قامت سفارة اليونان في بروكسل بإقامة تظاهره في الملعب الوطني مقابل جامعة بروكسل احتفالا بالذكرى السنوية للانقلاب العسكري هذه الحادثة أثارت اضطرابات واحتجاجات حادة طلابية مما تطلب تدخل قوات البوليس ، وأضطر وزير الخارجية البلجيكي إلى توجيه انتقاد إلى سفارة اليونان . أن الضغط على رعاياهم المقيمين في الدولة المعتمدين لديها ، يعتبر بالنسبة للدبلوماسيين من الامور التي يمكن التساهل فيها . إذ أن الاجانب الذين يعيشون على أرض الدولة المعتمدين لديها ، فأن لهم الحق ، مثل أي أجنبي ، في الحماية من قوانينها . وأحيانا فأن هناك بعض الاعمال تكون غير شرعية وخصوصا تلك التي يقوم بها الدبلوماسيين ضد رعاياهم من حجز أو اختطاف . ومن الامثلة على ذلك ما قامت به سفارة كوريا الجنوبية من اختطاف ١٧ من رعاياها في بون عام ١٩٦٨ وكذلك ما قامت به كوريا الشمالية باختطاف أحد رعايا كوريا الجنوبية المقيم على الاراضي الاندونيسية .

ويجب على المفوضين الدبلوماسيين أن يكونوا حذرين في الدفاع عن مسائل

تتعلق بحقوق الانسان في الدولة المعتمدين لديها وعندما تكون مصالح هذه الدولة المعتمدة بعيدة من أن تمس. وأن ذلك لا يعني بأنه يتوجب على الدبلوماسيين الامتناع عن التمثيل أو طلب الالتماسات، ولا سيما في الوداعة والحلم، التي تطلبها منهم حكوماتهم في العمل، ولكن يجب أن يكونوا حذرين في أحاديثهم وفي اتصالاتهم في الدول التي ليس فيها تصور لحقوق الانسان كما في أوطانهم.

في فترة محاكمة الطلبة في كينشاسا في آب ١٩٦٩، فأن الجنرال موبوتو أستدعى عميد السلك الدبلوماسي * ، سفير الكرسي الرسولي وطلب منه الاجتماع بالبعثة الدبلوماسية المعتمدة لدى كينساشا ومنعها من التدخل بأي شكل من الاشكال في الشؤون الداخلية للكونغو. وكذلك احتجاج الحكومة السلفادورية في عام ١٩٨٢ ضد السفير الامريكي الذي أشار إلى أوضاع حقوق الانسان في البلاد. وقد رفض سفير شيلي في بروكسل مقابلة ممثل البرلمان البلجيكي الذي أراد تسليمه رسالة احتجاج ضد ما يجري في شيلي من انتهاكات لحقوق الانسان.

٣- احترام قنوات العلاقات الرسمية المحددة من قبل الدولة المعتمدة لديها

أ- قاعدة قناة وزير الخارجية

حسب ما جاء في المادة ٤١، فقرة ٢ من اتفاقية فينا:

"٢- كل القضايا الرسمية التي يمكن بحثها مع الدولة المعتمد لديها، والتي تم العهد بها

---

* هو اقدم السفراء المعتمدين لدى دولة معينة، ويتمتع بأسبقية عليهم في الحفلات الخاصة والرسمية، وبحق التكلم باسمهم والنيابة عنهم في المناسبات الرسمية كتهنئة رئيس الدولة بعيد قومي او برأس السنة الجديدة او بالاعراب عن بعض مطالبهم. وعميد السلك الدبلوماسي هو اول شخص رسمي يزور السفير الجديد بعد قدومه او بعد تقديم كتاب اعتماده للأستأناس بآرائه والاطلاع منه على العادات والتقاليد والمراسيم المتبعة في الدول المعتمدة لديها. ويعتبر عميد السلك الدبلوماسي في بعض الدول بمثابة همزة الوصل بين وزارة الخارجية ورؤساء البعثات الدبلوماسية اذ يبلغهم في بعض البلاد التعاميم والتعليمات المتعلقة بالسلك الدبلوماسي، فضلا عن مهام اخرى كتقديم السفير الجديد او تكريم الذي انتهت مهمته.

كذلك تتمتع زوجة عميد السلك الدبلوماسي بنفس أسبقية زوجها عميد السلك الدبلوماسي وتتولى في بعض الدول مرافقة زوجات السفراء الجدد لتقديمهن في الزيارة الأولى الى الملكة او زوجة رئيس الدولة او وزير الخارجية.

إلى بعثة الدولة المعتمدة ، يجب بحثها مع وزير خارجية الدولة المعتمد لديها أو عن طريق وسيط أخر ، أو أي وزير يمكن أن يضطلع بهذه المهمة ."

والقاعدة المطبقة التي تم النظر فيها هنا هي نتيجة طبيعية لقاعدة عدم التدخل، وأنها قاعدة أجرائية جدا مهمة : إذ يتوجب على أعضاء البعثات الدبلوماسية عدم القيام بعلاقات رسمية مع أدارات البلد المعتمدين لديه الا من خلال وسيط لوزارة الخارجية .

وهذه القاعدة نجدها في كل التشريعات الوطنية . في فرنسا فأنه قد تم التعبير عنها في قرار ٢٢ شهر الحصاد ، السنة السابعة ، في المرسوم الامبراطوري في ٢٩ كانون الاول ١٨١٠ . كما أن المادة ١٣ من اتفاقية هافانا قد نصت على نفس المعنى . إذ أن هذه القاعدة طبقت أيضا فيما يتعلق بسفراء الكرسي الرسولي . وأن هذا المبدأ قد نص عليه منذ أكثر من قرن ، وتم التأكيد عليه في العقود الماضية ، حيث الممارسات العديدة التي صقلته . حيث أن المحكمة العليا الارجنتينية كان لها الفرصة في استحضار الطبيعة العرفية لهذا المبدأ في عام ١٩١٩ ، وكذلك بالنسبة للمحكمة العليا الشيلية في قضية الوزير البلجيكي في عام ١٩٥٢ .

وفي الواقع ، فأن لهذه القاعدة التقليدية مصلحة مضاعفة : بالنسبة للدول التي تستقبل البعثة الدبلوماسية أو بالنسبة للبعثة نفسها . فبالنسبة للدول حيث البعثة تمارس نشاطها فأن للقاعدة تأثير واضح في الحيلولة من تدخل البعثة في الشؤون الداخلية للدولة ، ولكن تأثيراتها لا تتوقف هنا . فأنها تسمح لوزير الخارجية في الاحتفاظ بوحدة الرأي في العلاقات مع الدول الاجنبية . ومن خلال مركزه الرئيس واختصاصاته الخاصة فيما يتعلق بالعلاقات الدولية ، فأن وزير الخارجية يمكن أن يعدل من اتجاه ويقود سياسات الوزارات الاخرى في فيما يتعلق بالعلاقات الخاصة مع إحدى الدول الاجنبية المحددة . ومن الاهمية أن يكون وزير الخارجية على علم بكل ما ترسله إلى السفارات الاجنبية من قبل مختلف أجهزة الدولة من أجل ضمان أن هذه الاتصالات يجب أن تكون منسجمة مع الضرورات السياسة والتزامات الدولة . بالاضافة إلى ذلك ، فأنه لا يمكن السماح الا لوزارات أخرى - متجاهلين بعض الالتزامات الدولية للدولة - باتخاذ قرارات غير مقبولة بالنسبة للموقف الدولي للدولة في تجاهل حال القانون الدولي أو السياسة الدولية من المسألة . وفي فرضية أخرى ، فان تصرف وزير الخارجية سيسمح بتعديل اتجاه موقف الوزارات الاخرى . ووجهة النظر هذه تتطابق كليا مع مبدأ وحدة الدولة .

وبالنسبة لكل هذه الاسباب ، فأن هذه القاعدة القوية هي أيضا في مصلحة البعثة الدبلوماسية الاجنبية . فأن هذه القاعدة هي بالنسبة لها ضمان وفي الوقت نفسه للمساعدة والحماية .

فيما يتعلق بالمساعدة ، فأنه في الحد الذي ينقل وزير الخارجية طلباته إلى الدبلوماسيين المختصين ؛ وفيما يتعلق بالحماية ضد القضايا ، أو التصرفات غير المسؤولة ، وضد طلبات طارئة ، ومرور عاجل ، مذكرات أو تصرفات عامة .

أن التطبيق الدولي أقر تقليديا باستثناء في هذه القاعدة لصالح الملحقين الفنيين، إذ أنهم يتباحثون مباشرة مع الوزير الذي يرتفع إلى مكانته الفنية : وهكذا ، فأن للملحقين التجاريين علاقات مباشرة مع وزير التجارة الخارجية والملحقين العسكريين مع وزير الدفاع الخ . إذ أنه من خلال الاتفاقية ما بين الاتحاد الاقتصادي لمجموعة البيتلوكس والاتحاد السوفيتي في ١٤ / آب / ١٩٧٢ ، ومن خلال مبدأ المعاملة بالمثل في التباحث الموجود ما بين الممثلين التجاريين للاتحاد السوفيتي في بروكسل وفي لاهاي من جهة والموظفين البلجيكين والهولندين في موسكو من جهة أخرى . وبهذا الصدد ، فأنه عندما التوقيع على هذه الاتفاقية ، فأن رئيس الوفد البلجيكي ذكر الوفد السوفيتي بالاتفاقية حول حقيقة بأن الموظفين معنيون في الدخول في إطار نشاطاتهم الاقتصادي أو التجاري مع الوزراء الفنيين والمنظمات التجارية ولجنة الدولة للعلم والتقنية السوفيتية في الولايات المتحدة ، قد أنشأت وزارة الخارجية صيغة للعلاقات المباشرة ما بين المحكمة العليا ومحكمة الاستئناف من جهة والبعثات الاجنبية من جهة أخرى . إذ أنه بدلا من أن ترسل خطاباتها إلى وزارة الخارجية ، فأنه يتطلب منها في كل مرة بأن لها مصلحة في المسألة المنظورة بمناقشتها مباشرة مع الوزارات الاخرى. وقد انتهجت بلجيكا منهجا مرنا وحرا في ذلك ، إذ أن دخول الادارات البلجيكية أصبح مفتوحا . ووزير الخارجية لا يصر على تطبيق القاعدة التقليدية الا في المسائل التي تعود من اختصاص وزارته (مسائل سياسية)، أو المسائل المتعلقة بوضع البعثة الدبلوماسية (تطبيق اتفاقية فينا ، الامتيازات ، الحصانات ، القوانين ، الالتزامات المتعلقة بالبعثات وأعضاءها) .

ب/ استعمال اللغات مع الخدمات الإدارية المحلية

هناك العديد من الدول لا تثير فيها مسألة اللغة المستعملة مع الادارات المحلية أي مشكلة وخصوصا إذا كانت الدولة المعتمدة لديها البعثات الدبلوماسية تتكلم لغة

واحدة قومية . أما بالنسبة للدول التي توجد فيها أكثر من لغة حسب أقاليمها ، والولايات التي تتكون منها . إذ أنه على سبيل المثال ، فأن الوزير البلجيكي قد أشار في أكتوبر ١٩٦٦ في مذكرته التي بعثها إلى البعثات الدبلوماسية في بروكسل بهدف لفت انتباههم حول قانون الثاني من آب ١٩٦٣ المتعلق باستعمال اللغات مع الادارات المحلية.

وأضاف : بهذه المناسبة فأنه قد تم أعلام البعثات الدبلوماسية بأن الموظفين ومستخدمي الخدمات العامة الاقليمية والمحلية غير ملزمين باستعمال ، في علاقاتهم الرسمية أي لغة أخرى غير اللغة الاقليمية حيث تقيم الخدمة العامة .

وهذه لا ترتبط الا بالحالة حيث البعثة الدبلوماسية تتباحث مع السلطات المحلية. ولكن بالمقابل ، فأن " السفراء الاجانب الذين يتراسلون مع وزير الخارجية يمكنهم تحرير وثائقهم في لغتهم الخاصة وأن وزير الخارجية يطبق أذن التشريع اللغوي البلجيكي في علاقاته مع الخدمات العامة الاخرى في بلجيكا . ولكن من المفيد جدا أن يكون الدبلوماسي متقنا للغة الدولة التي يعمل فيها قراءة وكتابة . وهذا ما درجت عليه حكومة العراق في اختيار دبلوماسيها العاملين في الدول الاوربية والامريكية ، إضافة إلى اتفاق اللغة الانكليزية في الدول الافريقية أو الاسيوية . وكذلك بالنسبة للحكومة الامريكية التي تختار الدبلوماسيين الذين يتقنون اللغة العربية في تمثيلها في الدول العربية ، وكذلك بالنسبة للاتحاد السوفيتي السابق* .

---

* بهذا الصد يجب توضيح اللغة الدبلوماسية والمراحل التي تطورت خلالها اضافة الى مفهوم اللغة الرسمي ولغات العمل في المنظمات الدولية . في الواقع كانت اللغة اللاتينية قديما لغة الوثائق الدولية الدبلوماسية كالرسائل المتبادلة بين الملوك والبابا ، وبعض المعاهدات والاتفاقيات وقد حلت محلها تدريجيا اللغة الفرنسية لما تتمتع به من نعومة في اللفظ وتوافر الاصطلاحات السياسية والدبلوماسية والدولية . ومنذ نهاية الحرب العالمية الأولى ، ومساهمة الولايات المتحدة الامريكية فيها ، واصدار الرئيس ولسون المبادئ الأربعة عشر ، واشتراكه في وضع معاهدة فيرساي ، اخذت اللغة الانكليزية تنافس اللغة الفرنسية التي تغلبت عليها بعد الحرب العالمية الثانية ، واصبحت اليوم اللغة التي يتكلم بها ثلثا سكان العالم على الأقل كلغة رسمية او بالاضافة الى لغاتهم الوطنية ، وقد اتجهت الانظار حال انشاء عصبة الامم الى احياء اللغة اللاتينية او نشر لغة (الاسبيرانتو) ، او تشجيع اللغة الاسبانية ، إلا ان المحاولة فشلت .

وقد تبنت الامم المتحدة لغتين رسميتين هما الإنكليزية والفرنسية ، وخمس بلغات عمل هي: الانكليزية ، الفرنسية ، الاسبانية ، الروسية والصينية وكذلك العربية التي تم اقرارها مؤخرا ،

٤- الالتزامات المتعلقة باستعمال مقر البعثة

إذ أن الفقرة الثالثة من المادة ٤١ من اتفاقية فينا لعام ١٩٦١ قد أوضحت هذه النقطة بكل جلاء ، والتي سيتم التطرق أليها فيما يعد بالتفصيل ، الا أنه يتطلب الان ذكر نص هـذه الفقـرة التـي أكدت على :

" ضرورة الا تستخدم مقر البعثة بأي طريقة تتنافى مع وظائف البعثة كما هي مبينة في هـذه الاتفاقية أو غيرها من قواعد القانون الدولي العام أو في أية اتفاقات خاصة نافذة بين الدولة المعتمدة لديها .

واخذت تصدر بها عدة نشرات دولية . وقد جرى العرف في المؤتمرات الدولية الاقليميـة إلى اسـتعمال اللغـة المشتركة بين معظم الدول المدعوة . اما في المؤتمرات الدولية القارية يمكن اسـتعمال لغـات دوليـة كالفرنسية ، والانكليزية ، بالاضافة الى اللغات المحلية التي يتم ترجمتها فورا .

ولدى عقد المعاهدة ينظر : فاذا كانت ثنائية ، فأن تعقد بلغة الطرفين المتعاقدين على ان تظاف اليها - عند الاقتضاء - لغة دولية تعتبر مرجعا لـدى الخـلاف عـلى تفسـير بعض احكـام تلك المعاهدة ، امـا اذا كـانت متعددة الاطراف فأنها تعقد غالبا باللغتين الدوليتين المعروضتين وقد يضاف اليهما اللغة الروسية ، الاسبانية ، الصينية ، والعربية .

وتقصد احيانا من عبارة " اللغة الدبلوماسية " تلك العبارات الدقيقة المنطوية على اللياقة واللباقة مع الدقة في التعبير ، والابتعاد عـن العبـارات التـي تثير النفـور والاستنكار . واللجـوء الى عبـارات مهذبة وناعمـة في مجالات الاحتجاج او التهديد او الانذار ...

وكانت الامم المتحدة ، وحسب المادة ٥١ من النظام الداخلي للجمعية العامة ، قد اقرت استعمال اللغـات الصينية ، الانكليزية ، الفرنسية ، الروسية ، الاسبانية لغات رسمية في العمل اضافة الى اللغة العربية التـي اقرت لغة سادسة بحيث ان قرار الهيئة ونشراتها اصبحت تصدر باللغة العربية ليس عن المنظمـة العالميـة ، حسب ، وانما على وكالاتها المتخصصة التي تاتي في مقدمتها منظمة اليونسكو .

الفصل السادس

الدور الخاص للدولة المعتمدة والدولة المعتمد لديها في تشكيل البعثة الدبلوماسية

مقدمـــة :

مـن الطبيعـي أن يعـود للدولـة المعتمـدة تسـمية الدبلوماسـيين الـذين يشكلون البعثـة الدبلوماسية . وكل دولة حرة في اتخاذ القرار الذي يتم بموجبه إرسال البعثة إلى دولة معينة . وأحيانا ، فأن الدولة المعتمدة تملك حق الرقابة بصدد الأسلوب الذي تشكل بموجبه البعثة . ومن مصلحة الدولتين بأن لا تشكل البعثة بأسلوب يزعج الدولة المعتمد لديها . وعلى ضوء ذلك ، فأننا سنحاول في هذا الفصل دراسة مختلف الأوضاع والتي يتضح خلالها إلى أي درجة يمكن للدولة المعتمد لـديها أن تتدخل في بعض الإجراءات الخاصة بصدد تشكيل البعثة ، سواء كان ما يتعلق بـالملاك الدبلوماسي أو فيما يتعلق بتركيبها ، وفئاتها .

أولا : حق الرقابة بصدد الأشخاص الذين يشكلون البعثة

من المعتاد ، كما تم ملاحظته في الصفحات السـابقة ، بـأن البعثة تتكـون مـن رئيس البعثـة وعددا من الأعضاء الذين نصفهم بـالملاك الـدبلوماسي ، والملاك الإداري ، الفنـي ، والإدارة ، والكـادر الخدمي . وقد نصت المادة السابعة من اتفاقية فينا لعام ١٩٦١ بما يلي : أن الدولة المعتمدة تسمي باختيارها أعضاء ملاك البعثة الدبلوماسية " وهذا النص استبعد حتى رئيس البعثة الـذي ، وحسـب المادة الرابعة، تخضع تسـميته إلى اعتماد الفقرة الأولى ، والتـي تؤكد بأنه " يتوجب علـى الدولة المعتمدة أن تتأكد من الحصول على موافقة الدولة المعتمد لـديها قبـل أن تعتمد مرشحها رئيسـا لبعثتها لدى الدولة الثانيـة " وحسـب المادة السـابعة فأن هناك أجراء للموافقة يمكـن أن توجـد بالنسبة للملحقين العسكريين وذلك ما نص عليه منطوق الفقرة الثانية من المـادة نفسـها " " ويجوز للدولة المعتمدة لديها أن تقتضي ـ في حالـة المحلفين العسكريين أو البحريين أو الجـويين موافـاتهم بأسمائهم مقدما للموافقة عليها"* .

---

* فيما يتعلق بقبول الممثل الدبلوماسي ، هو موافقة حكومة ما على الاستخراج الذي تقدمه

بالنسبة للأعضاء الآخرين من ملاك البعثة فأنهم يمكن في بعض الظروف أن يعلن عنهم غير مقبولين وأخيرا فأن الموافقة الخاصة للدولة المعتمدة لديها البعثة يجب أن تمنح للدبلوماسيين الذين لا يتمتعون بجنسية الدولة المعتمدة .

١- الموافقة على تعين رئيس البعثة

أ- أجراء الموافقة

من المعتاد بأن الدولة المعتمدة تضمن مقدما بأن الشخص الذي تعتمده كرئيس للبعثة لدى دولة أخرى مقبول من قبلها . وهذا ما يطلق عليه أجراء الموافقة. وهي الموافقة التي تبدو ضرورية جدا . إذ أنها الميثاق الذي تمنحه الدولة المعتمدة لديها إلى اختيار الدولة المعتمدة. وحسب الدليل المطبق من قبل المكتب البروتوكولي في بلجيكا:

أ- طلب الموافقة (بالنسبة للسفراء المعتمدين لدى الملك).

ب- يرفع طلب الموافقة إلى مكتب الخدمة البروتوكولي :

- أما من قبل سفير الدولة المعتمدة ، في بروكسل ، بأسلوب شخصي أو بمذكرة شفهية مرفقة بها منهج السيرة للشخص المعني.

- وأما من خلال وسيط في السفارة البلجيكية في الدولة المعتمدة ، ومن خلال تقرير ، ومرفق به السيرة الذاتية للشخص المعني .

ج- وبعد الحصول على موافقة صاحب الجلالة ملك بلجيكا ، على الموافقة المطلوبة ، فأن المكتب البروتوكولي يوجه رسالة إلى السفارة المعنية :

- أما إلى السفير السابق (الذي لم يترك مهام عمله بعد)

- أما إلى القائم بالأعمال.

حكومة اخرى بشأن تعيين سفير جديد لديها ، وبذلك يصبح السفير المرشح " شخصا مقبولا person grata " ويتم طلب الاستخراج بأرسال نبذة عن تاريخ حياة السفير المرشح الى الدولة التي سيعتمد لديها ، وذلك أما عن طريق سفارة الدولة الأجنبية او سفارة الدولة الطالبة المعتمدة لدى هذه الأخيرة ، تبعا لظروف كل حاله . وقد جرت العادة بان يرسل الجواب خلال اسبوعين أو ثلاثة ، على الأكثر ، كما يعتبر عدم الاجابة بمثابة رفض القبول الأمر الذي يترتب عليه نتائج مختلفة أخلها المقابل بالمثل . ويظل طلب الاستخراج سريا او مكتوبا الى أن تصل الموافقة ، وعندما يصدر مرسوم التعيين ويهيأ كتاب الاعتماد وبقية الوثائق اللازمة للسفير .

وأن موافقة ملك بلجيكا يجب أن تستند إلى روح الدستور البلجيكي ؛ بناء على الاقتراح الحكومي ، والدراسة الوافية التي قامت بها المكاتب الخاصة ، والتي تقدم كل معلوماتها إلى الملك . وأن اللجوء إلى أجراء الموافقة يبدو واجبا بالنسبة للدولة المعتمدة عندما يقصد برئيس البعثة ومثلما نصت عليه المادة الرابعة ، فقرة الأولى من اتفاقية فينا : يجب على الدولة المعتمدة أن تضمن موافقة الدولة الثانية على الشخص الذي سوف تعتمده لديها كرئيس للبعثة كما تم الإشارة إلى نص الفقرة في الأسطر الماضية .

إذ أنه وحتى نهاية القرن التاسع عشر فأن اللجوء إلى الموافقة لم يكن متبعا ، ولا سيما من قبل جمهوريات أمريكا اللاتينية ، حيث أن هذه الدول تبعث ممثليها بدون أن تنذر حتى الدولة المعتمدة لديها . وأحيانا ما تفاجئ هذه الدولة آلا ويصل على أرضها أشخاص يحملون جوازات سفير دبلوماسية . وحريتها في رفض استلام أوراق الاعتماد تبدو حرية كاملة . ولكن اليوم مثل هذه السلوكيات تبدو نادرة جدا، وخصوصا ما تمارسه الولايات المتحدة في تعاملها الدبلوماسي مع بعض الدول الصغيرة الحجم وبحاجة إلى اعتراف سريع وتبادل سفراء ، فأن تتغاضى عن الإجراءات البروتوكولية الخاصة بذلك كما هو معتاد .

وما عدا ذلك ، فأنها الأجراء ينطبق بالنسبة لكل رؤساء البعثات ، مهما كانت فئتهم ، وبالنتيجة فأن ذلك لا يخص القائمون بالأعمال.

ب- خصائص أجراء الموافقة

تعد الموافقة عمل تقديري وحر بالنسبة لرئيس الدولة المعتمد لديها . وإذا كان هناك ما يخالف ذلك ، فليس للعمل أو الإجراء أي قيمة .

وهكذا ، فأنه في قضية السفير الألماني Otto Abelz ، التي أثيرت في عام ١٩٥٠ ، فأن محكمة التميز قررت رفضه ، مبررة رفضها بأن هذه الشخصية يجب أن يتمتع بالحصانة الدبلوماسية . وظهر بشكل واضح من الأحداث المعينة التي كشفها القاضي بأن فرنسا أجبرت من قبل ألمانيا على قبوله كممثل لألمانيا بعد الهدنة في ١٩٤٠ ، لكنه لم يحصل على لقب سفير (إذ ليس هناك موافقة وتسليم أوراق اعتماد) . والمتهم لم يستطع بعد أن جرد من الحصانات الدبلوماسية ، أن يفلت من العقوبة الجزائية لجرائم أرتكبها خلال الاحتلال الألماني لباريس .

وأن القاعدة التي تم إنشاءها والاعتراف بها هي أن رفض طلب الموافقة ليس من المفروض أن يبرر . في الماضي ، بعض الدول أصرت على معرفة أسباب هذا الرفض ، ولكن حاليا ، فأنه إذا كان من المجاملة توضيح أسباب الرفض ، فأن ذلك لم يكن التزاما يجب على الدولة أن تقدمه . وهذا ما نصت عليه المادة الرابعة ، الفقرة الثانية من اتفاقية فينا ١٩٦١ :

" ليس من مسؤولية الدولة المعتمدة لديها أن تقدم للدولة المعتمدة أسباب رفضها طلب الموافقة."

ويفهم من ذلك بأنه رفض طلب الموافقة يعتبر من التصرفات الخطيرة ، مثلما عرضها المجلس الفيدرالي البلجيكي في ٢٣/ أيار - مايو / ١٩٨٤ :

" انسجاما مع تطبيق القانون الدولي ، فأن رفض الاعتماد لسفير هو أجراء خطير والذي لم لا يمكن اللجوء أليه آلا نادرا ، وفقط بالنسبة للمبررات الأكثر جدية (جرائم حرب ، تصرفات مسبقة في الدولة المعتمدة لديها) ."

ومن الواضح بأن هذا التقييم أفضل ما يعود إلى الدولة المعتمدة لديها والتي تقرر الأسباب التي تبرر عدم منحها الثقة لشخصية معينة لكي يضطلع بالعلاقات المتميزة ما بين الدولتين . ومن المؤكد ، بأن الدولة المعتمدة يمكن أن تصر على رغبتها في تسمية الدبلوماسيين حسب اختيارها . آلا أن فعالية هذا الدبلوماسي يمكن أن تكون محدودة . إذ سبق وأن قرر ليويولد الأول ملك بلجيكا اعتمادا سفيرا لدى الكرسي الرسولي . إلا أن البابا رفض ذلك باعتبار هذا السفير من جماعة الاتجاه السان سيموني . ولكن بإصرار مللك بلجيكا ، فأن البابا قبل طلب الموافقة ولكن فعالية هذا السفير كانت صفرا ، واستقال بعد تعينه بستة أشهر .

وفي الواقع ، فأن أسباب الرفض تبدو جدا متغيرة . وأنها يمكن أن تنجم عن تصرفات منفذة من قبل المعتمدين في السابق ، أو من آرائهما المعروفة أو المعبر عنها بشكل أو بآخر ، وأحيانا لشخصيته أو عائلته . والتاريخ الدبلوماسي يسجل لنا العديد من حالات الرفض . حيث الأمثلة التي نسوقها :

- لأسباب تتعلق بشخصية الدبلوماسي .

في عام ١٨٤٠ فقد رغب الكرسي الرسولي بتبديل سفراء في بروكسل وباريس ، إلا أن الحكومة البلجيكية رفضت أستقبال السفير الرسولي Mgr Formari ، وأمام هذا

الرفض فقد أضطر البابا إلى تعين السفير Mgr Pecci . كما أن ليويولد الثاني لم يرغب في منح موافقته إلى السفير "Auguste Gerard " الذي تم تسميته كوزير فرنسي في بروكسل . أنه يرغب " برجل لا يبحث عن أثارة المشاكل " .

- نتيجة لموقف مسبق للدبلوماسي .

إذ أنه في عام ١٨٩١ فأن الحكومة الصينية رفضت إعطاء موافقتها إلى وزير الولايات المتحدة " M. Blair" لأنه في خطاب له في مجلس الشيوخ تلفظ بعبارات هجومية ضد الصيين . وفي عام ١٩٣٩ فقد رفضت فرنسا قبول M. Tani كسفير لليابان الذي سبق أن أتهم فرنسا بمساعدتها الصين في حربها مع اليابان ، على الرغم من النفي الذي قدمته الحكومة الفرنسية بهذا الصدد .

- نتيجة لسلوك سابق للدبلوماسي أعتبر سياسيا غير مقبول

في عام ١٧٥٧ ، فأن السويد رفضت استقبال المبعوث البريطاني Goudrich لأنه قام بزيارة أحد الأمراء الذي كان في حرب مع السويد . وفي عام ١٩٨٢ فأن الحكومة الأفغانية رفضت إعطاء موافقتها إلى القائم بالأعمال الأمريكي لأنه كان على اتصال برئيس دولة أفغانستان المخلوع .

- نتيجة للآراء السياسية للدبلوماسي أو التي تنسب أليه .

في عام ١٨٢٠ فأن ملك سردينيا رفض استقبال البارون Von Martens مبعوث بروسيا لأنه تزوج من أبنه قاتل الملك . وفي عام ١٨١٧ فأن الكرسي الرسولي رفض في الفترة الأولى إعطاء موافقته على تعين Mathieu Leclerq ممثلا لملك بلجيكا وذلك لأنه كان المدعى العام في محكمة الاستئناف ، وأتهم بالآراء الليبرالية ضد التعصب الكاثوليكي . آلا أنه أمام إصرار بلجيكا بعدم إمكانية تسمية شخص أخر غيره ، فأن الكرسي الرسولي عدل عن قراره ، آلا أن Leclerq رفض العرض .

- نتيجة لاعتمادات سابقة للدبلوماسي .

في عام ١٩٤٤ فأن الحكومة الفرنسية المؤقتة رفضت إعطاء موافقتها إلى السفير Valeri Valevio الذي سمي كممثل للبابا ، وذلك لأنه كان قد سبق وأن أعتمد كسفير لدى حكومة فيش Vichy . وقد سبق لإحدى الدول في جنوب شرق أسيا أن رفضت إعطاء موافقتها على تعين أحد الأشخاص بعد الحرب العالمية الثانية كسفير للبابا لانه كان أحد أعضاء جيش الاحتلال الياباني .

وفي عام ١٩٦١ فأن الحكومة السويسرية قد ثبتت موقفا متحفظا عندما طرحت الولايات المتحدة تعين سفير لها في برن Mr. Earl T.E.Smith لأنه كان سفيرا سابقا للولايات المتحدة في كوبا قبل سقوط باتيستا "Batista" . وقد عرف هذا السفير بمواقفه العدائية ضد كاسترو . وعليه فأن سويسرا المكلفة برعاية المصالح الأمريكية في هافانا . ومثل هذا التعيين سيثير مشاكل عديدة لا يمكن أن تسهل ممارسة سويسرا لمهمتها في كوبا ، الأمر الذي جعل هذا السفير أن يطلب من رئيس الولايات المتحدة بعدم ترشيحه لهذا المنصب في سويسرا . وفي عام ١٩٨٣ ، فأن الكويت رفضت إعطاء موافقتها إلى أحد الدبلوماسين من الولايات المتحدة لأنه كان قد عمل سابقا كقنصل عام لدى إسرائيل . وكدليل على الاحتجاج الأمريكي على ذلك ، فأن واشنطن تركت منصبه فارغا لبعض الوقت .

- نتيجة للماضي (الإجرامي) للدبلوماسي.

وهكذا ، فأنه في عام ١٩٨٤ فأن الولايات المتحدة رفضت إعطاء موافقتها على تعين السيدة "Mne Nora Astora" كسفيرة لنيكاراغوا بتهمة أنها اجتذبت إلى غرفة نومها أحد قيادي نظام سوموزا الذي مثل من قبل رجال حرب العصابات الساندنيستا. والدول الأوربية تشترط مسبقا أعلامها عن قائمة الأشخاص الذين تورطوا سابقا في أعمال إرهابية ، وكذلك أن الجواسيس السابقين للمخابرات السوفيتية KGB ، أو المخابرات المركزية الأمريكية " CIA " يشكلون هدفا بالنسبة للرأي العام السياسي كما أن هناك بعض العسكريين الذين عملوا في حاشية الجنرال بينوشيت في شيلي قد أثاروا بعض التحفظات لدى العديد من الدول عند أعتمادهم كملحقين عسكريين وخصوصا الجنرال Nuno في بلجيكا ، وفي سويسرا وكذلك المندوب السامي في سريلانكا الجنرال Ottawa الذي أتهم بتعذيب رجال التاميل بعد اعتقالهم.

- لأسباب دينية

في عام ١٨٤٧ ، فأن ملك هانوفر رفض استقبال وستفاليا الذي عين من قبل ملك روما لأنه كاثوليكي روماني . وفي عام ١٨٥٥ فأن الحكومة الإيطالية رفضت استقبال السفير الأمريكي المعين من قبل واشنطن M. Keiley آلا أنها لم تعط أسباب الرفض ، آلا أن متابعة تصريحاته ظهر أنه بروتستاني أحتج ضد ضم إيطاليا للدولة الدينية . وقد رفضت إمبراطورية النمسا والمجر تعين كيلي Keiley نفسه سفيرا لواشنطن في فينا

وذلك لزواجه من امرأة يهودية زواج مدني . وقد عبرت الحكومة النمساوية عن موقفها على غرار الموقف الإيطالي بأنه شخص غير مقبول في فينا كما حصل في روما . وعلى أثر ذلك فأن الرئيس الأمريكي رفض تسمية شخص أخر وترك المنصب إلى سكرتير كقائم بالأعمال .

وفي عام ١٩٥٨ رفضت المملكة العربية السعودية أعطاء موافقتها على تعين السفير الذي سمته بريطانيا في الرياض وذلك ليهوديته .

- وقد يكون الرفض ليس مرتبطا بشخص المعتمد ولكن بصفته أو مرتبته .

وهكذا ، فأنه في عام ١٩٠٧ ، رفضت بلغاريا تعين بلجيكا لمفوض لم يشكل آلا من البعثة القنصلية بينما كان منتظرا ترشيح أحد أعضاء البعثة الدبلوماسية . ومثلما أن الموافقة تصرف تقديري وأنها لا يمكن أن تبرر ، فأنها ومن الناحية الفنية لا يمكن أن تكون موضوعا للتعسف في ممارسة هذه السلطة . وأن الحكومة المعتمدة التي تعتقد بأن الأسباب المقدمة لا مبرر لها تستند على عدم الدقة أو أنها لم تكن آلا حجة ، لترك المنصب فارغا كدليل على الاحتجاج .

ومن الجائز بأن طلب الموافقة يمكن أن ينفذ مع حد أدنى من الدراية . وإذ أرتكب إفشاء الأسرار وأن أسم الشخص المقصود كشف عنه الحجاب قبل أن يتمكن رئيس الدولة المعتمد لديها أن يعطي موافقته ، فأن رئيس هذه الدولة سوف يعتبر بأنه لم تترك له الحرية الكاملة في إصدار الموافقة من عدمها ، وسيقع تحت ضغوط عديدة أو أن الدولة المعتمدة سوف لا تعبر اهتماما لتوجيهاته أو لقراره . وأيضا فأن عملية إفشاء الأسرار تعتبر من التصرفات غير الصحيحة وغير المقبولة .

إذ أنه في عام ١٨٣٢ فأن الإمبراطور الروسي نيقولا رفض استقبال البريطاني السير ستراتفورد لأن تعينه نشر في الصحافة اللندنية بعد عشر أيام من الإعلان عن تعينه . وفي عام ١٩٥٨ وبينما كانت ألمانيا الأحادية في طريقها إلى تعين ممثل جديد لها في برن العاصمة السويسرية ، فأن الصحافة قد أعلنت بأن حركة دبلوماسية سيتم تنفيذها في عدد من المناصب ، ومن بينها المنصب الدبلوماسي في سويسرا الذي سيحتله رئيس التشريفات في بون . ومن هنا ، فأن إفشاء هذه الأسرار كان لها وقع حساس ومزعج في سويسرا وأثار موجه من الضغط الصحفي ضد شخصية Mohr الذي أتهم بالهتلرية . الأمر الذي دفع وزير الخارجية الألماني إلى تكذيب هذه الأخبار والإعلان بأن السيد موهر لم يكن عضوا في الحزب النازي ، وقدم أعتذاره لأفشاء هذه السرار .

وفي عام ١٩٨٩ فأن وزير الخارجية البلجيكي قدم احتجاجه ضد أحد البرلمانيين الذي أثار أسم السفير M. Alfred الذي عين في باريس بينما لم تحسم بعد لا موافقة الملك ولا طلب الموافقة المقدم للحكومة الفرنسية .

في عام ١٩٩١ فأن وزير الخارجية البلجيكي عبر عن دهشته من مناقشة في البرلمان الأوربي حول رفض بلجيكا طلب الموافقة على تعين سفير في بروكسل ، ويعتبر أن هذه المسألة من القضايا التي يتم مناقشتها ثنائيا وبشكل سري .

وبالمقابل ، فأنه يبدو أيضا من غير اللائق بالنسبة للدولة المعتمد لديها التعبير علنا عن الأسباب التي من خلالها تطعن مقدما في بعض الترشيحات لشغل منصب أصبح شاغرا . وهذا ما كان يطرحه خروتشوف في أيار ١٩٦٢ حول بعض الشخصيات التي كان لا يرغب أن تخلف السفير الألماني في موسكو ، وهناك بعض الأوضاع الخاصة حيث بقيت طلبات الموافقة أحيانا بدون جواب . إذ أن أغلب الدول تلجأ إلى هذا الموقف خاصة إذا كانت الدولة المعتمد لديها ترغب في تجميد العلاقات مع الدولة المعتمدة . إذ أشارت صحيفة اللوموند في ١٤ نوفمبر ١٩٦٣ إلى أن الحكومة البرازيلية قد سحبت طلب الموافقة الذي قدمته لدى الحكومة الفرنسية بعد فترة تجاوزت الثلاثة أشهر ولم تقدم باريس أي جواب بصددها .

وأنه يمكن أيضا أن يتعلق بالسلوك التوقعي في حالة طلب الموافقة حصول تغير في رئيس الدولة المعتمد لديها . وهذا ما لوحظ في خيبة أمل سفير الولايات المتحدة في موسكو في ١٩٧٦ - ١٩٧٧ أثناء انتخابات الرئيس كارتر ، مما تطلب التأجيل حتى استلام الإدارة الجديدة . وخلال مؤتمر فينا فقد تقدمت إيطاليا والفلبين باقتراح يقضي بأن الدولة المعتمد لديها يجب أن تعطي موافقتها على طلب الدولة المعتمد في غضون مدة معقولة ، آلا أنه سحب من قبلهم .

وعلى كل حال فبمقدار ما أن الموافقة لم تحصل ، فأن رئيس البعثة لا يستطيع مزاولة مهمته . آلا أن هناك بعض الحالات التي تشكل شواذا في التطبيق ولا سيما عندما يتعرض رئيس الدولة المعتمد لديها إلى ضغوط خارجية ، فلم يبقى أمامه غير الانصياع إلى ذلك . إذ سبق وان قام السلطان العثماني برفض طلب الموافقة على اختيار السيد Catalaani سفيرا لإيطاليا في الاستانة في الوقت الذي حزم السفير حقائبه وتوجه عن الطريق البحر بالتوجه إلى الدولة العثمانية ، الأمر الذي جعل السلطان يخضع لضغوط الحلفاء والتخلي عن قرار الرفض .

ومن الممكن أن تسحب الموافقة الني أعطيت سابقا قبل وصول المفوض

الدبلوماسي . إذ أنه في عام ١٩٥٢ عندما أعطت الحكومة الهولندية موافقتها إلى اتحاد جنوب أفريقيا لتعين السفير M. de Plessis في لاهاي عادت وسحبت هذه الموافقة نتيجة للضغط الذي مارسه عدد من البرلمانيين الهولنديين بحجة أن هذا الشخص بعث في عام ١٩٤٠ برقية تهنئه إلى هتلر بمناسبة احتلاله هولندا .

وفي عام ١٩٦٨ ، فأن حكومة المملكة العربية السعودية ، سحبت موافقتها التي أعطيتها إلى السفير البريطاني المعين في الرياض ، في الوقت الذي بقيت أسباب الرفض غير معلومة .

٢- الموافقة على اعتماد الملحقين العسكريين

كمبدأ عام في الاختيار الحر، آلا أنه يوجد أحيانا استثناء في ذلك : إذ أن الدولة المعتمد لديها يمكن أن تطلب مقدما أن تطلع على أسماء الملحقين العسكريين، البحرية، الجوية قبل إعطاء موافقتها وهو ما نصت عليه المادة السابعة من اتفاقية فينا .

وأن عدد من الدول تطلب أن تكون لديها الإمكانية للمصادقة على الأسماء الرسمية العليا التي تبعث أليها . وفي هذه الحالة ، فأن الدولة المعتمدة سوف تتبين بالتواتر القاعدة نفسها بصدد الضباط الكبار الذين سوف تبعثهم أليها الدولة المعتمد لديها في تطبيق مبدأ المعاملة بالمثل . إذ أن الحكومة البلجيكية اشترطت في تعين الملحقين العسكريين في سفاراتهم في بروكسل أن تقدم الدولة المعنية من خلال سفيرها أن تقدم طلبا يعلم وزير الخارجية حول موافقتها في تعين هذا الضابط في المركز المحدد . وقد تم السير على هذا النهج في التطبيق بالنسبة للملحقين أنفسهم ولكن ليس بالنسبة لمساعديهم ، وذلك لأن الحكومة البلجيكية تعتقد بأن كل ملحق عسكري يعتبر بمثابة رئيس البعثة الخاصة في البعثة الدبلوماسية ، والذي يجب أن يتمتع بالأهلية في ممارسة مهمته بدون المرور بوزارة الخارجية .

وهناك من الدول من ترفض إعطاء الموافقة في تعين الملحقين العسكريين تحت صيغة من رفض إعطاء التأشيرة . وهو ما قامت به بريطانيا ضد الملحق العسكري الجوي في السفارة السوفيتية السابقة في لندن السيد koutchoumov ، حيث أجواء الحرب الباردة فرضت تبعات ثقيلة بالنسبة للمخابرات البريطانية .

٣- الإعلان عن شخص غير مقبول أو استدعاء مفوض دبلوماسي غير مرغوب فيه من أعضاء البعثة الآخرين

بالنسبة لأعضاء ملاك البعثة ، ليس هناك ما يشترط حصول الموافقة ، حيث أن

الدولة المعتمدة تعمل على تعينهم بملء إرادتها . وبهذا الخصوص ، فأن المجلس الفيدرالي السويسري قد أكد بأن " .. فقط رؤساء البعثة الدبلوماسية الذين تعينهم الدولة المعتمدة يجب أن يحصلوا على موافقة المجلس الاتحادي . في الوقت الذي لا يفرض أي التزام على حصول الموافقة إزاء الأعضاء الآخرين في البعثة، حيث يمكن للدولة المعتمدة أن تختارهم بملء إرادتها وتصادق على تعينهم في الدائرة السياسية .

وبالنسبة لحالة الملحقين العسكريين فأن المسألة طرقت على اساس ، هل يمكن أن يفرض على الدولة المعتمدة لديها الأشخاص الذين لا تتفق معهم بدون أن تعمل شيئا ؟ في الواقع مثلما سنرى في الصفحات القادمة ، فأن هذا الاختيار الأولي للدولة المعتمدة لا يتحدد في حق الدولة المعتمدة لديها الإعلان بأنه شخص غير مرغوب فيه " person grata " إلى أي عضو من أعضاء البعثة وفي أي لحظة والذي يحمي على نحو واف الدولة المعتمد لديها . وبناء عليه فأنه يتوجب على الدولة المعتمدة في التزام إبلاغ كل ما تقوم به من تعين إلى الدولة المعتمدة لديها ، وأن هذه الأخيرة يمكن من تلك اللحظة أن تعلن بأن الشخص المعين أصبح شخصا غير مرغوب فيه استنادا الى المادة التاسعة ، الفقرة الأولى من اتفاقية فينا أو غير مقبول .وهكذا فأن الحكومة الألمانية الاتحادية طلبت من شيلي استدعاء ملحقها العسكري الذي ظهر أنه كان قد أشترك في تعذيب السجناء السياسيين في بلاده خلال الانقلاب العسكري في عام ١٩٧٣ .

فالفقرة الأولى من المادة التاسعة قد نصت بأنه : " للدولة المعتمد لديها الحق في أي وقت وبدون ذكر الأسباب أن تبلغ الدولة المعتمدة أن رئيس أو أي عضو من البعثة الدبلوماسية أصبح شخصا غير مقبول ، أو أن أي عضو من ملاكها ، من غير الدبلوماسيين أصبح غير مرغوب فيه ، وعلى الدولة المعتمدة أن تستدعي الشخص المعني أو تنهي أعماله لدى البعثة وفقا للظروف . ويمكن أن يصبح الشخص غير مقبول أو غير مرغوب فيه قبل أن يصل إلى أراضي الدولة المعتمد لديها .

ومما يلاحظ في السجل الدبلوماسي الدولي ، بأنه في ١٨ / حزيران / ١٩٤٨ قامت المفوضية الرومانية في برن / سويسرا بالاتصال بالسلطات الفدرالية أعلمتها بأن M. Vitianu أحد رعايا الدولة الرومانية الذي وجد سابقا في سويسرا ، كممثل لعدة شركات تجارية رومانية قد تم تعينه مستشار اقتصادي في المفوضية . بعد عدة أيام فأن الوزير الروماني أرسل للسلطات الاتحادية يعلمها حول نتيجة اتصاله ، التي أجابته بأن الدائرة السياسية الفيدرالية ما زالت مستمرة في دراستها للمسألة . وفي الحادي عشر

من تموز تم أعلام المفوضية الرومانية بأن تعين Vitianu غير مقبول من قبل سويسرا ، وفي ١٣ من الشهر نفسه ، تم اعتقال فيتيانو لاتهامه بارتكاب عدة مخالفات بموجب القوانين الفيدرالية . وقد رفضت المحكمة بشكل محدد الاعتراف بأن للمتهم الصفة اللازمة للاستفادة من الحصانة الدبلوماسية . وقد أعلنت المحكمة في حيثيات قرارها ، بأن هذا مبدأ معترف به في القانون الدولي بأن إعتماد رئيس البعثة يجب أن يتم بموجب أجراء طلب حصول الموافقة موجه إلى حكومة الدولة المستقبلة لمعرفة فيما إذا كان هذا الشخص الذي رشح أسمه للتعين شخصا غير مرغوب فيه وأن الدولة المستقبلة تعبر عن وجهة نظرها بهذا الصدد قبل التعين .

ولكن هذا الإجراء لم يتبع في حالة تسمية عضو من ملاك البعثة . وفي مثل هذه الحالة ، فأن الدولة المرسلة تكتفي في إعلام الدولة المستقيلة بالتعين . ولكن الموضوع الذي تنجم عنه الحقوق لعضو ملاك البعثة يمكن أن تنشأ بدون موافقة الدولة المستقبلة ، بدون رغبتها وبدون مساهمتها ، كنتيجة للتعين من جهة الدول المعتمدة ، ينطوي على أزدراء لا يمكن تبريره مطلقا لمبدأ حصانة ملاك البعثة وأنه غير منسجم يشكل خاص مع سيادة الدولة المعتمدة لديها ويجب أن يكون لهذه الدولة الفرصة ، ليس فقط بصدد رئيس البعثة ولكن أيضا بصدد الأعضاء الآخرين في ملاك البعثة ، في أعطاء موافقتها في التعين وللوضع الدبلوماسي الذي تعتمد علية البعثة أو في معارضة ذلك . وأن شروط موافقة الدولة المعتمدة لديها على تعينها لبعثتها لا يعني بأن هذه الموافقة يجب أن تكون - صريحة ، وفي حالة غياب الإعلان الإيجابي فأنه بذلك يمتلكنا الحدس بأن طلب الموافقة قد رفض .

وهذه الموافقة يمكن أيضا استنتاجها من سلوك الدولة المعتمد لديها الذي يتضمن اعتراف فعلي بالدبلوماسي . في بعض الحالات فأن الموافقة يمكن أن تستنتج حتى من قبول الأشعار وعدم الرد في الفترة المحددة ، ونتيجة للتقاليد الدولية المعمول بها بين الدول الصديقة ، أو ربما يفترض بأنها هناك جواب على الطلب . وان هذه الموافقة سوف لا تكون نتيجة حدس أذا أجابت الدولة المعتمد لديها بالأشعار في أن ردها يعبر عن تحفظاتها بموضوع الشخصية الذي تنوي الدولة المعتمدة تعينه ، معلنة بأن الوضع مازال قيد الدرس .

لقد سبق وأن أعلن الفاتيكان في كانون الثاني ١٩٧٠ عن معارضة تعني امرأة في طاقم البعثة الدبلوماسية في سفارة ألمانيا الاتحادية لدى الكرسي الرسولي . غذ برر

سكرتير الدولة بأن التقليد قد جرى علما أن الدبلوماسيين المعنيين لدى الفاتيكان يجب أن يكونوا من الذكور . آلا أن هذا التغير سرعان ما أصابه التغير في موقف الفاتيكان . إذ وافق البابا في كانون الثاني من عام ١٩٩١ على تعين امرأة كسفيرة لجمهورية أوغندا . وقد رفضت الهند السماح لمستشار وسفارة الولايات المتحدة ١٩٨٢ الدخول إلى نيودلهي لممارسة وظيفة ، واعتبرته عميل للمخابرات المركزية الأمريكية على الرغم مت النفي الأمريكي .

٤- الموافقة الخاصة للدولة المعتمد لديها للدبلوماسي الذي لا يحمل جنسية الدولة المعتمدة

في هذه النقطة يمكن تصور فرضيتان : الدبلوماسي الذي يحمل جنسية الدولة المعتمد لديها ، أو جنسية دولة ثالثة .

أ . دبلوماسي يحمل جنسية الدولة المعتمد لديها .

أن الوضع الذي يمكن تصوره لهذه الحالة هو بالتأكيد وصفا استثنائيا ، إذ أن الدولة التي تعاني من نقص في الكفاءات سوف تتردد في ان يمثلها لدى الدولة المعتمد لديها شخصية من هذه الدولة الأخيرة. آلا أنه فقط الرغبة في الاستفادة من الاختصاصات لهذه الشخصية المشهورة والمطلعة على الوضع المحلي يمكن أن يبرر مثل هذا الخيار. وانه على ما يبدو بأن هذا الأختيار يثير مسألة الخوف من صراعات الولاء. وقد قدم لنا التاريخ الدبلوماسي العديد من الأمثلة من هذا النوع. ونذكر بهذا الصدد حالة " M. Pozzodi Borgo " مواطن فرنسي قبل في عام ١٨١٥ أن يكون سفيرا لروسيا في باريس ، ومن ثم في عام ١٨٣٥ أن يكون سفيرا لأنكلترا في باريس . وكذلك الكونت " M. le Comte De Bray " الذي قبل أن يكون سفير فوق العادة لدوقية بارفاريا Baviere *.

---

* جرى العرف في الماضي على منح لقب (فوق العادة) للسفراء الموفدين بمهمات استثنائية ومؤقتة ، كترؤس بعثات الشرف أو وفود المفاوضة ، لتميزهمّ عن السفراء الذين يترأسون البعثات الدائمة ، ثم تطور العرف مع الزمن واصبح هذا اللقب يمنح للسفراء في التمثيل الدائم ، دون أن يكتسبوا أي امتياز إضافي . وقد نصت المادة الثالثة من نظام فينا لعام ١٨١٥ على انه " ليس للمندوبين الدبلوماسيين الموفدين بمهمة فوق العادة أي تفوق في الدرجة". وهكذا اصبح جميع السفراء متساوون في الدرجة مهما كانت القابهم ومهماتهم .

وجدير بالاشارة الى ان لقب " فوق العادة " لم يرد في اتفاقية فينا للعلاقات الدبلوماسية لعام ١٩٦١ ، مما يحملنا على الجزم بأن الاستمرار حاليا في تسمية السفراء الدائميين بـ " سفراء فوق العادة " هو مجرد استمرار للتقاليد المتبعة .

وفي الواقع ، أن التطبيق الدولي لم يكن متماثلا في ما يخص هذا النوع من المبعوثين . بعض الدول مثل فرنسا والولايات المتحدة ، وسابقا الاتحاد السوفيتي أو سويسرا (وبعض الدول العربية) ترفض تعين مبعوثين دبلوماسيين من رعاياها . ودول أخرى مثل بريطانيا وهولندا قد أثرت بأن أي شخص من رعاياها الذين يتولون وظائف دبلوماسية سوف لا يستفادون من الحصانات والامتيازات الدبلوماسية ، ولذلك لتجنب التميز ما بين رعاياها وامتناع القاضي عن إصدار حكم من أن أي محكمة سوف لا تكون مؤهلة مبدأيا في محاكمة الدبلوماسيين من هذا النوع . والحل الثالث يتركز بالنسبة للدولة المعتمد لديها في اعتبار ان الدبلوماسي الذي يقبل مثل هذه الوظيفة يفقد جنسية الدولة المعتمد لديها . وقد ظهر هذا الرأي لدى الحكومة الكندية . قبل إقرار اتفاقية فينا في عام ١٩٦١ ، كان هناك اتجاه قد بدأ يرتسم لاعتبار بأنه طالما الموافقة أو الاتفاق قد أعطى لتعين دبلوماسيين من هذا النوع وكتحصيل حاصل فأن الامتيازات والحصانات الدبلوماسية قد تم الموافقة عليها أيضا في هذا الإطار .

ويجب الإشارة في هذا المجال إلى القرار الصادر من المحكمة العليا للعدالة في لندن في ٢٤ شباط ١٨٩٠ في قضية السير " Halliady Macartney " الذي تم تعينه من قبل الحكومة الصينية كسكرتير في سفارتها في لندن . وقد اعترفت وزارة الخارجية البريطانية بهذا التعين بدون أي تحفظ . وقد أستندت المحكمة في سلطتها على القاضي المشهور " Van Rynkershok " للإعلان بأن للدول الحق في قبول رعاياها كأعضاء في السفارات الأجنبية وتفرض عليهم بعض الشروط. ولكنها إذا لم تفرض هذه الشروط، فأن هؤلاء الأشخاص يجب أن يتمتعوا بما تنص عليه الحصانات . وفيما يتعلق بمبدأ الاعتماد لرعايا الدولة المعتمد لديها ، فأن المادة الثامنة من اتفاقية فينا قد نصت آلاتي :

" ١- من حيث المبدأ يكون أعضاء ملاك البعثة الدبلوماسية من جنسية الدولة المعتمد.

٢- لا يمكن اختيار أعضاء ملاك البعثة الدبلوماسية من رعايا الدولة المعتمد لديها آلا بموافقة هذه الدولة والتي يمكن لها أن تسحب هذه الموافقة في أي وقت ."

وقد حرر هذا النص ليغطي الجنسية المزدوجة . أن الموافقة اللازمة لذلك يجب أن تكون صريحة . وأخيرا فأن تأثيرات هذه المادة قد تحددت بشخصية الدبلوماسي . وفي الواقع فأنه بالنسبة للشخص الإداري والفني ، وكذلك بالنسبة لأشخاص الخدمات ، فأنه يجب الأخذ بنظر الاعتبار بضرورات تجنيد أو جذب الشخص الذي يعرف بشكل

جيد لغة الدولة التي يعمل فيها ، الاخلاق ، والظروف المحلية . وإذا ما تـم إعطـاء الـدول إمكانية رفض السفراء الأجانب تجنيد أعضاء البعثة على أرضهم ، فان ذلك سينشأ عـدد هائل مـن الصعوبات . وخلال السنوات الأخيرة يجب أن نذكر في عدد من الدول ، بأن الأشخاص من هذا النـوع أحيانا ما يعانون من الكيدية ، ويتعرضون للاعتقال من جهة الدولة المعتمد لديها لأسباب سياسية .

وفيما يتعلق بالامتيازات والحصانات ، فأن ذلك ما أوضحته المادة ٣٨ من اتفاقية فينا ، حيث أنهم يتمتعون بهذه الحصانات في الحدود التي تقررها لهم الدولة المعتمد لديها ، كما أنه يحق لهـا أن تستعمل حق ولايتها على هؤلاء الأفراد بطريقة لا تعوق كثيرا قيام البعثة بأعمالها .

ب . الدبلوماسي الذي يتمتع بجنسية دولة ثالثة

أن المادة الثامنة من اتفاقية فينا تقارن في هذا الوضع بوضع الدولة المعتمدة التي تعين لـدى الدولة المعتمد لديها أحد رعايا الدولة الثالثة . أن الأسباب نفسها تبرر الحذر نفسه في هذه الفرضية :

" ٣- يمكن للدولة المعتمد لديها أن تحتفظ بنفس الحق فيما يتعلق لمواطني الدولة الثالثـة الـذين لم يكونوا أيضا من رعايا الدولة المعتمدة ."

وعلى سبيل المثال فأن رفض كولومبيا قبول كسفير للولايات المتحدة أحد الأشخاص مـن جنسية بورتوريكو قد برر على أن تعين أحد الرعايا ذو الأصول الأسبانية - الأمريكيـة ليمثل الولايات المتحدة لم يكن تصرفا مقبولا . كما أن النيبال تفرض موافقة مسبقة في هذا الإطار .

ثانيا : حق مراقبة تشكيل البعثة

يمكن للدولة المعتمد لديها أن تـرفض بعثـة دبلوماسية حيـث طاقمها أو تركيبها قـد جـرى بشكل لا يتفق والقواعد المتعارف عليها . ولذلك فأن موافقتهـا تبدو لازمـة سـواء كـان في التفويض المتعدد أو التفويض المتصل ، ويمكن تحديد حجم البعثة المعتمدة على إقليمها .

١- التفويض المتعدد

جرت العادة أن تقوم الدولة المعتمدة بتعين رئيس بعثتها الدبلوماسية لدى دولة مـن الـدول التي ترغب في إقامة علاقات دبلوماسية معها . ولكن لأسباب اقتصادية أو

لوجود نقص في الكفاءات الشخصية ، بعض الدول تلجأ إلى اعتماد نفس رئيس البعثة لدى عدد من الدولة : وبهذا فأن لرئيس البعثة أقامته في بلد محدد ويقوم بتنقلات بين فترة أخرى في الدول الأخرى التي اعتمد لديها : وهذا ما تدعوه بالتفويض المتعدد . وقد أتسع تطبيق هذا النوع من التفويض ، ليس فقط من جهة دول العالم الثالث ولكن أيضا من جهة دول المتقدمة . وهكذا ، فان بلجيكا كانت ممثلة في ٦٩ بلدا في عام ١٩٨٩ من خلال رئيس بعثة دبلوماسية مقيم في دولة أخرى معتمد لديها . وأرتفع هذا الرقم في عام ١٩٩٣ إلى ٩٢ دولة وخصوصا بعد بروز الدول العديد في أوربا الشرقية .

وفي عام ١٩٥٧ فأن وزارة خارجية الاتحاد السويسري لم تقر بتعدد وظائف رئيس البعثة لدى الدولة السويسرية في برن وفي نفس الوقت مفوضا معتمدا لدى الأمم المتحدة في جنيف . وان المادة الخامسة من اتفاقية فينا التي اعترفت بمشروعية هذا الوضع ، أو التفويض ، اشترطت ذلك بموافقة الدول المعنية بذلك "

" للدولة المعتمدة ، وبعد أشعار الدول المعتمد لديها ، يمكن أن تفوض رئيس بعثة أو تعين عضوا من ملاكها الدبلوماسي ، وحسب الحاجة ، لدى عدة دول، آلا إذا اعترضت إحدى الدول المعتمد لديها صراحة على ذلك . ولكن من غير الممكن أن نرى في هذا المجال بعض التفويضات المزدوجة . إذ أن الفاتيكان لا توافق على مفوض معتمد لديها وهو في نفس الوقت مفوض لدى روما . والأكثر وضوحا أيضا فأن التفويض المزدوج يبدو غير ممكن سياسيا عندما تكون العلاقات غير قائمة بين مختلف الدول المعتمد لديها .

ومن الممكن بأن الدبلوماسي المعتمد ينتمي إلى فئات مختلفة حسب الدول المعنية . وأن فئة الدبلوماسي التي يجب أن ينتمي أليها رئيس البعثة قد تم تحديدها من خلال اتفاقية متعددة مع كل دولة معتمد لديها ويمكن أن تتغير من هذه الدولة أو تلك: إذ ربما أن يكون الدبلوماسي بدرجة سفير ، في دولة أخرى قائم بالأعمال . وفي الدول التي لا يقيم فيها رئيس البعثة فأنه يمكن أن يمثل من خلال قائم بالأعمال. إذ نصت المادة الخامسة فقرة ٢ من اتفاقية فينا :

" إذا فوضت الدولة المعتمدة رئيس بعثة لدى دولة أو أكثر من الدول الأخرى ، فلها أن تقيم بعثة دبلوماسية يديرها قائم بالأعمال بالنيابة في كل دولة لا يقيم فيها رئيس البعثة أقامة دائمة ."

وليس من المستبعد بأن رئيس البعثة المعين يبقى في نفس الوقت في وظيفة في وزارته الأصيلة . ومن الأمثلة على ذلك هو ما لوحظ أن رئيس قسم أفريقيا الغربية في مكتب الشؤون الخارجية كان في عام ١٩٧٠ مفوضا كسفير في دولة تشاد . ويمكن أن يوجد تعدد في الوظائف الدبلوماسية الطبيعية مع وظائف دبلوماسية ممارسة لدى المنظمات الدولية . إن الفقرة الثالثة من المادة الخامسة قد نصت :

" يمكن لرئيس البعثة أو أحد أعضاء الهيئة الدبلوماسية المعتمدة أن يمثل دولته لدى أية منظمة دولية ."

وبسبب أزمة السكن في روما ، فأن الحكومة الإيطالية طلبت من الدول الأعضاء في منظمة الزراعة والأغذية الدولية (الفاو FAO) في تسمية ممثليها الدبلوماسيين لدى هذه المنظمة من بين دبلوماسييها الذين اعتمدوا لدى الحكومة الإيطالية . وقد لجأت واشنطن إلى القبول بهذه الممارسة بالنسبة للمنظمة الاقتصادية الأمريكية ، وكذلك بالنسبة لبلجيكا فيما يتعلق بالاتحاد الأوربي .

٢- التفويض المتصل (القرين)

من الممكن بأن عدد من الدول المعتمدة تمثل من خلال نفس رئيس البعثة . وقد تم الاعتراف بهذه الممارسة من قبل المادة السادسة من اتفاقية فينا ، ولكن الدولة المعتمد لديها يمكن أن تعارض ذلك صراحة .

" يمكن لدول عدة أن يعتمد نفس الشخص رئيسا لبعثتها الدبلوماسية لدى دولة أخرى آلا إذا اعترضت الدولة المعتمد لديها على ذلك ." آلا أن تطبيق مثل هذا النوع من الحالات تبدو نادرة جدا . وفقط إسرائيل وافقت على ذلك بغية انفتاحها على أفريقيا ، حيث أنه في عام ١٩٦٣ فقد مثل النيجر ، وفولتا العليا ، وساحل العاج ، وداهمومي رئيس بعثة دبلوماسية واحدة . ولعدة سنوات ، فأن التمثيل الدبلوماسي والقنصلي لدولة غامبيا والسنغال في بلجيكا قد تم ضمانه من قبل سفير السنغال كما أن السفير الهولندي في العاصمة السريلانكية كولومبو أضطلع في عام ١٩٧١ بالعلاقات الدبلوماسية لبلجيكا وهولندا في سيرلانكا .

وأن التفويض المتصل أو القرين يختلف عن تمثيل رعاية المصالح الذي يتم في أن الدولة المعتمدة لا ترتبط بعلاقات دبلوماسية لدى الدولة المعتمد لديها ، آلا أن في التفويض القرين أو المتصل فأن رئيس البعثة هو رئيس عدة بعثات .

٣- حجم البعثات المفوضة

منذ عقد الستينات ، والعلاقات الدولية شهدت تطورا كبيرا رافقه تطور في عدد البعثات الدبلوماسية ونفوذها . وهذا الوضع يمكن أن ينشأ سلسلة من العقبات لدى الدولة المعتمد لديها : الامتيازات ، والحصانات الممنوحة إلى عدد كبير من الدبلوماسيين ، والصعوبات الناجمة عن السكن ، والخطر المتأتي من التجسس..الخ . وفي مثل هذه الأوضاع فأنه يجب على الدولة التدخل . وبالمقابل ، فأنه من الممكن الاعتراف بأنه في بعض الأوضاع ، فيجب على البعثة أن تواجه حاجات أعضاء البعثة الدبلوماسية ذو المكانة المهمة . وأن ذلك ما يلاحظ بالنسبة لحالات بعثات القوى الكبرى (مثل الولايات المتحدة - روسيا) وخصوصا في دول العالم الثالث حيث البعثات التقليدية المتحصنة بعدد كبير من الخبراء والمفوضين المساعدين والفنيين أو التعاون في مثل هذا النوع .

وبهذا الصدد ، فانه يمكن أن توجد مصلحتان متعارضتان : حاجات البعثة والظروف الخاصة بالدولة المعتمد لديها . ومن اجل تسوية النزعات المحتملة ، فإن المادة (١١) ، الفقرة الأولى من اتفاقية فينا قد نصت على الأجراء الأتي :

" في حالة عدم وجود اتفاق ضمني خاص بحجم البعثة ، فلدولة المعتمد لديها أن تحتم أن يكون العدد محددا في نطاق ما تعتبره معقولا وعاديا مع ملاحظة الظروف والملابسات القائمة في هذه الدولة ومع الأخذ بالاعتبار حاجة البعثة المعنية ."

وان تقيم هذه الحالة ترك للدولة المعتمد لديها . وأثناء مؤتمر فينا ، فقد طلب الاتحاد السوفيتي السابق تصويت منفصل على الكلمات التي جاءت تحت " في نطاق ما تعتبره " وتعتقد بأنه من الضروري إدخال معيار ذاتي . وقد كان للاتحاد السوفيتي وجهة نظر بأن القرار يجب أن يحصل على اتفاق مشترك . وقد أبدت هذا الاقتراح ١٢ دولة في الوقت الذي عارضه ١٩ صوتا مع ست دول غابت عن التصويت . وأنه من الصعب أن تطبق معايير المادة الحادي عشرة . وقد التزم الاتحاد الفيدرالي البلجيكي ببعض العناصر التي يمكن أن تأخذ بنظر الاعتبار : " العدد المهم من الدول ، حجم العلاقات الموجودة ، النظام السياسي للدولة المعتمدة . وهذا المعيار يبدو مهما جدا وخصوصا بأن هناك الكثير من الدول التي لا تفضل استخدام الأجانب في سفاراتها الأمر الذي يؤدي إلى زيادة حجم بعثات الدول المعتمدة .

وفي حالة الشك بأن عدد كبير جدا من أعضاء البعثة يمارسون نشاطات تجسسية فلم يبقى آلا الإعلان بأنهم أشخاص غير مرغوب فيهم Person a non grata مع خطر

الإجراءات التأرية المقابلة . كما حصل في حالات عديدة عندما يتهم عدد من أعضاء البعثات السوفيتية ، أو الصينية في الخارج بنشاطات غير مقبولة . وفي حالة غياب اتفاقية ما بين الدول المعنية فأن تخفيض حجم البعثة الدبلوماسية يأخذ أحيانا شكل الإعلانات الهائلة عن الشخص غير المرغوب فيه . كما أن المعاملة بالمثل يمكن أن تلعب دورا على الأقل ما بين الدول التي تتمتع بعدد كبير من الدبلوماسيين .

وبهذا الصدد فقد أعلن الكونغرس الأمريكي في ١٦ / آب / ١٩٨٥ من خلال قرار خاص قرر فيه بأن عدد أعضاء البعثة الدبلوماسية التابعة للاتحاد السوفيتي السابق في واشنطن أن يكون مساويا لعدد أعضاء البعثة الدبلوماسية الممثلة للولايات المتحدة في موسكو .

وقد تم الاتفاق على سقف محدد للبعثة السوفيتية التي لا يتجاوز عدد أعضاءها ٢٢٥ شخصا بالنسبة للسفارة ، ٢٦ شخصا للدائرة القنصلية ، الأمر الذي أدى إلى استبعاد خمسين دبلوماسيا سوفيتيا من الأراضي الأمريكية في عام ١٩٨٦ . مما دفع موسكو إلى اتخاذ إجراء ثأريا بسحب العاملين السوفيت في السفارة الأمريكية والذين يقدر عددهم بـ ٢٦٠ مستخدم والأمثلة كثيرة في هذا المجال والتي حفل بها محيط العلاقات الدبلوماسية بين الدول وخاصة خلال الحرب الباردة* . إذ أن الدول الاشتراكية في

---

* أعلن في موسكو في ٢٣ / آذار / ٢٠٠١ طرد أربعة دبلوماسيين أمريكيين بتهمة التجسس فضلا عن فرض عقوبات اضافية لم تحددها وذلك ردا على قيام واشنطن بطرد عدد كبير من الدبلوماسيين الروس . وأكدت وكالة الخارجية الروسية . في بيان لها أمس أن من المفترض أن يرحل العاملون في السفارة الأمريكية قريبا من روسيا لقيامهم بنشاطات تجسسية لا تتوفق لا تتوافق ومهماتهم في موسكو .

واضافت الوزارة أن القرار نقل الى القائم بالأعمال الأمريكي في موسكو جو أوردواي وبلغ كذلك بأن روسيا ستتخذ تدابير أخرى لوضع حد لنشاطات الممثلين الأمريكيين غير المشروعة في روسيا من دون أن تعطي تفاصيل أخرى . وأعربت لوزارة عن استنكارها الشديد لتلك النشاطات . يذكر أن واشنطن أعلنت في ٢١ / آذار / ٢٠٠١ طرد خمسين دبلوماسيا روسيا على أن يغادر أربعة منهم الولايات المتحدة في غضون عشرة أيام فيما يغادر الآخرون بحلول تموز القادم . وصدر قرار طرد الدبلوماسيين الروس بعد قضية روبرت هانس موظف مكتب التحقيقات الفدرالي (أف . بي . آي) في ١٨ / شباط / ٢٠٠١ المتهم بالتجسس لصالح الاتحاد السوفيتي السابق منذ اكثر من ١٥ عاما . والجدير بالذكر فأنه يوجد في السفارة الامريكية في موسكو أكثر من ألف دبلوماسي أمريكي .

أوربا الشرقية كثيرا ما كانت تطلب من الولايات المتحدة تخفيض عدد بعثاتها إلى الثلث مما هو موجود لديها في (براغ عام ١٩٥٠ ، رومنيا ١٩٥٠ ، هنغاريا ١٩٥٧ ، كوبا ١٩٦١) . وفي عام ١٩٦٩ فقد طلبت بريطانيا من الاتحاد السوفيتي تخفيض حجم بعثتها الدبلوماسية في لندن .

واضطرت في أيلول / ١٩٧١ طرد أكثر من (١٠٥) موظف ومستخدم سوفيتي يعملون في السفارة السوفيتية في لندن . كما قررت الغابون في عام ١٩٧٣ بأن لا يتجاوز عدد أعضاء البعثة الدبلوماسية المعتمدة لديها أكثر من عشرة أشخاص . وفي عام ١٩٧٤ فأن أوغندا طلبت تخفيض بعثتها الدبلوماسية العاملة في كمبالا إلى خمسة أشخاص بدلا من خمسين شخصا .

وبالرجوع إلى المادة الحادية عشرة من اتفاقية فينا ، الفقرة الثانية يلاحظ : بأنه " يمكن أيضا للدولة المعتمد لديها في نفس الحدود وبدون تفرقة ، أن ترفض تعين موظفين من فئة معينة ."

الفصل السابع
مهام البعثة الدبلوماسية

سنحاول في هذا الفصل التطرق إلى إجراءات ممارسة الوظائف أو المهام المطلوبة مـن قبـل رئيس البعثة ، ومن ثم للأعضاء الآخرين من البعثة الدبلوماسية والدليل على صفة عضو البعثة .

أولا : حالة رئيس البعثة

في اللحظة التي يحظى فيها طلب التعين بالموافقة ، فأنه يتوجب على رئيس البعثة أن يلتحق بمقر عمله . ويوجد دليل على صفاته التمثيلية لدى الدولة التي يعتمد لديها من خـلال الأوراق التـي تثبت تفويضه .

أ- الاعتمـاد*

١- الأنواع المختلفة للاعتماد (Creditif – Credentals)

يختلف الاعتماد حسب فئة رئيس البعثة وحسب الشخصية التي أرسلته .

أوراق الاعتماد (Letters of Credence) .

وهي الأوراق التي يحملها السفراء المبعوثون فوق العادة والوزراء مطلقي الصلاحية (ومرتبتهم الصحيحة تبدو محدودة) في الدبلوماسية الأهلية ، وسفراء الفاتيكان ، ومن هم أقل مرتبة من سفراء الكرسي الرسولي . ويتم توقيع أوراق الاعتماد من قبل رئيس الدولة المعتمدة وموجه الى رئيس الدولـة المعتمد لديها والتوقيع الوزاري المصدق يبدو ضروريا في الأنظمة البرلمانية . وبهذا الصدد فأن الرسـائل المرسلة من قبل الملك أو الملكة تعنون رسائل رئاسية عادية (Lettre de Cabinet) وذلك عنـدما توجـه إلى ملك أخر رسائل رئاسية هامة (Lettre de chancellerie) عندما تكون موجه إلى رئيس الجمهورية.

---

* الاعتماد هو أضفاء صفة رسمية على شخص ما لتمثيل حكومته كسفير لدى حكومة أجنبية أو كمندوب مفوض لدى منظمة دولية أو مؤتمر دولي ، أو للقيام بمهمة رسمية معينة . ويزود هذا الممثل عادة بكتاب اعتماد أو تفويض .

وفي علاقاتها فيما بينها فأن دول الكومنولث تتبادل التمثيـل مـن خـلال المنـدوبين السـامين ، الذين يحملون أوراق الاعتماد وتدعى (Letter of introduetion) والتي يجري تبادلهـا مـا بـين رؤسـاء الوزارة . إذ أن التبرير في ذلك هو أن ملك أو ملكة إنكلترا لا يمكن أن ترسل صراحـة أوراق اعتمـاد إلى شخصه أو إلى شخصها .

وبالنسبة للدول الأعضاء في الكومنولث تحت أنظمة ملكية أو جمهورية ، حيث يوجد رئيس دولة متميز عـن الملك أو الملكة ، فإن أوراق الاعتماد يطلق عليها (Letter of Commission) أو أوراق الإنابة .

- رسائل رئاسية عادية .

هي الرسائل التي يحملها القائمون بالأعمال الأصلاء . وأنها موجه من وزير الشؤون الخارجيـة للدولة المعتمدة إلى وزير الخارجية للدولة المعتمد لديها .

وأن هذه الأوراق لا تقدم إلى رئيس الدولة ولكن إلى وزير الخارجيـة خـلال زيارتـه المرتقبـة . وبالنسبة للقائم بالأعمال فأن تعينه يتم الأشعار به من خلال رسالة رئيس البعثـة إلى وزيـر خارجيـة الدول المعتمد لديها ، وعندما يضطر رئيس البعثـة إلى الغيـاب ، فـأن المـادة ١٩ ، الفقرة الأولى مـن اتفاقية فينا قد نصت بهذا الصدد :

" إذا ما خلا منصب رئيس البعثة ، أو إذا ما حصل مـانع يحـول دون ممارسـة رئيس البعثـة لوظائفه ، فأنه يتوجب على القائم بالأعمال أن يقوم مقامه بالنيابة وبصيغة مؤقتـة كـرئيس للبعثـة . ويتم الإعلان عن أسم القائم بالأعمال بالإنابة (adinterim) من قبل رئيس البعثـة ، أو أمـا مـن قبـل وزير خارجية الدولة المعتمدة - إذا ما حصل ما يمنع الإعلان عنه من قبل رئيس البعثـة - إلى وزيـر خارجية الدولة المعتمد لديها ، أو وزيرا أخر يتم الاتفاق عليه ."

وبالنسبة لمفسري هذه المادة ، فان مفهوم الحيلولـة دون ممارسـة الوظـائف يمكن أن تظهـر بأنه لم يعد هناك وجود لرئيس البعثة في البلد الذي تم اعتماده فيها أو أنه في وضـع مـن المسـتحيل ممارسة مهمته .

٢- محتوى أوراق الاعتماد

من المعتاد ، فأن أوراق الاعتماد تحتوي على العنـاصر التاليـة : أنهـا مرسـلة مـن قبـل رئيس الدولة المعتمدة إلى رئيس الدولة المعتمد لديها وبكل صفات هذا الرئيس

الأخير ، أنها تذكر أسم وعنوان ومرتبة المندوب ؛ أنها تتطلب إعطاء الثقة الكاملة والشاملة والعهد بما يمكن أن يقوله المندوب باسم مرسل هذه الأوراق. وفي بلجيكا فقد تم تحرير أوراق اعتماد رؤساء البعثات البلجيكيين مثبتا الدور اللغوي للدبلوماسيين .

وبهذا الصدد فأن الصلة ما بين الاعتراف وإقامة العلاقات تبدو صلة واضحة في التحرير القانوني لأوراق الاعتماد . إذ أنه بعد ضم أثيوبيا إلى إيطاليا ، فأن الحكومة الإيطالية قضت بأن اسم الملك الإيطالي وإمبراطور الحبشة تسجل في التحرير القانوني لأوراق الاعتماد . وكذلك فأن مصر ، ومن أجل الاعتراف بمطالبها بالسودان قضت في عام ١٩٥١ بأن أوراق الاعتماد للمثلين الدبلوماسيين في القاهرة يجب أن تحررها قانونا باسم "ملك مصر والسودان ".

وبالنسبة للدول التي لا تعترف يمثل هذه الأوضاع ولا ترغب في قطع العلاقات الدبلوماسية ، فانه لا يوجد إلا حلان :

- أما ترك سفيرها في مقر عمله . ومثل هذه الحالة قد حصلت بالنسبة للسفير الفرنسي في القاهرة الذي حوصر حتى اللحظة التي تخلت فيها الحكومة المصرية عن شروطها في التحرير القانوني في الأوراق الاعتماد.

أما أن يتم تغيره بسفير أخر أو أن الوزير يأمر باعتماد قائم بالأعمال لدى وزارة الخارجية للدولة المعتمد لديها . وهذا ما قامت به بلجيكا وفرنسا تجاه إيطاليا في ١٩٣٦ .

ومبدأيا ، فأن أوراق الاعتماد صالحة لكل فترة وجود البعثة . أحيانا ، بعض الظروف تقتضي أعادة تحديدها :

- التغير في صنف المبعوث الدبلوماسي : وزير يصبح سفير .
- التحويل في تركيب الدولة المعتمد لديها أو الدولة المعتمدة : مثلا تحول الدولة المنفردة إلى دولة أتحادية ، أو ملكية تصبح جمهورية .
- في الأنظمة الملكية ، فانه من المألوف فأن تغير رئيس الدولة (سواء كان بالنسبة لرئيس الدولة المعتمد لديها أو الدولة المعتمدة) ينجم عنه أعادة تجديد أوراق الاعتماد (وهذا ما حصل في بلجيكا بعد وفاة ليويولد الثاني) أو أثناء اعتزال ليويولد الثالث ومجيء الملك يودوان الأول . وان مجيء الملك البرت الثاني تطلب أعادة تجديد أوراق الاعتماد .

ب. مراسيم تسليم أوراق الاعتماد

أن الاحتفال أو مراسيم تسليم أوراق الاعتماد تختلف حسب المرتبة التي يحتلها الدبلوماسي المفوض ، أي أنها متنوعة كذلك حسب الدول ودرجة علاقاتها الدبلوماسية بهذا الصدد ، فأننا سنحاول الاطلاع على عدد من الأمثلة التي توضح هذه الإجراءات . فيما يتعلق بالإجراءات التي أقرتها الحكومة البلجيكية بهذا الصدد فأنه بعد الحصول على طلب الموافقة حول تعين شخص رئيس البعثة ، فان السفارة الأجنبية في بروكسل تخطر الوزارة باليوم والساعة المحددة لوصول السفير الجديد والذي يستقبل من قبل رئيس المراسم أو من قبل موظف آخر في وزارة الخارجية .

وأن السفارة تلتمس أيضا تاريخ لتسليم أوراق الاعتماد للملك البلجيكي . وفي أثناء الفترة التي تسبق تسليم أوراق الاعتماد ، فان السفير الجديد يطلب مقابلة لدى رئيس المراسم الذي يستلم نسخه من أوراقه (يطلق عليها نسخة وصورة) وفي اللغة الإنكليزية (Working Copy) ، وتعطي للسفير التوجيهات حول مراسم تسليم أوراق الاعتماد . ويجب على السفير أن يطلب مقابلة وزير الخارجية .

وقد جرت العادة بأنه لا يمكن نشر الأحاديث والكلمات المتبادلة ما بين الملك ورؤساء البعثات الدبلوماسية للدول الأجنبية أثناء تسليم أوراق الاعتماد للملك . وان هذه الأحاديث تتمتع بالخاصية السرية مثل بقية أسرار الدولة الأخرى .

وفي حالة غياب وزير الخارجية ، فأن السفير أو الوزير يتم تقديمهم للملك من قبل وزير التجارة الخارجية . وفي حالة طول فترة مرض الملك فأن ذلك يؤدي إلى أن أوراق الاعتماد يتم تسليمها إلى وزير الخارجية . ويتم تسليم هذه الرسائل للملك الذي يستقبل رؤساء البعثات في مقابلة رسمية بعد أقامه العلاقات .

في عام ١٩٨٩ ، حيث كان من المستحيل على أن يكون هناك في لبنان رئيس مؤقت للجمهورية ، فقد تم تعين السفير الفرنسي وقام بممارسة مهامه ((باتفاق مع المفاوضين اللبنانيين)) . وقد طلب القائم بالأعمال مقابلة وزير الخارجية وسلم أليه أوراق الاعتماد .

أما بالنسبة للإجراءات التي تتبعها فرنسا بخصوص مراسيم تسليم أوراق الاعتماد، فأنه يلاحظ بأنها تبسيط في ذلك. إذ أنه تم في عام ١٩٧٥ فأن الكلمات الموجزة التي تقال أثناء التسليم حل محلها تبادل للتصريحات المكتوبة ومحادثات جانبية. ومن الطبيعي ، فأن

مراسم تسليم أوراق الاعتماد تجري بسرعة كافية بعد وصل الدبلوماسي وحسب الأوقات المناسبة لرئيس الدولة . وفي أكثر الأحيان فان التذرع بالمرض الطويل لرئيس الدولة من شأن ذلك ان يفسر التأخر في تسليم أوراق الاعتماد وناجمة عن أسباب سياسية . إذ أن حكومة الجمهورية الفيتنامية قد رفضت خلال إحدى عشر شهرا، من ٢٤/ كانون الثاني إلى ٢٠/ ديسمبر / ١٩٧٤ ، قبول أوراق اعتماد سفير بريطانيا في هانوي وذلك لرفض لندن الاعتراف بجمهورية كمبودية الشعبية . وبعد ذلك فان السفير البريطاني ترك مقر عمله . وفي عام ١٩٨٥ فأن سفير جنوب أفريقيا اضطر للانتظار مدة ستة أشهر لكي يسقبل من قبل مساعدة وزير الخارجية الأمريكي ويقدم له النسخة المصورة من أوراق الاعتماد . وكذلك رفض الرئيس الفرنسي السابق فرانسوا ميتران أستقبال سفير جنوب أفريقيا للفترة من حزيران إلى أكتوبر١٩٨٧ إلا إذا تم إطلاق سراح الفرنسي لمبرتين (Lambertini).

ج. بداية البعثة .

أن بداية ممارسة البعثة الدبلوماسية نشاطها يمكن أن ينظر أليها من خلال عدة زوايا:

- ابتداء من اللحظة التي يتصرف فيها رئيس البعثة الدبلوماسية لممارسة المهمات المندب لها .
- من اللحظة التي يتحدد بها مكانه في نظام الأسبقية .
- وأخيرا ، هل عندما يتمتع الدبلوماسي بالامتيازات والحصانات المتعلقة بوظيفته ؟

بالنسبة للبداية الرسمية لممارسة رئيس البعثة وظائفه ، فأنه من المفروض الاستناد إلى المادة الثالثة عشر من أتفاقية فينا التي نصت في فقرتها الأولى :

" يعتبر تسليم رئيس البعثة مهام منصبه لدى الدولة المعتمدة لديها في اللحظة التي يقدم فيها أوراق اعتماده أو إذا ما قدم صورة من أوراق اعتماده إلى وزير خارجية الدولة المعتمد لديها ، أو إلى أي وزير أخر متفق عليه ، وحسب ما هو معمول به في الدولة المعتمد لديها ، على أن ذلك يجب أن يطبق بشكل محدد . "

وفي بلجيكا ، فأن رئيس البعثة لا يضطلع بممارسة وظائفه آلا بعد أن يقدم أوراق اعتماده إلى الملك . وإذا غاب الملك لفترة طويلة أو بسبب المرض ، يكلف أحيانا وزير الخارجية لاستلام أوراق الاعتماد .

وفيما يتعلق بمنح الامتيازات والحصانات التي سوف يتم التطرق أليها بشكل مفصل في الصفحات القادمة ، فقد أوضحتها المادة ٣٩ من اتفاقية فينا في فقرتها الأولى

التي نصت بأنه " من حق كل دبلوماسي يطأ أراضي الدولة المعتمد لـديها بقصـد الوصـول إلى مقر عمله ، التمتع بالامتيازات والحصانات ."

ثانيا : حالة الأعضاء الآخرين في البعثة

فيما يتعلق بالأعضاء الآخرين في البعثة ، فـأن المـادة العـاشرة مـن اتفاقيـة فينـا قـد نصـت - أنساما مع التطبيـق - عـلى أجـراء التبليـغ . وهـذا الأجـراء ولأسـباب إعلاميـة واضـحة يشـمل كـل الأشخاص الذين يمكن أن يستفادوا من الامتيازات والحصانات:

" ١- أشعار وزارة الخارجية للدولة المعتمد لديها أو أي وزارة أخرى متفق عليها :

أ. تعين أعضاء البعثة ، وصولهم ورحيلهم النهائي أو التوقف عن ممارسة وظائفهم في البعثة .

ب. الوصول والرحيل النهائي لأحد الأشخاص الذي ينتمي إلى عائلة أحـد أعضـاء البعثـة ، وعنـد الاقتضاء عن حالة الشخص الذي اصبح أو توقف عن أن يكون عضوا في عائلة أحـد أعضـاء البعثة .

ج. الوصول والرحيل النهائي للخدم الخصوصيين الذين يعملون في خدمة الأشخاص المنوه عـنهم في الفقرة(أ)، وفي حالة تركهم خدمة هؤلاء الأشخاص.

د.. تشغيل وتسريح الأشخاص المقيمون في الدولة المعتمد لديها ، سواء كان أعضـاء البعثـة أو خدما خاصين يتمتعون بالامتيازات والحصانات .

٢-وإذا كان من الممكن ، فانه يجب التبليغ مقدما عن الوصول والرحيل النهائي في كل الحالات ."

واصبح من الأمور الطبيعية بالنسبة للدول المعتمد لديها أن تحاول الحصول - ومن مصـادر مختلفة - الحد الأعلى من المعلومات حول الأشخاص الـذين تـم التبليـغ عـن أسـماءهم - وخصوصـا بالنسبة لإجراءات الحصول على تأشيرة الدخول - وفي كل مرة عندما يقتضي ذلـك . وهـذا مـا يسـمح بالأخذ بنظر الاعتبار في بعض الحالات بتجاوزات الأهلية من قبل الدولـة المعتمـدة وخصوصـا عنـدما يدعي الموظف الإداري صفة الدبلوماسي ، وعندما يقوم الدبلوماسي بعدم تنفيذ المهمـة الدبلوماسـية (طالب، معلم، عضو فئة دينية أو تاجر) ، وعندما يدعي أحـد الخـدم الخاصـين بأنـه موظـف أداري الخ.

وقد أصدرت الولايات المتحدة مذكرة في ١٢ كانون الأول / ديسمبر ١٩٧٤ أعلمت

فيها المعايير اللازمة للتفويض الدبلوماسي . ويجب على كل مفوض دبلوماسي أن :

١. يتمتع بعنوان دبلوماسي معترف به .

٢. حصوله على تأشيرة دخول غير مهاجر من الفئة A1 .

٣. يكرس نشاطاته الرسمية لوقته الكاملة ولواجباته الدبلوماسية .

٤. يقيم في واشنطن .D.C ماعدا الإستثناءات بالنسبة لنيويورك .

وقد تم التأكد على هذه النقاط في المنشورات التي أصدرتها وزارة الخارجية الأرجنتينية في الأول من أيار - مايو ١٩٨٥ ، وكذلك في ١٣ أيار - مايو ١٩٨٩ . وكذلك التجأت أليه بريطانيا ، وكذلك سويسرا حول ضرورة الإعلان عن تشغيل وتسريح الخدم الخاصين في السفارة . وفي بلجيكا ، فقد جرت العادة على ضرورة أن يتم تبليغ المكتب البروتوكولي بوصول ورحيل الدبلوماسيين الجدد من خلال مذكرة شفهية صادرة من البعثة الدبلوماسية . والمكتب البروتوكولي يمنحهم ، وكذلك إلى أعضاء عائلاتهم خلال فترة أقامتهم في بلجيكا بطاقة الإقامة الدبلوماسية .

ثالثا : إثبات صفة عضو البعثة

أ. أهمية تطبيق الإثبات .

كل شخص يدعى بأنه عضوا البعثة الدبلوماسية ويستفاد من الامتيازات والحصانات يجب أن يقدم دليلا عن صفته هذه . وإذا لم يتمتع بهذه الصفة ليس له الحق في هذا النظام النادر .

هناك العديد من الحالات التي يمكن أن تذكر بالنسبة الأشخاص الذين يطالبون بمثل هذه الامتيازات ولم يتمكنوا حتى في إثبات صفتهم , أما لأنهم لم يتم الموافقة عليهم بعد أو أن وصولهم لم يتم الإبلاغ عنه بأي شكل إلى السلطات المختصة في الدولة المعتمدين لديها .

وما يمكن الإشارة إليه هو قضية Vitiana الذي تم ذكره سابقا ، والذي كان في عام ١٩٤٩ قد عين مستشارا اقتصاديا في السفارة الرومانية في برن سويسرا لكنه لم يستقبل بمثل هذه الصفة التي يحملها ، ويجب تقديمه للعدالة لقيامه بارتكاب بعض المخالفات التي يدينها قانون السويسري . وقد سبق أن قامت المحكمة العليا في كوبنهاغن في عام ١٩٥٦ برفض الصفة التي كان يدعيها سكرتير المفوضية الأيسلندية في

الدانمارك وذلك لأنه لم يكن معترف به من قبل وزارة الخارجية التي لم تبلغ به . وفي عام ١٩٦١ فقد رفضت الولايات المتحدة منح صفة دبلوماسي إلى GUBITCHEV الموظف في البعثة السوفيتية في الأمم المتحدة والذي كان قد أوقف بتهمة التجسس في الوقت الذي أدعى فيه بأنه السكرتير الثالث في البعثة السوفيتية مما أدى بالمحكمة أن تصدر قرارها برفض الصفتين اللتين ادعى الموظف بتمثيلها حيث لم يبلغ وزارة الخارجية أكريكية لا باسمه ولا بوصوله ولم يمارس أي مهمة دبلوماسية وقد رفضت المحكمة البريطانية الاعتراف بالصفة التي كان ادعاها الدبلوماسي النايجيري Dikko بأنه عضو في البعثة الناجيرية في لندن وبصفته دبلوماسي حيث لم يتم إبلاغ مكتب الكومنولت للشؤون الخارجية ، وذلك حسب نص المادة العاشرة من اتفاقية فينا لعام ١٩٦١ .

ب. وسائل الإثبات - عدم كفاية الجواز الدبلوماسي

إذا كان دليل الصفة الدبلوماسية يمكن التحقق منه من خلال الطريق القانوني ، فانه من المناسب الإشارة إلى أن حيازة الجواز الدبلوماسي لم يكن بالضرورة برهان في الحد الذي يمكن أن لا يكون آلا نتيجة لتصرف انفرادي من قبل الدول المعتمدة . وبهذا الصدد فقد أعلنت محكمة التمييز الفرنسية في قرار لها في ٢٤ / كانون الثاني / ١٩٥٤ بأن حامل الجواز لا يكون له أي تأثير يسمح له بتجنب اختصاصات المحاكم الفرنسية ، ما عدا أن حامله يمكن أن يستفاد من بعض اجراءات التنقل والكمارك . ويجب على الشخص المعني أن يقدم ما يبرر تفويضه الدبلوماسي لدى الحكومة الفرنسية بصفته أحد أعضاء البعثة الدبلوماسية لدى الحكومة الفرنسية أو لديه صفة دبلوماسية مستقلة فيما يتعلق بملاك السفارة .

وبهذا الصدد فأن قضية Gordji أفضت إلى أن تقوم الحكومة الفرنسية بالتذكير بأن الجوازات الدبلوماسية لم يكن لها آلا صفة السفر ولا تمنح لحاملها أي حصانة في الدولة المعتمد لديها . وبالمقابل فأنه في التطبيق الفرنسي فأن كل شخص له الحق بالامتيازات والحصانات يمنح من قبل وزير الخارجية بطاقة خاصة ، عندما يكون تعينه قيد البلاغ عنه في المكتب البروتوكولي ، تسمح له بالإقامة والإقرار بصفته مفوض دبلوماسي أو قنصلي ، أو أحد أفراد الكادر الوظيفي ، الفني أو مستخدم خاص . حيث أنه يمكن أن يستنتج ، لكل واحد منهم ، درجة الحصانة التي يمكن أن يطالب بها .

وفي مذكرة سلمت إلى الوزير الجيوكسلفاكي السابق في برن المؤرخة في ١٣ شباط

١٩٦١ ، فأن المجلس الاتحادي السويسري أوضح حدود حامل الجواز الدبلوماسي ، ولا سيما بعد اعتقال اثنان من رعايا جيوكسلفاكيا السابقة بتهمة التجسس حاملين جوازين دبلوماسيين "

" من الخطأ أن تنتقد الحكومة الجيوكسلفاكيا السلطات السويسرية وتتهمها بخرق القانون الدولي لأنها اعتقلت اثنان من رعاياها يحملون جوازات سفر دبلوماسية".

وتذكر الدائرة السياسية بهذا الصدد بأن حيازة جواز دبلوماسي يمكن أن يعطي الحق لبعض الاعتبارات ، ولكن لا يمنح حامله أية حصانة . وفي الواقع ، فقط يستفاد من الامتيازات والحصانات المنصوص عليها في القانون الدولي العام ، الدبلوماسيون حيث الصفة التي يحملونها تم الاعتراف بها من قبل الدولة وفي أرضها لكل من تعتبره عضوا في بعثة دبلوماسية أو مندوب لدى المنظمات الدولية . وكل ذلك لا يمكن أن ينطبق على الشخصين اللذين تم اعتقالها) .

ج. إقرار السلطة التنفيذية للدولة المعتمد لديها

في أغلبية دول العالم ، فأنه تعود لوزير الخارجية أهلية إقرار خاصية المفوض الدبلوماسي . وأحيانا فأن هذه المهمة تعود إلى وزير العدل . وأن آليات العلاقات ما بين السلطة القضائية والتنفيذية تبدو متغيرة حسب الأنظمة الدستورية .

وفي الواقع ، فأنه يمكن تصور العديد من الوسائل المختلفة : تسجيل الاسم في القائمة الدبلوماسية ، إقرار وزير معين بشكل خاص لهذه المهنة في إطار النظام الداخلي ، ومنح بطاقة الهوية الخاصة .

١. تسجيل الاسم في القائمة الدبلوماسية

ويبدو بأن هذه الطريقة من الطرق التي تحظى بالموافقة الفرنسية . إذ أن وزارة الخارجية الفرنسية قد أوضحت رأيها في الجواب الذي أعطته في الثاني من كانون الأول ١٩٧٨ : " أن منح الجوازات الدبلوماسية تصرف يعبر عن سيادة الدولة وكل دولة تحدد فئات الأشخاص الذين يمكن أن يمنحوا هذا النوع من الجوازات وحسب تقديرها .

وأحيانا فأن الجواز الدبلوماسي لا يكون له أي تأثير آلا للسفر ولا يمنح لحامله أي حصانة ولا امتياز ، فقط الذين يستفادون من الحصانة الدبلوماسية هم المفوضون الذين جرى تعينهم لهذا المنصب في الخارج ، ويضع هذا الاسم على القائمة

الدبلوماسية المحلية. وفيما يتعلق بفرنسا فأنه يتم تثبيت القائمة من قبل وزير الخارجية، حيث يتم إبلاغها إلى كل سلطات البوليس المعنية . آلا أن هذا الدليل لم يكن دائما دليلا مقنعا ، حيث يفترض أن يتم الإعلان صراحة عن القائمة. وهي النقطة التي تؤكد عليها سويسرا دائما .

٢- تأييد الوزير المعني لهذه المهمة في النظام الداخلي

في الولايات المتحدة تعد السلطة القضائية الجهة المعنية بالخاصية المحدودة لشهادات وزارة الخارجية كدليل للصفة الدبلوماسية . إذ قامت المحكمة العليا في نيويورك في ١٦ حزيران ١٩٥٩ بأبطال قرار أحد المحاكم التي رفضت إعطاء مهلة لأحد الدبلوماسيين الذي رغب إثبات صفة من خلال شهادة وزارة الخارجية الأمريكية . كما أن هناك قرارات قضائية لدول أخرى أقرت بأن الطبيعة الدبلوماسية للبعثات الدبلوماسية الأجنبية المعتمدة في الدولة هي طبيعة محددة ، فيما يتعلق بالاختصاص القضائي ، من خلال المعلومات المعطاة من قبل وزير الخارجية . وهو الرأي الذي أخذت به المحكمة العليا الأرجنتينية في ١٠ حزيران ١٩٦٤ . وكذلك الحال في أستراليا، من خلال القرار الذي أصدرته المحكمة الفيدرالية الأسترالية في السادس من كانون الأول ١٩٧٩ والذي نصت بأن الشهادة التي تمنح من قبل وزير الدولة للشؤون الخارجية شهادة قاطعة . وما أخذت بهذا الاتجاه حكومة الغابون ، وكذلك بريطانيا من خلال قرار لمجلس الوردات الذي صدر في ١٨ تموز ١٩٢٨ . وينسحب الأمر أيضا إلى النمسا ، حيث القرار الذي أصدرته المحكمة العليا في ١٩ كانون الثاني ١٩٦٢ والذي أقر فيه بأن التأييد المقدم من قبل وزير العدل لا تأخذ به المحكمة ، ما عدا وزير الخارجية.

٣- منح بطاقة الهوية الخاصة

في بلجيكا كل دبلوماسي معتمد لديها يستلم بطاقة هوية دبلوماسية . وهذه البطاقة تمنح من قبل المكتب البروتوكولي حول قائمة من المعلومات ، وصورة والجواز الدبلوماسي . وهذه البطاقة تعفيه من أي تسجيل في الدوائر الخاصة .

الجزء الثاني

الامتيازات والحصانات الدبلوماسية

الفصل الأول

الإطار النظري

في الواقع ، أن الامتيازات والحصانات الدبلوماسية تثير مشكلتان ذات طبيعة عامة : من جهـة تحديد من هو صاحب الحق الذي يتمتع بها ، ومن جهة أخرى التحقق من جوهرها وبهـذا الصـدد ، فلابد من التطرق إلى هاتين القضيتين قبل الوصف الفني لنظام الامتيازات والحصانات .

أولا : حامل الامتيازات والحصانات الدبلوماسية

(مشكلة الشخصية القانونية)

لقد نصت اتفاقية فينا لعام ١٩٦١ على عدد معين مـن الامتيـازات والحصانات لصالح طاقم البعثة الدبلوماسية : رئيس البعثة ، أعضاء طاقم البعثة ، أعضاء العائلة، المستخدمون الخاصون الـخ . (الحرمة ، الحصانة القضائية ، حصانة الضمان الاجتماعي ، الحصانة الماليـة ، الكمركيـة ، المخصصـات الشخصية الخ) . وبهذا يمكن الحديث عن الامتيازات والحصانات الشخصية . وأنها نصت علـى ذلـك أيضا لصالح البعثة . إذ أن المادة (٢٠) من اتفاقية فينا لعام ١٩٦١ قـد نصـت بـأن " للبعثـة الحـق في حمل العلم ، وشعار الدولة ... حول مباني البعثة ..." .

أما بخصوص المادة (٢٢) فقرة (١) قد نصت على " أن مباني البعثة تتمتـع بالحرمـة ، وليس لممثلي الحكومة المعتمدة لديها الحق في دخول مباني البعثة آلا إذا وافق على ذلك رئيس البعثة." وقد نصت الفقرة الثالثة من المادة المذكورة على أنه " لا يجوز أن تكون مباني البعثة أو أثاثها أو كل ما يوجد فيها من أشـياء أو كافة وسائل النقل عرضه للاستيلاء أو التفتيش أو الحجز أو لأي أجراء تنفيذي."

وحسب المادة (٢٤) ، فقد جاء فيها : " لمحفوظات ووثائق البعثة حرمتها في كل وقت وأينما كانت " . أما بخصوص المادة (٢٥) فقد نصت على أن " الدولة المعتمدة لديها تمنح كافة التسـهيلات كي تتمكن البعثة من القيام بأعمالها " . وتعالج المادة (٢٧) مسألة " حرية مراسلات البعثة " وتسـمح " للبعثة أن تستعمل كافة وسائل

الاتصالات اللازمة " . أما بخصوص المادة (٢٨) فقد كرست لإعفاء البعثة في أعمالها الرسمية من أي رسم أو ضريبة على الرسوم والضرائب التي تحصل عليها .

وبالمقابل ، فأنه من بين هذه الحقوق " للبعثة " ، الحصانة القضائية ، وحصانة التنفيذ لم يكن منصوص عليها من قبل اتفاقية فينا ،آلا أن ما هو جدير بالتحليل الاتفاقيات الأخرى ، وخصوصا اتفاقية فينا لعام ١٩٦٣ (العلاقات القنصلية) ، ١٩٦٩ (البعثات الخاصة) ، ولعام ١٩٧٥ (البعثات لدى المنظمات الدولية) .

وإذا كانت النصوص تفيض في التحدث عن " حقوق البعثة " فأنه من المفروض عدم الإسراف فيها . كما أنه بالمقابل توجد حقوق ، وهي التي تتعلق بحقوق الدولة المعتمدة ، والتي تمارسها بصدد البعثة . وإذا كانت المباني والوثائق وممتلكات البعثة تشكل موضوعا لحماية خاصة (instrumenta legati) وتتمتع بالحرمة ، فأنها الدولة المعتمدة التي تكون صاحبة الحق بهذه الحقوق المتعلقة بهذه الممتلكات والتي تعود أليها أو التي تتمتع بها .

ومبدأيا ، فانه ليس للبعثة شخصية قانونية خاصة مميزة عن الدولة . ومن المؤكد، بأنه فيما أريد معرفة بأن للبعثة الدبلوماسية شخصية قانونية خاصة فأن ذلك يشكل مسالة يجب أن تحل حسب مواقف النظام القانوني للدولة التي تقود هذه البعثة الدبلوماسية . وهذا النظام هو النظام الوحيد الذي يحدد أي الأشخاص العامة والذي يقيم وكيف يفرق بينها الشخصية القانونية . ويجب التميز خصوصا من مسألة تحديد الشخصية القانونية من الذي يمثل هذه الشخصية . كما يعود للنظام القانوني للدولة المعتمدة في أن تكون وحدها المؤهلة قانونا في أن تمنح لمختلف الأجهزة حق تمثيل الشخصية المعنوية المعنية .

وعمليا ، فأنه ليس للبعثات الدبلوماسية شخصية قانونية . وهذا لا يتعلق آلا بالأجهزة التي تشكل موضوع الحق وهي بالتأكيد الدولة (في إطار العلاقات الدبلوماسية الثنائية) أو لموضوع أخر من القانون الدولي (الكرسي الرسولي أو المنظمات الدولية العامة على سبيل المثال) . وكنتيجة لذلك ، فأن البعثة الدبلوماسية لم تكن مالكه للمباني ، ولا تؤجرها ، ولا تنقل العقود ، فالدولة وحدها ، الشخصية الدولة التي تقحم في ذلك . وهذه النقطة تبدو في الوقت نفسه: أساسية وجوهرية ولم توضح بما فيه الكفاية . فمن المعتاد بأن الفقه القانوني أعترف بأنه الدولة المعتمدة وحدها تتمتع بالشخصية القانونية .

وهناك العديد من القرارات القضائية التي صدرت بهذه المناسبة وتحديدا حول هذه النقطة بالذات. إذ أن المحكمة العليا الكرواتية ، في قرارها الصادر ٣٠ / آب / ١٩٥٦، وذلك بعد حادثة سيارة عائدة لإحدى السفارات الأجنبية، بأن المدافع الحقيقي عن ذلك هو الدولة. وكذلك القرار الصادر عن المحكمة العليا في روما ١٦ / كانون الثاني/ ١٩٦٦.

وإذا لم تكن البعثة (lertium genus) ، فأنه لا يمكن تصور آلا لشكلين من الشخصيتين اللتان تحظان بالحصانة القانونية والتنفيذية: أما شخصية المندوب، أو الدولة .

وفي الواقع ، فأن ما يلاحظ بهذا الصدد وهو أن حصانة المندوب أو المفوض تختلف عن تلك الحصانة التي تتميز بها الدولة . إذ أن المادة (٣١) من اتفاقية فينا لعام ١٩٦١ اعترفت بوجود الحصانة القضائية ، التي نصت على أن " الممثل الدبلوماسي يتمتع بالحصانة القضائية الجنائية في الدولة المعتمد لديها ويتمتع أيضا بالحصانة القضائية المدنية والإدارية ... " .

وفي عام ١٩٧٥ ، فقد تم استدعاء السفارة الهولندية أمام إحدى المحاكم في جاكارتا لقضية مدينة وذلك لعدم دفع بعض أثمان البضائع . وقد أعلنت محكمة جاكارتا في قرارها الصادر ٢٣ كانون الأول ١٩٧٥ بأن هذا التصرف ضد السفارة غير مقبول ، حيث أن السفارة لم يكن لها شخصية قانونية . وهناك موقف أخر اتخذته أحد المحاكم في جنيف في ٧ كانون الأول ١٩٨١ ، إذ جاء في قرارها : " حسب القواعد العرفية للقانون الدولي ، بأنه ليس للبعثة الدبلوماسية شخصية قانونية وأنها لم تكن الإجهاز مكلف بتمثيل الدولة في مواضيع أخرى من القانون المدني .

وبالعكس ، فأن المحكمة المدنية في بر وكسل ، في قرار لها في ١١/ آذار / ١٩٨٢ في قضية الدولة البرتغالية خلطت بشكل كامل ما بين الحصانتين . إذ أن الدولة البرتغالية أثارت بصراحة الحصانة التي أوضحتها في بنودها المادة (٣١) من اتفاقية فينا لعام ٩٦١ حول العلاقات الدبلوماسية وقد منحت المحكمة المدنية الحكومة البرتغالية حق الاستفادة من الحصانة المنصوص عليها في هذه المادة والتي لم تكن تتعلق آلا بشخصية المفوض الدبلوماسي . وسنتطرق لاحقا إلى الامتيازات والحصانة المتعلقة بالدول وتلك المتعلقة بالشخصيات .

ثانيا : جوهر الامتيازات والحصانات .

تتمتع البعثة الدبلوماسية وطاقمها بنظام قانوني خاص الذي نطلق عليه عادة بالامتيازات والجصانات الدبلوماسية . ويحلل هذا النظام كسلسلة من الإستثناءات في

القانون العام ، وفي القواعد العامة التي تخضع خلالها الأجانب إلى سلطة الدولة وفي إقليمها الذي يقيمون فيه . وسنحاول في هذه النقطة تفسير جوهر الامتيازات والحصنات من خلال ثلاث نظريات .

أ- نظرية الامتداد الإقليمي

تنطلق هذه الفكرة من أن المفوض الدبلوماسي ينجو من سلطة السيادة الإقليمية للدول المعتمد لديها . ومن هنا ، فأن هناك من يتعقد بأن كل شيء يحصل كما ان المفوض الدبلوماسي يقيم على أرضه الوطنية ومن هنا يأتي مفهوم الامتداد الإقليمي أو لما فوق الإقليمية وفي المراعاة الثانية الامتداد الإقليمي ينطبق لا على شخص المفوض ولكن على مقر البعثة وسواء كان في هذا المعنى أو غيره فأن هذه النظرية قد واجهت اليوم انتقادات اجتماعية حتى وأذا ما أعْتُقِدَت الصحافة أو الحكام أو عدد قليلا من فقهاء القانون باستعمال هذا المفهوم الذي يعود أصلا إلى كروشيوس حيث مضمونه يتركز على القاعدة التي تقول :

" مع ان المبعوث الدبلوماسي يقيم في اقليم الدولة التي اعتمد عليها بصورة فعلية لكنه يجب ان يعتبر ولا يزال مقيما في الدولة التي اوفدته " وعلى هذا الأساس يصبح بالامكان تبرير عدم اخضاع الممثل الدبلوماسي لقانون الدولة المضيفة ويترتب على ذلك اعتبار دار السفارة او المفوضية التي يقيم فيها المبعوث جزءا من اقليم دولة المبعوث ايضا أي انه امتداد لاقليم دولته . وفي تطبيقها على شخصية المفوض الدبلوماسي فأن هذه النظرية غير قادرة على تفسير الحدود التي تولدها الامتيازات والحصانات الشخصية للمفوضين الدبلوماسيين وخصوصا امتيازات الأعضاء الآخرين في طاقم البعثة . إذ انه ومن خلال الممارسة المعتادة أتضح بأن أعضاء البعثة الدبلوماسية ملزمون باحترام القوانين وقواعد الدولة المعتمد لديها وفي افتراض بان هذه النظرية تفرض بان مقر السفارة يجب أن يقارن شكليا مع الإقليم الوطني للدولة المعتمدة فان المفهوم لا يبقى منه بما فيه الكافية في تفسير النظام الحالي للامتيازات والحصانات خارج المباني المستمرة فيها ويضاف إلى ذلك فإن هذا المفهوم غير قادر على الأخذ بنظر الاعتبار بحدود الامتيازات (فيما يتعلق بالشؤون المالية مثلا) أو حتى في حقيقية بأن الحصانة أو الحرمة لم تكن مفهوما ذو محتوى سلبي حيث أن لها مفهوما إيجابيا واجب الحماية من جهة الدولة المعتمد لديها وأن نظرية الامتداد الإقليمي غير قادرة على التفسير .

وأذا سرنا بهذه النظرية حتى نهايتها المنطقية سنصل إلى نتائج متنافرة . وهكذا اذا ارتكبت جريمة في سفارة ، فانه يفترض طبقا لنظرية الامتداد الإقليمي أجراء المحاكمة طبقا لقوانين الدولة المعتمدة ولا يمكن ان تكون المحاكمة في الدولة التي توجد فيها السفارات إلا بعد تسليم المجرمين . أن التطبيق المعتاد لا يمكن ان يتبع ما تفرضه هذه النظرية . ومن الخطاء التسليم بهذه النظرية لأنه ما معترف به حاليا سواء كان من الجهات الفضائية أو التطبيق الحكومي بأن التصرفات والأفعال المنفذة داخل مباني البعثة الدبلوماسية ومن كل وجهات النظر فأنها تعتبر تصرفات وأحداث منفذة على إقليم الدولة المعتمد لديها حتى فيما إذا استطاعوا في بعض الفرضيات الإفلات من عادلة هذه الدولة .

وهناك العديد من الجهات القضائية المختصة في العديد من الدول التي أعلنت عن وجهة نظرها بخصوص العديد من القضايا :

١- الجرائم والجهة المنفذة في مقر الدبلوماسي .

في الواقع ، أن تطبيق قانون الدولة المعتمدة في مباني البعثة الدبلوماسية كان موضوعا لأحكام القضاء الدائم في محكمة التميز الفرنسية . إذ سبق وأعلنت المحكمة موقفها الواضح في قضية المواطن الروسي Nikitscheknoff الذي قام في عام ١٨٠٥ بالدخول إلى السفارة الروسية وهاجم وجرح الملحق . وقد طلبت السفارة الروسية بأن المتهم يجب أن يحاكم في روسيا ، آلا أن الحكومة الفرنسية رفضت ذلك مما جعل الحكومة الروسية تخضع للرفض الفرنسي- وتعترف بأختصاصات المحاكم الفرنسية . إلا أن المحكمة الفرنسية أعترفت باعتبار الاقليمية الواسعة ولكن لفائدة طرف واحد فيما يتعلق بالدبلوماسيين وليس بالنسبة للآخرين . كما جرت حالات مماثلة في السفارة البلغارية في باريس عام ١٩٠٩ ، حيث رفضت محكمة السين الاخذ بمطالب السفارة ، وكذلك الحال بالنسبة لسفارة مالي التي طلبت استبعاد أحد رعايا مالي الذي قام بالاعتداء على السفارة في ١١/ كانون الأول / ١٩٩٠ . وفي حادثة غريبة من نوعها هو أن الحكومة الفرنسية تدخلت لحماية المستخدمين الذين يعلمون في سفارة إيران في باريس الذين أجبرتهم السفارة بارتداء الفوطة ، إذ أن جواب وزيرة حقوق المرأة في ٢٧ كانون الثاني ١٩٨٣ قد جاء على ضوء القوانين الفرنسية التي تحظر التميز بسبب الجنس وتحمي الحريات الفردية ، وتطبق على مباني السفارة الإيرانية . وهناك حالات مماثلة

حصلت في بلجيكا في ١٠ كانون الأول ١٩٢٩ بعد أن اعتدى أحد الصينين على السفارة الصينية في بروكسل ، وكذلك في ألمانيا في حالة الاعتداء على سفارة أفغانستان . وهناك العديد من الأمثلة التي أوضحت فيها الجهات القضائية رأيها الواضح . إذ حدث في سويسرا في أيلول/١٩٨٢ أن قـام عـدد مـن رعايا بولونيا باحتلال السفارة البولونية في بـرن واحتجاز طـاقم السفارة الا أن البـوليس السويسري استطاع اقتحام المبنى وإطلاق سراح الرهائن واعتقال المحتلين للسفارة بـدون ضحايا . وقد عـارض السفير البولوني اختصاص المحـاكم السويسـرية استنادا لنظرية الامتـداد الإقليمـي للسفارة ، آلا أن المحكمة الجزائية رفضت ذلك .

٢- تشريع بصدد تملك العقارات

جرت العادة بالنسبة للعديد من دول العالم بأن تملك المباني من قبل الـدول الأجنبيـة يخضـع إلى نوع من التراخيص الحكومية . وهـذا مـا نصت عليه التشريـعات الأمريكيـة ، والكنديـة وكذلك السويسرية ،وكل البلدان العربية . وإذا جاز القول ليس هناك دولة تسمح بتملك العقارات الموجودة على إقليمها بدون موافقتها ، ومن خلال تشريعات خاصة صدرت لهذا الغرض .

٣- تشريع بصدد أيجار العقارات

لقد اعتبرت محكمة التميز الفرنسية في قرارها الصادر في ٣١ / أيـار ١٩٣٢ بـأن أيجار المبنى المخصص للقنصلية الفرنسية في تركيا من قبل الحكومة الفرنسية يخضع للقوانين التركية .

٤- تطبيق القوانين حول أضرار الحرب

لا تطبق قوانين الدولة المعتمدة في سفارتها التي توجد في الدولة المعتمدة لديها.

٥- قوانين الدولة المعتمد لديها فيما يتعلق بتنظيم المدن

أن هذه القوانين يتم تطبيقها على المقرات الدبلوماسية الموجودة على إقليم الدولة المعتمـدة لديها . وبهذا الصدد فأن القوانين البلجيكية مثالت بين إعطاء ترخيص بناء عمارة مخصصة كـإدارة أو سفارة هو الأجراء الذي يمنح من السلطة الإدارية أو العسكرية . وقد نصت القـوانين الكنديـة علـى ضرورة أحترام القوانين والأنظمة البلدية . وقد اتخذت الولايات المتحدة نفس الموقف وأيضـا القوانين السويسرية .

٦- قوانين تحظر سلوك معين يطبق على المقرات الدبلوماسية

لقد منعت السلطات المغربية دخول وتوزيع صحيفة اللوموند الفرنسية حتى في داخل مباني السفارة الفرنسية في الرباط بالخلاف من إجراءات الحظر المغربية .

٧- مراسيم الزواج المقامة في مقر السفارة

حتى إذا سمح للمبعوث الدبلوماسي أو القنصلي من قبل الدولة المعتمدة أن يقيم مراسيم الزواج حسب قانونها الخاص ، فأنه لم يكن بالنسبة له غير حفلات زواج مقامة على أرض الدولة المعتمد لديها . إذ أن حفلات الزواج التي اقيمت من قبل كاهن في السفارة البريطانية قد اقيمت على الأرض الفرنسية تبدو مراسيم غير مقبولة شرعا في فرنسا . وهو ما أفصحت به محكمة السين في قرارها المؤرخ في ٢ / تموز ١٨٧٢ وكذلك ما أفض اليه قرار محكمة الاستئناف في باريس في الأول من آذار ١٩٢٢ فيما يتعلق بالكنيسة اليونانية التي أقامت مراسيم الزواج في السفارة اليونانية في باريس . وكذلك الحال ينسحب إلى الطلاق أيضا .

٨- المنطق نفسه بالنسبة لفعل التبني يجري في مقر السفارة

حيث أن هناك الكثير من أفعال التبني التي كانت تجري في داخل السفارات الأوربية بموجب قواعد نظرية الامتداد الإقليمي ، آلا أن هناك قسم من المحاكم الفرنسية (محكمة السين في قرارها ١٠/ شباط ١٩٤٨) ، والمحاكم البلجيكية رفضت هذه الأفعال واعتبرتها تصرفات خاطئة لخطأ نظرية الامتداد الإقليمي وطالبت بتطبيق القوانين الخاصة بالتبني في الدولة التي توجد فيها السفارة .

٩- بالنسبة للتعاقد

إذ أن محكمة التميز الإيطالية أصدرت قرارها في ٢٦/آيار/١٩٣٠ في قضية (Gnome and Rhone Motors C. Cattanco) بأن التعاقد الذي جرى في سفارة إيطاليا في باريس تم عقده في فرنسا بالنسبة لتطبيق قواعد تنازع القوانين . وكذلك أصدرت محكمة روما في قضية (La Mercantile C. Royaumede Grece) قرارها في ٣٠ كانون الثاني ١٩٥٥ الذي أكد بأن التعاقد الذي حصل في سفارة اليونان في روما جرى في إيطاليا .

١٠- جنسية الأطفال

بالنسبة للأطفال المولدين في مقر السفارة ، فأن ذلك سيكون من اختصاص

الدولة المعتمدة لديها إذا كانت هذه الدولة تطبق بدقة قاعدة jus soli *. يضاف إلى ذلك فأنه من أجل تجنب تطبيق هذه القاعدة على عوائل المعتمدين الدبلوماسيين فأن بروتوكول اختياري قد تم تبنيه في فينا ، في ١٨ نيسان ١٩٦١ ، يتعلق باكتساب الجنسية حيث المادة (١١) قد نصت :

" أن أعضاء البعثة الذين ليس لديهم جنسية الدولة المعتمدة لديها وأعضاء عائلاتهم الذين يشكلون جزء من إدارتها ، لا يكتسبون جنسية هذه الدولة على أثر تشريعها فقط ."

١١- المسؤولية الجنائية

في قضية (Persinger V. Islamic Republic of Iran) فأن محكمة الاستئناف في الولايات المتحدة في قرار لها في ١٣/آذار/١٩٨٤ رفضت اعتبار أن سفارة الولايات المتحدة في طهران حيث تم احتجاز الرهائن ، يمكن أن تعتبر أرض الولايات المتحدة ، ولذلك بهدف أن تعطي الاختصاص للمحاكم الأمريكية فيما يتعلق بالمسؤولية الجنائية لإيران . وهذه المسؤولية تنسحب أيضا إلى تأمينات الحريق.

١٢- تطبيق التشريع فيما يتعلق بالضمان الاجتماعي

وقد لوحظ ذلك في التشريع البلجيكي ، حيث أن لجنة الاستئناف فيما يتعلق بالبطالة قد ردت في ١٥/أيلول/١٩٧٠ ، صراحة الاستثناء في نظرية الامتداد الإقليمي واعتبرت أن ما قام به عمال الخدمة في البعثات الدبلوماسية الأجنبية أو أعضاءها ، بأنه " محتلون في بلجيكا " . وفي ألمانيا الاتحادية ، فأن المحكمة الاجتماعية الألمانية قد عبرت عن رأيها في قضية أحد المستخدمين في القنصليات ، في قرار صادر ١١/تموز ١٩٨٥ بأن قانون الضمان الاجتماعي يطبق في هذه الحالة . وهو الاتجاه نفسه الذي سبق وأخذت به النمسا من خلال القرار الذي أصدرته وزارة الشؤون الاجتماعية والإدارية في ٥/شباط/١٩٥٨ .

---

* حق أكتساب جنسية الأرض المولود فيها (jus soli) jus soli ، هذه العبارة لا تينية وتشير الى حق الفرد في أكتساب جنسية دولة معينة بسبب ولادته في أرضها . كما أن هناك حق اكتساب جنسية الوالدين (sanguinis) jus sanguinis وهي أيضا عبارة لا تينية تشير الى حق الفرد في اكتساب جنسية دولة معينة عن طريق الوراثة ، أي الحصول على الجنسية التي يتمتع بها والده.

وقد أعلنت اتفاقية فينا صراحة في مادتها(٣٣) فقرة (٣) عن الطبيعة الإلزامية في الأخذ بالتشريع الاجتماعي للدولة المعتمد لديها : على سبيل المثال الدبلوماسي الذي يستخدم أفراد لا ينطبق عليهم الإعفاء المذكور بالبندين من هذه المادة أن يحترم التزامات نصوص تشريع التأمين الاجتماعي الواجبة على رب العمل في الدولة المعتمد لديها ."

١٣- الإعفاءات الضريبية أو المالية

بالنسبة لتطبيق الإعفاءات الضريبية في حالة الصادرات ، فأن العقارات الأجنبية لم يعد اعتبارها كأرض أجنبية ، وبناء على ذلك فأن قانون الدولة المعتمد لديها يطبق على كل أقليمها ، بضمنها المقرات الدبلوماسية الموجودة فيها ، وهو ما نصت عليه المادة (٤١) ، الفقرة الأولى من اتفاقية فينا :

"مع عدم المساس بالامتيازات والحصانات، على الأشخاص الذين يتمتعون بهذه الامتيازات والحصانات أن يلتزموا باحترام القوانين وأنظمة الدولة المعتمدين لديها..."

ب - نظرية الطبيعة التمثيلية

يبدو أن هذه النظرية تستند في تصورها إلى تلك الصياغات التي طرحها مونتسكيو (Montesquieu) عندما قال : بأن الدبلوماسي هو " صوت الأمير " الذي يبعثه وأن هذا الصوت يجب أن يكون حرا وبدون أي عقبة يمكن أن تعيق تنفيذه". وهناك العديد من القرارات القضائية التي استندت صراحة إلى هذا الجوهر :

" أن حصانات السفراء هي نتيجة للطبيعة التمثيلية التي يتقلدها السفراء ويقود إلى استقلالية الأمم والتي من المفروض أن تعمل من خلال وزيرها " وهو ما قررته محكمة الاستئناف في بروكسل في قرارها في ٣٠ كانون الأول ١٨١٠ . وهذه النظرية استطاعت أن تفسر بعض الخصوصيات ، ما بين المراسيم الأخرى ، لا توضح آلا بعض الأشكال من نظام الامتيازات الوحيدة للبعثة ورئيسها الذي له وحدة الصفة التمثيلية . وأخيرا ، فأنه في الوقت الحاضر ، فأن رئيس البعثة لا يمثل الملك ولكن الدولة بكاملها ككيان سياسي وقانوني .

ج- نظرية مصلحة الوظيفة

وهو الأساس الذي يحظى بعدد كبير من المؤيدين اليوم . إذ أن الامتيازات والحصانات الشخصية تجد أساسها في ضرورات الوظيفة . فهذه الميزات قد منحت إلى

الدبلوماسيين من أجل أن يستطيعوا ممارسة وظائفهم بشكل جيد ، وبكل استقلالية . والشيء نفسه فأن الامتيازات والحصانات التي تتمتع بها البعثة نجد أساسها في المبدأ الأساسي " ne impediateur legatio" وهذه النظرية هي النظرية التي تقارب أكثر الموضوعات ، والتي تجمعها تقريبا كلها ، ولكن لم تكن بشكل كامل . إذ أن بعض الامتيازات والحصانات الممنوحة إلى الدبلوماسيين لم تكن ضرورية بهدف إنجاز وظائفهم . وبجانب الامتيازات الوظيفية نميز المزايا التي تكشف عن المجاملة والتي لا يبرر مسلكها آلا على ضوء الإرث التاريخي والخاص لنظام الملكية المطلقة .

وبدون شك ، فأن لهذه النظريات الثلاثة أهمية معينة في التطبيق ، حيث أنها ساهمت في التأثير فيما يتعلق بالمذهب والفقه القانوني .

وللمذهب هدف في إرساء نظام وعدد معين من المعطيات ويحمل الإجابات لبعض الأحداث التي يطرحها محيط العلاقات الدبلوماسية . وبناء عليه ، فأن الفقه القانوني يتأثر بالمذهب ، حيث يوجد اليوم من القانونين الذين يتحدثون عن نظرية الامتداد الإقليمي أو نظرية الطبيعة التمثيلية . وأن وزراء الخارجية أنفسهم يستندون إلى هذه المفاهيم ، وفي الوقت الحاضر ، إلى نظرية مصلحة الوظيفة التي تحظى في الواقع بتأييد كبير سواء كان فيما يتعلق بالمذهب أو على المستوى التشريعي . وأن اتفاقية فينا تستند خصوصا إلى هذا المعيار الذي له قوة التبني ، أمام غياب النصوص، لأنه يمثل الفائدة الملزمة في الحد الأدنى والمبررة فعلا ضد أي تقيدات محتملة التي تحاول منع الدبلوماسي من إنجاز مهمته . وأن اتفاقية فينا ، وهي تعترف بأولوية هذا المعيار في مواد عديدة جدا ، فأنها مع ذلك رغبت ، في ديباجتها ، أن تستند إلى النظرية التمثيلية ، ولكن بأسلوب غير مباشر .

" وهي على يقين بأن الغرض من هذه الامتيازات والحصانات ليس هو تميز أفراد بل هو تأمين أداء البعثات الدبلوماسية لأعمالها على أفضل وجه كممثلة لدولها."

الفصل الثاني

امتيازات وحصانات البعثة الدبلوماسية

بعد أن نتطرق إلى المبدأ العام لمنح التسهيلات ومبدأها العام المطبق في مجال حيازة المباني ، فأنه سيتم تسليط الضوء على حرمة المباني والممتلكات الأخرى للبعثة والنتائج المترتبة عليها : التزامات الدولة المعتمدة في استعمال هذه الالتزامات، ومن ثم تتناول حرية المراسلات ، والحصانات الكمركية والضريبية ومسألة الحصانة القضائية .

التسهيلات الممنوحة للبعثة الدبلوماسية لممارسة عملها

أولا : المبدأ العام للمادة الخامسة والعشرين

تحتوي المادة (٢٥) من اتفاقية فينا لعام ١٩٦١ على مبدأ عام جاء فيه : تمنح الدولة المعتمد لديها كافة التسهيلات بغية إنجاز البعثة لوظائفها " . وبهذا يمكن اعتبار بأن أغلب الامتيازات والحصانات تجد أساسها في المبدأ المعبر عنه من خلال هذه المادة . وهو ما يمكن ملاحظته بأن النص متطابق مع ما تطرحه ديباجة الاتفاقية : من أن الدول الموقعة على الاتفاقية (...) على يقين بأن الغرض من هذه المزايا والحصانات ليس هو تميز أفراد بل هو تأمين الأداء الفعال للبعثات الدبلوماسية لوظائفها على أفضل وجه كممثلة لدولها ... " .

إذن ، ما هي الأهمية المحددة للمادة الخامسة والعشرين ؟

من المؤكد بأن ما يقصد بذلك هو النص ذو الخاصية العامة الذي من شأنه تجاوز الفجوات في الاتفاقية ، ولكنه لا يمكن أن يجد التطبيق آلا في الحالات غير المنصوص عليها صراحة من خلال الاتفاقية نفسها . وأن نص المادة (٢٥) لا يمكن أن تشير أبعد من الأنظمة الخاصة المنظمة من خلال الاتفاقية أو تبعدها . وهذا ما تكون عليه الحالة ولا سيما ، بالنسبة للتسهيلات ذات الأهمية الكبيرة التي حددتها وقيدتها الاتفاقية صراحة : حرية التنقل ، وحرية المراسلات ، إضافة إلى المزايا الكمركية .

وأن الخاصية العامة والغامضة لهذا النص تحتوي في الوقت نفسه على فوائد وأضرار . والفائدة في شموليته ، والضرر في غموضه . ومن هنا ، فأنه دائما ما يلجأ إلى

المادة (٢٥) لتعزيز النصوص الأخرى في الاتفاقية حيث تم النص على نظام خاص . وكذلك الاستعانة بالمادة (٢٧) فيما يتعلق بحرية المراسلات .

وعندما يتم النص عليه في النظام الخاص ، فيمكن للبعثة أن تتمسك بالمادة (٢٥) للمطالبة بكافة التسهيلات الضرورية للقيام بوظائفها : المساعدة الضرورية للبعثة أينما يكون مقرها ، في نشاطاتها الإعلامية ،وفي حالة الصعوبات المتعلقة بالتبادل أو استيراد النقود الخ .

وفي الواقع فأن لجنة القانون الدولي بقيت مبهمة بهذا الصدد ، وكذلك المؤتمر الدبلوماسي . إذ أن طلب المساعدة يجب أن تبقى في الحدود المعقولة . وأن هذه المادة هي دعوة للتنسيق ما بين البعثة والدولة المعتمدة والدولة المعتمد لديها والتي بموجبها يجب مساعدة البعثة في تذليل العقبات المادية التي تصادفها . وبهذا الصدد فأن الوزارة الفيدرالية السويسرية قد عبرت عن رأيها في ١١/ نيسان ١٩٧٢ بأن احكام هذه المادة كانت غير كافية لتأسيس حق للبعثة بالطلب حول حجز مكانات خاصة لها على الطريق العام ، مع أنه في التطبيق فأنه يمكن دعوة السلطات المحلية لبذل كل إمكانياتها بهذا الصدد . وأن المحكمة الادارية في مدينة كولونيا الألمانية قد أعتقدت ١٩٧١/١/٢٢ أيضا بأن اتفاقية فينا لعام ١٩٦١ لا يمكن أن تؤسس مثل هذا الحق (Parking Privileges for diplomats case) والموقف نفسه اتخذته بريطانية بهذا الصدد ومن الواضح بأن منح التسهيلات والخدمات والتي يمكن أن تغطيها المادة (٢٥) ستكون بالتأكيد حقل الامتيازات للبعثة المعاملة بالمثل وهذا ما أخذت به الولايات المتحدة (foreign Missions Acte) في عام ١٩٨٢.

ثانيا : مباني البعثة

من لا شك فيه ، بأن أحد التطبيقات الأساسية لمبدأ منح التسهيلات تتعلق بمباني البعثة . وأن مشاكل عديدة ومختلفة تطرح بهذا الصدد تتعلق بحيازة المباني ، ومكانها ، وامتدادها والشعارات التي يمكن أن ترفعها .

أ- حيازة المباني

أن أول ما تتطلبه البعثة التي تستقر في أية دولة ضرورة أن تحظى بمقر . وقد نصت المادة (٢١) من اتفاقية فينا لعام ١٩٦١ بدورها على هذه النقطة :

١- يجب على الدولة المعتمد لديها، وفي إطار تشريعها، أن تيسر للدولة المعتمدة أن تحوز في أراضيها المباني اللازمة لبعثتها أو أن تسهل لها العثور على مبان بطريقة أخرى .

٢- كما يجب عليها أيضا ، إذا ما تطلبت الحاجة لذلك مساعدة البعثات في الحصول على المساكن الملائمة لأعضائها " .

وبناء عليه ، فأنه يتوجب على الدولة المعتمد لديها مساعدة الدولة المعتمدة في الحصول على المباني لبعثتها ومساكن مناسبة لأعضاء هذه البعثة . وأن الطريقة القانونية للحيازة لم تكن محددة : إذا لم يقصد بذلك الحق الحقيقي للملكية ، فأنه من المناسب التفكير على الأقل بالاستعارة أو الإيجار .

ومن المناسب الأخذ بنظر الاعتبار مختلف الأنظمة الوطنية حيث أن بعضها حظر اكتساب الحقوق العينية للعقارات ، وفعلا حقوق الإيجار من قبل الدول الأجنبية . وفي أنظمة أخرى ، فأن كل الأرض تعود للدولة . يضاف إلى ذلك بأنه مازالت شروط السكن غير ملائمة أو جدا مكلفة . وبذلك ، فأن كل هذه الأوضاع تفسر الضرورة في بعض الحالات لتدخل الدولة المعتمد لديها لحل هذه الإشكاليات التي تواجهها البعثات الدبلوماسية . وأن كل ذلك يجب أن يحصل في الإطار الشرعي والتنظيمي للدولة المعتمدة أو تشعبات هذه الدولة ، حول شروط الحيازة ، والسماح بالإيجار ، أو إجازة البناء ، والأنظمة البلدية ، والخدمات المختلفة . وبذلك فأن كل دولة من العالم لها شروطها الخاصة بحيازة المباني . إذ الاتحاد السويسري أشترط أولا بأن المبنى قيد البحث يخضع إلى أنظمة القانون الخاص والقانون العام النافذين في مقاطعة برن، وثانيا، وبشكل خاص قانون ثروة الأراضي الذي هو القانون الوحيد المختص بكل علاقات الحق المتعلق بالمبنى قيد البحث . وكذلك الحال بالنسبة للولايات المتحدة التي فرضت شروط خاصة وصارمة للتملك أو الإيجار، حيث الصعوبات العديدة التي أثيرت بوجه السفارة السوفيتية السابقة في واشنطن عندما رغبت بنقل سفارتها أو بناء سفارة جديدة وكذلك ما واجهته الولايات المتحدة عندما أرادت بناء سفارة جديدة في موسكو ، وقد تم تسوية هذه الإشكاليات من خلال اتفاقية خاصة ، بين واشطن وموسكو . كما أن بريطانيا التجأت إلى إصدار تشريعات جديدة عززت من رقابتها فيما يتعلق بالحيازة أو الإيجار.

ب- مكان مباني البعثة

في الواقع ، فأن ما يمكن طرحه بهذا الخصوص هو السؤال التالي : هل بإمكان

الدولة المعتمدة أن تختار المكان الذي يجب أن تقيم فيه بعثتها الدبلوماسية في الدولة المعتمدة لديها ؟

بدون شك ، فأن حرية الدولة المعتمدة تبدو مقيدة من خلال الالتزامات التي طرحتها الممارسة : فمن جهة ، فقد جرت العادة بأن البعثة الدبلوماسية وأعضاءها يقيمون في المدينة التي توجد فيها الحكومة ورئيس الدولة المعتمدة لديها . ولكن الحالة الاستثنائية تقدمها هولندا هي بشكل خاص حالة فريدة ، إذ أن العاصمة هي امستردام ، في حين تقع في لاهاي محكمة العدل الدولية ، والسلطات العامة وأعضاء البعثات الدبلوماسية . في المملكة العربية السعودية فأن مقر وزارة الخارجية في جدة مع البعثات الدبلوماسية في حين ان باقي أجهزة الحكومة في الرياض وان سويسرا التي التزمت البعثات الدبلوماسية الإقامة في برن رفضت أن يقيم المندوبين المعينون لدى الأمم المتحدة في جنيف الإقامة في برن . وإذا حصل وأن حكومة الدولة المعتمد لديها غيرت محل أقامتها فأن يجب على البعثات الدبلوماسية المعتمدة لدى رئيس الدولة أن تتبع هذا التغير بناء على طلب يقدم بذلك . والتاريخ الدبلوماسي يقدم المثل في أنشاء مملكة إيطاليا ، فأن الوزير البلجيكي ترك تورنيو حيث يقيم الملك في ظل فلورسنا التي أقام فيها مملكته . وعندما تركت الحكومة والملك فلورنسا بعد أن كانت المملكة في روما في الأول من تموز ١٨٧١ فأن المندوب البلجيكي تبع الملك فكتور عمانويل Victor- Emmanuel وعندما احتلت القوات الألمانية فرنسا في ١٩٤٠ فأن الحكومة الفرنسية التي أقامها المارشال بيتسان في مدينة فيش الفرنسية مما جعل البعثات الدبلوماسية تنتقل إلى المدينة. وبعد أن تركت الحكومة البرازيلية عاصمتها القديمة ريدوجانيرو فأنها الزمت البعثات الدبلوماسية بنقل مقراتها إلى العاصمة الجديدة. ولكن هناك ما هو بخلاف ذلك، حيث انه عندما تركت الحكومة الصينية بكين ما بين ١٩٢٧ إلى ١٩٣٧ وأقامت في نانكي، فان البعثات الدبلوماسية بقيت في بكين .

وفي حالة إسرائيل التي ضمت مدينة القدس المحتلة واعتبرتها عاصمتها بدلا من تل أبيب ، فأن البعثات الدبلوماسية (ماعدا عدد قليل من الدول) رفضت نقل مقراتها إلى القدس لأنها اعتبرت عملية ضم المدينة مخالفا للقانون الدولي وقرارات الشرعية الدولية . وفي حالة الحرب ورحيل الحكومة إلى المنفى ، فقد قدمت الحرب العالمية الثانية المثل الواضح في ذلك وخصوصا خلال الاحتلال الألماني لهولندا ،

الدنمارك ، وبلجيكا ، ولجوءها إلى لندن ، حيث أن البعثات الدبلوماسية التي كانت ممثلة لديها قد تبعتها إلى لندن . كما أن الفاتيكان ولأسباب عدم كفاية الأرض المخصصة له لإيواء مقرات البعثات الدبلوماسية فقد وافق على أن البعثات الدبلوماسية الممثلة لديه تسكن في روما .

ومن جهة أخرى ، فأنه يمكن للدولة المعتمدة لديها أن تجمع السفارات في حي واحد . وهذه الحالة تسهل بشكل كبير مهمة حماية البعثات . وهو الأجراء الذي اتخذته الحكومة الصينية، الهندية، والجزائرية، وكذلك الأمر بالنسبة للحكومة الأمريكية، وجمهورية جنوب أفريقيا ، وبعض الدول العربية الأخرى . ومن الطبيعي، فأن مكاتب البعثة يجب أن توجد كلها في نفس المكان، وحسب ما نصت عليه المادة الثانية عشر من اتفاقية فينا:

" ليس للدولة المعتمدة ، بدون الحصول مقدما على موافقة الدولة المعتمد لديها أن تنشئ مكاتب تابعة لبعثتها في أماكن أخرى غير التي توجد فيها البعثة ."

وبهذا الصدد فأن الممثلة التجارية للاتحاد السوفيتي السابق في هولندا التي تشكل جزء مندمج من البعثة الدبلوماسية ، قد سمح لها بأن تفتح مكاتبها في امستردام . كما أن سفارة أورغواي في واشنطن قد حصلت على السماح بفتح قسم اقتصادي وتجاري في مدينة نيويورك ، في حين أن فتح مكاتب في أماكن أخرى قد تم رفضها من قبل وزارة الخارجية . وهناك بعض الدول تسمح للدول الأخرى المعتمدة لديها أن تفتح لها مكاتب خارجة عاصمتها ، وهو ما حصل في بداية عام ١٩٩٣ عندما قامت السفارة البلجيكية في ألمانيا بفتح مكتب في مدينتي كولونيا وبرلين .

ج- امتداد مباني البعثة

حسب المادة الأولى ، ففقرة (ط) : اصطلاح (مباني البعثة) يشمل المباني وأجزاء المباني والأراضي الملحقة بها التي تستعملها البعثة ، أيا كان المالك ، كما تشمل مقر أقامه رئيس البعثة ."

وفي الواقع ، فأن التفسيرات الإضافية المقدمة من قبل لجنة القانون الدولي تبدو تفسيرات مختصرة: لغايات تطبيق اتفاقية فينا وللحصانة ، فأن مباني البعثة تحتوي على المباني أو أجزاء المباني المستعملة لحاجات البعثة والتي تكون أما ملكية الدولة المعتمدة أو لطرف ثالث يديرها لحسابه أو أنها قد تم تأجيرها. وتحتوي المباني ، فيما إذا كان يقصد بالعمارة ، الأرض التي حولها ، وتوابعها الأخرى ، بما فيها الحديقة وكراج السيارات .

وبخلاف المحاولة التي جرت بهذا الصدد حول حجم البعثات (مادة ١١) ، فأن اتفاقية فينا لم تنص فيما يتعلق بمنازعات الأهلية . وإذا تمتعت البعثة بحق إدارة أهلية ذلك الـذي تعتبره مباني مستعملة لمهمات البعثة ، فأن هذه الأهلية لم تكن آلا مؤقتة وأحادية الجانب ، ويمكن للدولة المعتمدة لديها أن تعارضها ، وعند الضرورة فأن هناك وضع ما يجعلها ترفض أعطاء الترخيصات الضرورية . وأن مسعى حل النزاعات المنصوص عليها في المادة (١١) يبدو مسعى واف. ويجب البحث عن الاتفاق . وأن الكلمة الأخيرة في ذلك تعود للدولة المعتمدة لديها . والشيء الـذي يلاحظ خلف كل ذلك ، هو في الواقع ، قضية وظائف البعثة ، وأتساعها كميا ونوعيا ، والذي من خلالها تبدو بأن للدولة المعتمد لديها كلمتها الفصل بمقدار ما أن لها التزامات تقبله في الحماية بصدد هذه المباني .

والضرورة تحتم بأن يكون لطاقم البعثة مكاتب خاصة بها ، ولكن المسائل المطروحة فيما إذا بعض الخدمات تكون مفتوحة أمام الجمهور ، مثلا المكتبات ، المراكز الثقافية ، مكتب المعلومات والدعاية ، المفوضات التجارية ومعارضها . وبدون شك ، فأن كل هذه المكاتب تكون موضوع بحث وإجراءات . ولذلك فأن البناية التي تم استئجارها مـن قبـل ليبيا لتكون مدرسة في لندن لم يتم اعتبارها مبنى دبلوماسي . وكذلك الحال بالنسبة لمكاتب السياحة. إذ أن الحكومـة البريطانيـة تعتبر هذه النشاطات المعينة بأنها غير متطابقة مع وضع البعثة الدبلوماسية : تجارة ، نشاطات الإرشاد السياحي ، بيع تذاكر الطائرات، أو النشاطات المدرسية ، الفندقية ، الدراسية ، ومكاتب السياحة .

وفي سويسرا ، فأن وزارة الخارجية الفيدرالية لم تعتبر شراء سفارة الاتحاد السوفيتي السابق لمبنى كان قد استقر فيه لينين عام ١٩٠٣ كمتحف ، ويمكن اعتباره كجزء داخل في الوظائف الاعتيادية للبعثة الدبلوماسية . وأعلنت صراحة بأن " شراء المبنى لهذه الغاية من قبل الدولة المعتمدة لا يكون ضروريا للقيام بالمهمات التي يتوجب على هذه الدولة ممارستها على أراضي الدولة المعتمدة لديها " .

وفي كندا ، فأن حيازة الأراضي لاستخدامها للتنزه أو ملاعب والتي لا تعتبر ذات صلة مباشرة بأهداف ووظائف البعثة أثارت العديد من المشاكل . ولكن بالمقابل فأنه خلال الحرب الأهليـة الأسبانية ، فأن الحكومة الجمهورية لم تعارض قيام العديد من المفوضيات والسفارات التي طبقـت قانون اللجوء بنطاق واسع وقامت باستئجار مبان خاصة لهذه الغاية .

وفي الواقع ، فأن تحديد مباني البعثة ، مثلما تم التطرق أليه في الأسطر السابقة، لا يتوقع منه كمباني للإقامة آلا مبنى رئيس البعثة . وأن المسائل الجدية للحماية والأمن التي تصادفها بعض الدول بصدد بعض البعثات يجب أن يدفع بها إلى الإقرار بأن مباني البعثة مجمع من المباني التي تحتوي أيضا على مساكن طاقم البعثة بالإضافة إلى رئيسها .

ومن أجل تجنب كل خلاف ما بين الدولة المعتمدة والدولة المعتمدة لديها ، فقد تم التوصل إلى صيغة جديرة بالاحترام وهي الصيغة التي تم توضيحها من قبل بريطانيا في منشورها الصادر في آب ١٩٨٧ الموجه إلى كل بعثة بضرورة وضع سجل محدد بامتداد مبانيها الدبلوماسية (والقنصلية) ، وتاركة للدولة المعتمدة الاهتمام بمناقشة هذه الأهلية عند الاقتضاء .

د- امتداد نوعية المباني خلال الزمن

في الواقع ، أن نقطة البداية في نوعية " مباني البعثة " لم تكن محددة من خلال اتفاقية فينا . وأجراء التبليغ أو الأشعار ، المشابه إلى ما طرحته المادة الحادية عشر بالنسبة لحجم البعثة وطاقمها ، فأنه لم يكن منصوص عليه بالنسبة للمباني .

وهكذا ، فأن ما يقصد بذلك على سبيل المثال لعقار أو لأرض تم شراءها من قبل الدولة المعتمدة لتشيد سفارة عليها (أو قنصلية) ، ولكن مازال لم ينفذ أي شيء بصددها ، فأن الحصانة القضائية للدولة بصدد هذه الحيازة لم يتم الاعتراف بها من خلال الأحكام القضائية . وهذا ما أعلنته المحكمة المدنية في روما في ٦ حزيران ١٩٢٨ ، وكذلك المحكمة المدنية في السين الفرنسي في ٣٠ / أكتوبر / ١٩٢٩ . ولكن الحماية مضمونه حتى يتم إنجاز المبنى . وهو ما أخذت به المحكمة المدنية المختلطة في القاهرة في قرارها الصادر ٢٩ نيسان / ١٩١٧ . ومحكمة برلين الغربية في ٢٥ شباط ١٩٥٥ ، ومحكمة بروكسل في ٣/ آذار / ١٩٨٩ . والمحكمة العليا في السويد في الأول من آذار / ١٩٥٧ .

وقد كان لوزارة الخارجية السويسرية رأيها الواضح حول هذه النقطة عندما أكدت في مذكرتها الصادرة في ٢٨/تموز/١٩٨٩ بأن : " حيازة الدولة الأجنبية لمبنى مخصص للبعثة الدبلوماسية لم تكن كافية لكي تستطيع هذه الدولة الانتفاع من حرمة هذه المباني . ويتطلب بأن عقد الشراء يتبع الإنشاءات المنفذة لمكاتب المستشار لكي تأخذ هذه الحصانة واقعها . وأحيانا يمكن اعتبار بأن أعمال التهيئة للبعثة الدبلوماسية تنتج

عنها سابقا هذه الحصانة (...) وأن عقد (الإيجار) لذاته لا يكفي لتنجم عنه الحصانة : هنا أيضا معيار التخصص الحقيقي يجب أن يتم إنجازه " .

وبأسلوب متواز ، فأن نوعية " مباني البعثة " تظهر عندما يتوقف الاستعمال أو التخصيص . وهذا ما أقرت به محكمة الاستئناف في أثينا فيما يتعلق بقضية المفوضية الرومانية في أثينا في عام ١٩١٩ . والشيء نفسه بالنسبة إلى ما قررته المحكمة العليا للنقض في برلين عندما رفضت الاعتراف بحرمة الأراضي أو المباني التي تقع في برلين والتي كانت حتى عام ١٩١٥ قد استعملت بالتعاقب كمفوضية لبلغاريا ، ومكتب للملحق الجوي الياباني ، وكسفارة لدولة ليتوانيا وكسفارة لدولة هنغاريا ، ولكن بعد هذا التاريخ فقدت تخصصها بشكل دائم .

وأن رغبة الحكومة اليابانية بتجديد المبنى إلى القنصلية في برلين كانت غير كافية لأعادة أحياء الحصانة المفقودة . ونفس المنطق الذي أخذت به المحكمة العليا في ألمانيا الاتحادية في ١٩٨٦ بخصوص المباني العائدة إلى حكومة الدولة الإسلامية في إيران .

وبالنسبة للأستاذ SATOW ، فأن حماية المباني يجب أن يتم ضمانها خلال فترة معقولة بعد نهاية تخصيصها . ما عدا الحالة الخاصة لقطع العلاقات الدبلوماسية والتي نصت عليها المادة (٤٥) من اتفاقية فينا لعام ١٩٦١ ، وليس هناك أي سبب يدعو إلى تطبيق هنا قياسا على القاعدة المنصوص عليها في المادة (٣٩) في فقرتها الثانية التي تنظم حالة حصانات طاقم البعثة . إذ أن هؤلاء أحيانا ما يبقون لفترة من الوقت على أراضي الدولة المعتمد لديها بعد انتهاء وظائفهم .

وليس هناك ما يمكن مقارنته بالنسبة لمبنى قد تم تخصيصه لبعثة ما . والذي يبدو حقيقي هو أن تحقيق غاية التخصيص يمكن أن يأخذ بعض الأسابيع بعد نهاية الوظائف (وقت تنظيم الانتقال على سبيل المثال). ومن غير المساس بحماية المباني فيما إذا كانت من ملكية الدولة المعتمدة - أو تبقى تحت مراقبتها مع تخصيص أخر - من خلال لعبة قاعدة الحصانة إلى تنفيذ الدول .

هـ – علم وشعار البعثة

حسب ما نصت عليه المادة العشرين من اتفاقية فينا ، يفترض بكل بعثة أن يكون لها عملها الخاص وشعاراتها التي تميزها عن البعثات الأخرى :

" للبعثة ولرئيسها الحق في رفع العلم الوطني وشعار الدولة المعتمدة على مباني البعثة ، بما فيها مقر رئيس البعثة وعلى وسائل تنقلاته ."*

وهذه القاعدة تبدو من القواعد التقليدية . إذ أنه منذ السادس من أكتوبر ١٨٣٠ ، فقد أصدرت الحكومة البلجيكية المؤقتة مرسوما أحتوى على الإجراءات المتعلقة بالأجانب الذين يصلون بروكسل، والسماح إلى الدبلوماسيين فقط بحق "رفع العلم أو حمل الشارة الوطنية"، وذلك بموجب المادة السابعة من قانون الخامس والعشرين من تموز ١٨٣٤ . وأن الأضرار بأعلام الدول يعتبر عادة كمخالفات قانونية للطعن في شرف الدول ، وهو ما يطلق " بالضرر المعنوي " في العلاقات ما بين الدول . وهناك بعض الحالات التي تقوم به البعثات الدبلوماسية يرفع أكثر من علم واحد ، وهذا ما قامت به بلجيكا من رفع العلم الوطني وأعلام الاتحاد الأوربي ، وعلم المجموعة الأوربية ، وكذلك فرنسا التي تحمل العلم الفرنسي وعلم الاتحاد الأوربي في رئاستها للاتحاد .

وأصبح من المعتاد في حالة الاحتجاجات أن تلجأ الجماهير الغاضبة على دولة من الدول بحرق أعلامها وتدنيسها في الساحات العامة ، وهو أقصى تعبير على رفض هذه الدولة نتيجة للسياسة التي أدت بأضرار فادحة بالدولة المعتمدة لديها. تعتبر اهانة علم الدولة الأجنبية إساءة الى كرامتها تستدعي الاعتذار ، او إعادة رفعه على السارية بحضور ثلة من الجيش أو الشرطة تؤدي له التحية .

---

* يرفع العلم على سيارة رئيس البعثة الدبلوماسية ، سفيرا كان أم قائما بالأعمال ، في زيارته وتنقلاته الرسمية فقط ، ولا يجوز رفعه في زياراته العادية أو تجوله في الأسواق ، أو أذا كانت تقودها زوجته أو أولاده . ويكون علم السيارة عادة بطول (٠.٣٦) م وعرض (٠.٢٤) م بحيث يكون عرضه ثلثي طوله ، ويرفع على سارية لا يزيد طولها عن (٠.٥٠) م وعلى الجناح الأيسر من السيارة ، وذلك في البلاد التي يقتضي الناظم فيها بالسير على اليمين ، والعكس بالعكس . ويجب أن يكون العلم بسيطا وخاليا من الزخرفة .

الفصل الثالث

حرمة المباني والممتلكات الأخرى للبعثة

في الواقع ، أن دراسة الحرمة أو الحصانة للمباني وممتلكات البعثة الدبلوماسية يمكن أن يقسم في عدة أجزاء : حظر الدخول إلى المباني (المادة ٣٣ ، فقرة ١) ، وحظر اتخاذ إجراءات التنفيذ (مادة ٢٢ ، فقرة ٣) ، الحماية الخاصة للوثائق وأرشيف البعثة (مادة ٢١) ، وواجب حماية المباني (مادة ٢٢، فقرة ٢) .

أولا : حظر الدخول إلى مباني البعثة الدبلوماسية

أ - المبدأ العام

أن أول ما يجب الرجوع أليه في هذه النقطة هو المادة (٢٢) ، الفقرة الأولى من اتفاقية فينا لعام ١٩٦١ التي نصت كالأتي :

" ١- تتمتع مباني البعثة بالحرمة . وليس لممثلي الدولة المعتمدة لديها الحق في الدخول مباني البعثة ، آلا إذا وافق على ذلك رئيس البعثة ."

فالأمر واضح في هذه المادة . إذ أنه يحظر على الممثلين العاملين للدولة المعتمدة لديها الدخول في مباني البعثة الدبلوماسية للدولة المعتمدة لأي سبب رسمي ومهما يكن وممارسة فيها تصرفات تبعدهم عن وظيفتهم والتي يمكن أن تمثل شكلا من الضغط .

وتأكيدا لذلك فأن لا القضاة ، والبوليس ، ومستخدمو التوزيع ، وكلاء الكمارك ... لا يستطيعون الدخول إلى المباني آلا إذا كان هناك ترخيص من رئيس البعثة . ومن المناسب تحليل مثل هذا الترخيص كتنازل عن الحصانة .

ب - محاضر المحاكم والتبليغ

في الواقع ، أن التطبيق الأول لذلك الذي تشير أليه هو أفعال محاضر المحاكم . إذ أنه لا يمكن أجراءها في مباني البعثة في تبليغ الإعلان أو تسليمها بمحضر من خلال استشهاد الحضور أمام القاضي في المحكمة . وفي مذكرتها التي أرسلت إلى الأمم المتحدة، فأن الحكومة البلجيكية أفصحت عن رأيها بدقة :

" يجب على وزير الدولة اللجوء إلى الطريق الدبلوماسي لإبلاغ المحكمة أو الحصول على تسليم شخص في خدمة دبلوماسي أجنبي ".

وبدون شك ، فأن الطريق الطبيعي لنقل إعلانات المحاضر المرسلة إلى السفارة، أي إلى الشخص القانوني للدولة المعتمدة ، وهو الطريق الدبلوماسي ، أي وزير خارجية الدولة المعتمدة لديها من خلال نظيرة وزير خارجية الدولة المعتمدة. ولا يمكن للبعثة ارسال هذه الوثائق حتى وأن كانت هذه الوثائق قد تم بعثها من خلال رسالة توصيه بسيطة لأن الحظر الموجه من خلال المادة (٢٢) الفقرة الأولى هو أقل من حضور موظف من الدولة المعتمدة لديها والذي يستطيع الدخول باسلوب شرعي في سفارة أجنبية للبحث عن تأشيرة دخول أو نقل رسالة رسمية على سبيل المثال ، حيث التوصية التي تبرر تصرفه هو كونه مبلغ ، او ساعي بريد .

ولكن للمحاكم الأمريكية رأي أخر ومتناقض في ذلك . إذ أن محكمة كولومبيا أصدرت في ٢٢/ أيار / ١٩٧٣ ، قرارا جاء فيه : أن الهدف من الحصانة الدبلوماسية لم يكن خرقا من خلال إبلاغ السفارة المعنية بواسطة رسالة مسجلة . وبخلاف استدعاء المحقق الفيدرالي الموجه للسفير شخصيا ، فأن إرسال رسالة مسجلة إلى السفارة لم يكن أهانه للشرف الشخصي للسفير ."

وفي مشروع قانون متعلق بالحصانة القضائية للدول الأجنبية في الولايات المتحدة، فأن وزارة الخارجية تبنت نفس الفكرة ، ونص على أن استحضار الحكومة الأجنبية يمكن أن يحصل من خلال رسالة مسجلة تبعث إلى سفير رئيس البعثة للدولة المعنية . ومع ذلك فأن وزارة الخارجية تراجعت عن مشروعها . حيث أنه يتعارض مع المادة(٢٢)، الفقرة الأولى لاتفاقية فينا، وأجرت اتصالاتها الرسمية مع كل البعثات الموجود في الولايات المتحدة . إذ انه بموجب ميثاق حصانات الدول الأجنبية في الولايات المتحدة لسنة ١٩٧٦ ، فقد نص بشكل محدد الطريق الدبلوماسي أو كل طريق أخر متفق عليه .

وبالنسبة لبلجيكا ، فأن الأحكام القضائية الموجه للدول الأجنبية يتم نقلها إلى الحكومات المعنية بواسطة وزير الخارجية الذي يبعثها بدوره من خلال قناة السفارة البلجيكية المعتمدة لدى الدولة المعنية (مع نسخه من الإعلان بالبريد الدبلوماسي إلى هذه الدولة في بروكسل) . ويتم نقل الأحكام القضائية أو إعلانات المحاضر الموجه إلى الدبلوماسيين الأجانب من خلال مذكرة شفوية إلى السفارة أو من خلال رسالة إلى رئيس البعثة للدبلوماسي المعني .

ج - قوات البوليس ، القوات المسلحة والميليشيا

نادرا ما يتم خرق حرمة مباني البعثة من قبل قوات البوليس ، القوات المسلحة ،

وأحيانا من قبل الميليشيات، وخصوصا في محيط العلاقات الدولية الحالية لقد حدثت في ٣١/ كانون الثاني ١٩٦٣ حادثة في سفارة ألمانيا الاتحادية في موسكو عندما قام أحد الرعايا السوفيت من أصل ألماني في دخول مبنى سفارة ألمانيا بهدف طلب اللجوء السياسي ، حيث أنه كان مطارد من قبل البوليس السوفيتي الذي أعقبه إلى ممرات السفارة بدون أن يستطيع الإمساك به . مما أدى إلى احتجاج حكومة بون على أثر هذه الحادثة ، لدى وزير الخارجية السوفيتي . وهناك حالات عديدة ، لكنها نادرة حدثت في عواصم دول العالم : دخول قوات سوفيتية احتلت حديقة سفارة الولايات المتحدة في براغ في ٢٦/آب/١٩٦٨. قوات يونانية تدخل مباني سفارة الولايات المتحدة في أثينا عام ١٩٦٩.

وهناك من الأحداث الخطيرة التي حصلت ضد البعثات الدبلوماسية . إذ قامت قوات الميليشيا في هايتي باقتحام واحتلال سفارة جمهورية الدومينيكان في بورن - أو برنس في ٢٧/نيسان/ ١٩٦٣ . لمحاولة اعتقال رعايا هايتين حاولوا طلب اللجوء السياسي . وقد تم تسوية المشكلة لصالح جمهورية الدومينيكان . وفي ليلة ٢٨/حزيران/١٩٧٦ طارد اثنان من أفراد شرطة ارغواي أحد السياسيين الذين التجأ إلى السفارة المكسيكية وتم القبض عليه ، مما أدى إلى قطع العلاقات الدبلوماسية بين الدولتين. وفي كانون الأول ١٩٧٨ تمكن البوليس المصري من الدخول إلى داخل السفارة البلغارية في القاهرة لاعتقال عدد من المفوضين الذين يحملون الأسلحة . وفي التالي أعلن عن قطع العلاقات الدبلوماسية بين الدولتين . وفي تموز ٩/تموز / ١٩٨٥ حاصرت قوات جنود أفريقيا السفارة الهولندية في بريتوريا لاعتقال الأنثروبولوجي الهولندي Klaas de Jouge الذي أعتقل من قبل البوليس اتهامه بمساعدة الحزب الوطني الأفريقي ، وتمكن من الهرب واللجوء إلى سفارة بلده. وجراء الاحتجاج الدولي تم إطلاق سراحه وتقديم اعتذار للسفارة الهولندية .

د- أجهزة التنصت

أصبحت أجهزة التنصت على وسائل اتصال السفارات ومبانيها من الأمور المعتاد والمتكررة لخرق حرمة المباني الدبلوماسية ، حيث يمكن تثبيت هذه الأجهزة الدقيقة في جدران المباني أو الأجهزة التلفونية، مما أثارت مشاكل عديدة بين الدول. حيث احتجت سفارة الولايات المتحدة في موسكو عام ١٩٦٤ وذلك لاكتشاف أجهزة تنصت في مباني السفارة في موسكو. وكذلك ما قامت به السويد من احتجاج ضد السلطات البلغارية

بعد اكتشاف أجهزة تنصت في السفارة السويدية في صوفيا. وكذلك السفارة اليابانية في موسكو وسفارة جمهورية الدومينيكان في واشنطن حيث تم اكتشاف أجهزة تنصت في ٥ / كانون الأول / ١٩٦٦ وضعت تحت أشراف الشرطة الفدرالية الأمريكية. والسفارة السورية في بروكسل التي كانت هدفا لأجهزة تنصت وضعت من قبل الموساد الإسرائيلي عام ١٩٧٣ ، وكذلك السفارة السوفيتية في واشنطن في عام ١٩٨٠ .

هـ . رفع الحصانة

الاستثناء الوحيد المتوقع في حرمة مباني هـو رفع الحصانة . وهكذا فأن البوليس يستطيع التدخل عندما يكون ذلك موجبا من قبل رئيس البعثة . إذ سبق وان طلب سفير الولايات المتحدة في وارشو تدخل قوات البوليس البولونية في ١٨/نيسان /١٩٦٤ لاعتقال أحد الأشخاص الـذي التجـأ في حديقة السفارة وامتنع عن مغادرتها. وفي الواقع فأن رفع الحصانة يجب أن يـتم مـن قبـل شخصية مؤهلة لالتزام الدولة المعتمد (رئيس البعثة أو ممثلها).

و- الإستثناءات الأخرى

إذا كـان قـد حكـم محيط العلاقـات الدبلوماسية مجموعـة مـن القواعـد العامـة حسـب الاتفاقيات والمواثيق الدولية ، هل بالمقابل شهد استثناءات أخرى ؟ إضافة إلى ما تـم ذكـره في أعـلاه . وما طرحته مسألة المحافظة على الارواح الانسانية في حالة الحريق ، أو الأوضاع الصحية الخطـرة ، حيث من المتعذر في هذه الحالات الوصول برئيس البعثة لأخذ موافقته حول الحصول عـلى طلب استدعاءه . وهنا حسب فقهاء القانون الـدولي تأتي مسألة " حالـة الضرورة " أي القرار الطوعي لأرتكاب عمل غير شرعي من أجل منع سوء أو خطر وشيك الوقوع . ولكن مؤتمر فينا لم يقدم لنا نصا حول هذه النقطة من اجل الإنقاذ ذو الطبيعة المطلقة في الحماية ، وجعل اللجوء إلى مفهوم حالة الملجئة من المسائل التي تثير الكثير من الجدال . وأن الاعتذار عن حالة الضرورة لا يكون مقبولا فعلا آلا بقناعة الجميع. وإذا ما قررت الدولة المعتمدة لديها البعثة بالتدخل ، فيجب عليها أن تدرك بأنها تواجه خطرا جديا باعتبارها خرقت اتفاقية فينا .

وجرت العادة - في حالة الحريق - فأنه يتوجب على فرق الإطفاء انتظار موافقة رئيس البعثة بالتدخل . وحصل مثل ذلك في لندن خلال الحريق الذي نشب في

٢٨/تموز/١٩٦٢ في سفارة رومانيا ، وكذلك الحريق الذي شب في سفارة كوبا في باريس . وإذا كان السبب المثير للتدخل هو أمن الدولة المعتمدة لديها وإذا اعتقد بأن البعثة خرقت التزاماتها بهذا الصدد فأن العقوبة لا تكمن في خرق المادة (٢٢) من اتفاقية فينا، ولكن في تطبيق العقوبات المنصوص عليها في الاتفاقية نفسها .

ثانيا : حظر اتخاذ أجراء التنفيذ على مباني البعثة الدبلوماسية

١-المبدأ

في الرجوع دائما إلى المادة الثانية والعشرين ، الفقرة الثالثة من اتفاقية فينا ، نرى بأن :

" لا يمكن أن تكون مباني البعثة أو مفروشاتها أو كل ما يوجد فيها من أشياء أو كافة وسائل النقل عرضة للاستيلاء أو التفتيش أو الحجز أو لأي أجراء تنفيذي ."

وما يقصد بالمباني هي فقط التي تحتلها البعثة حيث تم تحديدها في الصفحات السابقة . وإذا ما أحتلت البعثة جزاءا من المبنى فأن المتبقي منه لا يمكن حمايته. إذ أنه في عام ١٩٢٧ فأن عميد السلك الدبلوماسي في بكين قد أعطى ترخيصه إلى القوات الصينية لتدخل في حرم الحي الدبلوماسي ، حيث دخلت هذه القوات مبنيان من المباني السوفيتية ليس لها صفة دبلوماسية (مكتب القطار الصيني ونبك الشرق الأقصى) . وأيا كانت الأماكن فقد تم أشغالها كملكية أو مستأجرة . وعلى أفتراض بأن المباني قد تم أيجارها ، وإذا رغب دائن الملكية لأخذها وأشغالها ، فأنه لا يمكن أن يقوم بذلك آلا في الحد الذي يكون فيه تدخله ليس له تأثير في الدخول في المباني المخصصة للبعثة .

٢- التصرفات المحظورة

يشكل التفتيش والأستدعاء ، ، الحجز ، من التصرفات المحظورة أضافة إلى الإجراءات الأخرى التنفيذية .

أ- التفتيش

تشير المصادر التاريخية إلى ان سفير أسبانيا الماركيز (d e Bedmar) تأمر ضد حكومته مدينة Denonèec في فينا في ١٦١٨ ، وقد تم تفتيش منزله حيث تم العثور على عدد من قطع الأسلحة الموجه للأطراف المتآمرة . الأمر الذي جعل احتجاج الماركيز يرفض من أساسه . ومن بين حالات التفتيش التي جرت في الوقت الحاضر ، هو ما قام

به عدد من الجنود الأندونسين بتفتيش السفارة الصينة في عام ١٦ / أكتوبر / ١٩٦٥ خلال الانقلاب العسكري الذي حدث ضد سوكارنو .

وقد منعت الولايات المتحدة بالتصويت الفيتو على مشروع قرار قدم إلى المجلس الأمن في ١٧ / كانون الثاني / ١٩٩٠ أكد على أن تفتيش الذي قامت به القوات الأميركية في ٢٩ /كانون الأول /١٩٨٩ لمنزل السفير نيكاراغوا في بنما بشكل " خرقا " للحصانات والامتيازات المعترف بها من قبل القانون الدولي للبعثات وللمفوضين الدبلوماسيين . وقد حصل القرار على ١٣ صوتا وغياب صوت واحد وهي بريطانية زائدا الفيتو الأميركي الذي أجهض القرار .

ب - الحجز والإجراءات الأخرى المنفذة بالقوة

أن الحجز أو المصادرة والإجراءات الأخرى المنفذة بالقوة ضد مباني البعثة الدبلوماسية تندرج في مشكلة واسعة جدا ، وهي حصانة تنفيذ الدول بصدد ذلك الذي من المناسب أن يطلق عليها بعض العموميات . وعلى الرغم من توضيح ذلك فيما بعد فأن الحصانة الفضائية للدول قد تم تنفيذها اليوم بشكل واسع بالنسبة للأفعال الواقعةJure imperil ولم تعد هناك حصانة بالنسبة الفعال الواقعة في إطار Jure gestionis أي ما يقصد بالأفعال التي يمكن أن تكون حدث خاص وهناك اتجاه يحاول تحديد حصانة تنفيذ الدول في نفس الأجراء. آلا أن هذا الاتجاه لم يحصل على الأغلبية . ما عدا الحالة حيث الدولة ألغتها بشكل متميز وصريح ، فأن المبدأ العام أستمر في الأخذ بأن إلغاء الحصانة القضائية لا يمتد إلى حصانة التنفيذ . وإذا أقر بحجز البواخر التجارية للدول ، بالمقابل فأن حصانة تنفيذ لبواخر الحرب، والأشياء المحمية من قبل الحصانات الدبلوماسية أو القنصلية والممتلكات الأخرى للدولة المستخدمة لغايات عامة ، يستمر تثبيتها بشكل جيد . وأن الصيغة المستعملة في سويسرا (بموجب منشور ٢٧/نوفمبر/١٩٧٩ لوزارة العدل الفيدرالية) هو أن " أن التنفيذ بالقوة يمكن أن يستبعد ، حسب الظروف، من خلال تخصيص بأن الدولة الأجنبية تضع الممتلكات تحت الحراسة، وأن حماية الحصانة تمتد في الواقع إلى الممتلكات التي خصتها الدولة الأجنبية في سويسرا وخدمتها الدبلوماسية أو لمهمات أخرى ومفروض عليه كصاحب السلطة العامة ".

وهذا بالتأكيد ما نصت عليه بشكل واضح المادة(٢٢) الفقرة الثالثة من اتفاقية فينا. وقد وجهت الأحكام القضائية في هذا المعنى. إذ رفضت محكمة روما في ٢٨/نيسان ١٩٨٣

المصادقة على أمر نزع اليد عن إيجار على المباني الدبلوماسية منوهة إلى المادة (٢٢) فقرة ٣ ،
والمادة (٣٠) من اتفاقية فينا . وبنفس الأسلوب . في قضية دولة زائير (Republic of Zaire) فأن محكمة
الاستئناف في لاهاي ، في قرار صادر في ١٨ شباط ١٩٨٨، اعتقدت بأنه لا يمكن إعلان إفلاس دولة زائير.
وبعد استذكار مجموع إجراءات التنفيذ والضغط الذي يمكن أن يتخذ حول ممتلكات المفلس. فأن
المحكمة أكدت بأن تمنع البعثة من العمل ذلك وان قرار المحكمة في الجلسة الأولى كان قد أصلح ذلك
الذي تم فيه إعلان الإفلاس . وقد تم تثبيت هذه الحصانة قبل أن تصبح اتفاقية فينا نافذة المفعول
في ١٩٦١ .

وهناك بعض الصعوبات الخاصة التي من المناسب الإشارة إليها .

١- حجز رواتب أعضاء البعثة

إذا تم التفكير في المسألة من وجهة نظر الشخص الذي يحجز راتبه ، فيجب أن يحصل تميز
حسب فئات طاقم البعثة ، فقط الذين لم يحصنوا من هذه الإجراءات يمكن أن تصيبهم أعضاء طاقم
خدمة البعثة ، حسب المادة (٣٧) الفقرة التالية من اتفاقية فينا:

" أفراد طاقم الخدمة للبعثة الذين ليسوا من رعايا الدولة المعتمدين لديها أو من المقيمين
فيها أقامه دائمة يتمتعون بالحصانة بالنسبة للتصرفات التي تحدث منهم أثناء تأدية أعمالهم ،
ويعفون من الضرائب والرسوم عن مرتباتهم التي يتقاضونها في وظائفهم ، وكذلك يتمتعون بالإعفاء
الوارد ذكره في المادة ٣٣ ."

وأحيانا ، وفي الافتراض نفسه ، فأن يجب التفكير بالمسألة من وجهة نظر أخرى ، وهي
الشخصية القانونية المحتجزة .

وهذا الذي لا يبدو قد أخذته محكمة الاستئناف في فينا التي من خلال قرارها الصادر في ٧/
تموز/١٩٧٨ حيث حكمت بأن رواتب السائق المستخدم من قبل السفارة البريطانية في فينا يمكن أن
تكون موضوع حجز ما للمدين بموجب الحكم الغيابي لمحكمة ألمانيا الاتحادية لصالح دائن ألماني . أن
علاقات العمل ما بين المستخدم والدولة كشفت عن عقد عمل الذي لم يبرم مع الدولة الأجنبية في
إطار ممارسة الحقوق السيادية.

وفي الواقع ، فأن مجموع هذا المنطق قابل للانتقاد ، لأن ذلك يقتضي بالضبط النوعية
والحصانات الخاصة بالمحجوز لديه ، إذ أنه في نوفمبر ١٩٦٧ فأن وزارة الشؤون الخارجية الكندية قد
أوضحت بأن حجز ما لمدين من أجور لا يمكن أن توجه إلى البعثة

بدون خرق المادة (٢٢) الفقرة الأولى بشكل محدد . ولكن من المناسب خاصة توضيح بأن حجز ما للمدين هو أمر توصية توجه إلى الدولة ، لدفع المبالغ المتعلقة بمواطن هذه الدولة قبل أن تدفع إلى المستخدم ، حتى وإذا توجب دفعها إلى المستخدم : والمبالغ هي من ممتلكات البعثة التي تتمتع بالحصانة . وقد كان موقف الأمم المتحدة ينصب في هذا الاتجاه بخصوص حجز ما للدائنين حول رواتب موظفيها .

وأن الحل الواقعي الذي يجب تبنيه في أوضاع من هذا النوع ، يتطابق في الوقت نفسه مع مصالح الدائن وحصانات المحجوز لديه ، وهو الحل الذي أوضحته الأمم المتحدة يتركز في التزام المفوض المدين في دعوة مستخدمه طوعيا في دفع المبالغ المترتبة عليه إلى الدائن المستفيد . وأن الرفض من قبل المفوض ، وحسب الظروف ، من شأنها أن تؤدي إلى عقوبات تأديبية .

٢- حجز الحسابات المصرفية للبعثة

هناك بعض القرارات المنفردة التي أعتقدت بإمكانية التفكير في حجز الحسابات المصرفية للبعثة الدبلوماسية على الأقل عندما تكون " مختلطة " أي تستعمل في الوقت نفسه من قبل البعثة لعمليات تجارية . والمشكلة ولدت في الحقيقة من القراءة الحرفية لنص المادة (٤٢) الفقرة الثالثة من اتفاقية فينا التي نصت : (مباني البعثة ، وأثاثها والأشياء الأخرى التي توجد فيها ... لا يمكن أن تكون عرضه لأي .. حجز أو لأي أجراء تنفيذي "

وهنا من يؤيد بأنه يمكن أن تكون الحسابات المصرفية تحت الحماية لأنها توجد أصلا في المصرف(البنك) وليس في البعثة . ومن هنا فان هناك بعض القرارات المنفردة التي اتخذت بحجز الحسابات بشروط أن تكون "مختلطة" أي تستخدم في الوقت نفسه لغايات وظيفية وغايات تجارية . إذ سبق وان رفضت المحكمة الفدرالية السويسرية في ٤/ كانون الأول / ١٩٨٥ احتجاج جمهورية غينيا على أثر حجز حساباتها في المصرف لأنها لم تقدم الدليل بأن أموالها خصصت مباشرة إلى نشاطاتها الدبلوماسية والقنصلية .

الا ان هناك من الأحكام الفضائية الأكثر صراحة والتي تبدو أغلبية في خلاف الأتجاه اعـلاه ، وخصوصا المحـاكم العليا إذ ان المحكمـة العليـا في النمسا وفي القضية (Neustein c . Republiqed') (Indonesie) رفضت طلب الحجز على حسابات السفارة الأندنوسية المخصصة لمهمة البعثة ، حيث تم التأكد من انه فقط حسابات السفارة قد

وجهت لنشاطات تجارية وأنها تكون عرضة لمثل هذا الحجز . من هذه الحادثة فقد تم تبني هذا الموقف من وجهة نظر بأن أي حساب سفارة لا يمكن ان يكون عرضة لأي أجراء تنفيذي بدون موافقة الدولة المعنية . كما أن الولايات المتحدة تبنت نفس الموقف وذلك بناء على قرار محكمة مقاطعة كولومبيا في ١٦/نيسان /١٩٨٧ فيما يتعلق بقضية جمهورية لبيريا .

أن حجز حسابات سفارة الاتحاد السوفيتي السابق في أوتاوا (كندا) في عام ١٩٨١ أثار احتجاج عميد السلك الدبلوماسي . وقد تم التوصل الى تسوية ما بين الأطراف ولم يترتب أي اثر على الحجز وتم اعادة المبالغ إلى السفارة . الا ان الرسالة التي بعثا بها مساعد وزير الخارجية الكندي إلى عميد السلك الدبلوماسي قد أكد " بدون مراوغة بأن مثل هذا الحجز لا ينسجم لا مع القانون الدولي ولا مع القانون الداخلي يتعلق بحصانة الدولة الدبلوماسية . وان الحسابات المصرفية كالسفارة (أو القنصلية) سوف لا يكون عرضة لأي أجراء تنفيذي لأنه يرتبط مباشرة بوظيفة البعثة الدبلوماسية (أو القنصلية)

وفي قرار للمحكمة الفدرالية السويسرية في ٣١/ تموز /١٩٩٠ قد أعلنت بعدم شرعية حجز الحسابات المصرفية للبعثة . كما أن هناك رأي لقسم القانون الدولي العام في الوزارة الفدرالية في ٢٨/شباط /١٩٩١ الذي أسس دليله على احترام المادة (٢٥) أكثر من المادة (٢٢) من اتفاقية فينا لعام ١٩٦١ .

وفي الواقع فان الحساب المصرفي للسفارة هو بكل تأكيد أموال الدولة المخصصة لحاجات البعثة والمصرف لم يكن الا طرف مفاوض يعمل بأمر من رئيس البعثة الدبلوماسية . ولكن الوضع يبدو مختلفا عندما لا يكون الحساب المحجوز هو حساب الدولة المعتمدة ولكنه يتعلق بالصفة الشخصية لقنصل شرف والذي يستخدم الحساب لشؤونه الخاصة .

وبدون شك ، يمكننا توضيح بأن حقوق صاحب الحساب تبدو في المجال الأكثر في البعثة في أن تكون في المصرف والجهود التي يمكن عملها لأدراج الحسابات في المصرف في نص المادة (٢٢) الفقرة الثالثة لم تؤد الى نتيجة فيما إذا رغبنا التسليم والتبرير المرتبط بالمادة (٢٢) إلى المادة (٢٥) وبالمبدأ العام الذي يسيطر على هذه المادة . وأن الطبيعة الشكلية للتبريرات المفيدة تقفز إلى الأمام عندما يتم تبينها أجراء المقارنة مع النصوص المتطابقة والتي تم في الاتفاقيات اللاحقة والتي ليس فيها أي غموض .

وبهذا الصدد ، فـأن النصـوص المتطابقـة في اتفاقيـة فينـا الصـادرة في ٢٤/نيسـان ١٩٦٣ حـول العلاقات القنصلية تحتوي على تحريم ضمني لإجراءات الإكراه أو الضـغط عـلى "المبـاني القنصـلية ، وأثاثها وممتلكات الدائرة القنصلية وكذلك وسائل نقلها " ، وذلك حسب المادة (٣١) ، الفقرة الثالثة . وإذا كان من المستبعد بأن الدول رغبت في حمايـة أمـوال الـدائرة القنصـلية أكـثر مـن أمـوال البعثـة الدبلوماسية ، فأنه يفترض اعتبار فيما إذا كان الحساب المصرفي القنصلي يمثل أموال الدائرة والذي غير قابل للحجز ، فأن حساب البعثة الدبلوماسية سوف لن يكون كذلك بالأحرى .

هذا التبرير يبدو متطابقا مع نـص المـادة (٢٥) ، الفقـرة الثالثـة ، حـول حرمـة مبـاني البعثـة الخاصة ، وهي الاتفاقية التي تبنتها الجمعية العامـة للأمـم المتحـدة في ٨/كـانون الأول/ ١٩٦٩ حـول البعثات الخاصة . إذ أن المادة (٢٥ ، فقرة ٣) ، حددت كاستثناء من كل أجراء للضـغط ، " الممتلكـات الأخرى لسير عمل البعثة الخاصة ، بدون استثناء الحسابات المصرفية المفتوحة باسـم البعثـة الخاصـة والتي تشكل بالتأكيد جزء من الأموال التي تستعمل لسير عمل البعثة .

وقد تبنت لجنة القانون الدولي في اجتماعهـا الثـامن والثلاثـين في ٥-١١ / أيـار/١٩٨٦ وبشـكل مؤقت، في المداولة الأولى، مشروع المواد حول الحصانات القضائية للدول وثرواتها .

وقد جاءت المادة (٢٥) تحت عنوان " الفئات الخاصة للأموال " تـذكر بـين قائمـة أمـوال الدولـة التي تفلت من إجراءات الضغط من النقطة أ من الفقرة الأولى:

" الأموال ، بما فيها الحسابات المصرفية ، الموجـودة في الدولـة الأخـرى والمسـتعمل أو الموجـه لتستعمل لمهمات البعثة الدبلوماسية في الدولة أو الدوائر القنصلية ، وفي بعثاتها الخاصة وفي بعثاتهـا لدى المنظمات الدولية ، أو لمندوبيها في أجهزة المنظمات الدولية أو في المؤتمرات الدولية ".

هذه الفئة من أموال الدولة لا يمكن اعتبارها كجزء من الأموال المستعملة خاصة أو الموجهـة لأن تكون للاستعمال من قبل الدولة لغايات تجارية وغير حكوميـة. وبالنتيجـة لا يمكـن اعتبارهـا بمـا هي أموال الدولة عرضه للحجز أو إجراءات التنفيذ ما عدا الموافقة الصريحة والخاصة للدولة المالكـة ، المؤجرة أو المستعملة لهذه الأموال .

وبعد استلامها لملاحظات الحكومات المعنية ، فأن لجنة القانون الدولي تبنت في

مداولتها الثانية نص مماثل . إذ أن إقرار مشروع المواد هذا يجب أن يعتبر كتعزيز من قبل اللجنة للاتجاه المسيطر في التطبيق القضائي والدبلوماسي للدول . ومن الضروري الإشارة إلى أن معهد القانون الدولي خلال اجتماعه في بال Bale سويسرا عام ١٩٩١ ، أعلن عن موقفه في المعنى نفسه في قراره حول الأشكال الجديدة للحصانة القضائية وإجراءات التنفيذ لدى الدول ، وذلك حسب المادة ٤، فقرة ٢ :

" وبشكل خاص الفئات التالية من أموال الدولة المستفيدة من حصانة التنفيذ :

أ - الأموال المستعملة من قبل البعثة الدبلوماسية أو القنصلية للدولة ، من خلال بعثاتها الخاصة أو من خلال بعثاتها لدى المنظمات الدولية أو التي تستعمل من خلال هذه البعثات التي نص عليها .

٣- الاستثناءات الأخرى

أن تنفيذ الأعمال العامة يمكن أن يطرح بعض المشاكل . وفي هذه الحالة ستطرح دائما مسألة النية الحسنة . ومبدأيا ، فأن الدولة المعتمدة يجب أن تقدم مساعدتها في إنجاز المشروعات في الدولة المعتمد لديها ، التي بالمقابل ، تقرر لها تعويضا أو تضع تحت تصرفها مباني أخرى مخصصة لها .

ومما يذكر من الأمثلة ما حصل بين تونس وفرنسا في السابع من آذار / ١٩٦٠ عندما تم بناء جدار Marsa في تونس بدون الحصول على الموافقة المسبقة من الحكومة الفرنسية ، إذ مجموعة من عمال البلدية بدأ في أعمال توسيع الطريق ، ورفع بعض الأسيجة ، وهدم سياج السفارة ، وقلع الحديقة ، والأشجار . وقد أعلنت السفارة عن رأيها في عدم موافقتها بهذا التوسيع، الأمر الذي دفع الحكومة الفرنسية إلى استدعاء السفير من تونس . وتم تسوية المشكلة آلا بترتيب كان لصالح الحكومة الفرنسية . وقد كانت حادثة بيزرت أن تؤدي إلى قطع العلاقات الدبلوماسية ما بين الدولتين .

وفي عام ١٩٦٦ فأن وزارة الخارجية حصلت على موافقة مختلفة البعثات الدبلوماسية في لندن وذلك لبناء تحت سفاراتهم مترو F leetline . إذ أن ذلك لا يمكن أن يجري عن طريق نزع الملكية .

وهناك بعض الحوادث التي جرت والتي تكشف عن الرغبة في قطع العلاقات الدبلوماسية : إذ تبنت الحكومة الكوبية في ٢٤/تموز/ ١٩٦٣ مرسوما بنزع ملكية سفارة الولايات المتحدة في هافانا . وأن الحكومة السويسرية التي ترعى المصالح الأمريكية في

كوبا قررت البحث عن حل ودي في إطار احترام الأعراف الدبلوماسية والقانون الدولي . وفي ٢٠/شباط/١٩٦٤ ، فأن الحكومة الألبانية قامت بمصادرة عمارتين من سفارة الاتحاد السوفيتي في تيرانا ، حيث تم بناءهما على الأراضي العائدة للحكومة السوفيتية التي سبق وأن قررت قطع العلاقات الدبلوماسية في ٣/كانون الأول/١٩٦١ . وقد أرسلت وزارة الخارجية السوفيتية احتجاجا شديد اللهجة للسلطات الألبانية بضرورة التخلي عن قرارها بمصادرة المباني .

٤- وسائل نقل البعثة

كما تم الإشارة في الصفحات السابقة ، فأن المادة (٢٢) ، الفقرة الثالثة تجمع في حمايتها العامة وسائل نقل البعثة : السيارات ، الطائرات ، البواخر . وقد تم حماية هذه الوسائل ضد تفتيش ، والمصادرة ، والحجز أو أي أجراء من إجراءات التنفيذ .

ولكن في التاسع من أيلول/١٩٨٦ قام البوليس الشيلي بخرق هذا النص علانية من خلال اختطاف وبالقوة سيارات السفارة الهولندية حيث كان يوجد فيها عدد من الطلبة الشيلين .

وفيما يتعلق بوقوف سيارات البعثة في أماكن غير مسموح بها ، فقد تباينت فيها وجهات نظر الدول . إذ أن سويسرا اعتبرت بأن وضع حراسة على السيارة المخطأةً مخالف لاتفاقية فينا . وفي لندن ، فأن السيارات التي تقف في الأماكن غير المخصصة لها يتم سحبها من هذه الأماكن. أما بالنسبة للولايات المتحدة ، كما مر ذكره في الصفحات السابقة، فأنها تضطر إلى سحب لوحة التسجيل الخاصة للسيارات* . ولكته يبدو من الصعب تطبيقه في خطر إجراءات التنفيذ سواء المتعلقة بالمفوض أو سيادته .

ثالثا : حرمة الملفات ووثائق البعثة

لقد نصت المادة (٢٤) من اتفاقية فينا بما يلي : لملفات ووثائق البعثة حرمتها في كل وقت وأينما كانت ."

---

* اللوحة الدبلوماسية للسيارات : اجرى العرف الدولي على منح سيارات اعضاء السلك الدبلوماسي المعتمدة في عاصمة دولة ما ، لوحة خاصة ، تختلف من حيث لونها وتسلسل أرقامها ، عن باقي لوحات السيارات الخاصة أو السيارات الحكومية ، وتحمل عبارة تشير الى السلك الدبلوماسي . وان هذه السيارات الدبلوماسية تعفى من الرسوم السنوية وانما تخضع لفحص محركها ، والتامين ضد جميع الاخطار صونا لحقوق المواطنين .

فالنص يعالج أرشيف البعثة . والأمر سواء كان في أي دولة ، فأن البعثة لم تكن آلا جهاز الدولة التي تمثلها. وفي حالة الحرب الأهلية والمنافسة الحكومية في الدولة المعتمدة، فأن المسألة المطروحة هي معرفة أي حكومة تمثل الدولة المعتمدة . عمليا ، فالأهلية المعمول بها حول هذه النقطة من قبل الدولة المعتمدة لديها تبدو محددة . ما دامت هذه الدولة مستمرة في الاعتراف بالحكومة القديمة ، فقط للمفوضين الدبلوماسيون لهذه الدولة صفة الاحتفاظ أو الإدعاء بملكية الملفات والوثائق الأخرى للبعثة . والأمثلة الواضحة لذلك ما حصل في أسبانيا خلال الحرب الأهلية ، وكذلك في حالة التعايش ما بين حكومة ماونسي تونغ وكاي جيك.

وإذا أختفت الحكومة القديمة ، وأن الحكومة الجديدة لم يتم الأعراف بها ، فأن أرشيفها يختم بالشمع الأحمر ولا تحظى فيما بعد بالحصانة. ولا يستطيع أي أحد الوصول أليها. وهذا ما قامت به سويسرا بعد سقوط حكومة قيصر روسيا وقبل الاعتراف بالحكومة السوفيتية الجديدة. وبالمقابل إذا ما تم الاعتراف بالحكومة الجديدة، لحساب الدولة المعتمدة لديها ، فأنه فقط هذه الحكومة الجديدة تمثل الدولة المعتمدة ولها الحق في المطالبة بالأرشيف والوثائق التي ستبقى في أيدي المفوضين الدبلوماسيين للحكومة القديمة .

وفي الواقع ، فأن اتفاقية فينا لا تحدد ما يجب أن نفهمه من الملفات . ولكن بالمقابل فأن اتفاقية فينا حول العلاقات القنصلية في ٢٤/نيسان/١٩٦٣ ، يحتوي على نص محدد بهذا الصدد في المادة الأولى :

" ك: اصطلاح "الملفات القنصلية" يشمل جميع الأوراق والمستندات والمكاتبات، والكتب والأفلام والأشرطة ، وسجلات البعثة القنصلية ، وكذلك بأدوات الرمز وبطاقات الفهارس وأي جزء من الأثاث يستعمل لصيانتها وحفظها".

وبينما لم يتم التنصيص على مثل هذا النص في اتفاقية عام ١٩٦١ ، فأنه من المنطقي التفكير بأنها طبقت مفهوم لتعديل ما يمكن تعديله mutatis mutandis بالنسبة للعلاقات الدبلوماسية* . وأن أهداف المادة (٢٤) تبدو مطلقة بشكل خاص. إذ أنها أولا موضوع الحرمة ، والذي يتضمن حماية واسعة أكثر من وسائل نقل البعثة .

---

* تعديل ما يقتضي تعديله mutatis mutandis . هذه عبارة لا تينية وتستعمل في حالات اقتباس نص مذكرة او بيان أو اتفاق أو معاهدة ، على أن تعديل بعض نصوص هذه الوثائق وفقا لما يقتضيه الموضوع ذو العلاقة او الظروف الراهنة .

وأن تأمين هذه الحرمة أضفى حماية على المحفوظات والوثائق ليس فقط بصدد تعديات أجهزة الدولة المعتمدة لديها، ولكن أيضا بصدد الأضرار المرتكبة من قبل أطراف ثالثة.

والحماية ، فمن هذا الإطار المحدد لها مضمونة في كل لحظة : وبخلاف مباني البعثة التي لا تتم حمايتها آلا خلال فترة استعمالها ، فأن حماية الملفات والوثائق تبقى سارية على طول الوقت . كما أن الحرمة أو الحصانة يتم ضمانها في بعض الأماكن حيث توجد هذه الوثائق ، حتى وأن كانت موضوعة خارج البعثة أو خارج حماية الحقائب الدبلوماسية أو البريدية .

وأن مسألة إبراز وثائق تتعلق بالبعثات الدبلوماسية أثناء المحكمة قد تم أثارتها . إذ أنه في قضية (Rex e. kent) تستخدم الترميز في سفارة الولايات المتحدة في لندن الذي سرح واعتقل بتهمة التجسس. فقد رفعت سفارة الولايات المتحدة عن كينيت الحصانة الدبلوماسية . ولكن حصانة الوثائق والملفات لا يبدو أنها رفعت عنها الحصانة . وبالمقابل ، فأنه في قضية Rose ، فأن المحكمة الملكية في كيوبيك وجدت (٢٨/أيار /١٩٤٦) بين الوثائق المستعملة في قضية الاتهام بالتجسس ضد (Rose) وثائق مسروقة من قبل سوفيتي، من ملفات الملحق العسكري السوفيتي في كندا. إذ تم رفض الحصانة التي أثيرت من قبل المتهم حول حصانة الأرشيف وذلك بسبب الحجج غير الكافية والخاطئة .

والقضية المتعلقة بالهيئة الدبلوماسية والقنصلية للولايات المتحدة التي اشتهرت خاصة من خلال خرق حصانة المباني وأخذ أعضاء البعثة رهائن لفترة طويلة . وحول هذه القضية فقد تم ارتكاب خرق كبير لحصانة وحرمة الأرشيف ووثائق البعثة . وأن الجزء الكبير من الأرشيف والوثائق العائدة للسفارة حيث لم يتمكنوا من أتلافها خلال الهجوم على السفارة ، فقد تم الاستيلاء عليه من قبل حرس الثورة الإيرانية . وقد أعلنت المحكمة بأن إيران " باعتبارها الدولة المعتمدة لديها فأن التزامها باتخاذ الإجراءات الخاصة بحماية السفارة وقناصل الولايات المتحدة ، وطاقمها ، وإرشيفها .. " وأن هذا السلوك يشكل خرقا للمادة (٢٤) من اتفاقية فينا لعام ١٩٦١ والمادة (٣٣) من اتفاقية فينا القنصلية لعام ١٩٦٣ .

وقد شددت المحكمة في قرارها بأنه يجب احترام الالتزام بهذه الحصانة الموجودة حتى في حالة النزاع المسلح أو قطع العلاقات الدبلوماسية . ونتيجة لذلك فأن المحكمة قررت بالإجماع بأنه " يتوجب على حكومة الجمهورية الاسلامية الإيرانية أعادة حمايتها ومباشرة وبالقوة على مباني ممتلكات ،وارشيف ووثائق سفارة الولايات المتحدة في طهران وقناصلها في طهران " .

رابعا : واجب حماية مقر السفارة

١ - المبدأ العام

ان المظهر الآخر لالتزامات الدولة المعتمد لديها يكمن في واجبها لحماية المقر الدبلوماسية وقد تم النص على هذا الواجب خاصة في المادة (٢٢) ، الفقرة الثانية من اتفاقية فينا :

"للدولة المعتمدة لديها التزام خاص باتخاذ كل الإجراءات المناسبة للحيلولة دون اقتحام أو الأضرار بمباني البعثة وصيانة آمن البعثة من الاضطراب أو الحط من كرامتها." إذ أن الهجوم على المقرات الدبلوماسية أضحى من الحالات المتكررة في الوقت الحاضر نتيجة لتعقد وتشابك المشاكل الدولية والإقليمية، حيث وسائل الأعلام المقروءة والمرئية والمسموعة وضعت كل الأشياء بشكل واضح أمام المواطن العادي . حتى أن الحكومة تصيبها الدهشة والارتباك . وهذا ما حصل عندما قامت الجماهير الغاضبة في دمشق خلال شهر كانون الثاني ١٩٩٩ بحرق وتدمير السفارة الأمريكية احتجاجا على العدوان الذي شنته الولايات المتحدة على العراق خلال الفترة نفسها .

فالواجب الذي نصت عليه المادة (٢٢) في الفقرة الثانية يشتمل على نموذجين من الأوضاع :

١- الحالة حيث الأضرار التي تتعرض لها المباني ، والأمن وكرامة البعثة ستكون من اختصاص أجهزة الدولة المعتمدة لديها . وهذه الفرضية قد تم تغطيتها من خلال الفقرات الأولى والثالثة وتم تحليلها من نفس المادة .

٢- حالة الأضرار التي تكون ناتجة من طرف ثالث ، أشخاص خاصين ، يواجهون النظام القضائي للدولة المعتمدة لديها .

وبهذا ، فأنه مهما يكن ، فأنه قد تم تحليل واجب الحماية من خلال التزامين : الالتزام الوقائي والالتزام العقابي .

٢ - الواجب الوقائي

أ. درجة الحماية

في الواقع ، أن الملاحظة الأولى التي يمكن الإشارة أليها هو أن هذه القاعدة لا تشكل تطبيق بسيط لقاعدة القانون الدولي المتعلقة بحماية الأجانب . إذ أن بالنسبة للأجانب فأن الحماية ذات طبيعة أقل لأنه من الصعوبة جدا إثباتها ، وأن السلطات

المحلية كثيرا ما أخفقت في حمايتهم ، ومن جهة أخرى فأنهم وضعوا ، فيما يتعلق بدرجة الحماية ، في نفس المستوى من الأمم (قاعدة بعدم التميز) وبتحفظ فأن النظام الحازم لهذه الأمم يتطابق مع ذلك الذي يجري في الدول المدنية (قاعدة القياس الأدنى)

وبالنسبة للدبلوماسيين ، فأن الحماية تبدو مختلفة ، بماذا ؟

هل يقصد بالالتزام كنتيجة ؟ وإذا كان هكذا ، الفائدة العملية ستكون كبيرة لأنه ليس بوسع الدولة المعتمدة أن تعطي البرهان للضرر والتبعية . والدولة المعتمدة لديها لا تستطيع الالتزام بمسئوليتها آلا في تأكيد بأن حركة الجماهير أو الاغتيال كانت عملا طارئا أو أن خدمته للنظام قد تجاوزت .

هل يقصد بإسقاط تكليف البرهان ؟ فأن ذلك سيكون إذن من اختصاص دولة الإقامة التي يعود أليها أن تبرهن بأنها اتخذت كل إجراءات الاحتياط المناسبة . وفي الواقع ، فأن التزام الحماية قد تم تعزيزه ، ومن أجل تنفيذ واجبها ، فأنه يتطلب من الدولة المعتمدة لديها أن تأخذ الإجراءات الخاصة بالإضافة إلى تلك الإجراءات التي اعتادت على ممارستها من أجل أن تقوم بواجبها في تأمين الضمان التام . إذ المقصود بذلك القيام بالمراقبة المتيقظة الخاصة . وهذا هو محتوى نص المادة (٢٢) ، الفقرة الثانية والتي نصت على أن " الدولة المعتمدة لديها التزام خاص باتخاذ كل الإجراءات المناسبة...".

ومن هنا ، فأنه يجب على الدولة المعتمدة لديها أن تؤمن للبعثات الدبلوماسية العاملة على أرضها حماية واسعة ، ومحصنة ، ويجب أن تبرهن على يقظتها المؤكدة ويتطلب منها أيضا اتخاذ الإجراءات المناسبة عندما تعتقد بضرورة ذلك ، وتأخذ بنظر اعتبارها الظروف القائمة ، حيث يمكن أن تكون البعثة عرضة للهجوم أو العنف الشعبي . ومن بين العناصر الأساسية بهذا الصدد ، فأنه من المناسب الإشارة إلى توقعيه الضرر ، بموجب حالة الرأي العام خاصة ، وبالأحرى عندما يبلغ رئيس البعثة عن حالات القلق التي تنتابه جراء تفاقم الوضع الشعبي .

ويتطلب من البوليس المحلي تأمين الحماية الخارجية لمباني البعثة . ولا يمكنه الدخول إلى داخل مباني البعثة آلا بطلب من رئيس البعثة . والمساعدة التي يقدمها يجب أن تكون مباشرة وملائمة للظروف القائمة ، وأن الإمكانيات الفنية للبوليس لا يمكن أن تأخذ في الاعتبار آلا في مستوى قياس الحد الأدنى الدولي . إذ أن البوليس لا يأخذ أحيانا آلا بالإجراءات التي يمكن اعتبارها إجراءات منطقية والتي تتطلبها الحالة .

وهكذا فأنه لا يمكن أن تعد مسؤولية عن التصرفات المهملة من جهة البعثة الدبلوماسية نفسها . مثلا عندما يضع زائر قنبلة داخل السفارة ، أو أن الهجوم حصل من قبل زائر . وفي هذا فأنه من غير الممكن بالنسبة للدولة المعتمدة لديها مراقبة كل الذي يجري داخل السفارة ، وبالنتيجة ، فأن هذه الدولة المعتمدة لديها لا يمكن أن تكون مسؤولية عن مثل هذه الأفعال (وهذا ما حصل عندما تم مهاجمة السفارة اليوغسلافية من الداخل في تموز ١٩٨١) .

وفي الشكلين الأكثر تعقيدا ، في الهجوم الذي تعرضت له المفوضية الهنغارية ، والمفوضية الرومانية في العاصمة السويسرية ، فأنه يمكن قياس الاختلاف الذي يوجد في بعض الحالات في تثبيت مسؤولية الدولة المعتمدة لديها .

- لقد تعرضت المفوضية الهنغارية في برن إلى هجوم من شخصين هنغاريين لاجئين، حيث تمكنا من دخول السفارة في ١٦/آب/١٩٥٨ ، بأسلحتهم وهددوا طاقم البعثة وبدءوا بإطلاق النار . وقد تم إنذار الشرطة السويسرية التي حضرت إلى السفارة.

واستطاعت دخول السفارة بترخيص من رئيس البعثة. وتمكن البوليس السويسري من اعتقال المهاجمين ، حيث تم جرح أحدهما بطلقة في رأسه مات على أثرها . وإزاء ذلك فأن وزير الخارجية الهنغاري قد عبر عن احتجاجه ضد الحادث معلنا بأنه كان نتيجة للإسراف في الحيادية السويسرية والرعاية الكاذبة لجزء من الصحافة السويسرية. وحمل الحكومة السويسرية المسؤولية الكاملة وطالبها بإصلاح الأضرار كاملة . وقد رفضت الحكومة السويسرية كل هذه الاحتجاجات والمطالب الهنغارية التي لا يمكن تبريرها ، وأعلنت بأن السلطات السويسرية قد تدخلت مباشرة بمجرد استلامها طلب النجدة من رئيس البعثة الهنغارية واستطاعت السيطرة على الموقف بنجاح ، وأن المسؤولين الحقيقيين هم أولئك الذين أضطرهم النظام السياسي لكي يهربوا من بلادهم .

- أما بصدد الهجوم الذي تعرضت له المفوضية الرومانية ، فأنه قد حصل ليلة ١٤ على ١٥ شباط ١٩٥٥ عندما قام خمسة من اللاجئين الرومانيين بمهاجمة المفوضية في داخل المبنى وقتلوا السائق واحتجزوا عدد من طاقم البعثة . وعلى أثر هذا الحادث فقد تم استدعاء البوليس بناء على طلب القائم بالأعمال ، وقد أعتبر البوليس بأنه من غير الممكن أن يحصل هجوما في حالة أخذ الرهائن الذين كانوا في أيدي المهاجمين . والأكثر من ذلك ، فأن البوليس السويسري أعلن بأن اللجوء إلى القوة يجب أن يؤدي إلى

إخلاء كل المبنى . وبالتالي ، فقد تمكن البوليس على تحرير السجناء . وأخيرا بعد يومان ونصف من محاصرة البعثة ، فقد أستسلم المهاجمون ، وأن الوثائق التي كانت بحوزتهم تم أعادتها إلى القائم بالأعمال ، وعادت المباني لممارسة أعمالها الاعتيادية .

وإزاء ذلك ، فقد احتجت الحكومة الرومانية بشدة ومعلنة بأن سويسرا لم تقوم بالتزاماتها الدولية ، الأمر الذي جعل الحكومة السويسرية ترفض هذا الاحتجاج ، حيث أن هذه المفوضية تحظى على رعاية البوليس لكونها في وضع أكثر حساسية . وفي بلجيكا فقد تم تعميم الإجراءات التالية والتي نصت : يرجى من السفارة أعلام مكتب المراسيم بكل تهديد يمكن تأشيرة . ويجب على السفارة أن تقدم طلب إلى نفس المكتب في حالة اعتقادها بضرورة اتخاذ الإجراءات الخاصة المخصصة لحماية المباني أو طاقم البعثة الدبلوماسية . وخلال ساعات الدوام الرسمي فأن طاقم الحرس أو البوليس المكلف بالحماية لا يمكنه منع دخول المبنى آلا للأشخاص الذين يشك في نواياهم ، وذلك بسبب سلوكهم أو لأي ظرف أخر يبدو واضحا لأصدار المنع . وفي الحالات الأخرى ، فأنه يعود إلى طاقم البعثة في ممارسة الرقابة والتحقق من الهوية ومن الدخول. وعندما يقع مقر السفارة في مبنى من عدة طوابق ، فأنه من المقبول جدا أن تقوم السفارة بدراسة إمكانية تهيأ غرفة استقبال في أحد طوابقها حيث يستطيع طاقم البعثة للقيام بالمراقبة الضرورية . كما أنه من الضروري أن يتم تنظيم أجهزة الإنذار المتصلة ما بين السفارات ودوائر البوليس التي تأمن الحماية .

ب . إصلاح الأضرار

وبما أن الالتزام لم يكن آلا وسيلة ، فأنه توجد العديد من الأمثلة التي تحاول أن توضح بأن الدول تقوم بالتعويض بمقدار ما أن الالتزام هو نتيجة لذلك . إذ حصل في تونس يوم ٦/آذار / ١٩٥٦ في فترة الحماية الفرنسية لتونس ، أن قامت الجماهير بالهجوم على السفارة الأمريكية ، الأمر الذي دفع سكرتير الدولة الفرنسية إلى الإعلان بأن الحكومة الفرنسية تتحمل كل الأضرار التي أصابت السفارة على الرغم بأنه ليس هناك من تقصير في مسؤولية الحماية من قبل الحكومة الفرنسية . وأن ما حصل كان بسبب موقف عدواني فرض هذا السلوك .

وفي الواقع ، فأن السياسة تلعب دورا ذو أهمية كبيرة ، إضافة إلى العلاقات بين الدول التي تحدد المواقف المتبادلة في المعاملة بالمثل في التعويض التلقائي أو عكسه

وأحيانا فأن التعويض من هذا النوع يمكن أن يحصل بأسلوب مباشر وبشكل سري . الأمر الذي يجعل من الصعب الإطلاع على الممارسات التي تقوم بها الدول وفي الحالة الأكثر هامشية ، وخصوصا في محاولة الاغتيال غير الواضحة أو المفاجئة . يضاف إلى ذلك ، وحتى إذا كان هناك تعويض ، فأنه لا يشير إلى أنه حصل نتيجة الاعتراف بالتزام . وربما فأن مثل هذه التعويضات يمكن أن تحصل بلا مقابل ، ومن باب المجاملة الدولية ، يبدو من الممارسات المعتادة . وهذا ما قامت به فرنسا بتعويض السفارة السوفيتية في كل حادثة . وفي آذار عام ١٩٦٧ فأن الصين قدمت اعتذارها إلى الحكومة البريطانية بسبب الهجوم الذي تعرضت له البعثة الدبلوماسية في بكين . إذ أن شون لاي عبر عن أسف حكومته . كما أن الصينيين أعلنوا عن استعدادهم في تحمل كل نفقات اعادة بناء البعثة . وأن الحكومة البلجيكية رصدت مبلغا لدى وزارة الخارجية تضعه تحت تصرفها لمواجهة احتمالات أن تتعرض بعض البعثات الدبلوماسية الموجودة على الأرض البلجيكية لأي ضرر طارئ نتيجة أعمال عدائية . ولكن الحكومة السويسرية لها أنظمتها الصارمة التي يشترط بأنه ليس هناك تعويض آلا في حالة ثبوت تقصير السلطات السويسرية في حماية البعثة الدبلوماسية . وفي هذا المجال لابد من الإشارة إلى أن سياسة التعويض عن الأضرار تؤسس على أساس المعاملة بالمثل وهو ما أخذت به الدولة الكندية .

ج . الهجوم والاحتجاجات

يبدو أن الأضرار التي تتعرض لها السفارة وصلت إلى حالات متكررة في محيط العلاقات الدبلوماسية ، لا بل أنها من العشرات في السنوات الأخيرة ، وخصوصا سفارات الولايات المتحدة ليس فقط في الوطن العربي ، وإنما في مناطق متعددة من أفريقيا، وآسيا ، وأوربا وأمريكا اللاتينية. كما لا يستثنى من ذلك دول صغيرة ، أو متواضعة في إمكانياتها ، آلا أنها سرعان ما تكون هدفا لمحاولات هجومية، أو احتجاجات شعبية حيث ترمى السفارة بالجارة أو البيض الفاسد والقاذورات ، كما حصل للسفارة الأمريكية في إندونيسيا ، وكذلك للسفارة الأمريكية في بكين . كما سبق وأن كانت السفارة البلجيكية في غانا هدفا لهجوم واحتجاجات المتظاهرين بعد اغتيال باتريس لومومبا في عام ١٩٦١ ، وكذلك في نيودلهي ، وبراغ ، وأرشو والرباط وتونس . وكذلك ما تعرضت له السفارة البلجيكية في القاهرة عام ١٩٦١ وليومين متتاليين ١٢ ، ١٥ شباط لهجوم واحتجاجات

المتظاهرين ، مما أدى إلى قطع العلاقات الدبلوماسية بين مصرـ وبلجيكا . وعلى أثر ذلك فأن مذكرة وزارة الخارجية البلجيكية طالبت الحكومة المصرية بتقديم اعتذارها ، والقيام بالتعويض الكامل، ومعاقبة الذين قاموا بأحداث أضرار في مقر البعثة الدبلوماسية، وتقديم الضمانات الكافية في اتخاذ الإجراءات الضرورية لتأمين حماية السفارة من أعمال أخرى مشابهة. وقد رفضت حكومة الجمهورية العربية المتحدة هذه المذكرة البلجيكية، ونفت عن نفسها أي مسؤولية مباشرة في هذه الأحداث ، الأمر الذي أدى إلى قطع العلاقات الدبلوماسية بحجة أن القاهرة قد خرقت القواعد الأكثر قدسية في القانون الدولي والتي تنص على حماية حرمة البعثة الدبلوماسية ، مما يجعل من الصعوبة استمرار العلاقات الدبلوماسية بين الدولتين . آلا أن هذه الحالة لم تستمر حتى ٦/ نيسان ١٩٦١ حيث تم أعادة العلاقات بعد أن وافقت القاهرة على تعويض الأضرار التي لحقت بالبعثة البلجيكية .

وأحيانا ما يتم الهجوم على سفارة وأخذ رهائن فيها بقصد الضغط على دولة أخرى للانصياع لمطالب المهاجمين . وهذا ما حصل في نوفمبر ١٩٧٥ عندما قام أحد مواطني الدولة التونسية بمهاجمة السفارة البلجيكية في تونس وأخذ أربعة أشخاص رهائن ، حيث طالب بإطلاق سراح زوجته التي توجد في برلين الغربية . وقد يكون اتجاه أخر في حالة الهجوم والاحتجاج . إذ أنه حصلت في بلجيكا في شباط ١٩٧٣ محاولة اعتداء ضد السفارة اليوغسلافية في بروكسل ، الأمر الذي تبعه قيام الحكومة البلجيكية بتقديم اعتذارها وتحملها كل الأضرار التي أصابت السفارة . ومما حصل ضد السفارة الجزائرية في عام ١٩٦٤ ، وكذلك ضد السفارة اليونانية في ١٩٧٠ ، وضد السفارة السورية عام ١٩٧٢ ، وسفارة شيلي في عام ١٩٧٤ ، وضد سفارة أسبانيا ١٩٧٤ ، وضد السفارة اليوغسلافية في عام ١٩٨١ . ومن الحالات المشهورة في تاريخ العلاقات الدبلوماسية هو ما حصل للسفارة الأمريكية حيث تم مهاجمتها وأخذ (٥٢) دبلوماسيا رهينة لم يتم أطلاق سراحهم آلا بعد ١٤ شهرا من الاحتجاز وذلك في ٢٠ كانون الثاني ١٩٨١ بعد استلام ردنا لدريغان لمهامه الرئاسية بعد كارتر . وقد أثارت هذه الحالة العديد من الدراسات الفقيه في مجال طاقم البعثات الدبلوماسية إضافة إلى القرارات العديدة التي أصدرتها المحكمة العليا الأمريكية ، ومحكمة العدل الدولية بصدد طاقم البعثة الدبلوماسية والقنصلية الأمريكية في طهران ، إضافة إلى الدراسات التي أنصبت حول النظام الدبلوماسي ورهائن طهران . كما أن مجلس الأمن وبموجب قراره المرقم

٤٥٧ الصادر في ١٩٧٩/١٢/٤ قد تبنى بالإجماع الطلب إلى طهران بالإفراج الفوري لطاقم السفارة الأمريكية المحتجزين ، وضمان حمايتهم والسماح لهم بترك إيران .

وفي قرار لمحكمة العدل الدولية الصادر في ٢٤/أيار/١٩٨٠ أعلن من خلال ١٣ صوتا ضد ٢ ، بأن إيران قد خرقت التزاماتها الدولية ، والتزام بمسئوليتها في التوقف عن احتجاز طاقم السفارة ، ويجب السماح لهم بترك الأراضي الإيرانية والمحافظة على مباني وأرشيف ووثائق السفارة . وقد تم تسوية الأزمة من خلال وساطة الحكومة الجزائرية في بداية كانون الثاني ١٩٨١ . وقد لجأت الولايات المتحدة في كانون الأول ٢٠٠٠/ إلى إغلاق سفاراتها في عدد من الدول ولا سيما في قطر خشية وقوع هجمات عليها وذلك في إطار الاحتياطات التي اتخذتها واشنطن بعد الهجوم على يوأس كول في مرفأ في عدن في اليمن ٢/تشرين الثاني/٢٠٠٠ ، وقد سبق للولايات المتحدة أن قامت بإغلاق عدد من سفاراتها وقنصلياتها في آسيا وأفريقيا وذلك بموجب القرار الذي أصدرته وزارة الخارجية في ١٣ تشرين الأول / ٢٠٠٠ ، ونشرت تعزيزات أمنية في محيط السفارة الأمريكية في قطر ، والكويت والسعودية . وقد شمل قرار الإغلاق المؤقت حسب ما أعلنته وزارة الخارجية السفارات الأمريكية في الجزائر والبحرين ، ومصر وفي تل أبيب والأردن ، الكويت ولبنان ، المغرب ، عمان ، السعودية ، سورية ، تونس ، الإمارات ، اليمن .

د . احتلال مباني البعثة

من الأشكال أو الحالات التي تواجهها البعثات الدبلوماسية في الدول المعتمدة لديها هي احتلال من قبل رعاياها ، وخصوصا من قبل الطلاب والمعارضين، وذلك للتعبير عن معارضتهم واحتجاجهم ضد النظام السياسي القائم في دولهم . وبهذا الصدد ، كما تم الإشارة إلى ذلك ، وفي حالات مشابهة ، فأن البوليس لا يمكنه دخول مباني البعثات الدبلوماسية لتحرير الرهائن ، أو إخراج المعتصمين آلا بعد استدعاء وموافقة رئيس البعثة الدبلوماسية . ويمكن التطرق في هذا المجال إلى بعض الأمثلة التي حفلت بها العقود الأخيرة من القرن العشرين .

احتلال السفارة الإيرانية في لندن من قبل أحد المعارضين للنظام السياسي في طهران في ٣٠ نيسان / ١٩٨٠ . احتلال السفارة الأسبانية في غواتيمالا من قبل الفلاحين في ٣١/كانون الثاني/١٩٨٠ ، وعلى الرغم من تدخل البوليس ، آلا أن الحادث أدى إلى حرق السفارة الأمر الذي دفع مدريد إلى قطع علاقاتها مع غواتيمالا. احتلال السفارة

البولونية في مدينة برن السويسرية من قبل أربعة أشخاص في ٦/أيلول/١٩٨٢ واحتجاز عـدد من الرهائن الذين تم إطلاق سراحهم من قبل البوليس ، احتلال السفارة الإيرانية في بروكسل من قبل عدد من الإيرانيين في ١٧/آب/١٩٧٨ المعارضين لنظام الشاه السابق . احـتلال السـفارة السـورية في بروكسل من قبل الطلبة اللبنانيين في ٩/حزيران/١٩٧٦ مطالبين بسحب القوات السورية من بلـدهم . احتلال السـفارة البلجيكيـة في المكسيك مـن قبل الفلاحين المكسيكيين في ١٨ - ٢٣ شباط / ١٩٨٠ مطالبين بإطلاق سراح السجناء السياسيين في بلادهم .

هـ . التظاهرات وحرية التعبير

في الواقع ، فقـد نصـت المـادة (٢٢) عـلى ضرورة أن تقوم الدولة المعتمـدة لـديها باتخـاذ الإجراءات المقبولة للحيلولة دون الإخلال بـأمن البعثة الدبلوماسية وكرامتها المهددة بـالخطر. وفي هذه النقطة تطرح مسألة معرفة بأي أجراء يمكن أن يسمح بحق النقد وحرية التعبير - حق التظاهر - بخلاف البعثة الدبلوماسية حيث اتخذت الحكومة إجراءات أو سلوك - مثلا بالتضاد مـن حقوق الإنسان أو قوانين الإنسانية - التي تصطدم بعنف بالرأي العام للدولة المعتمدة لديها . وبهذا الصـدد فلابد أن يكون توازن كامل ما بين حرية التعبير في الدولة الديمقراطية واحترام واجب حماية البعثـة . ومن النادر جدا أن يتم حظر التظاهرات . فالحكومة البريطانية توافق عـلى أن التظاهرات يمكـن أن تكون على جانب من مباني البعثات الدبلوماسية والتي لا تواجه أي خطر نحو أمـن هـذه البعثـات . وقد أصدرت المحكمة العليا البلجيكية قرار في حزيران ١٩٨٤ واعتبرت بأن التعبير المنفذ طبقا للنظام المعارض لسياسة الدولة المعتمدة لا يمكن أن يضع التزامات الدولة المعتمدة لديها محـل تسـأل . وأن هذا الموقف الذي تم اتخاذه والذي حفظ أمـن البعثة وسـمح بـالتعبير الحر لـلرأي العام السـياسي يشكل تسويه جيدة .

في الولايات المتحدة ، فأن قرار لمجلس الشيوخ صادر في ١٥ شباط ١٩٣٨ حظر التظاهر وحمل اللافتات والاعلام في حدود ٥٠٠ قدم حول البعثة الدبلوماسية والقنصلية .وبالمقابل ، فـأن محكمـة الاستئناف في كولومبيا الولايات المتحدة في قرار لها بتاريخ ٧/شباط/١٩٧٣ قد أعلنت بأن الكلمات غير كافية لكي تسبب إجراءات جزائية . ومن وجهة النظر السويسرية، فأنها حسمت رأيها بأن التعبير عن الرأي يجب أن لا يسمح الإخلال بالأمن العام .

٣ - واجب العقاب

في الواقع ، فأن واجب الردع أثار الكثير من الإشكاليات . إذ يتفق على الاعتراف بأنه يجب على الدولة المعتمدة لديها أن تأخذ بشدة العقاب الجزائي ضد محاولات الهجوم التي تتعرض لها البعثات الدبلوماسية ، وأن أي امتناع أو تأخر مقصود يشكل انتهاكا للقانون الدولي . وبهذا فقد قامت السلطات السويسرية بإدانة منفذي الهجوم ضد السفارة الهنغارية في برن في ١٥/آب/١٩٥٨ . وكذلك ضد الأشخاص الذين اعتدوا على القنصلية العامة الأسبانية في جنيف.

وفي الحقيقة ، فإذا كان الواجب مؤكدا ، فأن تنفيذه العملي يثير صعوبة عندما يختفي المعتدون في نواحي عدة . وبهذا الصدد فأن هناك إشكاليتان خاصتان تستحقان الإشارة أليها :

١ - أن الدولة المعتمدة لديها يمكن أن تجد نفسها أمام تناقض متعب ما بين واجباتها الوقائي وواجبها العقابي . وهذا ما يمكن ملاحظته في القرار الذي تتخذه فيما إذا بدا أليها أيهما الأفضل إنقاذ الرهائن ، بما فيهم الرهائن المحتجزون ، وترك المذنبين الإفلات أو ضمان القبض على المهاجمين وتعريض حياة الرهائن والدبلوماسيين للخطر . وهنا تعددت وجهات نظر الدول المعتمدة لديها وكذلك بعض الذين اختصوا في ذلك ، والذي تركوا القرار إلى الظروف المحيطة بالحالة .

٢- يجب على الدولة المعتمدة لديها أن تلتزم بعمل رسمي ، وخاصة عندما لا تقدم الدولة المعتمدة أي شكوى بذلك . ومن جهة نظر القانون الدولي ، فأن مثل هذا الموقف يشكل تنازلا عن المتابعة ، ولكن من وجهة النظر الداخلية ، فأنه يمكن أن يكون شيئا أخر، ولا سيما إذا كشفت المتابعة عن تقدير لوزير الدولة . والقاضي يمكن في بعض الظروف أن يعيد النظر عند يتغير الوضع السياسي في الدولة المعتمدة . إذ تم تعليق العقوبة ضد أحد الإيرانيين الذي أحتل السفارة الإيرانية في هولندا في عام ١٩٧٨ بعد سقوط حكومة شاه إيران ، وذلك بموجب قرار محكمة الاستئناف في لاهاي في ٢٤ كانون الثاني ١٩٨٠ على الرغم من قضاء المتهم ثمانية عشر ـ شهرا في السجن .

الفصل الرابع

التزامات الدولة المعتمدة فيما يتعلق باستعمال مباني البعثة

سنتطرق في هذا الفصل إلى أربع نقاط أساسية تغطي موضوع الفصل . إذ وكما أشرنا سابقا بأن مباني البعثة لا تتمتع بأي تأثير لنظرية الامتداد الإقليمي وأن قوانين الدولة المعتمدة لديها تطبق عليها . كما أنه لا يمكن أن تكون مباني البعثة قد استعملت بشكل غير قانوني . يضاف إلى ذلك كما أنها لا يمكن أن تستعمل بشكل لا يتطابق أو ينسجم مع مهمات البعثة . وأخيرا فأننا سنعالج حالة اللجوء ، واللاجئ ، وحق اللجوء .

أولا : غياب نظرية الامتداد الإقليمي وتطبيق قوانين الدولة المعتمد لديها

لقد تم التطرق في الصفحات السابقة إلى أن مباني البعثة لا تستفيد من أي مجال تقدمه نظرية الامتداد الإقليمي وأن القوانين ولوائح الدولة المعتمدة لديها تطبق بشكل كامل . وبهذا الصدد فقط حصل تطور كبير في زمن " حصانة الحي الدبلوماسي " وهو النظام الحقيقي الذي يجسد نظرية الامتداد الإقليمي الذي وجد في فينا وروما ومدريد . إذ أنه كان في السابق كثيرا ما يطالب السفراء بحصانة شاملة التي تتسع إلى كل الحي الذي توجد فيه سفاراتهم . وهكذا ، فأنه في دول الحبر الأعظم فأن السفراء رفضوا دخول رجال الشرطة والعدل والضرائب إلى الحي الذي يقيمون فيه . وبالنتيجة فأن هذه الأحياء تحولت إلى ملاجئ لكل المجرمين في هذه الدول . وأنهم يلجئون إلى هذه الأماكن ليس فقط للاختفاء من أعين رجال العدالة، وإنما لارتكاب جرائم سرقة في المناطق المجاورة ، كما تحولت هذه الأحياء إلى مستودع لتهريب البضائع . وكثيرا ما كانت أيضا تحدث حالات من القتل والتملص من الديون والهروب إلى هذه الأحياء التي يمنع دخول البوليس أليها بحجة " حصانة الحي" ، وخصوصا في عام ١٦١٠ عندما طالب كردينال الشرق عندما التجأ إلى مستقره تاجر هارب من رجال الشرطة . وإزاء ذلك فأن هناك العديد من الدول التي طالبت بالتخلي عن هذه الامتيازات والحصانات وخصوصا من قبل البرتغال ، أسبانيا ، إنكلترا ، فينا . وأن هذا النموذج من المزايا كان قد وجد أيضا في حي السفارات في بكين .

فبعد حرب البوكسر Boxers في عام ١٨٩٩ ، فأن القوى الكبرى بمن فيهم بلجيكا فرضت على الصين معاهدة في السابع من أيلول / ١٩٠١ ، حيث المادة السابعة منها قد نصت من الآن :

" إذ وافقت الحكومة الصينية بأن الحي الذي تقيم فيه المفوضيات يعتبر كحي خاص يحتفظ لاستعمالهم ويضع تحت بوليسها بسلطته المطلقة ، حيث ليس للصينيين الحق في الإقامة فيه والذي يمكن أن يهيأ للدفاع عنه " آلا أن هذه المزايا المتعلقة بهذا الحي الدبلوماسي قد تم إلغاءها من خلال معاهدات ثنائية مختلفة في عام ١٩٤٣ . إذ توصلت بلجيكا مع الصين إلى اتفاقية في ٢٠/أكتوبر/١٩٤٣ تعلقت بإلغاء الحقوق المنصوص عليها في إطار نظرية الامتداد والإقليمي .

ثانيا : لا يمكن للمباني أن تستعمل بشكل غير شرعي

بدون شك ، ينجم عن تطبيق قوانين الدولة المعتمدة لديها في مجال مباني البعثات الدبلوماسية بأن هذه المباني لا يمكن بأي شكل من الأشكال أن تستعمل لأغراض وغايات غير شرعية . فالامتيازات التي تم الإشارة أليها فيما سبق تحمي البعثة ضد أي تدخل تعسفي من قبل سلطات الدولة المعتمدة لديها ، ولكن لا تعفي أبدا طاقم البعثة الذين يعملون فيها من احترام قوانين ولوائح المعمول بها في الدولة - ولكن من غير الممكن احتجاز الأشخاص داخل السفارة . وهناك بعض القضايا المشهورة التي حدثت في هذا المجال .

إذ تم في عام ١٨٩٦ اختطاف Sun – Yat-Sen مواطن صيني كان يعيش في بريطانيا كلاجئ سياسي ، من قبل المفوضية الصينية بغية إرساله إلى الصين . وقد حاول أصدقاءه الطلب من المحاكم Writ of habeas corpus ، آلا أنهم لم يفلحوا ، لأن القضاة أعلن عن عدم اختصاصهم ، ولكن بعد أن أعطي للمسألة مظهرا سياسيا ، فأن الحكومة تقدمت بطلب إلى المفوضية الصينية بإطلاق سراحه المعتقل ، الأمر الذي أدى إلى إطلاق سراحه .

وقد حاولت القنصلية العامة السوفيتية في نيويورك اختطاف Kazenkina في مبنى القنصلية في عام ١٩٤٨ ، آلا أنه تمكن من الهرب حيث رمى بنفسه من الطابق الثالث .

وفي تموز من عام ١٩٦٦ وجدت دوريات الشرطة الهولندية في الطريق العام في لاهاي مهندس صيني فاقد الوعي وبعد أن تم نقله الى المستشفى أعلن بان هناك عدد من

المهندسين والفنيين الصينيين تم اختطافهم واحتجازهم في شاحنة تحمل لوحة دبلوماسية وموجودة في الفيلا الخاصة للقائم بالأعمال الصيني . وعلى أثر ذلك فقد أعلنت وزارة الخارجية الهولندية بأن القائم بالأعمال شخصا غير مرغوب فيه وأجبر على ترك لاهاي.

وفي الواقع ، فأنه ليس من المتعارف عليه أن تمنح حماية إلى مجرمين في القانون العام . وفي وضع محتمل مشابه ، فأن الحكومة المعتمدة لديها ليس لها الحق في الدخول إلى مباني البعثة ، ولكنها يمكن أن تأخذ كل الإجراءات الضرورية لاستعادة المذنبين : محاصرة المبنى بقوات البوليس ، أو الطلب إلى المفوض المسؤول . وهو الرأي الذي ذهبت أليه بلجيكا ، وذلك من خلال المذكرة المتعلقة بحقوق ، والمزايا ، والامتيازات التي يتمتع بها المعتمدون الدبلوماسيين .

ومن المناسب أيضا احترام تقادم القانون المحلي حول حظر الواردات واستعمال بعض المنتجات ، ولا سيما المخدرات ، أو منع بعض النشاطات والتي تفحم فيها البعثات . والمسألة الأكثر حساسية والتي يمكن إشارتها هي المشروبات الكحولية. حيث أن بعض الدول الإسلامية تحظر استيراد الكحول لأراضيها وتعتقد بأن هذا الحظر يشمل أيضا استيراد واستعمال المشروبات الكحولية من قبل البعثات الدولية المقيمة على أراضها، ومن بينهما المملكة العربية السعودية، إيران، باكستان ، ليبيا ، السودان . وقد سبق أنه كان يطبق في الولايات المتحدة قانون " الحظر" ، آلا أنه سمح للبعثات الدبلوماسية باستيراد كميات محددة من الكحول .

وأن الحكومة البريطانية التي تدرك مختلف الظروف الحساسة في تعاملها الدبلوماسي قد زودت بعثاتها الدبلوماسية في الخارج بتوجيهات صارمة طبقا للمادة (٤١) الفقرة الأولى والقاضية : " مع عدم المساس بالامتيازات والحصانات على الأشخاص الذين يتمتعون بها احترام قوانين ولوائح الدولة المعتمدين لديها ، وعليهم كذلك واجب عدم التدخل في الشؤون الداخلية لتلك الدولة ."

أما وزارة الخارجية الفيدرالية السويسرية فقد تبنت موقفا متدرجا إذا أكدت على ضرورة أن تمنع أعضاء بعثاتها الدبلوماسية عن تقديم المشروبات الكحولية في مناسبة الاستقبالات الرسمية . وبالمقابل :

" لا شيء يمنع ... معتمدينا ، في الأخذ بنظر الاعتبار المادة (٣٦) فقرة الأولى من اتفاقية فينا في الاستمرار باستيراد المشروبات الكحولية بكميات محددة. هذه الكحول

يجب أن تخصص لاستعمالهم الشخصي- أو تشرب خلال حفلات الاستقبال ذات الطبيعة الخاصة . مع نظرائهم الغربيين على سبيل المثال ".

إذ نصت المادة (٣٦) فقرة أولى على أن الدولة المعتمدة لديها تمنح الأدخال والأعفاء من الرسوم الجمركية ومن الفوائد والرسوم الأخرى والمتعلقة ب :

أ . الأشياء الواردة للاستعمال الرسمي للبعثة .

ب . الأشياء الواردة للاستعمال الشخصي للممثل الدبلوماسي أو لأعضاء أسرته الذين يعيشون معه ، وتدخل فيها الأصناف المعدة لأقامته " .

ويقصد بذلك المنتجات التي منعت لأسباب دينية والتي ليس مطبقة لدى كل الدول ، حيث أن هذا الموقف يبدو أن يكون قد تم التوصل تسوية معقولة وفي افتراض أن الدولة المعتمدة لديها تشترك في هذه الرؤية . وكذلك أن استيراد ، أو حيازة ، أو استعمال السلاح الناري من قبل البعثات الدبلوماسية ، وبشكل خاص لحمايتها ، أثار العديد من الصعوبات العملية أحيانا . وأن المبادئ الحاكمة للمهنة تبدو مع ذلك بسيطة للغاية .

فيما يتعلق بممارسة مهمة الحماية ، فأنه يتخذ مظهرا قسريا ، أي المقصود بالمهمة التي لا يمكن أن تمارس آلا من قبل الدولة المعتمد لديها وعلى أرضها الخاصة بموجب مبادئ السيادة الإقليمية وحصرية الاختصاصات التنفيذية على الإقليم . وفي حدود أخرى ، فأن موظفي الدولة المعتمدة لا يمكنهم ممارسة مهمات من هذا النوع على أرض الدولة المعتمدة لديها آلا بترخيص من هذه الدولة . وقد حصل وأن هذا الترخيص قد منح في ظروف معينة . وهكذا بالنسبة لحماية رئيس الدولة أو الحكومة أو حتى بالنسبة للسفارات . وهو ما حاولت الولايات المتحدة الحصول عليه من بعض الدول حيث يقوم جنود المارينيز بحماية السفارات وذلك من خلال اتفاقيات خاصة . وبخصوص استيراد ، وحيازة واستعمال السلاح الناري ، فأنه من المناسب احترام قوانين ولوائح الدولة المعتمد لديها .

في فرنسا، فأن رخصة السماح بحمل السلاح لم تمنح آلا في بعض الظروف الاستثنائية مبدأيا فقط للاحتفاظ به في المنزل أو في مقر البعثة (وخصوصا بالنسبة للدول المهددة) . وهذه الرخص تمنح من قبل دوائر البوليس مثلما تمنح لأي مواطن. وفي بريطانيا ، فأن هناك العديد من المنشورات التي وجهت إلى الدبلوماسيين والأعضاء الآخرين في البعثات

الدبلوماسية حيث يتوجب عليهم احترام التشريعات النافذة . كما أنها لم توجه بأعفاء رخصة حمل السلاح بهدف الحماية التي هي من اختصاص الحكومة البريطانية .

وبالنسبة لسويسرا ، فأن قسم القانون الدولي العام في الوزارة الفيدرالية للشؤون الخارجية قد أعطت رأيها في هذا المجال :

" في داخل السور .. فأن الممثلية تضمن حمايتها . وأنها يمكن أن تمارس هذه الحماية مثلما يبدو لها ، مع تحفظين :

أ. أن إجراءات الحماية التي تتخذ داخل الممثلية يجب أن لا تسبب ضررا لسيادة الدولة المعتمد لديها أو المضيفة . وهكذا يكون المبدأ ، فأن معتمد الدولة المبعوث لا يستطيع ، في داخل البعثة ، أن يطلق النار على الشارع العام خارج البعثة ،لأنه فقط سلطات الدولة المعتمد لديها تتمتع بهذا الاختصاص وفي ممارسة أي عمل يعبر عن السلطة العامة .

ب. انسجاما مع القانون العام ، فأن مباني الممثلية الأجنبية (...) يجب أن لا تستعمل بشكل لا ينسجم مع وظائف الممثلية أو المنشأ التي تم الإعلان عنها في القانون الدولي العام أو في الاتفاقيات الخاصة (ولا سيما المادة (٤١) فقرة ٣ ، من اتفاقية فينا حول العلاقات الدبلوماسية والمادة ٥٥ ، فقرة ٢ من اتفاقية فينا للعلاقات القنصلية) وأن إجراءات الحماية التي تتخذها البعثة سوف لا تتيح الفرصة لحصول تجارة تهريب الأسلحة . ولغايات أكثر عمومية ، فأن الممثل الدبلوماسي لا يمكن أن يأخذ الإجراءات التي لها علاقة فعلا مع حمايته ولا تكون مخالفة لأحد أو لأخر من التزاماته الدولية ، وبشكل خاص بصدد الدولة المضيفة أو المعتمد لديها .

ويستنج من هذا بأنه إذا قامت البعثة الأجنبية بتعين وكيل للأمن الخاص لضمان الأمن في داخل مباني البعثة ، فأنه يقتضي بشكل خاص حصول عقد في إطار القانون الخاص أو الذي يتطابق مع غايات قانون جنيف ، في الحد الذي تم فيه التمسك بشكل عام باحترام القوانين واللوائح السويسرية .

وفي خارج سور البعثة أو الممثلية ، فأن ذلك يعود للدولة المضيفة أو المعتمد لديها، والتي يتعلق بها اتخاذ إجراءات الحماية " المقبولة " . (...) وليس للسلطات السويسرية من التزام آخر لتضيفه الا بالسماح للأشخاص المعنيين باتخاذ بأنفسهم ، فيما إذا رغبوا ، إجراءات الحماية الأضافية .

وبهذا الصدد ، فأن الممثليات الأجنبية خضعت ، مثلما طاقمها ، للقانون السويسري - قانون جنيف - وفرض عليهم القانون الدولي التزام الاحترام . وفي الحدود الأخرى ، فأنها يمكن أن تأخذ كل إجراءات الحماية والتي لا يمكن أن تكون متعارضة مع التشريع السويسري . ومن وجهة النظر التي تهمنا ، فأن مثل هذه الإجراءات يمكن أن تتخذ شكلين :

أما اللجوء إلى وكلاء الدولة المرسلة أو إلى البعثة المعنية ، وأما تفويض وكلاء للأمن الخاص. في الحالة الأولى فأن ترخيص الدولة المضيفة يبدو ترخيصا ضروريا (بما فيه السماح بحمل السلاح) ، لأن الحماية يجب أن تمارس خارج سور البعثة أو الممثلية أو المبنى . وإذا رغب الممثلون الأجانب اللجوء إلى وكلاء الأمن الخاص ، فأنها يجب مبدأيا أن تنسجم مع نصوص القانون النافذ ولا تلتزم آلا لوكلاء متفق عليهم من قبل سلطات جنيف.

وقد حصلت بعض الحوادث التي عكرت محيط العلاقات الدبلوماسية بين بعض الدول ، ومن بينها :

في ١٧/نيسان ١٩٨٤ تعرضت السفارة الليبية في لندن إلى موجه من التظاهرات ، مما أدى إلى حصول إطلاق نار من داخل السفارة وجرح عدد من المتظاهرين ، بينهم امرأة بوليس بريطانية ، مما دفع السلطات البريطانية إلى طرد أعضاء السفارة وقطع العلاقات الدبلوماسية بين طرابلس ولندن . وقد حصل في ٢٣/ أكتوبر / ١٩٨٠ أن تعرض أحد سواق السفارة الأنغولية في باريس إلى حملة تفتيش من قبل دائرة الكمارك الفرنسية حيث وجد معه كمية من الأسلحة في داخل السيارة وبشكل علني. وعلى أثر ذلك تم حجز الأسلحة وإعلن عن السائق بأنه شخص غير مقبول، وأعيدت كمية الأسلحة المحتجزة إلى أنغولا بواسطة السفير الفرنسي في لاوندا .

ثالثا : لا يمكن استعمال المباني بشكل لا ينسجم مع مهام البعثة

حسب المادة (٤١) من اتفاقية فينا لعام ١٩٦١ :

" ٣- لا تستعمل مباني البعثة بشكل لا ينسجم مع وظائف البعثة ، التي ذكرت في هذه في الاتفاقية الحالية ، أو مع القواعد الأخرى للقانون الدولي العام ، أو مع الاتفاقيات الخاصة النافذة بين الدولة المعتمدة والدولة المعتمدة لديها ."

هذه الصياغة هي الأكثر اتساعا من احترام المساواة البسيطة . وما يقصد به هنا

هو الاستعمال المقبول مع وظائف البعثة . وفي الحدود الأخرى ، فأنه لا يمكن للمباني أن تستعمل لأغراض أخرى ، حتى وأن كانت مشروعة ، آلا للوظائف الرسمية . وهكذا فأنه لا يمكن للمباني أن تستعمل لنشاط تجاري خاص أو من قبل مكاتب حكومية والتي لها نشاطات بدون علاقة مع الوظائف الدبلوماسية التقليدية. وهذا ما أكد عليه منشور وزارة الخارجية الأمريكية في ٢٥/آذار/١٩٨٧ . ولا يمكن تصور أن تقوم أحد البعثات بفتح بار أو مطعم أو مكتب للاستيراد والتصدير . وبالاتجاه نفسه ، فأنه لا يمكن أن تستعمل مباني البعثة الدبلوماسية لاجتماعات الجهات أو الأحزاب آلا بسرية تامة .

وهناك تصرف قد يعتبر منسجما أو غير منتهكا للقواعد الدبلوماسية ، وهو ما حصل في اجتماع جمعية مدرسي الثانوية الفرنسية في مباني القنصلية العامة لفرنسا في نيويورك في عام ١٩٨٣ . وعلى كل حال ، فأن القانون الدبلوماسي يتضمن نظامه الخاص في العقوبات في حالة استعمال البعثة لأغراض منافية للقواعد الدبلوماسية وخصوصا عندما يعلن بأنه شخص غير مرغوب فيه (Persona non grata) وكذلك قطع العلاقات الدبلوماسية . آلا أن النظام يستبعد الأعمال الثأرية الانتقامية .

وفي الواقع ، فأنه من المفروض التأكيد بأنه إذا استعملت السفارة للمباني بشكل غير مشروع أو بشكل لا ينسجم مع المهمات التي تقوم بها البعثة ، فأن ذلك لا يمكن أن يبرر مطلقا انتهاك حصانة البعثة لوضع حد لأعمالها .

رابعا : حق اللجوء واللجوء الإنساني

في الواقع ، لقد تم معالجة هذا الموضوع في الكثير من الدراسات التي سلطت الضوء بشكل عام حول اللجوء الدبلوماسي* ، وأخر فقها والقانون الدولي مجالا واسعا لتناول " حق اللجوء والملجأ " . ولكن ما يثير الانتباه هو أن اتفاقية فينا لعام ١٩٦١ على أثر الجهود والأعمال التي قامت بها لجنة القانون الدولي قد حاولت تجنب معالجة اللجوء الدبلوماسي .

وأحيانا فأنه يمكن اعتبار بأن مجموع النظام المشيد من خلال هذه الاتفاقية استبعد

---

* الالتجاء ، هو لجوء شخص الى سفارة أجنبية أو حكومة اجنبية أو سفينة حرب أجنبية للاستفادة من حماية تلك الدولة هربا من عدو أحتل بلاده ، او من ملاحقة حكومية ، بحيث تتعرض حريته أو سلامته للخطر . ويستفيد اللاجئون السياسيون من الحماية الدبلوماسية. أما المجرمون والمتهمون بجرائم عادية ، فيقتضي تسليمهم الى سلطة بلادهم وفق إجراءات قانونية معينة .

حق اللجوء الدبلوماسي كنظام في القانون الدولي العام . هذه النتيجة نجمت من حقيقة بأن مباني البعثة الدبلوماسية لا تتمتع بأي أثر من أثار نظرية الامتداد الإقليمي، ولكن فقط تتمتع بحرمة والتي لا يعترف بها إلا من أجل تأمين تنفيذ فعال لوظائف البعثة . واللجوء لم يكن في صف هذه الوظائف . وهذا اللجوء يمكن أن يحلل في بعض الظروف كانتهاك لقانون الدولة المعتمدة لديها أو كتدخل في شؤونها الداخلية .

ولكن ، هناك اختلاف واضح ما بين اللجوء الإقليمي ، أي اللجوء الذي يمنح سياديا من قبل الدولة في إقليمها الخاص ، واللجوء الدبلوماسي ، اللجوء الذي يمنح من قبل البعثة الدبلوماسية في أرض دولة أخرى : الدولة المعتمدة لديها .

وبدون شك ، فأن منح اللجوء يثير مشاكل سياسية واضحة بالنسبة للبعثة حيث أن هدفها هو الدفاع عن رعاياها والاحتفاظ بأفضل الروابط الممكنة مع الدولة المعتمدة لديها . وفيما إذا تم منح اللجوء وقد تم رفض جواز المرور، فأن البعثة ستكون في مواجهة مأزق: أو الاحتفاظ بالشخص في مقر بعثتها لفترة غير محددة - وهذا هو نوع من المخالفة القانونية المحلية فيما إذا تعرض الشخص إلى مذكرة إلقاء القبض صادرة من السلطات القضائية للدولة المعتمدة لديه - أو تسليمه إلى السلطات المحلية - وهذا الذي ، في بعض الظروف ، يمكن أن يفسر بأنه اعتداء على حقوق الإنسان . وفي التطبيق العملي ، فأن الاحتفاظ باللاجئ في المباني الدبلوماسية يمكن أن يعرض أمن البعثة للخطر فيما إذا لم يكن هناك قبول من جهة الدولة المعتمدة لديها . وأخيرا فأن كل مقر دبلوماسي يواجه خطر أن يكون ملجأ للمجرمين الذين يدعون باللاجئين السياسيين ، ويضعون رئيس البعثة الدبلوماسية في ظروف صعبة وحساسة جدا .

وبهذا الصدد ، فأننا سنحاول التطرق إلى التطبيقات المتعددة التي أرست تقليدا في الأعراف الدبلوماسية ، وخصوصا وأن اللجوء لم يكن آلا نظاما للدول الأمريكية ، ولم يجر في مكان أخر .

أ . التطبيق اللاتيني

في أمريكا اللاتينية ، فأن هناك العديد من النصوص الاتفاقية أعلنت شرعية اللجوء ونصت على أجراء تنفيذي يبدو نسبيا معقدا : إذ أنه أقر بأن رؤساء الحكومات التي تتعرض للانقلاب والزعماء المنهزمين يتم استقبالهم في البعثات الدبلوماسية ويمكن منحهم بالتالي جواز مرور بهدف مغادرة البلد للمنفى . ومن بين هذه

الاتفاقيات ، نذكر منها :

- اتفاقيات مونتيفيدو (Montevideo) في ٢٣/كانون الثاني/١٨٩٩ وفي ٤/آب/١٩٣٩.

- اتفاقية كاراكاس (Caracas) في ١٨/تموز/١٩١١.

- اتفاقية هافانا La havane في ٢٠/شباط/١٩٢٨ المعدلة من قبل اتفاقية مونتيفيدو في ٢٦/ كانون الأول / ١٩٣٣ .

- الاتفاقية حول اللجوء الدبلوماسي ، الموقعة في كاراكاس في ٢٨/آذار/١٩٥٤ من قبل أعضاء منظمة الدول الأمريكية .

مثلما يقصد بالقانون الأتفاقي ، فانه توجد أحيانا تحفظات بصدد ذلك ، وحالات من رفض الانتماء أو الإبلاغ .

وفي عام ١٩١٩، برز خلاف ما بين كولومبيا وبيرو حول اللجوء الدبلوماسي. إذ أنه وفي كانون الأول من السنة نفسها فأن أحد مواطني بيرو المدعو (haya dela Torre) رئيس أحد الأحزاب السياسية قدم نفسه لسفارة كولومبيا في العاصمة ليما طالبا اللجوء على أثر محاولة انقلابية . وفي اليوم التالي ، فأن السفير أبلغ حكومة بيرو بوجود اللاجئ وطلب جواز مرور يسمح له بترك البلاد . آلا أن حكومة بيرو رفضت ذلك وطلبت من السفارة تسليمها دولاتور . وقد قررتا الدولتان حمل عدم اتفاقهما حول هذه المسألة إلى محكمة العدل الدولية التي تبنت الموقف الأتي :

مدعوة لإبداء رأيها ، أولا حول معرفة فيما إذا كان لها الحق . في نظام اتفاقية هافانا ، قابلة للتطبيق في هذا النوع ، في توصيف طبيعة الجنحة التي أتهم بها اللاجئ ، أي حول ذلك الذي يبرر اللجوء أو لا ، فأن المحكمة تميز ما بين الأهلية المؤقتة التي تصرف بها الممثل الدبلوماسي ، والأهلية النهائية التي لا يمكن لهذا الأخير المطالبة بها. ومن جهة أخرى مثلما طالبت الحكومة الكولومبية الإفادة من العرف الإقليمي ، الذي يشكل جزء من القانون الدولي الأمريكي ، فأن المحكمة رفضت أتباعها حول هذا الطريق واستنتجت إلى عدم وجود هذا العرف مؤكدة على الموقف السلبي لدولة بيرو والتقلبات العديدة بين الاستعمالات إلى درجة فأنه من غير الممكن الالتزام بعرف ثابت ووحيد . وفي النهاية ، فأن الأطراف المتنازعة طلبت من المحكمة إهدائهما إلى قرار تفسيري يضع حدا لوضع هذا اللجوء . وقد رفضت المحكمة إبداء رأيها حول ذلك ، لأن ذلك يخرج عن مجال اختصاصها القانوني، مشيرة إلى اعتبارات المجاملة وحسن الجوار . وبالنتيجة فأن دولاتور بقي في السفارة لمدة خمس سنوات قبل أن يجد حل ودي.

ومنذ ذلك، فأن اتفاقية كاراكاس لعام ١٩٥٤ قد أوضحت عددا معنيا من النقاط. فقد أعلنت هذه الاتفاقية خاصة بأن اللجوء هو أهلية وليس واجب والذي لا يمنح آلا في حالة اضطرارية ، والتي تخضع لتقيم الدولة التي تمنح اللجوء ، وأنها تتعلق بالدبلوماسي الذي يستلم طلب اللجوء في توصيف طبيعة الحجة التي تبرر اللجوء.

وقد تم تطبيق اتفاقية كاراكاس بشكل واسع في كوبا خلال سقوط نظام بالتيستا (Batista) . وقد حاولت حكومة فيدل كاسترو ممارسة ضغوط عدة على السفارات لاستعادة اللاجئين السياسيين، آلا أنها وافقت في الخير على منحهم جواز مرور سمح لهم بترك كوبا. ومن جديد ، فأن الحكومة الكوبية اتخذت في نوفمبر ١٩٦١ بعض الإجراءات التي من شانها تقيد حق اللجوء: إذ أنها نصحت رؤساء البعثات بعدم إمكانيتهم إيواء اللاجئين آلا في مساكنهم الشخصية (بينما هناك حوالي ٨٠٠ شخص بقوا في مباني السفارات) . وقد أعلن سفراء الدول اللاتينية في العاصمة الكوبية هافانا بأن هذا الأجراء يؤدي إلى انتهاك حق تم النص عليه بشكل خاص في اتفاقية هافانا ، وكاراكاس ومونتيقيدو ، ورفضوا الطلب الكوبي من خلال مذكرة مشتركة. وإزاء ذلك، فقد أعلن وزير الخارجية الكوبي بعد فترة قصيرة إلغاء القرار الذي اتخذته حكومته بغية تحديد حق اللجوء الدبلوماسي . وقد حصل خلاف آخر ما بين الحكومة الكوبية وفنزويلا بصدد ممارسة حق اللجوء في هافانا في كانون الأول ١٩٧٩ وكانون الثاني ١٩٨٠ .

وفي الواقع ، أن أساس منح اللجوء في أمريكا اللاتينية يقوم على مبدأ اتفاقي، ولا يمكن أن يثار آلا من خلال أطراف المعاهدات وليس من قبل الدول الأخرى . وبهذا الصدد فان الدول الغربية التي لا تعترف بحق اللجوء ولكن بحق بسيط للاجئ تستفيد من حقيقة بأن بعض دول أمريكا اللاتينية تقبل فيما بينها بحق اللجوء لتمتسك به من جانبها عند أي فرصة .

وهكذا فأن الجواب التحريري لوزير الخارجية الفرنسي في الأول من أيلول ١٩٧٠ قد أكد :

" من ناحية التوجيهات التي عممت على بعثاتنا الدبلوماسية فيما يتعلق بحق اللجوء ، فأنها مختلفة فيما إذا كان يقصد بالبعثات الدبلوماسية في أمريكا اللاتينية . وفي الواقع فأن الذي ندعوه " بحق اللجوء" هو تطبيق تقريبا فريد من نوعه محدد في دول أمريكا اللاتينية حيث أنه موضوع لتسوية اتفاقية . وعليه ، فأننا لا نعترف ، مبدأيا، بحق منح اللجوء الدبلوماسي في سفاراتنا المعتمدة لدى الدول الأخرى آلا في أمريكا اللاتينية. وفيما يتعلق ببعثاتنا في دول أمريكا اللاتينية التي أقرت بحق اللجوء، فقد تم

تذكير هذه البعثات بأن هذا الحق يجب أن لا يمنح آلا بحذر وفي الشروط المحددة ، وذلك لأن ممارسة هذا الحق خارج هذه الشروط من شأنه أن يشكل أساس في الالتجاء إلى محكمة دولية تدخل مسؤولية الحكومة الفرنسية في اعتبارها ."

وعلى أثر القمع الذي أعقب الانقلاب العسكري الذي حصل في ١١/أيلول/ ١٩٧٣ ضد حكومة الوحدة الشعبية في شيلي ، فأن اللجوء السياسي قد منح بشكل واسع جدا من السفارات الموجودة في سانتياغو (لحوالي ٥٠٠٠شخص) بضمنها السفارة البلجيكية . إذ عبرت الحكومة البلجيكية عن وجهة نظرها كالأتي :

" بما أن هذه الاتفاقية لا تلزم آلا دول أمريكا اللاتينية الموقعة عليها . فأن لها قيمة مرجعية . وقياسا على ذلك فقد سمح لسفارتنا ، وفي الحالات الاستثنائية في استلهام هذه القواعد لمنح اللجوء إلى الأشخاص المهددين بالخطر في أمريكا اللاتينية ، وأحيانا فأن لبعثاتنا الدبلوماسية توجيها للاتصال بسفارات الدول الموقعة على اتفاقيات مونتيفيدد وكاراكاس من أجل تعزيز جهدهم لضمان اللجوء ، لأن سفارات الدول اللاتينية في وضع يسمح لها قانونا بتطبيق هذا الحق . وأن الوضع الذي حصل في شيلي قد قلب هذه المبادئ في اتجاه بأن اللجوء منح بشكل واسع. بينما هناك عدد من السفارات لم تفتح أبوابها للذين يطاردهم البوليس الشيلي فأن سفارة بلجيكا أدت في مقرها حوالي ٨١ شخصا . وقد تساهلت السلطات الشيلية بسبب الضغط الدولي إزاء اللجوء الذي منح من قبل البعثات الدبلوماسية غير اللاتينية وقد أثارت هذه الموجة الكبيرة من حالات اللجوء السياسي مشاكل عديدة وخصوصا أقامتهم وإطعامهم ."

وقد كانت السفارة الفرنسية من البعثات الدبلوماسية التي طبقت حق اللجوء السياسي بشكل واسع في سانتياغو ، وكذلك من قبل البعثة الكندية . وبدون شك ، فأنه بالرغم من التشوش الدبلوماسي الذي غلف التغيرات التي أعطيت من قبل الدول غير الأطراف في الاتفاقية المعنية ، فأن تطبيقهم للجوء لا يرتكز آلا على تساهل السلطات المحلية .

ب . تطبيق الدول الأخرى : اللجوء الإنساني

إذا كان لم يعترف بشكل عام بحق اللجوء من قبل الدول الأخرى، وخاصة الدول الغربية ، فأنها تطبق بشكل محدد لذلك الذي يميل اليوم إلى وصعه بحق الملجأ. هذا الحق منح منذ فترة بعيدة وذلك لحماية اللاجئين السياسيين ضد سياسات القمع ، والتي ازدادت في السنوات الخيرة، بينما السلطات لم تكن سيدة الشارع أو بكل بساطة عندما تظهر الطبيعة غير الشرعية لبعض الإجراءات وأن التعسف يحل محل نظام القانون .

لقد عمل معهد القانون الدولي تطبيقا لهذا المفهوم في القرار الذي تم تثبيته على حق اللجوء في جلسته المنعقدة في Bath في عام ١٩٥٠ . وعالج هذا القرار في مادته الثالثة اللجوء الممنوح من قبل الدول خارج أقاليمها ، ولا سيما في المقرات الدبلوماسية . وفي هذا القرار فأن المعهد يعتقد بأن (مادة ٣ ، فقرة ٢) :

" اللجوء يمكن أن يمنح إلى كل فرد مهددة حياته ، استقامته المادية أو حريته من خلال العنف الصادر من السلطات المحلية ، أو أن هذه السلطات غير قادرة على ما يبدو للدفاع عنه ، أو أنها تتساهل أو تثيرها . وأن هذه الأحكام تطبق في الشروط نفسها عندما تكون التهديدات نتيجة لصراعات داخلية .

" ٣- في الحالة التي توجد فيها وظيفة السلطات العامة غير منظمة ومخلة بالنظام أو مهيمن عليها من قبل حزب إلى درجة لم يقدم للأفراد الضمانات لأجل ضمان حياتهم ، فأنه يمكن للمفوضين الدبلوماسيين منح أو الاحتفاظ باللجوء نفسه ضد مطاردات السلطات العامة . "

لقد غير هذا القرار المنظور الذي أعتبر فيه حتى الآن محتوى اللجوء . أي ما يقصد بذلك أقل ما يمنح لجوءا سياسيا من أن يمنح لجوء إنساني لإنقاذ حياة الناس الذين يواجهون الخطر في فترة الاضطرابات . وهناك موقف متميز تبنته الولايات المتحدة حسب ما أوضحه Hack worth :

" إذ ما تقوم به الولايات المتحدة دائما باستهجان مبدأ اللجوء وترفض الاعتراف به كجزء مندمج في القانون الدولي . وبالصدفة أن تقوم أحيانا بمنح اللجوء المؤقت من قبل البعثات الدبلوماسية والقنصلية الأمريكية ومن قبل البواخر الأمريكية عندما يكون قد تم تبرير هذا الأجراء من خلال ضرورة إنقاذ الحياة الإنسانية . ومع ذلك وبشكل عام فأن اللجوء لا يمكن أن يمنح او يطول بخلاف مع طلبات الحكومة المحلية التي تؤكد بنفسها استعدادها ضمان الحماية اللازمة للاجئين من مؤسساتها القضائية .

وقد ثبتت فرنسا موقفا مشابها ، وكذلك بالنسبة للحكومة السويسرية التي عبرت عن موقفها بأنه " ولأسباب إنسانية فقد أقر التطبيق الدولي بحق اللجوء المؤقت لصالح الأشخاص المهددة حياتهم بالخطر أو الذي يواجهون مطاردة السلطات أمام المحاكم والتي لا تقدم لهم أي ضمان في اتخاذ الإجراءات العادلة في المحاكمة . وان هذا الحق ينتهي بمجرد زوال الخطر أو الموت أو أن الشخص المطارد يمكن إجراء محاكمته في

ظروف طبيعية . وعند منح هذا اللجوء ، فأن القبول الصريح أو الضمني للجوء من قبل الدولة المعتمدة لديها يلعب دورا مهما في ذلك .

وقد عبرت بلجيكا عن موقفها الرسمي من خلال المنشور الذي أصدرته وزارة الخارجية:

" قانونا ، لا شيء يسمح (...) لسفاراتنا منح اللجوء إلى الأجانب . أحيانا ، ولاعتبارات إنسانية يمكن أن يحث على تجاوز المفاهيم القانونية في بعض الظروف . ونجد بأنه بينما يمكن تبرير الاستقبال من خلال حقيقة أن الهارب قد تم البحث عنه بشكل غير عادل من قبل السلطات المحلية لأسباب سياسية أو أن حياته تواجه خطر التهديد بسبب انتماءه لبعض الأحزاب التي تعاديها السلطة، أو أبعدتها عن المشاركة.

وحول قاعدة هذا المبدأ فأن الدول اللاتينية توصلت فيما بينها إلى سلسلة من الاتفاقيات (هافانا لعام ١٩٢٨ ، كاراكاس لعام ١٩٥٤) بهدف تحديد في أي الشروط يمكن للسفارات في بلادهم أن تمنح اللجوء إلى رعايا الدول الموقعة . وحسب هذه الظروف، فأن اللجوء لا يمكن أن يمنح آلا في الوضع الاستثنائي ، وفي حالة الضرورة القصوى ، أي أن حالة الخطر وصلت إلى مرحلتها وبأنه ليس هناك من وسيلة للإنقاذ تقدم لهذا الشخص الا في البحث عن لجوء، وعلى سبيل المثال عندما تتم مطاردة الفرد من قبل أشخاص أو من المتظاهرين الذين فلتوا من سيطرة السلطات، أو من قبل السلطات نفسها لأسباب سياسية . ومن غير الممكن إعطاء اللجوء إلى المتهمين أو الذين تمت أدانتهم بجريمة حسب القانون العام. ولا إلى الهاربين من الخدمة العسكرية. ويجب تحديد اللجوء بأوقات ضرورية وحرجة من أجل أن يضع اللاجئ في وضع أمن بأي شكل .

ويجب على المفوض الدبلوماسي إنذار وزير الشؤون الخارجية المحلي .. ويعمل على عدم قيام اللاجئين بأعمال مخلة بالأمن العام ، ومراقبة أن لا يكون اللاجئين مسلحين ولا يتصلوا بالخارج آلا بواسطة المفوض الدبلوماسي ، ولا يواجهوا أي دعوة للانتفاضة ولا يمارسوا أي نشاط سياسي أخر . ويتحتم تجنب أن يسود الاعتقاد بأن مقر البعثة الدبلوماسية قد تحول إلى بؤرة لمعارضي النظام . ويجب على السفارة أن تدخل في مفاوضات من أجل نقل الهارب إلى الدولة أخرى . وهذا يمكن أن يحصل بشكل طبيعي من خلال جواز المرور الذي يضمن حرمة شخصية."

وقد ناقشت الجمعية العامة للأمم المتحدة ما بين عامي ١٩٧٤ ، ١٩٧٥ مسألة تدوين اللجوء السياسي ، آلا أن هناك الكثير من المعارضة التي برزت حول ذلك ، حيث كانت الدول الغربية تقف على رأسها .

بينما لم يعطى أي تبرير قانوني خالص إلى مفهوم اللجوء ، فأنه يمكن البحث عنه في مفهوم حالة الضرورة المدركة بشكل واسع ، ولكن هذا التصور يبدو خطرا، والذي لم يكن آلا أن يكون تنكر قانوني بارع بهدف تبرير خرق حرمة القانون . وقد تم أثاره ذلك في معنى مخالف ، بهدف تبرير تدخل قوات البوليس في مباني البعثة التي يتم الالتجاء أليها .

ومثلما أن مقر الدبلوماسي يعتبر مبنى مستقل عن القضاء العادي ، فأنه لا يتعلق بأية حالة بالقضاء ، وبحكام البوليس ، أو بأي مرؤوسين آخرين ، يمكن دخول سلطاتهم إلى المبنى، أو بإرسال وكلائهم أليه ، وإذا لم يكن هذا في مناسبات الضرورة الملجأه أو أن الممتلكات العامة أضحت في خطر فأنه لا يسمح بالتأجيل .

وهناك تبرير أخر يمكنه القول بأن للعوامل الإنسانية الاعتيادية خاصية النظام العام الدولي وتتفوق على القانون الخاص ، فان ذلك يكون تبريرا مفضلا . وفي أكثر لأحيان فأن موافقة الدولة المعتمدة لديها الضمنية أو الصريحة سوف تكون منقذة للوضع.

ولكن كثيرا ما تكون المعطيات المطبقة غامضة . وبهذا فانه يتوجب التميز في حالات اللجوء الفردي وحالات اللجوء الجماعي . وبدون شك فأن كل هذه الحالات التي سنتناولها قد تم الإشارة أليها في بعض الصفحات السابقة . وأحيانا فأن اللجوء قد يمنح بدون أن لا يوجد خطر حقيقي كبير على حياة الأشخاص ، وأنه قد يتبع بشكل قد يسبب أهانه في طبيعته المؤقتة ، إذ أنه يطبق لأسباب تبدو طبيعتها الإنسانية أقل وضوحا من الطبيعة السياسية . وأخيرا ، فأن هذا اللجوء الإنساني بدلا من أن ينتهي عندما يتوقف الخطر الكبير، فأنه ينتهي مرارا مثل حق اللجوء من خلال رحيل اللاجئ.

١ – اللجوء الفردي

هناك الكثير من الأمثلة التي يقدمها لنا محيط العلاقات الدبلوماسية . إذ أنه حصل أن كبير أساقفة هنغاريا الكاردينال Minsozenly أن بقي محاصرا لمدة خمسة عشر عاما في سفارة الولايات المتحدة في بودابست للفترة من ١٩٥٦ إلى ٢٨/أيلول/١٩٧١ ، وهو التاريخ الذي وافق فيه الكاردينال الالتجاء إلى الفاتيكان . والمشكلة التي حدثت وعقدت القضية متأتية بشكل أقل من السلطات الهنغارية التي وافقت على منحه جواز المرور ولكن الكاردينال رفض ترك بلاده .

وعلى أثر سياسة القمع التي أتبعتها السلطات الصينية ضد المتظاهرين في ساحة

تيان آن مين في عام ١٩٨٩ فقد منحت سفارة الولايات المتحدة اللجوء إلى الفيزيائي الصيني Fanglizni وزوجته في ٧/حزيران عام ١٩٨٩ وحتى حزيران ١٩٩٠ ، حيث تم ترتيب لجوءهما إلى بريطانيا .

وقد تبنت فرنسا موقفا مقيدا وهذا ما حصل في لجوء الجنرال ميشيل عون إلى سفارة فرنسا في بيروت من ١٣/أكتوبر/ ١٩٩٠ وحتى ٢١/آب/١٩٩١ حيث تمت الموافقة على لجوءه إلى فرنسا . وهناك حالة مشهورة من اللجوء حدثت للهولندي Klaas De Jonge الذي التجأ إلى السفارة الهولندية في بريتوريا في ٩/تموز/١٩٨٥ حتى نهاية آب/ ١٩٨٦ ، وقد برر من قبل السلطات الهولندية لأسباب إنسانية . كما أن من الحالات المشهورة أيضا ما حصل في لجوء رئيس دولة بنما نوريغا إلى سفارة الفاتيكان في بنما ،حيث قامت القوات الأمريكية بمحاصرة المبنى بعد غزوها لبنما في عام ١٩٨٩ . وقد انتهت هذه الحادثة باستسلام نوريغا لقوات الاحتلال الأمريكية في ١٣/كانون الثاني/١٩٩٠ ، ونقل إلى الولايات المتحدة لمحاكمته بتهم الاتجار بالمخدرات .

وقد منحت السفارة الكندية في طهران اللجوء إلى ستة من أعضاء السفارة الأمريكية الذين هربوا بعد احتلالها من الطلاب الإيرانيين في كانون الثاني ١٩٨٠ . وأن السفارة الكندية ليس فقط تجنبت إبلاغ إيران ولكنها زودت الدبلوماسيين الأمريكيين بجوازات سفر كندية وبهويات مزورة بهدف الحصول على تأشيرة الخروج للجوء ورأت كندا بأنه في هذه الظروف، البعيدة من أن تكون منتهكة للقانون الدولي، فأنها ساهمت في احترام هذا القانون الذي خرقته إيران بشكل خطير وباعتراف المجتمع الدولي كله .

٢ – اللجوء الجماعي

من بين الأمثلة التي طبقت بصدد اللجوء الجماعي ما حصل خلال الحرب الأسبانية بحيث أن كل البعثات الدبلوماسية الموجودة في مدريد قد مارست عمليا اللجوء . وأن قسم منها استعملت، واستأجرت عددا من المباني الإضافية ووضعها تحت سيطرتها. وهو ما قامت به السفارة الفنلندية في عام ١٩٣٦، وكذلك السفارة السويسرية التي قامت باستئجار مباني إضافية لرعاياها . وقد حصل عام ١٩٦٣ أن قام ثلاثون فردا من المواطنين السوفيت أغلبهم من النساء والأطفال من أصول سيبيرية ومن الطائفة البروتستانية بطلب اللجوء لسفارة الولايات المتحدة في موسكو حيث الأسباب الدينية دفعهم لطلب اللجوء ، آلا أن السفارة رفضت الطلب وكذلك ما حصل في شيلي عام

١٩٧٣ كما تم ذكر ذلك سابقا . وما قام به أكثر من أربعمائة كوبي بطلب اللجوء إلى مكتب رعاية المصالح الأمريكية في السفارة السويسرية في هافانا في ١٩٨٠ .

وحالة اللجوء الجماعي التي عبر عنها في آب - أيلول / ١٩٨٩ عندما قام عدد من مواطني جمهورية ألمانيا الديمقراطية السابقة باللجوء إلى السفارة ألمانيا الغربية في براغ ، ووارشو ، وبودابست ، وصوفيا ، الأمر الذي دفع حكومة ألمانيا الغربية وأمام هذه الأعداد الكبيرة بغلق سفارتها بشكل مؤقت . وفي نهاية أيلول من سنة ١٩٨٩ وافقت حكومة ألمانيا الديمقراطية على نقل ستة آلاف لاجئ من براغ ووارشو إلى ألمانيا الغربية. آلا أن السيناريو عاد من جديد بعد عدة أيام مما دفع سلطات ألمانية الشرقية لسماح بهجرة عشرة آلاف لاجئ . كما حصل أن لجأ ٤٦٠٠ منشق ألباني إلى إحدى عشر سفارة أجنبية في تيرانا في تموز ١٩٩٠ .

ومهما تكن المشروعية النهائية لمنح اللجوء أو اللجوء الإنساني من قبل الدولة المعتمدة ، فأنه من المناسب التأكيد بأنه في أي حالة لا يمكن للدولة المعتمدة لديها أن تسبب أضرارا بحصانة المباني من اجل القبض على الهارب .

وقد حصل أن قام عدد من الجنود باقتحام السفارة الفرنسية في مونورافيا في ١٤ حزيران ١٩٨٠ واعتقال ابن الرئيس Williaam Tolbert الذي أطيح به في انقلاب عسكري حيث قام بعد مقتل أبيه باللجوء إلى السفارة الفرنسية . وقد أصدرت السفارة الفرنسية بيانا شديد اللهجة وكذلك البرلمان الأوربي ضد هذا العمل الذي اعتبر خرقا فاضحا وغير مقبول للوضع القانوني للبعثات الدبلوماسية".

وأن حصانة المباني هذه التي جعلت من أن اللجوء يبدو في النهاية كعمل منفذ بالنسبة للدولة المعتمدة لديها . ونظريا ، فأنه يمكن رفض إعطاء جواز مرور ، ومحاصرة المباني الدبلوماسية والإعلان عن رئيس البعثة بأنه شخصا غير مرغوب فيه (Persona non grata) أو حتى قطع العلاقات الدبلوماسية ، ولكن مثلما أن الدولة المعتمدة نادرا ما تحتج على الأسباب الإنسانية وأن هذه الإجراءات لا يمكن اللجوء أليها آلا من خلال حملة إعلامية ، حيث أن الدولة المعتمدة لديها سترى بأنه وفي أغلب الأحيان من الأفضل لها أن تتخلى عن تعنتها في منح موافقتها النهائية على اللجوء .

الفصل الخامس

حرية المراسلات

مقدمة :

شكلت مسالة حرية مراسلات البعثة موضوعا لمنطوق المادة (٢٧) من اتفاقية فينا التي نظمت المحتوى بشكل مفصل . وبناء على ذلك فأنه من المناسب التساؤل في أي حقل من الحقول يمكن تطبيق هذه المادة ، ومع من ، وأي الغايات التي تسعى أليها . وبالتالي ما هي الوسائل التي من خلالها يمكن ضمان تطبيق هذه المادة ؟

أولا : حقل التطبيق الشخصي

مع من وأي الغايات يمكن ضمان حرية المراسلات ؟ أن الفقرة الأولى من المادة (٢٧) قد نصت كالأتي :

" تسمح الدولة المعتمدة لديها وتحافظ على حرية مراسلات البعثة في كل ما يتعلق بأعمالها الرسمية . وللبعثة الحق في أن تتصل بالحكومة وكذلك مع البعثات والقنصليات الأخرى للدولة المعتمدة ، أينما توجد ، ويمكن للبعثة أن تستعمل كل وسائل الاتصال اللازمة .."

ويجب أن تمنح حرية المراسلات للبعثة " لكل الأعمال الرسمية " . وهذا يعني بأن يمكن للبعثة أن تتصل مع مختلف الأشخاص الماديين أو المعنويين الوطنيين أو الدوليين من أجل تنفيذ مهماتها . وعليه فأنه يمكن للبعثة مراسلة حكومة الدولة المعتمدة ومع البعثات والقنصليات الأخرى في الدولة المعتمدة ، وأينما توجدت ، ولكن أيضا مع البعثات والقنصليات للحكومات الأخرى ، ومع المنظمات الدولية وخصوصا الوطنية في الدولة المعتمدة والتي تجد نفسها على إقليم الدولة المعتمدة لديها.

وحسب منطوق المادة (٢٥) التي نصت على أن " الدولة المعتمدة لديها تمنح كافة التسهيلات كي تتمكن البعثة من القيام بأعمالها " ، فأنه يكون مكملا لما نصت عليه المادة (٢٧) . آلا أن هذه المادة الأخيرة لم تقل شيئا حول حق البعثة بالاتصال بحرية تامة مع سلطات الدولة المعتمدة لديها . فالرفض المعارض للبعثة في اتصالها بسلطات هذه الدولة سوف يشكل مع ذلك عقبة كبيرة في إنجاز وظائفها وتثير الكثير من الاحتجاجات العميقة .

كما أن المادة لا تشير إلى حق البعثة بمراسلة مواطني الدولة المعتمدة لديها بكل حرية الـذين كانوا على صلة بالبعثة ولغايات رسمية . وهذا الـذي تـدعوه أحيانا بـدخول رعايا الدولة المعتمـدة لديها إلى سفارتهم . وتقدم البعثة احتجاجها عندما يتم غلق أو تقيد هذا المدخل . وهـذا مـا لـوحظ بصدد الصعوبات المتعلقة بالدخول إلى سفارة الولايات المتحدة في موسكو ، أو بـالأحرى إلى سـفارات الدول الغربية في موسكو .

وخلال فرض حالة الطوارئ في بولونيا ، فان الاتصالات ما بين سفارة بلجيكا ووزارة الخارجيـة في بروكسل قد تم قطعها . وقد منعت السلطات البولونية في ٨/كانون الثاني/١٩٨٢ دخول طبيب إلى داخل السفارة البلجيكية في وارشو التي تم محاصرتها .

وبالترابط ما بين المادتين (٢٧) و (٢٥) من اتفاقية فينا ، وبدون التطرق إلى اتفاقيات هلنسـكي ، فقد تم إدانة كل تجاوز في ذلك .

ثانيا : حقل التطبيق المادي

بأي الوسائل يمكن ضمان حرية مراسلات البعثة ؟

فيما يتعلق بوسائل الاتصال ، فأنه يمكن للبعثة أن تستعمل كل ما من شأنه مناسبا : البريـد ، التلغراف ، الرسائل المشفرة ، أو المراسلات بالرمز التي تم إقرارها وتسـتفاد مـن " أولويـة الدولة " ، والبريد الدبلوماسي ، الحقيبة الدبلوماسية ..الخ . حيث نصت الفقرة الأولى من المـادة (٢٧) بأنه " لا يجوز للبعثة تركيب أو أستعمال محطة إرسال بالراديو آلا بموافقة حكومة الدولة المعتمدة لديها ".

وما يمكن الاشارة أليه هو أنه حدث في آذار عام ١٩٦٥ بأن الاتحاد الاندونيسيـ لعمال البريـد قد اعلن مقاطعة الاتصالات البريدية واللاسلكية مـع سـفارة الولايات المتحدة في جاكارتـا . وقـد تـم إيقاف المراسلة بالحقيبة الدبلوماسية ما عدا من جهاز الراديو المباشر ما بين السفارة وواشنطن .

وإذا لم تدفع البعثة الدبلوماسية تخليصات التلفون أو التلكس ، فهل يمكن لمكتـب التلفـون قطع الهاتف أو السلك ؟

في الرأي الذي عبر عنه قسم القانون الدولي العام في قسمه الفيـدرالي للشـؤون الخارجيـة في الأول من أيلول / ١٩٨٠ ، جاء فيه بأن مثل هذا القطع يمثل خرقا للمـادة (٢٧) ، الفقـرة الأولى مـن اتفاقية فينا لعام ١٩٦١ .

وعلى الأرجح فأن على وجهة النظر يجب أن تبين الاختلاف في ذلك . إذ أن التلفون ، والتلكس وغيرها ، لم تكن خدمات مجانية . وأن قطع هذه الخدمات كنتيجة لعدم الدفع لا يشكل بأي شكل من الأشكال بأنه نوعا من العقوبة ، ولكن تطبيق المبدأ العام في القانون : الاستثناء بعدم التنفيذ . والخدمة ، إذا كانت عامة ، فليس لها التزام في الاستمرار بتقديم أداءها إذا كانت هذه الإداءات لم يتم مكافأتها من قبل المنتفع من الخدمة .

وقد جرت في لجنة القانون الدولي مناقشة مسألة فيما إذا كان بإمكان البعثات الدبلوماسية نصب مرسلات اتصال مع حكوماتها بدون أسلاك . وقد أحتدم النقاش في مؤتمر فينا حيث أن الدول الأفريقية ، الأسيوية ، اللاتينية قد طالبت بموافقة الدولة المعتمدة لديها . أما الدول الغربية التي تمتلك تكنولوجيا متقدمة في ذلك وتستطيع التقاط مراسلات الدولة المعتمدة لديها ، طالبت بحق الاستعمال غير المشروط وبدون قيود . وفي النهاية فقد تم التوصل إلى تسوية قد تم التنصيص عليها في الفقرة الأولى من المادة السابعة والعشرون :

" لا يمكن للبعثة الدبلوماسية تركيب واستعمال محطة إرسال بالراديو آلا بموافقة حكومة الدولة المعتمدة لديها ".

وبهذا فأنه يمكن للدولة المعتمدة لديها أن تعلن ، بموجب المادة (٤١) من اتفاقية فينا، بصدد هذا النشاط ، وبالنسبة للنشاطات الأخرى ، فأن البعثة تحترم القانون المحلي، ما عدا إذا كان هذا القانون يحول دون ممارسة حق المراسلات . وقد حصل أن أحد البرلمانيين البلجيكيين اعترض ضد سفارة جمهورية بنين حيث نصبت هوائي كبير على سطح المبنى ، واعتبره تشويه للبيئة وليس مطابقا للتعليمات المدنية. آلا ان وزير العلاقات الخارجية قد أكد صراحة على حق السفارة في ممارسة حريتها في الاتصالات .

وقد جرت عدة حالات لانتهاك هذه التعليمات . إذ حصل في آب ١٩٦٣ بأن قامت حكومة فتنام الجنوبية السابقة بمحاصرة الخطوط التلغرافية لحوالي ستة عشر سفارة أجنبية والتي ليس اتصال مباشر من خلال جهاز الراديو مع حكومتها . ورسائلها المرمزه لم يتم أعادة نقلها من قبل مركز الاتصالات الفيتنامي الجنوبي ، حيث تم تحذير السفارات بأن رسائلها يجب أن تخضع لمركز المراقبة الوطنية قبل إبراقها . وقد احتجت كل البعثات الدبلوماسية العاملة في سايغون ضد الانتهاك الواضح لمنطوق المادة (٢٧) الفقرة الأولى من اتفاقية فينا . وقد تم إلغاء هذا الأجراء . وفي آب / ١٩٦٧ ، وعلى أثر

الهجوم والحريق الذي نشب في سفارة بريطانيا في بكين ، فأن الحكومة البريطانية قررت منع البعثة الدبلوماسية الصينية في لندن من استعمال مركز إرسال السفارة آلا بعد أن تعود السفارة البريطانية إلى مزاولة أعمالها من جديد . وقد حصل أيضا أن قامت الحكومة السريلانكية في ٥/نوفمبر/١٩٧١ بمنع السفارات الأجنبية في استعمال مراكز البث الراديوي لنقل الرسائل إلى حكومتها المعنية . وقد سبق وأن التزمت سريلانكا بالتعهد بذلك . وأن مشروعية هذا السلوك مشكوك فيه . إذ أن التزام الدولة المعتمدة لديها ليس فقط في ضمان النتيجة ولكن أيضا في تأمين بعض الوسائل للدولة المعتمدة . وأن نص المادة (٢٧) الفقرة الأولى قد حددت بأنه " يمكن للبعثة استخدام كل الوسائل في المراسلات المناسبة " . ويجب أن تبقى الدولة المعتمدة في استعمال الوسيلة التي تراها مناسبة في اختيارها .

المراسلات الرسمية للبعثة :

للمراسلات الرسمية للبعثة الدبلوماسية حصانة غير قابلة للانتهاك ، ومهما تكن وسائل المراسلة المستخدمة . وفي الواقع ، فأنه حسب الفقرة الثانية من المادة (٢٧) من اتفاقية فينا لعام ١٩٦١ جاء فيها : مراسلات البعثة الرسمية ذات حرمة . وأن اصطلاح المراسلات الرسمية يعني كل المراسلات المتعلقة بأعمال البعثة ".

وان حرمة المراسلات الرسمية يستبعد من أن هذه يمكن أن تحتجز أو تفتح أو تستعمل كدليل أمام المحاكم المحلية . وان نص الفقرة المذكورة لا يحدد فيها إذا كانت الحرمة تغطي فقط المراسلات المبعوثة من البعثة أو التي توجه أليها . ومن هنا فأن المراسلات على ما يبدو ذات طبيعة تحكمها العلاقات الثنائية ، على الرغم مما يثار من شكوك حول ذلك .

الحقيبة الدبلوماسية :

لقد كرست اتفاقية فينا لموضوع الحقيبة الدبلوماسية الفقرة الثالثة والرابعة حيث جاء في نصها :

" ٣ - لا يجوز فتح أو حجز الحقيبة الدبلوماسية .

٤ - يجب أن تحمل الطرود التي تكون الحقيبة الدبلوماسية علامات خارجية ظاهرة تبين طبيعتها ، ويجب آلا تشمل آلا المستندات الدبلوماسية والأشياء المرسلة للاستعمال الرسمي ".

ومن هنا ، فلأجل هذا واكبت لجنة القانون الدولي على دراسة جديدة خاصة فيما يتعلق بمسألة " وضع البريد الدبلوماسي والحقيبة الدبلوماسية غير الملازمة للبريد الدبلوماسي ". إذ أن المقرر الخاص للجنة Yankov قد أعد ستة تقارير التي سمحت للجنة القانون الدولي بتبني مشروعا مؤقتا للمواد حول الموضوع ، والخاصة حول نظام الحقيبة الدبلوماسية . وقد أثيرت العديد من التناقضات بصدد ذلك ، بحيث أن اللجنة لم تستطيع التوصل إلى قرار آلا بعد أن استلمت ملاحظات حكومات الدول الأعضاء . وإزاء ذلك ، فأن الدول انقسمت إلى اتجاهين متناقضين اتجاه حاول إعطاء ضمان كبير لحماية الحقيبة ، واتجاه أخر حاول التقليل من الإسراف في ذلك.

تعريف الحقيبة :

أن المشروع الذي اقترحته لجنة القانون الدولي لتعريف الحقيبة جاء في نص المادة الثالثة منه:

"أن مصطلح الحقيبة الدبلوماسية" يمتد إلى الطرود التي تحتوي على المراسلات الرسمية وكذلك الوثائق والأشياء الموجه حصرا للاستعمال الرسمي التي يمكن أن تكون ملازمة أولا للبريد الدبلوماسي ، التي تستعمل للاتصالات الرسمية بموجب المادة الأولى التي تحمل العلامات الخارجية الواضحة لطبيعتها لـ " الحقيبة الدبلوماسية "

وكذلك ، فأن مفهوم " الحقيبة " يمكن أن يعني الرزمة أي كانت والتي تحتوي على الوثائق أو الأشياء لغايات رسمية معينة وتحمل علامات خارجية ظاهرة التي تشتمل على ختم رسمي من الشمع أو الرصاص يؤكد نوعية المرسل . ومن المرسل اليه ، في حالة الفقدان ، بأنه يشير بشكل واضح إلى جهة إرسالها وجهة مرسلها .

والحقيبة لم تكن فقط محفظة وثائق أو حقيبة يد تحتوي أوراق رسمية ، مثلما كانت الصين تؤيد ذلك أثناء حادثة كانون الأول / ١٩٨١ . إذ أن نص المادة (٢٧) الفقرة الرابعة لاتفاقية فينا لعام ١٩٦١ تذكر بشكل خاص ذلك الذي يقصد به " الطرود" .

فقط العلامات الظاهرة التي تؤكد ما يقصد بالحقيبة هي التي سوف تسمح بالتميز ما بين الحقيبة والمراسلات الرسمية الأخرى التي تبعثها البعثة التي تم التنصيص عليها من خلال المادة ٣٦ فقرة الأولى أ من اتفاقية فينا لعام ١٩٦١ ، والتي نصت على نظام أقل قبولا حيث أنها لا تشمل آلا الإعفاء من الرسوم الكمركية والرسوم الأخرى ، وليس

خاضعة للتفتيش . وفي الواقع ، فأن غياب العلامات الظاهرة تسمح للسلطات بفتح الطرود ، وهذا ما قامت به السلطات البريطانية بفتح الطرود الخاصة بسفارة نايجيريا .

محتوى الحقيبة الدبلوماسية :

حسب منطوق المادة (٢٧) الفقرة الرابعة من اتفاقية فينا فأن الحقيبة لا يمكن أن تحتوي آلا "الوثائق الدبلوماسية أو الأشياء ذات الاستعمال الرسمي" . آلا أن المادة (٢٥) من مشروع لجنة القانون الدولي قد عبرت بطريقة مختلفة : أنها لا يمكن أن تحتوي آلا المراسلات الرسمية ، وكذلك الوثائق أو الأشياء المخصصة حصرا للاستعمال الرسمي".

ونتيجة لممارسة طويلة مسلم بها ، فأنه يمكن للحقيبة أن تحتوي على "الرسائل، التقارير ، التوجيهات ، المعلومات والوثائق الرسمية الأخرى ، والأجهزة ، وموجز الرموز / وتفكيك الرموز ، والدليل ، والترميز ، وتحويل الترميز ، والأطباق المطاطية أو الأدوات المكتبية ، وأجهزة الراديو ، والأعلام ، الكتب ، اللوحات ، والأشرطة والأفلام، ومواد الفن التي يمكن الاستفادة منها في العلاقات الثقافية ".

ويمكن للحقيبة أن تشمل على أجهزة راديو . وقد أثير الموضوع خلال حادثة الباخرة السوفيتية (Mitchourinsk) : إذ أن دائرة كمارك بوينس أيرس رفضت في ٢٧ تموز / ١٩٦٧ تفريغ خمسة عشر صندوقا موجه إلى السفارة السوفيتية في الأرجنتين حيث تم الإبلاغ عن كونها تحتوي على أجهزة الإرسال بالراديو . وقد رغبت السلطة الكمركية تفتيش الطرود ، آلا أن البحارة السوفيتية رفضوا ذلك ، وأدى ذلك إلى حصول شجار جرح على أثره أحد البحارة السوفيت . وفي النهاية فقد تم اعادة الطرود من قبل الباخرة السوفيتية . وان أحد القضاة المكلفين بالتحقيق في القضية قد اعترف لاحقا بأن موضوع النزاع يؤكد على تعريف الحقيبة الدبلوماسية . وأحيانا فقد استعملت الحقيبة لنقل الوثائق الرسمية غير الحكومية ، مثل بريد النقابات أو الجمعيات المهنية . وأنها لم تكن مبدأيا موجه إلى مرسل أو أشياء مرسلة إلى أشخاص .

وقد أقر وزير الخارجية الفرنسي بنقل الوثائق في الطرود المميزة من الحقيبة ، حيث الفقدان يسبب ضررا معتبرا بالأشخاص ، (الأعمال الموثقة) أو المنتجات حيث التوجيه تتخذ طبيعة الضرورة الملحة (فيما يتعلق بالأدوية) . وقد أعلن مجلس الدولة في فرنسا عن رأيه في الأول من تموز ١٩٨٦ مؤكدا على عدم جواز قيام وزير الخارجية بإرسال ، من خلال قناة الحقيبة الدبلوماسية ، الرسائل أو الأشياء الموجه إلى الأجهزة أو

إلى الأشخاص الخارجين في البعثات الدبلوماسية بدون ارتكاب مخالفة بالالتزامات الدولية . وأحيانا ، في الظروف الاستثنائية (كوارث ، نزاعات محلية تؤدي إلى قطع الاتصالات) ، فأن البريد الشخصي أو الأدوية يمكن أن ترسل من خلال هذه القناة .

واعتقدت الحكومة الكندية بأنه " من خلال التطبيق الشامل المقبول بأنه يمكن لأي دولة استعمال حقيبة الدولة الصديقة وذلك لأسباب توافقية ... شريطة أن يتحدد ذلك لنقل الوثائق الرسمية .

مشكلة الوزن وحجم الحقيبة الدبلوماسية :

ومثلما لاحظنا في الأسطر السابقة ، فأن تحديد أو تعريف الحقيبة الدبلوماسية لا يحتوي على أي عنصر يحددها من ناحية الوزن أو الحجم . ويمكن أن تحصل بعض الحوادث من ناحية الحجم المهم للحقيبة لأن التميز الذي أشير أليه في أعلاه مع الرسائل التي تم تغطيتها من خلال المادة (٣٦) ، الفقرة الأولى في اتفاقية فينا ، قد يبدو قد تلاشى . وهو ما لوحظ في الباخرة السوفيتية التي منعتها الكمارك الأرجنتينية . كما أن هناك حادثة أخرى شهدتها العلاقات الدبلوماسية . وهو ما حصل في تموز ١٩٨٤ عندما حاول السوفيت أدخال "حقيبة دبلوماسية" إلى سفارتهم في سويسرا على شكل شاحنة كبيرة تحمل ٩ أطنان. إذ أن دوائر الكمارك السويسرية أرادوا معالجة هذه الشاحنة على وفق المادة(٣٦)، وليس حسب المادة (٢٧) الفقرة الأولى من اتفاقية فينا ، الأمر الذي يخضعها للتفتيش . وقد عبر الناطق الرسمي السوفيتي عن احتجاجه ومعلنا بأن الشاحنة تحتوي على "بضاعة ضرورية للأجهزة الملائمة للأبنية الإدارية الجديدة للبعثة" . وأمام إصرار السلطات السويسرية، أضطر السوفيت أعادة الشاحنة إلى جمهورية ألمانيا الغربية حيث حدث نفس السيناريو مع الكمارك الألمانية التي قامت بالتحقيق من وجود ٢٠٧ قطعة تحملها الشاحنة والسماح لها بالمغادرة إلى الاتحاد السوفيتي بدون أن تفتح الصناديق المحملة بالأجهزة والمعدات الخاصة بالبعثة السوفيتية في جنيف .

وفي الواقع ، فأن هذه الحادثة قد كشفت عن الصعوبة الحقيقية في التميز ما بين منطوق المادة (٢٧) والمادة (٣٦) ، حيث أن هذه المادة الأخيرة قد نصت على " الأشياء الموجه للاستعمال الرسمي للبعثة " . وأن مشروع المادة المقترحة حول التحقق من الحقيبة الذي قدمه M.Yankov إلى لجنة القانون الدولي اشتملت على فقرة إضافية

نصت بأن " حجم أو الوزن الأعلى المسموح به للحقيبة الدبلوماسية سيتم تثبيته من خلال اتفاق مشترك ما بين الدول المرسلة والدولة المستلمة " .

ولم يتم تبني هذا النص خشية تجاوز الحد المستعمل للحقيبة ، ولكن اللجنة اعترفت بأنه من المناسب وجود اتفاق ما بين الدولة المرسلة والدولة المستلمة حول هذا المشروع ، والذي لوحظ تطبيقه مرارا ما بين الدول .

النظام القانوني للحقيبة الدبلوماسية :

حسب ما نصت عليه المادة (٢٧) الفقرة الثالثة من اتفاقية فينا ، فأنه لا يمكن فتح أو احتجاز الحقيبة الدبلوماسية " . ولكن النص لم يشير إلى أن الحقيبة هي في وضع لا يمكن انتهاكه ، مثلما نجده بالنسبة لمباني البعثة (مادة ٢٢ من اتفاقية فينا) ، الأرشيف ووثائق البعثة (مادة ٢٤) أو الرسائل الرسمية للبعثة (مادة ٢٧ فقرة ٢) .

وهذه الحماية الإضافية قد تم التنصيص عليها من قبل مشروع لجنة القانون الدولي (مادة ٢٨) . وقد تم انتقاد تعزيز هذه الحماية من قبل أولئك الذين اعتقدوا بأن الحقيبة الدبلوماسية تسمح أحيانا إلى تجاوزات جدية ، الآمر الذي دعا إلى المطالبة بالوقاية منها . إذ أن هناك الكثير من الدول التي عبرت عن تذمرها من أن الحقيبة الدبلوماسية كانت طريقا منفذا لنقل تجارة المخدرات ومختلف الأشياء غير الشرعية . إذ كثيرا ما يتم اكتشاف أن الطرود التي تحمل علامات الحقيبة الدبلوماسية تحتوي على أسلحة . أو يتم من خلالها اختطاف أحد المعارضين ووضعه في صندوق يكتب عليه حقيبة دبلوماسية بغية نقله إلى بلده لمحاكمته ، وهذا ما حصل في إحدى مطارات لندن عندما تم اكتشاف حقيبة دبلوماسية عائدة إلى نظام لاغوس في نايجريا مختطف فيها أحد معارضي النظام في عام ١٩٨٥ . وقد قدمت خلال مؤتمر فينا ١٩٦١ العديد من المقترحات بصدد السماح بالتفتيش بحضور عضو بعثة الدولة المرسلة ، وهو ما قضت به فرنسا ، آلا أن الولايات المتحدة وضعت الاختيار ما بين التفتيش وعودة الحقيبة إلى الدولة المرسلة ، أما غانا فقد تقدمت باقتراح يسمح للدولة المستلمة بإمكانية رفض دخول الحقيبة التي يشك فيها . آلا أن كل هذه التعديلات قد تم ردها.

وقد طرحت عدد من التحفظات بصدد اتفاقية فينا وخصوصا من قبل ليبيا ، والمملكة العربية السعودية ، قطر ، وقد كان للبحرين وجهة نظر بخصوص التحفظ الذي أعلنته :

" فيما يتعلق بالفقرة الثالثة من المادة (٢٧) حول " الحقيبة الدبلوماسية " فأن حكومة البحرين تتحفظ بحق فتح الحقيبة الدبلوماسية فيما إذا توجد أسباب جدية بالاعتقاد بأن الحقيبة تحتوي على مواد حيث القانون قد حظر استيرادها أو تصديرها ".

وقد عبرت العديد من الدول عن معارضتها لهذه التحفظات التي جاءت بصدد اتفاقية فينا " ألمانيا الغربية ، أستراليا ، بلجيكا ، بيلو روسيا ، بلغاريا ، كندا ، أمريكا ، فرنسا ، هايتي ، هنغاريا ، منغوليا ، هولندا ، بولونيا ، بريطانيا ، الاتحاد السوفيتي .

ويمكن أن يحصل أحيانا بأنه يمكن فتح الحقائب الدبلوماسية ، ولكن ذلك يحصل مع الترخيص الذي يمنحه وزير خارجية الدول المعتمدة لديها . وبحضور واتفاق ممثل البعثة المعنية .

وفي الواقع ، أن التجاوز لا يبرر تجاوز أخر ، وبدلا من التفكير بأن أحد الدبلوماسيين قد عمل مخالفة بصدد الحقيبة الدبلوماسية ، فأن ذلك لا يجوز لنا انتهاك حرمتها : إذ أنه يجب الطلب إلى رئيس البعثة برفع الحصانة الدبلوماسية من المفوض المشكوك فيه وفي الحقيبة .

وهناك من فقهاء القانون الدولي وخصوصا SATOW و DENZA قد اعتقدوا بأن اتفاقية فينا لم تحظر آلا الفتح والاحتجاز ، ولا شيء يمنع في خضوع الحقائب الدبلوماسية إلى سيطرة المفتشين من خلال أشعة أكس Rayon X ، أو للفحص بواسطة الكلاب المدربة لملاحظة عملية تهريب الأسلحة ، أو المخدرات أو الأجهزة والمعدات ذات الاستعمال النووي أو إنساني محظور .

وبهذا الخصوص ، فأن الحكومة الإيطالية قد أطلعت البعثات الدبلوماسية الموجودة في روما من خلال مذكرة شفهية في الأول / أكتوبر / ١٩٨٦ بأنه من أجل عمل كل الاحتياطات ضد العمليات الإرهابية ، فأن التفتيش بأشعة أكس سيطبق على كل الحقائب الدبلوماسية وحقائب الشخصيات الدبلوماسية . وبناء عليه ، فأن الحقائب الدبلوماسية يجب أن يكون حجمها ٩٠ × ٧٠ سم .

وهناك من الدول التي تعتبر مثل هذا النوع من التفتيش مخالفا لاتفاقية فينا ، وهو ما أخذت به فرنسا وكذلك بريطانيا التي وافقت في ١٩٨٦ على إمكانية اللجوء إلى هذه الوسيلة في الحالات الاستثنائية. وأن التحفظات المتعلقة بهذه الطريقة من التفتيش ترتكز بأن يمكن من خلال اكتشاف بعض النماذج الرقمية ورموز الدولة المرسلة .

وأن مشروع لجنة القانون الدولي (مادة ٢٨) قد أكد بحزم على حظر هذه الوسائل الملتوية في التفتيش :

" الحقيبة ... معفاة من كل فحص ، مهما كان مباشرا أو بمساعدة الوسائل الإلكترونية أو الوسائل الفنية الأخرى ".

ويضاف إلى ذلك ، فأن المشروع أجاز البلد المضيف في اتخاذ إجراءات الحماية التي يتبعها ، ولكن حصرا بصدد الحقائب القنصلية :

" ٢ - في أكثر الأحيان ، فإذا كان للسلطات المختصة في الدولة المستلمة أو في الدولة المرسلة الأسباب الجدية في الاعتقاد بأن الحقيبة القنصلية تحتوي أشياء أخرى عدا الرسائل ، الوثائق أو الأشياء المنصوص عليها في الفقرة الأولى من المادة (٢٥) ، فيمكنها الطلب أما بفتح الحقيبة بحضورهم أو من خلال الممثل المخول من الدولة المرسلة . وإذا ما عارضت الدولة المرسلة في رفضها لهذا الطلب ، فيتم إرجاع الحقيبة إلى مكانها الأصلي ".

الا أنه من المؤسف بأن هذا النظام لا يمتد إلى الحقائب الدبلوماسية . ويبدو أن هذا النموذج من الجواب المتدرج ، والمنطقي والمتوازن يمكن أن يطبق سواء كان بالنسبة للحقيبة الدبلوماسية وكذلك بالنسبة للحقيبة القنصلية ، لأن حظر التجاوز متماثل . وحسب التطبيق البلجيكي ، فأن التعليمات المطبقة كالأتي :

" ١. للحقيبة الدبلوماسية حرمة .

وبناء عليه ، فأنه لا يمكن أن تخضع الحقيبة الدبلوماسية إلى أي رقابة ومهما تكن، ولا إلى وسائل الفحص الإلكترونية .

٢. وفيما إذا وجدت أسباب جدية ومؤسسة على الاستخدام المسرف للحقيبة الدبلوماسية (تجارة المخدرات مثلا ...) فأنه إرجاعها إلى الجهة التي أرسلت منها(...).

٣. لا يمكن أن تفتح الحقيبة الدبلوماسية آلا بعد التشاور في مستويات عليا ، ما بين الدولة المعتمدة والدولة المعتمدة لديها .

ومهما يكن ، فأن هذه العملية لا يمكن أن تجري آلا بحضور وسيط مفوض من الدولة المعتمدة . وفي حالة رفض الدولة المعتمدة في أن تقدم تعاونها بهذا الخصوص ، فأنه يمكن أن تعاد الحقيبة الدبلوماسية إلى الجهة التي أرسلت منها ".

وقد حصلت بعض الأحداث التي تم خلالها انتهاك حرمة الحصانة . فتح الحقيبة الدبلوماسية العائد لجمهورية ألمانيا الديمقراطية في لشبونه عام ١٩٧٦ . اعتقال الملحق العسكري الفرنسي- لمدة ساعات في جامايكا من قبل بوليس الجمارك الأمريكيين الذين مروا الحقيبة الدبلوماسية على جهاز أشعة أكس ، وأخذ حزمة من ملصقات الفيزا لحقائب من الكوكائين . وعلى أثر ذلك فقد عبرت فرنسا عن احتجاجها الشديد ضد هذا التصرف .

وإذا تعرضت الحقيبة للتحقيق (الرقابة الكمركية ، قطع المقص) فأن ذلك يبرر القيام بالتحقيق من قبل السلطات المحلية ، وتقديم الاعتذارات ومعاقبة الموظف يمكن أن تفرض نفسها .

وأن تعليق حصانة خدمة الحقيبة الدبلوماسية تبدو استثنائية ، ويمكن ذكر بعض الحالات والتي لم يقصد بها آلا تقيد مرور الحقيبة وبشكل مؤقت . إذ أن الحكومة البريطانية اتخذت هذا الإجراء ما بين ٤/١٧ - ٢٠ /١٩٤٤/٦ عندما علقت خدمة الحقيبة الدبلوماسية واستخدام الأرقام والرموز بغية عدم تسرب المعلومات عن إنزال النورمانيدي خلال الحرب العالمية الثانية . وفي مناسبات مشابهة وخصوصا خلال تغير العملة ، وهو ما أقدمت عليه الحكومة الفرنسية المؤقتة برئاسة الجنرال (ديغول من ٤ - ١٦ حزيران ١٩٤٥ ، والجمهورية العربية المتحدة ما بين ٢٣/ نيسان إلى ٢/ أيار / ١٩٥٣ ، وفيتنام الجنوبية من ١٦-٢٢/آب/١٩٦٣ ، وكمبوديا ما بين ١٩ شباط إلى ٧/آذار ١٩٧٠ ونايجيريا من ٧/ كانون الثاني إلى ١٧ شباط / ١٩٧٣) .

البريد الدبلوماسي :

لقد كرست اتفاقية فينا لعام ١٩٦١ الفقرات الخامسة ، السادسة ، والسابعة من المادة (٢٧) والتي نصت :

" ٥ - يجب أن يكون لدى حامل الحقيبة الدبلوماسية مستند رسمي يثبت صفته وعدد الطرود التي تشكل الحقيبة الدبلوماسية ، وأنه في ممارسة لوظائفه يكون محميا من قبل الدولة المعتمدة لديها . ويتمتع بحصانة شخصية ، ولا يجوز إخضاعه لأي نوع من أنواع الاعتقال أو الحجز.

٦ - يمكن للدولة المعتمدة أن تعين حاملي البريد الدبلوماسي (ad hoc) . وفي هذه

الحالة تطبق أيضا أحكام الفقرة الخامسة من هذه المادة مع ملاحظة أن الحصانات المذكورة فيها ينتهي العمل بها في الوقت الذي يتم فيه تسليم الحقيبة الدبلوماسية للجهة المرسلة اليها حيث تكلف بتسليمها .

٧ - يمكن أن يكلف قائد الطائرة التجارية المرخص لها بالهبوط في مطار تال بنقل الحقيبة الدبلوماسية . ويجب أن يحمل قائد الطائرة وثيقة رسمية تبين عدد الطرود التي تتكون منها الحقيبة ، ولكن لا يعتبر هذا القائد حاملا للبريد الدبلوماسي . ويمكن للبعثة أن ترسل أحد أعضاءها ليتسلم الحقيبة الدبلوماسية مباشرة وبحرية من قائد الطائرة ".

وأن مشروع لجنة القانون الدولي طورت نظام البريد الدبلوماسي في سبع عشرة مادة التي تغطي القضايا التالية : تعين حامل البريد ، الوثائق التي تثبت صفتة، جنسيته، الوظيفية ، وتاريخ أنتهاء المهمة، الإعلان بكونه شخص غير مرغوب فيه أو غير مقبول، التسهيلات ، سمة الدخول في أراضي الدولة المستلمة ، أو المرور ، حرية الحركة ، الحماية وحصانة شخصية، حصانة السكن المؤقت، الحصانة القضائية (بالنسبة للتصرفات المنفذة ضمن إطار وظيفته) ، أعفاء العائلة المادي ، الرسوم الكمركية ، الكشف الكمركي ، الأعفاء من الضرائب والرسوم ، فترة الامتيازات والحصانات ، وإلغاء الحصانات .

والمادة الأخيرة تتعلق بالوضع القانوني لقائد الباخرة أو الطائرة حيث يمكن أن يعهد لهما بنقل الحقيبة الدبلوماسية .

ومن ناحية فترة الحماية الشخصية لناقل البريد ، فأنه من المناسب التميز ما بين الناقل للبريد الدبلوماسي (ad hoc) وناقل البريد المهني . إذ أن هذا الأخير يتمتع بحماية أكثر أتساعا وطوال الوقت ، وحسب غايات اتفاقية فينا ، فأن وضع ناقل البريد الدبلوماسي في بلد ثالث يبدو وضعا مشكوك فيه ، لأنه ليس هناك من ينبهه لواجبات دولة المرور . ويبدو أن مشروع لجنة القانون الدولي أكثر وضوحا ، إذ أنه يتأمل هذا الوضع صراحة على الأقل ممارسة ناقل البريد الدبلوماسي لوظائفه .

الفصل السادس
الحصانات الكمركية والمالية

أولا : الحصانات الكمركية

لقد خصت اتفاقية لعام ١٩٦١ المادة (٣٦) لتسوية ما يثار بصدد هـذه الحصانات الكمركيـة من إشكالات خلال التطبيق أو عند ممارسة البعثات لوظائفها :

" ١ - مع تطبيق النصوص التشريعية والأنظمة التي تستطيع إقرارها ، تمـنح الدولة المعتمـدة لـديها الإدخال والإعفاء مـن الرسـوم الجمركيـة ومن العوائـد والرسوم الأخرى مـع استثناء رسوم التخزين والنقل والمصاريف المختلفة الناتجة عن الخدمات المماثلة عما يلي :

أ . الأشياء الواردة للاستعمال الرسمي للبعثة ".

والمادة تتابع بتعدد الإعفاءات الخاصة بالمفوضين الدبلوماسيين وأعضاء عـوائلهم، (وهو مـا سنتناوله في الصفحات القادمة) حيث النظام يبدو مختلفا بعض الشيء .

والكل يتفق في الاعتراف بأن للامتيازات الممنوحة بهذا الصدد للبعثة لها طبيعة عرفية . إذ أن نظام المادة (٣٦) من اتفاقية فينا يشمل على حق استيراد البضائع والإعفاء من دفع رسوم الكمارك . وبالمقابل فأن أي إعفاء عن التفتيش لم ينص عليه .

فاستيراد البضائع المعفية من رسوم الكمارك تخضع إلى " النصوص التشريعية والأنظمـة التـي يمكن للدولة المعتمدة لديها أن تقرها ".

وأثناء أعمال لجنة القانون الدولي في عام ١٩٥٨ ، فأن الحكومة البلجيكية ، وخلال ملاحظاتها المتعلقة بالمادة المعنية ، والمادة (٢٧) تقدمت بتعديل تضاف من خلاله الكلمات : " تتبع الطرق التي تحددها " . وكمثل على الأنظمة الأخرى ، فأن الحكومة البلجيكيـة تقدمت : صيغة طلب الإعفاء ، الخدمات الخاصة التي تشغلها ، وطرق الاستيراد ، الإجراءات الصحية ، والتحقق من الأمراض .. الخ .

وبشكل عام ، وفي مجال بقي أحادي الجانب بشكل أساسي ، فأن كـل دولة أنشأت نظامـا موجها لتدارك الإسراف الذي ينجم عن ذلك :

- حصر الكميات المستوردة.

- تقيد بيع المنتجات غير المرسمة أو اتخاذ الإجراءات التالية في هذه الحالة .

- الفترات الزمنية ما بين المشتريات .

وفي الواقع ، فأن المسألة الحساسة التي تطرح بهذا الصدد هي معرفة فيما إذا كان

التحديد قد نص عليه ، فيما يتعلق بلوائح الدولة المعتمدة لديها ، ويمكن أن تؤدي إلى رفض الاستيراد . وبهذا الصدد فأنه ليس من المفروض تجاهل المادة (٤١) من اتفاقية فينا التي تفرض واجب " أحترام القوانين وأنظمة الدولة المعتمدة لديها" .

وهذان النصان المترابطان هل يفرضان بأن للدولة المعتمدة لديها الكلمة الأخيرة ويمكنها خطر استيرادا بعض السلع وفرضها على بعثات الدول الأخرى ؟

أن هذا التفسير لم يكن توقعه . ومن خلال متابعة الأعمال التحضيرية ، فقط الصياغات المذكورة سابقا من أجل استدراك الإسرافات المقصودة ، أو اتخاذ الإجراءات التي لا تتداخل مع الوظيفة الفعلية للبعثة .

وفي مؤتمر فينا ، فقد طرحت سويسرا تعديلا بصدد حظر أو تقيد استيراد الأشياء المخصصة للبعثة أو للمفوضين الدبلوماسيين والتي لا يمكن أن تكون ذات طبيعة اقتصادية أو مالية . وأن هذا الحظر يمكن أن يفرض على الأشياء حيث التهريب قد نص على حظرها من قبل تشريع الدولة المعتمدة لديها لأسباب أخلاقية ، أمنية ، صحية ، أو مخلة بالأمن العام . آلا أن هذا التعديل لم يتم الأخذ بة . ولكن لا يمكن القول بأنه قد تم رفض هذه الفكرة ، إذ أنه من المفروض الإقرار بحق الدولة المعتمدة لديها بخطر الأشياء المحرمة على أرضها من خلال تشريعها الوطني مثلما أنه ليس هناك ما يعارض حق أي دولة في منع استيراد المخدرات ، الأسلحة ، وأشياء خطيرة . أو محددة مثل الذهب الماس ، العملات ، العاج ، الأعمال الفنية ، التحفيات .. الخ .

هذه الحق يجد حدوده في التطبيق المعقول للنص في "الأشياء المخصصة للاستعمال الرسمي للبعثة " والتي يفترض المحافظة عليها ومهما كانت لأسباب . وهكذا ، فأنه من غير الممكن حظر دخول العملات الضرورية للبعثة في ممارسة وظائفها ، أو الأعمال الفنية، والتحفيات الضرورية لتزين مباني البعثة الدبلوماسية. ومن باب أولى فأنه ليس من الممكن أن نفرض على البعثة شراء الأشياء المحلية ، على سبيل المثال السيارات .

ولكن كثيرا ما تطرح المسألة الحساسة بصدد استيراد المشروبات الكحولية في الدول الإسلامية وقد سبق التطرق إلى هذه النقطة في الصفحات السابقة . إذ أن السماح بدخول كميات محددة للاستعمال الشخصي في البعثة خلال الاستقبال الخاص ومع نظرائهم من الدول الغربية ، أصبح من التطبيق المعقول والذي يتطابق مع القانون الدولي ، والمقبول من بعض الدول الإسلامية .

ولكن هذا الموقف لا يمكن أن ينسحب إلى دخول الكتب التي تمنعها الرقابة والخاصة بالدولة المعتمدة لديها . إذ أنه لا يمكن منع دخولها للبعثة (على سبيل المثال

أعمال لينين خلال الدولة السوفياتية السابقة ، أو جريدة وطنية ممنوعة محليا حيث يجب أن يقرأها إعضاء البعثة) ، ولكن ما يمكن خطره في ذلك هو توزيعها بشكل عام (وبهذا الصدد فقد حصل في ٣٠/ حزيران/١٩٧٧ في الرباط عندما تم حظر صحيفة اللوموند المؤرخة بنفس التاريخ .

وأن أهمية وحجم البضائع المستوردة يتم تقديره حسب ضرورات البعثة وبهذا الصدد فأن وجهة نظر البعثة لها الأولوية لا بل نهائية. ويمكن طرح مسألة المواد المتعلقة ببناء السفارة. والسؤال الذي يطرح: هل للسفارات الحق بالاستثناءات الكمركية بالنسبة لمواد وتجهيزات البناء المرسلة لها ؟ أن المجلة السويسرية للقانون الدولي (RHDI) في عددها الصادر عام ١٩٧١ ، وفي صفحة ١٦١ ، قد أجابت عن هذا السؤال بشكل سلبي متمسكة بحقيقة أن هناك تعديلا بهذا الاتجاه قد رفض في مؤتمر فينا لعام ١٩٦١ على أثر المعارضة التي أثيرت في المؤتمر . ولكن هذا الدليل لم يكن باطلا .

والرسوم التي تعفها منها المنتجات هي "الرسوم الكمركية ، الضرائب والأجور الأخرى الملحقة غير مصاريف الشحن والنقل والنفقات المتعلقة بالخدمات المشابهة .

وهل من الممكن الاعتقاد بأن المادة (٣٦) يجب أن تتسع مع مراعاة المعاملة بالمثل؟ أثناء مناقشات مؤتمر فينا لعام ١٩٦١ فقد طرحت فرنسا تعديلا (L 222/1) الذي أدخل هذه الكلمات بشكل خاص إلى الفقرة الأولى . آلا أن هذا النص رفض من قبل ٣٨ صوتا ضد ١١ صوتا ، و٢١ دولة امتنعت عن التصويت . وقد أجاب هذا المقترح عن الممارسة البلجيكية بهذا الصدد . وقد كان للجنة المنعقدة رأيا بأنه هناك ما يقضى بإيجاد كقاعدة أعفاء في القانون الدولي للرسوم الكمركية في إطار المعاملة بالمثل .

وأن الموقف الحالي للحكومة البلجيكية ينصب في خضوع الإعفاء إلى مبدأ المعاملة بالمثل . إذ أن المادة (٣٤) من القرار الوزاري في ١٧ شباط ١٩٦٠ قد نصت فيما يتعلق بالبضائع المخصصة للاستعمال الرسمي للبعثات الدبلوماسية :

- الفقرة الأولى. الحصانة الشاملة بهذه البضائع(بما فيها المواد وأجهزة البناء أو التصليح).

- يجب على رئيس البعثة الإعلان بأن هذه البضائع موجه للاحتياجات الرسمية للبعثة الدبلوماسية ".

وبدون شك ، فأنه يمكن اعتبار مشكلة المعاملة بالمثل بأنها مشكلة مصطنعة ، لأن التزامات المادة (٣٦) تفرض نفسها أيضا على كل الدول الأعضاء في اتفاقية فينا . وهذه لم تكن أبدا الحالة ، لأن ممارستها تظهر ثانية كوسيلة للعقاب في حالة انتهاك أحد أعضاء هذه الاتفاقية لالتزاماتها . وهل من الممكن تعليق تطبيق المادة (٣٦) بصدد

المخالفـة ، أو في مخالفتهـا ؟ أن هـذا السـؤال سـوف يـتم الإجابـة عليـه في الفصـل الخـاص بعقوبات انتهاك القانون الدبلوماسي .

ثانيا : الحصانات المالية

أ . الإعفاء الضريبي لمباني البعثة

أن الإعفاء الضريبي للمقر الدبلوماسي قد تم النص عليه في الفقرة الثالثة والعشرين مـن اتفاقية فينا :

" ١ – تعفى الدولة المعتمدة ورئيس البعثة من كل الضرائب والعوائد العامـة والإقليميـة والبلديـة ، وبالنسبة لمبـاني البعثة التي تمتلكهـا أو تسـتأجرها ، عـلى شرط آلا تكـون هـذه الضرائب والعوائد مفروضة مقابل خدمات خاصة .

٢ – أن الإعفاء الضريبي المنصوص عليه في المادة المذكورة لا يطبـق عـلى الضرائـب أو الرسـوم إذا مـا كان تشريع الدولة المعتمدة لديها يفرضها على الشخص الذي يتعامل مع الدولة المعتمدة أو مع رئيس البعثة ."

وبهذا الصدد فان القانون الـدولي قـد انشـأ بشـكل بطـئ جـدا لأنـه في عـام ١٨٩١ فـأن Law officers of Crown ، على الرغم من المسعى الجماعي من قبل الهيئات الدبلوماسية ، فأن هذا القانون أنحاز إلى أن المقرات الدبلوماسية كانت معنية بالضرائب المالية . وهذا الإعفاء قد تم النص عليه مـن خلال المادة (١٨) لاتفاقية هافانا ، ومن خلال الاتفاقيـات الثنائيـة العديـدة المؤسسـة عـلى المعاملـة بالمثل . وقد تم تسوية هذه المسألة بشكل شامل من قبل المادة (٢٣).

ولكن من الذي يتم إعفاءه ؟

الدولة المعتمدة بالنسبة لمقر البعثة ورئيس البعثة بالنسبة لإقامتـه (مـثلما حددتـه المادة الأولى ، الفقرة ط من اتفاقية فينا) .

وأن هذا الإعفاء لا يمتد إلى المباني التي يقيم فيها المفوضين الآخرين مـن البعثـة، حتـى وأن كانت ملكيتها عائدة للدولة المعتمدة . وهو الموقف الذي اتخذته سويسرا ، وكذلك الولايات المتحدة . وعلى الأقل اتفاقية بهذا الخصوص ما بين الدولة المعتمدة والدولة المعتمدة لديها .

إذ سبق وأن قامت جمهورية ألمانيا الديمقراطية بعقد اتفاقية مـع الولايـات المتحدة في عـام ١٩٧٩ التي تتعلق بهذا الموضوع . وقد تم عقد اتفاقية جدا شاملة ما بين الاتحاد السوفيتي السـابق والولايات المتحدة في عام ١٩٧٨ في إطار الدولة الأولى بالرعاية .

والضريبة تفرض وبشكل طبيعي على الملكية . وإذا كانت الدولة هي المالكة ، فأنها ستكون معفية منها . وإذا كانت الدولة مستأجرة للمبنى ، فان الملكية الخاصة لا تستفيد من ذلك ، ولا تستفيد الدولة أيضا من أي إعفاء ، ويجب استيفاء الرسم . وهذا ما نصت عليه ، لغايات أخرى ، المادة ٢٣ ، الفقرة الثانية من اتفاقية فينا . وقد أخذت بهذا الرأي وزارة الخارجية الكندية .

وحسب نصوص عقد الإيجار ما بين المؤجر (الخاص) والمستأجر (الدولة المعتمدة) فأنه من المقرر بأن الضريبة العقارية تدفع من قبل المستأجر . وسبب هذا الدفع نجده في أحكام القانون الخاص والذي لا يعني الدولة المعتمدة لديها . ولم تكن هذه الأخيرة تمارس عملا من أعمال السيادة فالضريبة يفترض أن تدفع ليس كأنها ضريبة ، ولكتها بصفتها جزء من مبلغ الإيجار . وهو الموقف الذي سبق وأن أكدت عليه لجنة القانون الدولي (كما جاء في سنوية لجنة القانون الدولي لعام ١٩٥٨ ، الجزء الثاني ، صفحة ٩٩) .

ولهذا ، فأن الإعفاء يشمل كل الضرائب والعوائد المتعلقة بمباني البعثة شرط آلا تكون هذه الضرائب أو العوائد مفروضة مقابل خدمات خاصة . والاختلال ما بين المفهومين بعيد من أن يكون محددا ومنتظما في القانون الداخلي ، وهكذا وحسب منشور الشؤون الخارجية Foreign office لعام ١٩٦٦ ، فأن بريطانيا تعتقد بأن الضريبة تفرض عندما لا يكون هناك " عنصر ربح " ، وكذلك في المجال التعليمي ، والبوليس ، والحمامات ، والمكتبات العامة ، والمقابر ، والصحة العامة . وبالمقابل ، هناك عنصر ربح ومن الممكن فرض الرسوم على مياه المنازل ، والإطفاء وجمع النفايات والطرق ، والطرق السريعة (بما فيها الصيانة ، الترقيم ، النظافة ، والإضاءة) وساحات الوقوف العامة والصحة العامة .

وقد جرت العادة بأنه يوجد اتفاق بان المعاملة (تجارية) المتعلقة بالمباني الدبلوماسية معفية من رسوم التسجيل ، وقلم المحكمة (كاتب العدل) ، والارتهان، ورسم الطابع (Stamp duties)

.

وفي الواقع ، فان نص المادة ٢٣ يبدو نصا واضحا حول هذه النقطة : الإعفاء يطبق مهما كان الأصل الوطني ، الإقليمي أو المحلي للضريبة .

والحالة المشهورة في كندا هو ما أصدرته المحكمة العليا في الثاني من نيسان ١٩٤٣ حول (Foreign legations and high commissioner's residence) . وهناك مثال أخر كندي يتعلق بالضريبة البلدية لإنشاء ساحة عامة حيث حاولت مدنية اوتاوا

فرضها على البعثة الكويبية .

وفي بلجيكا ، فأن الوضع متغير خلال الأربعين سنة الأخيرة مثلما أن الضريبة نفسها قد تغيرت . وبهذا فأن الدول الأجنبية خضعت مبدأيا إلى ضريبة غير المقيم بسبب الإيرادات العائدة أو التي جمعت في بلجيكا ، إيرادات وعوائد رأسمال ، والممتلكات العقارية ، وفوائد ، وأرباح العوائد في تدخل مؤسسات الدولة البلجيكية وإيرادات مختلفة منصوص عليها في المادة ٦٧ من القانون الضريبي حول الدخل وفي حدود احترام المادة ٢٣ من اتفاقية فينا ، فأن المادة ١٤٣ الفقرة الأولى من القانون الضريبي حول الإيرادات التي تتمتع بالحصانة وتحت شرط المعاملة بالمثل ، والإيرادات من الملكيات العقارية المنفذة من قبل الدول الأجنبية في منشآت بعثاتها الدبلوماسية ، والمقرات القنصلية أو المراكز الثقافية ولا تخضع العمليات ذات طبيعة ربحية .

وان الاتفاقيات المتعلقة بازدواج الفرض الضريبي تبدو من شأنها أن تلعب دورا بصدد ذلك . والتشريع البلجيكي لا يعترف بالمستأجر كمدين بلجيكي لاقتطاع أجر عقاري . وبناء عليه ، فإذا كانت الدولة الأجنبية مستأجر فأنها لم تكن مدينة بالضريبة ، وإذا كانت مالكة ، فانها معفية من ذلك .

ب . الإعفاءات الضريبة الأخرى للبعثة

من خلال المعاملة بالمثل ، فأن هناك إعفاءات ضريبية مختلفة قد تم منحها للبعثات الدبلوماسية لاستعمالاتها الرسمية .

- ضريبة المرور على السيارات والشاحنات .
- ضريبة على القيمة المضافة .
- ضريبة على الوحدات الأضائية الزائدة .
- ضريبة مشابهة للطابع حول عقود التامين فقط ضد الحوادث التي تحصل على مباني البعثات أو أقامه رئيس البعثة .

وقد نصت المادة (٢٨) من اتفاقية فينا كالآتي : " تعفى الرسوم والضرائب التي تحصلها البعثة من أعمالها الرسمية من أي رسم أو ضريبة ".

وما يقصد بالرسوم والضرائب التي تحصل عليها البعثة من منح تأشيرات الدخول ، وتصديق الوثائق ، والتأيدات المختلفة ، وأعمال تحرير المواثيق ، أو أعمال إصدار بطاقات الهوية وأي خدمات أخرى تقدمها البعثة للجمهور . وأن هذه الإيرادات تتمتع بالحصانة .

الفصل السابع
الحصانة القضائية

مقدمة :

عندما تتورط البعثة الدبلوماسية في دعوى قضائية ، فأن السؤال هل يتعلق بحصانات الدولة أو الحصانات الدبلوماسية ؟

وفي الواقع ، فأن هذه المسالة جديرة بان تدرس لأن التطبيق الحالي يبدو تطبيقا غير متجانسا . إذ أن الأحكام القضائية تقدم حلولا مختلف عليها . وإزاء الدعوى القضائية التي تتورط فيها السفارة ، فأن المحاكم تعلن أما اعدم اختصاصها في الإسناد إلى الحصانة القضائية للأشخاص أو للدولة بالنسبة للتصرف jure imperii ، وأحيانا ذات اختصاص في الاستناد إلى التصرف Jure gestionis . ويمكن أن نجد أيضا متغيرات أخرى التي سوف يتم التطرق أليها لاحقا .

وفي الواقع ، فأن اتفاقية فينا لم تنص بشكل محدد بالحصانة القضائية للبعثة ، وذلك الذي أدرك ، كما لوحظ ، هو أن البعثة لا تتمتع بأي شخصية قانونية متميزة عن تلك التي تتمتع بها الدولة . والاتفاقية لا تنظر آلا في الحصانة الشخصية للمفوضين الدبلوماسيين ، وأنها لا تعالج الحصانة القضائية للدولة . ومن الصعب القول لا شيء حصل في هذا الخصوص ، في عام ١٩٦١ . إذا لم يوجد إشارات في أعمال لجنة القانون الدولي ، فأنه يمكن الافتراض بأن الفرصة لمثل هذا الأدراج كان يمكن أن تبرز بشكل قابل للنقاش .

وفي الواقع ، وفي تلك الفترة ، فأن الدول المغلوبة من خلال أغراءات التميز العمل السيادي - والعمل التنظيمي ، بقيت دولا قليلة . وان أغلبية الدول بقيت أمنية إلى نظرية الحصانة المطلقة للدولة . وهؤلاء الذين تبنوا التميز عملوا بشكل مشوش . وفي اكثر الأحيان وقد طغى معيار القصدية أو التكيف ، ولم يكن آلا جزئيا، من أجل حماية النشاط الدبلوماسي للدولة والذي يعتبر من أعمال السيادة العادية .

وعليه ، فإن التطبيق القضائي تخلص بشكل خاطئ من بعض التصورات القديمة لنظرية الامتداد الإقليمي للسفارات التي تحمي النشاط المتعلق بالدولة والتي تعينها . وان الصورة قد تغيرت بشكل واضح اليوم . إذ أن أغلبية الدول الغربية

الكبرى قد إنظمت ، تشريعيا أو لصالح التطور القضائي ، إلى نظرية الحصانة القضائية المقيدة (كندا ، الولايات المتحدة الأمريكية ، فرنسا ، بريطانيا ، ألمانيا الغربية .. الخ).

وان اتفاقية بال Bale لمجلس أوربا الموقعة في ١٦/أيار / ١٩٧٢ حول حصانة الدول قد تبنت (لقد تم المصادقة على الاتفاقية في الأول من آذار / ١٩٩٣ من قبل ألمانيا ، النمسا ، بلجيكا ، قبرص ، لوكمبورغ ، هولندا ، سويسرا ، بريطانيا) نظاما وضع قائمة تحديدية في الحالة التي تصرف فيها الدول المتعاقدة النظر عن الحصانة القضائية . أي ما يقصد بالنشاطات الأساسية jure gestionis المعفية من التطبيق : عقد الاستخدام ، الجمعية ، العمل ، العقد التجاري ، نشاطات متعلقة بالحقوق العينية ، الميراث ، والمسؤولية بالنسبة للسلوك الخطر ، الخ .

وقد تم تبني نفس الأسلوب الإجرائي من قبل مشروع المواد التي تم إقرارها بشكل مؤقت في القراءة الأولى للجنة القانون الدولي وذلك في التقرير الصادر عن اللجنة في عام ١٩٨٦ . وفي هذه الشروط ، فان المسالة التي يمكن الالتفاف عليها هي كالأتي : هل يمكن اعتبار بأنه عندما تلتزم البعثة الدولية في علاقة متعلقة بالعمل التنظيمي ، فأن الدولة لا تستفيد من أية حصانة قضائية ؟

في الواقع ، فأن الفرضية تبدو عادية للغاية : إذ انه يكفي في الإشارة لقضايا الإيجار ، والملكية ، وعقود الشراء والبيع ، الخ .. ، عقود الخدمات ، التركات ، والهيئات ، وقضايا المسؤولية المدنية (ولا سيما على أثر حوادث المرور) . وبهذا الصدد ، فأننا سنتطرق إلى الحلول القضائية قبل الحلول التعاقدية .

القسم الأول : الحلول القضائية

أن ما طرحناه هو الفرضية حيث البعثة التزمت بفعل تنظيمي والذي يطرح مسالة فيما إذا كانت هذه الحالة ينجم عناه فقدان الحصانة القضائية للدولة . وهناك فرضيات مختلفة.

١- الفرضيات التي تقر بأن القرارات تمنح الحصانة على قاعدة مفهوم الحصانة المطلقة، وهو ما أقرت به المحكمة العليا في شيلي في ٣/أيلول / ١٩٦٩ ، والمحكمة العليا لجمهورية كرواتيا في يوغسلافيا في ٣٠/آب/١٩٥٨ .

٢- الفرضيات حيث القرارات التي تعتبر بأن الفعل قد نفذ في إطار Jure imperii وتمنح الحصانات على كل حال كتحصيل حاصل .

لقد أنشأت الأحكام القضائية لمحكمة التميز الإيطالية بصدد علاقات الاستخدام التي اعتبرت كجزء من نشاط الدولة الأجنبية في ممارسة وظائفها . وهذا ما أتضح بصدد القنصلية العامة البريطانية في نابولي في عام ١٩٨٦ ، وكذلك قنصلية جمهورية بنما في تموز / ١٩٧٧ وسفارة رومانيا في نوفمبر / ١٩٧٤ ، حيث قرارات المحكمة القضائية التي تم الالتزام بها .

وفي الواقع ، فانه يوجد ، فيما يتعلق بعلاقات الاستخدام ، قضية سابقة في التكيف بالنسبة لعدد من الأحكام القضائية الوطنية ، فأن بعض العلاقات تكشف عن النشاطات السيادي ، وبالنسبة لقسم آخر عن العلاقات الخاصة . وان طبيعة العلاقة ، الخاصة أو العامة ، يجب أن تسمح بـأجراء التميز الموضوعي ، ولكن ذلك يبدو بأنه لا يكون دائما المعيار الـذي تـم تبنيه مـن قبـل السلطة القضائية .

٣ - وتلك الفرضيات حيث القرارات تعتبر - خطأ أو صوابا - بأنه لا توجد حصانة لأنه هناك تنازل عنها .

وهذا الرأي أخذت به المحكمة العليا الدنماركية في ٢٨/أكتوبر/١٩٨٢ بصدد سفارة جمهورية جيكوسلفاوكيا السابقة .

وان هذه القرارات ثبتت ثلاثة حلول :

- الحلول التي تعتبر بأنه عندما يكون التصرف من نوع Jure gestionis ، فأنه ليس هناك حصانة حتـى وأن كانت القضية تتعلق بالبعثة .

- والحلول التي تعتبر بأنه عندما يكون التصرف خاص من خلال شكله ، وأنه Jure imperii من خلال " قصديته " أو " طبيعته " فيما إذا أرتبط بالبعثة .

- الحلول التي تخفف من قاعدة التصرف Jure gestionis في دراسة إذا كـان التصرف In concreto فـأن قرار رفض الحصانة يشكل عرقلة لنشاط البعثة .

وسوف يتم دراسة هذه المواقف الثلاثة بشكل تفصيلي :

أولا : القرارات التي تعتبر بأنه بمجرد قد نفذ الفصل مـن نـوع Jure gestionis فأنه لا توجـد حصانة قضائية حتى وأن كانت القضية تتعلق بالبعثة .

إذ أن هناك سلسلة من القرارات التي بلغت المنطق في التصرف jure gestionis تعتبر بمجرد أن يحصل هذا التصرف - والذي يمكن تحديده مـن خـلال " طبيعـة " أو " شكله " - فانه لـيس هناك حصانة . وفي هذه الرؤية ، لا طائل فيه للغائية " الدبلوماسية " للفعل أو التصرف.

أ . وبهذا الاتجاه ، فأنه يمكن ملاحظة العديد من القرارات فيما يتعلق بعقود أيجار المباني من خلال البعثات الدبلوماسية .

إذ أصدرت المحكمة الفيدرالية السويسرية في العاشر من شباط ١٩٦٠ فيما يخص سفارة الجمهورية العربية المتحدة (مصر) ، قرارا أعتبر بأنه " من أجل تميز الأفعال التنظيمية عن أفعال الحكومة ، فان القرار يجب أن يستند ليس على هدف الأفعال ولكن على طبيعتها ، ويدرس بهذا الصدد ، فيما إذا كان الفعل يتعلق بالسيادة العامة أو فيما إذا كان شبيه بالفعل الذي يمكن إنجازه بشكل خاص .

أن المساواة المطلقة للأطراف في العلاقة تبدو بالنسبة للمحكمة معيار محدد .

" في توقيع العقد ، فأنها تصرفت (الدولة المصرية) بنفس الأسلوب من أي شخص أجر مبنى للسكن فيه " .

وهذا ما حصل بالنسبة لقضية سفارة فيتنام الديمقراطية ، حيث أصدرت محكمة الاستئناف في كانتون برن في ٢٠ كانون الأول /١٩٨١ .

ب . ويمكن أن نشير أيضا إلى القرارات العديدة المتعلقة بعقود الاستخدام او العمل في البعثة. في بلجيكا ، في قضية Castan heira ، المكتب التجاري للبرتغال ، فان محكمة العمل في بروكسل في قرار لها في الأول من شباط ١٩٨٠ ، اعتبرت :

" بأنه في إبرام ، وانتهاء عقد الاستخدام ، فان المدعي عليه نفذ عملا للتنظيم الخاص ولا يمكن أذن أن يستند هنا إلى الحصانة القضائية " . والموقف نفسه لمحكمة العمل في بروكسل في قرار لها في ٢٥/أيار /١٩٨٣ في قضية Rousseau ، جمهورية فولتا العليا حيث المقصود فسخ عقد العمل مع سائق السفارة :

" أن العقد الذي يلزم كل الأطراف هو بدون أدنى شك محتمل ، عقد عمل للعمال ، انه علاقة في القانون الخاص الذي يربطهم ، وان طرف المدعي لم يقم بعمل الحكومة ، وتصرف كشخص مدني ، وليس للمحكمة السلطة في الدعوى ".

وقد أبدت محكمة العمل في بروكسل ، من خلال قرار غير منشور في ٦/نوفمبر/١٩٨٩ ، وجهة النظر بمناسبة فسخ عقد العمل ما بين سائق سفارة المغرب والسفارة . كما أن المحكمة الفيدرالية السويسرية تبنت نفس الموقف في ٢٢/ أيار / ١٩٨٤ في دعوى الدولة الهندية عندما يقصد بعقد العمل الذي التزمت به السفارة الهندية في جنيف مع مبرق لاسلكي . وقد استندت المحكمة حول فعل Jure gestionis لضمان اختصاصها . ودفعت بمعيار القصدية :

" لا يكفي في التأكيد بأن فعل تعهد البعثة يتعلق بالسيادة العامة للدولة المعتمدة ويستنتج من ذلك بأن التزام ملاك البعثة في هذه الغاية بشكل عملا منفذا " Jure imperii " وان نشاطات الدولة المعتمدة في الإقليم الأجنبي بشكل خاص ، لا يمكن أن تعرقل أبدأ من خلال خضوع الدعاوي الصادرة من مثل هذه العقود إلى السلطة القضائية للدولة المعتمد لديها ".

وفي النمسا ، حيث القرارات الصادر من المحكمة الدارية في ٢٩ نيسان / ١٩٨٥ ، وكذلك المحكمة العليا النمساوية حول عقد لمستخدم في القنصلية الفرنسية. وفي أسبانيا ، فقد تم اتخاذ قراران متشابهان من قبل المحكمة العليا ، حول عقد الاستخدام الذي أبرمته سفارة الإكوادور مع سائق في العاشر من شباط ١٩٨٦ ، وعقد الاستخدام الذي أبرمته سفارة جمهورية جنوب أفريقيا في الأول من كانون الأول / ١٩٨٦ .

ج . القرارات المتعلقة بمسؤولية الضرر

لقد أصدرت المحكمة العليا النمساوية في العاشر من شباط ١٩٦١ قرارا بخصوص الأضرار الناجمة لحادث مروري سببه ناقل البريد الدبلوماسي ، حيث أن المحكمة وضعت الفعل بالفعل الخاص من خلال طبيعته وهدفه .

د . وأخيرا القرارات التي تخص عقود الشركات والتي تعتبر كأعمال تنظيم ، وكأعمال ذات طبيعة خاصة . فلقد صدر قرار قديم في الخامس من كانون الثاني ١٩٢٠ من قبل المحكمة العليا النمساوية التي أبدت رأيها في هذا الاتجاه في قضية حصانات الدول الأجنبية بخصوص العقود الخاصة . ونفس الاتجاه أخذت به المحكمة الدستورية في ألمانيا الغربية في ٣٠ نيسان / ١٩٦٣ فيما يتعلق بقضية إمبراطورية إيران السابقة . ويقصد بالطلب الذي قدمته إحدى الشركات الخاصة بتسديد قيمة الأعمال الخاصة بإصلاح التدفئة المركزية للسفارات . ويمكن الإشارة إلى قضية Tsakos ، حكومة الولايات المتحدة الأمريكية حيث أصدرت محكمة العمل في جنيف في الأول من شباط ١٩٧٢ حكما اعتبرت فيه عقد الشركة لتنظيم أعمال معرض قد تم إنجازه ضمن إطار القانون الخاص وليس في إطار القانون الدولي.

ثانيا : القرارات التي تعتبر بأن التصرف يكون تصرفا خاصا من شكله ، وأنه Jure imperii من خلال " قصديته" أو " طبيعته" فيما يتعلق بالبعثة . فهذه القرارات ، وبالعكس عن تلك التي تم الإشارة أليها سابقا ، تعتبر بأنه من الضروري الأخذ بنظر

الاعتبار بمعيار القصدية لتحديد التميز ما بين فعل التنظيم والفعل السيادي أو الحكومة ، أو على الأقل بعض الغايات ، ولا سيما فيما يتعلق بالعلاقات الدبلوماسية. وقد أكد السير Hersch Lauter Pacht في دراسته التي نشرته الدورية البريطانية للقانون الدولي في عام ١٩٥١ عن مسألة الحصانات القضائية للدول الأجنبية ، حيث أنه التزم الموقف نفسه ، وكذلك اعتبر الأستاذ جان - فلافيات لاليف - Jean Flavien Lalive ، في محاضرته في أكاديمية القانون الدولي في ١٩٥٣ بأن خود الأفعال مثل أفعال الدولة :

" الأفعال المتعلقة بالنشاطات الدبلوماسية للدولة ، بهذا الشكل ، مجال الحصانات الدبلوماسية غير المنفذة بالمعنى الضيق ، مثلا الفعل القضائي المتعلق بأشغال المبنى من قبل البعثة الدبلوماسية للدولة الأجنبية سيتم اعتباره أمر مرفوض".

وهذا الأسلوب في الرؤيا كان قد تم تبنيه لفترة من قبل المحاكم الأمريكية قبل دخول الولايات المتحدة في ميثاق الحصانات الخارجية لعام ١٩٧٦ . إذ أن محكمة الاستئناف في منشورها الثاني في التاسع من أيلول ١٩٦١ قد قدمت قائمة تحديدية للأفعال العامة التي نجد بينها الأفعال المتعلقة بالنشاط الدبلوماسي . وقد تم العمل بهذا القرار حتى عام ١٩٧٦ .

في تطبيق هذا المبدأ واقعيا ، فقد اعتبرت مختلف القرارات بأن التأجير الذي يستخدم مباني البعثة أو القنصلية يسقط من الأحكام القضائية للمحاكم . في قرار للجنة التحكمية في روما في ٢٩ كانون الثاني ١٩٢١ في قضية Angelini ، الحكومة الفرنسية ، فأن المحكمة اعتقدت بأن الحصانة الدبلوماسية يمكن أن تثار فيما إذا رفض السفير أعادة تجديد الإيجار الذي وجد تبريره في حق ممارسة وظائف الدبلوماسية بحرية .

إذ أن محكمة الاستئناف في مدينة كولمار الفرنسية ، وفي قضية خاصة بالحكومة البريطانية ، أقرت أيضا بالحصانة على الرغم من أن فعل الإيجار الذي جرى في أشكال من العقد في القانون الخاص لأن الإيجار من قبل الحكومة الأجنبية للمباني السكنية والتي توضع تحت تصرف القنصل لاستخدامها كسكن خاص " يتعلق بوظيفة الخدمة العامة للدولة الأجنبية " . وأن محاكم فرنسية عديدة اتخذت المواقف نفسها ، وخصوصا في قضية القسم التجاري لسفارة فرنسا ، وذلك بموجب القرار الذي اتخذته محكمة الاستئناف في باريس في الخامس من حزيران ١٩٥٩ ، والتي أقرت بالحصانة القضائية .

وقد أعلنت المحكمة العليا في ستوكهولم في قرار صادر في الأول من آذار ١٩٥٧، بعدم

اختصاص المحاكم السويدية بسماع دعوى تمتد إلى تحديد شرعية صفة المالك على مبنى يستعمل من قبل البعثة الدبلوماسية . ويمكن الإشارة أيضا إلى بعض القرارات المتعلقة بعقود الاستخدام أو الخدمة والتي على الرغم من شكلها الخاص، اعتبرت ذات طبيعة عامة من خلال حقيقة أنها استعملت لخدمة البعثة الدبلوماسية.

والمعيار الوظيفي نفسه ، ولكن في أجزاء أكثر تقيدا ، قد تم التعبير عنه من قبل جان مونيه Jean Monnier في المذكرة النقدية للسنوية السويسرية للقانون الدولي بالأسلوب التالي :

" إذا عهدت الدولة لشخص بإنجاز عمل محدد ، كقاعدة عامة ، يمكن أن يعتبر من خلال طبيعته ، كعمل للتنظيم الخاص المشابهة إلى العمل الذي يمكن إنجازه من قبل شخص أخر ، وأنه لم يكن بالضرورة هكذا عندما يرتبط النشاط موضوع الخلاف بممارسة وظائف البعثة الدبلوماسية ".

وبين الوظائف الثانوية ، يمكن أن نميز تلك الوظائف التي تساهم في وظيفة السفارة (مثل موظف البرق) والعمال الآخرين (العمال في الحدائق ، التنظيف ..). ووجهة النظر هذه قريبة من الرأي الذي أبدته محكمة الاستئناف الإيطالية الذي تم الإشارة أليه .

ثالثا : القرارات التي تعدل قاعدة الفعل Jure gestionis في دراسة فيما إذا قرر رفض الحصانة لا يشكل عقبة أمام نشاط البعثة .

حول وجهة النظر الثالثة هذه، فأن الحصانة "الدبلوماسية" التي تحمي الأشخاص يجب أيضا ، أو بالأحرى ، أن تحمي الدولة . وبعض الأحكام القضائية تستند على المفاهيم القديمة مثل مفهوم نظرية الامتداد الإقليمي . وهو الموقف الذي تبنته المحكمة العليا في شيلي في قرارها الصادر في ٢٢/أكتوبر/ ١٩٦٨ الخاص بقضية السفارة اليوغسلافية.

وهناك من المحاكم التي تستند على اتفاقية فينا لعام ١٩٦١ في الرجوع إلى المادة (٣١) . إذ تم الإشارة فيما سبق إلى بعض هذه القرارات في نطاق المادة (٣١) الخاصة بالأشخاص وليس الدولة ، ولكنها تدل على الرغبة في منح الدولة أيضا الحصانة الدبلوماسية. وهو ما أخذت به المحكمة المدنية في بروكسل في قرار لها في ١١/آذار/ ١٩٨٢ خاص بالسفارة البرتغالية ، وكذلك ما أخذت به محكمة الاستئناف في مدغشفر في ٢٧/كانون الثاني /١٩٦٥ التي أكدت بأن المادة(٣١) لا تتعلق آلا بالمفوضين الدبلوماسيين.

وهذه المجموعة من القرارات قد أدت إلى تذرع الدولة بالحصانة المشابه إلى تلك التي يتمتع بها المفوض . أي تقريبا شبه مطلقة . أن تطبيق الاستثناءات المشابهة للمادة (٣١) سيكون تطبيق منطقي أحيانا حسب هذه المقدمات المنطقية .

في القضية المثارة بين الجمهورية العربية السورية وجمهورية مصر ـ العربية وجدت البرازيل نفسها بمواجهة هذا الوضع التالي : في عام ١٩٥١ اشترت الحكومة السورية مبنى في ريدوجانيرو لتشغلها بعثتها الدبلوماسية .

وفي عام ١٩٥٨ حدثت الوحدة الاندماجية بين مصر ـ وسوريا لتصبح الجمهورية العربية المتحدة (RAU) ولكن بعد الانفصال في عام ١٩٦١ ، فأن المبنى بقي مقرا للسفارة ومن ثم للقنصلية المصرية وفي عام ١٩٨١ فأن سوريا استدعت أمام القضاء جمهورية مصر ـ العربية والمطالبة بحيازة هذه الملكية العقارية. وإزاء ذلك فأن السلطات المصرية طلبت الحصانة القضائية. آلا أن سوريا استندت إلى الاستثناءات في المادة (٣١) (ولا سيما فيما يتعلق بالحق العيني) . وقد أعلنت المحكمة العليا عدم اختصاصها لأن الدعوى لم تستخدم التطبيق العادي للقانون البرازيلي المتعلق بالحقوق العينية . ولكن القضايا الحساسة في القانون الدولي العام المتعلقة بميراث الدولة .

وهناك من الأحكام الأخرى المدركة حسب الظاهر بأنه يوجد من طراز هذا المبدأ عدم أعاقة البعثة ne impediatur legatio ، يتعلق في توضيح بأن رفض الحصانة ليس تلقائيا بسبب التداخل مع عمل البعثة . وهذا ما يقصد به مثلا لمبنى أو أرض تم شراءها من قبل الدولة لسفارة ، ولكن ما زالت غير مخصصة لهذه السفارة . وهناك الكثير من الأحكام القضائية الصادرة في هذا المجال .

- المحكمة المدنية في روما في قرارها الصادر ٦/حزيران/١٩٢٨
- المحكمة المدنية في منطقة السين الفرنسية ، ٣٠ أكتوبر / ١٩٢٩ . " عند الاستماع.. فأن ذلك لم يكن حيازة لمبنى من قبل الدولة الأجنبية التي أنشأتها ipso facto بحكم الواقع ، لحساب هذا المبنى واستفادتها من نظرية الامتداد الإقليمي ، ولكن فقط - عندما يتم إنجازه - تخصيص المبنى لخدمات سفارة هذه الدولة .
- المحكمة المدنية المختلطة في القاهرة في ٢٩نيسان/ ١٩٤٧(الوزير اليوغسلافي المفوض في مصر ـ) . والمنطق نفسه بصدد المباني التي لم تخصص للبعثة الدبلوماسية .
- محكمة الاستئناف في أثينا عام ١٩٤٩ (قضية المفوضية الرومانية في اليونان) .

- المحكمة العليا للنقض في البرازيل ، في ١٠/ تموز / ١٩٥٩ (قضية اليابان) .
- المحكمة العليا في ألمانيا الغربية ، ٢٦ / أيلول / ١٩٦٩ (السفارة الهنغارية).

وبقدر ما أن هذه الحلول تبدو مقبولة ، ومنطقية ، فأن هناك المنطق نفسه ولكن بدون شك أكثر طرحا للنقاش عندما يعترض القاضي على الغاية الدبلوماسية لأشغال المباني لأن هذه الغاية سمة ليس للسفارة نفسها أو لمقر السفير ، ولكن تسكن العوائل وأعضاء ملاك السفارة . وحسب رأي القاضي فأنه ليس لهذا النشاط أي علاقة مع ممارسة سيادة الدول الأجنبية ، ولا ينتزع الحصانة .

وما يقصد بالاحداث الحقيقية ، تمتد إلى تحديد صفة الملكية ، فقد اعتبرت بعض السلطات القضائية بأن سلطتهم يمكن أن تمارس لأنها لا تتداخل مع الوظائف الدبلوماسية . وهذا ما ذهبت أليه أساسا المحكمة الفيدرالية في ألمانيا الاتحادية التي تبنت هذا الموقف في ٣٠/ أكتوبر / ١٩٦٢ ، وكذلك في ٣١/ كانون الثاني / ١٩٦٩ فيما يتعلق بالبعثة العسكرية اليوغسلافية .

واقعيا ، فأن ذلك يعني بالنسبة لهذه المحكمة ، بأن الدعوى القضائية في ذاتها لا تكن متداخلة مع عمل العثة ، ولكن نتيجتها المحتملة . ومن الممكن بأنه إذا ما حاولت هذه النتيجة تجريد الدولة من ملكيتها أو تلزمها بدفع المبلغ الإضافي من الثمن أو التعويض ، وأن ذلك سوف يشكل تداخل في العمل .

إذ أنه وبنفس الاتجاه ، في تطبيق المعيار نفسه فأن محكمة ميونخ في ١٩/كانون الأول ١٩٧٤ قد أعلنت عن اختصاصها بصدد عقد اللجنة المتعلق بمبنى القنصلية .

القسم الثاني : الحلول الاتفاقية

بهذا الصدد، في المجال الذي يثير اهتمامنا يوجد هناك اتفاقية المجلس الأوربي، وهي اتفاقية بال Bale في ١٦/آذار/ ١٩٧٢ ، ومشروع اتفاقية منشأه من قبل لجنة القانون لدولي.

أولا : اتفاقية بال في ١٦/آذار / ١٩٧٢

أن مشرعي اتفاقية الأوربية حول حصانة الدول قد أدركوا بالتأكيد لهذه المسألة لأنهم أدرجوا في الاتفاقية المادة (٣٢) حيث محتواها :

" أي نص في الاتفاقية الحالية لا يخل بالامتيازات والحصانات المتعلقة بممارسة وظائف البعثات الدبلوماسية والدوائر القنصلية وكذلك الأشخاص الذين يرتبطون بها ". وأن الشرح الذي جاء في التقرير التفسيري المرافق للاتفاقية قد أكد بأن " هذه

الامتيازات والحصانات تجيب عن الاهتمامات الأخرى من تلك التي تبرر الاتفاقية الحالية " وان " هذه الاتفاقية سوف لا تخل بها مباشرة أو بشكل غير مباشر " . وشرح المادة الخامسة تضيف ، فيما يتعلق بعقود العمل ، بأنه من جهة العقود التي يجب أن تنفذ لدى البعثات الدبلوماسية ، والدوائر القنصلية ، فأن المادة ٣٢ يجب أن تأخذ أيضا بنظر الاعتبار .

إذ أن محكمة الاستئناف البريطانية اعتبرت بأن للقسم ١٦ (الفقرة ١) أثر في منح الدول الحصانة المطلقة في السلطة القضائية فيما يتعلق بالاستخدام في البعثة الدبلوماسية . ولكن فيما يتعلق بالقسم ١٦ (فقرة ب) فأن محكمة الاستئناف ، والقسم المدني ، رفضت في ٢٠/آذار / ١٩٨٣ منح الحصانة لأن الشكل لا يرتبط " بالصفة أو حق الملكية " ولكن " للاستعمال " العادي للملكية من جهة ، ومن جهة أخرى فأن المباني لم تستعمل مهما يكن لغايات البعثة الدبلوماسية لأنه يقصد بذلك المقر العادي للدبلوماسي .

وأهمية هذه القضايا تكمن في أنها توضح بأنه لم يتم البت في هذه المسألة بشكل واضح في اتفاقية بال . وبالنسبة للأستاذ شارل - ماتياس كرافت - charles Mathias Kraft المختص في القانون الدولي الدبلوماسي ، ومن أجل المساهمة في تنفيذ الاتفاقية، فأن المادة ٣٢ تحمي أيضا البعثة وكذلك أعضاءها . إذ يجب ملاحظة العامل التالي :

" بينما أن مشروع الاتفاقية خضع للجنة الأوربية للتعاون القضائي في أيلول ١٩٧٠، قد تحدث عن الامتيازات والحصانات الدبلوماسية والقنصلية ، فأن النص الذي خرج من هذه أعمال هذه اللجنة رجع إلى " الامتيازات والحصانات المتعلقة بممارسة وظائف البعثات الدبلوماسية والدوائر القنصلية وكذلك للأشخاص الذين يرتبطون بها". وأن قسم القانون الدولي العام في الوزارة الفيدرالية للشؤون الخارجية السويسرية قد اتخذت هذا الموقف بنفس الأسلوب في الإعلان الصادر في ٢٣/آذار / ١٩٨٣ .

وهذا الإعلان أو الرأي لم يقنع المحكمة الفيدرالية السويسرية التي ، في قرارها الصادر في ٢٢/أيار/١٩٨٤ في قضية سفارة دولة الهند ، صنفت عقد الاستخدام بين أفعال Jure gestionis.

ثانيا:مشروع مواد لجنة القانون الدولي حول الحصانات القضائية للدول وممتلكاتها

في حالته الأخيرة (تقرير لجنة القانون الدولي حول أعمال اجتماعها ٣٨ في ٥/أيار / ١٩٨٦) فأن المشروع أحتوى المادة الرابعة " الامتيازات والحصانات غير المخصصة من

قبل المواد الحالية " حيث للفقرة الأولى المحتوى التالي :

" أن المواد الحالية لا تخل بالامتيازات والحصانات التي تتمتع بها الدولة فيما يتعلق بممارسة الوظائف :

أ . البعثات الدبلوماسية ، ودوائرها القنصلية ، وبعثاتها الخاصة ، وبعثاتها لدى المنظمات الدولية أو المؤتمرات الدولية الخ .

ب . الأشخاص الذين يرتبطون بها " .

في رؤيتها الأساسية ، فأن الفقرة الأولى نشأت من خلال الرجوع الواضح لمختلف الاتفاقيات الخاصة . وأن التحرير الجديد سمح بتأثير القانون الدولي العام أيضا . وحسب الفقرة الخامسة من الشرح التفسيري ،" فأن المادة تمتد إلى الاحتفاظ بالأنظمة الخاصة النافذة ، ولا سيما بصدد الأشخاص المرتبطين بالبعثات الذين تم ذكرهم . وفي الواقع ، فأن الحصانات التي يتمتع بها هؤلاء الأشخاص يمكن ، في التحليل الأخر ، أن تعتبر كحصانات الدولة ، لأنها تتعلق بالدولة وأن هذه الدولة يمكنها تلغي هذه الحصانات في أي لحظة ".

وفي مشروع المادة (١٤) المعنونة " الملكية " الحيازة ، استعمال الممتلكات " ، فقد قررت لجنة القانون الدولي التخلي عن المرجع الواضح للمباني الدبلوماسية الذي وجد في المشروع السابق من خلال تبني الفقرة الأولى من مشروع المادة الرابعة. هذا المرجع أحتفظ بحصانة الدول فيما يتعلق بالمصادرة، والحجز ، التنفيذ ، وحرمة المباني. وبالنسبة لنفس الأسباب التي تم توضيحها بصدد اتفاقية بال ، فأنه لا يمكن التصور بأن صياغة المادة الرابعة كافية لأزاحه الشكوك فيما يتعلق بالحصانة الدبلوماسية بحيث تكون هذه الطريقة جديرة بالاحترام ، وبهذا الصدد ، فأن لجنة القانون الدولي لا يمكن أن تسمح بنفسها بحل هذه المسالة من الأسلوب الوحيد في الإرجاع . إذ يجب أن تعالج القضية بعمق ، وخصوصا أن الأسلوب القضائي لا يطرح أي مشكلة.

القسم الثالث : أي حل جذري يفترض المطالبة به ؟

مثلما تم التطرق إلى التطبيق القضائي ، فانه من الممكن أن تطرح أربعة حلول . إذ أنه من المناسب تحديد أهميتها الاعتيادية .

أولا : الحل الأول

في حالة التصرف Jure gestionis ، ليس هناك حصانة

معتبرا بمجرد أن التصرف يتم تنفيذه في إطار Jure gestionis، ليس هناك من حصانة في السلطة القضائية حتى وأن كانت القضية تتعلق بالبعثة .

وإذا انطلقنا من وجهة نظر حصانة الدولة ، فأن وجهة النظر هذه لم تكن بدون منطق . أنها في خط مستقيم من الحركة التي تسعى إلى إخضاع الدولة للسلطة القضائية سواء كان الدولة الوطنية أو الدولة الأجنبية . ويمكن ملاحظة النتيجة لمختلف الأيديولوجيات المتنازعة : تراجع " العام " قياسا " للخاص " في التصورات السياسية ، نجاح أفكار الليبرالية . الجديدة ، التوسع في حقوق الإنسان ، وخاصة الحق لكل فرد مهما كانت قضيته التي يحاكم بموجبها .

وفي أغلب الأوقات ، فأن الدولة تثير حصانتها القضائية ليس لديها الرغبة في تسوية المشكلة بشكل ودي والطلب لا ينص على أي إمكانية في الفصل في قضيتها . إذ أنه ليس من المعقول ، حيث أنه ترتبط بالشكل الخاص للتصرف ، أن تميز هذا التصرف الذي تم تنفيذه أو لا في إطار النشاط الدبلوماسي . وأن تحريك معيار القصدية فأنه سيؤدي إلى تلغيم مفهوم فعل التنظيم .

لماذا يفضل هذا النشاط، وهذه القصدية (أو الغائية) أكثر من أي فعل أخر؟

في هذا الأطار ، هو ما يشكل في أغلب الأحيان نشاط البعثات فأنه يلاحظ وبأكثر وضوحا أفعال التنظيم : الإيجار أو شراء مبنى ، عقود الخدمات ، وعقود الاستخدام ، وعقود التجهيزات ، وعقود الشركة .. الخ . وأن تهربها من السلطات القضائية ألم يعوض مبدأ الاستفادة من الاستثناء ؟

وكما لاحظنا ، فأن وجهة النظر لا يمكن أن تكون بدون مزايا . والعيب الوحيد الذي يمكن أن نلاحظ ، فأنه يؤدي إلى حل يبدو متناقضا تماما فيما إذا انطلقنا من وجهة نظر الحصانات الدبلوماسية .

وفي الواقع فأنه من المناسب التذكير بأن مبارزي هذه الطريقة الأولى لم يعارضوا وجود وصيانتة الحصانات القضائية للأشخاص ، ما عدا أن تعتبر - والذي يبدو خاطأ بصراحة - بأنه ليس هناك حصانة شخصية عندما يكون المقصود بفعل الوظيفة والحصانة الشخصية تحصل أيضا بالنسبة للتصرف المنفذ في ممارسة الوظائف وكذلك بالنسبة للتصرف المنفذ خارج هذه الوظائف . (الاستثناءات المختلفة من استثناءات المادة ٣١ ، وكذلك المواد ٣٧ الفقرة ٢ ، ٣ المادة ٣٨ الفقرة الأولى المادة ٣٩ الفقرة الثانية

من اتفاقية فينا لعام ١٩٦١ ، المادة ٤٣ من اتفاقية فينا لعام ١٩٦٣ ، وهي المـواد التـي يمكن الإشارة أليها).

والذي يبدو صحيحا، هو عندما ينفذ التصرف في ممارسة الوظائف ، وأنه ينسب إلى الدولـة .

حيث أنه ، وما يؤكد عليه مشروع المادة ٧ فقرة ٧ من لجنة القانون الدولي :

" ... اعتبرت إجراءات الدعوى أمام محكمة الدولـة كإقامـة دعـوى ضـد دولـة أخـرى حتـى أقامت(...) ضد إحدى ممثلياتها بصدد تصرف منفذ لصفتها التمثيلية".

وينتج عن ذلك بأنه في كل مكان حيث يتصرف المفوض الدبلوماسي في ممارسة وظائفه والتي يحتمي بها ، وحتى في نهاية وظائفه (المادة ٣٩ من اتفاقيـة فينـا لعـام ١٩٦١) مـن خـلال الحصانة القضائية الشخصية ، وانه توجد إمكانية نظرية في ردها ضد الدولة بالنسبة للسلوكيات نفسها. وإذا لم تستطيع الدولة الإدعاء بحصانتها الخاصة في السلطة القضائية بالنسبة لهذه السلوكيات . فـأن ذلك يؤدي إلى الحل بأنه ليس هناك من حماية للبعثة إزاء التصرفات الوظيفيـة بينمـا الـدبلوماسي سيكون مسؤولا عن التصرفات غير الوظيفية وهكذا يمكن أن تكون الدولة محل مسـالة مـن خـلال حادثـة سيارة لمستخدم ، وبالنسبة لعقد الخدمة مع خادم في البعثة ، وبالنسبة لعقد شراء سيارة أو التجهيـز الإلكتروني للبعثة أو بالنسبة لعقد أيجار المقر الدبلوماسي ، بينما الدبلوماسي أو زوجته يستفيدون من الحصانة إزاء حادث السيارة خارجا عن الخدمة ، لعقد شراء جهاز تلفزيـون ، أو فيـدو شخصي ، أو معطف فرو ، وبالنسبة لعقد أيجار مسكن ثانوي ، أو بالنسبة لعقد خدمة مع عائلة تنظيف .

وأن ذلك قد أدى أيضا إلى عدم الاحتفاظ بالحصانة المدنية القضائية للمفوض آلا في معاملته التي كانت فيما سبق الأكثر جدلا : وهي التي تحمي التصرفات خارج عـن ممارسـة الوظائف . وإذا رغبنا في جعل الامتيازات والحصانات الدبلوماسية كريـه وفاضحة ، فأنه ليس بوسعنا الأخـذ بهـا . وفي هذه الحالة ، فأن الإسراف في هذه الامتيازات يمكن ان يـؤدي إلى إلغاءهـا مـن قبـل الـرأي العـام في الدول حيث أنه يوجد عدد كبير مـن الأشـخاص الـذين يستفيدون مـن الامتيـازات والحصانات . أن التوسع في عدد البعثات ، وازدياد الهيئات الدبلوماسية ، والتوسع في عدد أعضاء البعثات جعلت مـن المحاباة التي تتضمنها هذه الامتيازات مثيرة أكثر فأكثر .

وإذا أضفنا إلى هذا الاستخفاف لبعض المستفيدين من الحصانات الذين

تصرفوا بمواقف غير واقعية أو غير شرعية واختفوا في حماية هذه الامتيازات ، فأن ذلك يجعلنا أن نتفهم سخط الرأي العام . ان الاحتفاظ بالامتيازات بالنسبة للتصرفات الخاصة فقط بالدبلوماسيين سيكون بالأحرى متناقضا من التبرير الأخلاقي الوحيد والقضائي للامتيازات والحصانات الشخصية والذي يدعي بأنها منحت بصفة شخصية ، من اجل عدم إعاقة البعثة (ne impediatur legatio) .

في كتابه " القانون الدولي العام " فان دوفاتيل (Devattel) الصادر في باريس ١٨٣٠ ، فأنه برر الامتيازات الممنوحة للدبلوماسيين بهدف الوظيفة ، حيث أن " القانون الدولي العام نفسه الذي أجبر الأمم على الاعتراف بالوزراء الأجانب والزمها صراحة باستقبال الوزراء مع كل الحقوق التي تبدو لهم ضرورية ، وكل الامتيازات التي تضمن ممارسة وظائفهم ".

أن ديباجة اتفاقية فينا لعام ١٩٦١ كانت واضحة في هذا الصدد :

" أن الدول الأطراف في الاتفاقية الحالية على يقين بأن الغرض من الامتيازات والحصانات ليس هو تميز أفراد بل هو تأمين الأداء الفعال لوظائف البعثات الدبلوماسية كممثلة لدولها ".

والحقيقة هو لا جدال بالنسبة للامتيازات والحصانات الشخصية الممنوحة لتصرفات الوظيفة أو ratione materiae . ولكن دوفاتيل قد أكد أيضا بالنسبة للتصرفات الخاصة للدبلوماسيين بدون أي علاقة مع وظيفة . وفي استنتاجاته المتطابقة أمام محكمة التميز في فرنسا ، فان المدعي العام قد اعلن مبررا الحصانة القضائية للدبلوماسيين إزاء تصرفاته الخاصة :

" في كل مرة يتصرف فيها المندوب الدبلوماسي كشخص خاص ، فانه سيخضع للمسألة القضائية للمحكمة الفرنسية ، وان غرائمه الذين سيطاردونه ويمكن أن يعرقلوا ، سواء كان من خلال الاستدعاءات أو الدعوى الخاطئة ، ممارسة مهمته ، مما يؤدي إلى السقوط في العقبة التي يدعو القانون الدولي العام لتجنبها : "ne impediatur legtio " وقد اعتقدت أيضا المحكمة الدستورية الإيطالية بأن الحصانة القضائية للمفوضين الدبلوماسين إزاء التصرفات المنفذة من قبلهم خارجة الممارسة لوظائفهم ترتكز على القاعدة العرفية للقانون الدولي (ne impediatur legotio) ، وذلك في قرارها الصادر في ١٨ تموز / ١٩٧٩ . ويؤكد الأستاذ الفاضل تركي بان الفقيه

دوفاتيل قد أيد بإعفاء الدبلوماسي من امتيازاته وحصاناته " إذا كانت الأعمال الخاصة التي يقوم بها الممثل لا تتعلق بوظيفته الرسمية ، فأنه لا يتمتع فيما يخصها بامتيازاته المعتادة . فأذا قام الممثل بأعمال تجارية ، فأن البضاعة والأموال النقدية والديون المختلفة والخلافات الناشئة والقضايا المرفوعة تعتبر جميعها من صلاحيات المحاكم المحلية".

أن الحصانات الشخصية التي منحت لصالح الوظيفة وليس للفائدة الشخصية للمستفيد تجد البرهان الاضافي في القواعد المتعلقة بالتنازل عن حصانات السلطة القضائية للمفوضين : وفقط الدولة المعتمدة يمكن أن تتنازل عنها .

وفي قرارات عديدة للمحاكم الفرنسية،أكدت بأنه من غير الممكن بالنسبة للمفوض الدبلوماسي أن يتنازل عن حصانته بدون ترخيص مؤكد ومنتظم صادر من حكومته ، وهو ما أصدرته محكمة باريس في ٦/آب/١٩٠٨ ، وكذلك محكمة السين في ٤/نيسان/ ١٩٠٦. وكذلك الاتفاقية ما بين دول أمريكا اللاتينية في ٢٠/شباط ١٩٢٨ ، وهافانا .

وقد أعلنت المحاكم الفرنسية في عدة قضايا، بأن "حصانة المفوضين الدبلوماسيين لم تكن لشخصيتهم ولكنها خاصية وضمان للدولة التي يمثلونها"، وأن "تنازل المندوب ليس له أثر إذا لم ينتج " عن دعم لإلغاء حصانته ، ترخيص صادر من حكومته ".

وفيما إذا أتبعنا الحل الأول ، هل يمكن ان يؤدي إلى حماية التصرفات الخاصة للمفوضين - زاعما بعدم أعاقه عمل البعثة - ويسمح بالمقابل بسحب الدولة المعتمدة إلى العدالة إزاء كل التصرفات الرسمية لبعثتها ؟

أن ما طرحه فقهاء القانون الدولي ، والدبلوماسي حول هذه المسائل لا يمكن أن يعتقدوا بذلك ، وخاصة فليب كاييه Philippe Cahier في كتابه القانون الدبلوماسي المعاصر / جنيف ١٩٦٢.

ثانيا : الحل الثاني

التصرف الخطر Jurei-mperii من خلال قصيدته او طبيعته الدبلوماسية

يعتقد بأنه من المفروض منح الحصانة بشكل مطلق طالما ان التصرف يخص البعثة وفي الاخذ بنظر الاعتبار بأن التصرف حيث يبدو تصرفا خاصا من خلال شكله، وعاما من خلال "قصيدته " او "طبيعته" الدبلوماسية .

ومثلما الحالة بالنسبة للحل الثالث ، فأن ذلك يتمثل في وجود القاعدة الأخرى

من القانون الدولي - مبدأ القانون الدولي ne impediatur legatio - التي تبرر هذا الاستثناء ، والاختلاف مع الحل الثالث هو في التصور الذي حصل للتصرف المعيق او عرقلة البعثة. ويعتقد بأن التصرف يتم مقاضاته هو التصرف الذي يمثل عرقلة البعثة ، وهنا ما هو صحيح بالنسبة للدبلوماسيين يجب ان يكون بالاحرى صحيحا بالنسبة للدول ، وهذه الظاهرة خضعت للملاحظة الموفقة لمحكمة الاستئناف في بروكسل في عام ١٨٤٠ في قضية المؤسسة العامة للتجهيز الصناعي الوطني ، والمحكمة الهولندية والحكومة البلجيكية :

((بما ان ... الحصانة ... يجب ... ان تمتد الى كل الدعاوى القضائية المقامة على السفراء ، حيث النتيجة يجب ان تعيقهم من اجل التفرغ الملائم للقضايا التي تكلفوا بها ويكرسوا لها الوقت الضروري :

وبما انه ... حيث المفروض التمسك مع السلطات الاكثر خطورة من حصانات السفراء التي هي نتيجة للطبيعة التمثيلية التي يوظفونها ويريدونها الى استقلالية الدول التي من المفروض ان تتصرف من خلال وزيرها المفوض :

وبما ان مباديء القانون الدولي العام المطبقة على السفراء حيث تم منحهم الرفعة العليا بواقع الدول التي يمثلونها))

في هذا التصور ، فقط الحماية الفعلية هي التي يمكن ان ينص عليها ، ولا يسمح لأي دعوى قضائية حيث تتهم فيها البعثة وحيث يتوجب على البعثة ان تقدم كشفا امام القاضي عن نشاطاتهم الرسمية .

وهذا التصور جعل ومن وظيفة البعثة معيار الحصانة ، وان هذا التصرف سواء اكان تصرفا للتنظيم او تصرفا في اطار السيادة ، وقد حظى بان يوافق حصانة الدولة بهذا العدد من تلك الحصانة المعترف بها للأشخاص ، ازاء تصرفات الوظيفة ، بموجب اتفاقية فينا لعام ١٩٦١.

ويمكن التساؤل فيما اذا لم توافق لجنة القانون الدولي صراحة بوجهة النظر المشابهة عندما يتم تبني تقريرها حول اعمال اجتماعها الرابع والثلاثون حيث معيار " السيادة الخاصة " او الرسمية للنشاط ration materiae)) .

أن الدعاوي المقدمة ضد هؤلاء الممثلين او مفوضي الحكومات الاجنبية بسبب

تصرفاتهم الرسمية هي بالنتيجة دعاوي ضد الدولة التي يمثلونها ، والدولة الأجنبية ، التي تتصرف من خلال ممثليها ، تتمع بالحصانة Ration Materiae ، وان هذه الحصانات التي توصف Ration Materiae ، فأنها منحت لصالح الدولة . والحقيقة فأن الوظائف الرسمية للمثلين الدبلوماسيين المعنيين لم تكن نفسها او في نهاياتها ، وليس لها أي تأثير . وهكذا ، فأنه ليس من المكن اقامة الدعوى ضد الممثل السابق للدولة الاجنبية بسبب العمل المنفذ من قبله في ممارسة وظائفه الرسمية . وحصانة الدولة تستمر عندما تنتهي اعمال البعثة او المكلف المعني بها ، ويبدو الأمر كذلك ان الحصانة المطروحة ليس فقط مرتبطة بالدولة ، ولكنها ايضا مؤسسة على السيادة الخاصة او الرسمية في المجال الذي يقصد به حصانة Ration Materiae .

وعليه ، فأنه من المفروض عدم عرقلة الدعوى المقامة ضد الدولة فيما اذا كانت الدعوة لا تتعلق بالبعثة ، ولكن نشاط آخر يخص الدولة المعتمدة ، وان رئيس البعثة لم يكن الوسيط adlitem للدولة .

الحل الثالث :

قاعدة ne - impediaturlegatio عدم أعاقة البعثة

يعتقد بأنه ليس من المفروض منح الحصانة إلا في الحالة التي تعرقل فعلا وظائف البعثة ، قاعدة ne - impediaturlegatio ، حسب وجهة النظر التي يتبناه قاضي الدولة المعتمدة لديها ، ومن خلال الأمثلة التي طرحت سابقا ، فأنه يمكن ان نعتبر بأن هذه الطريقة التي يمكن ان تبدو منطقية للوهلة الأولى ، تفتح الباب للشك الكبير في ترك التوصيفات الى تقدير ضمير القاضي .

ومن خلال التطبيق ، كما رأينا في كل مناسبة ، فانهم لم يعتبروا الدعوى المقامة هي في ذاتها عقبة ، وهذا الذي يشكل منطقا في الحصانة القضائية الشخصية، وانهم يدرسون اذن الحالة الظاهرة ليطلقوا لسلطاتهم التقديرية لتحديد :

أ. هذا الذي يعرقل كل قرار يتعلق بالحق العيني او بالإيحاء سوف لا يكون تصرفا معينا ما عدا اذا عطل فعليا حق التملك ، وباختصار فانه ضمان ضد نزع اليد الوحيدة ، ولكن هل يكون ذلك في الحصانة القضائية أو في حصانة التنفيذ ؟

وبهذا الصدد وبشكل عرضي ، الحقيقة ان نزع اليد لا يمكن ان يتحقق عن

طريق القوة إلا في انتهاك حصانة التنفيذ ، وان الدعوى في المسؤولية التعاقدية سوف لا تكون معرقلة .

وعلى الرغم من ندرة او أن صح التعبير وجود مثال على ذلك ، فأنه لا يمكن الافتراض بأنه سوف يعتبر " كمعرقل " الدعوى التي تنطوي على اكراه أو أحر أو " نتيجة مسبقة خاصة " .

ب. من أجل تحديد ذلك الذي تنتظره من " البعثة " . وهكذا ، كما لاحظنا ، فأن بعض القرارات ترى بأنه ليس هناك من علاقة ما بين السكن الشخصي والبعثة. وعلى كل حال ، فأن هذا الحل الثالث يبدو بالنتيجة نادرا ما يحظى بالاهتمام . وعليه فأنه يمكن الصياغة الأقل خطورة فيما اذا تم ترك التوصيفات الى الدولة المعتمدة .

رابعا - الحل الرابع : رفع الحصانة :

بدون شك فأنه يمكن القبول بالصيغة التي في احتفاظها بشكل مطلق بالحصانة القضائية ازاء كل دىوى تتعلق بنشاط البعثة قد نصت بأن الدولة سوف ترفع هذه الحصانة في كل مرة ترى ذلك ضروريا حسب تقديرها ، وأن الحصانة يمكن ان ترفع بدون أن تعرقل وظيفة البعثة .

وبهذا يمكننا القول بان سابقة الامم المتحدة والمؤسسات الخاصة لم تكن مشجعة، ولكن الأهمية لم لا تكن في ايجاد المناخ لحجم الاسراف ، وفي استلهام الاتفاقية حول الامتيازات والحصانات للأمم المتحدة ، وتلك التي حول الامتيازات والأمتيازات والحصانات للمؤسسات الخاصة ، فأنه يمكننا التساؤل فيما اذا لم يتوجب على الدول ان تنص على احكام من هذا النمط . يجب على الدول الأجنبية ان تنص عن طرق التسويات الخاصة ازاء :

أ- الاختلافات بصدد العقود او الاختلافات الأخرى في القانون الخاص والتي تتورط فيها البعثة .

ب- الاختلافات التي يتورط فيها اعضاء ملاك البعثة الذين يستفيدون من الحصانة القضائية فيما اذا لم يتم رفع هذه الحصانة .

الحد من الاسراف في ممارستها ، ألم يكن الأسلوب الأفضل للأحتفاظ بوجود الحصانة القضائية ؟ .

الجزء الثالث

الامتيازات والحصانات الشخصية

الفصل الأول

حرمة الطاقم الدبلوماسي والممتلكات

القسم الأول :

حرمة الطاقم الدبلوماسي

أولا : التطور التاريخي للمسألة .

على ما يبدو فإن حرمة طاقم المعتمدون الدبلوماسيون تمثل قاعدة شاملة معترف بها والتي تشكل جزءا من العرف الدولي . ومن خلال الحرمة ، فإنه يفهم بأن المعتمد الدبلوماسي لا يمكن أن يخضع للإجراءات التي تعتبر إجراء قسري مباشر : أي ضرر لا يمكن أن يقام على حريته من قبل السلطات أو مواطني الدولة التي يعتمد لديها ، وأنه لا يمكن أن يخضع لا للضغط ولا للاعتقال ، أو الحجز ، أو الإبعاد أو التسليم .

بدون الغوص في العصور القديمة ، فإن هناك العديد من النصوص المهمة في العصور الوسطى التي نصت على حرمة المبعوثين الدبلوماسيين ، وخصوصا في الممالك الأوربية الفرنسية ، الإسبانية . وقد ذكر بأن هناك أحد المواطنين الفرنسيين يدعى CHALES TAILLERAND ، في خدمة أمير ترانسلفاني Transylvanie قد اعتقل في موسكو عام ١٦٣٢ ، ونفي . ولم يطلق سراحه إلاّ بعد تدخل لويس الثالث عشر ملك فرنسا . وكل هذه الأمثلة والوثائق القديمة لا يمكنها إلاّ أن تؤكد الاستعمال السابق من قبل كروتيوسgrotius في كتابه (القانون الدولي العام de jure belli ac pocis) الذي نشر في عام ١٦٢٥ ، ذكر بين الحقوق الجوهرية للسفراء، حرمة شخصيته وممتلكاته ، وحاشيته.

وإن قضية السفير الروسي المشهورة في لندن matveev توضح إلى أي درجة اهتمام ملوك الدول بهذه القاعدة فيما يتعلق بمن يمثلونهم في الدول الأجنبية .

في عام ١٧٠٨ قام السفير الروسي في لندن Matveev بتقديم أوراق استدعاءه أمام الملكة آن Anne وترك البلاد بدون أن يدفع بعض الديون إلى عدد من دائنيه . وبناء على طلب هؤلاء ، فقد تم اعتقاله بقوة ، ولم يطلق سراحه إلاّ بعد تقديم ضمان

من قبل أصدقاءه . وقد كان هذا بالنسبة له جرحا عميقا ، الأمر الذي دفع ملكة بريطانيا ، الإيعاز إلى سكرتير الدولة للتعبير عن أسفها للسفير وأعلنت بأن أي هجوم مماثل سيعاقب بشدة . إلاّ أن هذا الاعتذار لم يرضِ السفير الذي ترك بريطانيا وقدم تقريره إلى ملك روسيا . وقد أرسلت ملكة بريطانيا مبعوثا في مهمة خاصة إلى سانت - بطرسبرغ لكي يقدم للقيصر ـ اعتذارها وإبلاغه بـالإعلان للوضع الخاص الذي منح للسفير في بريطانيا فيما يتعلق بحرمة شخصيته .

ومع ذلك فإن هذه القاعدة بقيت غامضة ، وخصوصا في حالة مساهمة الدبلوماسيين في المؤامرات. ومن بين الأمثلة التي توضح حالة اعتقال السفراء بخصوص إحباط المؤامرات، يمكن الإشارة إلى قضية الوزير المفوض السويدي في لندن الذي اعتقل في عام ١٧١٦ في تورطه في محاولة قتل جورج الأول ، وتم مصادرة أوراقه . وكرد على ذلك فقد اعتقلت السلطات السويدية الـوزير المفوض البريطاني في استوكهولم ، ولم تنتهِ القضية إلاّ بإطلاق سراحهما وإبعادهما مـن السـويد وبريطانيا في وقت واحد .

وقد قامت فرنسا في عام ١٨١٨ باعتقال الأمير Cellamare سفير إسبانيا في باريس الذي اتهـم في الاشتراك في مؤامرة ضد حكومة الوصي على العرش فيليب وتفتيش منزله ، ومن ثم أبعد إلى إسبانيا .

كما أن السفير الفرنسي في بولونيا Monti قد تم اعتقاله من قبل الجنود الروس الذين احتلوا بولونيا وسحبوا منه الوضع الدبلوماسي بعد اتهامه بالاشتراك في مقتل ملك بولونيا وإثارة الاضطرابات . ولم يطلق سراحه إلاّ بالتدخل المتزامن من الوزيرين الهولندي والبريطاني في سـانت بطرسـبرغ ، بعـد اعتقال دام أكثر من ثمانية عشر شهرا.

وإن ما كان يستند عليه في صيانة حرمة الدبلوماسي الشخصية هو مرسوم الاتفاقية الوطنية التي صدرت في السنة الثانية ، وكذلك الحال في بلجيكا بموجب قرار القسم التنفيذي للسنة الخامسـة ، حيث أصبحا من المصادر التشريعية الوحيدة فيما يتعلق بحرية الدبلوماسيين في فرنسا وبلجيكا حتى صدور معاهدة فينا لعام ١٩٦١ التي استمدت أغلب بنودها مـن هـذه السـوابق التشـريعية ، وارتكز عليها كل نظام الحرمة والامتيازات والحصانات للمعتمدين الدبلوماسيين :

((لقد حظرت الاتفاقية الوطنية كل سلطة من أن تمارس أي عمل مضرا

بشخص مبعوثي الحكومات الأجنبية . وأن أي احتجاج يرفع ضدهم يجب أن يقدم إلى لجنة السلامة العامة وهي الجهة الوحيدة المختصة بمقاضاتهم)).

ثانيا : الحرمة في اتفاقية فينا

حسب المادة التاسعة والعشرون من اتفاقية فينا لعام ١٩٦١ حول العلاقات الدبلوماسية:

((لشخص المعتمد الدبلوماسي حرمة . ولا يمكن أن يخضع إلى أي شكل من أشكال الاعتقال أو الحجز . وعلى الدولة المعتمد لديها أن تعامله بالاحترام اللازم له ، وعليها أن تتخذ كل الإجراءات المناسبة لمنع الاعتداء عليه وعلى حرمته وكرامته.))

وحسب هذا النص ، لا يمكن للمعتمد الدبلوماسي أن يكون محل اعتقال ، ولا حجز ، وبالأحرى لا يمكننا النيل من شخصيته. ولا يمكن أن يخضع لإجراءات القسر المباشر . ويجب أن يعامل باحترام .

وإن هذا الاحترام الذي يفرض على الدولة المعتمد لديها ، يقودنا إلى التفكير في وضعين : حيث الضرر بحرمة الدبلوماسي صادر من أجهزة الدولة المعتمد لديها أو أن هذا الضرر صادر من فرد بدون أي علاقة مع أجهزة الدولة . وبناء عليه ، كيف يمكن أن تطرح ، في هاتين الحالتين ، مسؤولية الدولة ؟

ثالثا : الفرضية الأولى : تصرف الأجهزة

إن الدولة مسؤولة عن تصرفات أجهزتها : رجال الشرطة ، الأمن ، العسكر ، الكمارك ، الموظفون العموميين ، الخ . في أي تصرفات ؟

في الواقع، فإن بعض السلوكيات لا تطرح أي صعوبة في التفسير . إذ أن احتجاز ، واعتقال المعتمدين الدبلوماسيين تعد من الأعمال أو التصرفات المحظورة صراحة . وإن معاقبة مثل هذه الانتهاكات تتغير حسب المظهر الذي تتخذه ، إذ أنها تبدأ بالاعتذار الرسمي إلى إصلاح الأضرار الناجمة من تصرفات الدبلوماسي مرورا بالعقوبات الخاصة إزاء معتمدي الدولة المتهمين في الانتهاك أو عودتهم إلى دولتهم . والأمثلة كثيرة في هذا السياق.

إذ قامت الحكومة الإسبانية بتقديم اعتذارها ، أولا بشكل شفهي ، ومن ثم تحريريا، على أثر الاعتقال والتحقيق الذي تعرض له الملحق بالسفارة الجزائرية في مدريد في كانون الثاني ١٩٦٧ وخلال أكثر من خمس ساعات ، على أثر مقتل محمد قادر ، أحد القادة الجزائريين .

كما أن محكمة العدل الدولية في القضية المتعلقة بالطاقم الدبلوماسي والقنصلي للولايات المتحدة في طهران قد أكدت بأن الأحداث التفصيلية تشكل ((خرقا مستمرا للمادة ٢٩ من اتفاقية فينا لعام ١٩٦١)) . وقد أضافت المحكمة في إعلانها بأن ((القيام بسلبهم قسرا من حريتهم ككائنات إنسانية وإخضاعهم لظروف قاسية وإلى ضغط مادي ، هو بالتأكيد لا ينسجم مع مبادئ ميثاق الأمم المتحدة ومع الحقوق الأساسية المعلن عنها في الإعلان العالمي لحقوق الإنسان)) .

وبنا ء عليه ، فإن مثل هذا السلوك يحمل إيران المسؤولية ، وهو الأمر الذي أدى أن تأخذ كل الدول الأوربية الموقف نفسه خلال تلك الفترة .

وفي الواقع فإنه ما يمكن أن يقال بصدد الاعتقالات أو الحجز ، لهو من التصرفات المزعجة والأضرار المادية الأخرى للدبلوماسيين . وهكذا ، فإنه وحسب القرار الذي أصدرته محكمة أمن الدولة في فرنسا في الأول من تموز ١٩٧٥ ، ((فإن تفتيش البعثة .. بنا ء على أمر الإنابة القضائية لقاضي التحقيق في محكمة أمن الدولة يشكل إجراءا متناقضا مع المادة ٢٩ ، وبناء على ذلك فإنه يتوجب إلغاءه)) .

والموقف نفسه أتخذ أيضا من جهة بريطانيا في عام ١٩٨٦ . وبالمقابل فإن كندا وافقت على خضوع ممثليها إلى إجراءات المراقبة والتفتيش الروتيني لكشف الأسلحة الهجومية .

وبدون شك ، فإن استعمال أجهزة الكشف لهذه الغاية في المطارات يثير العديد من المشاكل المشابهة . إذ أنه لا يمكن إجبار المعتمد الدبلوماسي بالخضوع لعملية التفتيش بهذه الأجهزة . وعلى أثر الحادثة التي جرت في لندن وأدت إلى قتل رجل شرطة من خلال عملية إطلاق النار صدرت من السفارة الليبية ي لندن ، فإن جميع الأشخاص الذين يخرجون من السفارة يمرون على جهاز الكشف .

ودائما إزاء نفس الأسباب ، فإنه من غير الممكن إجبار الدبلوماسيين على خضوعهم للفحص فيما يتعلق بالكحول ، ولكن يمكن أن يقترح عليهم من أجل سلامتهم بالخضوع لمثل هذه الإجراءات (موقف وزارة الخارجية الأمريكية في منشورها الصادر في الثالث من تموز ١٩٨٥) .

إن سحب رخصة القيادة من الدبلوماسيين الذين يتعاطون الكحول يشكل عملا مشروعا في سويسرا على أساس المنطق التالي :

يجب على الدبلوماسيين أن يحترموا الشروط القانونية لمنح رخصة القيادة في سويسرا، بين هذه الشروط يدرج عدم وجود العاهة الجسمية ، العقلية والتي تمنعه من القيادة سواء كان السيارة أو الدراجة البخارية . وإذا كان هناك من المدمنين على الكحول فإنه لايمكن أن يحصل على رخصة القيادة في سويسرا . وفيما إذا حدث أحد هذه الظروف بعد منح الرخصة ، فإنها يمكن أن تسحب ، حيث أن حاملها أصبح غير مؤهل لذلك .

وإن إسقاط الدعوى يمكن أن يؤسس أيضا على حرمة الدبلوماسيين . وهو ما ذهبت إليه في الرأي وزارة الخارجية الأمريكية من خلال القرار الذي أصدرته محكمة الاستئناف في الخامس والعشرين من آذار /١٩٦٥ .

ومن الواضح أيضا بأنه من غير الممكن اتخاذ الإجراءات الهادفة للتشريح القضائي على جثة أحد الدبلوماسيين الذي توفي وذلك سواء كان بسبب الحرمة أو الحصانة القضائية، ما عدا رفع الحصانة في هذا المجال . وهو أيضا الموقف الذي تبنته الحكومة البريطانية والكندية في هذا الاتجاه .

فالمادة التاسعة والعشرون حظرت ليس فقط كل ضرر يقع على شخصية الدبلوماسي وعلى حريته ، وإنما أيضا ضد كرامته . إذ أن وزارة الخارجية الأمريكية عارضت مقترح لجنة الميزانية في مجلس الشيوخ الأمريكي لتجديد أحد شوارع مدينة واشنطن حيث توجد سفارة الاتحاد السوفيتي السابق : ((ساحة أندريه ساغاروف)) معتبرة ذلك بأنه سيتعارض مع القاعدة التي استندت عليها المادة ٢٩ من اتفاقية فينا.

رابعا - الفرضية الرابعة : تصرف الأشخاص

أحيان أن الدولة هي المسؤولة - في حالة التصرفات المتركبة من قبل الأشخاص - عن التصرفات غير المقبولة التي تعزو إلى أجهزتها - وأن نتيجة الحرمة تبدو مزدوجة بالنسبة لحكومة الدولة المعتمدة لديها : إذ من المفروض ردع الإهانات ، الاعتداءات ، والانتهاكات التي يمكن أن يتعرض لها الدبلوماسيون ، ويجب أن تتأخر الإجراءات الخاصة من أجل تجنب تكرار مثل هذه التصرفات .

وإن الحرمة يمكن تحليلها من خلال الالتزام المزدوج : الوقاية ، والقمع .

أ- التزام الوقاية

فيما يتعلق بالإجراءات الوقائية ، فيجب على الدولة المعتمد لديها أن تأخذ ،

وحسب ما نصت عليه المادة ٢٩ من اتفاقية فينا ،((كل الإجراءات المناسبة)) التي تتطلبها الظروف.

وفيما إذا قارنا هذه العبارة مع تلك التي استعملت للحماية الممنوحة للمباني، يمكن التأكيد بأن هذه المباني تتمتع بحماية كبيرة في نظام اتفاقية فينا ، وهو ما يلاحظ من منطوق المادة ٢٢ من الاتفاقية في تأكيدها على ((الالتزام الخاص في اتخاذ كل الإجراءات اللازمة)).

وهنا ، فإن مقياس السلوك يبدو أقل تشددا ، ما يقصد به فقط اتخاذ الإجراءات اللازمة . هذا التصور ((للإجراءات اللازمة)) يبدو من الصعب ترجمته في التطبيق الفعلي ، وذلك للحساسية التي تكتنفه ، ويتعلق بنية الدولتين .

اذا لم يوجد اتفاق الخاصية اللازمة لهذه الإجراءات ، فليس لأي طرف الحق في الإدعاء باحتكار تفسير الاتفاقية . ومن الممكن اللجوء إلى صيغة للتفسير بهدف نزع الاختلاف . ولكن غياب النص ، في اتفاقية فينا ، حول التحكيم الإلزامي للنزاعات المتعلقة بتطبيقها أو تفسيرها ، لم يسهل حل النزاعات الظاهرة . وبدون شك فإن درجة الحماية الممنوحة تبدو أكثر تقدما من تلك التي منحت إلى الأشخاص العاديين ، ولكنه أيضا من غير الممكن رجل شرطة خلف كل دبلوماسي خلال تنقله .

وفي الحقيقة ، فإن الحماية تتغير حسب الظروف . وإذا يوجد هناك من شك أو فيما إذا يمكننا التكهن منطقيا بأن هناك أحد الدبلوماسيين يواجه خطرا ، فإنه يتوجب في هذه الحالة اتخاذ الإجراءات الخاصة بذلك . وإن هذه الإجراءات تتكيف إزاء الأخطار التي يتعرض إليها ، والتهديدات التي تسلط على الدبلوماسيين ، من الأوضاع الدولية.

والحوادث التي خلالها تتعرض حرمة الدبلوماسيين إلى الانتهاك من قبل الأشخاص تبدو عديدة في محيط العلاقات الدبلوماسية . وليس لكل هذه الحوادث الأهمية نفسها ومن المفروض إدراج التميزات التي تم الإشارة إليها سابقا بصدد حماية البعثات : وسنأخذ بنظر الاعتبار الخاصية الأكثر ((تنظيما)) للتظاهرات ، والتساهل من قبل الدولة المعتمد لديها للحركات المعارضة ضد الدولة المعتمدة ، والخاصية المتوقعة للتصرف ، ولطلب الحماية الجاهز .

وفي الواقع ، ليس هناك أي إجراء وقائي يمكن أن يتخذ عندما يقوم أعضاء طاقم السفارة بارتكاب محاولة اغتيال بشكل غير متوقع ، ضد الشخصية الدبلوماسية . وهذا

ما حصل عندما قام أحد سائقي السفارة الأثيوبية في استوكهولم باغتيال السفير الذي قام بفصله من عمله (عام١٩٦٤) ، أو مساعدة الطباخ في السفارة الأثيوبية في مكسيكو الذي تحول إلى مجنون ثار ضد عائلة السفير .

وأيضا كيف يمكن التكهن بمقتل أو محاولة خطف لأي الدبلوماسيين وفي وضح النهار؟ وحتى إذا كانت السلطات على علم فإن بعض الجنسيات مهددة بشكل خاص نتيجة للظروف السياسية القائمة في بلادها (مثلا ، الأتراك من قبل الأرمن ، البريطانيين من قبل الجيش الجمهوري السري) ، وإزاء ذلك فإنه ليس من الممكن التوقع أين ومتى يحدث الاغتيال أو الاختطاف.

إن مسألة مسؤولية الدولة المرتقبة حسب القانون الإداري الداخلي قد تم مناقشتها أمام مجلس الدولة في فرنسا في قضية السفير التركي في باريس إسماعيل إيرز Ismail Erez الذي قتل في ٢٤/أكتوبر/١٩٧٥ على جسر بئر حكيم Bir Hakim. من خلال المرسوم الصادر في ٢٩/نيسان/١٩٨٧(أو ٢٣ آب ١٩٨٨) فإن مجلس الدولة بحث فيما إذا كانت إجراءات الوقاية المتخذة من قبل السلطات الفرنسية منسجمة مع حماية السفير وسائقه ، وفيما إذا كان السفير قد التمس في الأيام التي سبقت الاغتيال ، بتقديم طلب الحماية المرافقة. مؤكدة بناء على العناصر المختلفة للملف، بأن أفراد البوليس لم يرتكبوا أي خطأ كبير يمكن أن ينسحب إلى التقصير وأن مجلس الدولة يبرأ الدولة الفرنسية من حل مسؤولية فيما يتعلق بالأضرار الناتجة من محاولة الاغتيال المطروحة .

وفي الواقع ، فإن التزام الإجراءات الوقائية قد ظهر بأنه التزام معقد بمواجهة مشكلة التي اتخذت في الوقت الحاضر، أهمية كبيرة، وهي عملية اختطاف الدبلوماسيين. وهنا لا يمكن إحصاء الدول حيث مثل هذه التطبيقات قد راجت : الأرجنتين ، البرايزل، كندا ، قبرص، كولومبيا ، كوبا ، إسبانيا ، غواتيمالا ، هايتي ، إيرلندا ، الأردن ، لبنان ، ماليزيا ، المكسيك ، الدومنيكان ، الصومال ، السودان ، تركيا ، ارغواي ... الخ .

وعلى الرغم من أن المعتمدين الدبلوماسيين كانوا وحدهم هدفا لمحاولات الاختطاف إلاّ أن هذه الحالة ضربت أشخاص آخرين ، إذ ما كان أول من استهدف بشكل خاص هم أولئك الذين يتم من خلالهم الابتزاز وذلك لأنه يتوجب على الدولة المعتمد لديها حمايتهم وأن المختطفين يحاولون تحويل عملية إطلاق سراحهم إلى قضية سياسية ، اقتصادية ، إنسانية وذلك بالحصول على إطلاق سراح المعتقلين في الدولة المعتمد لديها أو دولة ثالثة .

وقد طرحت هذه المشكلة بشكل خاص خلال محاولة اختطاف السفير الألماني الغربي في ٣١/آذار/١٩٧٠ من قبل جبهة التحرير المسلحة في غواتيمالا ، المدعو كارل فون سبريتي karl von spreti الذي قتل فيما بعد في الخامس من نيسان . إذ أن الحكومة الغواتيمالية رفضت مبادلته مقابل ٢٢ سجينا سياسيا . وقد أثارت القضية الكثير من النقاشات ، وخصوصا بين اختصاصي القانون الدولي والعلاقات الدولية، ومن خلال العديد من البحوث والدراسات التي تناولت هذه المشكلة بفيض من التحليل والدراسة . إذ كتب CAHLER PHILIPE في صحيفة اللوموند ديلوماتييك في عددها الصادر في شباط ١٩٧١ ، تحت عنوان : التصرفات المزعجة ضد الدبلوماسيين يمكن أن تلزم الدول بمسؤوليتها الدولية. أما بيير غي PIERRE GUY فقد طرح وجهة نظره في صحيفة اللوموند ديلوماتيك /أيار/١٩٧٠ حول مقتل السفير الألماني ، من خلال رفض تبادل السفير بعدد من السجناء ، فإن الحكومة الغواتيمالية قد انتهكت القانون الدولي. كما طرحت دراسات أخرى في السنوية الفرنسية للقانون الدولي في عددها الصادر عام ١٩٧١ ، وكذلك في المجلة البلجيكية للقانون الدولي في عددها الثاني سنة ١٩٧١ حول اختطاف الدبلوماسيين وكذلك حول حماية الدبلوماسيين .

وهناك من عبر عن وجهة نظره بضرورة الخضوع لمطالب المختطفين مقابل إنقاذ حياة الدبلوماسيين حيث يترتب على الدولة المعتمدين لديها حمايتهم ، في الوقت الذي يعتقد فيه البعض الآخر بأنه إذا لم يكن من الممكن الخضوع إلى الابتزاز بدون المخاطرة في تجدد نفس هذا الشكل من ((النضال)) أو ((الإرهاب)). إذ يوجد تطبيق في الحالتين . وأحيانا فإنه من غير الممكن القول بأنه قد تم تأسيس اتجاه يلزم الدولة المعتمد لديها في المواقع على أي شئ مقابل الحصول على تحرير الدبلوماسيين .

وفي الواقع فإن البحث عن اتفاق حول المسعى المتبع ما بين الدولة المعتمدة والدولة المعتمد لديها يبقى الطريق الأكثر أمنا ولكنه لم يكن دائما ممكنا ، وإن الاعتبارات الأساسية الإنسانية يجب أن تؤدي إلى البحث عن حلول منقذة لحياة الأشخاص الذين يواجهون خطرا محدقا .

ب- التزام الردع

فيما يتعلق بإجراءات الردع ، فإن هناك بعض الدول شرعت قوانين خاصة بهدف حماية الدبلوماسيين ، وهو ما أخذت به الولايات المتحدة ، سويسرا ، فرنسا (

على الأقل فيما يتعلق بجنح الصحافة) ، النمسا ، إيطاليا ، الاتحاد السوفيتي السابق، السويد ، إضافة إلى بلجيكا التي أصدرت قانونا خاصا في ١٢/آذار/١٩٥٨ حول الجنح والجرائم التي تسبب ضررا بالعلاقات الدولية . إذ أن المادة السادسة من هذا القانون تطالب بعدد من العقوبات ضد أولئك الذين يشتمون أو يضربون ، خلال وظائفه، الدبلوماسي المعتمد لدى الحكومة البلجيكية .

إلاّ أن تطبيق المادة السادسة تفترض الشروط التالية :

- الإهانة .
- ويعلن عنها سواء من خلا ل الأفعال أو الكتابات ، المطبوعات ، الصور أو الشعارات التي مهما يكن عرضها ، توزيعها أو بيعها ، وعرضها للبيع أو عرضها أمام الرأي العام ، وأما من خلال الحديث ، التصرفات ، التهديدات .
- يقصد بها المعتمد الدبلوماسي .
- معتمدا لدى الحكومة البلجيكية .
- يفترض بأن الإهانة ارتكبت بسبب وظائف المعتمد .
- ويفترض أنها موجهة ضد المعتمد الدبلوماسي سواء بالكلام ، أو الفعل أو التهديد.
- يفترض بأن تكون قد حصلت بقصد إهانة الوظيفة .

أما بصدد العقوبة المترتبة على ذلك فإن القانون البلجيكي قد حددها بشهرين إلى ثمانية عشر شهرا وغرامة تقدر ما بين ٥٠ إلى ١٠٠٠ فرنك .

وفيما يتعلق بالمادة السابقة من القانون فقد أوضحت فعل الضرب الذي يتعرض له المعتمد الدبلوماسي بسبب ممارسته لوظائفه : فإن العقوبة حددتها ما بين ستة أشهر إلى سنة من السجن حتى يمكنها تصل إلى الأشغال الشاقة فيما إذا حصل هناك إسالة دماء وجروح ، ومرض .

وإن هذه الأحكام قد تم تطبيقها من قبل المحاكم البلجيكية ، ولاسيما في محكمة بروكسل في قضية النيابة العامة ضد Van den Boom في ١١/أكتوبر/١٩٢٩ ، على أثر مطاردة المتظاهرين الذين قاموا بعمل ضد مفوضية الصين . ونجد أصل هذه التظاهرة في التوتر المتطرف الذي ساد في العلاقات الصينية -السوفيتية .

وإن الفائدة من الحكم فيما يتعلق بتطبيق القانون في أن المحكمة قدرت بأنه توجد نية في إهانة الوظيفة وأن هذه الإهانة موجهة أساسا ضد المعتمد ، لأن هذا الأخير الذي عاد من سفرة بعد عدة أيام ، وجد في صالون المفوضية قالب صابون قذفه المتظاهرون .

على قاعدة المادة السادسة نفسها من قانون الثاني عشر ـ من آذار /١٩٥٨ ، فإن الحكومة البلجيكية اتخذت إجراءا في ٢٦/أكتوبر/١٩٣٩ في مصادرة صحيفة (pourquoi-pas) . إذ أن غلاف هذه الصحيفة الأسبوعية عرض رسما كاركاتيرا للسفير الألماني في بروكسل Von Bulow- Schcante ، الأمر الذي أدى إلى الإضرار بالعلاقات ما بين الدولتين، في الوقت الذي رغبت فيه الحكومة البلجيكية الاحتفاظ بساستها الحيادية. وقد كانت هذه الحادثة مادة الدراسة التي قدمها الأستاذ MERTENS حول : حرية الصحافة والهجوم على شخصية رؤساء الدول الأجنبية : مصادرة صحيفة POURQUOI PAS ، والتي نشرت في المجلة البلجيكية للقانون الدولي في عدد ١٩٦٥/١ .

ومن بين الأحكام القانونية البلجيكية ، فإنه من المناسب الإشارة أيضا إلى قانون الثامن من حزيران ١٨٦٧ والذي نص (مادة ١٢٣ من القانون الجزائي) على عقوبات قاسية ضد أي كان إزاء الأفعال العدائية غير موافق عليها من قبل الحكومة، وتعرض الدولة لعداءات من طرف القوى الأجنبية)) . وليس من المفروض التجاهل بأن جنح مختلفة يمكن أن يكون الضحايا من الدبلوماسيين تم تغطيتها من خلال أحكام القانون العام . وهو الموقف الذي أخذت به مختلف الدول والتي ليس لديها تشريع خاص مثل كندا . واتفاقية فينا لم تلزم في إنشاء محاكم جنح خاصة . إدانة المسؤولين عن احتلال السفارة الإيرانية في Wassenaar عام ١٩٧٨ .

ويأمل بأن التحقيقات والمتابعات التي تعمل على عجل تبدو لازمة (الموقف الذي اتخذته فرنسا بصدد باكستان السنوية الفرنسية للقانون الدولي ١٩٧٩). عندما يقصد بدعوى القذف، أو جريمة قذف بالنشر Crime of libel ، فالدبلوماسي لم يكن دائما متأكدا من كسب القضية . هذا النوع من الدعاوى فيه الكثير من المخاطرة ونادرا ما يكون الدبلوماسيون قد خاطروا بحياتهم .

مثالان معاصران يدلان على ذلك . إذ أن المحكمة العليا في كوبنهاغن قد أوضحت سبب الصحيفة الدنماركية Ekstra Bladet التي اتهمت القائم بالأعمال الأوغندي في كوبنهاغن بأنه كان جلادا ، ومسؤول عن سلسلة من المذابح من خلال شهادات عدد من الأوغنديين في المستشفى ، وهو ما ذكرته المجلة العامة للقانون الدولي في عددها الصادر ١٩٧٩ ، ص١٥٧.

وفي نفس الاتجاه ، فإن المحكمة العليا في هولندا قد رفضت في ٨/آذار/١٩٨٥

التماس سفير سيرينام Surinum في لاهاي الذي اشتكى من ادعاءات صحيفة Het parool التي اتهمت السفير في مشاركته في قضية قرض بقيمة خمسين مليون دولار ، حصل في صفقات تجارة الكوكايين .

وفي الواقع ، فإن الأضرار الحالية التي يتعرض لها المعتمدون الدبلوماسيون قد أدت إلى إقرار اتفاقيتين خاصتين رادعة . أولا اتفاقية منظمة الدول اللاتينية O EA في ٢/شباط/١٩٧١ للوقاية ومعاقبة التصرفات الإرهابية التي تتخذ صيغة الجرائم ضد الأشخاص. وثانيا الاتفاقية حول الإجراءات الوقائية وردع الانتهاكات ضد الأشخاص الذي يتمتعون بالحماية الدولية بضمنهم المعتمدون الدبلوماسيون ، وقد تم إقرارها من قبل الجمعية العامة للأمم المتحدة في الحادي عشرـ من كانون الأول/١٩٧٣. حيث كانت هذه الاتفاقية موضوعا للعديد من الدراسات التي انصبت على تحليلها ، وخصوصا في مجلة القانون الدولي والعلوم الدبلوماسية والسياسية الصادرة في جنيف في عددها المرقم ٥٢ ، الصادر في تموز - أيلول/١٩٧٤، وغيرها من الدراسات .

فالأشخاص الذين يتم حمايتهم هم ((الأشخاص الذين يتمتعون بالحماية الدولية ، والذي يشمل بالتأكيد المعتمدين الدبلوماسيين وأعضاء عوائلهم الذين يشكلون جزءا من إدارتهم . والانتهاك الذي يعاقب عليه هو الموت ، الاختطاف أو الهجوم على الأشخاص ، التهديد ، سواء كان بالمحاولة أو الاشتراك (وذلك حسب المادة الأولى والثانية من الاتفاقية).

ويجب على الدول الأطراف في الاتفاقية تأكيد اختصاصها للاعتراف بهذه الانتهاكات عندما يتم ارتكابها على إقليمها عندما يكون الجاني يحمل جنسياتها أو عندما يكون الضحية في خدمتها - (مادة٣، فقرة ١٥) - عندما يكون الشخص المتهم بارتكاب الانتهاك يوجد على أرضها، فإنه يجب على الدولة العضو أن تطلع على الانتهاك إذا لم تقم بتسليمه (مادة ٣ فقرة ٢) .

وفيما إذا لم تقوم الدولة المعنية بتسليم المتهم ، فإنه يفترض بها أن تخضع القضية ، بدون أي استثناء ولا تأخير إلى السلطات المختصة لممارسة الدعوى الجزائية (المادة السابعة) ، (مبدأ AUT DCDERE ANT JUDICARE).

أما المواد ٤ ، ٥ ، ٦ فقد نظمت إجراءات الوقاية من خلال تبادل المعلومات والتنسيق في الإجراءات الإدارية .

إن قرار الجمعية العامة للأمم المتحدة الصادر في ١٤/كانون الأول/١٩٧٣ أكد على حق الشعوب في تقرير مصيرها ، وأن عددا من الدول الغربية قد أفصحت بأن مثل هذا المرجع ليس له تأثير في إيجاد استثناء بصدد نضالات هذه الشعوب ، وهو الموقف الذي اتخذته كندا ، وهولندا .

وبصدد تعليقات الحكومة البلجيكية التي نقلت إلى لجنة القانون الدولي وتم التعبير عنها في الجمعية العامة للأمم المتحدة ، فقد أوضحت من خلال غياب ممثل بلجيكا في حفل التوقيع على هذه الاتفاقية لأنها جاءت أكثر مساندة لحركات التحرر الوطني . ومنذ تلك اللحظة وبلجيكا لم تغير موقفها من الاتفاقية ، وبالنسبة للتطبيق القضائي لهذه الاتفاقية ينظر قرارات المحكمة الفيدرالية الاسترالية ، القسم العام في ٦/كانون الأول/١٩٧٩.

وسواء كان في إطار هذه الاتفاقية أو حسب قواعد القانون العام ، الأحكام ، الإدانات أو الإبعاد تبدو من الحالات الكثيرة الوقوع . إذ أنه على أثر عملية اغتيال السفير اليوغسلافي في ستوكهولم في ٧/نيسان/١٩٧١، وبعد وفاته فقد تم إدانة القتلة من قبل محكمة ستوكهولم في ١٤ تموز من نفس السنة . وكذلك بعد عملية اغتيال السفير الأردني في لندن ، في ١٥/كانون الأول/١٩٧١ ، فإن منفذ العملية قد تم اعتقاله في مدينة ليون الفرنسية وتم تسليمه إلى السلطات البريطانية في ٥/كانون الثاني/١٩٧٢.

وقد قامت السلطات السويدية بتسليم ألمانيا الاتحادية المتهمين الأربعة الذين هاجموا السفارة الألمانية في ستوكهولم في ١٩٧٦ ، وحكم عليهم بالسجن في ١٩٧٧ . وقد تم إدانة أحد الأشخاص في قبرص الذي أتهم بالهجوم على سفارة الولايات المتحدة في عام ١٩٧٧ ، والأمثلة كثيرة في هذا المجال .

ماذا يحصل فيما إذا تم الإضرار بحرمة الدبلوماسي وأن القاضي الذي عرضت أمامه القضية قام بذلك ، معلنا تبرِأة أو أن العقوبة تافهة إزاء الفكرة التي صورتها الدولة المعتمدة تجاه خطورة الجريمة أو الجنحة ؟

بالنسبة للبعض ، فليس للدولة المعتمدة أن تنقض ، إذ يجب عليها أن تحترم قرار الحكم المعلن وتحترم بهذا الشكل سلطة المقضي به في الدولة المعتمد لديها .

وفي الواقع ، فإن هذا الموقف يبدو موقفا مفرطا ، لأنه من الواضح بأن مسؤولية

الدولة المعتمد لديها تجد التزامها سواء كان إزاء التصرفات القضائية أو في التصرفات التنفيذية أو التشريعية .

ويمكن للحكومة المعتمدة أن تؤكد بأن إجراءات الدعوى حصلت في ظروف أدت إلى امتناع القاضي عن الحكم ، حيث يوجد مثلا التأكيد في انتهاك الالتزام الدولي الذي يتوجب على الدولة المعتمد لديها أن تأخذه بالأعتبار تجاه الدولة المعتمدة . وكل تبرأة لم تكن بالضرورة دليل على التسامح أو التواطئ . إذ أن افتراض البراءة هو أيضا مبدأ في القانون وإن حصلت التبرأة فهو خطأ الدليل . وهذا ما حصل في قضية أحد الأرمن الذي اتهم بقتل الدبلوماسي التركي في عام ١٩٨٣ في بروكسل ، وبعد تسليم من قبل السلطات الهولندية فقد تمت محاكمته التي توصلت إلى عدم وجود الأدلة الصحيحة لمحاكمته واعتقاله .

خامسا – الحدود المسلم بها عادة في الحرمة

مبدأيا فإن الحرمة مطلقة . وأنها كذلك في حالة حرمة المعتمد الدبلوماسي في التزاماته بصدد الدولة المعتمد لديها . علاوة على ذلك فالحقيقة بأنه في حالة من هذا النوع فإن سحب الحصانة من أجل إجراء تنفيذي يمكن تصورها ، وأن القانون الدولي شهد نظام من العقوبات المناسبة والتي مثلت بدون أن تحمل ضررا لمبدأ الحرمة .

ومع ذلك ، فإن الفقه القانوني أقر تقليديا بالأوضاع التي من خلالها لا يمكن التمسك بالحرمة . ومنذ أكثر من مئة سنة ، فإن معهد القانون الدولي أبرز بشكل واضح المبادئ التي يجب أن تحكم حدود الحرمة .

وبالنسبة للمعهد ، فإنه لا يمكن التمسك بالحرمة :

١- في حالة الدفاع الشرعي من جهة الأشخاص ضد التصرفات المرتكبة من قبل الأشخاص أنفسهم الذين يتمتعون بالامتياز .

٢- في حالة الأخطار المتوقعة من قبل أحد الأشخاص المذكورين متطوعا ، أو بدون ضرورة .

وهذا ما حصل في إسبانيا عندما أقامت الدعوى في قضية Leboron j. de Borchgrave الذي كان ملحقا مؤقتا في السفارة البلجيكية في مدريد أثناء الحرب الأهلية الإسبانية . فقد اختفى في ٢٠/كانون الأول/١٩٣٦ في ظروف بقيت غامضة . وقد

عثر على جثته بعد عدة أيام فيما بعد . إذ تم إعدامه . ولم يتم الحصول على أي معلومات حول ذلك . وقد أيدت بلجيكا وجهة النظر التي أكدت مقتله على يد القوات الجمهورية برئاسة فرانكو ومهما يكن فإن حكومة مدريد لم تعمل أي شئ لمعرفة آثار الجريمة وأن أفراد السفارة هم الذين عثروا على الجثة ، وعلى السيارة فيما بعد . وقد تم عرض القضية أمام محكمة العدل الدولية لتسويتها . وقد أثارت إسبانيا مختلف الاستثناءات الأولية . من بينها أن إسبانيا قد اشتبهت في كونه أحد الرعايا البلجيكيين في الألوية الأممية . وقد تم تسوية القضية من خلال سحبها من المحكمة على أثر تنازل الأطراف المعنية . وقامت إسبانيا بدفع التعويض ex gratia بناء على التسوية التي تم التوصل إليها .

٣- في حالة التصرفات الجديرة بالعقاب ، المرتكبة من قبلهم ، محرضة الدولة المعتمد لديها على اتخاذ إجراءات الدفاع والاحتياط .

وما عدا الحالات المتطرفة الطارئة ، فإنه يجب على الدولة المعتمد لديها أن تقتصر في إبلاغ الأحداث إلى حكومة الدبلوماسي والطلب بمعاقبته أو استدعاءه أو العمل إذا جاز ذلك بمحاصرة مقر إقامته لمنع الاتصالات أو التظاهرات غير الشرعية .

وقد حدد المعهد موقفه من خلال المادة ١٤ في نظام ١٩٢٩ :

((ما عدا الحالة المتطرفة الطارئة ، لا يمكن أن يمارس أي ضغط مباشر ضد شخصية الدبلوماسي)) .

ومما يثير الاندهاش هو أن اتفاقية فينا لم تنص على الاستثناءات المشابهة . والصين، من خلال تعديل L٢٠٩ ، قد اقترحت إضافة مقطع جديد إلى المادة ٢٩ الذي من الممكن أن يأخذ بالآتي :

((أي أحكام من المادة الحالية لا يستبعد بصدد المعتمد الدبلوماسي ، سواء كان إجراءات الدفاع الشرعي ، أو في الظروف الاستثنائية ، والإجراءات التي تتخذ لمنع ارتكاب الجرائم أو الجنح)) .

إلاّ أن هذا التعديل قد تم رفضه من قبل اللجنة المنعقدة ، من قبل ٢٧ صوت مقابل ٦ أصوات ، وغياب ٣٤ دولة / ومن المحتمل بأن سبب هذا الموقف يجد نفسه من الخشية بأن المادة من هذا النوع تفتح الباب إلى حالات من الإسراف . ومع ذلك بأن اللجنة المنعقدة اعتبرت بأن المبدأ الأساس في التعديل أمر مسلم به .

إن مفهوم الدفاع الشرعي لا يمكن التمسك به إلاّ في الحالة التي أثارها المعهد، أي في جوهرها في القانون الداخلي . وإذا ما حصل اعتداء على أحد الأشخاص من قبل دبلوماسي فإن له الحق في الدفاع عن نفسه. وقد سبق وأن أعلن كروشيوس بأنه في مثل هذا الافتراض فإن السفير يمكن أن يقتل (De Jure belliac pacis) .

وقد رأت أيضا محكمة الاستئناف في كوستاريكا في عام ١٩٢٧ بأن المواطن الكوستاريكي Acuna Araya ، الذي شتم وعنف القائم بالأعمال لدولة بيرو لدى كوستاريكا قد قام بالسب والتهديد لهذا المواطن الذي تصرف في حالة الدفاع الشرعي ولم ينتهك الحصانة الدبلوماسية .

وأن مفهوم الأخطار المحرضة يبدو أيضا تطبيق واضح. وإذا خاطر الدبلوماسي بنفسه من خلال مشاركته في الاضطرابات ، في الهيجان الشعبي ، والتظاهر ، فإنه لا يمكن أن يتوقع أن تكون هناك حماية لشخصيته. والاستثناء الثالث يتعلق بالحجز القصير في حالة التلبس بالجريمة . إذ أن محكمة العدل الدولية، هي نفسها ، في قضية الملاك الدبلوماسي والقنصلي قد اعترفت بهذا الاستثناء وفقا لمبدأ الحرمة ، ولهذه الغايات .

((بالطبع فإن ملاحظة هذا المبدأ لا يعني القول (......) بأن المعتمد الدبلوماسي متلبس بجريمة الاعتداء أو بمخالفة أخرى لا يمكن ، في بعض الظروف ، أن يحجز لفترة قصيرة من قبل بوليس الدولة المعتمد لديها ولغايات احترازية)) .

وهذا ما أخذت به الحكومة الكندية في المذكرة الدبلوماسية الخاصة الصادرة في ٥/أيار/١٩٨٢ من المكتب القضائي للوزير الكندي للشؤون الخارجية الذي استند على هذه الفرضية في صياغة هذه المذكرة التي أوصت باتخاذ إجراء الحجز المؤقت للمثل الأجنبي إذا ما كان هناك ضرورة احترازية ضد الأخطار الجدية المهددة لحياته من قبل الآخرين ، أو ضد أمن الدولة .

ولكن يمكننا التساؤل ما هو أساس مثل هذا الاستثناء . وأن مفهوم الدفاع الشرعي المقدم أحيانا لم يكن ملائما مثلما يوضحه العديد من فقهاء القانون الدولي خصوصا Rosalyn Higgins في المجلة الأمريكية للقانون الدولي لعام ١٩٨٥. إلاّ أن الأستاذ Brown يقترح مفهوم Self - preservation ، مدركا كمبدأ عام في القانون المعترف به في الأمم المتحضرة . لكن يلاحظ بأن هناك تطبيق واسع لمفهوم حالة الضرورة ، وهو ما ذهب إليه SALMOS ((الضرورات تستثنى المحظورات)) ، وذلك في كتابه ((المسؤولية الدولية)) ، الصادر في باريس ١٩٨٧.

والممارسات في هذا المجال تبدو عديدة، إذ يشير إلى القضايا القديمة في التآمر والتي أدت إلى إبعاد حالة الضرر عن الدبلوماسي . وفي قرا ر صادر في ٢٠/كانون الأول: ١٩٤٦، فإن المحكمة الملكية في ولا ية كويبك ، في قضية Rose Cortre Rex قد أعلنت كالآتي :

((إذا قام الممثل الدبلوماسي في التآمر ضد الدولة التي يعتمد لديها ، منفذا لأعمال التجسس ، والتخريب أو اتهم بأعمال حقيقة في الحرب ضد هذه الدولة ، فإن لحكومة الدولة المعتمد لديها الحق في اتخاذ وحالا كل الإجراءات الرادعة ، وكل المبادرات الضرورية من أجل تحديد أو إحباط التصرفات أو الأعمال الغادرة ، والخطرة على النظام العام الناتجة من هذا التجاوز لنشاط البعثة الدبلوماسية... وأن المبعوث الدبلوماسي وطاقم السفارة لا يمكن أن يكونوا محل ملاحقة أمام المحاكم المحلية ، ولكن من الممكن تبني الإجراءات الضرورية لمنع حدوث أضرار لاحقة)) .

وفي الواقع ، فإن حالات الحجز المؤقت ، يتبعها الاستبعاد أو إعلان شخص غير مرغوب فيه Personna non grata ، تبدو من الحالات المتواترة في التطبيق المعاصر ، على أثر التلبس بجريمة التجسس . وهكذا ، فقد قام مكتب خدمات الأمن البلجيكي في ٥/آذار/١٩٥٩ باعتقال أحد موظفي سفارة بولونيا في بروكسل ، منسب للخدمات القنصلية ، وقد تم استبعاده في اليوم التالي .

وإذا حمل أحد الدبلوماسيين سلاحا بشكل غير قانوني ، فإنه يمكن أن يجرد من سلاحه من قبل البوليس . إن طرق الأعمال المرتكبة من قبل الدبلوماسيين يمكن أني تبرر اعتقالهم المؤقت ، لا بل استبعادهم ، وكل شئ يجري بدون عنف . ومن الأمثلة على ذلك هو ما حصل في السويد عندما اعتقلت قوات البوليس في استوكهولم دبلوماسي يوغسلافي هدد الجمهور بالمسدس . وكذلك عندما هاجم أحد الدبلوماسيين النايجيريين في لندن دبلوماسي آخر ، إذ قامت قوات البوليس بحجزه في مركز الشرطة بشكل مؤقت .

أما فيما يتعلق بحالات التلبس بجريمة السرقة ، فإن هناك الكثير من الأمثلة . إذ اتهم اثنان من الدبلوماسيين السوفيت بسرقة أحد متاجر اللعب في لندن حيث اقتيدا إلى مركز الشرطة ، وتم إطلاق سراحهما استنادا إلى حصانتهما الدبلوماسية ، وقد غادرا العاصمة البريطانية فيما بعد .

كما أنه من الجائز أيضا في إمكانية اعتقال سيارة الدبلوماسي الذي يقودها في

حالة سكر وقيادة السائق إلى بيته أو إلى مركز ا لشرطة حتى يعـود إلى رشـده ، إذ أن حالـة السكر تبدو خطرة سواء كانت للآخرين أو بالنسبة للشخص المعني نفسه .

وهذا ما حصل في حالة سفير ملاوي Malawi في بون في تشرـين الثاني ١٩٦٦ ، حيـث أن حالـة السكر كانت شديدة قادتـه إلى دهس وضرب سـائق تكسيـ ، وتـم اقتيـاده إلى مركز الشرطة . وقد أصدرت وزارة الخارجيـة الهولنديـة تحـذيرا في حزيران ١٩٨٣ إلى المعتمـدين الدبلوماسـيين الـذين يقودون سياراتهم في حالة من السكر ، كما تم التأكيد على ذلك في المـذكرة المنشورة مـن قبـل وزارة الخارجية في ٣/تموز/١٩٨٥ ، كما اتخذت كندا الموقف نفسه .

سادسا - الحرمة واستنفاذ طرق الطعن الداخلية

عندما تطلب حكومة الدولة المعتمدة باحترام القانون الـدولي إزاء رئيس بعثها الدبلوماسـية (الحرمة ، الحماية الخاصة ، الامتيازات والحصانات) ، فليس هناك ما يدعو إلى استنفاذ طرق الطعن الداخلية . وهذا المبدأ قد تم عرضه بشكل لا نـزاع مـن قبـل معهد القانون الـدولي في اجتماعـه في غروناند Grenande عام ١٩٥٦ .

((عندما تدعي الدولة بأن هناك ضرر تعرض له أحد رعاياهـا بشخصـه أو ممتلكاتـه قـد تم ارتكابه في خرق للقانون الدولي ، فإن كل احتجاج دبلوماسي أو قضائي يحـق لـرئيس الدولـة أن يعتبر احتجاج غير مقبول ، فيما إذا وجد في النظام القضائي الداخلي للدولة نقيض الادعـاء الـذي دافع عـن طرق اللجوء إلى الطعن سهلة البلوغ بالنسبة للشخص المتضرر ...

والقاعدة لا تطبق :

أ - في الحالة حيث للفعل الضار ضرر عـلى الشخصـية التي يتمتـع بالحمايـة الدوليـة الخاصـة . وإن القاعدة ratio legis من هذا الاستبعاد قد تم التعبير عنه بالأسلوب التـالي ، خـلال المناقشـة التي جرت في المعهد من قبل Bourquin :

((لا تطبق القاعدة إلاّ في الاحتجاجات الدولية التي كانت هدفا لأضرار تعرضت لها من قبـل الأشخاص . وليس لها علاقة بمجال العلاقات المباشرة للدول فيما بينها . وأنه في هذه الفئة الأخيرة التي تتعلق بالحالة التي ترتكب بامتناع القاضي عن الحكم ضد شخص السفير ، والذي يعتبر في الواقع أحد أجهزة الدولة (......) ، فإنه ليس هناك من استثناء حقيقي، لأن الضرر لم يقع من قبل شخص)).

وأن الكلمات المشكلة لموضوع النقطة أ في أعلاه قد تم إقرارها ، في مبدأ ، من خلال ٤٤ صوتا ضد واحد ، مع غياب دولتين .

وفي الواقع ، ليس هناك من الحالات المطبقة حول هـذه النقطة. وفي قضية الـدبلوماسي البلجيكي الذي قتل في إسبانيا خلال ظروف غامضة Borchgrave الذي سبق الإشارة إليه فإن الحكومـة البلجيكية طلبت من المحكمة ((النطق والحكم بمسؤولية الحكومة الإسبانية بسبب الجرائم المرتكبة ضد شخصية الدبلوماسي :

قولا وحكما فإن الحكومة الإسبانية مسؤولة في عدم بحثها وملاحقة الجناة)) .

وقد طلبت الحكومة الإسبانية من المحكمة أولا

((الإعلان بعدم قبول ، عند الاقتضاء ، احتجاج الحكومة البلجيكية ، سواء كان ما توصلت إليه في مذكرتها الأولى وكذلك في مـذكرتها الثانية وذلك لأنه لم يتم اسـتنفاذ اللجوء إلى الطعن في القانون الداخلي الإسباني)).

وفي جواب الحكومة البلجيكية التي طلبت من المحكمة أن :

((تعلن وتحكم بـأن الاستثناء المتعلـق بعدم اسـتنفاذ طرق اللجوء إلى الطعن في القـانون الداخلي غير مقبول . واستطرادا ، قولا وحكما بأنها غير مؤسسة . واستطرادا جدا ، قولا وحكما ، بـأن الاستثناء سيقترن بالموضوع .

وفي النهاية فإن الحكومة الإسبانية تخلت عن إثارة هذا الاستثناء التمهيدي، الأمر الـذي دعـى المحكمة إلى عدم إبداء رأيها حول استنتاجات الحكومـة البلجيكيـة بهذا الصدد . ولكن تـسوية هـذه المشكلة قد أنهت هذا الجدل الفقهي حول تطبيق قاعدة الاستثناء .

القسم الثاني - حرمة المسكن والممتلكات

إن المادة ٣٠ من اتفاقية فينا قد نصت بهذا الصدد :

((١- أن يتمتع المسكن الخاص للمعتمد الدبلوماسي بنفس الحرمة ونفس الحماية اللتين تتمتع بهـا مباني البعثة .

٢-وتشمل الحرمة مستنداته ، ومراسلاته ، وكذلك أيضا متعلقات المعتمد الـدبلوماسي مع مراعـاة مع ما جاء بالفقرة الثالثة من المادة ٣١)) .

المسكن الخاص ("Private residence")

تاريخيا ، ليس هنا من فرق ما بين مقر البعثة وإقامة المعتمد الدبلوماسي ، حيث

التطابق بين الإثنين . وكانت السفارات أو المفوضيات تتكون من رئيس البعثة وأعضاء طاقمها الذين يسكنون في المقر نفسه . ومثلما لاحظنا فإن اتفاقية فينا قد ماثلت بشكل كامل ما بين مقر البعثة وإقامة رئيس البعثة (المادة الأولى في فقرتها الأخيرة .((ط : اصطلاح (مباني البعثة) يشمل المباني وأجزاء المباني والأراضي الملحقة بها التي تستعملها البعثة - أيا كان المالك - كما تشمل مقر إقامة رئيس البعثة)) .

فالمادة ٣٠ تتعلق إذن بالمسكن الخاص للمعتمدين الدبلوماسيين وبتلك التي تخصص إلى الملاك الإداري والفني (بموجب المادة ٣٧ ، الفقرة الثانية) وكذلك لعائلاتهم الخاصة .

ومن خلال المسكن الخاص ، فإنه يفترض أن يشمل أيضا الأماكن التي تعود ملكيتها للبعض أو تلك التي يتم تأجيرها كما تم الإشارة إلى ذلك في المادة الأولى فقرة ط . وأنه يدخل في الحيازة ، بما أنه مسكن الذي يعد ، حتى وإن كانت بشكل مؤقت . وبالمقابل ، فإذا تخلى المعتمد نهائيا من أن يشغل المباني ، فإنها لا تستفيد من الطبيعة المنصوص عليها في المادة ٣٠ .

في قضية Agbor V. Metropolitan Police Commissioner ، فإن محكمة الاستئناف، القسم المدني ، رفضت في ١١-١٢/آذار/١٩٦٠ في إصدار حكم حول مسكن المعتمد الدبلوماسي النايجيري الذي حاول إخلاء المباني الذي سكنت فيه إحدى العوائل من إقليم بيافرا، حيث اعتبر ذلك مسكنه الخاص . وقد اعتبرت المحكمة بأن المبنى لم يعد مسكنا خاصا للممثل الدبلوماسي .

والمعاملة الممنوحة إلى المسكن الخاص هي نفسها التي منحت إلى البعثة ، وهو ما يمكن الرجوع إلى نظام المادة ٢٢ من اتفاقية فينا . أي أنه لا يوجد أي ترخيص إلى ممثلي الدولة المعتمدة لديها أن يدخلوا إليها ، ما عدا سحب الحصانة . من الذي يستطيع سحب الحصانة ؟ المادة ٢٢ من اتفاقية فينا ، المتعلقة بالبعثة تتطلب موافقة رئيس البعثة. وإذا فكرنا بطريق القياس ، فإن ما يقصد هنا بمسكن الممثل ، أي موافقة هذا الممثل الذي ستبدو لازمة . وهو الموقف الذي تم إقراره من قبل لجنة القانون الدولي . وقد صادقت الوزارة الفيدرالية على موافقة رئيس البعثة التي تبدو لازمة ، وبالنسبة للممثلين الأجانب في سويسرا ((فإن موافقة رئيس البعثة تبدو قاعدة عامة ، والترخيص الذي تمنحه المحكمة للحرمة يشكل استثناءا)).

وبالمقابل ، فيما إذا تم إرساء مماثلة ما بين الحرمة وحصانة التنفيذ ، فإنه سنرى بأن رفع الحصانة لا يمكن أن يحصل إلاّ من قبل الدولة المعتمدة أو ممثلها ، أو رئيس البعثة . ويبدو من الحكمة الحصول على موافقة رئيس البعثة . وبهذا فإنه ليس من الممكن مصادرة أي شيء من ممتلكات المسكن الخاص بالقوة أو التفتيش عنه . إذ أنه من المفترض أن يتم ذلك من خلال الطريق الدبلوماسي . وليس الأمر كذلك في إجراءات نزع اليد .

وفيما يتعلق بالاستثناء الموجود في الإجراءات حيث أن حصانة تنفيذ الدبلوماسيين (المادة ٣١ ، فقرة ٣) - مرتبطة بحصانتهم القضائية - لا توجد إلاّ عندما يقصد ببعض الفرضيات التي يمكن التفكير فيها بالتفصيل فيما بعد والتي تتعلق بالتصرف الواقعي بصدد المبنى الخاص ، والتصرف المتعلق بالميراث ، أو التصرف المتعلق بالنشاط المهني أو التجاري للممثل الدبلوماسي خارج وظائفه الرسمية (المادة ٣١، الفقرة الأولى) .

وأيضا أليس من المفروض أن يحصل التنفيذ بدون ((المساس بحرمة شخصيته أو بحرمة مسكنه)) (حسب المادة ٣١ ، الفقرة ٣) . وهنا نجد أنفسنا في شكل من الحلقة المفرغة . وأن تغير الصفة يمكن أن ينفذ ولكن لا يمكن أن يستبعد الممثل الدبلوماسي من المبنى ما عدا سحب الحصانة من خلال الدولة المعتمدة .

والمسكن يستفيد أيضا وبشكل واضح من الحماية المنصوص عليها في المادة ٢٢ ، الفقرة الثانية (اتخاذ كافة الوسائل اللازمة لمنع اقتحام أو الإضرار بمباني البعثة وبصيانة أمن البعثة من الاضطراب أو التخريب ....)) .

الوثائق ، المراسلات ، الممتلكات

إن الممتلكات المنقولة ، بما أنها مفهوم أكثر اتساعا ، هي التي من شأنها أن تغطي الحساب المصرفي ، الأجور ، الحقائب ، السيارات ، الأثاث ، الأشياء الشخصية ... الخ ، للدبلوماسي ، التي يمكن أن توجد أولا في المسكن الخاص . وهنا فإن أي مصادرة أو حجز غير جائز . إذ على سبيل المثال فإن أي حق في الحجز لا يمكن أن يمارس من قبل الدائن .

وفي قضية L' Amazoner ، فإن الموضوع المطروح في معرفة متى يمكن أن نعتبر

بأن اليخت يعود للدبلوماسي . إذ أن لمحكمة الاستئناف رأي افصحت عنه عندما اكتفت بالحيازة بدون أن تتطلب ملكية مسلم بها ، الذي نشر في المجلة الأمريكية للقانون الدولي في عام ١٩٤٠ .

وهنا أيضا فإن الاستثناءات في حصانة التنفيذ يمكن أن تتداخل ، ولاسيما بالنسبة للحصانة المتعلقة بممتلكات الدبلوماسي الذي يمكن أن تخصص لنشاط تجاري أو رهان لتركه، مع نفس التحفظات التي أثيرت بصدد المباني كما أشرنا إلى ذلك سابقا.

في قرار لمحكمة أمن الدولة (فرنسا) في ١٢/تموز/١٩٧٥ ، حيث أن مصادرة الوثائق، بـأمر مـن الإنابة القضائية لحاكم التحقيق لدى المحكمة المذكورة يشكل عملا متناقضا مـع المـادة الثالثـة مـن الاتفاقية وبناء عليه فإنه يتوجب على السلطات المختصة إلغاء هذا الإجراء.

ومثلما بالنسبة لوسائط نقل البعثة ، فإن الحرمة لا يمكن أن تمثـل عقبـة في تنقل السيارات الخاصة بالمعتمدين الدبلوماسيين خلال وجودها في أماكن توقف معرقلة .

وإذا انتهك الممثل الدبلوماسي الاحترام الواجب لصفته الدبلوماسية وقوانين الدولة المعتمـد لديها من خلال تجارة التهريب غير المشروعة (الأسلحة .. الخ) ، فإن هذه المنتجـات يمكـن مصـادرتها لإرجاعها ، فيما إذا كان قد تم شراءها ، إلى مالكها الشرعي أو إتلافها (مخـدرات ، وأي منتجـات محظورة دوليا) . والأمثلة حول ذلك كثيرة جدا ، وما تم الإشارة إلى قسم منها في الصفحات السابقة .

الفصل الثاني

الحصانة القضائية والتنفيذية

مقدمة

إن النتيجة الأكثر أهمية الناتجة من حرمة شخصية المعتمد الدبلوماسي هي الحصانة القضائية والتي يتمتع بها إلى الحد الجزائي ، أو بالنسبة للقضايا المدنية أو التجارية . والحصانة أمام المحاكم الجنائية تبدو حصانة مطلقة ، وبالمقابل ، فإن الحصانة القضائية أمام المحاكم المدنية فإنها خاضعة إلى بعض القيود . وبدون الدخول في تفاصيل تطور هذه الحصانة التي ستكون موضوعا لاحقا، فإنه من المناسب التأكيد بأن الحصانة القضائية ستتركز في إنكار أهلية أو اختصاص بعض المحاكم ، ولكن ليس في قيام المخالفة التي تم ارتكابها أو القوانين والالتزامات موضوعة الخلاف .

وفي الواقع ، فإن المعتمدين الدبلوماسيين قد خضعوا إلى قوانين الدولة المعتمدين لديها. وهكذا ، فإذا قام أحد الدبلوماسيين بارتكاب جريمة أو جنحة ، فإن ذلك لا يعني بأنه لا يتحمل أي مسؤولية : فيما إذا تورط مدنيا ، فإنه عند التزاما ته المدنية . والحصانة التي يتمتع بها تتحدد على المستوى الإجرائي ، وليس على موضوع القانون . وإن موضوع هذا القانون يبرر عندما تزول هذه العقبة الإجرائية : وهكذا عندما تسحب الحصانة أو توقفها لنهاية الوظائف التي يمارسها ، فإنه من الطبيعي أن تتم ممارسة اختصاص القضاة . والذي يبدو صحيحا فإنه سواء لم ينطق الحاكم بجوهر القانون أو بأن ظروف الحادث في الظاهر لا تبدو واضحا قضائيا ، فإن هناك مجالا للشكوك أو المراوغة . وأن هذه الريبة أو التردد النسبي لا يمكن استبعادها في العقوبات التي تتخذ من قبل الدولة المعتمدة أو من قبل الدولة المعتمدة لديها وليس إصلاح أو تسوية ودية مع الضحايا أو الدائنين .

وبناء عليه ، فإنه سيتم التطرق إلى الحصانة القضائية الجزائية ، ثم الحصانة القضائية المدنية ، وحصانة التنفيذ ، والتنازل عن الحصانة ، والوسائل الأخرى من أجل إخفاء أو التستر على إضرار الحصانة في المحاكم وفي التنفيذ .

القسم الأول - الحصانة القضائية الجنائية

أولا : لمحة تاريخية

لقد بدأ الأخذ بالحصانة القضائية الجنائية في محيط العلاقات الدبلوماسية في القرن السادس عشر . ويعود إلى هذه الفترة أيضا القضايا التي تشهد على شك القضاة والمحاكم على وجود هذه القاعدة .

إذ سبق وأن اتهم ليسلي Leslie ، سفير ماري ستيوارت ، ملكة اسكتلندا لدى مملكة بريطانيا ، بالتواطئ ضد حياة أليزابيت . وتم اعتقاله في عام ١٥٧١ بتهمة تحالفه مع خائن . إلاّ أنه لم يقع تحت طائلة القانون. وأن المشرعين قد ردوا بالموافقة على ذلك.

وفي عام ١٥٥٥ تم اعتقال سفير إسبانيا لدى البابا بولص الثالث لأنه حرض ملك نابولي على شن الحرب ضد البابا من خلال رسالة تم ضبطها . وفي كلا الحالتين ، وعلى الرغم من أراء القانونيين في الموضوع الذي عرض في الحالة الأولى، فإن الحرمة والحصانة القضائية احتلت مكانا في سلوك الدول إذ لم يتم إخضاع سفير اسكتلندا ، ولا سفير إسبانيا للمحاكم لمقاضاتهم ، إلاّ أنه تم استبعادهما من الدول التي عملا فيها بعد إطلاق سراحهما . وانطلاقا من هذه الممارسات ، فإن القاعدة أخذت تترسخ في التطبيق بشكل أكثر ثباتا .

وفي عام ١٥٨٤ فإن السفير Don Bernardino de Mendoza لدى بلاط الملكة اليزابيث ، تورط في إدخال قوات أجنبية إلى إنكلترا . وقد استشارت الحكومة عددا من القانونيين الذين عبروا عن رأيهم بعدم إمكانية معاقبته ولكن فقط إعادته إلى دولته والطلب منها باتخاذ الإجراءات المناسبة .

ورد الفعل نفسه حصل بالنسبة إلى L' Aubespine السفير الفرنسي في إنكلترا الذي تورط في مؤامرة لقتل الملكة اليزابيث ، إذ لم تتم ملاحقته قضائيا ولا معاقبته واكتفت الملكة بتوبيخ سلوكه الذي عد غير مقبول .

وحاليا ، يتفق على الاعتراف بأنه يقصد بقاعدة القانون الدولي المعترف بها عالميا . وبالنسبة لفرنسا تتمثل في مشروع الباب الأول من القانون المدني الذي عطل من قبل القسم التشريعي في مجلس الدولة ، احتوى ، على أثر المادة الثالثة من الحدود التي ((أن قوانين البوليس والأمن العام تلزم كل الذين يقيمون على الإقليم)) بالإضافة إلى الأحكام التالية :

- الأجانب الذين اتخذوا صفة تمثيلية لدولهم ، بصفة سفراء ، وزراء ، ومبعوثون ، أو تحت أي صفة من التسميات المطروحة ، لا يمكن مقاضاتهم ، لا فيما يتعلق بمحتويات القانون المدني ، ولا محتوى القانون الجنائي أمام المحاكم في فرنسا . وأن الأمر كذلك بالنسبة للأجانب الـذين يشكلون عوائلهم أو حاشيتهم .

ولكن هذه القاعدة قد تم حذفها خلال الجلسة السادسة لـ Thermidor السنة التاسعة . وقـد ترافعت المحكمة بعـدد مـن الشكاوى بهـذا الصـدد . وأجابـت باسم الحكومة في الجلسة الثالثة والعشرين Frimaire السنة العاشرة :

((الذي يخص السفراء يتعلق بالقانون الدولي العام . ولا يعود للمحكمة اختصاص النظر في القانون الذي لا يكون إلاّ القانون الداخلي.)) .

وحتى دخول اتفاقية فينا لعام ١٩٦١ حيـز التنفيـذ ، فقـد كان التطبيـق يجري عـلى أسـاس مرسوم ١٣ Ventose السنة الثانية عشرـ ، سواء كـان في فرنسـا ، أو في بلجيكا ، حيـث أن المعتمدين الدبلوماسيين استفادوا من الحصانة القضائية ، وقد تم تبني هذه القاعدة أيضا مـن قبـل الحكومة السوفيتية ، وذلك بموجـب المرسـوم الصادر في ١١/كانون الثاني/١٩٢٧ نـص عـلى أن المعتمدين الدبلوماسيين لا يمكن توقيفهم أو حجزهم ولا يخضعوا إلى الإجراءات القضائية الرادعة للدولة ما عدا موافقة الدولة المعنية ، أي الدولة التـي اعتمـدتهم (السلسـلة التشريعية للأمم المتحدة ، القوانين واللوائح) .

ثانيا - محتوى الحصانة القضائية الجنائية

إن الفقرة الأولى من المادة ٣١ من اتفاقية فينا لم تنص على أي حدود لهذه الحصانة : ((يتمتع المعتمد الدبلوماسي بالحصانة القضائية الجنائية في الدولة المعتمد لديها.))

وهذا يعني بأن أي سلطة قضائية جنائية في الدولة المعتمد لديها لا يمكن أن تكون مختصة في محاكمة المعتمد الدبلوماسي الذي ارتكب جريمة أو جنحة . ولا يمكن أن يكون محل تهمة أو تورط .

وتبدو حدود المادة ٣١ ، الفقرة الأولى مطلقة . وبخلاف الفقـرة الثانيـة المتعلقـة بالحصانة القضائية المدنية ، لا تحتوي على أي استثناء . إذ أنه مهما كانت خطورة الجريمة أو الجنحة ، فإن الحصانة تقتضي إذن بأنها تكون سارية خلال ممارسة الوظائف أو خارجها . كما أن هـذه الحصانة تستمر في حالة وفاة الدبلوماسي . أي تحقيق لا يمكن أن يمارس على ظروف موته بدون رفع الحصانة.

وهكذا ، في عام ١٩١٦ ، وعلى أثر التماس سفير إيطاليا ، فإن السلطات البريطانية امتنعت عن إجراء تحقيق حول وفاة السكرتير الأول في السفارة . إذ أن هذا السكرتير قد توفي نتيجة إطلاق نـاري في غرفة أحد الفنادق .

عندما توجد دلائل بأن مخالفة جنائية قد ارتكبت من قبل أحد الدبلوماسيين ، فإن سلطات البوليس تقوم بتحقيقها بقدر ما يتوجب عليهـا ذلك بـدون استجواب الممثل الـدبلوماسي . وتقدم تقريرها إلى السلطات العليا وإلى وزير الخارجية الذي يعلم رئيس البعثة الدبلوماسية كالمعتاد .

وعلى كل حال فإنه يمنع تقديم الممثل الدبلوماسي لاستدعاء المحكمة في المثول أمام العدالـة . في فرنسا ، فإن الفقه القضائي التقليدي قرر بأن الحاجب الذي يقدم نسخة مـن الاستدعاء إلى مقر السفير يعاقب بعقوبات تأديبية ، حيث يعتبر مذنبا في الإضرار بالاعتبارات الخاصة بممثلي الحكومات الأجنبية .

وقد سارت بلجيكا في نفس الاتجاه وذلك مـن خلال المنشـور الـذي أصدره وزير العـدل في ١٧/كانون الأول/١٨٨٧ عندما نص :

((يتعرض المـأمورون القضائيون إلى الإجراءات التأديبيـة في تـوجيههم الإعلانـات إلى أعضـاء السلك الدبلوماسي ، وعوائلهم وحاشيتهم ، معفوّن من كل الأحكام القضائية المدنيـة ، أو الجنائيـة في بلجيكا . وأن تقديم الشكوى إلى وزارة الخارجية هو الطريق الوحيد المفتوح في البلد الذين لهم الحق في الادعاء ضدهم.))

وحسب القضاء الفرنسي ، فـإذا كـان قـرار قـاضي التحقيق قـد ارتكب مخالفـة ضد قاعدة الحصانة، فإنه يتوجب على قاضي الاستدعاء اتخاذ الإجراءات المباشرة للدفع بعدم القبول الذي ادعى به المتهم على الرغم مما نصت عليه المـادة ١٨٠ مـن قـانون الإجراءات الجنائية. إذ أنه علـى أثر الحادث الذي جرى في سفارة العراق في باريس، في ٣١/تموز/١٩٧٨ خلال تبادل إطلاق النار بين حـراس السفارة وعدد من الإرهابيين ، حيث جرح خلالها عدد من رجال البوليس ، فإن حاكم التحقيق قـد أعلن عن قراره ، بأن الحصانة الدبلوماسية لا تسمح بمتابعة التحقيق حول ملابسات الحادث ومصدر إطلاق النار .

وهناك العديد من الأمثلة القضائية التي حفلت بها العلاقات الدبلوماسية .

إذ سبق وأن قدم Hirth شكوى ضد الـدبلوماسي Wertheimer أمـام قـاضي قضـاة التحقيق في السين (فرنسا) بسبب جريمة قذف في اجتماع عام . وفهم علنا بأن قرار

الحكم الذي أعلنه قاضي التحقيق في ٣٠/نوفمبر/١٩٢٨ بأنه من غير الممكن الاستمرار في التحقيق وذلك لأن Wertheimer يتمتع بالحصانة الدبلوماسية كما أنه أحد طاقم السفارة الأجنبية . وبناء عليه ، فإنه من المؤكد بأنه من غير الممكن مقاضاته أمام المحاكم الفرنسية بسبب جنحة القذف التي نسبت إليه كطرف مدني .

وفي قضية السفير النمساوي Otto في بلغراد الذي قتل ، أثناء حادثة صيد ، سفير فرنسا في ٦/نوفمبر/١٩٧٦، حيث أنه أشار ، بطريق الخطأ ، إلى عدم المسؤولية الجنائية، بينما يقصد بذلك هو عدم قبول الدعوى قضائيا أمام السلطات القضائية اليوغسلافية مع الاحتفاظ بحق اختصاصات السلطات القضائية النمساوية .

وعندما نجد في الواجهة شركاء فاعلين أو متواطئين ، حيث أن بعضهم يحمل الصفة الدبلوماسية والآخرين ليس لهم هذه الصفة ، فإن حظر اتخاذ الإجراءات ضد الدبلوماسيين لا تشمل الحصانة بالنسبة لأولئك الذين ليس لهم الصفة الدبلوماسية .

هل يوجد استثناء في المبدأ العام ، في حالة جريمة الحرب ، جريمة ضد السلام أو جريمة ضد الإنسانية ؟

في الحقيقة ، بما أن اتفاقية فينا بقيت صامتة حول هذه النقطة ، فإنه يمكن الدفاع عن وجهة النظر التي تشير إلى أن القواعد حول ردع هذه الجرائم ، بمقدار ما أنها ذات طبيعة أمرية بذاتها ، ولا تسمح بأي اعتذار مستمد من الوضع الرسمي للمتهم ، فإنه يفترض الذهاب بها حول الحصانة في المادة ٣١ من اتفاقية فينا أو القاعدة العرفية التي سبقت عليها . والأمثلة القضائية التي يتم ذكرها تبدو في أكثر الأحيان غير حاسمة .

وهكذا في قضية Oshima . إذ في جلستها المؤرخة في ١٢/نوفمبر/١٩٤٨ ، فإن المحكمة العسكرية الدولية للشرق الأقصى رفضت الاستثناء الذي أثاره المتهم من كونه كان سفيرا لليابان في بروكسل. فالمحكمة استندت فقط على الحقيقة بأن الحصانة الدبلوماسية كان لها تأثير ليس تجاه المعني في مسؤوليته الجنائية ولكن في الأحكام القضائية لمحاكم الدولة المعتمد لديها ، وهذه لم تكن الحالة المقدمة أمام المحكمة .

أما بخصوص قضية In re Best and others فأن المتهم قد سبق وأن عين مفوض ألمانيا في كوبنهاغن بعد احتلال الدانمارك. فإن المحكمة الإقليمية في كوبنهاغن. ومن خلال القرار الذي أصدرته في ١٨/تموز/١٩٤٩ ، اعتبرت بأن التشريع الدانمركي حول جرائم الحرب ذا طبيعة يمكن انطباقه حتى على الدبلوماسيين .

ويمكن أن نجد تبريرا مشابها صادر من محكمة الاستئناف في فرنسا في ٢٨/تموز/١٩٥٠ في قضية Otto Abetz الذي ادعى بأنه كان سفيرا للحكومة الألمانية لدى حكومي فيشي- Vichy . وقد أوضحت المحكمة بأن أي معطية في الملف لا تضمن هذه النقطة التي أثيرت للمرة الأولى في محكمة الاستئناف ، ولكنها أضافت :

((بالإضافة إلى ذلك ، فإن قرار ٢٨/آب/١٩٤٤ ، المتعلق بردع جرائم الحرب ، يستبعد حتى من موضوعها ، فإن التطبيق لكل أحكام القانون الداخلي أو القانون الدولي حيث الأثر سيكون في خضوع الملاحقة القضائية إلى ترخيص حكومة الدولة التي ينتمي إليها المذنب)) .

ونادرة هي حالات انتهاك الحصانة القضائية الجنائية . ويمكن الإشارة إلى الحالات التي شهدها محيط العلاقات الدبلوماسية ، ولأسباب تتعلق بعلاقات الدول نفسها وطبيعة هذه العلاقة ودرجتها .

- مقاضاة أعضاء لجنة الممتلكات الفرنسية في مصر- في ١٥/كانون الثاني/١٩٦٢ وهي لجنة خاصة ، حيث أثارت مشاكل قضائية ، اعتبرتها فرنسا لجنة دبلوماسية وتتمتع بالحصانة الدبلوماسية .
- إدانة الدبلوماسي الهندي في بكين واستبعاده من البلاد حالا بتهمة التجسس من قبل محكمة الشعب العليا لدائرة بكين في ١٣/حزيران/١٩٦٧ .
- وفي قضية المفوض العام لنايجيريا الشرقية في لندن ، تبدو المسألة غامضة نوعا ما . إذ أن السيد M. chinyere Achava قد تم إدانته من قبل محكمة Tottenham في ٢٦/أيلول/١٩٦٣ لحمله سلاح محظور هدد به بعض الأشخاص الذين أجر منهم أحد الغرف ، بشكل شخصي- ، بدون أي علاقة بوظائفه . وتبدو القضية واضحة، لأن ممثل نايجيريا في لندن قد أعلن بأن Achava لا يتمتع إلاّ ((بالامتيازات الدبلوماسية المحدودة جدا)).
- إذ قامت السلطات القضائية اليونانية في ١٩٥٣ بإدانة السكرتير الأول في السفارة البريطانية في أثينا ، حيث أن تصرفه الجنائي ليس له أي علاقة بوظائفه .

وهناك قرارات مماثلة تبدو خاطئة ولا يمكن بأن حال اعتبارها كشيء آخر غير انتهاك للقانون الدولي . في كتابة المتعلق بالحصانات والامتيازات الدبلوماسية Diplomatic privileges and Immunities ، فقد اعتقد الأستاذ Wilson بإمكانية

كشف اتجاه اتهام الخاصية المطلقة للحصانة . وأن الحالات الإضافية التي ذكرت تبدو أقل إقناعا سواء كانت السابقة على اتفاقية فينا لعام ١٩٦١ ، أو التي تتعلق بالأشخاص حيث أنه ليس من المؤكد بأنها تستفيد من الحصانة أو أنها لا تثير إلاّ حجز مؤقت وعدم فتح دعاوى قضائية .

في عام ١٩٦١ ، فقد تم إسناد تهمة ضد أحد أعضاء السفارة الألمانية في الولايات المتحدة لتورطه . وقد تم إطلاق سراحه حالا بدون ضمان . وقد استندت السفارة على الحصانة . وفي نهاية المطاف ، قد استبعد في عام ١٩١٧ أثناء قطع العلاقات الدبلوماسية.

إن مخلفات هذا المبدأ الأصلي في القانون الدولي قد أعيد تطبيقه من قبل محكمة العدل الدولية في قضية الطاقم الدبلوماسي والقنصلي للولايات المتحدة في طهران عام ١٩٨٠ إذ أن محكمة العدل الدولية استندت إلى تهديد السلطات الإيرانية بمحاكمة أعضاء الطاقم الدبلوماسي الأمريكي من قبل محكمة أو أي هيئة قضائية ، وقد أعلنت بأن نية السلطات الإيرانية ((إخضاع الرهائن إلى نوع من الدعاوى الجنائية أو التحقيق والتي يجب أن تتمخض عن نتائج ، فإن ذلك يشكل انتهاكا خطيرا للالتزامات التي خرقتها إيران بموجب المادة ٣١، الفقرة الأولى من اتفاقية فينا لعام ١٩٦١.

وفي الواقع، فإن الحصانة القضائية لا تمنع الممثل الدبلوماسي من أن يقدم شكوى عندما يكون هو نفسه ضحية لفعل جنائي . ومع ذلك فإن كل الموضوع هو معرفة ماذا سيحصل إذا تم الأخذ بالمرافعات الجنائية . إذ أنه يترتب على المشتكي أن يقدم الدلالات التي يعرضها شخصيا . وأن المحاكم تقتضي من جهته المشاركة في التحقيق . لأجل هذا ، فإنه من الضروري اللجوء إلى سحب الحصانة القضائية الجنائية. وهذا التنازل يجب أن يصدر من الدولة المعتمدة وأن تصدر بشكل صريح. وإذا كان المقصود بمخالفة قاضت بها المحكمة ، فإن السلطة العامة تمسكت بفتح التحقيق : شهادته المعتمد يجب أن يكون ضروريا من أجل سريان التحقيق الفعال ، ولكن المعتمد الدبلوماسي غير ملزم بتقديم شاهده . وإذا قرر التعاون فيجب أن يسمح له بعمل ذلك من قبل الدولة المعتمدة وبنفس الأسلوب . وأخيرا فإنه يجب أيضا أن ترفع الحصانة فيما إذا رغب المعتمد الادعاء بأنه مدعي في الدعوى الجنائية.

القسم الثاني ــ الحصانة القضائية المدنية

أولا ــ لمحة تاريخية

في الواقع ، أن الحصانة القضائية المدنية الممنوحة إلى الدبلوماسيين كانت قـد تـم تحديدهـا فقط بالأفعال المنفذة في ممارسـة المهمة. إذ أنـه يمكن تصور الحصـانة القضائية في عنصرهـا المـدني والتجاري بصورة أقل مما نتصورها في عنصرها الجنائي.

إذ أنه حتى أواسط القرن السابع عشرـ فإن المحكمـة العليـا في هولنـدا لم تعترف بالحصـانة القضائية للسفير إلا بالنسبة للأفعال التي يتم تنفيذها في إطار ممارسة وظائفه. وفي القـانون الأسبـاني الصادر في ١٥/حزيران/١٧٣٧ قد نص عـلى أن الـوزراء المفوضين الأجانب لـدى الملـك لا يمكن أن يستفيدوا من الحصانة القضائية المدنيـة إلا بواقع العقـود السـابقة عـلى تفويضهم وليس بالنسبة للديون الخاصة المتعاقدون عليها خلال ممارسة الوظائف .

في عام ١٧٧١ ، فإن الوزير المفوض في فرنسا ممثلا لإمارة Land grave de Hesse Cassel البـارون de H'rech قدم أوراق رحيله بدون أن يسدد ديونه ، الأمر الذي دفـع الـدائن إلى تقـديم شكـوى لـدى الحكومة الفرنسية التي أعلنت بعدم حجز جـوازه لـدى الـوزارة ، وأن قـدوم مبلـغ المحكمة إلى دار الوزير المفوض قد اعتبر بأنه إعلان بالاستدعاء، مما أدى إلى احتجاج السلك الدبلوماسي ، وهذا الـذي أكد ، وسابقا عن هذه الفترة ، بأن العرف وسع الحصانة القضائية إلى التصرفات أو الأفعـال المنفـذة خارج ممارسة الوظائف ، محاولا تأسيسه في فرنسا .

إلاّ أن لويس الخامس عشر قد أجاب بأنه ملتزم باحترام الحصانات ، ولكن والحالة هذه ، فإنهـا لا تتعلق إلاّ بالأفعال المرتكبة خلال ممارسة الوظائف .

وابتداء من القرن الثالث عشر فقد تم تثبيت المبدأ في كل أوربا . إذ أنه في الإشارة إلى الكثير من القضايا بهذا الصدد ، ومن بينها القضية الخاصة بالوزير السويدي في برلين التي انفجرت في عـام ١٧٢٣ . حيث أن البارون de Posse قد اعتقل لأنه رفض دفع ديونه. إلاّ أن ملك بروسيا سـارع إلى إصدار أمر الذي ضمن به الحصانة لكل الدبلوماسيين في هذه الحالات المشابهة .

وفي فرنسا ، كما في بلجيكا ، فإن مرسوم ١٣ Ventôse في السنة الثانية كان أسـاس كـل الأحكـام القضائية الصادرة بهذا الخصوص ، حيث نص :

((أن الحكومة الوطنية تحظر على كل السلطات الرسمية من أن تعتدي بأي شكل على شخصية مبعوثي الحكومات الأجنبية . والدعاوى التي يمكن أن ترفع ضدهم سيتم تقديمها إلى لجنة السلامة العامة التي هي وحدها فقط المختصة لتطبيق القانون)).

ومنذ الخامس من نيسان /١٨١٣ فإن محكمة باريس قد عطلت قرارا قضائيا يطلب من الدبلوماسي أن يقدم ضمانا .

وقد تم إصدار قرارات جوهريات أشرا مرحلة متقدمة من التطور القضائي ، فيما يتعلق بالحصانات . والقرار الأول الذي أصدرته محكمة التمييز الفرنسية في ١٩/كانون الثاني:١٨٩١ الذي ألغى قرار الحكم الذي أصدرته محكمة السين بحق المدعى عليه الدبلوماسي البلجيكي في دفع بعض المبالغ إلى مالكه .

أما القرار الثاني فقد أصدرته محكمة التمييز البلجيكية في ٢٤/أيار/١٨٩٧ والذي ألغى قرار محكمة الصلح في بروكسل الصادر ضد الملحق العسكري التركي الذي سبق وأن طلب من طبيب بيطري العناية بكلبه، إلاّ أنه رفض دفع المبالغ المترتبة على ذلك .

وبناء عليه فإن الأحكام القضائية الفرنسية تعارض الدفع بعدم قبول الطلبات في تسديد الديون الاعتبارية، وهو ما قررته محكمة السين في قرارها الصادر في ١١/شباط/١٨٩٢. كما أن محكمة السين قد أصدرت قرارا في ٢٠/حزيران/١٩٢٧ مؤكدة على تنفيذ الالتزامات الناتجة عن عقد الإيجار ، وفي طلبات الفصل في الثروات ، وحضانة الأطفال.

ونفس الأحكام القضائية الصادرة في بلجيكا، التي أمدت بالحصانة إلى الديون الشخصية ، وهو ما أخذت به محكمة الصلح في قرارها الصادر في ٣/آب/١٩٣٠ .

فالحصانة تغطي الممثل الدبلوماسي سواء كان بسبب ديونه الخاصة أو بصدد التصرفات الناتجة عن الوظيفة .

إذ أن محكمة السين بجلستها الكبيرة قد أكدت في ٣١/أيار/١٩٦٦ بما ((أن اتفاقية فينا يجب أن تؤسس على حل الخلاف لا تسمح بإجراء التمييز إلاّ إذا أرادت تأسيس جملة مطالب ما بين الأفعال المنفذة من قبل الممثل الدبلوماسي في ممارسة وظائفه وتلك التي تنفذ في إطار مصالحه الشخصية.))

في بلجيكا ، فإن محكمة لوفان Louvain في جلستها الأولى قد أصدرت حكما بأنه لا يمكن الاعتراف برفع الدعوى ضد الدبلوماسي النايجيري بتسديد قائمة شراء ووضع سجادة في المبنى حيث نايجيريا كانت هي المالكة في بلجيكا . وبالمقابل ، في إيطاليا ، فإن الأحكام القضائية ترددت طويلا وفي اتجاهين متناقضين .

أ - فإن القضاء رفض أولا الحصانة بالنسبة للأفعال التي لم تنفذ في ممارسة الوظائف. إذ أن محكمة التمييز في روما قد أصدرت قرارا في ٢٠/نيسان/١٩١٥ أكد بأن المعتمدين الدبلوماسيين لا يمكن أن يخضعوا إلى السلطات القضائية الإقليمية بالنسبة للأعمال التي تنفذ في ممارسة وظائفهم ، ولكن الشك بقي متعلقا بالأعمال التي ينفذونها كشخصيات خاصة . وقد استنتجت المحكمة بأنه ليس هناك حصانة عندما يتعاقدوا بالتزامات إيجابية أو سلبية وليس لها علاقة مطلقا مع مهمتهم .

وقد أصدرت محكمة التمييز في ٣١/كانون الثاني/١٩٢٢ قرارا أثار رد فعل السلك الـدبلوماسي في روما من خلال احتجاج صريح ، إذ أكد عميد السلك الدبلوماسي بأن هذا القرار يتعارض مـع كل الأعراف العامة المسلم بها . وقد بقيت الأحكام القضائية على حالها لـبعض الوقت، وهو مـا تمثل في القرارات التي اتخذتها محكمة روما في ٢٦/كانون الثاني/١٩٢٧ ، وكذلك في ٣/تموز/١٩٣٠ ، والمحكمة المدنية في فلورنسا في ٣/آب/١٩٣٤.

ولكن هذا الاتجاه قد تغير في ١٨/كانون الثاني/١٩٤٠ من خلال قرار محكمة التمييز الإيطاليـة ، إذ اجتمعت كل المجالس في قضية De Meeus . ومنذ ذلك فقد تم ترسيخ الأحكام القضائية الإيطالية . إذ قررت المحكمة الدستوريـة الإيطاليـة ، في قرارهـا الصادر في ١٨/تمـوز/١٩٧٩ بـأن هـذه الحصانة المدنية لم تكن مخالفة للدستور ، على الرغم من خاصيتها التمييزية ، من خلال تأثير القانون الدولي .

وفي اتجاه يبدو معاكسا تماما فإن بعض القرارات الإيطاليـة أيدت بـأن الحصانة لا توجـد إلاّ بالنسبة للأعمال الخاصة وليس بالنسبة للأعمال الرسمية ، لأنه بالنسبة لهذه التصرفات الأخيرة فإنه أقل ما قصد بالفعل الخاص للممثل - يحتمي بحصانته الشخصية - من فعل الدولة ، والـذي يفترض تطبيق الحصانة القضائية للدولة .

وحتى في حالة عدم مصادقة الدولة التي ترسل مبعوثها على اتفاقية فينا، فإن الدولـة المعتمـد لديها تطبق المادة ٣١ باعتبارها طرف في القانون الدولي . وهذا ما أقرتـه المحكمـة العليـا في شيلي في قرارها الصادر في ٣/أيلول/١٩٦٩ فيما يتعلق بقضية السفارة الصينية.

ثانيا - إستثناءات في مبدأ الحصانة القضائية المدنية

من خلال الفقه القضائي، فقد تم مناقشة المسألة ، ولكن لا يمكن القول بأن اتجاه الأحكام القضائية قد تجنبت تقيدات المبدأ . وبالمقابل ، فإن اتفاقية فينا قد أقرت ثلاث حالات حيث أن الحصانة القضائية المدنية لا يمكن أن تلعب فيها (المادة٣١، الفقرة الأولى) :

((١- يتمتع الممثل الدبلوماسي بالحصانة القضائية الجنائية في الدول المعتمد لديها. ويتمتع أيضا بحصانة قضاءه المدني والإداري . إلاّ إذا كان الأمر يتعلق بما يلي:-

أ - إذا كانت دعوى عينية متعلقة بعقار خاص يقع في أراضي الدول المعتمد لديها، إلاّ إذا لم يشغله الممثل الدبلوماسي لحساب الدولة المعتمدة ولغايات البعثة .

ب- إذا كانت دعوى متعلقة بميراث ، ويكون الممثل الدبلوماسي منفذا للوصية أو مديرا للتركة أو وارثا فيها أو موصا له بصفته الشخصية وليس باسم الدولة المعتمدة .

جـ- إذا كانت دعوى متعلق بمهنة حرة أو نشاط تجاري أيا كان ، يمارسه الممثل الدبلوماسي في الدولة المعتمد لديها خارج نطاق أعماله الرسمية.)) .

وسنحاول توضيح هذه الحالات الثلاث ، أو الاستثناءات الثلاث :

أ - دعوى عينية :

إن الدعوى العينية تتعلق بالمبنى الخاص الذي يقع على أراضي الدولة المعتمد لديها ، إلاّ إذا لم يشغله الممثل الدبلوماسي لحساب الدولة المعتمدة ولغايات البعثة .

إن إمكانية إقامة مثل هذه الدعوى قد تم الاعتراف بها سابقا من قبل معهد القانون الدولي في المادة ١٨ من القرار الذي اتخذ في نيويورك في ١٩٢٠ . وقد سبق أن تأمله سابقا كرشيوس وفينثيل (وخصوصا بالنسبة لهذه الأخير في القانون الدولي العام الصادر عام ١٨٣٠ . ومع ذلك، وقبل اتفاقية فينا فإن القضاء كان مترددا في ذلك .

وهكذا ، في فرنسا ، فإن المحكمة المدنية للسين قد أصدرت قرارها في ٢٦/أكتوبر/١٩١٦ في قضية Foy. وبالمقابل فإن محكمة الاستئناف في برلين ، في قضية الوزير المفوض الأفغاني في ١٣/أكتوبر/١٩٣٢ ، ومحكمة نيويورك في قضية أنطونيو في ٦/حزيران ١٩٥٠ ، حيث أنها طبقت الاستثناء ورفضت الحصانة .

والاستثناء يتعلق بالدعوى العينية ، أي الدعوى الخاصة بصفة الملكية أو أحد تقسيماتها . ولا يمكن تطبيقها إذن في دعوى شخصية ، مثلا فيما يخص الإيجار . وهو الرأي الذي أخذت به المحكمة الملكية في بريطانيا في قرارها الصادر في ٢٦/نوفمبر/١٩٨٢ ، وكذلك محكمة روما في ١٢/نوفمبر/١٩٨٣.

وبنفس الاتجاه ، فإن محكمة التمييز في بلجيكا قد نقضت قرار الحكم في

الموضوع الذي أعلنت عن اختصاصها على أساس المادة ٣١ ، الفقرة الأولى ، وذلك من أجل الاطلاع على طلب استرداد ا لتكاليف ونفقات الإيجارات المتعلقة بالمسكن الخاص لأحد الدبلوماسيين (٤/أكتوبر/١٩٨٤). وكذلك ما ذهبت إليه المحكمة العليا في قرارها الصادر في ٦/أكتوبر/١٩٣٦ .

أو بصدد عقود العمل ، إذ أن محكمة الاستئناف في مدينة ليون الفرنسية قد سمحت، في قرارها الصادر في ١١/كانون الأول/١٨٨٣ للكونت de Brue التذرع بحصانته القضائية وذلك في دعوى تسديد الأعمال المتعلقة بالمبنى الذي يعود لأحد الدبلوماسيين.

وإن الاستثناء بالنسبة للدعوى العينية ارتبط بشكل قوي بتطبيق قاعدة القانون الدولي الخاص المتعلقة بـlex loci rei silae ، والتي تم تفسيرها من خلال حقيقة أن القاضي المحلي هو الوحيد الذي يستطيع أن يكون مختصا في هذه القضايا .

بينما يمكن أن يكون هناك شكوك بهذا الصدد ، ولا يبدو مؤكدا بأن الاستثناء يطبق على المبنى الخاص الذي يشكل في نفس الوقت مقرا للدبلوماسي . ومع ذلك فإن الحصانة الشخصية للدبلوماسي تظهر ثانية ألاّ تمتع بالمبنى لحساب الدولة المعتمدة. وفي الواقع ، فإن ذلك في هذه الحالة ، فإن الدولة المعتمدة التي تتمتع بالحق العيني تصبح موضوع النزاع .

ب ـ التركـة

الدعوى المتعلقة بالتركة (الميراث) ، ويكون الممثل الدبلوماسي منفذا للوصية، أو مديرا ، وارثا ، أو موصى له ، بصفة شخصية ، وليس باسم الدولة المعتمدة . ليس هناك حكم قضائي متعلق بهذا الاستثناء الذي يبدو جديدا بالتأكيد. إن استثناء في الاستثناء يتعلق بالحالة التي يتدخل فيها الدبلوماسي في التركة باسم الدولة المعتمدة .

وفي هذه الحالة يمكن التفكير في فرضيتين :

١- وأيضا في قانون بلجيكا ، فإن الوضع يمكن أن يعرض بأن الممثل الدبلوماسي يمثل مصالح الدولة البلجيكية في التركة أو في إشغار التركة (من شأن الدولة البلجيكية أن يكون لها الحق في التركة الشاغرة من خلال تطبيق المواد ٧٢٣ ، ٧٦٨ من القانون المدني البلجيكي).

٢- يمكن للدبلوماسي الممارس للوظائف القنصلية ، وكنتيجة لممارسة هذه الوظائف ، أن يجد نفسه متورطا في تركة أحد رعايا دولته .

في عـام ١٨٩٩ ، فـإن محكمـة الجـنح في منطقـة السـين ، وفي قضـية christidis contre Verissi وجدت نفسها أمام المشكلة التالية : إذ أن كريستيدس ، السكرتير الثاني في المفوضية اليونانية ، مكلف بالوظائف القنصلية ، قد كلف بتصفية تركة أحـد الأثنيـين ، الأب فيريسي ـ ، حيـث أن شركـاءه طـالبوا بحسابات كريستيدس ، ومن ثم تم استدعاءه أمام المحكمة بحجـة التفـريط بالأمانـة بموجـب الـبلاغ المؤرخ في ٢٨/نوفمبر/١٨٩٨ . وبناء عليه ، منذ ٣/آب/١٨٩٨ ، فإن كريستيدس ، الـذي نقـل مـن قبـل حكومته ، وقد عهد بهذه المهمة إلى خلفه، واستمر في الإقامة في فرنسا بصـفة شخصـية وقـد أعلنـت المحكمة رأيها:

((حيث أنه يقصد بالنسبة للمحكمة في تقدير عمل القنصل الذي يعمل في ممارسة وظائفـه كقنصل ... ، ومراقبة حسابات هذا القنصل وتقدير الرواتب المخصصة له ، فإن المحكمة غير مختصـة في محاكمة الأعمال التي ينجزها القنصل الأجنبي في حدود اختصاصاته تجـاه أحـد مـواطني دولتـه... ومن خلال هذه الأسباب ، فإنها تعلن بعد اختصاصها)) .

جـ – النشاط المهني أو التجاري

الـدعوى المتعلـق بالمهنـة الحـرة أو بالنشـاط التجـاري ، شريطـة أن يمـارس مـن قبـل الممثـل الدبلوماسي في الدول المعتمدة وخارج وظائفه الرسمية .

ومثلما لاحظنا سابقا ، فإن المادة ٤٢ من اتفاقية فينا قد منعت كـل نشـاط تجـاري أو مهنـي يمارسه الممثل الدبلوماسي في الدولة المعتمد لديها بهدف الربح الشخصي.

وللوهلة الأولى ، يبدو بأنه يوجد تناقض في النص على نظام الحصانة للنشاط فضلا عن حظره . وأن الأمور تتضح عندما نتأمل بأن الممثل الدبلوماسي يمكن أن يحصل استثنائيا عـلى تـرخيص بهـذه المهمة .

وبهذا الصدد يمكن الإشارة إلى أن السفير الأمريكي في الفاتيكان Swilliom Wilson صديق حميم للرئيس الأمريكي السابق رونالد ريغان ، قد حصل على إذن مـن لجنـة الشـؤون الخارجيـة في مجلـس الشيوخ ((لمتابعة نشاطاته التجارية في مؤسستين الأمر الـذي دفـع الفاتيكـان إلى عـدم معارضـة هـذا النشاط (ينظر المجلة النقدية للقانون الدولي الخاص عدد١٩٨٥)) .

يضاف إلى ذلك ، فإن أحكام المادة ٣١ ، الفقرة الأولى ، النقطة (جـ) من هـذه الفقـرة، تطبـق أيضا على أعضاء عوائل الممثلين الدبلوماسيين ، وبالنسبة لهؤلاء

الأخيرين فإن حظر المادة ٤٢ لا يمكن تطبيقه . وأخيرا ، هناك الرغبة في حماية الأطراف الأخرى ضد الممثلين غير الأمناء في قيامهم بنشاطات محظورة غير مرخص بها . والاستثناءات يمكن اعتبارها حالات نادرة جدا .

ويبدو أن هذا النص جديدا . إذ أن الموقف التقليدي للمحاكم قد أقر بالحصانة نفسها في هذه الحالات .

وهذا ما أخذت به محكمة باريس في١٢/تموز/١٨٦٧ في قضية مستشار السفارة الروسية في باريس Tchitcherine الذي طعن في موضوع دين الصحيفة ((La Nation)) مستندا بحصانته التي تم تأكيدها من قبل المحكمة . والتحفظ نفسه قد عبرت عنه بعض المحاكم الإنكليزية . إذ أنه في قضية السكرتير الثاني في مفوضية بيرو في لندن الذي كان مديرا لإحدى النقابات التي تم تصفيتها ، حيث تحصن بحصانته الدبلوماسية التي أقرتها المحكمة. كما أن المحكمة الإنكليزية اعتبرت بأن Droiet السكرتير الأول والقائم بأعمال السفارة البلجيكية في لندن لم يفقد حصانته الدبلوماسية في ممارسته للتجارة في إنكلترا كمدير لمؤسسة معدنية .

وفي الواقع ، ليس هناك في الواقع إلاّ حالة وحيدة في القضاء القديم التي أشارت إليها المحكمة عرضا ، بأنه ليس هناك حصانة في هذه الحالة الخاصة بالوزير المفوض التركي الذي قرر الإقامة في بروكسل بعد الاستغناء عن وظائفه . وعندما كان في الخدمة ، فإنه قام بإنجاز عدد من الإصلاحات في مواقد المقر الدبلوماسي ، وبعد رحيله قام بحمل قسم من الأجهزة معه والتي سبق وأن سلمت له . وكان مستعدا أن يدفع للمقاول المبلغ المحدد عنها، ولكن ليس عن تلك التي تركها في المقر الدبلوماسي . وفي قراره ، فإن القاضي استند عرضا ، بأنه فيما يتعلق بالنشاطات التجارية ، فإنه لم يعترف بأنه هناك حصانة دبلوماسية (١٣/أيار/١٩٠٣).

ومهما أقر به هذا القضاء القديم ، فإنه من الواضح اليوم قد تم التأكيد بأن هناك غياب للحصانة في حالة ((المهنة)) أو ((النشاط)) . والمصطلحان يشيران بوضوح إلى أنهما نشاط مستمر وليس عمل بسيط طارئ ، كأنهما عقد منعزل ، سواء أكانت تجارية ، كأوراق الكمبيالة ، أو قرض مصرفي .

وقد اعتبرت المحكمة الأسترالية بأن شراء مسكن للممثل الدبلوماسي كمقر ليس نشاطا تجاريا ، وكذلك بالنسبة إلى فرض ضريبة الإيجارات من قبل المؤجرين .

وبالمقابل ، فإن النشاطات المؤكدة بصفة مستمرة ، سمسار الأوراق المالية ، ووسيط ، مصرفي ... الخ ، فإنها سقطت بشكل واضح تحت طائلة الاستثناء . في هذه الحالات ، ليس هناك حصانة أبدا، وليس هناك من مجال لرفعها .

ويجب عدم التجاهل بأن الحصانة تعود أيضا فيما إذا تم إنجاز الأعمال التجارية لحساب الدولة المعتمدة . وهكذا فإنه لا يعتبر كنشاط تجاري العقد الذي يستخدم بموجبه الممثل الدبلوماسي مترجما لخدمة البعثة . وهو ما أخذت به المحكمة المدنية في بروكسل في قرارها الصادر ١١/آذار/١٩٨٢ بصدد دولة البرتغال .

د- غياب الاستثناءات الأخرى

لقد طرح في مؤتمر فينا الاستثناء الرابع . إذ حاولت هولندا إدخال تعديلا يضيف في نهاية الفقرة الأولى من هذه المادة النص التالي :

((إن الحصانة القضائية المدنية ، في الحد الذي تتعلق بدعوى التعويضات الخاصة بحادثة المرور ، المرتكبة في الدولة المعتمد لديها والتي يتهم فيها الممثل الدبلوماسي ، تخضع إلى شرط بأن هذه الدعوى يمكن أن تقام مباشرة ضد شركة التأمين أمام محكمة الدولة المعتمد لديها.

إلاّ أن هذا التعديل قد رفض من خلال ٣٧ صوتا ضد ٩ أصوات ، وغياب ٢٥ دولة . وبعد ثلاث سنوات فيما بعد فإن اتفاقية فينا حول العلاقات القنصلية في المادة٤٣ ، فقرة٢، نقطة ب ، استبعد من الحصانة القضائية للقناصل الدعوى المدنية المقامة من قبل طرف ثالث لضرر ناتج من حادث حصل في دولة المقر من قبل سيارة ، باخرة ، أو طائرة.

فالمعتمدون الدبلوماسيون يستفيدون من الحصانة الشخصية في حالة تعرضهم لحادث مروري سواء كان حدث أثناء أو في عدم ممارساتهم لوظائفهم . وقد خفف بشكل كبير وضع الضحية فيما إذا تم الاستفادة من اللجوء إلى دعوى ضد التأمين . وقد لوحظ الاتجاه العام في إلزام البعثات وأعضاء البعثات في الاحتماء بشركات التأمين في هذا الصدد .

ومن المسلم به فإن صفة الدبلوماسي لا تمنع من إقامة الدعوى ضد شركات التأمين . وهذا ما حصل في إنكلترا في قضية Dickinson حيث أن شركة التأمين حاولت التذرع بصفة الدبلوماسي في التأمين . وهل من المناسب أيضا في هذه الحالة تقرير بأن الدبلوماسي كان طرفا في الجلسة التي يتخلى فيها عن حصانته . وإذا لم يكن

كذلك ، فإن المسألة تبدو أكثر تعقيدا . والدبلوماسيون الـذين يؤمنون عـلى حياتهم يجب التحقيق من أن غايات عقود التأمين التي وقعوا عليها لا تسـمح في ضمان تـذرعهم بحجة الحصانة القضائية للتأمين بهدف رفض تعويض ضحايا الحوادث . ويتعلـق بهـم مراقبـة في أن شركات التـأمين تجري تسوية مع الضحية أو استحضاره أمام القاضي بشكل مستقل عن المؤمن (الدبلوماسي).

وقد تبرز صعوبات جديدة عندما تحظر بوليصة التـأمين المـؤمن (الـدبلوماسي) مـن الاعـتراف بمسؤوليته بدون دعوى وأن الضامن يستند على الحصانة للتأييد بأن المسؤولية لم يتم التأكيد عليها .

وفي فرنسا حيث توجد دعوى مباشرة للضحية ضد الضامن ، فإن الوضع يبدو مبسطا بشكل واسع .

وهذا الرأي الذي أخذت به المحكمة المدنية في مدينـة شيفون الفرنسية في ٢٧/تمـوز/١٩٣١، وكذلك محكمة الاستئناف في أورليان في ٢٨/كانون الأول/١٩٣٢ في قضية Changeur et pani حيث أن المحكمتين قررتا قبول الدعوى ضد الضامن حتى في حالة غياب الدبلوماسي . وقد أعلنت المحكمة :

((بما أن قانون ٢٨/أيار/١٩٤٣ يقضي فقط ، من أجل أن يستطيع المـؤمن أن يـبتهج بطلبـه ، باعتراف الضامن أو اعترف به مُدين قضائيا ، فإنه لا يفرض أي شرط ، وأنه لتأكيد مسؤولية الضامن ، فإنه من الضروري تأكيد مسؤولية المؤمن ، فاعل الحادث ، ولكن أي نص في القانون لا يتعارض مـع هذا التبرير الذي حصل خارج حضوره ... وأن غياب Pani (الدبلوماسي) لا يمثل أي عقبـة جديـة ، لأن الضامنين يمكن أن يروجوا دعوى ضد الضحية بكل الوسـائل التي يملكونهـا ضـد المـؤمن وأيضـا بكـل وسائل الدفاع التي يمتلكها هذا المؤمن)).

وأيضا أليس من المفروض بأن الدبلوماسي المؤمن قد اتهم أو ، إذا رفض التنـازل عـن حصانتـه القضائية ، قد أعلم على الأقل بالدعوى المقامة ضده . في بلجيكـا، فـإن قانون الأول مـن تمـوز ١٩٥٦ أدخل التأمين الإلزامي ، مثلما في فرنسا ، وقد سمح بإقامة دعـوى مبـاشرة ضـد الضـامن في مسؤولية تأمين السيارات .

هل أن هذا القانون فرض على الدبلوماسي ؟ من المفروض الإجابة من خـلال التأكيـد استنادا إلى حقيقة أن الدبلوماسي الأجنبي خضع للقانون البلجيكي : فإنه يفترض إذن توقيع التأمين المنصـوص عليه من قبل التشريع البلجيكي. والمسألة

ستكون أكثر حساسة فيما إذا فرض القانون البلجيكي بأن الضامن يجب أن يكون بلجيكا . وبهذا فإنه يمكن إقامة الدعوى المباشرة دائما حيث أنه يمكن ملاحقة شركات التأمين ، من خلال كل طرق القانون ، وحتى في غياب الزبونْ . وهذا ما أخذت به أيضا محكمة الاستئناف في مدغشقر في قرارها الصادر في ٢٥/أيار/١٩٧٢ .

ومع ذلك ، فإن هذه الدعوى لا يمكن إقامتها إلاّ أمام سلطة قضائية مدنية ، أمام الأحكام القضائية الزجرية ، واللجوء إلى المحكمة يبدو أكثر تعقيدا بسبب أن الضامن لا يمكن أن يتهم إلاّ بمقدار ما أن المستأمن قد تم استدعاءه إلى الدعوى ، الأمر الذي يثير مشكلة الحصانة القضائية . وهذه لا تمنع الضامن في المثول اختياريا أمام القاضي .

ولقد تم تكريس هذه الحلول في القضاء البلجيكي . أمام القضاء المدني : إذ أصدرت محكمة الاستئناف في بروكسل قرارها في ١٠/كانون الثاني/١٩٦٤ بصدد قضية The London and Lancashire insurance :

((لما أن المؤسسة المستأنفة تعارض بعدم قبول الطلب ، بسبب أنها مؤسسة خاصة في القانون الذي اعترف بها من خلال المادة التاسعة ، الفقرة الثالثة من قانون الأول من تموز لعام ١٩٥٨ ، في استدعاء مضمونها إلى القضية ، وهو الذي يحتمي بالحصانة الدبلوماسية.

وبما أن الإقامة البسيطة للدعوى المباشرة ضد الضامن في المسؤولية المدنية (......) لا يمكن أن يشكل ضررا على شخصية هذا الدبلوماسي ، ذات طبيعة تلحق الضرر بالعلاقات الدولية الدقيقة !

وبما أن المادة الحادية عشر من قانون الأول من تموز لعام ١٩٥٨ كرس انفصال الحقوق والتزامات الضامن مقابل المضمون ، من جهة ، ومن جهة أخرى التزامات الضامن تجاه الشخص المتضرر من خلال استعمال العربة المؤمن عليها .

وحيث أنه عندما يقصد ، في هذه الحالة ، بالحادثة التي يتهم فيها الشخص المغطى بالحصانة الدبلوماسية ، فإن الدعوى المتغيرة بناء على طلب الشخص المتضرر في تكليف الضامن بإتاحة الفرصة للمرافعة خارج حضور المستفيد من الحصانة ، حيث يدرسوا الأحداث التي يمكن أن تقود إلى التزامات رئيس الضامن ، وأنه لم يتم دعوة الدبلوماسي إلى المحكمة ، ولا يمكن أن يكون مراعاة لصفته)).

وبالمقابل ، وأمام السلطات القضائية الجنائية ، فإن الضامن لا يمكن أن يتهم إلاّ

إذا تم استدعاء المستأمن إلى المحكمة . وهذا الحكم يمنع إقامة الدعوى المباشرة أمام السلطة القضائية الجزائية عندما يكون المضمون المقامة ضده الدعوى يستفيد من الحصانة الدبلوماسية.

وقد أصدرت محكمة الجنح في بروكسل قرارها في ٢١ / كانون الأول / ١٩٦٥ في قضية .Bult Assur الذي نشرت في المجلة البلجيكية للقانون الدولي في عددها الثاني الصادر ١٩٧٣:

حيث التوافق في هذه النصوص ، المواد ٦ و ٩ ، فإنه ينتج بأن الضحية يمكن أن يـدعي بحـق مدني ضد الضامن ويحصل ضده على إدانة شخصية بتسديد الأضرار المـتهم بها المضمون ، (وبصدد قرار التمييز الصادر في ٢٤/كانون الأول/١٩٦٦) ، وأيضا من المفروض بأن المضمون يتم دعوته شرعـا إلى المحكمة ، في هذه الحالة ، فإن المضمون لا يحيّ الأحكام القضائية الإقليميـة ، ولا يـود أن ضامنه يمكن أن يمثل أمام القضاء الجزائي مـن قبـل الطرف المتضرر بينمـا يعـود لهـذا الأخير في استحضار الضامن أمام القضاء المدني المختص ، بموجب القانون الخاص الـذي خوله الحـق مـن خـلال المـادة السادسة من قانون الأول من تموز/١٩٥٦ .

وبدون شك ، وحيث أن الفقرة الرابعة من المادة التاسعة لا تضطلع إلاّ بالـدعوى ((المقامـة)) ضد المضمون فيجب أن تكون مقبولة ، ومن المنطقي فإنه يمكن أن يفترض بأن الشرط الـذي وضعه المشرع لإقحام الضامن في القضية أمام القضاء الجزائي لم يكن شكلي محض وأنه يمكن أن يتبع فعلا بأثر ، بينما الفقرة السادسة من المادة نفسها حددت بدقة من جهة أخرى ((بأن الضامن لا يمكن أن يقحم في القضية إلاّ إذا تم استدعاء المستأمن إلى القضية إذا كان طرفا آخر غير المضمون.

وبالنسبة لقضية مشابهة أمام المحكمة العليا في غانا ، في ٢٠/أكتوبر/١٩٦٧ ، حيث المعطيـات والمبررات كانت حول هذه النقطة غامضة إلاّ قليل من المعلومات الجدية التي يمكن الأخذ بها .

وأن أغلبية الدول الأوربية قد أسست بشكل قانوني آلية الدعوى المباشرة ضد الضامن. وهـذا ما جاءت به الاتفاقية الأوربية المتعلقة بالتأمين الإلزامي في المسؤولية المدنية بخصوص السـيارات، الصادرة في ٢٠/نيسان/١٩٥٩ . وقـد سـارت الولايات المتحـدة بـنفس الاتجـاه في عـام ١٩٧٨ . وأن الحكومة الكندية اعتبرت من جانبها بأنه إذا قام

الضامن باستغلال بشكل مفرط الحصانة الدبلوماسية للمضمون، فإنه من المناسب أن تكون الحصانة موضوعا للرفع بالشكل الذي تأخذ فيه الشكوى مجراها الطبيعي .

هل من المفروض أن يعتقد بأنه يجب على الحصانة القضائية أن تتنازل لحقوق الإنسان الأكثر أصالة ؟

لقد تم تأييد شيئا من هذا النوع من قبل المحكمة العليا في شيلي ، من خلال نظرها في قضيتي (... Sponn et strabs) .

وفي الواقع فإن هاتين الحالتين تطرحان المسألة لغايات غير مقبولة . فحقوق الإنسان المنصوص عليها في الدستور الشيلي هل يفترض بها أن تتفوق على الحصانة القضائية الدبلوماسية أو القنصلية ؟ وهكذا طرحت ، فالمشكلة استدعت بلا منازع جوابا سلبيا ، لأنه في القانون الدولي ، اتفاقية دولية تتفوق دائما على الدستور الداخلي ، وبدون شك فإن المحكمة العليا في شيلي دفعت بشكل أفضل حيث أنها أيدت بأن مبادئ القانون الدولي الأكثر أصالة المتعلقة بحقوق الإنسان يجب أن تتفوق على اتفاقية فينا لعام ١٩٦١ ، والقنصلية لعام ١٩٦٣. وهكذا فإن المشكلة المطروحة تستحق التفكير . الأسلوب الوحيد في إدخال الأسبقية ما بين القاعدتين في القانون الدولي - إن لم يوجد الحكم الاتفاقي حول هذه النقطة - وأنه يفترض بأن لإحدى القاعدتين الخاصية الشرطية من الأخرى التي لا تتمتع بهذه الخاصية .

وعليه ، فإن محكمة العدل الدولية في قضية الشخصية الدبلوماسية والقنصلية للولايات المتحدة في طهران ، بدون المضي حتى تأييد بأن لكل أحكام اتفاقيات فينا الخاصية المشابهة ، ويعترف لها بالطبيعة المركزية خاصة في النظام القانوني الدولي . هل يمكن أن تعتبر القواعد المتعلقة بحقوق الإنسان أعلى من القواعد المتعلقة بالحصانات ؟ وإذا توجب أن تكون الحالة ، فإنها تتفوق في كل مرة ، لأن للقواعد المتعلقة بالحصانات خاصية غير عادلة وتمييزية ، وأنها تخلع من شريك الدبلوماسيين الحق في المحاكمة العادلة ، ما عدا الحالة الاستثنائية التي ترفع بها الحصانة .

ولكن لا يمكن أن يكون مؤكدا في ذلك ، لأنه ليس لكل حقوق الإنسان خاصية القانون الشرطي (وحقوق الإنسان التي لها هذه الخاصية مثل حق الحياة أو حق عدم تعرضه للتعذيب فإنها نادرا ما تكون متعارضة مع الحصانات) . وإذا كانت لها ، فالفرضية المتعلقة بالموضوع الجنائي ، مثلما لاحظنا ، وربما ما عدا حالة جرائم الحرب

وضد السلام أو ضد الإنسانية ، فإن النزاع ينحل ليس من خلال فقد حصانة الدبلوماسي ، ولكن من خلال استبعاده .

وإن الأستاذ الشيلي Francisco D. Vienna ، في دراسته المنشورة تحت عنوان الحصانات الدبلوماسية والقنصلية وحقوق الإنسان - ١٩٩١ ، اعتقد بضرورة أن تتفوق قواعد حقوق الإنسان فيما إذا دخلت في تنازع مع الحصانات . ولكن لم يعط التفسير الكافي لذلك . ويعتقد بأن ذلك يتم من خلال إلغاء الحصانة القضائية والاحتفاظ بحصانة التنفيذ . إلاّ أن ذلك لا يبدو مقترحا منطقيا . وتوجد وسائل أخرى في العمل ضد التجاوز على الامتيازات - الوسائل التي يفترض أن تستخدم بشكل أكثر اقتناعا .

ثالثا - الشهادة

في الواقع ، أن أحد نتائج الحصانة القضائية هو أن ((المعتمد الدبلوماسي لم يكن ملزما أن يدلي بشهادته)) (وذلك حسب المادة ٣١ ، الفقرة الثانية من اتفاقية فينا). وهذه القاعدة يمكن تطبيقها سواء كان فيما يتعلق بالقضايا المدنية أو الجنائية.

وقد تم تثبيت هذه القاعدة عن طريق العرف . وأن المادة ١٧ من قرار معهد القانون الدولي لعام ١٩٢٩ قد نص عليها صراحة . وعادة ما يتم استذكار السوابق القديمة . إذ أنه في عام ١٨٥٦ ، فإن الوزير المفوض الهولندي في واشنطن Dubois كان شاهدا في حادثة قتل . وعلى أثر الالتماس الذي قدمته وزارة الخارجية ليقوم بشهادته ، فإن هولندا شرحت شرطها بأن يتم ذلك عن طريق تحرير مذكرة وليس من خلال حضور الوزير إلى المحكمة . وقد أصرت وزارة الخارجية الأمريكية بحضور الوزير من أجل إمكانية ضمان Cross-examination للمحكمة . وأمام رفض الحكومة الهولندية ، فإن المعني خضع لمذكرة استدعاء.

ويهدف الاطلاع على المقال الذي يكشف عن القرار القضائي الذي أوضح في عدم إمكانية إلزام الدبلوماسي بتقديم شهادته ، فقد أصدرت محكمة الاستئناف الأمريكية قرارها في ٦/أكتوبر/١٩٦٧. وقد اتخذت الحكومة الكندية الموقف نفسه عندما رفضت أن يقدم سفيرها في واشنطن شهادته في قضية جنائية .

ومثلما نصت صراحة المادة ٣١ ، الفقرة الثانية من أنه ليس للدبلوماسي أي التزام قضائي في الإدلاء بشهادته . في هذه الحالة ، وببساطة فإن الحصانة لم تكن دعوى ، إذ أنها استبعدت جوهر القانون الداخلي .

ومع ذلك فإن الدولة المعتمدة لا تستطيع الاستخفاف بالحدث وأن لها واجب قانوني (وهكذا في إطار الاتفاقيات حول الامتيازات والحصانات للمنظمات الدولية) في سحب الحصانة من ممثليها الدبلوماسيين عندما تكون هذه الحصانة ذات طبيعة تمنع السير الطبيعي للعدالة . وأن هذا الإلغاء أو السحب يجب أن يتم انسجاما مع المبادئ المنصوص عليها ومن قبل الدولة المعتمدة صراحة.

ومن الأمثلة القديمة عن التنازل ، فإنه يمكن الإشارة إلى حالة الوزير الفنزولي حيث تم رفع الامتياز ليشهد في حادثة وفاة رئيس الولايات المتحدة Garfield أو السفير البريطاني في مدريد في عام ١٩٢١ على أثر انتحار كبير خدمه . وفي قضية "Public Prosculor V. Orh an Otmez" فإن المحكمة العليا في ماليزيا من خلال قرار ٢٩/نيسان/١٩٨٧، فإنها وجدت نفسها أمام الحالة التالية: إذ أن السكرتير الأول في سفارة تركيا في كوالالمبور قد سمح له من قبل حكومته ليقدم شهادته للتحقيق فقط في صحة الوثائق المتعلقة بطلب تسليم المجرمين وليس الإجابة عن أي أسئلة أخرى . وعلى أثر المرافعة في Cross examination فإن حكومته سحبت الترخيص . أما المحكمة العليا فقد اعتبرت بأنه حصل تنازل نهائي عن الحصانة .

وأن المحكمة العليا اعتبرت بأن المذكرة الأولى لا تشكل رفعا للحصانة القضائية. وأن القبول بالشهادة مع التقيد بالالتزامات لا يمكن أن تمتد إلى خارج ما صرحت به .

ومن الواضح بأن هذا التنسيق ما بين الدولة المعتمدة والدولة المعتمد لديها يبدو مقبولا بشكل خاص عندما يكون الدبلوماسي ضحية تصرفات إجرامية وتبدو شهادة أساسية لتثبت المخالفة .

وقد سبق أن قام القضاة الأمريكيون في عام ١٨٥٢ برفض إصدار مذكرة توقيف ضد Duplessis الذي اتهم بتهديد الوزير الألماني Baron von Grolt لأن هذا الأخير رفض أن يقدم شهادته في بعض الحالات التي تطلبت ذلك وهناك مثل مشابه حصل في الهند في ١٩٥١ . وما بين ١٩٨٢ و ١٩٨٦ ، فإن الحكومة البريطانية وافقت على رفع الحصانة عن ممثليها الدبلوماسيين للإدلاء بشهاداتهم في خمسة وعشرين حالة ، في الوقت الذي رفضت فيه الشهادة في أربع حالات .

في قضية Dichl V. في الولايات المتحدة ، فإن أحد السراق حاول استبعاد شهادة أحد الدبلوماسيين الذي حمل عليه في الدفاع بأن حصانة الدبلوماسي لا تسمح بالتقاضي

من خلال يمين مزور . إلاّ أن محكمة الاستئناف في كولومبيا ومن خلال قرارها الصادر في ١٥/كانون الثاني/١٩٥٩ ، نقضت الطلب وأكدت بأن الدبلوماسي قد قدم إلى المرافعة طوعيا ، وفي افتراض من خلال يمين مزور كما هو مطروح ، فإنه قد تم رفع الحصانة .

ومن جهة استمرار الدعوى فإنها تعتمد العادات المحلية . في عدد من الدول ، توجد أحكام خاصة حول الأسلوب الذي يمكن أن تتلقى به شهادات المعتمدون الدبلوماسيون . في بلجيكا ، ما زالت نافذة رسالة وزير الخارجية المؤرخة في ٣٠/كانون الثاني/١٨٨٤ ، الموجه إلى وزير العدل ، والتي أعلن فيها :

((انسجاما مع القانون الدولي العام والعادات المعترف بها عامة، فإن وزير الشؤون الخارجية يمثل الوسيط ما بين ممثلي القوى الأجنبية وسلطات الدولة التي يقيمون فيها.

وبناء عليه فإنه سيكون أكثر تنظيما ، حسب رأيي ، في اللجوء إلى وساطتي عندما تكون شهادة المعتمد الدبلوماسي الأجنبي يمكن أن تساهم في إنارة العدالة.))

وبناء على ذلك، فعندما يتهم المعتمد الدبلوماسي الأجنبي في قضية وتبدو شهادته ضرورية ، فإن وكيل الملك يقدم طلبا لدى المدعي العام الذي ينقله إلى وزير العدل ، والذي ينقله بدوره إلى وزير الشؤون الخارجية ، والذي يقوم بدوره في إبلاغ المعني من خلال وساطة رئيس البعثة الدبلوماسية . والعودة بالجواب من خلال الطريق نفسه * .

وأذا أعتقد الدبلوماسي، وبالتحديد الدولة المعتمدة، بأنه من غير المناسب المثول أمام القاضي، فإنه يمكن التفكير بالشهادة التي يعطيها كتابة أو تسجيلها من خلال دعوة قاضي التحقيق إلى مباني السفارة . وهذا الإجراء ليس بدون إثارة صعوبات في الدول التي تطبق القانون العام والذي يقتضي- حصول Cross examination والتي تبدو أساسية في قيمة الشاهد . ولا يمكن إعادة تكرار المثل بصدد إجبار الدبلوماسي بالقوة على

---

* يشير الاستاذ فاضل زكي الى أن كلا من الفقيهين هل Hall وكالفو Calvo يؤكدان على أن موافقة المبعوث يجب أن تتجاوب مع قانون محاكم الاقليم ، أي ان المسؤول امام المحاكم والادلاء بها شفهيا ان اقتضت الضرورة ذلك . بينما نجد أن القضية أوبنهاميم oppenheim يخالف هذا الرأي فيقول ما مضمونه أن التأكيد على حرية الممثل واستقلاله أمر ضروري ويجب عدم اغفاله وعليه فأن الأوفق اعطاء المبعوث شهادته تحريريا على أساس أن هذه الكيفية تضمن استقلال المبعوث بصورة اوفى . وقد أخذت بمبدأ كالفو هولندا . وأن اتفاقية فينا لعام ١٩٦١ هي المعيار الذي تأخذ به الدول .

الشهادة . ومثل هذه الاحتمالية قد تم إدانتها مقدما من قبل لجنة القانون الدولي في قضية الطاقم الدبلوماسي والقنصلي للولايات المتحدة في طهران (١٩٨٠) . ولكنه أحيانا يبدو من الصعوبة سياسيا في عدم الانصياع ! وهذا ما لوحظ في الطلب الذي لا يقاوم في الاستماع إلى شهادة السفير السابق لكوريا الجنوبية في واشنطن عام ١٩٧٨.

رابعا - العلاقات بين الحصانة القضائية للدولة والحصانات الشخصية للمعتمد الدبلوماسي

لقد تم مناقشة مسألة الحصانة القضائية للدولة في الصفحات السابقة . وإذا تميزت بشكل واضح الحصانة الشخصية للمثل الدبلوماسي عن تلك الحصانة التي تتمتع بها الدول عندما يتصرف الممثل الدبلوماسي خارج ممارسة وظائفه ، فإنها لم تكن بنفس الحالة عندما يتصرف الممثل الدبلوماسي بصفته الرسمية . إذ أن تصرف المعتمد هو تقريبا تصرف الدولة.

وبشكل خاص فإنها الحالة عندما يتم تصور الحصانة القضائية للمعتمد كحصانة مرتبطة بشخصية (immunite ratione personne) - وقد أنزلت إلى الحالات حيث يتصرف في ممارسة وظائفه . وبناء عليه ، وفي بعض الظروف التي سنتطرق لها لاحقا ، فإن اتفاقية فينا حددت الحصانة القضائية بالتصرفات المنفذة في مزاولة الوظائف (مادة٣٩ ، الفقرة الثانية إلى انتهاء الوظائف ، مادة ٣٧ ، الفقرة الثانية ، الثالثة بالنسبة لأعضاء الطاقم الإداري والفني للبعثة ، وأعضاء عوائلهم ، وأعضاء طاقم الخدمة في البعثة ، مادة ٣٨ ، الفقرة الأولى، بالنسبة للمعتمد الدبلوماسي الذي يحمل جنسية الدولة المعتمد لديها أو لديه في هذه الدولة مقره الدائم). ولهذا فإن الحصانة ratione materiae .

وبناءا عليه فأن لمفهوم الحصانة اهمية خاصة ، وفي الواقع فأنه يمكن أن نعتبر عندما يمنح الحصانة ratione materiae ، أي بالنسبة للتصرف المنفذ من قبل الممثل الدبلوماسي بصفته الرسمية أو في مزاولته لوظائفه - ولو أن ليس بالضرورة خلال مزاولته لوظائفه - فإن لهذا التصرف الخاصية الرسمية . وبعبارات أخرى ، فإنه يقصد بالتصرف المنفذ لحساب الدولة المعتمدة ، وأنه اعتبر بالنسبة له شيء محسوم .

وقد ظهرت نفس العلاقة المحدودة ما بين حصانة الدولة وحصانة المعتمد في الاستثناءات المتعلقة بالحصانة الدبلوماسية التي يمكن تأملها في المادة ٣١، الفقرة الأولى

من اتفاقية فينا . ولا حظنا بأن الأوضاع الثلاثة حيث الاستثناء الذي جاءت به المادة ٣١ من اتفاقية ١٩٦١ ، هي الحالات حيث الدعوى القضائية تتعلق بالنشاط الخاص للمعتمد الدبلوماسي . وقد تم صراحة استبعاد الفرضية التي أكدت بأن هذه الدعوى تعلقت بنشاط في علاقة مع وظائفه الرسمية . وفي الواقع ، فإنه في هذه الحالة الأخيرة، فإن الحصانة القضائية التي اقحمت ، ستكون حصانة المعتمد الدبلوماسي ليس لكونه شخصية خاصة ، ولكن بمقدار ما أنه يمثل الدولة المعتمدة.

وفي هذه الحالات ، فإنه إذا أراد الطرف الثالث أن يقحم التصرف الرسمي للمعتمد ، فإنه يمكن أن يتردد بصدد تعيين المدافع الصحيح والمرسل إليه في الدعوى . وقد لاحظنا فيما سبق بأنه ليس هناك إلاّ شخصيتان قانونيتان يمكن إحضارهما :أما المعتمد بصفة شخصية ، وأما الدولة . وليس هناك من إمكانية إحضار البعثة ، لأنها محرومة من الشخصية القانونية .

وكما ذكرنا فإنه في الولايات المتحدة دائما ما كان يتم الطلب باستحضار حكومة الدولة الأجنبية ، رئيس البعثة ، والبعثة نفسها . وهكذا ، فإنه في عام ١٩٨٢ في دعوى قائمة على المسؤولية المدنية الناتجة من حادثة مرور ، والمدعى عليه أحضر البعثة الدائمة لتايلاند في نيويورك بجانب الحكومة التايلندية وشخص رئيس البعثة. إذ أن دفاع المحامون ارتكز مع ذلك على الخطأ المعنوي إذا لم يتم إثباته وأن البعثة تتمتع بالشخصية القانونية المتميزة عن الشخصية القانونية للدولة وأن هذه تعتمد على القانون الداخلي .

وفي الواقع ، فإن الدعوة بالحضور أمام المحكمة المقامة ضد الممثل الدبلوماسي يمكن أن تقدم ، فعلا ، بطريقتين : أما أن يحضر ((بذاته واسمه الشخصي)) . كطرف في المحكمة . وأنه الذي سيكسب الدعوى أو سيتم إدانته . أما أنه يحضر أمام القضاء كوكيل Mondataire ad litem وبناء عليه فإنه يحضر في الدعوى بصفة تمثل الدولة المعتمدة والتي هي فقط طرف في الدعوى .

- الفرضية الأولى : حضور الممثل الدبلوماسي ((بذاته وبإسمه الشخصي))

في الحالة الأولى ، وبصرف النظر عن مسألة الامتيازات والحصانات الشخصية ، يفترض أن نعتبر السفير لم يكن la arraie parrtie . وأن الدولة هي التي تمثل المدافع الحقيقي ، وفي الحالة هذه فإن السفير لا يتصرف (بالنسبة لعقد الإيجار ، تجهيزات ، أو

خدمة) إلاّ كمعتمد لهذه الدولة . وفي وضع من هذا النوع فإن المحاكم يمكن أن تتبنى العديد من المواقف المختلفة . الأول يتركز في الإعلان عن نفسها بأنها محكمة مختصة ، ولكن بدون أن تقحم الدبلوماسي في الدعوى .

وقد تم تبني هذا الموقف في قضية قديمة من قبل المحكمة المدنية في بروكسل في ١٣/أيار/١٩٠٣ . ويقصد بها قضية تسديد باقي تجهيزات إنشاء التدفئة التي نفذت لحساب المدعى عليه بينما كان الوزير التركي في بروكسل ، وتصرف بهذه الصيغة . وأثناء الدعوى، فإن Caaratheodory ترك خدمة تركيا ، وأقام في بروكسل كشخص عادل . وقد اعتبرت المحكمة بأن :

((التجهيزات المعنية قد أوصى به لحساب الحكومة العثمانية بقصد أن تسمح لها ممارسة حقها في التمثيل ، والتفويض في بلادنا ، وفقط الحكومة المعنية لها حق الانتفاع بها، ولا يمكن للمدعى عليه أن يتمكن شخصيا من رئيس البعثة)) . وفي هذه الحالة ، فإن المحكمة استبعدت الدبلوماسي من الدعوى ليس على أساس حصانته القضائية ، ولكن من حقيقة أن المدعى عليه الحقيقي كان الدولة التي كان هذا الدبلوماسي يمثلها سابقا مصالحها في بروكسل .

أما الحل الثاني فيتركز في الاعتقاد بأنها غير مختصة بالنسبة للمعتمد الدبلوماسي :

وهكذا ، في قضية الدولة البرتغالية ، فإن المحكمة المدنية في بروكسل قد أعلنت بخصوص التصرف المنفذ من قبل السفير Gom Calves في مزاولته وظائفه ، إذ أنه في هذه الحالة ((فإن ما يقصد ذلك هو التصرف المنفذ لحساب الدولة (...) والذي يفترض أن يعتبر محسوما لصالح هذه الأخير (١١/آذار/١٩٨٢) .

عينت السفارة الأمريكية في باريس أجيرا أوكلت له معتمد الأمن ، ومن ثم سرح من قبل السفير حيث لم يستطع الشكوى لدى محكمة الاستئناف التي أعلنت بعدم قبول الدعوى في تسديد تعويضات التسريح ، وقد نشأ ذلك من المادة ٣١ النقطة الأولى من اتفاقية فينا في ١٨نيسان ١٩٦١ حول العلاقات الدبلوماسية من أن هذا السفير يتمتع بالحصانة القضائية المدنية .

وقد رأت المحكمة العليا في الأرجنتين، في قرار لها صادر بتاريخ١٠/كانون الأول/ ١٩٥٦، بأن الدعوى لتغطية دين رئيس البعثة الذي أعلنت المفوضية كفالته تضامنيا (والذي الزم الدولة) لا يمكن أن تقام ضد خليفة رئيس البعثة بصفته الشخصية .

وبصدد الحل الثالث ، الذي يرى بأنها الدولة التي تحضر أمام القضاء من خلا ل الدبلوماسي ، فإنه يتركز في تصويب مكتب الاستدعاء.

هذا المنطق أخذت به المحكمة العليا ، في إنكلترا من خلال القرار الصادر في ٢٦/نوفمبر/١٩٨٢ بصدد قضية Intro properties In-Sauvel ، حيث أن سوفل Sauvel كان المستشار الاقتصادي في السفارة الفرنسية في لندن . وأن إيجار مقره قد تم التعاقد عليه من قبل الحكومة الفرنسية لكي يكون سكنا للدبلوماسي ، وقد قررت المحكمة بأن المدعى عليه الحقيقي هو الدولية الفرنسية، حيث أن حصانتها التي أضحت محل تساءل.

وفي الاتجاه نفسه ، فإن محكمة الاستئناف في كولومبيا ، الولايات المتحدة اتخذت القرار الصادر في ٢٣/أكتوبر/١٩٧٥ في قضية الملحق الجوي في سفارة بيرو من خلال الدعوى المقامة ضده والذي يتمتع بالحصانة القضائية الشخصية ((من غير المساس بحصانة الدولة)) حسب ((اقتراح)) وزارة الخارجية . وأن محكمة الاستئناف قد فسرت الاستدعاء بأنه موجه نحو المعنيين ليس بالصفة الشخصية ولكن كممثلين عن دولة بيرو ، ودعت دولة بيرو لإبداء رأيها .

- الفرضية الثانية – استدعاء الممثل الدبلوماسي كوسيط **ad litem** كممثل الدولة

هل يمكن للممثل الدبلوماسي أن يبرز حصانته الشخصية لاستبعاد الدعوى؟

في الواقع هناك العديد من القرارات التي رأت عدم إقحام الحصانة الشخصية . إذ أن المحكمة المدنية في السين (فرنسا) قد اتخذت قرارها الصادر في ١١/كانون الأول/١٩٢٢ وكذلك محكمة روما في ٢٨/كانون الثاني /١٩٥٢ ، وكذلك في ١٠/آذار/١٩٥٥ ، والمحكمة العليا في النمسا في ٦/آب/١٩٥٨ ، ومحكمة روما في ١٦/كانون الأول/١٩٦٦ ، وكذلك في ٢٩/نيسان/١٩٧٤ .

كما أن محكمة روما وفي قرارها الصادر في ٢٩/نيسان/١٩٧٧ ، الخاص بالقضية التي كانت متعلقة بالسفارة المغربية، قد اعتبرت بأن دعوى استحضار المقامة في الوقت نفسه ضد السفارة والسفير مؤقتا Protempore التي يجب أن تعتبر استدعاءه بصفته ممثلا لدولته. كما يشار أيضا إلى أن المحكمة العليا في شيلي أيدت بشكل عام بأن المادة ٣١ من اتفاقية فينا لا تطبق على التصرفات المنفذة من قبل الدبلوماسيين في مزاولة وظائفهم .

ومن جهتها ، فإن محكمة التمييز الفرنسية ، في القرار الصادر ٧:كانون الثاني:١٩٩٢ في قضية النائب العام في محكمة الاستئناف في باريس ضد مدام Barrandon قد أيدت الآتي:

((بما أن (...) الحصانة القضائية المدنية التي يتمتع بها رئيس البعثة حسب المادة٣١، الفقرة الأولى من اتفاقية فينا في ١٨نيسان/١٩٦١ حول العلاقات الدبلوماسية، لا ترتبط بالدعاوى المتعلقة بالتصرفات الماضية باسم ولحساب الدولة المعتمدة.))

((حيث أن إدانة سفير الولايات المتحدة ، الذي لم يكن معنيا بشخصيته القانونية ، بدون التحقق من أن الدولة الأجنبية ممثلة من قبل رئيس البعثة أو البعثة ، وبذاته ، كان المدعى عليه في الدعوى ، فإن محكمة الاستئناف لم تعطِ السند القانوني في قرارها بالقياس إلى المبادئ والنصوص المشار إليها آنفا.))

وعلى الرغم من أهميتها الكمية ، فإن هذه الأحكام القضائية بقيت محل نقاش، وليست مقنعة بطبيعتها . وفي الواقع ، فإنها تفرض (منطقيا) بأن الحصانة الشخصية للمثل الدبلوماسي لا توجد إلاّ بالنسبة للتصرفات غير الوظيفية ، والذي يبدو بصراحة غير دقيقة .

أن بلاغ الاستحضار الموجه للمثل الدبلوماسي ، حتى وإن كان ممثلا لا يمكن أن يعتبر بلاغا مقبولا بدون خرق المادة ٣١ من اتفاقية فينا لعام ١٩٦١ . وهذا النص يحمي المعتمدون الدبلوماسيون RATIONE PERSONAE ، مما كانت حقيقة الدعوى . ويأتي ذلك - كما أكدنا في الصفحات السابقة - من أن الاستثناءات في المادة ٣١ تشتمل على استثناءات فرعية - حيث الحصانة RATIONE PERSONAE - تأخذ مجالها الواسع - والتي تتعلق بالحلول الثلاثة حيث يتصرف المثل الدبلوماسي في مزاولة وظائفه كممثل للدولة المعتمدة .

وبالنسبة للموقف الصحيح ، مطبقا الحصانة الشخصية بخصوص تصرف الوظيفة المتعلقة بالقنصل ، فقد أخذت به محكمة التمييز الفرنسية في قرارها ٢٧/كانون الثاني/١٩٦٩، في قضية القنصل العام للبرتغال حيث المقصود بالدعوى الموجهة ضد القنصل بخصوص عقد الإيجار ((من قبل القنصل العام للبرتغال باسم الدولة المستقلة للبرتغال للخدمة العامة للقنصلية وفي ممارسات الوظائف المتعلقة بسيادة الدولة)) . وكذلك ما أخذت به محكمة روما في ٢٤/آذار/١٩٥٣ التي رأت بأن مبدأ ne impediatur legatio يقدم تطبيق واسع للحصانة.

إن مضمون ratio legis في الحصانة الشخصية هو في حماية المثل ضد كل دعوى قضائية مهما كانت . وهذه الغاية لا يمكن إنجازها فيما إذا استطعنا استحضارهم

في كل مرة وبأنه تصرف لحساب حكوماتهم وتم استدعائهم كعضو ممثل لهذه الدولة . ويمكن القول بأن الممثل لم يكن معنيا حقا ، ولم يكن هو المقصود ، ولكن دولته التي من المحتمل أن يتم إدانتها.

في مؤلفه القانون الدولي العام فقد برر فاتيل Vattel حصانة المعتمد :

((ينبغي ألاّ يكون هناك مكائد للخشية منها ، ولا يمكن أن يكون تصرفه معزولا عن وظائفه من قبل أي دعوى)) .

وأن وجهة النظر الأخرى ستكون فعلا فيما إذا تطابق حضور رئيس البعثة للمرافعة مع تنازل الحكومة عن حصانة المعتمد . مثل ذلك ستكون حالة الحكومة التي كلفت رئيس البعثة في أن يمثلها في المرافعة سواء كان مدعي أو مدعى عليه / ومع ذلك فإن مثل هذا التفويض لا يمكن تخمينه . وخارج عن هذه الفرضية ، فإنه يفترض بالمحاكم أن تستبعد الممثل الدبلوماسي من الدعوى .

القسم الثالث - حصانة التنفيذ

في الواقع ، أن أي إجراء في التنفيذ لا يمكن أن يتخذ ضد الممثل الدبلوماسي. وأنه مثل الحصانة القضائية ، نتيجة لحرمة المعتمد الدبلوماسي . وأن الأحكام القضائية قد تثبت رأيها بشكل حازم حول هذه النقطة :

فقد كان لمحكمة السين رأيها في قضية Morla ، Breith في القرار الصادر في ١٦/كانون الثاني/١٩٠٠ ، ((من المؤكد بأن أثاث المعتمدين الدبلوماسيين في الخارج تتبع شخصية هؤلاء المعتمدون ونوعياتهم ، وفي هذا الشروط ، فإن قرارات الحجز المقدمة من قبل Breith لحساب Morla ، قرارات لا يمكن تنفيذها شرعا.))

كما أن هناك العديد من القرارات البريطانية التي حظرت الحجز في عام ١٨٥٩، ١٨٩١. وكذلك القرار الألماني بصدد الوزير المفوض الأفغاني ، الذي اتخذته محكمة الاستئناف في برلين ١٣/أكتوبر/١٩٣٢ .

وقد سمح أحيانا بالتنفيذ في ثلاث حالات استثنائية والتي هي بالتحديد الحالات الثلاث التي لم يكن للحصانة القضائية أي جمال . ولكن لا يسمح بها إلاّ بشرط أن لا تؤدي إلى الإضرار لا بحرمة الطاقم ولا بحرمة المقر . وأن المادة ٣١ من اتفاقية فينا قد نصت في فقرتها الثالثة:

((لا يجوز اتخاذ أي إجراء تنفيذي ضد الممثل الدبلوماسي إلاّ في الحالات المذكورة

في الفقرات أ ، ب ، جـ من البند الأول من هذه المادة ، وعلى شرط إمكان إجراء التنفيذ بدون بحرمة شخصية أو مسكنه .))

وفي الواقع فإن الكلمات الأخيرة من هذا البند قد حددت جديا أهمية الاستثناء، ويلاحظ بأنه لا توجد استثناءات أخرى . ومع ذلك فإن هناك إمكانية ، مثلما للحصانة القضائية ، رفع الحصانة . وهكذا ، في افتراض بأن الدعوى المدنية تفضي - بعد التنازل المنتظم عن الحصانة القضائية - إلى حكم غير ملائم للمثل الدبلوماسي ، فإنه سيكون من غير الممكن تنفيذ الحكم إلاّ إذا تم حصول تنازل واضح من جهة إجراءات التنفيذ . وبناء عليه ، ولو أن الممثل الدبلوماسي ألزم بالقرار الذي صدر ضده وتقيد به ، فإنه بالمقابل لا يمكن تنفيذ هذا القرار إلاّ إذا حصل تنازل واضح ومنتظم .

ومن الأمثلة على ذلك ما حصل في قضية Suarez في القرار الصادر من المحكمة العليا للعدالة في بريطانيا ٢٦/آذار- ٢٣/أيار/١٩١٧. إذ أن الوزير البوليفي في لندن قد تنازل عن حصانته القضائية في الدعوى المقامة ضده باعتباره مديرا لتركة أخيه . وعلى أثر ذلك ، فإنه رفض تنفيذ قرار المحكمة الذي ألزمه بدفع مبلغا من المال إلى المحكمة. إذ أنه قرر بأن قانون ١٧٠٨ يعطي له الحق في الاعتراض وبالحصول على الحصانة التنفيذية.

وكذلك ، فإن أمر نزع اليد عن الأماكن المتعلقة بإقامة الممثل الدبلوماسي يعتبر إجراء تنفيذي محظور من قبل المادة ٣١ ، البند الثالث . وهو ما أخذت به أيضا محكمة روما في قرارها الصادر ٢٨/نيسان/١٩٨٣ .

وقد أعلنت محكمة الاستئناف في باريس في العديد من القرارات عن الاتجاه نفسه بخصوص طلبات نز ع اليد ، وذلك خلال القرارات الصادرة في ٩/حزيران/١٩٥٠ ، وكذلك في ٣٠/حزيران/١٩٦٧ ، وهو قرار ضمني ، رفض لأن الممثل الدبلوماسي كان بالمناسبة فرنسيا .

وقد جرى تمييز ذو أهمية ، من قبل محكمة السين في قرار الذي أعطت من خلاله المحكمة قرار الإخلاء ، عند الاقتضاء ، ونزع اليد من الدبلوماسي لبيت مجاور لمسكنه والذي يشغله بدون حق:

((بما أنها فقط ممتلكات الطرف الثالث أقحمت في الدعوى حيث قبل الممثل الدبلوماسي بحظر الدخول إلى البيت المتنازع عليه والذي احتفظ للتمتع به ، وفي هذه الظروف ، فإن البيت المذكور سوف لا يشكل لا مسكنا للسيد Fou pei ولا يمكن أن يعتبر كضروري لوظائفه (٢٨/نيسان/١٩١٩) .

وفي الواقع ، فإن انتهاك الحصانة التنفيذية تبدو من الحالات النادرة جدا من تلك الحالات المتعلقة بالحصانة القضائية .

ومع ذلك فإن قضية Federici ما بين إيطاليا واليابان ، تمثلت في احتجاج الحكومة اليابانية في ٥/نيسان/١٩٦٧ لدى الحكومة الإيطالية ضد مختلف القرارات القضائية الصادرة في آذار/١٩٦٧ المطالبة بوضع تحت الحراسة القضائية الممتلكات اليابانية ، بما فيها المركز الثقافي الياباني وحتى المسكن الشخصي لسفير اليابان في روما . وأن قرارات الحجز قد أخذت لصالح Federici الذي انتفع من الديون المختلفة بصدد الحكومة اليابانية .

وفي الواقع ، فإن هذه القضية تبدو حتما قضية فريدة . إذ أن محكمة روما في قرارها الصادر في ١٢/نوفمبر /١٩٨٣ في قضية Aziz C. Carruzzi حيث أن القاضي طبق بشكل صحيح المادة ٣١ ، التي ميزت ما ين طلب نزع اليد المحظور من الدعوى الصينية المرخص بها .

القسم الرابع - التنازل عن الحصانة

أولا - المبـدأ

من المعتاد القبول بان الحصانة القضائية يمكن أن تكون هدفا للتنازل أو للرفع (في الإنكليزية Waiver) وبالتأكيد فإنه لا يمكن التنازل عن الحصانة إلاّ إذا كانت موجودة . وحيث لا توجد حصانة - مثلا في استثناءات الحصانة القضائية المدنية - فإنه ليس هناك ما يقتضي رفعها . وهو ما جاء في السنوية السويسرية للقانون الدولي الصادر في عام ١٩٧٦، صفحة ٢٢٦ .)

وبنفس الأسلوب ، حيث لا توجد حصانة ، فإنه ليس هناك من حصانة ترفع . وبالنتيجة - وخاصة في حالات تجارة المخدرات - فإن الدولة المعتمدة تعزل الدبلوماسي المخطئ . وبهذا فلم تعد له أي صفة دبلوماسية، ولا حاجة لرفع الحصانة ، ما عدا إذا اعتبر أن تجارة المخدرات كانت تصرفا بموجب الوظيفة - وهذا نادرا ما يكون معقولا في فرضية النقض .

وهو ما جاء في قرار المحكمة العليا في إسبانيا ، في الأول من حزيران/١٩٨٧ في قضية Gustav J. L. and another, .

والتنازل يمكن أن يكون موضوعا بالنسبة للحصانة المدنية وكذلك الحصانة الجنائية . إذ أن هناك بعض الأمثلة التي تم من خلالها رفع الحصانة الجنائية .

- قضية Balmaceda . إذ أنه كان ابن وزير الداخلية الشيلي، وقد عين سكرتيرا في مفوضية شيلي في بروكسل ، حيث تعلق بابنة القائم بأعمال البعثة ، الدون Luys Waddington . وخلال فترة الخطوبة ساءت العلاقة التي على أثرها فسخت الخطوبة في ظروف مهينة بالنسبة للفتاة ، الأمر الذي دفع أخيها إلى الانتقام في قتله ، واحتمى في مقر السفارة . فقام البوليس البلجيكي بتطويق المقر الدبلوماسي وحراستها بدون أن يدخل ، وسلك الطريق الدبلوماسي لتسوية القضية . وبعد يومان فإن الدون Waddington جاء بنفسه إلى النائب العام للتبليغ بأنه سحب الحصانة من ولده . وكإجراء احتياطي ، فإن الحكومة البلجيكية طلبت بأن هذا السحب يجب أن تصادق عليه الحكومة الشيلية . إذ أن هذه الأخيرة قد أعطت موافقتها . وعلى أثر ذلك فقد تم تقديم Waddington Junior إلى محكمة الجنايات ، حيث تمت براءته .

إذ أنه منذ اللحظة التي يتم فيها رفع الحصانة ، فسوف لن يكون هناك أي مشكلة ، حيث أن السلطة القضائية للمحاكم البلجيكية تأخذ مداها الواسع .

- وفي قضية Rexc. Keul فإن محكمة الاستئناف الجنائية في إنكلترا قد اتخذت قرارها الصادر في ٤/شباط/١٩٤١ ، برفع الحصانة عن المعتمد التابع لسفارة الولايات المتحدة في لندن لاتهامه بالتجسس .

- لقد وجه الاتهام في كانون الثاني ١٩٤٧ إلى ملحق بمفوضية إحدى الدول اللاتينية في برن بأنه أدخل إلى سويسرا أكثر من خمسة آلاف قطعة ذهب وحوالي ١٣٠٠ ساعة . وقد طلبت الدائرة السياسية برفع الحصانة الدبلوماسية لهذا الملحق ، الأمر الذي جعل الطلب يحظى مباشرة بموافقة رئيس البعثة . وقد تم إدانة المتهم بغرامة كبيرة ومصادرة السيارة التي تم فيها ارتكاب هذا العمل غير الشرعي .

- وهناك قضية Artizi الدبلوماسي من أرغواي الذي تم توقيفه في الولايات المتحدة لانتهاكه القوانين الفيدرالية في تجارة المخدرات . وأنه لم يكن معتمدا لدى الولايات المتحدة ، ولا في حالة مرور . ومع ذلك فقد قررت حكومة الأرغواي سحب حصانته بما في ذلك من ضرورة . وقد أحيلت الدعوى إلى المحكمة الأمريكية في الأول من أيار/١٩٦٤. وأعلنت المحكمة بأن الحصانة كانت هي حصانة الحكومة ، ولم تكن حصانة شخصية للمعني . وأن موافقة هذه الحكومة لم تكن إذن واجبة .

- وقد اتخذت حكومة زامبيا الموقف نفسه بصدد رفع الحصانة الجنائية فيما يتعلق بتجارة المخدرات.

- كما قام رئيس بعثة بلغاريا في كوبنهاغن في كانون الأول/١٩٦٩ بسحب الحصانة من أحد أعضاء بعثته الذي اشترك في هجوم مسلح ضد أحد المكاتب المصرفية في العاصمة الدنماركية .

- اعتقلت السلطات الأمريكية في فلوريدا في كانون الأول/١٩٨٩ أحد أعضاء الطاقم الإداري والفني في سفارة بلجيكا في واشنطن بعد اعترافه بارتكاب جريمتي قتل . وقد طلبت وزارة الخارجية رفع الحصانة . وقد وافقت بلجيكا على الطلبين، أولا للسماح بإجراء التحقيق والثاني بالنسبة للدعوى .

وأن اتفاقية فينا احتفظت بالمادة التي تعالج هذه المسألة ، وهي المادة ٣٢، حيث أن الفقرة الأولى جاءت كالآتي :

((يمكن للدولة المعتمدة أن تتنازل عن الحصانة القضائية عن ممثليها الدبلوماسيين وعن الأشخاص الذين يتمتعون بالحصانة بمقتضى المادة ٣٧)) .

ثانيا – من الذي يستطيع التنازل عن الحصانة ؟

إن السؤال التقليدي يتمثل في معرفة من الذي يملك حق رفع الحصانة: الممثل الدبلوماسي المعني أو حكومته ؟ وحتى إقرار اتفاقية فينا فإنه لم يتم البت نهائيا في المسألة مع أن الأحكام القضائية المهيمنة قد تم تثبيتها في هذا الاتجاه الأخير.

في قرار صادر في ٦/آب/١٩٠٨ أيد الحكم الصادر في ١٨/ كانون الأول/١٩٠٨ من محكمة السين ، فإن محكمة الاستئناف في باريس قد أعلنت :

((لا يتعلق بالممثلين الدبلوماسيين في استعمال (الحصانة) ، أي بالانتفاع منها أو بالتنازل عنها ، إلاّ وفقا لرؤية وترخيص حكوماتهم . كما أن هناك العديد من القرارات التي اتخذت في هذا الاتجاه . وهو ما قررته المحكمة المدنية في السين في ٤/نيسان/١٩٠٦ ، وكذلك في ٢٣/آذار/١٩٠٧ ، وفي ٢٥/نيسان/١٩٠٧ .

وفي بريطانيا ، فإن محاكمها أخذت بهذا الاتجاه ، حيث رأت محكمة Chancery Division في قرارها ٢/كانون الأول/١٩١٣ بأن مفوض السفارة لا يمكنه التنازل عن حصانته بدون ((موافقة الحكومة البوليفية أو مفوضيتها)) .

كما أن المحكمة الفيدرالية في بوينس آيرس قد أقرت ذلك في ١٢/تموز/١٨٨٨ . وقد أقرت المحكمة العليا في بولونيا في قرارها الصادر ٢٩/أكتوبر/١٩٢٥ . واتخذت محكمة لوكسمبورغ في قرارها الصادر ٢٦/أيلول/١٩٥٧ ، والمحكمة العليا في الأرجنتين في قراراتها

الصادرة ٢٨/كانون الأول/١٩٥٦ ، ٥/تموز/١٩٥٧ . والمحكمة العليا في شيلي في قرارها الصادر ٢٦/نوفمبر/١٩٥٦. والقاعدة نفسها قد تم تطبيقها من قبل الدائرة السياسية الفيدرالية السويسرية ، إضافة إلى فنزويلا ، هولندا ، الولايات المتحدة .

وفيما إذا تم تطبيق هذا المبدأ بدقة ، فإن الدعوى المقامة ضد الممثل الدبلوماسي يمكن إلغاءها إذا لم يتم حصول التنازل أو أنه حصل بشكل خاطئ ، يضاف إلى ذلك إذا لم يصدر من الحكومة ، وبناء عليه ، فالحصانة يمكن أن يستند إليها على كل حال .

وهو الموقف الذي أخذت به محكمة الاستئناف في لندن في قضية Kegina C. Madan إذ أن المتهم كان مستخدما في مكتب جوازات القومسيارية العليا للهند في لندن وأنه محمي بميثاق الحصانات الدبلوماسية ((Diplomatic Immunities Act)) لعام ١٩٥٢ . وقد اتهم بالحصول على اشتراك في القطار وعلى أموال بوسائل احتيالية . وعند تقديمه المحكمة فقد أعلن محاميه عن رفع الحصانة . ولكن بعد وقعت من أدانته ، فإن مكتب القومسيارية الهندي يبعث بمذكرة تحريرية إلى وزارة علاقات الكومنولث حيث تم فيها رفع الحصانة بشكل رسمي.

وقد أعلنت محكمة الاستئناف بأن الدعوى المدنية ضد من يتمتع بالحصانة الدبلوماسية تعتبر لاغية إذا لم يكن هناك تنازل مقبول : وأن الامتياز لم يكن متعلقا بالشخص ، ولكن يتعلق بالممثل الأصيل للدولة المعنية . وأن هذه الحصانة لا يمكن التنازل عنها من قبل المستخدم أو من قبل الشخص المخول من قبله والتنازل يمكن أن يكون مقبولا ، ويجب أن يحصل قبل أن تبدأ الدعوى . وقد نقضت المحكمة قرار الحكم الصادر بحق هذا المستخدم . وقد أخذت محكمة التمييز في لاهاي في قرارها الصادر ١٦/نوفمبر/١٩٣٤ ، حيث رأت بأن الدبلوماسي لا يمكن أن يتنازل عن حصانته لأنه لا يقصد بالامتياز الشخصي المرتبط بالشخص.

وفي الواقع ، فإنه توجد مع ذلك بعض القرارات الفرنسية (السابقة على اتفاقية فينا) التي سمحت للممثل الدبلوماسي في التنازل عن الحصانة بدون ترخيص حكومته . وفي قضية Grey ، فقد أعلنت محكمة الاستئناف في باريس في ١٦/نيسان/١٩٥٣ بصدد ملحق السفارة الذي يتمتع بالحصانة الدبلوماسية ، والذي يستطيع أن ينتفع بها أمام المحكمة المدنية حتى وإن كانت دعوى طلاق. أي أن هذا الملحق قد عبر عن رغبته في التنازل عن الانتفاع بالحصانة، وقبول السلطة القضائية للمحاكم الفرنسية في الدعوى المقامة ضده وكل الآثار المترتبة عليها .

وفي قرار مشابه قد حصل في بلجيكا أخذته المحكمة المدنية في ٢٥/تموز/١٨٨٩ ، حيث أكدت بأن الوزير المفوض لجمهورية كوستاريكا ، المدعى عليه في قضية طلاق ، قد تنازل عن الاستفادة من حصاناته الدبلوماسية .

واليوم فإن اتفاقية فينا قد بتت شكليا في المسألة . وحسب ديباجتها ، فإن الهدف من الامتيازات والحصانة الدبلوماسية لم تكن لصالح الأفراد ، ولكن لضمان الإنجاز الفعال لوظائف البعثة الدبلوماسية . وأن نتيجة هذا المبدأ هو أن التنازل يجب أن يصدر من الحكومة التي يمثلها المعتمد الدبلوماسي ويتوقف أو يجب أن يتم تنفيذها بموافقة هذه الحكومة . وأن المادة ٣٢ هي على ما يبدو واضحة وصريحة ، ((يمكن للدولة المعتمدة التنازل عن الحصانة...)).

وبناء عليه ، فإن هذا التحرير ألزم المحاكم في الولايات المتحدة التي صادقت على الاتفاقية بمراقبة ، عندما يتنازل الدبلوماسي عن حصانته ، فيما إذا حصل على إذن من حكومته ، خطأ المحاكم في القيام بهذا التحقق ، بعد ذلك فإنه يمكن للدبلوماسي أو الدولة المعتمد لديها في تأييد بأن هذا التنازل لم يكن تنازلا قانونيا .

إذ أن محكمة الاستئناف في باريس قد التجأت إلى التطبيق الصحيح في قضية Dome Nzie في ١٧/آذار/١٩٧٨ ، بموجب المادة ٣٢ حيث رأت بأن القاضي الأول قد أعلن بعدم قبول طلب الطلاق بسبب لأنه لا يوجد تنازل عن الحصانة من قبل المدعى عليه الدبلوماسي الكاميروني . إلاّ أن المدعية قد أعلنت بأن زوجها قد حرر رسالة على أساس موافقته بالطلاق . وأن المحكمة التي استندت إلى المادة ٣٢ قد أعلنت بأن التنازل يجب دائما أن يأذن له صراحة من قبل حكومته .

والنتيجة الأخرى من جراء ما يقصد بحصانة الدولة وليس حصانة الشخصية الخاصة، هو أنه يمكن للحكومة المعتمدة أن ترفع الحصانة بدون موافقة ممثلها والذي سوف يرتبط بهذا القرار . بمقدار ما أن اتفاقية فينا تقضي بأن التنازل يصدر من الحكومة ، أن يدرج بند في العقد ، والذي من خلاله يتنازل الدبلوماسي عن حصانته يجب أن يعتبر تنازلا باطلا وليس له تأثير فيما إذا لم يظهر من الأحداث والحالة هذه بأنه اذن قد صدر حسب الأصول ، ولا يمكن التنازل عن حق لا يعود للدبلوماسيين .

وقد حصل في ١٩٢٥ ، إذ أن المحكمة العليا في بولونيا ، في قضية Montwid ، قد أقرت بوجهة النظر هذه في رفض كل قيمة إلى البند المدرج في عقد الإيجار الذي بموجبه

تنازل الدبلوماسي مقدما عن حصانته القضائية فيما يتعلق بكل نزاع يمكن أن ينشأ في تطبيق العقد . وبنفس الاتجاه ، فإن المحكمة العليا في شيلي قي قضية Acuna .. Menocal ، اتخذت قرارها الصادر ٢٦/نوفمبر/١٩٥٦ ، وكذلك الحال بالنسبة للمحاكم النمساوية في عام ١٩٧٤ التي أيدت رأيها بهذا الخصوص ، وكذلك المحاكم الكندية في عام ١٩٦٩ ، وفي سويسرا في عام ١٩٦٧ .

ولكن ، بالمقابل ، في أسلوب مغاير للشرع ، فإن المحكمة العليا في غانا ومن خلال نظرها في قضية Sarah ... Anmon قد اتخذت قرارها الصادر في ٢٠/أكتوبر/١٩٦٧ حين رأت في أن الإمضاء على بوليصة التأمين ، فإن الشخص الذي يتمتع بالحصانة الدبلوماسية يتنازل عن حصانته القضائية بالنسبة لكل دعوى مقامة من قبل شخص متضرر من قبله في الشروط المنصوص عليها في البوليصة .

وفي الواقع فإن تسديد التعويضات لا يشكل أبدا تنازلا عن الحصانة . والمسألة التي بقيت تنتظر الحل هي كيف يمكن التأكد بأن الحكومة نفسها هي التي أعطت موافقتها في التنازل عن الحصانة ؟

بصورة عامة ، يعتبر رئيس البعثة هو ممثل حكومته ، وبناء على ذلك ، فإنه إذا خضع إلى السلطة القضائية في الدولة المعتمد لديها ، أو سحب حصانة أحد العاملين ، فإنه بذلك قد استلم إذن حكومته بالنسبة لهذه الحالات الخاصة ، أما أنه يتمتع ، بهذا الصدد بتفويض مطلق ، ويتصرف في حدود هذه الصلاحيات .

وقد أعلنت محكمة البداءة في جنيف قرارها الخاص بالقضية Partell في ٢١/تموز/١٩٢٧ :

((يمثل رئيس البعثة الحكومة التي تعينه ، وتصريحه يمثل تصريح الحكومة التي أرسلته. ولا يتعلق بالمحكمة المحلية أن تشكك بإثبات بأن القرار المتخذ من قبل رئيس البعثة يمثل قرار حكومته)).

وفي الواقع ، فإن لوزير الخارجية الاهتمام بتثبيت إجراء منظم لهذه المشكلة ولاسيما تقدير أي حالة ستكون موافقته ضرورية ، وإعطاء التفويض العام لرئيس البعثة للتنازل عن الحصانة القضائية لأعضاء البعثة .

ثالثا - الخاصية الشكلية للتنازل

- الخاصية الصريحة

في الواقع ، فإنه من أجل أن يصبح التنازل شرعيا فإن هناك شرط آخر يجب أن

يتم تنفيذه : يجب أن يكون التنازل صريحا . إذ أن المادة ٣٢ من اتفاقية فينا ، البند الثاني قـد نص بأن ((التنازل يجب أن يكون صريحا)).

ما هو معنى هذه الكلمة ؟ أن الأستاذ M. DEPAGE في ((دراسته الأساسية للقانون الخاص)) الصادر عام ١٩٤٢ ، قد حدد تحديدا رائعا . أن معنى الصراحة يختلف عن بعض المعاني ويتعارض مع المعنى الضمني ، أنه يرتبط بطريقة التعبير عن الإرادة ، الإرادة التي يمكن أن تكون ضمنية بمقدار ما تكون مؤكدة : أيضا الإرادة الضمنية . وبالمقابل ، فإن الإرادة الصريحة هي الإرادة التي يتم التعبير عنها بشكل مباشر ولا تقتضي البرهان ، ويمكن أن تكون تحريرية ، شفهية ، احتفالية .

وإن هذا الشرط لا يجيب بالضبط عما طرحته الأحكام القضائية الفرنسية والبلجيكية بهذا الصدد قبل أن تدخل اتفاقية فينا حيز التنفيذ . إذ أنه في فرنسا ، فإن الموقف الثابت للقضاء الفرنسي ، منذ قضية ... Erremball قد استند بأن التنازل يجب أن يكون مؤكدا وقانوني . وأن هـذا التعبيـر قـد تم الأخذ به في العديد من القضايا التي نظرت فيها المحاكم الفرنسية، وخصوصا محكمـة التمييـز في قرارها الصادر ٥/شباط/١٩٥٤.

وأن التنازل المؤكد والقانوني لم يكن مساويا للتنازل الصريح ، وفي الواقع ، فإن التنازل الضمني يمكن أن يكون تنازلا مؤكدا . وأن القضاء الفرنسي لم يكن متبلورا في المعنى الأكثر تقيـدا والـذي تبنتـه اتفاقية فينا .

وقد أعلنت محكمة التمييز الفرنسية في قرارها الصادر ٢٠ نوفمبر /١٩٥٨ في قضية Simon C. Pasquier :

((لا يجوز إثارة استثناء عدم أهلية المدعى عليه ، مدعو للحضور للإثبات الشرعي في العطلـة ، الذي وافق بمثوله شخصيا ، وأعلن أثناء هذا المثول بأنه مستعد بإخلاء المباني التي سبق وأن أجرهـا، بما فيها المكاتب القنصلية. وأنه أيضا تنازل بشكل مؤكد وإن كان ضمنيا ، على أثر الاسـتثناء في الأهليـة التي تم إثارتها في استنتاجاته .

وقد تم اتباع نفس النظام القضائي في بلجيكا ، حيث أنه ليس هناك من قرار لمحكمة التمييـز حول هذه النقطة المحددة ، ولكن حيث يمكن الاستنتاج لعدد معين من القرارات التي تـم بموجبها الإقرار بالتنازل الضمني. إذ أن محكمة الصلـح في بروكسل قـد أعلنـت في قرارها الصادر ١٠/كانون الأول/١٩٢٩ في قضية Hier Chang at Consrts ، حول مسألة معرفة فيما إذا كان هناك تنازل من عدمه : ((من أجل أن يكون التنازل شرعيا ، فإنه لـيس بالضـرورة أن يكـون صريحا ، وطلبت بـأن يكـون التنازل مؤكدا)) .

وقد اتخذ هذا القرار قياسا إلى ما تم الأخذ به في عـام ١٨٩٣ في قضايا مماثلة عرضـت عـلى المحاكم البلجيكية .

وقد قررت محكمة بروكسل في قضية Denis … Romirez من خلال الحكم الصادر في ١٦/نيسان/١٩٦٢ بأن سفير المكسيك في بروكسل قد تنازل عن حصانته القضائية:

((في الواقع ، بما أن المستأنف قد أبرم مع بنك بروكسل اتفاق للضمان والتي بموجبها يلتـزم البنك بضمان التزاماته المرصودة في الإيجار والمؤيدة من خلال قرار قضائي نهائي ، وأن المستأنف عليـه قد أيد ، بدون أن يعارض حـول هـذه النقطـة ، وأن الأطراف المتخاصـمة اتخذت منـزلا في الأمـاكن المؤجرة لتنفيذ اتفاق الإيجار)) .

في الواقع ، فإن ميثاق الضمان المقصود قد نص ببساطة بأن المصرف لا ينفذ ضمانه إلاّ بشرط موافقة الطرفين المتعاقدين أو على أثر قرار قضائي نهائي الذي يتم إبلاغه به . وأن هـذا لا يتضمن أي تنازل عن الحصانة القضائية . ولا حتى اختيار منزلا في المباني المؤجرة لتنفيذ اتفاق الإيجار . وأن هذه العناصر لا تشمل إلاّ السفير الذي تنازل بشكل مؤكد من أن يستفيد من عدم اختصاص المحاكم .

وفي بريطانيا ، فإن القبول بالحضور أمام القضاء من قبل محامي السـكرتير الأول في مفوضية بلجيكا في لندن ، السير Drouet ، وحسب توجيهه ، قد اعتبر كتنازل عن الحصانة القضائية . ويضاف إلى ذلك فإن موقف القضاء البريطاني يتركز في عدم إمكانية أن يحصل التنازل مقدما ، ولا يمكن أن يكون تنازلا حقيقيا إلاّ عندما ترفع القضية إلى المحكمة . وهذا ما أخذت به المحكمة الملكية العليا في قرارها الصادر ٢١/كانون الأول/١٩٨٩ (بصدد حصانة التنفيذ) . يضاف إلى ذلك ، فإذا لجأت دولة بإقامة دعوى فإنها لا تتضمن إطلاقا التنازل عن حصانة رئيس بعثتها .

وبدون شك ، في الأحكام القضائية ، فإنه من جهة عدم المثول أمام القضاء ، فإنه مـن المسـلم به بأن عدم مثول الممثل الـدبلوماسي أمام القضاء لا يمكن أن يكون مماثلا للتنازل عن الحصانة القضائية . وهذا ما أخذت به العديد من المحاكم الأوربية، سواء كانت المحكمة المدنيـة في سويسرا ، في فرنسا ، حيث أعلن المدعي العام بأنه ((انسجاما مع الأعراف الدولية ، فإنه لا يجوز محاكمـة الممثل الدبلوماسي في المحاكم الفرنسية إلاّ إذا وافق صراحة في التنازل عن حصانته)). وكذلك محكمة التمييز الفرنسية في قرارها في ٥/شباط/١٩٥٤ عندما أعلنت ((بمـا أن عـدم مثول الممثل الـدبلوماسي المتهم أمام القضاء لا يمكن أن يعتبر كتأكيـد مـن جهتـه بـالقبول الإيجابـي والقـانوني بـالحكم القضائي الصادر.

وبنفس الاتجاه ، فإن المثول أمام القضاء بهدف الاستفادة من حصانته (Conditional appearance) لا يمكن أن يشكل تنازلا : وهذا ما قامت به المحكمة العليا الفيدرالية في إلغاء قرار المحكمة العليا في نيويورك الصادر في ٥/نوفمبر/١٩٤٨.

وفي الواقع ، فإن صعوبات التفسير الناتجة من المصطلحات المستخدمة من قبل محكمة التمييز الفرنسية : ((تنازل مؤكد ، وقانوني)) قد اختفت مع التصديق باتفاقية فينا التي نصت على التنازل الصريح renonciation expresse)) . وأن اتفاقية فينا قد ردت بوضوح التنازل الضمني . ووثيقة العمل المقدمة من قبل لجنة القانون الدولي لا تتطابق مع تحفظات الأحكام القضائية ، المنصوص عليها في البند الثاني أو في بداية البند الثالث من المادة ٣٢ (المادة٣٠٥).

((٢- في القضايا الجنائية ، يجب أن يكون التنازل صريحا .

٢- وفي القضايا المدنية، وفيما يتعلق بالدعوى الإدارية، فالتنازل يمكن أن يكون صريحا أو ضمنيا . ويوجد هناك تصور للتنازل عندما يقوم الممثل الدبلوماسي بالمثول أمام القاضي بوصفه مدعى عليه أثناء المرافعة بدون الاستناد إلى الحصانة...))

وخلال أعمال لجنة القانون الدولي ، فإن الحكومة البولونية قدمت تعديلا يقضي بشطب ((في القضايا الجنائية)) من بداية البند الثاني. وقبل هذا الاقتراح بتأييد ٢٤ صوتا ضد تسعة أصوات وغياب ١٢ صوتا ، لأنه ظهر تطابق مع المبدأ الأساس في الاتفاقية ، علما بأن الحصانات تأسست لمصلحة الوظيفة الدبلوماسية، وفي الأخير أنها في مصلحة الدولة المعتمدة . أما العبارتان الأوليتان من البند الثالث فقد تم شطبهما في النهاية .

وابتداء من ذلك فإن الأحكام القضائية لا يبدو أنها أخذت تشكك بهذه المبادئ. وهذا ما لوحظ في القرار الذي اتخذته المحكمة المدنية في بروكسل في قرارها الصادر في ١١/آذار/١٩٨٢ Etat Portugais Goncalves ، والذي ردت فيه الادعاء بأن الحصانة (الدولة البرتغالية) قد تم رفعها ضمنيا من خلال التعارض الذي حصل ، وأن هذا لا يشكل تنازل عن الحصانة .

وفي قرار اتخذته المحكمة العليا في البرازيل (١٩٨٨) أعلنت فيه بأن ((لا يجوز الافتراض بأن التنازل عن الحصانة القضائية بسبب أن الدولة الأجنبية لم تجب على بلاغ الاستحضار أمام العدالة)) .

رابعا – العدول عن التنازل

في الواقع ، هل يمكن إلغاء التنازل عن الحصانة بعد الإعلان عنها ؟

في ظل النظام السابق على اتفاقية فينا ، فإن المبدأ العام يتعارض مع رجوع الدبلوماسي على القرار الذي اتخذه . وهذا ما أخذت به المحاكم في بريطانيا منذ عام ١٨٥٤ التي رفضت الأخذ بقرار إلغاء التنازل عن الحصانة بعد أن تم الإعلان عنه من قبل الدبلوماسيين وموافقتهم على المثول أمام القضاء في الدعاوى المرفوعة ضدهم . وكذلك الحال في عام ١٩١٣ عندما قررت نفس المحاكم بعدم قبول إعلان إلغاء التنازل عن الحصانة بعد أن يتخذه الدبلوماسي في المثول أمام القضاء . إذ لا يسمح له بالعدول من أجل الاستفادة بامتيازاته لوقف قرار الدعوى .

ولكن مع ذلك فإن هناك قرارات أو تطبيقات قد حصلت بالاتجاه الذي يختلف عما تم الإشارة إليه . إذ توجد في فرنسا أحكام قضائية سمحت بالمطالبة بالحصانة القضائية مهما كانت الحالة . فالمحكمة المدنية في السين ، وفي قضية Duralc Maussabre في ٨/آذار/١٨٨٦ ، قد رفضت الطلب المدرج ضد الوزير المفوض للمغرب في باريس ، بعد أن قدم عرضا حول الموضوع ، طالب بالحصانة الدبلوماسية . وقد أعلنت المحكمة بعدم اختصاصها النظر في القضية ، حيث أن الحصانات الدبلوماسية تمثل النظام العام ، وأن الاستثناءات القائمة على أساس تطبيق مبدأ الامتداد الإقليمي يمكن الاستناد عليها. على كل حال فعدم الاختصاص الذي ينجم من الطبيعة العامة لنظام في الحصانة القضائية يمكن الاستناد عليه في هذه الدعوى . وهذا ما أخذت به أيضا في قراراتها اللاحقة ، مستندة على قرارات محكمة التمييز، حيث يتوجب على المحاكم أن تعلن من تلقاء نفسها بعدم الاختصاص، وأن طبيعة النظام العام لهذه الحصانة قد تم التذكير بها من قبل القسم الجنائي في محكمة التمييز الفرنسية ، في ٢٦/شباط/١٩٣٧ في قضية de Follois .. P (المجلة النقدية للقانون الدولي الخاص) .

وعلى ما يبدو بأن مثل هذا القرار هو الأساس الضمني لقرار محكمة لوكسمبورغ في ٢٨/أيلول/١٩٥٧ ، مفصلة درجة الاستئناف ، قد رأت بما أن الدبلوماسي قد اقتصر في التأكيد على جوهر الطلب الذي أرسل إليه ، لا يجعل القاضي مختص لأن التنازل لا يمكن أن يحصل إلا بإذن الحكومة . أي ما يقصد ، في الحقيقة ، بأن العدول عن التنازل أقل من التنازل بدون أثر .

وقد أقرت الأحكام القضائية بأنه يجوز للممثل الدبلوماسي التنازل عن حصانته، ولكن معترفة أيضا بأنه يمكن الإعلان عنها في أية لحظة .

كيف يمكن التوفيق بين هذين التأكيدين ؟

يمكن إلغاء التناقض (بين التأكيدين) في اعتبار عدم وجوده إلاّ ظاهريا . وفي الواقع، فإنه من المناسب تمييز الحالة التي تم فيها التنازل بشكل قانوني من ذلك التنازل الذي حصل بشكل غير قانوني. وفيما إذا حصل بشكل قانوني، فإنه لا يمكن الاستناد إلى الحصانة ، وبالمقابل ، فإذا لم يتم التنازل بشكل قانوني ، فإنه يمكن الاستناد إلى الحصانة ، وعلى كل حال ، وإذا لم يحصل ، فإنه سوف لن يكون هناك تنازل .

وقد رأت محكمة التمييز الفرنسية في ١٥/نيسان/١٩٨٦ (القسم المدني) في قضية Picasso de Oyaguec dame بأن التمسك بالحصانة الدبلوماسية لم يكن استثناءا بعدم الاختصاص ولكن بهدف عدم استلام الدعوى ، نقض ، على كل حال . وفي نظام اتفاقية فينا لعام ١٩٦١ ، فإنه من المفروض القبول بأنه إذا ما قامت الدولة المعتمدة بالتنازل عن الحصانة القضائية لأحد ممثليها ، وفي افتراض بأن هذا التنازل جرى بشكل قانوني ، فإنه لا يجوز الرجوع عن قرارها في بطلان تنازلها .

خامسا - حالة الممثل الدبلوماسي المُدعِ

بهذا الصدد يمكن أن تطرح المشكلة في حالة أن يكون الممثل الدبلوماسي المدعِ في القضايا الجنائية أو القضايا المدنية . وحسب التشريع والأحكام القضائية للعديد من الدول ، فالحقيقة أن التزام الدبلوماسي بإقامة دعوى مدنية في الدول المعتمد لديها قد اعتبر كحالة من التنازل الصريح عن الحصانة . وهذا ما حصل في فرنسا من خلال القرار الذي اتخذته محكمة السين في ١٦/نوفمبر/١٨٩٤ .

وبالنسبة للمدرسة الإيطالية ، فإن أستاذ القانون الدولي Giuliano في جامعة ميلانو ، طالب ، على أثر العديد من القرارات الإيطالية ، بأنه من الخطأ الحديث عن التنازل عن الحصانة في الحالات التي يكون فيها الممثل الدلوماسي نفسه مُدعٍ . وحسب هذا المذهب الفقهي القانوني ، فإن القاعدة الدولية التي تستعفي الممثلون الدبلوماسيون من القضاء المدني تحاول بشكل أساسي حمايتهم بما أنهم مُدعون ، وليس من أجل منعهم من أن يجعلوا من أنفسهم مدعيين وصيانة حقوقهم ، والذي يتساوى في منحهم مكانا متدنيا قياسا إلى ذلك الذي يحتله الأجانب الآخرون .

وأن هذا التمييز يبدو بالتأكيد دقيقا جدا ، وقد أغوى العديد من المحاكم في الوقت الحاضر - وقد سبق ما أخذت به محكمة روما في ٦/أيار/١٩١٠ ، وتم تأكيده في

قرارات التمييز في ٢٥/نوفمبر/١٩٧٧ . كما أن المحكمة الفيدرالية السويسرية قد عبرت عن رأيها في قرار صادر في ٢٢/أيار/١٩٨٤ في قضية الدولة الهندية ، بأنه لا وجود للحصانة القضائية إلاّ بالنسبة للمدعى عليه وليس للمدعِ . والموقف نفسه الذي اتخذته المحكمة العليا النمساوية في ٣/آذار/١٩٧٧ .

وفي الواقع فإن هذا المذهب القانوني يبدو مرتبكا بما فيه الكفاية ، فإن الأستاذ Philipe Cahier ، في قبوله بالأطروحة الإيطالية اقترح بأن يحصل الدبلوماسي على الترخيص . وبما أنه مدعٍ فإن الدبلوماسي يرفع حصانته ضمنيا ويقوم بذلك بشكل مؤكد مع موافقة حكومته . وهذا الموقف الأخير يبدو على كل حال قابلا للنقد لأن الديبلوماسي إذ احتمى بالحصانة كمدعٍ، فإن قواعد المادة ٣٢، البند الأول يجب تطبيقها على التنازل الصريح من قبل الحكومة وحدها . فإن الموقف المنطقي الوحيد بهدف الاحتفاظ بالأطروحة الإيطالية هو القول بأنه ليس هناك أي حصانة في هذه الحالة .

وفي الواقع ، فإن الهدف من الحصانة القضائية ليس في إعاقة عمل البعثة من خلال الدعاوى القضائية. والحصانة لا تمنح إلى الشخص إلاّ لغايات عامة. والدولة وحدها التي يرجع لها ، وحسب مصالحها فيما إذا كان من المفروض أولا رفع الحصانة. وأنها لا تلجأ إلى ذلك اعتياديا إذا لم تكن الدعوى ذات طبيعة تقحم التصرفات أو تعرقل المهام الوظيفية للبعثة .

فقسم القانون الدولي العام في وزارة الخارجية السويسرية ، قد أبدى رأيه في مذكرة صادرة في عام ١٩٨٣ بأنه إذا قدم الدبلوماسي شكوى ، فإنه من الضروري بأنه يتم ذلك بالتنسيق مع السلطات القضائية ويجب أن ترفع حصانته الجنائية . والشيء نفسه للدبلوماسي الذي يدعي مدنيا في الدعوى المدنية .

إلاّ أن الأستاذ Jean Monnier في ملاحظة نبيهة انتقد القرار السويسري المذكور الصادر من المحكمة الفيدرالية حيث أن الحل المقدم متناقض للأعمال التحضيرية للمادة ٣٢، وتجاهل السبب في أن تكون عليه الحصانة القضائية الدبلوماسية .

ومن المناسب التأكيد بأن أطروحة عدم وجود الحصانة في الحالة التي يكون فيها الدبلوماسي مدعٍ لا يمكن تصورها مع النص نفسه للمادة ٣٢ ، البند الثالث من اتفاقية فينا، وهو النص الذي جاء فيه :

((إذا رفع الممثل الدبلوماسي أو الشخص الذي يتمتع بالإعفاء من القضاء المحلي دعوى (...) فلا يجوز له ذلك أن يستند إلى الحصانة القضائية بالنسبة لأي طلب

فرعي ... وهذا النص يعترف ضمنيا عندما يكون مدعٍ ، فإن الدبلوماسي يستفيد من الحصانة . وبهذا الصدد فإن الحكومة البريطانية طلبت من كل بعثاتها في الخارج ضرورة الحصول على التوجيهات قبل أن يكون الدبلوماسي مدعٍ لأن هذا الدبلوماسي سوف يفقد حصانته في حالة الطلب الفرعي للدعوى .

سادسا - حدود التنازل

الشرط الظاهر

إذا تم رفع حصانة الممثل الدبلوماسي بشكل قانوني ، فإن التأثير الذي يمنح لهذا التنازل لا يمكن أن يتجاوز الحدود المدرجة عند الاقتضاء في التنازل . وبالمقابل، فإنه من المناسب إعطاء التأثير الكامل للتنازل ، مهما كانت النتائج .

ومن الواضح ، مثلا ، بأنه إذا حضر الدبلوماسي في الدعوى فقط لغاية الإعلان بعدم اختصاص المحكمة على أساس حصانته (الشرط الظاهر)، فإنه لا يلغي حصانته التي يستند عليها.

التنازل المحدود في دعوى خاصة

يجب أن يكون التنازل محددا ، في دعوى خاصة : بالنسبة للإجراءات المؤقتة مثلا. وقد تم الاعتراف بذلك من قبل الأحكام القضائية القديمة التي سمحت للدبلوماسي نفسه بالتنازل عن حصانته .

وهكذا فقد أصدرت محكمة السين في ٢٥/نيسان/١٩٠٧ حكما غيابيا في التفريق ضد ملحق في المفوضية الكولومبية في باريس ، هذا الملحق الذي لم يقدم وكيلا للدعوى حول الطلب الأصلي للتفريق ، وبالمقابل ، فإنه حضر أمام رئيس محكمة السين حيث أنه قبل ببعض الإجراءات الصادرة بصفة مؤقتة المتعلقة بحضانة الأطفال والنفقة . وأن محكمة باريس اعتبرت بأن محكمة السين كانت غير مختصة ، وأن التنازل قد حدد بإجراءات مؤقتة.

وبالمقابل ، فإن التنازل يشمل نتائج الدعوى "طلب فرعي ، والاستئناف. وإذا ما أقام الممثل الدبلوماسي دعوى في الدولة المعتمد لديها وخضع إلى القضاء المحلي، ماذا سوف يحدث لو اعترضه طلب فرعي للدعوى؟ وإذا ما كسب دعوته ، وأن المدعي طعن في الاستدعاء ، هل يمكنه إثارة حصانته ؟ مع بعض التحفظات ، فإن الجواب التقليدي

الذي يمكن أن يقدم لهذه الأسئلة هـو جوابا سـلبيا . إذ أنـه في الوقـت الـذي اختـار الممثـل الدبلوماسي أن يقيم الدعوى أمام المحاكم المحلية ، فإنه مضطر للقبول بقرارات المحكمـة وأنـه قابـل للاعتراض الدفاع من خلال طرق الطلب الفرعي للدعوى وفي إدانته بتحمـل النفقـات فـيما إذا فشـل في كسب دعوته. وإذا كسب، وأن المدعى عليه طعن في الاسـتدعاء ، فـإن الممثـل الـدبلوماسي لا يسـتطيع الدفع بعدم اختصاص محكمة الاستئناف .

- الاستئناف

وفي الواقع ، لقد تم الإقرار بهـذا الحـل مـن قبـل محكمـة الاسـتئناف في بـاريس ، في قرارهـا ٢/أيار/١٩١٢ في قضية Nazare A. Galezorski ، والمصـادق عليـه ضـمنا مـن قبـل محكمـة التمييـز في قرارهـا الصـادر ٢٦/كـانون الثـاني:١٩١٤ ، ومـن قبـل المحكمـة نفسـها في قرارهـا الصـادر في ١٦/نيسـان/١٩٥٣ في قضية Grey الملحـق في إحـدى السـفارات الأجنبيـة في بـاريس الـذي اسـتدعي للمحكمة وأبدى رأيه أمام المحكمة وكان الحكم المعلن متناقضا . وعندما رغب في إقامة الاسـتئناف ، فقد وافقت المحكمة على ذلك .

((بأسلوب أكثر وضوحا المعبر عن رغبته بالتنازل ... والاستفادة مـن حصـانته القضـائية وقبـل بالسلطة القضائية للمحاكم الفرنسية في الدعوى المقامة ضده وبالنسبة لكل نتائج هذه الدعوى)).

- الطلب الفرعي للدعوى

أثنـاء اجتماعـه في نيويـورك في عـام ١٩٢٩ ، فـإن معهـد القـانون الـدولي ، في قـراره المتعلـق بالحصانات الدبلوماسية ، نص على أن : لا يمكن الاستناد إلى الحصانة في حالة الطلب الفرعي للدعوى المقامة عـلى نفـس علاقـة القـانون ، واسـتجابة لـدعوى مقامـة مـن خـلال شـخص يتمتـع بالحصـانة الدبلوماسية (مادة١١٢، البند الثاني). ويبدو أن الأحكام القضائية قد تم تأسيسها في هذا الاتجـاه. ومـن أجل أن يكون الطلب مقبولا ، فإن طلب الدعوى الفرعي يجب أن يكون مرتبطا بشكل مباشر بالطلب الأصلي .

وبهذا الصدد ، فإنه من الضروري أن نشير إلى القرار المشـهور الـذي اتخذتـه إحـدى المحـاكم الألمانية في برلين في ٢٣/حزيران/١٩٢٥. وتتلخص القضية المشارة في قيـام سـكرتير السـفارة الصـينية في برلين بشراء سيارة ، دفع جزءا من السعر ، ومن ثم أقام دعوى بهدف الحصول على ملكيـة السـيارة ، وسيلة لتسديد الباقي من السعر . لقد أقضى قرار المحكمـة لتخلـيص السـيارة ، ولكـن المـدعى عليـه طالب بأن العقد كان باطلا

وطلب بإعادة السيارة الأمر الذي حكمت له المحكمة بذلك . إلاّ أن سكرتير السفارة طعن في الاستئناف ومحكمة برلين صادقت على القرار في قولها بأنه تم قبول طلب الدعوى الفرعي وذلك من أجل رد هجومات المدعي ذو الامتياز ، وأضافت بأنه كان من الصعوبة جدا إيجاد قواعد عامة بهذا المحتوى والتي من المفروض أن تحكم في كل حالة حسب الظروف الظاهرة .

وقد حصل أن قام أحد موظفي GERN في جنيف يتمتع بالحصانة الدبلوماسية برفع دعوى طلاق، وبعد الحصول على رفع حصانته، فقد تم الإعلان عن الطلاق، ولكن هذا الموظف قد تم إدانته بدفع النفقة ومصاريف الدعوى من قبل زوجته . وقد استند على حصانته من أجل رفض تنفيذ هذا القسم الثاني من القرار. وقد صادقت المحكمة على طلبه بالنسبة للنفقة ... التزام مستقل عن الدعوى الأصلية التي أقامها ، ولكن ليس بالنسبة للمصاريف الناتجة عن هذه الدعوى الأخيرة (جنيف في ٢١/أيلول/١٩٦٢).

وبالاتجاه نفسه ، فإن السلطات القضائية العليا في كانتون جنيف ، ومن خلال القرار الصادر في ١١/كانون الأول/١٩٦٤ ، قد أبدت رأيها في أن رفع الحصانة عن زوجة الدبلوماسي في نزاع لا يشمل مطالبة المحامي للزوجة بدفع أتعاب الدعوى . وأن التنازل لا يسري إلاّ على النتائج المباشرة للدعوى والتي لها مصدرها .

وفي قضية نظرت فيها محكمة روما في ٦/أيار/١٩٤٠ عندما أبدت رأيها بعدم قبول طلب الدعوى الفرعي المبني على نفس الأحداث الناتجة من تصادم سيارتين .

سوف لا يعتبر الدبلوماسي رافعا للدعوى ، يبيحه طلب الدعوى الفرعي ، فيما إذا اقتصر على تقديم طلب استدراكي بالنسبة للحالة حيث طلبه الأصلي ، قائم على الحصانة القضائية ، لم يتم استلامه . وقد أقرت اتفاقية فينا الموقف التالي في مادتها ٣٢، البند الثالث:

((إذا أقام الممثل الدبلوماسي أو الشخص الذي يتمتع بالحصانة القضائية دعوى بموجب المادة ٣٧ ، فلا يجوز له بعد ذلك أن يستند إلى الحصانة القضائية بالنسبة لأي طلب فرعي للدعوى مرتبطا مباشرة بالطلب الأصلي)). ومما يلاحظ في هذا النص هو أنه لا يتطرق إلاّ للطلب الفرعي وليس عن الاستئناف . ومع ذلك فليس هناك أي سبب معالجة أحدهما دون الآخر : والاستئناف حيث النقض لم تكن إلاّ النتائج الطبيعية للدعوى الأولى .

وأنه سوف لن يكون هكذا بالنسبة تنفيذ الحكم . ومن المعترف به عادة بأن التنازل عن الحصانة القضائية لا يشمل التنازل عن حصانة التنفيذ. إذ ما يقتضي من ذلك هو التنازل الصريح . وقد تم التعبير عن هذا المبدأ من قبل اتفاقية فينا ، في المادة ٣٢ ، البند الرابع.

((أن التنازل عن الحصانة القضائية في الدعاوى المدنية أو الإدارية لا يعني التنازل عن الحصانة بالنسبة لإجراءات تنفيذ الأحكام التي تتطلب أن يكون التنازل الصريح ضروريا.))

الحقيقة بأن هذا النص لا يتطرق للحصانة القضائية الجنائية ويمكن أن يعتبر كإهمال قانوني . ومثلما كان واضحا بالنسبة للحصانة في الدعوى المدنية والإدارية ، فإنه بالأحرى أن يكون كذلك بالنسبة للدعوى الجنائية . أن التنفيذ ذو الطبيعة الجنائية لا يمكن تصوره بدون رفع حصانة المادة ٢٩ أو المادة ٣٠ . مع ذلك فإنه من المعقول تماما بأن الدولة المعتمد لديها تدبرت لرفع الحصانة القضائية لتوضيح قضايا الحدث وحالة الإجرام وتسهر لتستبقي لنفسها إمكانية أن تقرر بالتالي فيما إذا كان من المناسب القيام أيضا بإجراء رفع حصانة التنفيذ .

سابعا - أهمية المادة ٣٢ : التنازل الشامل أو المحدود ؟

في الواقع فإن المادة ٣٢ عالجت التنازل عن الحصانة القضائية والتنفيذ . ولم تتطرق إلى التنازل من قبل الدولة المعتمدة للذين يتمتعون بالامتيازات والحصانات ، مثل الحرمة.

والمبادئ البارزة في المادة ٣٢ ، تؤكد بأن التنازل لا يمكن أن يحصل إلاّ من قبل الدولة وبشكل صريح ، ومع ذلك فإنه يبدو واجب تطبيق من خلال هوية الدافع لكل الذين يتمتعون بالامتيازات والحصانات في البعثة أو بطاقم بعثتها.

وهكذا فإنه يمكننا إشارة هذه المبادئ عند الحاجة للتنازل في :

- حرمة المباني .
- حصانة التنفيذ لحسابات البعثة .
- حرمة الأرشيف .
- حرمة المباني بالنسبة لحرية الأشخاص الموضوعين تحت الحراسة .
- حصانة الحقيبة الدبلوماسية .
- حرمة المسكن الخاص للمبعوثين .
- الحصانة فيما يتعلق بالشهادة .
- حصانة التنفيذ لممتلكات الممثلين الدبلوماسيين .

القسم الخامس - وسائل الإخفاء

أضرار الحصانات القضائية والتنفيذية

تبدو الحصانات القضائية والتنفيذية للمبعوثين الدبلوماسيين بالنسبة لعدد من المراقبين الخارجيين كتميزات مخفية ومتجاوزة لا تحتمل . ومن المفروض القول، بأنه بجانب الدبلوماسيين الذين لا مأخذ عليهم ، فإن هناك من يزدري ، من خلال سلوكهم الفضائحي ، ومن الخطأ اعتبارهم أعضاء مهنة في مجموعهم . والمسألة التي نتطرق إليها تبدو متناسبة طردا إلى عدد من الأشخاص الذين يتمتعون بالامتيازات والحصانات . وقد تزايد هذا العدد بشكل كبير من خلال مختلف العوامل . وأن عدد الدول المحتملة في إقامة العلاقات الدبلوماسية قد تضاعف ثلاث مرات خلال الخمسين سنة ، حيث كان للقوى الكبرى بعثات كبيرة ، وسلك دبلوماسي قد تم إضافته لدى عدد من المنظمات الدولية أو الإقليمية. الأمر الذي ترتب عليه زيادة معتبرة في عدد الأشخاص الذين يتمتعون بالامتيازات والحصانات وبشكل خاص في واشنطن ، لندن ، باريس ، بروكسل ، جنيف ، روما ... الخ .

وفي عام ١٩٨٠ ، فإنه يوجد في لندن وحدها حوا لي ١٩ ألف شخص يتمتعون بالحصانات والامتيازات الدبلوماسية . أما في فرنسا فقد تجاوز العدد في عام ١٩٨٢ إلى أكثر من ٢٩ ألف وفي واشنطن فقد تقارب العدد في ١٩٨٤ حوالي ٢١ ألف. وفيما يتعلق بما هو موجود في بروكسل فقد ضرب رقم قياسي حيث وصل عدد الذين يتمتعون بهذه الامتيازات في منتصف عام ١٩٩٢ حوالي ٢٩٦٥ دبلوماسي أي ٧٦٢٩ شخص مع عوائلهم، ١١٤٦ عضو في الملاك القنصلي، ٢٠١٣ أعضاء الطاقم الإداري والفني ، وحوالي ٤١٨٦ شخص في خدمة عوائلهم ، أي حوالي ١٣ ألف شخص.

وقد قارب هذا الرقم بحدود (١٤) ألف في منتصف عام ١٩٩٣ . وفيما إذا أضفنا ١٣ ألف موظف دولي ، ورقم مساوٍ لعدد عائلاتهم ، فإننا نصل إلى أربعين ألف شخص يستفيد من هذا النظام الخاص .

وفي الواقع ، فإن انتهاكات واجبات هؤلاء الأشخاص ، وبشكل خاص انتهاك القوانين وأنظمة الدولة المعتمد لديها ، قد حصل بنسب منذرة بالخطر . إذ أنه سجل في لندن وفي عام ١٩٧٦ حوالي ٩٢ ألف مخالفة تتعلق بوقوف السيارات غير المدفوعة . وفي بريطانيا كلها أيضا فقد تم تسجيل ما بين ١٩٧٣-١٩٨٣ ما يقارب ٧٠٠ ألف محضر

رسمي تتعلق بمخالفات مرورية ، كما تم إحصاء حوالي ٥٤٦ جريمة أو جنحـة خطيـرة : سرقـة وانتهاك .

وبدون شك ، فإنه من المناسب التأكيد ، وقبل كل شيء ، بأن المبدأ الأساس بـأن الحصـانات لم تكن إلاّ حصانات إجرائية ، وأنها لا تعفي الذي يتمتعون بها من احترام قانون الدولة المعتمد لـديها سواء كان القانون الجنائي، الإداري أو الخاص . وبناء على ذلك فإن الولايات المتحدة قد تبنت قرارا في عام ١٩٨٤ يقضي بضرورة دفع المخالفات المرورية .

وبمواجهة الدبلوماسي الذي يخل بواجباته فإنه يمكن سلوك مختلف الطرق لمحاكمته.

أ- التنازل عن الحصانة

إن التنازل عن الحصانة يبقى صراحة الطريق المرضي قانونا، لأنه يقيم الاختصاص القضائي الطبيعي . وأحيانا فإنه من الصعوبة الحصول على هذا التنازل خصوصا في القضايا الجنائيـة ، وأقـل في القضايـا المدينة. وبهذا الصدد ، فإنه من المفروض الإشارة، في ((القرار المتعلق بالاعتراضات الخاصة)) الملحقـة بالاتفاقية ، إتفاقية فينا .

((توصي بتنازل الدولة المعتمدة عن حصانة أعضاء البعثة الدبلوماسية ، فيما يتعلق بالدعاوى المدنية المقامة من قبل أشخاص الدولة المعتمدة لديها ، وعندما يتم إقامتهـا بـدون أن تعرقـل تنفيـذ وظائف البعثة ، وعندما لا يتنازل عن الحصانة ، فـإن الدولـة المعتمـدة تمـارس كـل جهودهـا بهـدف التوصل إلى تسوية عادلة للدعوى)).

وفي حالة المخالفة الجنائية الخطرة ، فإن وزارة الخارجيـة الأمريكيـة تطالـب برفع الحصانة . وقد اتخذت بلجيكا الموقف نفسه . في حالة تعـود إلى عـام ١٩٨٦ ، فـإن وزارة الخارجيـة البريطانيـة طلبت استدعاء الممثل الدبلوماسي السوري حيث رفض رئيس البعثة رفع الحصانة .

وأن رفع الحصانة يمكن أن يصاحبه من جهة الدولة المعتمـدة طلـب الاستبعاد لـكي يحـاكم الدبلوماسي في دولته الأصلية ، الأمر الذي يطرح العديد من المشاكل الخاصة في هذا المجال .

ب- انتهاء الحصانة

ويبدو أن هناك أسلوب آخر في تجاوز العقبة ويكون ذلك في إزالتها ، أما من خلال إلغاءها أو بنهاية الوظائف . في حالة تجارة المخدرات أو أي جريمة أخرى أو

جنحة لا تقنع الدولة المعتمدة في استمرار هذا الدبلوماسي أن يبقى ضمن طاقم بعثتها، فإن الإلغاء يمثل الوسيلة في رفع العقبة التي تجعل من الأحكام القضائية للدولة المعتمد لديها غير قابلة للحجز. إذ سبق وقامت السلطات الإسبانية في ٢٤/كانون الأول/١٩٨٤ باعتقال الدبلوماسي الكولومبي الذي أدخل الكوكائين إلى إسبانيا من خلال الحقيبة وقد تم فصله من وظائفه . وفيما إذا تم إنهاء الوظائف التي يضطلع بها الدبلوماسي وبقي في الدولة السابقة المعتمد لديها ، أو عاد إليها فيما بعد ، فإنه يمكن استحضاره أمام السلطات القضائية لهذه الدولة بشروط سيتم التطرق إليها في الصفحات السابقة ، وهذا ما ثبتته الولايات المتحدة في عدة حالات.

جـ- إقامة الدعوى في الدولة المعتمدة

إن الإمكانية الثالثة تتركز في إقامة الدعوى أمام السلطات القضائية في الدولة المعتمدة. وهذا ما نصت عليه المادة ٣١ من اتفاقية فينا :

((٤- عدم خضوع الممثل الدبلوماسي لاختصاص قضاء الدولة المعتمد لـديها لا يعفيـه مـن الخضوع لقضاء الدولة المعتمدة.)) . وهناك العديد من الأمثلة . إذ قامت الهايتيـة بمحاكمة السكرتير الأول في سفارتها Andrè Toussaint في واشنطن الذي قتـل الـوزير المفوض في السفارة في عـام ١٩٥٨ ، وقد تم تبرأته . في عام ١٩٨٤ فإن السكرتير الثاني في سفارة فرنسا في لندن ، اتهم بموت أحد زملاءه في السفارة ، فقد تم تسفيره إلى فرنسا لمحاكمته.

وإن هـذا الإجـراء كثيـرا مـا أثـار عـدد مـن الصعوبات . أولا مشكلة الاعتبارات الخاصة بالدبلوماسي الـذي مـا زال خـارج الدولة المعتمدة . وبالتالي النفقـات المهمـة بالنسبة للمدعي أو المشتكي عندما يفترض به إقامة دعوى في الخارج . وأيضا مشاكل اللغة ، الغربة ، اختلاف التصورات ، والشهادة .

ومع ذلك فإن أكبر الصعوبات تتعلق باختصاص المحاكم نفسها في الدولة المعتمدة بصدد أحداث حدثت في الخارج ، وأن اختصاص المحاكم هي قبل كل شيء اختصاصات إقليمية . ويمكن أن تبرز مشكلة ، فيما إذا لم تبدِ محاكم الدولة المعتمدة ، بموجب القواعد المؤسسة أو الـدعوى الجنائيـة أو المدنية ، رأيها في الاختصاص في الحكم بالجنحة أو الدعوى التي يرغب المشتكي إقامتها أمامها . وأن الاختصاص الجنائي يمكن ضمانه من خلال انحراف الاختصاص الشخصي الفعلي أو السلبي . إذ سبق وأن

أدانت المحكمة الجنائية في فينا ، بحكمها الصادر في ١٣/كانون الثاني/١٩٧٨ سفير النمسا في يوغسلافيا الذي تسبب في مقتل السفير الفرنسي عن طريق الخطأ خلال نزهة صيد نظمت من قبل رئيس الجمهورية . وقد أخذت المحاكم الأمريكية بمبدأ توسيع اختصاصها وذلك عندما قررت النظر في دعوى القتل المرتبكة من قبل القائم بأعمال السفارة الأمريكية في غينيا الاستوائية إزاء عضو آخر في البعثة ، في مباني السفارة. حيث أنها أكدت اختصاصها بذلك .

كما أن المحكمة العليا في موزمبيق ، ومن خلال القرار الذي أصدرته في ١٧/أكتوبر/١٩٨٥ ، قد أيدت رأيها في اختصاص محاكم موزمبيق للنظر في دعوى السرقة التي قام بها أحد دبلوماسيي بعثتها لدى المجموعة الأوربية . وأن مبدأ التبعية الفعلية لم يكن مطبقا في موزمبيق لأنه غير منصوص عليه بالقانون ، ولكن الاختصاص الإقليمي لأن تأثيرات السرقة امتدت إلى موزمبيق .

ويمكن أن تطرح مشكلة أخرى إذا كان الفعل المعني قد اعتبر كجنحة في دولة الإقامة، وليس في الدولة المعتمدة . أي قانون سوف يطبق ؟ ويمكن أن تبرز أيضا صعوبات بالنسبة لإقامة الاختصاص بصدد القضايا المدنية والتجارية ، وهكذا فإن الحكومة الهولندية عدلت من قانونها في المحاكم المدنية من أجل أن تمنح السلطات القضائية في لاهاي الاختصاص بالنسبة لكل دعوى مدنية ضد أعضاء بعثاتها الدبلوماسية في الخارج وكذلك ضد أعضاء عوائلهم ، عندما لا تكون للسلطات القضائية إلاّ اختصاص آخر .

وكذلك الحال لما أخذت به محكمة الاستئناف في بروكسل عندما وجدت نفسها أمام مشكلة متعلقة بأحد الدبلوماسيين الذي وقّع كمبيالات خلال عمله في النمسا . إذ أكدت المحكمة بأنه لا يمكن محاكمة الدبلوماسي إلاّ في بلجيكا وحسب القانون البلجيكي.

د - البحث عن الحل الودي

كثيرا ما يكون محيط العلاقات الدبلوماسية حافلا بالوساطات التي يقوم بها طرف ثالث من أجل البحث عن حل ودي عندما يفشل رئيس البعثة في مهمته .

بعض الأنواع ، ولاسيما بعض حالات من المسؤولية المدنية ، يمكن أن تكون تعوض من خلال طرق الضمانات المناسبة ، والتي تبدو إلزامية بالنسبة لحوادث

السيارات . وإذا فشلت هذه المحاولات فإن الطرف الثالث يتوجه إلى دائرة المراسـم في وزارة الخارجية والذي سيقوم من جانبه بعرض وجهة نظر رئيس البعثة الذي أقنعه بجدية الطلب وبالنيـة السيئة للدبلوماسي. فإنه يمكن أن يطلـب ، بـدلا مـن رفع الحصانة، أو التحكيـم الاختيـاري، تسـوية مرضية. وأن هذه التسويات الودية تبدو عديدة ، ولاسيما بخصوص التسـويات المتعلقـة بالإيجـار ، والديون .

هـ- إجراءات العقاب الخاصة في القانون الدبلوماسي

فيما إذا أخفقت كل الجهود المبذولة ، فإن هناك عقوبات مناسـبة قـد تـم الأخـذ بهـا. إذ أن السياسة الأمريكية وخصوصا في السنوات الأخيرة قد تركزت ، في حالة الجريمة ، وفي غياب التنازل عـن الحصانة ، على ضرورة رحيل المذنب وسحب تأشيرة الإقامة للحيلولة دون عودته. وفي بعض الحالات فإن مسؤولية المبعوثين قد اعتبرت مرتبطة بتصرفات عوائلهم ، وأن العقوبة المطبقة تسري علـى كـل أعضاء العائلة. وكذلك بالنسبة لرخصة القيادة في الحالات الخطرة .

يضاف إلى ذلك فإن الضغوط ا لممارسة يمكن أن تؤدي إلى طلب استدعاء الممثـل الـدبلوماسي أو نقله أو في حالة رفض أن يحل محله دبلوماسي آخر فإن عدم الرضى قد حصل بين الدولتين . وهـذا ما حصل بين سوريا وبريطانيا عام ١٩٨٦ ، عندما أمهلت لندن ثلاثة مـن الدبلوماسـيين السـوريين بـترك بريطانيا لاتهامهم بعمليات إرهابية، بعد أن رفض طلبها برفع الحصانة الدبلوماسية عـنهم . وبالنسبة لإجراءات العقوبة الخاصة بالقانون الدبلوماسي (الاستدعاء ، قطع العلاقات الدبلوماسية).

الفصل الثالث

حرية الحركة (التنقـل)

أولا - المبـدأ

في الواقع ، أن حرية حركة أعضاء البعثة الدبلوماسية قد تم تناولها في المـادة ٢٦ مـن اتفاقيـة فينا .

((ومع ما تقتضي به القوانين والأنظمة المتعلقة بالمناطق التي حظر الـدخول إليها أو حـدد لأسباب تتعلق بالأمن الوطني، فإنه يجب على الدولة المعتمـد لـديها أن تضمن لكل أعضاء البعثـة حرية النقل أو المرور في أراضيها.)).

ومن المؤكد بأن الممارسة المنسقة لوظائف المعتمدين الدبلوماسيين تتطلـب حرية التنقل والمرور في أراضي الدولة المعتمدين لديها.

ثانيا- الدخول والإقامة

مع أن المادة ٢٦ لا تتطرق إلاّ للتنقل والمرور ، فبـالأحرى للممثلين الدبلوماسـيين أن يتمتعوا أيضا بنظام الأفضلية في الدخول والإقامة ، قياسا إلى الأشخاص العاديين.

- التأشيرة (فيزا)

وهذه لا تعني بأن المبعوثين الدبلوماسيين يعفون من إجرائيـة تأشيرة الـدخول والتـي تسـري على كل أجنبي . وبدلا من الموافقة الثنائية المتعددة الأطراف التي تعفي رعايا الدولة المتعاقدة مـن تأشيرات الدخول والخروج، فإن المبعوثين الدبلوماسيين يخضعون إلى هذا الإجراء . إذ يتطلب منهم الدخول الآمن لإقليم الدولة المعتمدين لـديها . وعندما يرغبون بالسـفر إلى خـارج إقليم الدولة المعتمدين لديها ، فيتوجب عليهم الحصول على إذن قبل رحيلهم ، مـن تأشيرة الخـروج والعـودة . وفيما إذا تركوا إقليم الدولة بدون هذه التأشيرات ، فإنه يتطلب منهم عمل إجراءات بهدف الحصول على تأشيرة دخول جديدة لدى سفارة الدولة المعتمدين لـديها في الخـارج . ومـما يجب ذكـره بهـذا الصدد هو الاتفاقية الخاصة الموقعة ما بين الاتحاد السوفيتي السابق والولايات المتحـدة في الأول مـن آب/١٩٨٤ .

عندما يتم إعطاء الموافقة ما عدا الإعلان اللاحق عن شـخص غـير مرغـوب فيه Persona non grata ، فإن الحاجة للتأشيرة يجب أن تبقى إجرائية وإلاّ فإنها تصبح

إجراء محدود أو كيدية ، ونادرا ما تكون مطابقة مع روح ونص اتفاقية فينا . ويبدو أن الرفض النهائي لإعطاء تأشيرة الدخول إلى الدبلوماسي المعتمد يعادل الاستبعاد حيث الشرعية مشكوك فيها. وبصورة عامة فان السمة الدبلوماسية هي السمة التي تمنحها البعثة البدلوماسية لحاملي الجوازات الدبلوماسية من الشخصيات المسؤولة أو اعفاء السلك الدبلوماسي وهي تقدم مجانا وتكون صالحة للدخول أو المرور او لسفرة واحدة أو عدة سفرات ، حسب الظروف واذا ما طلب الى البعثة الدبلوماسية منح سمة لشخصية بارزة فأنها تعلم بذلك حكومتها كيما تتولى استقباله وتسهيل مهمته .

- الهجرة والإقامة

إن الدبلوماسيين هم أيضا معفون من الأنظمة واللوائح المتعلقة بالهجرة والإقامة ومراقبة الأجانب . وهذه الإعفاءات تستمد من المواد المختلفة لاتفاقية فينا، وبشكل خاص المادة العاشرة التي أناطت الدخول والإقامة بالالتزام العادي بإبلاغ أعضاء البعثة، بوصولهم وبرحيلهم النهائي. وهذا ما أخذت به بلجيكا، من خلال القرار الوزاري الصادر في ٢٩/تموز/١٩٣٨ المتعلق بالإقامة في بلجيكا لعدد من الأجانب الذين يتمتعون بالامتيازات ، الذي نظم إقامة المبعوثون الدبلوماسيون في بلجيكا وعوائلهم من خلال من خلال البطاقة الدبلوماسية التي تمنح مجانا من وزارة الخارجية . كما أعقبه مرسوم ملكي في ٦/كانون الأول/١٩٥٥ الذي نظم هذه الإقامة وخصوصا بعد الحرب العالمية الثانية ، بعد تعرض بلجيكا للاحتلال الألماني. وقد تم تجديد هذا القرار في ٣٠/أكتوبر/١٩٩١ حول منح وثائق الإقامة.

ويجب الانتباه إلى حقيقة أن الإعفاء من قوانين الهجرة لا يحصل إلاّ خلال فترة الإقامة للأشخاص كأعضاء في البعثة. وعندما تنتهي وظائفهم ، فإن هذه القوانين تسري مبدأيا عليهم. إذ أن هناك العديد من حالات الهجرة التي تم حلها على أساس هذه القاعدة وخصوصا في بريطانيا.

ثالثا - حرية التنقل والمرور

- الإجراءات العامة المقيدة

في الواقع ، فقد اتخذ في إطار العلاقات ما بين الشرق والغرب عدد من القيود المفروضة على حرية تنقل المبعوثين الدبلوماسيين وخصوصا خلال الحرب الباردة سواء

كان في موسكو أو بقية الدول الاشتراكية السابقة ، أو في واشنطن وبقية الدول الغربية إزاء سفراء الاتحاد السوفيتي السابق وبقية دول المعسكر الشرقي، والدول الاشتراكية الأخرى مثل الصين، كوريا الديمقراطية، فيتنام وكوريا.

فلقد سبق وأن قامت السلطات السوفيتية بتحديد المجال الذي يستطيع الدبلوماسيون المعتمدون في موسكو بحدود ٤٠ إلى ٥٠ كيلومتر ، وقد تم زيادة هذا المجال إلى ١٠٠ كيلومتر اعتبارا من ٢٠/آذار/١٩٧٤. وخارج هذه المسافة المحدودة فيجب على الدبلوماسي الحصول على إذن خاص . وقد كان هذا الإجراء قد اتخذته هنغاريا، ورومانيا وبلغاريا. كما أن بريطانيا وبلجيكا وفرنسا، واليونان، والولايات المتحدة ، وإيطاليا، وكندا، اتخذت أيضا الإجراء نفسه والتي لم تطبق إلاّ على دبلوماسي الدول الشرقية. إذ أن فرنسا قد حددت المنطقة التي يفترض بالدبلوماسيين الشرقيين عدم تجاوزها ، وعدم الاقتراب من المؤسسات التابعة لحلف الناتو، وفي حدود فرساي.

وفي بعض الدول التي تطبق الإجراءات نفسها، فإنها أيضا تفرض إجراءات خاصة: إذ أنه وحتى في إمكانية التنقل في كل أراضي الدولة ، فإنه من المفروض إبلاغ حكومة الدولة المعنية قبل ٢٤ ساعة أو ٤٨ ساعة. وفي بلجيكا فقد أنشأ نظام خاص لدائرة تنقل الدبلوماسيين السوفييت والرومانيين في عام ١٩٥٣، يتضمن الالتزامات التالية :

- يتوجب على الممثلين الدبلوماسيين للاتحاد السوفيتي ورومانيا إبلاغ ادارة المراسم*

---

* المراسم البروتوكول Le Protocole : المراسم ترجمة لكلمة برتوكول المصطلح عليه اوليا ويقصد فيها مجموعة القواعد والاعراف المرعية في العلاقات الدولية والدبلوماسية لتنظيم المناسبات الرسمية كالاستقبالات والاجتماعات والحفلات والمآدب . وادارة المراسم في وزارة الخارجية هي التي تعتبر المرجع الرئيسي لمراسم الدولة . وتتولى مسؤوليات جسيمة وتجابه احيانا مواقف حرجة ودقيقة للغاية ، فضلا عن الاختصاصات الواسعة التي تمارس ومنها :

١- تنظيم زيارة رؤساء الدول الاجانب (بالتعاون مع مراسم رئاسة الدولة) .

٢- استقبال السفراء الجدد وتوديع المنتهية مهمتهم .

٣- الاتصال بالسفارات الاجنبية المعتمدة تلبية لمطالبها .

٤- اعداد قائمة الاعياد القومية والاجنبية وبرقيات التهنئة (بالتعاون مع مراسم رئاسة الدولة) .

٥- اعداد قائمة السلك الدبلوماسي والسلك القنصلي والموظفين الدوليين .

٦- اعداد قائمة باستيعاب السفراء والمثلين الدبلوماسيين المعتمدين وكبار شخصيات الدولة.

في وزارة الخارجية بحركة تنقلهم خارج منطقة لـ brabant . وأن الإعلان عن هـذه التـنقلات يجـب أن تجيب عن الشروط التالية:

١- أن يبلغ قبل ٤٨ ساعة من تاريخ التنقل .

٢- أن تعرض من خلال مذكرة من السفارة أو الممثلية .

٣- تتضمن:

- اسم ووظيفة الممثل الدبلوماسي .

- فترة التنقل .

- تاريخ وساعة الانطلاق .

- المسار الذي سوف يتبعه.

- الوسيلة المستخدمة في التنقل، وإذا كان التنقل بواسطة مركبة فإنه يبلغ عن رقمها.

- وعند الضرورة ، المركز الحدودي الذي يعبر منه .

وهذا البلاغ المذكور يسمح بالتنقل للدبلوماسي أو للدبلوماسيين الـذين تم تسـميتهم في كـل أراضي دول البينلوكس (الدنمارك ، بلجيكا ، هولندا) بدون إذن خاص وبدون تأشيرة، بشرط أن يكون هؤلاء يحملون جوازاتهم ، وأحيانا فإن تأشيرة

٧- استلام صور كتب اعتماد السفراء والقائمين بالأعمال الأصليين .

٨- تهيئة كتب اعتماد السفراء الوطنيين وترجمتها عند الاقتضاء .

٩- تهيئة كتب التفويض للوفود المشتركة في المؤتمرات اعربية أو الاجنبية .

١٠- استلام البراءات القنصلية الخاصة بالقناصل الاجانب ومنحهم اجازات العمل .

١١- منح القناصل الوطنيين البراءة القنصلية .

١٢- اصدار الجوازات الدبلوماسية الخاصة والرسمية .

١٣- منح سمات الخروج على الجوارزات المذكورة الوطنية والاجنبية .

١٤- منح بطاقات الهوية للمثلين الدبلوماسيين والقناصل المعتمدين والموظفين الدوليين .

١٥- اقتراح منح الاوسمة للدبلوماسيين عند انتهاء مهمتهم أو للشخصيات الاجنبية .

١٦- مرافقة السفراء في حفلات تقديم كتب الاعتماد .

١٧- انجاز معاملات الاعفاء الخاصة باستيراد الممثلين الدبلوماسيين لمعتمدين .

١٨- السهر على حصانة وامتيازات الممثلين الدبلوماسيين المعتمدين والموظفين الدوليين .

١٩- تهيئة المؤتمرات الدولية التي تعقد في البلاد .

٢٠- الاشراف على الحفلات الرسمية التي يشترك فيها الممثلون الدبلوماسيون .

الدخول فرضت بالنسبة لكل الذين يسافرون خارج الأراضي البلجيكية .

وقد تم تخفيف هذه الإجراءات من قبل الحكومة البلجيكية في عام ١٩٧٨ وذلك للمعاملة بالمثل ، وحيث سمح لكل دولة تحديد المنطقة المسموح التنقل فيها . أما في بريطانيا فإن قرار الرابع والعشرين من شباط ١٩٧٦ حدد منطقة التنقل بحدود ٣٥ ميلا في الدائرة القطرية لمدينة لندن . وأن هذه القيود التي تفرض على تنقل الدبلوماسيين ترتبطان بدرجة العلاقات التي تتبادلها الدول المعنية، حيث في قسم منها تكون قيود صارمة، وفي دول أخرى تكون مخففة، وإذا كانت العلاقات في أعلى درجات التفاهم، فلا وجود لهذه القيود أصلا. فالصين الشعبية وخلال الثورة الثقافية، فإنها حظرت على كل المبعوثين الدبلوماسيين الأجانب ترك بكين ، إلاّ أنه تم تخفيف هذه الإجراءات. إذ أنه يذكر بأن هناك بعض المدن الصينية يحظر على الدبلوماسيين السوفيت زيارتها.

وأن هذه القيود المفروضة على حركة تنقل المبعوثين الدبلوماسيين لم تشمل الدول الأوربية، وإنما امتدت إلى دول العالم الثالث، وخصوصا ما أخذت به الحكومة الجزائرية، زامبيا، غينيا، والكونغو كينشاسا التي طلبت من الدبلوماسيين الحصول على إذن خاص مسبق من قبل وزارة الخارجية.

رابعا - الإجراءات المقيدة الظرفية

بجانب الإجراءات المقيدة العامة ، فإن هناك أيضا إجراءات خاصة سواء كانت لفترات محدود وقصيرة وأما موجه نحو عدد من الدبلوماسيين بشكل خاص.

وهكذا ، فإنه في نيسان ١٩٥٩، وفي إطار العلاقات السوفيتية - الأمريكية، فإن موسكو حظرت على كل تنقل على الأراضي السوفيتية ، ما عدا موسكو، لينينغراد لعدة أيام. وأن الولايات المتحدة اتخذت من جانبها ، وعلى أساس المعاملة بالمثل ، قرارا حددت بموجبه تنقل الدبلوماسيين السوفييت ما عدا واشنطن ونيويورك.

وفي العاشر من نيسان ١٩٦٤، فإن الناطق الرسمي باسم سفارة الولايات المتحدة في موسكو قد أعلن بأن السلطات السوفيتية قد اتهمت أربعة ملحقين عسكريين في السفارة بالتجسس، وطلبت منهم عدم ترك العاصمة موسكو لمدة ٩٠ يوما ، وأن هذا الإجراء لا يسري على التنقل إلى الخارج. وقد تعرض الملحق الجوي البريطاني في موسكو إلى الإجراء نفسه. وفي اليوم الثاني فقد اتخذت الحكومة الأمريكية إجراءا مماثلا.

على أساس المعاملة بالمثل ضد أربعة ممثلين عسكريين سوفيت حيث أجبروا على عدم الابتعاد في تنقلاتهم عن العاصمة واشنطن خلال ثلاثة أشهر . وقد تبعتها الحكومة البريطانية في اتخاذ الإجراء المماثل . وقد تتخذ بعض الدول إجراءات أكثر شدة ضد حركة الدبلوماسيين ، حيث تحظر عليهم الخروج من مقراتهم الدبلوماسية. هذه الإجراءات التي تشبه الاعتقال . وهو ما حصل في حالة تأزم العلاقات الفرنسية - الإيرانية في عام ١٩٨٧.

خامسا - كيف يتم تقييم شرعية هذه الإجراءات؟

في الواقع ، يجب تمييز حالات المنع العامة التي تغطي جزءا مهما من الإقليم، وتلك التي أخذت في حالات ظرفية، لمناطق محددة، وإزاء عدد من الدبلوماسيين المعنيين وفيما إذا رجعنا إلى نص المادة ٢٦ فإن الإجراءات المقيدة الوحيدة المقبولة هي تلك التي يمكن أن تتخذ:

أ- بموجب القانون والتعليمات .

ب- متعلقة بالمناطق المحظورة أو التي جرى تنظيمها لأسباب تتعلق بالأمن القومي .

- إذ فيما يتعلق بذلك يمكن اعتبار مشروعية الحدود المطبقة على المناطق ذات الأهمية الاستراتيجية أو العسكرية المحظورة التواجد فيها بشكل محدد .

والمشروع الذي أدى إلى تبني هذه المادة قيّم بأن إنشاء مناطق محظورة لا يمكن أن يفهم كشيء وهمي مقيد لحرية التنقل والمرور . وأن التقييدات العامة تعطي كل الانطباع للتطابق مع هذه الخاصة والشك في مشروعيتها .

- بالإضافة إلى ذلك فإنه يعتبر مشروعية الإجراءات المتخذة من قبل الدولة، عندما تكون اضطرابات على أرضها (حرب أهلية ، ومناطق غير آمنة)، من أجل فرض الحظر المؤقت على مثل هذه المناطق لأسباب تتعلق بالأمن القومي أو لحماية الدبلوماسيين من أن يخاطروا بحياتهم.

- كما يمكن القبول بالتفسيرات الأخرى غير العسكرية لتقييد الدخول إلى بعض المناطق : دينية ، بيئية ، أو أثرية مثلا .

وأثناء مناقشة المادة ٢٦ في مؤتمر فينا ، فقد أثارت المملكة العربية السعودية الانتباه حول أوضاع المدن المقدسة مكة والمدينة وضواحيها التي لا يمكن السماح

بدخولها إلاّ للمسلمين. ومن هنا فإن حظر الدخول على الأشخاص غير المسلمين حصل لأسباب دينية، وبدون التمييز بين جنسية وجنسية أخرى. ومن هنا فإن هذا المنع لا يحمل أي صفة تمييزية ومخالفة لروح ونص اتفاقية فينا.

- المجازاة بالمثل أو الانتقام

يلاحظ من خلال الممارسات التي اعتادت عليها الكثير من الدول في علاقاتها الدبلوماسية بأن هناك إجراءات عكسية كرد فعل على ما يتخذ ضد دبلوماسييها ، أو أحيانا انتقامية. وأن شرعية هذه الإجراءات التي تتخذ كمعاملة بالمثل من المعتاد أن تكون مبررة من خلال تطبيق المادة ٤٧ من اتفاقية فينا ، في نصها بأنه لا يمكن أن يكون هناك تمييز في تطبيق الاتفاقية على الدول الأعضاء، ولا يمكن أن يعتبر كتمييز العمل الذي تقوم به الدولة المعتمدة لديها في تطبيقها تقيدا لأحد نصوص الاتفاقية ((لأنها أيضا مطبقة على بعثتها في الدول المعتمدة)).

وفي الواقع، فإن قابلية التطبيق بروح المادة ٤٧، الفقرة الثانية تبدو قابلة للنقاش. ولا يمكن اللجوء إلى المادة ٤٧ إلاّ عندما لا يكون للإجراء أي طبيعة شرعية صراحة، وعندما تدخل في التبريرات غير المعقولة . وهناك العديد من الدول التي تلجأ إلى إجراءات ثأرية مقيدة في الوقت الذي تعتقد فيه بأنها تجاوزت في ذلك .

وهناك عدد من الدبلوماسيين الذين يتجاوزون الحدود المسموح بها للتنقل والمرور وذلك للقيام بأعمال تجسسية أو تخريبية. ولكن الحل الأمثل في ذلك هو الإعلان عن كون الدبلوماسي شخص غير مرغوب فيه. (persona non grata) .

الفصل الرابع

الحصانات المالية ، الكمركية ، الاجتماعية وحصانات أخرى

القسم الأول - الحصانات الضريبية

أولا - جوهر المسألة

في الواقع ، فقد التزمت جميع الدول بإعفاء المبعوثين الدبلوماسيين من بعض الضرائب والرسوم ، ولكن امتداد هذه الإعفاءات يبدو متغيرا من دولة إلى أخرى . وأن جوهر هذه الإعفاءات متأتي بشكل أكثر من خلال المجاملة ، أكثر مما يكون قرارا مستقلا، إذ أن كل دولة حرة في تنظيم محتوى هذه المسألة مثلما تريد، ولكن هذا التفسير لا يمكن أن يكون صحيحا إلاّ بشكل نسبي ، لأنه من اللحظة التي يكون فيه الإعفاء معترف به بشكل شامل وملزما من خلال نص الاتفاقية، فإنه يصبح من الصعوبة التمييز بالقسم العائد إلى العرف وذلك الذي يطبق على أساس المجاملة . ويبدو أن مقترحات لجنة القانون الدولي المؤسسة على تطبيقات الدول كانت موضوع إجماع مؤتمر فينا. إذ أنه قبل اتفاقية فينا كان موقف الحكومة البلجيكية يقضي بأن المبعوثين الأجانب في بلجيكا يتمتعون بحصانة مالية مستنبطة من مبادئ القانون الدولي العام ، ولكن بشرط المعاملة بالمثل .

ثانيا - مصادر المحتوى

أن المبادئ المهيمنة ناتجة اليوم من المادة ٣٤ من اتفاقية فينا . ولكن هناك أيضا مصادر دولية أخرى التي يمكن أن تلعب دورا في ذلك ، الاتفاقيات الثنائية ، وبشكل خاص الاتفاقيات ذات الازدواج الضريبي . يضاف إلى ذلك عدم إمكانية استبعاد لعبة العرف. وبالمقابل، فإن الذي يبدو مؤكدا ، بأن المحتوى قد حدد في أغلب الأحيان من خلال النصوص الداخلية الدقيقة . وفي الواقع، فإنه في كل الدول ، فإن الإدارة المالية دقيقة في عملها وترغب في ضمان بأن الإعفاءات يجب أن تكون مثبتة بشكل صريح. ويفسر اغلبية الفقهاء القدامى منهم والمعاصرون أن اعفاء المبعوثين الدبلوماسيين من الضرائب بانواعها المختلفة ما هي إلا نتيجة منطقية التي تحكم طبيعة عمل الدبلوماسي ، وكذلك نوعية الحصانة الممنوح لها . ويعتبر أن هذا الاعفاء ليس بحصانات وانما هو امتياز فحسب ومبني على اساس المجاملة .

وفي فرنسا، فإن هناك الحصانة المالية التشريعية ، والحصانة المالية الاتفاقية ، وهما المقالتان اللتان كتبهما الأستاذ Maxim Chretin ، الاختصاص في القانون المالي الدولي.

وفي سويسرا ، حيث تم الاستعانة بدراسة الأستاذ Perrenoud حول نظام الامتيازات والحصانات للبعثات الدبلوماسية والمنظمات الدولية في سويسرا. وفي بريطانيا بدراسة الأستاذ Levons في دراسته المعنونة : ((Personal Immunities of Diplomatic Agents)) . وفي بلجيكا هناك الدليل التطبيقي لبروتوكول لوزارة الخارجية حول تطبيق الامتيازات الدبلوماسية على البعثات والمعتمدين الدبلوماسيين في بلجيكا . وكذلك دراسة الأستاذ J. Van Den Ewde : لمحة حول الامتيازات الدبلوماسية القنصلية والدولية فيما يتعلق بضريبة الدخل ورسم المرور(١٩٨٨).

ثالثا – مبدأ المعاملة بالمثل

بدون شك ، فإن الحصانات المالية هي بصورة تخضع إلى المعاملة بالمثل . وهذا ما أخذ به مجلس الدولة في فرنسا في قراره الصادر في ٢٧/حزيران/١٩٣٠، وكذلك الأمر بالنسبة لهولندا. وأنه أيضا الموقف التقليدي الذي أخذت به بلجيكا.

وفي إطار مجموعة البينلوكس فإن مبدأ المعاملة بالمثل يطبق في كل دول الثلاث الأعضاء. وهذه القاعدة نجدها اليوم بنوعين من الحدود في اتفاقية فينا لعام ١٩٦١. من جهة ، في الحد الذي حددت فيه المادة ٣٤ بما فيه الكفاية الإعفاءات أو الخضوع إلى الضرائب ، وهو نص هذه المادة الذي يجب أن يتضمن ذلك . ومن جهة أخرى ، ما تم ملاحظته بالنسبة للمادة ٤٧ المشددة في الحدود المقيدة في لعبة المعاملة بالمثل التي يمكن أن تخضع إلى تبريرات مقيدة أو بالعكس للمعاملة على أساس المحاباة.

رابعا – الذين يتمتعون بالإعفاء

تحتفظ المادة ٣٤ بالإعفاء من الضرائب والرسوم للممثل الدبلوماسي ، ما عدا إذا كان يحمل جنسية الدولة المعتمد لديها (المادة٣٨) أو إذا وجد في حالة من الجنسية المزدوجة (جنسية الدولة التي بعثته – والدولة التي يقيم فيها). وهذا ما تجلى في الموقت الذي أخذته الولايات المتحدة . كما أن هذه النقطة قد تم توضيحا في عدد من القرارات القضائية الصادرة قبل دخول اتفاقية فينا حيز التنفيذ . وكذلك ما قررته اللجنة المركزية الإيطالية للضرائب المباشرة.

فالمادة ٣٧ تأخذ بهذا الإعفاء ليشمل أعضاء العائلة الذي يشكلون جزءا من

أسرته شريطة أن لا يكونوا رعايا الدولة المعتمد لديها ، وكذلك لأعضاء الطاقم الإداري والفني في البعثة شريطة بأن هؤلاء لا يكونوا رعايا الدولة المعتمد لـديها أو ليس لـديهم الإقامـة الدائمـة في الدولة المعتمدين لديها . وهذا ما أخذ به القانون الدولي في ايرلندا الشمالية.

والمسألة المطروحة هو أن موظف التكليف للممثل الدبلوماسي معرضا للنزاعات. وفي بلجيكا ، إذ أنه في قضية Heritiers Anspach ، المؤسسة على حيلة الامتداد الإقليمي ، فإن محكمة بروكسل المدنية اعتبرته ((كمقيم في المملكة)) بموجب قانون ٢٧/كانون الأول/١٨١٧ حول حقوق ميراث Edaurd Anspach توفي في ١٩٠٢ في طنجة حيث كان يقوم بواجباته في وزارة صاحب الجلالـة ملك بلجيكا والمدعون أدعوا بأن الشخص المعني ((قد ترك بلجيكا نهائيا ، بـدون أي نيـة للعـودة ، ولم يحتفظ لا بسكن ولا بأي منشأ ، ولا بأي مصلحة ، ولا يملك أي ملكية ، وبنـاء علـى ذلـك، فإن حيلة الامتداد الإقليمي لا يمكن أن تنطبق عليه)). وهـذا خطـأ ، علـى مـا يبـدو لأنـه إذا كانت الأحداث المذكورة صحيحة ، وتأسست على الحجة الوحيدة لنظرية الامتداد الإقليمية فإن القاضي رد ادعاءات المدعون .

وفي هولندا ، فإنها تعتبر الممثل الأجنبي في وظيفته في البلاد كمقيم ومعفـي مـن الضـرائب ، ولكن بالمقابل فإنه من المفروض لعضو الطاقم الدبلوماسي الهولندي في الخارج أن يحتفظ بمسكنه في هولندا . وفي بلجيكا ، فإنه بالنسبة للدبلوماسيين الأجانب وأعضاء الطاقم الإداري والفني في البعثـات الدبلوماسية الذين حددوا إقامتهم في بلجيكا بسبب وظائفهم في البعثات الدبلوماسية المعتمدة لـدى بلجيكا ، فإنه يفترض الاحتفاظ بمحل إقامتهم المالية في الدولة التي جاءوا منها. ونفس الحـل قـد تـم الأخذ به من قبل ادارة المراسم حول الامتيازات وحصانات التجمعات الأوربية، (مادة ١٤).

خامسا - الإعفاءات المنصوص عليها بموجب اتفاقية فينا

إن العبارة الأولى من المادة ٣٤ تقرأ كالآتي :

((يعفى الممثل الدبلوماسي مـن كافة الضـرائب والرسـوم ، الشخصية والعينيـة ، العامـة أو الخاصة بالمناطق أو النواحي والتجمعات ، مـع استثناء (...) It وأن المبـادئ الأساسـية في المحتوى هي كالآتي :

١- أن المادة قد نصت على إعفاء عام بدون استثناء، إذ يوجد هناك اعتداد بالحصانة،

وأنه النظام المعاكس لذلك الذي يقرر القوانين الداخلية حيث يجب أن تنص على الإعفاء .

٢- أن المفاهيم المستخدمة لم تدرجها هذه المرة في سياق القانون الداخلي الضريبي المحدد، ويمكنها في أن لا يكون لها المعنى نفسه إلاّ عندما تستعمل من خلال القانون الداخلي . أي ما يقصد بالقواعد الدولية التي لها معنى خاص ، والتي ليس لها بالضرورة نفس المعنى الذي للتشريعات الوطنية ، التي يمكن أن تتغير حسب التشريعات . وهكذا فإن مفاهيم الضريبة المباشرة وغير المباشرة تتغير حسب التشريعات الداخلية .

٣- وقد منح الإعفاء إلى الممثل الدبلوماسي ، ولهم وحدهم . وإذا تعدت الضريبة أصلا طرفا ثالثا وأن المستفيد من الإعفاء قبل من خلال التعاقد بأن يتكفل بها - كعامل للإيجار مثلا ، فليس هناك إعفاء

وفي قضية Parkinson ، فقد رأت المحكمة الملكية البريطانية في قرار لها صادر ١٢-١٤/كانون الأول/١٨٨٥ ، بأنه من غير الممكن إجبار ملحق السفارة المستأجر على دفع الضريبة المحلية ، وأن الضريبة يجب أن تدفع من قبل المؤجر ، ولكن المستأجر قد ألزم من خلال عقد الإيجار بتعويض المؤجر .

٤- إن الإعفاء العام يغطي مبدأيا الضرائب المباشرة والشخصية ، وبشكل خاص على المداخيل المتأتية من المهنة .

٥- أن السلطات الإقليمية والمناطقية والتجميعية لا يمكن أن تحتج على اللامركزية من أجل التخلص من هذه التعليمات .

في بلجيكا ، فإن المواد ٤ ، ١٣٩ ، ١٤١ من المرسوم الملكي الصادر ٢/شباط/١٩٦٤ (قانون الضرائب على الدخل) ضمنت الإعفاء على الدخول . فالمادة ٢٧ من المرسوم الملكي الصادر في ٢٣ نوفمبر ١٩٦٥ (قانون الرسوم المثيلة للضرائب على الدخول) أعفى المركبات والعربات التي تعمل بمحرك من الرسوم . أما المادة ٩ من المرسوم الملكي الصادر في ٢/آذار/١٩٢٧ قانون ٢٧/ديسمبر/١٩٧٧ (قانون الرسوم المثيلة للطابع) عملت الشيء نفسه بالنسبة لرسوم ترقيم المركبات .

سادسا - استثناءات المادة ٣٤

لا يعفى المعتمدون الدبلوماسيون :

((أ- الضرائب غير المباشرة التي تتداخل بطبيعتها عادة أثمان البضائع أو الخدمات)) .

ماذا يمكن أن يفهم من عبارة ((الضرائب غير المباشرة).

من الطبيعي ، فإن الضريبة المباشرة هي تلك الضريبة التي تجبى مباشرة ، وبالاسم، لشخص، بموجب القائمة ، وما عدا ذلك فإنها الضريبة غير المباشرة . ويمكن أن نعتبر بأنه توجد هناك ضريبة عندما لا يستطيع الشخص الذي يعفى منها أن يعوضها على أي شخص آخر ، والمعيار سيكون إذن تأثير فعل الضريبة.

والمقصود إذن في معرفة على أي مفهوم تستند الاتفاقية ، فإن نصها يبدو بهذا الصدد أكثر براغماتية ، والهدف المطلوب هو في إيجاد ضمان ضد التشريعات الداخلية التي يطلق عليها الضرائب غير المباشرة للضرائب والتي لم تكن ((تتداخل بطبيعتها عادة على أثمان البضائع أو الخدمات)).

وقد رأى عدد من المختصين بأن هذا الاستثناء يخفي النصوص والتي بصددها فإنها إداريا أقل تطبيقا في تأسيس استثناءا أو تعويضا . وهكذا فإن من ضمن الرسوم القابلة للدفع هي خلال الشراء أو البيع ، التلفزيون ، رسوم المطار أو رسوم السفر المدرجة في أسعار التذاكر . وقد عبرت اليابان عن تحفظها على الفقرة أ من المادة ٣٤. وبعض الدول وافقت على التعويض لبعض الرسوم غير المباشرة ، وهو ما أخذت به بريطانيا: الرسوم حول البنزين ، التلفزيون ، الكحول ، التبغ ، المركبات والأثاث . وهذا الاستثناء فإنه يبدو استثناءا شخصيا للذي ينتفع بها . وفي حالة إعادة الشراء للبضائع غير المرسمة فإن الرسم يجب أن يدفع ، ولكن بالمقابل فالمعتمدون الدبلوماسيون لا يعفون من الرسم السنوي على عقود التأمين.

- لا يعفى المعتمدون الدبلوماسيون

((ب- الضرائب والرسوم المفروضة على العقارات الخاصة الواقعة على أراضي الدولة المعتمد لديها ، إلاّ إذا كان الممثل الدبلوماسي يحوزها لحساب الدولة المعتمدة في شؤون أعمال البعثة،)).

فالدبلوماسي الذي يحوز العقارات الخاصة على أراضي الدولة المعتمد لديها يجب أن يعفى من الضرائب والرسوم المتعلقة بها . ويبدو الاستثناء أستثناءا واضحا.

ماذا يعني هذا بالضبط إلاّ ((إذا يحوزها لحساب الدولة المعتمدة ، ولشؤون البعثة))؟ ويمكن أن نفترض بأن ذلك يعني بأن الدولة المعتمدة هي المالكة ولغايات البعثة ، ويترك لإشغالها للدبلوماسي . وكما لاحظنا في الصفحات السابقة فإن الاستثناء الضريبي لمباني البعثة يشمل مقر إقامة رئيس البعثة ولكن ليس لمساكن الدبلوماسيين الآخرين . إلاّ أن هناك بعض الدول لا تمنح إعفاءا في ذلك ، وهو ما أخذت به الولايات المتحدة (١٩٧٥) ، كندا ، وفي بريطانيا فإن الإعفاء منح بشرط المعاملة بالمثل بالنسبة للمسكن الرئيسي للدبلوماسيين . وفي بلجيكا ليس هناك إعفاء للاقتطاع العقاري .

وعلى كل حال، فقد اعتبر بأن الحصانة المالية ليس لها أثر بعد وفاة الدبلوماسي. وورثة الدبلوماسي يجب أن تعفى من الرسم على فائق قيمة العقارات. وهذا ما أخذت به المحكمة الإدارية في النمسا في ١٠/ديسمبر/١٩٣٢.

- لا يعفى المعتمدون الدبلوماسيون :

((جـ - الرسوم التي تجبى من قبل الدولة المعتمد لديها ، شريطة سريان أحكام البند الرابع من المادة ٣٩،)) .

وأن المادة ٣٩ ، البند الرابع تنص :

((...لا يجوز استيفاء ضرائب التركات على الأموال المنقولة التي تكون موجودة في الدولة المعتمد لديها لمجرد وجود المتوفى فيها بوصفه أحد أفراد البعثة أو أحد أفراد أسرته)). وهذا يعني بأن ضرائب التركات يمكن جبايتها بالإضافة إلى ذلك.

- لا يعفى المعتمدون الدبلوماسيون :

((د- الضرائب والرسوم على الدخول الخاصة التي مصدرها في الدولة المعتمد لديها والضرائب المفروضة على رأس المال المستقطع من جباية الضرائب على الاستثمارات المنفذة في مشروعات تجارية واقعة في الدولة المعتمد لديها.)).

يمكن أن يفرض رسم على دخل الدبلوماسي من عوائد أو إيرادات رأسمال ، وبالأحرى ، على نشاط تجاري في الدولة المعتمد لديها .

وقد صدرت محكمة الاستئناف في الولايات المتحدة قرارها في قضية Van der Elst في ٢١/حزيران/١٩٥٥ عندما قررت بأنه يتوجب على الدبلوماسي دفع ضريبة على العوائد المتأتية من الأرباح التجارية . وكذلك ما أخذ به مجلس الدولة في فرنسا في قرارها الصادر في ٢٧/حزيران/١٩٣٠ .

ومن الواضح فإنه بالنسبة لتحديد معدل الدخل الذي يفرض عليه الرسم لا يمكن الأخذ بنظر الاعتبار إلاّ بالدخل الوحيد الذي يفرض عليه الرسم وليس إضافة أي رسم على الدخول لا تفرض عليها . وهذا ما أخذت بـه محكمـة العـدل في المجموعـة الأوربيـة ، ومحكمـة التمييـز في بلجيكـا (بصـدد الموظفين الدوليين).

ولا يمكن فرض الرسوم على الدخول الخاصة التي مصدرها خارج الدولة المعتمد لديها.

- لا يعفى المعتمدون الدبلوماسيون :

((هـ - الضرائب والرسوم التي تجبى كمكافأة عن الخدمات الخاصة المقدمة.))

وفي عنوان البند جـ ، تحديد نافع جدا قد تم إضافته من خلال وصفها ((خاصة)).

ويجب تجنب بان دولة الإقامة لا تفرض الرسوم بالنسبة للخدمات المقدمة ذات طبيعة عامة (مثلا الدفاع الوطني، الأمن العام ، التعليم العام ، الضمان الاجتماعي..الخ) والتي تجرد مفهوم الرسم من محتواه .

أن ((الخدمة الخاصة)) يجب إذن أن يمتد مـن خـلال التعـارض للخدمـة العموميـة العامـة المقدمة بشكل طبيعي من الـدول المتمدنـة . ولكـن يمكـن اسـتمرار المشـاكل لعـدد مـن الخـدمات . وهناك العديد من الأمثلة المثارة للجدل ، ومن بينها سنوية السيارة ((Vignette)) في سويسرا . والرسم الإضافي الذي يجبى من سكان العمارات المؤجرة حديثا التي تم بناءها بمساعدة مدينة جنيف .

وليس هناك مـن تعـارض حـول رسـم خدمـة الميـاه ، الكهربـاء ، والنفايـات بشرط أن تكـون الخدمة قد أدت فعلا. والشيء نفسه بالنسبة لمكس العبـور عـلى الجسرـ أو الطـرق، وخدمـة الراديـو والتلفزيون، والتلفون. ولكن هناك بعض الدول لا تفرض رسوما على النقل التلفزيوني أو الإذاعـة كـما هو الحال في بعض الدول الأوربية والدول العربية .

- لا يعفى المعتمدون الدبلوماسيون :.

((و - رسوم التسجيل والمقاضاة ، والرهون ورسوم الدمغة فيما يتعلق بالأملاك الثابتة بشرط مراعـاة المادة ٢٣ .)) .

ومن هنا فإن البند ولم يكن واضحا. بماذا اختصت العبارة ((فيما يتعلـق بـالأملاك الثابتـة)) ؟ الكلمات الثلاثة السابقة أو فقط بهذه الأخيرة؟ وحسب الأستاذ Denza فـإن الكلـمات ((فـيما يتعلـق بالأملاك الثابتة)) تختص بكل المفردات التي ذكرت .

وبالنسبة للحكومة الكندية فيما يتعلق بالتسجيل بصفة مالك . وفي بريطانيا أي إعفاء لم يمنح بصدد رسوم الدمغة .

القسم الثاني - الحصانات الكمركية

أولا - المادة ٣٦ من اتفاقية فينا

فيما إذا وجدت شكوك حول الخاصية القانونية (العرفية) أو ببساطة مجاملة في الحصانات الكمركية بصدد الأشخاص ، فإن المسألة قد تم مناقشتها من قبل المادة ٣٦ من اتفاقية فينا حيث النص التالي :

((١- ومع تطبيق النصوص التشريعية والتعليمات التي تستطيع وضعها ، تمنح الدولة المعتمد لديها الإدخال والإعفاء من الرسوم الكمركية ومن العوائد والرسوم الأخرى مع استثناء رسوم التخزين والنقل والمصاريف المختلفة الناتجة عن الخدمات المماثلة عما يلي :

أ – الأشياء الواردة للاستعمال الرسمي للبعثة .

ب- الأشياء الواردة للاستعمال الشخصي للممثل الدبلوماسي أو لأعضاء أسرته الذين يعيشون معه ، وتدخل فيها الأصناف المعدة لأقامته .

٢- يعفى المعتمد الدبلوماسي من تفتيش أمتعته الشخصية إلاّ إذا لم توجد أسباب قوية تدعوا إلى الاعتقاد بأنها تحوي أشياء لا تمنح عنه الإعفاءات المذكورة في البند الأول من هذه المادة المذكورة ، أو الأصناف التي حظرت استيرادها أو تصديرها بمقتضى التشريع أو تكون خاضعة لتعليمات الحجر الصحي للدولة المعتمد لديها ، وفي هذه الحالة لا يجوز إجراء الكشف إلاّ بحضور الممثل الدبلوماسي أو من ينتدبه.))

وهذه المادة تعرض المبادئ الموجهة للموضوع . وبالتالي ، فإن هذا الموضوع قد تم تنظيمه بشكل خاص في كل دولة . وهذا ما أخذت به بريطانيا في التعليمات التي أصدرتها في عام ١٩٦٦ ، وكذلك بالنسبة لبلجيكا ، حيث منشور وزارة المالية ، دائرة الكمارك ورسوم الإنتاج .

وفي الواقع ، فإن نظام المادة ٣٦ قد أوجد توازن مضبوط ما بين الإعفاءات وإجراءات الحماية من التجاوزات ، والتي تبدو قديمة قدم العالم ، وحيث اليوم قد تم الإسراف فيها من خلال الزيادة في عدد الذين يتمتعون بالحصانات . والمادة ٣٦ ، من خلال مختلف مصادر ((النصوص التشريعية والتعليمات التي يمكن وضعها)) أو ((الأنصاف التي حظر استيرادها أو تصديرها ...)) تشير بأن الدولة المعتمد لديها يمكنها تسوية الموضوع.

ثانيا - الاستيراد والتصدير

أ - القيود النوعية

من المؤكد بأن المعتمدين الدبلوماسيين التزموا باحترام القوانين واللوائح الخاصة بالدولة المضيفة . ويفترض بهم إذن احترام تعليمات حظر الاستيراد أو التصدير التي عرفت العديد من التشريعات لغايات اعتبارية تماما : أخلاقية ، الصحة العامة ، الأمن ، النظام العام.. الخ. وهكذا فإن الحظر فيما يتعلق بالمخدرات ، الأسلحة ، المنشورات المضادة ، الحاجيات الخطرة أو المحددة : جواهر ، ذهب ، عملة ، عاج ، الأعمال الفنية أو الأثرية. وكذلك الأمر فيما يتعلق باستيراد البعثة للكحول الذي تم الإشارة إليها فيما سبق .

وأقل الأشياء قناعة هي القيود ذات الطبيعة الاقتصادية الخالصة ، الإنتاجية في السوق الداخلية للدولة المعتمدة . بشرط أن ذلك الذي تم الإشارة إليه في أعلاه تمثل القيود النوعية . ويجب أن لا تكون هناك محظورات بالنسبة للدبلوماسيين في استيراد بعض الكميات الصغيرة من أنواع المواد التي تم حظرها بشرط أن تكون لاستعمالاتهم الشخصية وأنها يمكن أن تدخل بطرق شرعية والتي من المفروض أن تسمح لهم للممارسة الطبيعية لوظيفتهم . وهناك بعض الحالات التي عبرت عن احتجاج الدبلوماسيين حول القيود المفروضة على استيراد أنواع من السيارات بهدف تفضيل الإنتاج الوطني . وكثيرا ما يطرح للمساءلة حول استيراد بعض المواد التي يحظر استيرادها من طرف ثالث نتيجة للمقاطعة . وهذا ما أخذت به الولايات المتحدة في فرض قيود على استيراد البضائع التي منشأها كوبا ، أو إيران ، أو العراق.

ب - القيود الكمركية

إن الخشية من التجاوزات كانت حاضرة في فكر المساهمين في اتفاقية فينا . وقد نتج من أعمال مؤتمر فينا ، بشرط أن تطبق بدون تمييز ولا إسراف ، بأن بعض القيود يمكن أن تفرض من قبل الدولة المضيفة ، فيما يتعلق بكمية المواد التي تستورد ، فترة الاستيراد بعد الإقامة الأولى ، والفترة التي يحظر خلالها إعادة البيع . وبالمقابل ، فإن اللجنة بكامل أعضاءها رفضت صراحة التعديل الفرنسي الذي حاول إدخال في البند الأول من المادة ٣٦ ، شرط المعاملة بالمثل . وقد التزمت اللجنة بتثبيت قاعدة الإعفاءات بدون هذا (الملطف) الذي طبق بصراحة جدا . وقد حاولت الدول التخفيف إلى الحد الأدنى من التجاوزات التي أضحت متكررة في العلاقات الدبلوماسية بين الدول .

وحول إجراءات رد الفعل في محاولة تحديد مشتريات الولايات المتحدة ، فإن وزارة الخارجية ، من جهتها حظرت على أعضاء طاقمها الدبلوماسي الأمريكي المقيم في الخارج بيع مركباتهم والمواد الأخرى المعفية من الضرائب خلال فترة وظائفهم تحت عقوبة الإجراءات التأديبية. إذ أن عددا من المعتمدين الدبلوماسيين الأمريكيين يعيدون بيع مركباتهم بأسعار تمثل ثلاثة أضعاف سعر الشراء. وأن حق رؤساء البعثات الدبلوماسية الأمريكية في تسوية إعادة بيع من قبل طاقم بعثتهم لمنتجات دخلت بدون كمرك إلى الدولة المعتمدين لديها قد تم الاعتراف به من قبل المحاكم الأمريكية.

ولمعرفة أي الحدود التي تحوي القيود الكمية ، فإن وزارة الخارجية الفيدرالية السويسرية وضعت الطريق المتوازن جدا :

((أ- يقصد بالقيود الكمية ، التي أقرتها الدولة بأنه يمكن للمعتمد الدبلوماسي استيراد من وقت لآخر كميات صغيرة من المواد لاستعماله الشخصي- أو لعائلته، ولاسيما الملابس ، التبوغ ، الكحول ، والمواد الغذائية ، الأثاث ..الخ . فالإعفاء الكمركي يطبق بالنتيجة، على كميات معقولة مع أخذه بنظر الاعتبار بعدد أعضاء العائلة والجهة المرسلة إليها المواد . وهكذا فإنه لا يفترض بالمثل الدبلوماسي أن يتخلى عن ممتلكاته لا بالمقابل ، ولا بشكل مجاني ، وفي هذه الحالة ستكون فيها الرسوم الكمركية واجبة الأداء حالا . وبهذا الصدد ، فإن النظام الكمركي البريطاني قد حدد بأن الممتلكات المستوردة والمعفية من قبل المعتمد الدبلوماسي لا يجوز إعادة بيعها ، تأجيرها ، إعاراتها ، ومنحها كهدية أو التخلي عنها بأي شكل إلى الأشخاص الذين لا يتمتعون بالامتيازات بموجب القانون الدولي . إن موضوع إعفاء الاستيراد يمكن أن تكون موضوعا لاتفاقية ثنائية .

ثالثا - إعفاء الرسوم

إن المادة ٣٦ ، البند الأول منح الإعفاء من الرسوم الكمركية ، والمكس وضرائب الدولة الأخرى الملحقة في مقصورية الرسوم للخدمات المقدمة (النقل ، التخزين ..الخ). وقد منح الإعفاء عادة بشرط المعاملة بالمثل . وفي حالة إعادة بيع السلعة فيجب الإعفاء من الرسوم . إذ أن مبدأ الإعفاء لا يتعلق إلاّ بالممتلكات التي يستوردها الدبلوماسي في الدولة المعتمد لديها ، وليس تلك التي استوردها سابقا ما عدا بعض الاستثناءات الحاصلة للمجاملة مثل الرسم على البنزين . ويفرض الرسم فيما إذا لم يتم نقل الملكية لصالح الشخص المعفى . وهذا ما أخذت به المحكمة العليا في أوغندا في قرارها الصادر ١٩/تموز/١٩٦٩.

والإعفاء يمكن أن يسري أيضا بالنسبة للحقائب المصاحبة للدبلوماسي أو غير المصاحبة له.

وليس هناك من إعفاء يما يتعلق بالبضائع التي يستوردها الدبلوماسي أو أحد أعضاء أسرته لغايات تجارية خالصة . ولا يمكن أن يحتمي بالحصانات في النشاطات التجارية .

رابعا - تفتيش الحقائب

إن الحق في تفتيش الحقائب يشكل استثناء صريحا ، لصالح الدولة المعتمد لديها ، وفي المبدأ العام للحرمة التي تتمتع بها ممتلكات المعتمد الدبلوماسي (المادة٣٠، البند الثاني). إذ أن فحص الحقائب أو الحاجيات الأخرى المرسلة للدبلوماسيين تدخل في مجال الضمانات الجدية لحياة هؤلاء .

فالتفتيش لا يمكن أن يجري إلاّ إذا كانت هناك أسباب جدية للسلطات المختصة في الاعتقاد بأن حقائب الدبلوماسي تحتوي على أشياء حيث تم حظر استيرادها أو تصديرها ، أو خاضعة إلى أنظمة الحجر الصحي . أو التي تجاوزت حصص الحاجيات المسموحة بالإعفاء. وأن حضور الممثل الدبلوماسي أو ممثله يبدو إلزاميا أثناء تفتيش الحقائب .

وفي الواقع ، فإن حالات خرق هذا الإعفاء تبدو نادرة . إذ أصدرت نايجيريا قرارا في ٣/كانون الثاني/١٩٧٣ قرارا بتفتيش كل الدبلوماسيين لضمان عدم جلبهم عملات أجنبية لاستعمالها في تبادل العملات في السوق السوداء ، على الرغم من احتجاج الدبلوماسيين الأمريكيين . وأن التفتيش من قبل شركات الخطوط الجوية يعتبر من قبل بعض المختصين كعمل خاص بصدد الذي لا يثير أي معارضة . وقد حصلت حادثة في المطار الدولي في جنيف حيث رفض أحد الدبلوماسيين الإيرانيين تفتيش حقائبه من قبل الكمارك الفرنسية ١٩٨٨. والحادثة الثانية في مطار نيويورك/١٩٨٠ عند تفتيش حقائب الدبلوماسي من نيكاراغوا الذي كان يخفي أسلحة في حقائبه .

القسم الثالث - الحصانات الاجتماعية والحصانات الأخرى

أولا - الحصانات الاجتماعية

أ - نظام اتفاقية فينا

إن المادة ٣٣ من اتفاقية فينا التي نصت على إعفاء الدبلوماسيين من نصوص التشريعات الاجتماعية لا تستدعي شرح خاص . إذ المحتوى الآتي :

((١- مع اتباع ما جاء بنص البند الثالث من هذه المادة ، وللخدمات التي يؤديها

للدولة المعتمدة ، يعفى الممثل الدبلوماسي من أحكام قوانين التأمين الاجتماعي القائمة في الدولة المعتمد لديها.

٢- ويسري أيضا الإعفاء المذكور بالبند الأول من هذه المادة على الخدم الخصوصيين الذين يعملون فقط للممثل الدبلوماسي بشرط :

أ - أن لا يكونوا من مواطني الدول المعتمد لديها أو أن تكون إقامتهم الدائمة في تلك الدولة .

ب- أن يكونوا خاضعين لقوانين التأمينات الاجتماعية القائمة في الدولة المعتمدة أو في الدول الثالثة .

٣- على الممثل الدبلوماسي الذي يستخدم أفراد لا ينطبق عليهم الإعفاء المذكور بالبند الثاني من هذه المادة أن يحترم التزامات نصوص تشريع التأمين الاجتماعي الواجبة على رب العمل في الدولة المعتمد لديها.

٤- الإعفاء المذكور في البندين ١ ، ٢ من هذه المادة لا يمنع من الاشتراك الاختياري في نظام التأمين الاجتماعي للدولة المعتمد لديها إذا ما سمح بذلك تشريعها .

٥- لا تؤثر أحكام هذه المادة على الاتفاقات الثنائية أو الجماعية الخاصة بالتأمين الاجتماعي التي عقدت في الماضي وكذلك تلك التي قد تعقد في المستقبل)).

ب- المستفيدون من حصانة الضمان الاجتماعي

وهم :

١- الممثل الدبلوماسي (مادة ٣٣ ، البند الأول) .

٢- أعضاء أسرته (حسب المادة ٣٧ ، البند الأول) .

٣- أعضاء الطاقم الإداري والفني بشرط أن لا يكونوا من رعايا الدول المعتمد لديها وليس لهم إقامة دائمة (مادة ٣٧ ، البند الثاني) .

٤- الخدم الخاصون للخدمة الخاصة للمعتمد بشرط أن لا يكونوا من رعايا الدولة المعتمد لديها وليس لهم إقامة دائمة ويخضعون إلى أحكام الضمان الاجتماعي في دولة أخرى (مادة٣٣ ، البند الثاني .

٥- الطاقم في خدمة البعثة (بموجب المادة ٣٧ ، البند الثالث) والذين لم يكونوا رعايا الدولة المعتمد لديها وليس لهم إقامة دائمة .

وإن ratio legis من هذا النظام هي أن الدبلوماسي ، عائلته ، والملاك الفني الـذي يحملون جنسية الدولة المعتمد فإنهم يتمتعون بنظام وطني للضمان الاجتماعي.

فالمادة ٣٣ نصت على إمكانية الضمان الاختيار لكنها لم تكن دائما منصوص عليها مـن قبـل تشريع الدولة المعتمد لديها ، وهكذا في بريطانيا ، وفي سويسرا ، وفي ألمانيا . وبالمقابل ، فإنه بالنسبة لأعضاء الطاقم الذين يتم جذبهم محليـا، فـإنهم يخضعون إلى أحكـام الضـمان الاجتماعي في الـدول المعتمد لديها .

جـ- إن الالتزام بملاحظة أحكام الضمان الاجتماعي للدولة المعتمد لديها لم يكن قابلا للتطبيق صراحـة على المعتمد الدبلوماسي إلاّ بالنسبة للأشخاص في حالة وصولهم (المادة ٣٣ ، البند الثالث).

وهذا الالتزام لم يكن في البعثة بالنسبة للملاك الإداري والفني ، وبالنسـبة لطاقم الخدمة في البعثة ، ما عدا على اعتبار بأن القاعدة يجب تطبيقها مماثلة .

وأحيانا فإنه مثلما يجب أن يحترم قانون الدولة المعتمد لديها ، وفيما إذا كان هذا الالتزام خطـي باحترام من هذا القانون ، فإن أعضاء عائلة المعتمدون والملاك غـير المعفـي بشـكل غـير محـدد فإنهم يخضعون إلى أحكام الضمان الاجتماعي في الدولة المعتمد لديها.

في فرنسا فإن البعثات الدبلوماسية والمكاتب القنصلية التزمت بـاشراك أعضـاء ملاكها الـذين يحملون الجنسية الفرنسية في الضمان الاجتماعي.

والإعفاء المنصوص عليه من قبل المادة ٣٣ لا يتعلق إلاّ بالضمان الاجتماعي وليس في مجمـوع التشريع الاجتماعي .

ثانيا - إعفاءات الأداء الشخصي

إن المادة ٣٥ من اتفاقية فينا أشارت إلى إعفاءات المساهمة الشخصية ، وأنها أيضـا علـى كـل حال ، من نتائج الحرمة :

((على الدولة المعتمد لديها إعفاء الممثلين الدبلوماسيين من كل مساهمة شخصية ومـن كـل الخدمات العامة مهما كانت طبيعتها ، ومن كل التزام عسكري مثل عمليـات الاسـتيلاء ، أو المشـاركة في أعمال أو في إيواء العسكريين.))

وأن الالتزامات المقصودة هنا تبدو متغيرة جدا : التزام بتقديم المساعدة لإطفاء حرائق الغابة ، الإنقاذ في حالة الكارثة العامة ، التزام في أن يكون أحد أعضاء اللجنة

من المحلفين ، الاستدعاءات العسكرية ، الإيواءات العسكرية .

وفي بلجيكا، فإن قانون ١٢/أيار/١٩٢٧ والمرسوم الملكي في ١٢/أكتوبر/١٩٢٨ أعفت أعضاء السلك الدبلوماسي من الأداءات العسكرية مهما كانت نوعيتها ، ومرسوم ملكي صادر في ١/شباط/١٩٢٨ حمل تنظيما حول الاستدعاءات المدنية ونص على أن الممثلين الدبلوماسيين المعتمدين في بلجيكا سيعفون من كل التزام من هذا النوع .

ثالثا - التسهيلات النقدية

لقد نصت الاتفاقيات حول الامتيازات والحصانات للمنظمات الدولية بالنسبة لموظفيها بأنهم يتمتعون فيما يتعلق بالتعليمات النقدية وتبادل نفس الامتيازات للدبلوماسيين من المرتبة المقارنة (حلف الناتو ، مادة ١٨، اتفاقية أوتاوا في ٢٠/أيلول/ ١٩٥١). وينظر أيضا الاتفاقية حول الامتيازات والحصانات للأمم المتحدة الصادر في ١٣/شباط/١٩٤٦،واتفاقية الامتيازات والحصانات للمؤسسات الخاصة في ٢١/نوفمبر/١٩٤٧.

ومن المدهش أن يلاحظ أن اتفاقية فينا لا تحتفظ بأي مادة خاصة حول هذه المسألة، وهذا الذي لا يمنع الحكومة البلجيكية من أن تجيب على سؤال برلماني في عام ١٩٨٠.

((أن أعضاء البعثات الدبلوماسية المعتمدة لدى بلجيكا ، مع أن اتفاقية فينا لعام ١٩٦١ حول العلاقات الدبلوماسية بقيت صامتة حول موضوع المسائل النقدية ، فإنها تتمتع بتسهيلات التبادل الضرورية لإنجاز مهماتهم بموجب الأعراف الدولية)).

وبالتأكيد فإن الممثلين الدبلوماسيين يخضعون للتعليمات حول التبادلات مثل كل تشريع في الدولة المعتمدين لديها (المادة٤١). ويبدو أن المادة ٢٥ تبدو القاعدة المناسبة جدا لإقامة التسهيلات المعتادة . ويجب على الممثلين الدبلوماسيين الحصول على نقل العملات في علاقات معقولة من أجل ممارسة وظائفهم على أتم وجه فيما إذا كان ذلك معتمدا على السلطات المحلية . والموضوع يمكن أن يكون محل اتفاق ثنائي صريح . وهذا ما حصل في تبادل المذكرات ما بين الولايات المتحدة وألمانيا الديمقراطية في ٢٤/تموز/١٩٧٤ فيما يتعلق بالحسابات المصرفية ، التبادل ، والعملات.

الفصل الخامس

الحصانات الشخصية Ratione personane

مـن الـذي يمتلك الحصانة ؟ إذ أن القواعـد التـي عرضت سابقا طبقت عـلى المعتمدين الدبلوماسيين stricto sensu (الرقابة الدقيقة) حسب المادة الأولى ، الفقرة هــ مـن اتفاقية فينا لعام ١٩٦١. حيث جاء النص : ((أ- اصطلاح (الممثل الدبلوماسي) يشمل رئيس البعثة أو أي عضـو مـن الطاقم الدبلوماسي للبعثة)).

إذ أن أساس الدبلوماسية الدائمة ، فقد كان رئيس البعثة هو الذي يعين فقط من قبل الملك ، ويترك لـه مهمة تعيين مساعديه والذين يعملون في ا لمقر الدبلوماسي وحسب بحاجاته وخصوصا مـن مصادره الشخصية . ومن هنا وحسب هذه النقطة فقد تـم تصور الامتيازات والحصانات . ونتيجة للوضع الذي تحتله الملكة آن Reine Anne في عام ١٧٠٨ ، فإن امتيازات الدبلوماسي تمتد إلى حاشيته . ولم يكن إلاّ وبشكل تدريجي أثناء القرن التاسع عشر ـ بأن مختلف النماذج مـن الأشخاص تحيط برئيس البعثة قد تم تحديدهم بدقة وتنوعت أوضاعهم.

وأن اتساع هذه الامتيازات يمكن أن يؤدي إلى خفضها فيما إذا كان للدبلوماسي جنسية الدولة المعتمد لديها أو يحمل الإقامة الدائمة على إقليم الدولة المعتمد لديها .

ويمكن لهذه الامتيازات أيضا أن تتعدل بالنسبة لأعضاء عوائل المعتمدين الدبلوماسيين والأشخاص الذين يشكلون طرفا في البعثة غير الممثلين الدبلوماسيين.

القسم الأول - عامل الجنسية والإقامة الدائمة

في البداية يمكن التذكير بأن الوضع الذي يكون فيه المعتمد لا يحمل جنسية الدولة المعتمدة وضعا نادرا ، عـلى الأقل فيما يتعلق بالممثلين الدبلوماسيين . ومما يلاحظ بأن أعضاء الطاقم الدبلوماسي للبعثة لا يمكن أن يتم اختيارهم من بين رعايا الدولة المعتمدة لـديها إلاّ بموافقة هذه الدولة . والذي يمكن سحب هذه الموافقة في أي وقت (المادة الثامنة ، البند الثاني من اتفاقية فينا) .

والحالة الأكثر تكرار في محيط العلاقات الدبلوماسية هـي بالنسبة للطاقم الإداري والفنـي للبعثة أو عائلة المعتمدين (الزوج ، الزوجة).

وقبل إقرار اتفاقية فينا ، فلم يكن التطبيق متساويا ورأي المختصين مختلفا حول النقطة في معرفة إذا كان من المفروض منح أو لا الحصانات الدبلوماسية كاملة إلى المعتمد الذي يحوز جنسية الدولة المعتمد لديها أو كان في إقامة دائمة .

من جهة بعض المختصين فأن هذا المعتمد يجب أن يستفيد من الحصانات والامتيازات كاملة ، إلاّ إذا لم تبدِ الدولة المعتمد لديها أي تحفظات في لحظة الموافقة . وهناك من يرى بأنه ليس من المفروض أن يستفيد إلاّ من الامتيازات والحصانات التي خصصت له صراحة من قبل الدولة المعتمد لديها .

إذ سبق وأن قامت محكمة الاستئناف في بريطانيا عام ١٨٩١ برفض منح الامتيازات والحصانات لمواطن بريطاني متعاقد مع سفارة الإمبراطورية الفارسية في لندن. ولكن بالمقابل ، فإن هناك من يعتقد وخصوصا في قضية Mc Cartney عام ١٨٩٠ التي عرضت في المحاكم البريطانية بأنه يمكن منح الامتيازات والحصانات إلى الشخص المعني لأن أي تحفظ بصدد تعيينه لم يقدم من قبل الدولة التي يحمل جنسيتها .

بالنسبة لفرنسا ، فإن محكمة السين في قرار لها صادر في ٢١/كانون الثاني/١٨٧٦، قد أعلنت بأن Herrau ، الذي يحمل الجنسية الفرنسية ، وزير مفوض لدولة الهندوراس في باريس ، الحق في الحصانة الكاملة .

لقد أعلنت لجنة القانون الدولي ، وتبعها مؤتمر فينا ، عن رأيهما لصالح حل وسط ، إذ اعتقدنا بأن حد أدنى من الحصانات تبدو ضرورية للمعتمد الدبلوماسي لإنجاز الوظيفة المكلف بها وأن هذا الحد الأدنى من الحصانات يجب أن يرتب من خلال الحرمة والحصانة القضائية بالنسبة للتصرفات الرسمية المنفذة في ممارسة هذه الوظائف . وهذا ما جاءت به المادة ٣٨ ، البند الأول :

((إذا لم تمنح الدولة المعتمد لديها الامتيازات والحصانات الإضافية ، فالممثل الدبلوماسي من جنسية الدولة المعتمد لديها أو الذي تكون إقامته الدائمة فيها لا يتمتع بالحصانة القضائية أو بحرمة شخصه إلاّ بالنسبة لتصرفاته الرسمية التي يقوم بها أثناء تأدية أعماله. ولا شيء قد أثير في المادة ٣٨ بصدد أعضاء عائلة المعتمد . وبالمقابل ، فإن المادة ٣٧ ، البند الأول ، قد نص :

((يتمتع أعضاء أسرة الممثل الدبلوماسي الذين يعيشون معه في نفس المسكن بالامتيازات والحصانات المذكورة في المواد من ٢٩ إلى ٣٦ على شرط ألاّ يكونوا من رعايا الدولة المعتمد لديها)).

منذ ذلك الوقت فإن أعضاء الأسرة الذين لا يحملون جنسية الدولة المتعمد لديها لا يمكنهم الاستفادة من الحصانات إلاّ إذا قدمت الدولة المعتمد لديها موافقتها في منح هذه الحصانات. وهذا ما أخذت به بلجيكا بالنسبة لزوجة المعتمد الدبلوماسي.

وفيما يتعلق بالأعضاء الآخرين في البعثة حيث أن المادة ٣٨ ، البند الثاني قد عالجت ذلك :

((٢- أن الأعضاء الآخرين لطاقم البعثة والخدم الخصوصيين الذين يحملون جنسية الدولة المعتمد لديها أو الذين تكون إقامتهم الدائمة في أراضيها لا يتمتعون بالمزايا والحصانات إلاّ في الحدود التي تقررها لهم تلك الدولة ، ومع ذلك فللدولة المعتمد لديها أن تستعمل حق ولايتها على هؤلاء الأفراد بطريقة لا تعوق كثيرا قيام البعثة بأعمالها.)) .

في عام ١٩٨٧، استدعت السلطات القضائية الفرنسية السيد كورجي Gordji الإيراني الأصل المقيم بشكل دائم في فرنسا التجأ إلى السفارة الإيرانية في باريس . وقد رفضت السلطات الإيرانية تسليمه ، وقد بقي كورجي في السفارة . وبهذا فإن كورجي وقع تحت طائلة المادة ٣٨ ، البند الثاني ولا يستفيد من أي حصانة قضائية .

إن نقطة الانطلاق هي فيما إذا كان الشخص ((وطني)) أو من ((رعايا)) الدولة المعتمد لديها وهو الموضوع الذي حل من خلال قانون هذه الدولة. وعمليا، بما أنها سيادة إقليمية فهو قادر على استظهار صفته حتى وإذا كانت هذه صفة تثير جدلا في القانون .

وقد ألغت بريطانيا في اعتبار بريطانيين أعضاء الكومنولث الذين لديهم الجنسية المزدوجة سواء كان بريطاني ، أو أي عضو من الكومنولث . وأن جنسية الدولة المعتمدة هي التي يأخذ بها .

وهناك اختلاف آخر يتعلق باسم الدبلوماسيين ، القابلة للاكتساب عن طريق الزواج لجنسية أزواجهم التي ستكون من رعايا الدولة المعتمد لديها .

إن البروتوكول الموقع عليه اختيارا تعلق باكتساب الجنسية الذي أقر في فينا في ١٨/نيسان/١٩٦١ قد نص على الحكم التالي لتجنب هذا الأثر غير المرغوب :

((مادة ١١ :

إن أعضاء البعثة الذين لا يحملون جنسية الدولة المعتمد لديها وأعضاء عوائلهم الذين يشكلون جزءا من عائلتهم لا يكتسبون جنسية هذه الدولة من خلال الأثر وحده في تشريعها)).

وفي الواقع ، فإن مفهوم ((الإقامة الدائمة)) يبدو قانونيا أكثر تعقيدا ، لأن بخلاف الجنسية ، المفهوم لم يحدد بالأحرى في القانون الداخلي. بعض الدول مثل فرنسا، سويسرا ، ألمانيا ، وبالنسبة لهذا التحديد ، أخذت به في لحظة تعيين المعتمد واعتبرت بأن الوضع قد ثبت منذ ذلك الوقت بالنسبة لكل الفترة من قيامه بأعماله.

ومثل ذلك هو وجهة النظر التي أقرتها محكمة العمل في بروكسل في ١٧/أيار/١٩٧٢ في قضية Smith . والحالة هذه فإنه يقصد بأحد رعايا بريطانيا الذي عمل في بلجيكا قبل أن يستخدم من قبل مكتب الخدمات في السفارة البريطانية - وفي هولندا، فقد اعتبر غير مقيم دائم الأجانب الذين أرسلوا إلى هولندا الذين أقاموا فيها لفترة طويلة بسبب استخدامهم في البعثة الدبلوماسية . وهناك دول أخرى ، مثل بريطانيا ، والنمسا تعلقوا بالنية المفترضة للشخص . وسيعتبر هذا كإقامة دائمة ذلك الذي مكث في الدولة المعتمد لديها حتى إذا انتهى استخدامه في البعثة .

لقد أصدرت الحكومة البريطانية مذكرة دبلوماسية في ٢٧/كانون الثاني/١٩٦٩ موجهة إلى كل البعثات الدبلوماسية حددت بعض المعايير التي تسمح بالتوضيح في كل حالة خاصة . فنية العودة في دولة أخرى غير الدولة المعتمد لديها يمكن أن تشهر من خلال دفع الضرائب، الاشتراك في أنظمة الضمان الاجتماعي ، وحيازة الملكية العقارية، وتسديد تذكرة العودة .

وتعتبر كافتراضات في الإقامة الدائمة الحقائق التالية : الإقامة في بريطانيا منذ خمس سنوات ما عدا إذا أيد رئيس البعثة الأسباب المهنية ، وإذا ما تم جذبه محليا ، وحقيقة المرأة الدبلوماسية في زواجها من مقيم دائم في بريطانيا . وبعض الحقائق المشابهة قد تم إقرارها في استراليا عام ١٩٨٧.

إن الدبلوماسي الذي يقع تحت طائلة المادة ٣٨ لا يستفيد إلاّ من الحصانة القضائية والحرمة بالنسبة للتصرفات الرسمية المنفذة في ممارسة الممثل لواجباته .

إن مفهوم التصرف الوظيفي يظهر أحيانا في اتفاقية فينا . وهذا ما نعالجه فيما بعد . ولكن ما يمكن الإشارة إليه هنا هو أن المفهوم يبدو ضروري بشكل خاص . وأن الممثل يصان ليس لكل التصرفات المنفذة في ممارسة أعماله ، ولكن فقط بالنسبة للتصرفات الرسمية. وهكذا فإن مخالفة مرورية أو تأجير مسكنه تعتبر في خدمة غايات واجباته يمكن أن تكون منفذة في إطار ممارسة الوظيفة . وأنها لم تكن بالتأكيد تصرفات

رسمية . وهذه الصيغة محددة فعلا بالتصرفات الدبلوماسية Stricto sensu (الرقابـة الدقيقـة) على الأقل لكل التصرفات المنفذة لحساب دولته .

وهذا ما أخذت به محكمة باريس عندما بتت في قضية Briton في ٣٠/حزيران/١٩٦٧ في حالـة المعتمد الدبلوماسي المعتمد في فرنسا في إطار بعثة أجنبية، ولكنه كان يحمل الجنسـية الفرنسـية . وبعـد المرافعة ظهر بأن الوضع يكشف عن أحكام المادة ٣٨ من اتفاقية فينا ، إذ أعلنت المحكمة بأن تصرفه لم يكن تصرفا رسميا في احتلاله أحد المباني بصفة شخصية وبشكل دائم ، ولم يكن في إطار تنفيذه لواجباته .

وما يقصد بالعبارة النهائية من المادة ٣٨ ، البند الثاني ، والذي جاءت ((للدولة المعتمـد لـديها أن تستعمل حق ولايتها على هؤلاء الأفراد بطريقة لا تعوق كثيرا قيام البعثة بأعمالها)) .

وقد كان للقسم السياسي الفيدرالي السويسري فرصة طرح مسألة معرفة فيما إذا أنها تطبـق في حالة اندماج المستخدمين السويسريين في البعثات الدبلوماسية الأجنبية في خدمات الدفاع المـدني . وقد أجاب بأسلوب سلبي للأسباب التالية :

((أن نقطة الانطلاق تبدأ فيما إذا كان انـدماج أعضـاء الطـاقم المعنـي في خـدمات الحمايـة المدنية يعوق بشكل مفرط نشاطات البعثات هو موضوع لتقدير الأفعال)) وأن مـدة الانـدماج تمثـل ثلاثة أيام على الأكثر والمساهمة السنوية بيومين على الأكثر . وذلك لا يمكن أن يمثل عقبة . وبالنسـبة للإطارات الأخرى فإن مدتها ١٢ يوما . وفي حالة الحرب حيث المساهمة يمكن أن تأخذ إجراء معتبر .

((من خلال مدة فترات التدريب وللطاقم الخاص ، وكذلك بالنسبة للخدمة الفعلية في حالـة الحرب ، فإنه يمكن إذن ، وللوهلة الأولى ، أن يلاحظ بأن هناك شك حول فرصة الاستدعاء للخدمة في الدفاع المدني المستخدمين السويسريين في البعثات الأجنبية . ولا يعتقد بأن هذا ا لشك يتركز في البحث . وفي الواقع ليس الموضوع هو مثلا في أعفاء الشخص السويسري في البعثـات الأجنبيـة مـن الخدمـة العسكرية المحددة أصلا . وعليه فإن هذه الخدمة تقود في حالة السـلم لغايـات معتبرة أكـثر مـما لا يحصل لها اندماج في منظمات الدفاع المدني. ومن جهة عدم الموافقات ، في حالة الحرب ، التي يمكن أن تأتي من البعثة لتعبئة المستخدم السويسري ، لا تدعم المقارنة مع أولئك الذين ينتج عنهم النشاط الوحيد في الاستخدام في الدفاع المدني.

ولغايات عامة ، فإنه يبدو بأن تفسير مفهوم ((يعوق بشكل مفرط)) في معنى المادة ٣٨ من اتفاقية فينا ، يجب أن يؤدي إلى الأخذ بنظر الاعتبار بالمصالح القائمة . وعليه فإن مصلحة الدفاع الوطني أو أمن السكان المدنيين في حالة الحرب تبرر فرص العقبة في نشاط البعثات وتؤدي إلى أبعد من ذلك الذي يمكن قبوله لأسباب أقل خطورة . وبناء على ذلك فإن سويسرا لم تخرق المادة ٣٨ من اتفاقية فينا في حالة ضم الشخص السويسري الذي يعمل في البعثات الأجنبية في خدمات الدفاع المدني. وهذا في الواقع ، حالة الضرورة التي يمكن الاستناد عليها بدون القول بأن هذا الرأي يبدو منطقيا في الأخير .

القسم الثاني - أعضاء عوائل المعتمدين الدبلوماسيين

أولا - المادة ٣٧

حسب المادة ٣٧ ، البند الأول من اتفاقية فينا لعام ١٩٦١ :

((١- يتمتع أعضاء أسرة الممثل الدبلوماسي الذين يعيشون معه في نفس المسكن بالامتيازات والحصانات المذكورة في المواد ٢٩ إلى ٣٦ على شرط ألاّ يكونوا من رعايا الدول المعتمد لديها.))

وبناء على ذلك فإنه يجب التمعن في الفئات من الأشخاص الذين يتمتعون بهذه الامتيازات والحصانات ، ووضع رعايا الدولة المعتمد لديها ، والامتيازات والحصانات التي يتمتع بها هؤلاء الأشخاص وحالة الأشخاص الذين يمارسون نشاطا مهنيا أو تجاريا .

ثانيا - فئات الأشخاص الذين يتمتعون بالامتيازات والحصانات

من المعتاد القبول بأن أعضاء أسرة المعتمد الدبلوماسي يجب أن يتمتعوا هم أيضا بالامتيازات والحصانات . ومثلما عبر عن ذلك قسم القانون الدولي العام في عام ١٩٧٦ في الدائرة السياسية الفيدرالية :

((أنهم يشملوا العائلة التي تشكل جزءا من مسكن الدبلوماسي ...)).

وأن الصعوبة التي تبرز من خلال تقنين المحتوى تكمن في البحث عن تصور كامل يرسم حلقة الأشخاص المحميين بشكل مرضٍ .

بعد محاولة تحديد من خلال قائمة تشكيل العائلة ، فقد أعلنها مؤتمر فينا ، واقتصر على إقرار التصور العام ((لأعضاء عائلة المعتمد الدبلوماسي الذين يعيشون معه في مسكنه)).

وأن لجنة القانون الدولي العام ، التي سبق وعبرت عن وجهة نظرها في التصورات نفسها ، قد أعلنت بهذا الصدد في تعليقها:

((أن الزوجة والأطفال الصغار ، فقد تم الاعتراف بهم عموما كأعضاء في العائلة . ولكن يمكن أن يكون هناك حالة حيث يكون الآباء الآخرين يمكن أيضا أن يدخلوا في القائمة فيما إذا كانوا يعيشون في ا لمسكن . مصرحا من أجل الطلب بالامتيازات والحصانات ، فإنه يقتضي من عضو الأسرة أن يعيش في المسكن ، وقد أشارت على ضرورة أن تكون هناك روابط قوية أو اعتبارات خاصة)).

وفي الواقع فإنه لا تبدوا الكلمات نفسها ، لا كلمة ((أسرة)) ولا كلمة ((مسكن)) واضحة بشكل كافٍ . قبل كل شيء فإن مفهوم العائلة يمكن أن يتغير في نفس النظام من القانون (شرعي ، طبيعي ، تبني ، زواج ..الخ) ، وبالتالي فالعائلة ، تمثل المفهوم الذي يتغير حسب الحضارات ، والمجتمعات والأخلاق .

وإذن ومن النظرة الأولى فإنه يفترض القبول بأن تحديد أعضاء هذه الأسرة يكشف عن الوضع الشخصي وليس عن قانون الدولة المعتمد لديها . وأحيانا ، فإنه في بعض أنظمة قانون العائلة يبدو واسعا ومتشعب ولم يكن موضوعا لاتفاق الامتيازات لعدد غير محدد من الأشخاص . والمناسب إذن تحديد الحلقة لأولئك الذين يعيشون كمجموع وبشكل دائم . وبالأخير، فإنه لا يمكن استبعاد فرض النماذج المختلفة من الظروف الخاصة .

وفي الواقع ، لس هناك ما يثير الجدل والنقاش بصدد الزوجة والأطفال الصغار، ولكن أبعد من ذلك ، كل تحديد بياني يصبح صعبا لا بل تعسف . وقد طرح في مؤتمر فينا اقتراحا أمريكيا حرر كالآتي :

((أي عضو في الأسرة هو عضو في البعثة ، أي طفل صغير أو أي شخص غير متزوج ، وهو طالب بدوام كامل ، وأي عضو آخر في العائلة ، هو عضو في البعثة طالما تمت الموافقة على استقباله في الدولة المضيفة)).

وبدون شك ، فإن هذا النوع من الاقتراح يكشف عن الصعوبة في التحديد البياني:

أ – امتداد الحصانة إلى الزوجة يبدو مقبولا عادة

وفي هذا المجال يمكن الرجوع إلى العديد من القرارات القضائية التي صدرت في العديد من الدول . في فرنسا ، فقد أخذت بذلك المحكمة المدنية في السين في

٣١/تموز/١٨٧٨ ، وكذلك في قرارها الصادر ٢٥/آب/١٩٠٨ ، ومحكمة التمييز الفرنسية في قرارها الصادر ١٥/كانون الثاني/١٩٠٩ . وفي الولايات المتحدة في المحكمة العليا لولاية نيويورك في قرارها الصادر ٣١/كانون الثاني/١٩٤٩ .

ولكن هل يفترض بالزوجة نفسها أن تنفذ بعض الشروط ؟ هل يفترض بها أن تعيش تحت سقف المعتمد ؟ هل تستمر الحصانة معها إذا تفرق الزوجان من البعثة الدبلوماسية ؟

في قضية Collend at cie C. Raffalovich ، فإن المحكمة المدنية في السين (فرنسا) قررت في ١٨/نوفمبر /١٩٠٧ بأن الحصانة القضائية تبقى في حيازة زوجة الدبلوماسي المنفصلة عن البعثة . وليس من المؤكد بأنه مع تبني اليوم لهذا المعيار ((الذي يعيشون في مسكنه)) إذ أن هذا الحل قد تم الاحتفاظ به .

ومن خلال قرار أصدرته محكمة التمييز في بلجيكا في ٢٨/آذار/١٩٩٠ في قضية Bjerg ، اعتبرت بأن القرار خضع إلى مراقبته في تقرير بأن المتهمة ، زوجة الدبلوماسي لم تكن ((جزءا من أسرته)) حيث أنها ومنذ سنة تعيش منفصلة عن زوجها كخليلة وإن دعوى الفصل عن البعثة قد حصلت ، وليس ذلك خرقا للمدة ٣٧ ، البند الأول من الاتفاقية.

إن تعدد الزوجات المسموح بها من خلال الوضع الشخصي للدبلوماسيين يمكن أن يكون لها تأثير في الدولة المعتمد لديها (استراليا مثلا).

ب- ومن الواضح بأنه ليس هناك أي سبب في حجب زوجة الدبلوماسي وليس زوج الدبلوماسية.

جـ- في فترة من التطور السريع في السلوكيات فإن وضع الخليلة ، الزوج أو ((العشرة)) لا يمكن تجاهلها . وابتداء من اللحظة التي يقوم بها الدبلوماسي إبلاغ من خلال الدولة المعتمدة كعضو في العائلة التي تسكن في المسكن ، ليس هناك إلى داعٍ في معارضة الدولة المعتمد لديها . وأن ratio legis هو في التشديد على المسكن المشترك أكثر مما يشدد على روابط الزواج .

د- والفئة الثانية فهي كالعادة فئة الأطفال .

وفي أغلبية دول العالم فإنه ليس هناك من مشكلة في ضمان الأطفال الصغار (حتى ١٨ أو ٢١ سنة حسب تشريع الدول المعتمد لديها) . وبهذا الصدد فإن محكمة

روما رأت في قرار صادر في ٢٥/كانون الثاني/١٩٦٩ في قضية Carlo ، بأن الطفل هو الذي يكون موضوعا ((للانتساب)) أو الطفل غير الشرعي المعترف به حسب القانون الوطني للدبلوماسي ويجب أن يعتبروا ((أعضاء في الأسرة)) فيما يتعلق بمنح الحصانات . ولكن بالمقابل فإن الولد الصغير لدبلوماسي مطلق والذي لا يخضع لحضانة والده ، وإنما لأمه لأنه لا يشكل جزءا من أسرته ، وهو ما أخذت به المحكمة العليا في استراليا في ٣/آذار/١٩٧٧ .

ولكن فيما إذا أخذ بالمعيار الحقيقي ، وهو التبعية ، فإن ذلك يقود إلى التوسع في هذه الفئة . وفي كندا يتم ضم الأولاد والبنات غير المتزوجين من عمر ٢١ إلى ٢٥ سنة والذين تعلموا في معهد تعليمي في كندا أو كل ولد أو بنت الذين هم جسمانيا أو عقليا معوقين.

هـ- إن العائلة المباشرة تتوقف هنا ولكن بموجب ظروف الحماية يمكن أن تمتد إلى أعضاء آخرين من الأسرة القريبة التي تعتمد على الدبلوماسي . وهذا هل يمكن القبول بالأطفال الصغار ؟ وفيما إذا تم استبعاد الآباء ، الأخوة ، الأعمام، أبناء الأخوة ، وأبناء الأخوات... ، فإنه يمكن أن يكون هناك استثناء فيما إذا كان المعتمد الدبلوماسي هو الوصي .

والتطبيق البريطاني ، حسب الأستاذ Denza ، أدرج التوسعات الثلاثة التالية :

أ- الشخص الذي يقوم بالواجبات (...) سيدة منزل الدبلوماسي (أخت الدبلوماسي العازب أو البنت البالغة للدبلوماسي الأرمل).

ب- والديّ الدبلوماسي اللذان يعيشان معه واللذان لم يقوما بعمل دائم بأجر .

جـ- طفل الدبلوماسي الذي يعيش معه والذي بلغ الرشد والذي لم يقم بأي عمل. وإن الطلاب أدرجوا في هذه الفئة بشرط أن يقيموا مع الدبلوماسي على الأقل خلال العطلة .

وقد تم تبني المعايير نفسها في كندا . أما في بلجيكا ، فإن النظام الذي تم تبنيه يتركز في منح الحصانة إلى زوجة الدبلوماسي، وإلى أطفاله الصغار وإلى أولاده الكبار لأكثر من ١٨ سنة إذا كانوا يسكنون مع آباءهم . وكل هذه الشخصيات تسجل في القائمة الرسمية للسلك الدبلوماسي المعتمدين في بلجيكا ما عدا

الأطفال الصغار. *

وفي الواقع ، فإنه في كل هذه الحالات وغيرها ، فإن مبدأ المعاملة بالمثل يلعب دورا كبيرا في هذا المجال وخصوصا التمتع بالحصانات والامتيازات.

ثالثا - رعايا الدولة المعتمد لديها

إن نص المادة ٣٧ ، البند الأول ، يعلن صراحة بأن أعضاء عائلة المعتمد الدبلوماسي يتمتعون بالامتيازات والحصانات ((بشرط أن لا يكونوا من رعايا الدولة المعتمد لديها)). ويلاحظ قبل كل شيء بأن هذا التحديد لا يمتد مثلما يورد في المادة ٣٨، البند الأول - أعضاء الأسرة الذين يقيمون بشكل دائم في الدولة المعتمد لديها . وهذه التمايزات يمكن ملاحظتها بالنسبة للدبلوماسي الذي يجد الأخت بين رعايا مجموعته الوطنية التي تقيم في الدول المعتمد لديها .

ويمكن أن تبرز عقبة خاصة بالنسبة لأطفال الدبلوماسي الذين يولدون في الدولة المعتمد لديها والتي تطبق قاعدة Jus soli . حق اكتساب جنسية الارض المولود فيها ومن المناسب تجنب أن لا يكتسبوا الأثر الوحيد من ولادتهم ، جنسية الدولة المعتمد لديها . وقد تم الاعتراف بهذه الفكرة منذ زمن طويل وقد تم التأكيد عليها في المادة العاشرة من قرار ١٩٢٩ بمعهد القانون الدولي في مشروع هارفرد Harvard ، المادة

---

* قائمة السلك الدبلوماسي liste diplomatique هي كتيب صغير تصدره وزارة الخارجية في كل عاصمة أما مرة واحدة في رأس السنة وإما مرتين (وهو الارجح) ، وذلك في مطلع شهر كانون الثاني / يناير ومطلع شهر تموز / يوليو . وتتضمن هذه القائمة اسماء السفارات بالترتيب الهجائي مع عناوينها وارقام هواتفها ، وتتضمن الصفحة أو الصفحات المخصصة لكل سفارة واسماء رئيس البعثة ومساعديه الدبلوماسيين دون الادرايين (حسب الاسبقية التي تحددها السفارة نفسها) مع اسماء زوجاتهم وعناوين سكناهم وارقام هواتفهم. وتصدر هذه القائمة أما بلغة دولية (كالفرنسية أو الانكليزية) او باللغة القومية المحلية أو أو بلغتين أحدهما دولية والثانية وطنية كاللغة العربية أو الانكليزية أو الفرنسية . ويراعى في هذه القائمة أن يأتي أسم المساعد الأول لرئيس البعثة بعد أسمه مباشرة (سواء كان مستشارا أو سكرتيرا أولا أو ثانيا) على أن يأتي في الترتيب الثالث الملحق العسكري مهما علت رتبته ، لأن المساعد الأول قد يتولى القيام بالأعمال الغيابية عند غياب السفير لسبب من الأسباب . وتعتمد هذه القائمة من قبل السلطات المختصة (كالشرطة وادارة الأمن والجمارك والقضاء) لمنح اعضاء السلك الواردة أسماءهم فيها الحصانات والامتيازات والاعفاءات المقررة دوليا للممثلين الدبلوماسيين .

٢٨ ، وخصوصا في اتفاقية لاهاي في ١٢ نيسان ١٩٣٠ حول بعض المسائل المتعلقة بتنازع القوانين بصدد الجنسية .

وبدلا من الأغلبية التي تتطلبها اتفاقية فينا لعام ١٩٦١ من أجل إدخال نص فيها، فقد تم التوقيع على بروتوكول أختياري يتعلق باكتساب الجنسية قد عرض للتوقيع في ١٨/نيسان/١٩٦١ .

وقد جاء في المادة ١١ كما يلي :-

((أن أعضاء البعثة الذين لا يحملون جنسية الدولة المعتمدة لديها وأعضاء أسرهم الذين يعيشون معهم لا يكتسبون جنسية هذه الدولة من خلال الأثر الوحيد في تشريعها)).

وبدلا من منح الامتيازات والحصانات بلا مقابل فإن أعضاء أسرة المعتمد الذين تم الإشارة إليهم في نص البند الأول من المادة ٣٧ هم مواطني الدولة المعتمدة لديها مثل الآخرين . على سبيل المثال :

- زوجة سفير السويد، الفلبينية، التي تم استدعاءها أمام المحاكم الفلبينية في فترة ماركوس.

- الزوج الكندي للدبلوماسي الأجنبي يجب أن يدفع الضريبة الكندية .

- الزوجة السوفيتية لابن سفير شيلي في موسكو رفضت قانون ترك الأراضي السوفيتية في عام ١٩٤٦. وقد تم تسوية المشكلة من خلال قرار الجمعية العامة للأمم المتحدة في ٢٥/نيسان/١٩٤٩ تحت عنوان ((خرق القوانين الأساسية لحقوق الإنسان والأعراف الدبلوماسية التقليدية من قبل الاتحاد السوفيتي الذي رفض السماح للنساء السوفيتيات المتزوجات من دبلوماسيين أجانب بترك الأراضي السوفيتية)).

رابعا – الامتيازات والحصانات الممنوحة إلى أعضاء العائلة

حسب المادة ٣٧ ، البند الأول ، فإن أعضاء العائلة ((يتمتعون بالامتيازات والحصانات المذكورة في المواد من ٢٩ إلى ٣٦)) ويقصد بذلك مجموع الحصانات والامتيازات..

المادة ٢٩ : الحُرمة

المادة ٣٠ : حُرمة المسكن ، الوثائق والمراسلات والممتلكات .

المادة ٣١ و ٣٢ : الحصانة القضائية الجنائية ، المدنية والإدارية ، حصانة التنفيذ.

المادة ٣٣ : حصانة الضمان الاجتماعي .

المادة ٣٤ : الحصانة المالية .

المادة ٣٥ : حصانة المساهمة الشخصية .

المادة ٣٦ : الحصانات الكمركية

وإلى هذا فإنه من المناسب إضافة حق الدخول إلى إقليم الدولة المعقد لديها .

ويما يتعلق بالحصانة القضائية فإنه يمكن أن نجد بعض التطبيقات . إذ أن زوجة المعتمد الدبلوماسي لا يمكن أن تستدعى للمحكمة لتصرفات حتى وإن كانت بعيدة عن مهمة المعتمد ، مثل ديون المودة ، أو التجميل .

وقد أعلنت محكمة التمييز الفرنسية بأن الحصانة تطبق حتى بالنسبة للديون المتعاقد عليها منذ فترة قبل الزواج . وليس لها علاقة بالبعثة . وقد عبرت محكمة باريس عن رأيها في العديد من هذه القضايا بأن الفكرة الأساسية من الحصانة هو في جعل المعتمد الدبلوماسي يعمل بكل استقلالية. وأن أطفال الدبلوماسي يفلتوا من كل مساءلة قضائية حتى بالنسبة لحاضنة الطفل.

خامسا - فرضية أعضاء العائلة الذين يمارسون نشاط مهني أو تجاري

إن المادة ٤٢ من اتفاقية فينا لعام ١٩٦١ التي نصت بأن ((المعتمد الدبلوماسي لا يمارس في الدولة المعتمد لديها نشاط مهني أو تجاري بهدف الربح الشخصي)) ، لم تدرج بين المواد من ٢٠ إلى ٣٦ ، ولا تطبق إلاّ على المعتمد ولا تعني أعضاء أسرته. مع أن هؤلاء يستطيعون ممارسة النشاط المهني أو التجاري في الدولة المعتمد لديها في إطار قوانين وأنظمة هذه الدولة. وهذه لم تعفِ بشكل واضح أعضاء عائلته من الحصول على ترخيص السلطات الواجبة حتما لكل أجنبي وفي نفس الجنسية : رخصة العمل .. الخ.

وهذا ما أخذت به الاتفاقيات الثنائية المعقودة ما بين الولايات المتحدة وهولندا . وأنهم يحتفظون بامتيازاتهم وحصاناتهم طبقا للمواد ٢٩ إلى ٣٦ ما عدا الاستثناءات المنصوص عليها من قبل هذه المواد نفسها : ولاسيما المادة ٣١ ، البند الأول الذي استبعد كل حصانة قضائية مدنية وإدارية عندما يقصد ((بالدعوى المتعلقة بالنشاط المهني أو التجاري ، مهما تكن ، الممارس (٠٠٠) في الدولة المعتمدة لديها (٠٠٠))).

والمادة ٣١ ، البند الثالث المتعلقة بحصانة التنفيذ المترابطة والمادة ٣٤ ، الفقرة الرابعة المتعلقة بـ:

((د- الضرائب والرسوم على الدخول الخاصة التي مصدرها في الدولة المعتمد لديها

والضرائب المفروضة على رأس المال المركز في الاستثمارات المنفذة في مشروعات تجارية واقعة في الدولة المعتمد لديها)).

لقد تبنت اللجة الوزارية للمجلس الأوروبي في ١٢/شباط/١٩٨٧ توصية تحت رقم R(87)2 تتعلق بآلية منح الترخيص في السماح بممارسة النشاط الربحي لأعضاء العائلة الذين يعيشون في المسكن لعضو من أعضاء البعثة الدبلوماسية أو القنصلية.

آلية منح الترخيص للنشاط الاقتصادي الذي نص كالآتي :

((١-أ-يسمح لأعضاء العائلة الذين يعيشون في مسكن عضو البعثة الدبلوماسية أو القنصلية للدولة المعتمدة ، على أساس قاعدة المعاملة بالمثل ، في ممارسة النشاط الهادف إلى الربح في الدولة المضيفة ، طبقا إلى الأحكام التشريعية للدولة المضيفة المذكورة)).

وقد تم تحديد أعضاء العائلة كالآتي :

((زوجة عضو البعثة الدبلوماسية أو القنصلية وكل طفل صغير الذين يعيشون في مسكن عضو البعثة الدبلوماسية أو القنصلية (١-ب) .

((١- هـ- كل ترخيص لممارسة النشاط الهادف للربح في الدولة المضيفة ينتهي ، مبدئيا في حالة نقل عضو البعثة الدبلوماسية أو القنصلية)).

المادة الثانية تنظم الإجراءات : طلب الترخيص الذي ينقل من قبل البعثة الدبلوماسية ، يدرس طلب ترخيص العمل في فترة جيدة وفي الاتجاه المقبول .

المادة الثالثة تذكر غياب الحصانة القضائية الجنائية بالنسبة لكل تصرف ناتج من ممارسة النشاط الهادف للربح .

المادة الرابعة تقدم متغيران : الاحتفاظ بالحصانة مع دراسة إمكانية رفعها أو رفع الحصانة من تلقاء نفسها ما عدا الحالة الخاصة حيث الدولة المضيفة ترى بأن هذا الإجراء يتعارض مع مصالحها .

المادة الخامسة: الرجوع إلى اتفاقية فينا بالنسبة للنظام المالي والضمان الاجتماعي. فالمادة٣٣ من اتفاقية فينا لا تنظر أبدا إلى هذا الوضع من وجهة نظر الضمان الاجتماعي.

وللتذكير ، وحسب المادة العاشرة من اتفاقية فينا لعام ١٩٦١ ، الوصول والرحيل النهائي لشخص يرتبط بعائلة عضو البعثة ، فيما إذا يقتضي ذلك ، فالحقيقة فإن الشخص يصبح أو يتوقف عمن أن يكون عضوا في عائلة عضو البعثة الدبلوماسية حيث يتطلب إشعار وزارة خارجة الدولة المعتمد لديها أو أي وزارة أخرى مختصة .

القسم الثالث - أعضاء الكادر الإداري والفني للبعثة وأسرهم

قبل إقرار اتفاقية فينا ، فقد وجد في التطبيق الدولي اتجاهين لعبا دورا مهما في محيط العلاقات الدولية . الاتجاه الأول الذي أطلق عليه ((الليبرالي)) ممثلا بالولايات المتحدة وبريطانيا ، حيث تم منح الحصانات كاملة إلى الشخص الدبلوماسي ، بينما اعترفت بلجيكا بالحصانة القضائية لموظفي ديوان القنصلية الدبلوماسيين . أما الاتجاه الثاني الذي اعتبر مقيدا في منح الحصانات مثل الاتحاد السوفيتي السابق وفرنسا ، حيث أن الشخص المأمور لا يتمتع بالحصانات الدبلوماسية .

وفي قضية الموظف Dritlck ، فإن محكمة باريس رفضت في ١٤/كانون الأول/١٩٢٥ منح الحصانة القضائية إلى موظف موثق العقود في المفوضية البلجيكية، مشيرة في قرارها بأنه لم يكن مذكورا في القائمة الرسمية للسلك الدبلوماسي . وأن الموقف نفسه قد اتخذ في إيطاليا في قضية Mariana ، وذلك من خلال القرار الذي اتخذته محكمة روما في ١٤/أيار/١٩٥٩ ، والذي كان ملحقا تجاريا . وكذلك ما قررته محكمة روما في ١٣ تموز عام ١٩٥٣ في رفضها الحصانة لأحد موظفي إحدى السفارات الأجنبية لأنه تصرف بعمل خارج ممارسة وظائفه .

ويبدو أن المادة ٣٧ ، البند الثاني من اتفاقية فينا هي من المواد التي أثارت جدلا واسعا وصعوبات كبيرة من أجل إقرارها ، حيث أن نصها أضحى هدفا للعديد من الانتقادات فقد عبرت العديد من الدول التي حضرت جلسات مؤتمر فينا عن تحفظها الصريح حول محتوى هذه المادة ومن بينها : كمبوديا ، مصر ، المغرب ، البرتغال ، قطر . وقد نصت هذه المادة على ما يلي :

((أعضاء الكادر الإداري والكادر الفني للبعثة ، وكذلك أعضاء أسرهم الذين يعيشون معهم في المسكن الخاص - على شرط أن لا يكونوا من رعايا الدولة المعتمد لديها أو أن تكون إقامتهم الدائمة في أراضيها ، يتمتعون بالامتيازات والحصانات المذكورة في المواد من ٢٩ إلى ٣٥ ، ما عدا أن الحصانة القضائية المدنية والإدارية للدولة المعتمد لديها والمذكورة في البند الأول من المادة ٣١ لا تنطبق على التصرفات المنفذة خارج نطاق أعمالهم . ويتمتعون أيضا بالامتيازات المذكورة في البند الأول من المادة ٣٦ بالنسبة للأشياء المستوردة خلال إقامتهم الأولى .

أولا – تحديد الكادر الإداري والفني

لقد أفصحت المادة الأولى في بندها السادس عن تحديدها الواضح للكادر الإداري والفني للبعثة : ((و – اصطلاح (الكادر الإداري والفني) يشمل أعضاء طاقم البعثة الذين يقومون بأعمال إدارية أو فنية في البعثة.)) ولا يمكن القول بأن هذا التحديد يبدو منيرا بشكل خاص . فالاصطلاح ((يتفق مع أعضاء كادر البعثة المستخدمين في الخدمة الإدارية والفنية للبعثة)) . وهذا بدون شك بخلاف ((طاقم الخدم)) – الذي يتفق ((مع طاقم المنزل الخاص)) للبعثة - .

وقد نظم المفسرون في الكادر الإداري والفني أولئك الذين لهم مسؤولية فكرية نوعا ما ، في العمل الدبلوماسي ، والذين يمكن أن يكون لهم دخل في المعلومات السرية ، وهو ما يقصد بالسكرتيرين ، وكتاب الطابعة والأرشيف ، والمترجمون ، مستخدمي الترميز ، والمساعدون الإداريون .. الخ .

وأن حالة الممثلين التجاريين هي أحد الحالات حيث نسبية التوصيفات هي واضحة بما فيه الكفاية . ويمكن للممثل التجاري أن يكون له الوضع الدبلوماسي فيما إذا قدم نفسه كمستشار تجاري . إذ أن محكمة الاستئناف الأمريكية في قرار لها في ١٨/كانون الثاني/١٩٣٣، اعترفت للملحق التجاري ، بالحصانة القضائية الدبلوماسية.

وهناك عدد من الاتفاقيات الخاصة التي نظمت وضع الممثلين التجاريين ، ومنحت لهؤلاء الممثلين الوضع الدبلوماسي ، ولكن بالمقابل فإن محكمة الاستئناف في الولايات المتحدة رفضت منح الكادر الدبلوماسي للمستشار التجاري المساعد في المكتب التجاري في نيويورك للسفارة البلغارية (١٠/أيار- مايو/١٩٨٤).

وقد رأت محكمة أمن الدولة في فرنسا من خلال القرار الصادر في الأول من تموز ١٩٧٥ بأن الممثل التجاري للدولة الأجنبية ، وطبقا لاتفاقية فينا حول العلاقات الدبلوماسية في ١٨/نيسان/١٩٦١ ، له صفة المفوض الإداري والفني.

من بين الحالات الأخرى المحدودة يمكن أن نذكر المعتمدون أو حراس الأمن ، والمدرسون ، أو أعضاء رجال الدين المرتبطون بالسفارة . وهناك تقليد قديم تم فيه منح ((الكاهن)) الوضع الدبلوماسي في بعض السفارات . والرفض يبدو واضحا بالنسبة للكهنة والمدرسين الذين يعتبرون من كادر المدرسة أكثر مما يعتبرون من طاقم السفارة .

والحالات المحدودة تكون أحيانا واضحة من أول لائحة للتصنيف الذي تقدمه الدولة المعتمدة عندما تبلغ الدولة المعتمدة لديها باسم الطاقم ، وصفاته ، وفئة أعضاء البعثة والذي فصلته المادة العاشرة . ومن العسير ، مهما يكن ممكنا بالنسبة للدولة المعتمد لديها ، أن تعترض تصنيفات الدولة المعتمدة ، وكل تنازع جدي حول هذه النقطة يمكن أن يؤدي إلى الرفض من قبل الدولة المعتمد لديها في الاعتراف بالوضع المطلوب للشخص ، أو إعلان يوضح بأن الشخص لا يمكن قبوله (المادة التاسعة ، البند الأول).

ثانيا - الامتيازات والحصانات

قبل كل شيء ، فإن الطاقم الإداري والفني يتمتع ، مثل بقية أعضاء البعثة ، بالتسهيلات المتعلقة بالدخول إلى إقليم الدولة المعتمد لديها والإقامة فيها . وهذا لا يعفيه من تأشيرة الدخول، فيما إذا كانت ملزمة . وخلال فترة استخدامهم في البعثة فإن أعضاء هذا الطاقم ليس بحاجة إلى رخصة العمل . وأحيانا ، منذ انتهاء استخدامهم ، فإنهم يخضعون ، فيما إذا بقوا في أراضي الدولة المعتمدين لديها ، إلى القوانين والأنظمة المتعلقة بالإقامة وشروط استخدام الأجانب . وأن تعيين أعضاء الطاقم الإداري والفني لا يفترض أن يكون احتيالا على قوانين الهجرة .

وأن المادة ٣٧ ، البند الثاني ذكرت بشكل خاص الامتيازات المنصوص عليها في المواد ٢٩ إلى ٣٥ من اتفاقية فينا لعام ١٩٦١.

إذ أن هذا البند نص صراحة على عدم تطبيق الحصانة القضائية المدنية والإدارية في الأعمال التي تقع خارج مهامهم الرسمية . وهو ما أخذت به المحكمة العليا النمساوية في قرار لها في ٣٠/كانون الثاني/١٩٧٩ في قضية عضو الطاقم الإداري والفني في السفارة اليوغسلافية في فينا الذي اعترفت بتمتعه بالحصانة القضائية الجنائية لارتكابه حادثة مرورية أثناء القيام بواجبه الرسمي . وقد أعلنت الحكومة البريطانية من خلال محاكمها بأن أعضاء الطاقم الإداري والفني يتمتعون من قبل إقرار اتفاقية فينا ، بنفس الحصانات التي يتمتع بها الدبلوماسيون . إلاّ أنه بعد المصادقة على الاتفاقية فإن بريطانيا لا تعترف بالحصانة القضائية والامتيازات لأعضاء الطاقم الإداري والفني عن الأعمال التي يقيمون بها خارج مهامهم الرسمية (محكمة الاستئناف البريطانية في ١٨ ، ٢٦/أيار/١٩٦٥) .

وفيما يتعلق بالمادة ٣٦ من اتفاقية فينا الخاصة بالاستثناءات الكمركية ، لا يمكن تطبيقها على أعضاء هذا الطاقم ما عدا البند الأول ((بالنسبة للأشياء المستوردة أثناء فترة إقامتهم الأولى)).

لا يتمتع أعضاء الطاقم الإداري والفني للبعثة من رعايا الدولة المعتمدين لديها أو لديهم إقامة دائمة ، بأي امتياز أو حصانة ، ما عدا بخلاف الاتفاق . وخصوصا بالنسبة للسكرتير ، أو كتاب الطابعة ، المترجمون ، الذين يتم تعيينهم من مواطني الدولة المعتمد لديها.

ثالثا - المعاملة بالمثل *

مثلما تم الإشارة إلى ذلك فيما سبق ، فإن التطبيق السابق لبعض الدول يتركز في التماثل الكامل ما بين الطاقم الإداري والفني للبعثة مع الطاقم الدبلوماسي. هذا التطبيق يمكن الاحتفاظ به ثنائيا من خلال الاتفاقيات (ad hoc) الخاصة بذلك.

وهكذا ، فقد قررت الولايات المتحدة ، من خلال ميثاق العلاقات الدبلوماسية الصادر في ٣٠ / أيلول /١٩٧٨، بتخفيض الامتيازات حتى الاتفاقيات من هذا النوع للملاك . وقد احتجت موسكو على ذلك . وخلال التراسل المعقود ما بين الحكومتين في ١٤ كانون الأول/ ١٩٧٨ والتي بموجبها قد تم الاحتفاظ كاملة بالامتيازات والحصانات الدبلوماسية على قاعدة المعاملة بالمثل إلى الطاقم الإداري والفني وطاقم الخدمة للدولتين على إقليم كل دولة وعوائلهم بشرط أن يكونوا من جنسية الدولة المعتمدة .

وهناك بعض الدول التي أعطت موافقتها الارتباط باتفاقية فينا ، إلاّ أنها عبرت عن تحفظها فيما يتعلق بالمادة ٣٧ ، البند الثاني ، ومن بينها بوتسوانا ، مالطا ، السودان، اليمن ، وفيتنام.

وللتذكير ، فإنه حسب المادة العاشرة من اتفاقية فينا لعام ١٩٦١ ، فإن التعيين ،

---

* المعاملة بالمثل réciprocotè ، قاعدة من قواعد العرف الدولي تقتضي بتعهد دولة ما بمعاملة ممثلي دولة أخرى وتجارتها بشكل مماثل أو معادل للمعاملة التي تتعهد الاخيرة بتقديمها فعلا . وقد نشأت هذه القاعدة من مبدأ مساواة الدولة من ناحية قانونية وعن التقاليد المتبعة ومقتضيات المجاملة الدولية ، بحيث تطبق في المجالات التي لا يترتب عليها الاخلال بالعلاقات الدولية أية مسؤولية .

الوصول ، والمغادرة النهائية أو وقف وظائف أعضاء البعثة ، وكذلك التزام تسريح الأشخاص المقيمين في الدولة المعتمدة لديها بما أنهم أعضاء في البعثة يجب أن يتم إشعار وزارة الخارجية في الدولة المعتمد لديها .

القسم الرابع – أعضاء طاقم الخدمة للبعثة

أولا – التحديد

لقد انفردت المادة الأولى في فقرتها ٢ ، من اتفاقية فينا بتحديد أعضاء طاقم الخدمة في البعثة كالآتي: ((أعضاء طاقم البعثة الذين يستخدمون في خدمة منازل العبثة)) . وتشمل هذه القائمة العديد من الأشخاص : المراسلين ، السواقين ، وفلاحي الحديقة ، البوابين ، الطباخين ، الخدم ، والمنظفات .. الخ.

ثانيا – النظام السابق على اتفاقية فينا

قبل توصل مؤتمر فينا إلى صياغة اتفاقية فينا المنظمة للعلاقات الدبلوماسية فقد كان موقف الدولة يتسم بالتردد والغموض . وبعض الدول مثل بريطانيا أسست ذلك على الوضع الذي تحتله الملكة آن Anne ، وميثاق الامتيازات الدبلوماسية Diplomatic Privileges Act لعام ١٧٠٨ منح بشكل واسع الامتيازات والحصانات إلى أعضاء طاقم السفراء . وبالنسبة لبلجيكا وقبل المصادقة على الاتفاقية المذكورة كانت تبني رأيها على المبدأ الأساسي لمنح الامتيازات والحصانات حيث أن مشرعي القانون الدولي العام الذين رفضوا كل حصانة تمنح للطاقم غير الرسمي . وأحيانا ، فإن الأحكام القضائية البلجيكية التي اعترفت بالحصانة القضائية ((للأشخاص الذين يشكلون جزءا من طاقم المعتمد)) بشرط أن لا يكونوا بلجيكيون، بما فيها السواق . وفي فرنسا ، فإن محكمة التمييز الفرنسية كانت أكثر تقيدا في منح الحصانة، وخصوصا في قضية Fallois التي عرضت عليها في ٢٦/شباط/١٩٣٧ ، حيث أكدت على أن الحصانة يجب أن تكون محصورة ((في السفير الروسي والوزير المفوض حيث الاستقلالية يجب حمايتها..)).

ثالثا – نظام اتفاقية فينا

لقد اعترفت المادة ٣٧ ، البند الثالث من اتفاقية فينا بالحصانة القضائية لطاقم الخدمة فيما يتعلق بالأعمال المنفذة في إطار ممارستهم لوظائفهم ، الإعفاء من التشريع الاجتماعي ، والحصانة من الضرائب والرسوم على الأجور .

((يتمتع أعضاء طاقم الخدمة في البعثة الذين لم يكونوا من رعايا الدولة المعتمد لديها أو ليس لديهم الإقامة الدائمة بالحصانة للتصرفات المنفذة في إطار ممارستهم لوظائفهم، والإعفاء من الضرائب والرسوم على الأجور التي يستلمونها من جراء خدماتهم وكذلك الإعفاء المنصوص عليه في المادة ٣٣)).

- ما يقصد بالحصانة القضائية . وهي الحصانة التي التزمت بتطبيقها العديد من الدول منذ وقت .

لقد أصدرت المحكمة العليا في هولندا ، في ١٥/أيلول/١٩٧٥ قرارا اعتبرت بأنه من الضروري أن تمنح الحصانة القضائية إلى خادم السفارة الإيطالية الذي اعتقل في قيادته لسيارته في حالة سكر . إذ اعتبرت المحكمة بأن قيادة السيارة يندرج في إطار ممارسة الخادم لوظيفة الخدمة .

وسائق السفارة الأنغولية الذي وصل إلى مطار رواسي مع أسلحة حيث السفير شهد بأنها مخصصة لحماية الأمن الداخلي في السفارة قد أطلق سراحه بسبب وضعه ولكن تسريحه قد تم بناء على توصية من الحكومة الفرنسية.

ومثل كل عضو في البعثة ، فإن طاقم الخدمة يجب أيضا أن يتمتع بالتسهيلات المتعلقة بالدخول إلى إقليم الدولة المعتمد لديها والإقامة على أرضها . وأن ذلك لا يعفيه من تأشيرة الدخول فيما إذا كانت واجبة . وخلال كل فترة استخدامهم في البعثة فإن أعضاء طاقم الخدمة ليس بحاجة إلى رخصة العمل . وأحيانا منذ نهاية استخدامهم ، فإنهم يخضعون ، فيما إذا بقوا على أرض الدولة المعتمد لديها ، إلى القوانين والأنظمة لهذه الدولة المتعلقة بالإقامة وشروط استخدام الأجانب .

- أن الامتيازات والحصانات لا تمنح إلاّ إذا لم يكن أعضاء طاقم الخدمة من رعايا الدولة المعتمد لديها أو ليس لديهم الإقامة الدائمة . وفيما إذا تم تعيين طاقم الخدمة من الدولة التي توجد فيها السفارة ، فإنه ينجم عن ذلك بأنه ليس هناك أي حصانة، وفي إطار هذه الحالة فإنه يلاحظ كما بالنسبة للطاقم الإداري والفني ، فإن قاعدة المعاملة بالمثل يمكن أن تمارس ، ولاسيما الاتفاقية ما بين أمريكا وروسيا في ١٩٧٨ . وقد عقدت بوتسوانا وليبيا اتفاقية حول تطبيق المادة ٣٢ ، البند الثالث من اتفاقية فينا التي لا يمكن تطيقها إلاّ في إطار المعاملة بالمثل . وبذلك فإن المادة العاشرة من اتفاقية فينا تنطبق عليهم .

القسم الخامس - الخادم الخاص لأعضاء البعثة

بالرجوع إلى المادة الأولى ، الفقرة ٢ نرى تحديد الخادم الخاص كالآتي :

((الأشخاص المستخدمون في خدمة منازل أحد أعضاء البعثة الذين ليسوا مستخدمين لدى الدولة المعتمدة)).

ويدخل ضمن هذه الفئة السكرتير الخاص ، الطبيب ، المعلم ، الاستقبال ، المنظفة . وحتى يلاحظ أيضا بأن هناك اتجاهات . الاتجاه الليبرالي الذي تمثله الولايات المتحدة ، بريطانيا وسويسرا ، والاتجاه المقيد الذي تمثله روسيا والذي يرفض كل حصانة. وفي فرنسا فإن مرسوم Salvatori يستبعد هذا الطاقم من التمتع بالحصانات ، وكذلك في بلجيكا . وفي بريطانيا حيث التقليد كان قد اعترف بالحصانة القضائية لخدم المعتمدين الدبلوماسيين . ولكن على كل حال فإن ممتلكاتهم يمكن أن تصادر فيما إذا وجدت خارج مسكن رئيس البعثة .

وبموجب اتفاقية فينا ، فإن المادة ٣٧ ، البند الرابع قد أوضح ذلك :

((الخدم الخصوصيون لأعضاء البعثة الذين ليسوا من رعايا الدولة المعتمدين لديها والذين لا يقيمون فيها إقامة دائمة يتمتعون بالإعفاء من الضرائب والرسوم عن مرتباتهم التي يتقاضونها عن خدمتهم وفي كل الحالات لا يتمتعون بالامتيازات أو حصانات إلاّ في الحدود التي تقررها الدولة المعتمد لديها ، كما أن للدولة المعتمد لديها أن تستعمل حق ولايتها على هؤلاء الأشخاص على أن لا يعوق ذلك كثيرا البعثة في أداء أعمالها .)) كما تنطبق عليهم المادة العاشرة من اتفاقية فينا حيث يتطلب إبلاغ الدولة المعتمد لديها بوصولهم ورحيلهم : ((تبلغ وزارة خارجية الدولة المعتمد لديها أو أية وزارة أخرى اتفق عليها:

جـ - بالوصول وبالرحيل النهائي للخدم الخصوصيين الذين يعملون في خدمة الأشخاص المنوه عنهم في الفقرة أ ، وفي حالة تركهم خدمة هؤلاء الأشخاص)).

الفصل السادس

الحصانات المؤقتة أو المحدودة للمعتمدين الدبلوماسيين

(RATIONE TEMPORIS)

إن تناول هذا الفصل سيتم من خلال طرح سؤالين :

- منذ أي وقت يمكن أن تكون الحصانات محل مطالبة ؟

- وفي أية لحظة تنتهي الحصانات من أن تعطي تأثيرها ؟

القسم الأول - منذ أي وقت يمكن أن تكون الحصانات محل مطالبة ؟

أولا - المبادئ الأساسية

لقد أعطت المادة ٣٩ ، البند الأول من اتفاقية فينا الجواب إلى هذا السؤال :

((١- لكل فرد الحق في الامتيازات والحصانات أن يتمتع بهذه المزايا والحصانات بمجرد دخوله أراضي الدولة المعتمد لديها بقصد الوصول إلى مقر عمله أو ، فيما إذا وجد في تلك الأراضي فمن وقت تبليغ وزارة الخارجية بتعيينه أو تبليغ أية وزارة أخرى متفق عليها)).

وبصورة عامة ، فإن الحصانات يمكن أن تكون محل مطالبة حال ظهور الشخص الذي يتمتع بها على أراضي الدولة المعتمد لديها بصفته الرسمية . ومن الصعب إعطاء تحديد أكثر لأنه من الأسئلة القائمة . ومنطقيا ، فقد ميزت المادة ٣٩، البند الأول حالتان:

١- فيما إذا وصل الذي له حق التمتع بالحصانة من الخارج ، فإنه من الطبيعي أن يعلن عن ذلك أو سيكون حاملا للتأشيرات الدبلوماسية من الدولة المعتمد لديها، ومن المحتمل أن يستقبل في محطة القطار أو المطار أو ميناء الوصول من قبل ممثل وزير الخارجية فيما إذا كان رئيس البعثة ، وإن ذلك سيكون تمتعه بهذه الامتيازات منذ اللحظة التي دخلت فيها أراضي الدولة المعتمد لديها للالتحاق بمقر عمله وأنه سيتقلد بصفته الرسمية . وبالتأكيد ، فإنه ليس من الضروري أن ينتظر حتى يقدم أوراق اعتماده . وهذا الاعتراف من السلطات المحلية بصفة الدبلوماسي التي تأخذ بنظر الاعتبار وليس صيغة تقديم أوراق الاعتماد. وقد يتم

أحيانا التبليغ عن الوصول مسبقا . ولأسباب مختلفة ، وأن مراسم حفل تقديم أوراق الاعتماد لا تتم إلاّ بعد عدة أسابيع .

وفي الأخير ، فإنه إذا كان تقديم أوراق الاعتماد يمثل صيغة جوهرية ، فإن فقط رؤساء البعثات يتمتعون بالحصانات والامتيازات ، والتي لم تكن هذه الحالة . أي المقصود بالأشخاص الآخرين غير رؤساء المقر الدبلوماسي ، أعضاء البعثة أو عوائلهم فإن دخولهم إلى الدولة المعتمد لديها يبدو بدون شك أكثر سرية ، ولكن فإنه في هذا التأريخ حيث تبدأ حصاناتهم من الناحية القانونية .

٢- فيما إذا وجد سابقا الذي له حق التمتع بالحصانة في أراضي الدولة المعتمد لديها ، فالحصانة ستبدأ في اللحظة التي تم فيه إبلاغ وزارة الخارجية رسميا بتعيينه. إذ سينجم عن ذلك أوضاعا عديدة . مثلا عضو الطاقم الذي يغير الوضع : القنصل الذي يصبح مستشار للسفارة ، تعيين مترجم ، وسكرتير ، وسائق ، الزواج من شخص وجد سابقا في أراضي الدولة .. الخ .

بما أن الدولة المعتمدة تستطيع الوفاء بالتزاماتها هل ما زال من المفروض الاعتراف باسم الأشخاص الذين يتمتعون بالامتيازات والحصانات ، هويتهم ، صفتهم التي يجب أن يتم التبليغ بها رسميا ؟ . أن المادة العاشرة من اتفاقية فينا قد نصت على التبليغات الخاصة لكل الفئات من الأشخاص الذين لهم الحق في التمتع بالحصانات .

وأن البند الثاني يتضمن من خلال تحريره بأن الأشعار يمكن أن يكون مسبقا :

((٢- يكون التبليغ مقدما بالنسبة للوصول والرحيل النهائي في كل الحالات إذا أمكن ذلك)) . وخلال مؤتمر فينا ، فإن فرنسا وإيطاليا تقدمتا بتعديل يشترط بداية الامتيازات إلى الإفادة باستلام الإشعار أو إلى الاتفاقية تحت شكل أو آخر. ولكن هذا التعديل الذي لم يتم تبنيه، كشف عن ازدواجية المشكلة. ليس فقط بالنسبة للدولة المعتمد لديها التي يجب أن تتأكد من أن الشخص الذي له حق الصفة الدبلوماسية حاملا للحصانات ، ولكن أيضا يجب عليها أن تكون في المستوى الذي يتطلب منها أن لا تمنح الحصانات إلى شخص تعتقد بأنه غير مقبول أو أنه لم يكن منصوص عليه في القبول على أرضها في الصفة التي تأمل منها.

١- أن مشكلة دليل الصفة يمكن أن تحل بأساليب مختلفة من الوصول إلى الحدود: تأشيرة قنصلية ، أنظمة البعثة ، رسائل التعيين ، العقد .. الخ . وبالنسبة للشخص الذي يقيم سابقا في أراضي الدولة المعتمد لديها ليس هناك ما يحل بدل الإشعار .

٢- وبصدد مشكلة قبول الشخص ، حيث تم الإشارة إلى ذلك ، فالمشكلة يمكن أن تحسم مباشرة من قبل الحكومة المضيفة عندما يتم اشعارها بتعيين أحد الأشخاص في أن يمثل الدولة المعتمدة في بعثتها الدبلوماسية . وبهذا فإنه يمكن للدولة المعتمد لديها أن ترفض في إعطاء موافقتها من أجل تمتعه بالحصانات كما حصل بالنسبة للمحاكم السويسرية في قضية Vitianu ، التي سبق ذكرها .

ويتفق أغلب فقهاء القانون الدولي بأن للدولة المعتمد لديها الحق في أن تطالب بالإشعار المسبق ، وفي رفضها القبول على أرضها بعض الأشخاص الذين تعتبرهم غير مقبولين ، والمادة ٣٩ تفترض بالإضافة إلى ذلك ((بأن للشخص الحق في الامتيازات والحصانات)) بدون التفكير متى تبدأ هذه الامتيازات والحصانات . فالمادة ٣٩ تقصد إذن الأشخاص الذين تأكدت هويتهم وصفتهم الرسمية وأن تعيينهم لم يثير أي معارضة الدولة المعتمد لديها من خلال رفض الموافقة أو أي أسلوب آخر.

وعلى سبيل المثال ، وفي قضية مساعد الملحق التجاري البولوني ، فإن محكمة جنوب نيويورك قررت بأن تعيين مساعد الملحق التجاري البولوني لم يتم الإبلاغ عنه إلى وزارة الخارجية الأمريكية الأمر الذي يحرمه من الحصانات (١٤/نوفمبر/١٩٧٩) .

ثانيا - آثار بداية الحصانة

بينما تم قبول بشكل منظم الشخص الذي له حق التمتع بالحصانة على أرض الدولة المعتمد لديها ، فللحصانة دور ، حتى إذا لم يتم اكتسابها إلاّ بشكل لاحق على إقامة الدعوى . وهذا ما أخذت به محكمة الجنح في بروكسل في ٣١/أكتوبر/١٨٨٣ ، وكذلك عندما قررت محكمة الاستئناف الأمريكية في ١٨/أيلول/١٩٨٤. وبنفس الاتجاه سبق وأن قرر محكمة بروكسل في قضية Mc Gregor في ١٧/شباط/١٩٣٤، بأن الحصانة المكتسبة من قبل دبلوماسي في تاريخ لاحق في دعوى مقامة ضده ، يمكن أن يستند إليها هذا الدبلوماسي لوقف مرافعات المحكمة .

وفي هذه النقطة هناك ما يثير العديد من التساؤلات : هل هناك من مبرر لتعطيل إجراءات المحاكمة قبل بدء الحصانة . فالحصانة تجعل من السلطات القضائية للدولة المعتمد لديها سلطات غير مختصة ، ولكن عدم الاختصاص هذا هو وضع مؤقت .

وفي افتراض هذا ممكنا من الناحية الفنية وحسب قواعد المقاضاة الإقليمية ، فإن سحب الدعوى الملتزمة بشكل منتظم يبدو أفضل إجراء . والاختلاف يبدو جوهريا

بالنسبة لخصم المعتمد الدبلوماسي من جهة الحماية لحقوقه ، وشرعية عريضة الاقتناع كحكم قاطع لتقادم أو الاحتفاظ المحتمل لصالح الشيء الذي حكم به . وفي ١٢/نيسان/١٩٦٢ وجدت محكمة الاستئناف في لندن نفسها أمام قضية Ghosh D. Rozario . إذ أن البروفسور الهندي قد سبق وأن قدمت ضده دعوى قذف من قبل مواطن هندي في عام ١٩٥٦ ، و ١٩٥٩ . وقد أصبح هذا الأستاذ في عام ١٩٦٠ المستشار العلمي للمندوب السامي الهندي في لندن . وهذا يعني الشيء الكثير بالنسبة للمحاكم البريطانية . إذ أعلنت محكمة الاستئناف ضرورة إيقاف الدعوى .

والحصانة يمكن تطبيقها سواء على الأحداث السابقة أو اللاحقة من بداية الحصانة. إذ أعلنت محكمة بروكسل في قرار لها صادر في ١٣/أيار/١٩٠٣ بأن الامتيازات ((تحمي السفراء والمعتمدون الدبلوماسيون حتى بالنسبة للديون السابقة على دخوله الخدمة)).

القسم الثاني - في أية لحظة تنتهي الحصانات من أن تعطي تأثيرها ؟

أولا - انتهاء المهمة

إن القواعد الحاكمة لانقضاء الحصانة تبدو أكثر تعقيدا من تلك التي تنظم مصدرها. ومبدئيا فإن الحصانة تنتهي بنهاية البعثة . وهو بما أخذت به محكمة باريس في قضية Laperdvix et Penquer C. Kouzouboff . إذ أكدت بأن ((المبدأ من الحصانة الدبلوماسية يقوم في مصلحة الحكومات وليس في مصلحة الدبلوماسيين ولا تمتد إلى أبعد من البعثة..)).

وهناك سببان يبرران إذن نهاية الحصانة :

أحدهما ، فني قانوني ، فالحصانة تمنح للمعتمد الدبلوماسي من أجل إنجاز مهمته، وتنتهي مع انتهاء هذه المهمة .

والسبب الآخر خاضع للاخلاق ، إذ أن أي نظام آخر يؤدي إلى الإفلات من العقاب . والحصانة القضائية ليس لها أي معنى إلاّ على المستوى الإجرائي ، وليس لها تأثير على جوهر القانون .

وفي الواقع، فإن نهاية الوظيفة وانتهاء المهمة، في إيقاف عدم اختصاص محاكم الدولة المعتمد لديها، لا يؤدي إلا لتوسيع مجموعة الطلبات الموجودة ضد المعتمدين الدبلوماسيين.

وأنه في تاريخ التكليف بالحضور أمام المحكمة تبدأ دراسة فيما إذا كان بإمكان

المعتمد الدبلوماسي الاستناد إلى الحصانة . وهذا ما أخذت به المحكمة المدنية في السين في فرنسا في قرارها الصادر في ١١/شباط/١٨٩٢.

ويمكن الاستنتاج بأن تاريخ مجيء المعتمد الدبلوماسي الى الدولة المعتمد لديها يلعب دورا محددا لامتداد الحصانة خلال الوقت . وهذا التاريخ يفصل بين فترتين : قبل ذلك ليس هناك من حصانة ، وبعد ذلك الحصانة تبدو كاملة ، مطبقة على التصرفات السابقة وتوقف حتى المرافعات والدعاوى الجارية . ولا يمكن التخلي عنها إلاّ أمام موافقة السلطة القضائية المحلية التي تحصل بشكل منتظم وصريح .

في إنكلترا ، فإن المحكمة العليا أظهرت أكثر تسامحا في قضية Shaw - C. shaw في ١/شباط/١٩٧٩ ، إذ أن دعوى قضائية قدمت أمامها من قبل زوجة أحد الدبلوماسيين في كانون الأول/١٩٧٨ ، بينما المعني في تلك اللحظة يتمتع بوضع الحصانة في بريطانيا . وأن طلب الالتماس لم تصل إلى المحكمة إلاّ في شباط ١٩٧٩ . وفي تلك اللحظة فإن الزوج انتهت مهامه ودخل إلى بلاده في الولايات المتحدة . والمسألة المطروحة هو في معرفة فيما إذا كان من الضروري أن يعتبر عريضة الالتماس لاغية منذ البداية (abinito). وقد أجابت المحكمة بالنفي ورأت بأن دعوى الزوجة يمكن متابعتها ، مؤكدة وفي كل هذه الحالة فإن المدعى عليه وافق فيما إذا كان قد تم تقديم عريضة التماس جديدة وأن أي حصانة لا يمكن أن توقف الآثار المترتبة على ذلك . وإذا كان من الممكن القول بأن الحصانة القضائية تنتهي بانتهاء الوظيفة، فإن ذلك لصالح تحفظ مزدوج :

أ - تستمر الحصانة ، في نهاية البعثة ، لفترة من الوقت المعقولة ، والضرورية للمعتمد لتصفية أعماله وترك أراضي الدولة المعتمد لديها .

ب- وفي كل حالة ، فالحصانة تستمر فيما يتعلق بالتصرفات المنفذة في إطار ممارسة الوظائف كعضو في البعثة.

ثانيا - استمرار الحصانة حتى نهاية البعثة لفترة من الوقت

في الواقع ، فقد تم القبول بهذه القاعدة ومن بقية دول العالم التي صادقت على اتفاقية فينا ، والتي ارتبطت بعلاقات دبلوماسية فيما بينها . وقد سبق وأن أخذت به بريطانيا في عام ١٨٥٩ ، وكذلك الولايات المتحدة فيما يتعلق بمفهوم فترة من الوقت التي يجب أن تعطى للبعثة في عام ١٩٠٨ . وما عبرت عنه المحكمة العليا الأمريكية في

الدعوى المقامة ضد القائم بالأعمال الفرنسي الذي كان على وشك ترك الولايات المتحدة حيث رفعت ضده دعوى تسديد ديون سابقة . وقد قبلت المحكمة العليا الأمريكية في فيلادلفيا في آذار/١٩٠٥ بوجهة نظره.

وفي هولندا ، فإن محكمة التمييز في لاهاي قررت في ١٥ نيسان /١٩٣٠ في قضية Banque du Portugala أيدت أيضا باستمرار الحصانة لفترة من الوقت الضرورية للدبلوماسي لتصفية أعماله .

وفي بلجيكا فإن المسألة طرحت أمام محكمة بروكسل في قضية Monnaie contre Gratncodory في ١٣/أيار/١٩٠٢ ن والتي جاء فيها :

((بما أنه تم الاعتراف بشكل جماعي بأنه من المفروض إعطاء المعتمدين الدبلوماسيين الوقت الضروري لخروجهم من الدولة المعتمد لديها ، بعد انتهاء البعثة، بدون ممارسة أي عمل ضدهم ، فإن الامتياز يرتكز على السبب الأساسي في العدالة ، واللياقة والمجاملة الدولية ...)).

إن مفهوم الوقت الضروري لتسهيل عملية خروجه من الدولة المعتمد لديها الذي استخدمه القضاء البلجيكي سيخفف أيضا من خلال معيار المعقولية . وفي الواقع ، فإن الأحكام القضائية الفرنسية والبلجيكية اتفقت على الاعتراف بأن الحصانة لا تحمي المعتمد الدبلوماسي السابق الذي ، انتهت وظائفه ، استمر في الإقامة في الدول المعتمد لديها . وهو ما أخذت به محكمة الجنح في السين في ١٨/شباط/١٨٩٩ ، وكذلك محكمة بروكسل في ١٣/أيار/١٩٠٣ ، إذ أنها اعترفت بضرورة ترك وقت كافٍ للمعتمدين الدبلوماسيين لترتيب خروجهم من البلاد . وأضافت بأنه ((ليس هناك ما يبرر استمرار هذه الحصانة إلى ما لا نهاية..)) .

وإذا كان هذان المبدآن واضحان (الحصانة خلال فترة من الوقت المعقول لترك أراضي الدولة المعتمد لديها ، ورفض الحصانة بالنسبة لذلك المعتمد الذي أقام أو استمر في الإقامة في إقليم الدولة المعتمد لديها ، فإن تطبيقهما أثار العديد من النقاش. كم من الوقت يمكن أن تستمر هذه الفترة المعقولة ؟

لقد اعتبرت الإقامة كشيء مكتسب بعد ثلاثة أشهر ونصف في قضية Christidis Consorts Verissi ، وبعد عشرين يوما - التي تبدو فترة قصيرة - في قضية Laperdix .. contre Kouzoubopp . في الوقت الذي أبدت فيه محكمة ولاية

فيلادلفيا رأيها بأن المعتمد الدبلوماسي لا يفقد حصاناته بعد ثلاثة أسابيع من انتهاء مهامه ، وحتى بعد خمسة أشهر . أما في سويسرا فإنها قررت المدة بحوالي ستة أشهر ، وفي النمسا ، فإنها قررت استمرار الحصانة لمدة سنة كاملة .

وأن الخاصية المعقولة للفترة تعتمد أيضا على الأسلوب الذي تنتهي يه الوظائف . وبمعزل عن الظروف الطبيعية ، تغيير الدبلوماسي المقر بعد الفترة الاعتيادية حسب الدولة المعتمدة ، فإنه يلاحظ بأن هناك ظروف خاصة التي تدعو إلى حل مختلف . ولاسيما في حالة قطع العلاقات الدبلوماسية . وهكذا ، فإنه من خلال قرار المجلس الفيدرالي في١٨/أيار/١٩٤٥ فإن العلاقات الدبلوماسية قطعت ما بين ألمانيا وسويسرا وأن المفوضية الألمانية في برن قد أغلقت ، وأعطيت ثلاثة أيام فقد للدبلوماسيين لترك الأراضي السويسرية ، وعندما استقبل الملك الحسن الثاني ملك المغرب رئيس الوزراء الإسرائيلي شمعون بيرويز في الرباط (١٩٨٧) فقد ردت الحكومة السورية بإعطائها مهلة أسبوع واحد لأعضاء السفارة المغربية لترك الأراضي السورية .

والمسألة يمكن أيضا تنظيمها من خلال اتفاق مباشر ما بين المعتمد الدبلوماسي والدولة المضيفة . وهكذا على أثر قطع العلاقات الدبلوماسية ما بين الولايات المتحدة وتركيا في نيسان/١٩١٧ ، فإن القائم بالأعمال التركي في واشنطن قد عبر عن رغبته في الإقامة بشكل مؤقت في الولايات المتحدة لأسباب صحية متعلقة به وبزوجته ، الأمر الذي جعل الحكومة الأمريكية لم تثير أي معارضة حول ذلك .

ويمكن أن تختصر الفترة بشكل اعتيادي في حالة الاستدعاء ، أو الاستبعاد للدبلوماسيين الذين يرتكبون أعمالا خطيرة خلال واجباتهم تجاه حكومة الدولة المعتمد لديها (التجسس على سبيل المثال).

ومن خلال منشور وزع في ١٢/آذار/١٩٨٤ ، فإن وزارة الخارجية الأمريكية قد أعلمت البعثات بأن أعضاء العائلات لأعضاء البعثة الذي يتم استبعادهم من الولايات المتحدة لارتكابهم جريمة يفقدوا امتيازاتهم في يوم استبعادهم ومن الممكن أن يخضعوا إلى السلطات القضائية الأمريكية فيما إذا عادوا إلى الولايات المتحدة .

وأخيرا ، في بعض الحالات ، فإن الدولة المعتمدة نفسها تسهل ممارسة السلطات القضائية المحلية لاختصاصها في إثارة نهاية الوظائف المكلف بها ، وفيما إذا اقتضت الضرورة ، تلجأ إلى سحب الحصانة . وهذا ما حصل في قضية Rex . A . B التي

نظرت فيها محكمة الاستئناف الجنائية في بريطانيا في ٥-٤/شباط/١٩٤١ حيث أن مستخدم التشفير الذي يعمل في السفارة الأمريكية في لندن اتهم بالتجسس مما دفع حكومة الولايات المتحدة إلى سحب حصانته . وقد اشتكى هذا المستخدم بأن له الحق في التمتع بالحصانة الدبلوماسية خلال كل الفترة من استخدامه ، وبالنسبة لفترة من الوقت معقولة من انتهاء هذا الاستخدام ، كافية بالنسبة له تسمح بترتيب وضعه لكي يترك البلاد بكل حرية . وقد تم رفض هذه الادعاءات من قبل المحكمة التي أعلنت بأن حصانته قد سحبت ، وقد أدين بالتجسس.

وفي الواقع ، فإن اتفاقية فينا اليوم قد عالجت الموضوع بشكل مختلف في مادتها ٣٩، الفقرة الثانية والتي جاء فيها :

((عندما تنقضي مهمة الشخص من الذين يتمتعون بالمزايا والحصانات تنتهي عادة هذه الامتيازات والحصانات من وقت مغادرة هذا الشخص لأراضي الدولة المعتمد لديها أو عند انتهاء المهلة المعقولة التي تمنح لهذا السبب ، ولكن يستمر سريان هذه الامتيازات والحصانات حتى هذه اللحظة ، حتى عند قيام نزاع مسلح .)).

ولم تشير هذه الفقرة حول النقطة التي يتم من خلالها معرفة من هو الذي يختص بتحديد المهلة المعقولة ؟ وبشكل مؤكد ، ونظريا ، فإن ما يقصد بذلك تطبيق قاعدة القانون الدولي ، حيث أن للدولتين المعنيتين كلمتهما الفصل .

وأحيانا ، فإن ذلك لم يكن إلاّ في الحالة التي تتدخل فيها الدولة المعتمدة ، عندما يعتبر التفسير الأحادي الجانب من قبل الدولة المعتمد لديها كتجاوز . وبتحديد المعنى، فإنها أجهزة الدولة المعتمد لديها التي تحدد الخاصية المعقولة لفترة الإقامة بعد نهاية البعثة ، وبشكل خاص الأحكام القضائية الصادرة في موضوع الحصانة القضائية.

إن تفسير كلمة ((يترك البلاد)) كانت موضوعا للقرار الصادر من محكمة الاستئناف في أونتيريو (كندا) في قضية Regind – Palacios ، الذي كان عضوا في الطاقم الدبلوماسي لسفارة نيكاراغوا في أوتاوا وانتهت مهمته ١٢ تموز ١٩٨٣. وخلال ذلك كان في زيارة إلى الولايات المتحدة ما بين ١٦-٢٣ تموز ١٩٨٣ واعتقل في ٢٧ بعودته إلى كندا في توجيه الاتهامات المختلفة المتعلقة بتجارة المخدرات والأسلحة . وقد ادعت السلطات الكندية بأن بلاسيوس فقد التمتع بحصانته القضائية في تركه البلاد نحو الولايات المتحدة . إلاّ أن محكمة الاستئناف لم تقم بمحاكمته . وحسب رأيها ، فإن الحصانة الدبلوماسية تستمر

حتى في حالة رحيله النهائي من الدولة المضيفة أو انقضاء المهلة المعقولة التي تسمح له بترك البلاد نهائيا.

وإن المادة ٣٩ في فقراتها الثالثة والرابعة حددت القواعد المطبقة في حالة وفاة عضو البعثة :

((٣- إذا توفي أحد أعضاء البعثة يستمر أعضاء أسرته في التمتع بالامتيازات والحصانات التي يتمتعون بها حتى انقضاء المهلة المعقولة التي تسمح لهم بمغادرة أراضي الدولة المعتمدة لديها .

١- إذا توفي عضو في البعثة ليس من جنسية الدولة المعتمد لديها أو لم يقم فيها إقامة دائمة - أو أحد أفراد أسرته المقيمين معه ، تسمح الدولة المعتمد لديها بتصدير (أو سحب)منقولات المتوفي ، مع استثناء تلك التي حازها أثناء معيشته فيها التي تحرم قوانينها تصديرها وقت الوفاة ولا تحصل ضرائب ميراث على المنقولات التي كانت سبب وجودها في الدولة المعتمد لديها وهو وجود المتوفى في هذه الدولة كعضو في البعثة أو كفرد من أفراد أسرة عضو البعثة)).

ثالثا - استمرار الحصانة فيما يتعلق بالتصرفات المنفذة في إطار ممارسة المهام كعضو في البعثة

هذه القاعدة الثانية قد حظيت أيضا بالقبول ، على الرغم من أنها لم تطبق بشكل صحيح دائما . وإذا انتهت الحصانة القضائية بعد رحيل المعتمدون الدبلوماسيون من الدولة التي اعتمدوا لديها لأعمال ذات طبيعة خاصة منفذة قبل أو خلال المهمات ، وبالمقابل ، إن الحصانة تبقى بعد انتهاء المهمات بالنسبة للأعمال المنفذة بصفتها الرسمية . وقد أعلن معهد القانون الدولي في اجتماعه في كامبردج ، في منطوق المادة ١٤ من قراره الصادر ١٣/آب/١٨٩٥ :

((تبقى الحصانة للمهمات من جهة الدعاوى المقامة في إطار ممارسة الوظائف نفسها)). وقد أعاد في التأكيد على المبدأ نفسه أثناء اجتماعه في نيويورك ، حسب منطوق المادة ١٦ حسب نظام في ١٨/أكتوبر/١٩٢٩ : ((ستبقى الحصانة القضائية للمهمات ، ولكن فقط فيما يتعلق بالأعمال المتصلة بممارسة هذه المهام)).

وفي إطار القانون التعاقدي ، فيمكن الإشارة إلى المادة ٢٠ من اتفاقية هافانا في ٢٠/شباط/١٩٢٨ التي صادقت عليها ١٤ دولة من أمريكا اللاتينية :

((تبقى الحصانة القضائية مع المهام الدبلوماسية فيما يتعلق بالدعاوى ذات الصلة. وبالعكس، بالنسبة للدعاوى الأخرى، فإن الحصانة المذكورة لا يمكن الاستناد إليها خلال فترة المهام الدبلوماسية)).

وكذلك ما أخذت به المحاكم الفرنسية منذ عام ١٨١١، وقبل المصادقة على اتفاقية فينا في عام ١٩٦١، وكذلك في بريطانيا في عام ١٨٢٣، إذ أنه وعلى الرغم من غياب القرارات الخاصة بمحكمة التمييز فيما يتعلق بالموضوع لكنه يمكن الاستنتاج بأن الأحكام القضائية الفرنسية قد اعترفت بامتداد المهام، الحصانة، ليس بالفعل فيما يتعلق بالشخص، ولكن بالحصانة الخاصة بالعمل المنفذ في إطار ممارسة الوظائف.

وقد أقرت الحكومة السويسرية بحصانة التصرفات المنفذة في إطار ممارسة الوظائف الخاصة بالبعثة. إذ أن محكمة بداءة جنيف قد أعلنت عن رأيها في ٢٩/آذار/١٩٢٧ في قضية Dicker بأن الدبلوماسي الذي تنتهي مهامه في الدولة التي اعتمد لديها، حتى وأنه ما زال يمثل دولته لدى دولة ثالثة، يمكن أن يحضر قانونا أمام محاكم الدولة التي تركها، من جراء تصرفات قام بها خارج مهامه (والحالة هذه ما يقصد بدعوى الاعتراف بالأبوة أو طلب النفقة الشرعية) بدون إمكانية معارضة استثناء الحصانة.

وفي الواقع، فإن المبدأ الأساس الذي يحكم الحصانة هو ارتباطها بالمهمة، ومن ثم بالشخص الذي يقوم بهذه المهمة ولذلك فإنه الشخص الذي تحميه الحصانة. وعندما تنتهي المهمة، فليس للشخص صفة رسمية. فقد تختفي الحصانة. والدبلوماسي السابق لا يتورط شخصيا في أعمال تتعلق بحكومته.

وهذه إذن هي الفكرة نفسها دائما بالنسبة للأعمال الرسمية التي تفرض عليه. فالمسألة بالنسبة للمحاكم اليوم وبعد تصديق اتفاقية فينا ليس فقد التأكد من أن المهمة المناط بها الدبلوماسي قد انتهت وإنما بأن الموضوع المطروح في الدعوى لا يتعلق بالتصرفات المنفذة من خلال هذا الدبلوماسي في إطار ممارساته لوظائفه كعضو في البعثة.

رابعا - مفهوم الأعمال المنفذة من قبل الدبلوماسي في إطار ممارسته لمهامه

وفي الواقع، فإن المادة ٣٩، البند الثاني من اتفاقية فينا لجديرة بأن تحدد في هذا المجال المصطلح المطلوب. وفيما إذا رجعنا إلى الصياغات المستعملة فسنجد العديد من المصطلحات المستخدمة. إذ تم الاعتراف بالحصانة بالنسبة:

- ((الدعاوى التي ترتبط بالوظائف الدبلوماسية (اتفاقية هافانا).

- ((الديون المتعاقد عليها خلال فترة ممارسة الوظائف بالنسبة للمصالح غير الأجنبية في الصفة التي يرتديها المعتمدون الدبلوماسيون)).

- ((الأعمال المنفذة في حدود الصلاحيات)) .

- ((المصالح غير الأجنبية للمهام)) .

- ((الدعاوى المعاصرة للمهمة وفي علاقته معها)).

- ((التصرف الرسمي بمقدار ما يكون ممثلا)) و((التصرفات المنفذة بالصفة الدبلوماسية في حدود الوظائف)).

هذه الحزمة من التعبيرات تبدو متطابقة في جوهرها . ولم يبقَ إلاّ أنها تعبير عن بعض الاختلافات الطفيفة ، إذ في مراجعتها ابتداء من التصرفات المرتبطة بالوظائف، التصرف الرسمي بمقدار ما هو ممثل ، والتصرف المنفذ في حدود الصلاحيات تبدو مفاهيم متشابهة .

ولكن ما هو متفق عليه اليوم بعد المصادقة على اتفاقية فينا لعام ١٩٦١ هو :

((استمرار الحصانة فيما يتعلق بالأعمال المنجزة من قبل هذا الشخص في إطار ممارسته لوظائفه كعضو في البعثة)) .

الفصل السابع

الحصانات المكانية(ratione loci) المحددة للمعتمدين الدبلوماسيين

ما تم التطرق إليه بخصوص الحصانة هو ما يمكن تطبيقه في إطار المجال الإقليمي للدولة المعتمد لديها . ولكن يمكننا التساؤل عن الوضع الذي يتمتع به الدبلوماسي عندما يكون في دولة ثالثة أو حتى في الدولة المعتمد لديها ونتائجه بالنسبة للمعتمدين الدبلوماسيين الموجودين في البعثة .

القسم الأول - وضع المعتمد الدبلوماسي في أراضي الدولة الثالثة

أولا - الحصانات العرفية

ليس للدولة الحق الخاص في أن تمنح الحصانات الخاصة إلى دبلوماسي الدولة الثالثة الذين لم يعتمدوا لديها أو ليس لهم مهمات رسمية على إقليمها . وإذا ما وافقت الدول الثالثة في الاعتراف بالحصانات لدبلوماسيّ الدولة الثالثة ، فإن ذلك على سبيل المجاملة للاستفادة من نفس نظام المعاملة بالمثل . وهكذا بالتدريج فقد تطور التطبيق والذي منحت الدولة حرية المرور على أراضيها ، إلى الدبلوماسيين الأجانب ، بشرط أن هذا المرور يجد أساسه في إنجاز المهمات الرسمية .

وفي مرسوم صادر عن الجمعية العامة في هولندا في ٩/أيلول/١٦٧٩ دمج بهذا الصدد الأشخاص الخاصين أو أفعال السفراء الذين قدموا إلى هذا البلد ، للإقامة أو للمرور)). وقد أخذت بذلك أيضا المحكمة المدنية في السين (فرنسا)، في قضية القنصل الأمريكي في Sardaiy ue في ١٨٤٠ عندما أراد المرور في الأراضي الفرنسية حين أوقفته دعوى رفعت ضده بسبب عدم تسديده ديون سابقة ، حيث رأت المحكمة واستنادا إلى قانون ١٣ Ventôse السنة الثانية الذي نص على حرمة المعتمدين الدبلوماسيين بدون تمييز سواء كانوا معتمدون لدى فرنسا أو في حالة مرور .

وفي عام ١٨٨٩ أثيرت قضية Guzman Blonco ، مبعوث فوق العادة* ، وزير

---

* فرق العادة Extra ordinaire جرى العرف في الماضي على منح لقب (فوق العادة) للسفراء الموفدين بمهمات استثنائية ومؤقتة كترؤس بعثات الشرف أو موفدوها الفارضة ، لتميزهم عن السفراء الذين يترأسون القنصليات الدائمة . تم تطوير العرف مع الزمن واصبح هذا اللقب يمنح للسفراء في التمثيل الدائم ، دون أن يكتسبوا أي أمتياز إضافي . وقد نصت المادة

مفوض مطلق الصلاحية لفنزويلا في فرنسا وقد اعترف بصفته هذه من قبل الحكومة الأمريكية ، كان قد استدعي للمثول أمام القاضي في المحكمة الصغرى لمدينة نيويورك بينما كان يوجد في مدينة نيويورك لترتيب سفره إلى فرنسا . فقد رفض المثول أمام المحكمة ، مما دفع القاضي إلى تغريمه بدفع تعويض إلى المدعي بحوالي ٢,١٩١,٥٣٥ مليون دولار . إلاّ أنه استند إلى حصانته الدبلوماسية وأعلن بعدم اختصاص المحكمة في طلب إلى المحكمة العليا في الولايات المتحدة التي ألغت حكم المحكمة السابق استنادا إلى تمتعه بالحصانة القضائية حتى خلال مروره في الأراضي الأمريكية .

كما أن السلطات القضائية البريطانية أقرت قاعدة الحصانة في العديد من القضايا التي عرضت عليها . وأن معهد القانون الدولي اتخذ موقفا لصالح الحصانة من خلال المادة الخامسة من القرار الذي أقر في اجتماع نيويورك ١٩٢٩ :

((تطبق الحصانات ، سواء كان في الذهاب أو الإياب في الدولة التي يتوجب على المعتمد أن يمر بها ، سواء للوصول أو ترك مقر عمله ، أو للدخول بشكل مؤقت إلى موطنه الأصلي)).

وفي الحالة الذي تكون فيه الحكومة في المنفى في أراضي الدولة الثالثة والتي تمثل من خلال هيئتها الدبلوماسية . وهناك حالات عديدة من هذا النوع . وقد سبق وأن واجهت بلجيكا مثل هذا الوضع خلال الحرب العالمية الأولى . إذ أن الحكومة البلجيكية التجأت إلى الأراضي الفرنسية وانتهت في منطقة Havre وفي عام ١٩٤٠ خلال الاحتلال الألماني حتى ١٩٤ عندما التجأت إلى لندن . إذ أن التسهيلات إلى الحكومة البلجيكية في فرنسا لم تكن موضوع لأي اتفاق مكتوب ، ولكن من خلال إجراءات إدارية بسيطة أحادية من جهة فرنسا.

وفي السادس من آذار/١٩٤١ أقرت الحكومة البريطانية تشريعا خاصا يمنح في الوقت نفسه الامتيازات للحكومات اللاجئة على أراضيها وإلى هيئاتها الدبلوماسية .

الثالثة من نظام فينا لعام ١٨١٥ على انه (ليس للمندوبين الدبلوماسيين الموفدين بمهمة فوق العادة أي تفوق في الدرجة) . وهكذا أصبح جميع السفراء متساويين في الدرجة مهما كانت القابهم ومهماتهم .

وجدير بالاشارة الى أن لقب (فوق العادة) لم يرد في اتفاقية فينا للعلاقات الدبلوماسية لعام ١٩٦١ ، مما يؤكد الاستمرار حاليا في تسمية السفراء الدائميين (السفراء فوق العادة) هو مجرد استمرار للتقاليد المتبعة .

ثانيا - اتفاقية فينا لعام ١٩٦١

في الواقع ، فإن المادة ٤٠ من الاتفاقية قد قننت المسألة بشكل واضح :

((١- إذا مر المعتمد الدبلوماسي أو من وجد في أراضي الدولة الثالثة الذي منحته تأشيرة على جواز سفره إذا كان ذلك ضروريا ، بغية الذهاب لتولي مهام عمله أو اللحاق بمنصبه أو للعوده لبلاده ، تمنحه الدولة الثالثة الحرمة وكل الامتيازات الأخرى الضرورية التي تمكنه من المرور أو العودة ..))

والملاحظة الأولى التي يثيرها هذا النص هو أنه لا يخول الحق في المرور أو الترانزيت . فحق الترانزيت يمكن أن يكون ملحقا بالحصول على تأشيرة الدخول ((في حالة هذه التأشيرة إذا كان ذلك ضروريا)) مثلما لكل مسافر بجنسيته . وقد منحت الحصانات لتمكن الدبلوماسي من المرور أو العودة لتولي مهامه أو الالتحاق بمقره ، أو للعودة إلى دولته .

وهكذا ، فعندما تم الكشف في حقائب المعتمد الدبلوماسي الجزائري القادم من دمشق ملتحقا بمقر عمله في أمريكا اللاتينية ، كمية من الأسلحة ، فإن بوليس مطار Schiphol صادر الأسلحة ، لكنه ترك الدبلوماسي يتابع سفره نحو مقر عمله .

وبالمقابل ، فإنه لا يمكن للدبلوماسي المطالبة بالحصانات في الدولة الثالثة ، إذا اعتقل بسبب الإقامة التي تجاوزت علنا الوقت الضروري في الترانزيت أو إذا وجد على أرض هذه الدولة بدون ما يستدعي لممارسة وظائفه.

وقد أعلنت محكمة السين في قضية Sickela C.S. في ١٣ /آذار/١٩٠٩ عن اختصاصها بصدد الدعوى المقامة ضد سكرتير البعثة الأمريكية في بروكسل ؛

((فيما إذا يفترض أن تمتد هذه الامتيازات إلى الحالة التي يوجد فيها المعتمدون الدبلوماسيون في بلد آخر لإنجاز مهماتهم أو بعد تنفيذها فإن هؤلاء المبعوثون لا يستطيعون المطالبة بنفس الحصانات عندما يتواجدون على أرض أجنبية بدون أن يستدعوا لهذه القضايا المرتبطة بمهامهم .

وفي قضية Arcco Leon فإن محكمة سانتياغو قد رأت في ٣٠ /آذار/١٩٥٥ ، بأنها لم تكن متأكدة من أن المدعى عليه ، السكرتير الأول في سفارة أرغواي في فرنسا ، وجد في شيلي لممارسة مهماته .

ويبدو الوضع واضحا عندما يوجد الدبلوماسي على إقليم الدولة الثالثة لبعض الغايات غير الشرعية ، تجارة المخدرات مثلا ، أي ما يقصد لغايات شخصية ، وليس

للعبور الرسمي. إن التطبيق الدولي أفرز العديد من القضايا في هذا الاتجاه .

وفي قضية سفير غواتيمالا في بلجيكا وهولندا الذي اعتقل في مطار نيويورك في ٣/أكتوبر/١٩٦٠ وفي حوزته ٥٨ كيلو غرام من الكوكايين . لقد حاول الحصول على إطلاق سراحه في ادعاءه دبلوماسي في حالة عبور ، إلاّ أن القاضي الأمريكي رفض ذلك، لأن هذا الدبلوماسي القادم من مقر عمله الأوروبي ودخل نيويورك ليس بهدف الدخول إلى غواتيمالا أو لإنجاز بعض المهام الرسمية المكلف بها ، ولكن بصفته الشخصية الخالصة كما يؤكد على ذلك تذاكر الطائرة التي حجزها في توجهه نحو باريس . واعتبر القاضي الأميركي بأن المدعى عليه لم يكن دبلوماسيا في حالة عبور ، على أساس القانون الدولي الذي منح الحصانة إلى الدبلوماسي خلال مروره للالتحاق بمقر عمله الرسمي أو العودة إلى دولته الأصلية .

وفي ٢١/شباط/١٩٦٤ تم اعتقال سفير المكسيك في بوليفيا في مطار نيويورك بتهمة تجارة المخدرات وأدين من قبل محكمة نيويورك في ٢٢/تموز/١٩٤٤ ، وهناك بعض القرارات الأخرى مثل :

اعتقل في بيروت في ٣/نيسان/١٩٧٠ أحد دبلوماسيّ سفارة غانا في لندن بتهمة تجارة المخدرات .

رفضت محكمة فرانكفورت منح الحصانة القضائية في ٣١/آب/١٩٨٤ إلى أحد دبلوماسيّ سفارة زامبيا في نيودلهي لضبط ٢٧ كغم من الهيروين في حقائبه .

وقد نص على نفس هذه الحصانة من خلال المادة ٤٠ ، الفقرة الأولى من اتفاقية فينا لصالح أعضاء عوائل المعتمد الدبلوماسي :

((كما تعامل نفس المعاملة أعضاء أسرته المرافقين له الذين يتمتعون بالامتيازات والحصانات أو الذين يسافرون منفردين عنه للحاق به أو للعودة لبلادهم)).

في ٢١/ أيلول/١٩٧١ اعتقل في مطار امستردام شاب كندي ، ابن سفير كندا في إحدى الدول الأفريقية وبحوزته ٦٠ كغم من الحشيش ، وليس لديه أي عمل في هولندا، الأمر الذي جعله يفقد أي حصانة قضائية .

وفي الواقع ، هناك ما يثير مشكلة أو صعوبة للتفسير الموجود بعبارة ((للعودة إلى بلدانهم)). فالصفة الملكية تتعلق بأعضاء البعثة .

ولكن ما هو البلد المحدد مثلا بالنسبة لزوجة دبلوماسي من دولة وزوجته تحمل جنسية دولة أخرى ، ولاسيما في حالة الدول التي تعترف بازدواج الجنسية .

ومثل هذه القضية عرضت في بلجيكا في ٢٦/أكتوبر/١٩٧٩ بالنسبة للسيدة Vafadar زوجة السفير الباكستاني في نيودلهي التي اعتقل في مطار Zaventem وبحوزتها ١٠ كغم من الحشيش في حقائبها . وأنها كانت في حالة عبور إلى موسكو . ولدت في الاتحاد السوفيتي ، وأنها قادمة لترى زوجها المريض . فقد تأكد للمحكمة بأنها تحمل الجنسية الأفغانية مؤكدة بأن المادة ٤٠ لا تنطبق عليها . وإن محكمة الاستئناف في بروكسل لم ترجع إلى احتمالية الجنسية المزدوجة . أما محكمة التمييز فقد رفضت الطعن وقد تم التأكد من الجنسية من قبل محكمة الاستئناف.

أما المادة ٤٠ في فقرتها الثانية فقد نصت على حالة الطاقم الإداري والفني أو طاقم الخدمة في البعثة :

((٢- وفي الحالات المشابهة المذكورة في البند الأول من هذه المادة لا يجوز للدولة الثالثة إعاقة المرور عبر أراضيها بالنسبة لأعضاء الطاقم الإداري أو الفني أو لطاقم الخدمة للبعثة أو لأفراد أسرهم.))

أما بصدد المفقرتين ٣ ، ٤ من المادة ٤٠ فقد نصتا :

((٣- تمنح الدولة الثالثة المراسلات وكافة أنواع الاتصالات الرسمية المارة بما فيها المراسلات الرمزية بنوعيها بنفس الحرية والحماية التي تمنحها الدولة المعتمد لديها وتمنح حاملي الحقائب الذين حصلوا على التأشيرات اللازمة والحقائب الدبلوماسية المارة نفس الحرمة ونفس الحماية اللتين تلتزم بمنحهما الدولة المعتمد لديها .

٤- وتطبق أيضا التزامات الدولة الثالثة وفقا لما جاء في الفقرات ١ ، ٢ ، ٣ من هذه المادة على الأشخاص المذكورين فيها وكذلك على المراسلات والحقائب الدبلوماسية الرسمية إذا ما وجدت لسبب قاهر في أراضي الدولة الثالثة)).

في الواقع ، فإن نصوص المادة ٤٠ التي تشير إلى منح التأشيرة - ما عدا الفقرة٤- تفترض بأن العلاقات ما بين دولة الدبلوماسي والدولة الثالثة المعنية تبدو علاقات صافية . ويمكن أن تبرز صعوبة في تطبيق هذه النصوص في الحالة التي لا تعترف فيها الدولة الثالثة بدولة الدبلوماسي .

وهكذا ، فإنه في عام ١٩٢٩ ، فإن مدام Kolontai ، عينت وزيرا سوفيتيا مفوضا في مكسيكو ، لم تحصل على ترخيص العبور من الولايات المتحدة التي كانت في تلك الفترة لم تعترف بالحكومة السوفيتية .

كما تبرز أيضا بعض الصعوبات في وقت الحرب ، في الحالة التي توجد فيها

الدولة المعتمد لديها ، والدولة المعتمدة أو دولة العبور في حالة حرب ، وبالتأكيد في هذه الحالة ، فإذا كان الدبلوماسي هدف العدو فإنه يمكن أن يعتقل ، وعلى الأقل لا يمكن منحه جواز مرور.

إذ أنه ما بين ١٩١٤-١٩١٥ ، فإن السفير النمساوي في واشنطن والملحقون العسكريون الألمان أعلن عنهم بأنهم أشخاص غير مرغوب فيهم Persona non Grata لم يحصلوا على جوازات المرور من قبل الحلفاء لتمكنهم من الدخول إلى أوربا.

وفي عام ١٩١٧ ، فإن سكرتير السفارة الألمانية في مدريد قد عين في السفارة الألمانية في مكسيكو ، وبينما كان يسافر للالتحاق بمقر عمله اعتقلته السلطات الكوبية التي أعلنت الحرب على ألمانيا - كما أن هناك العديد من الحالات التي تم فيها اعتقال الدبلوماسيين خلال الحرب العالمية الثانية .

القسم الثاني - وضع المعتمد الدبلوماسي في إقليم الدولة المعتمدة

أولا - غياب الامتيازات

مبدئيا لا يتمتع دبلوماسيّ الدولة المعتمدة في إطار سيادتها على إقليمها بأي امتيازات أو حصانات . ومع ذلك فإنهم يستطيعون التمتع ببعض الفوائد مثل أي موظف عام ينجز مهمات خارجية . مثلا فيما يتعلق بموضوع الشهادة ، الحماية أو الكمارك . وليس هناك من قواعد خاصة تنظم وجودهم في الدولة المعتمدة . وهذا ما نصت عليه القوانين البلجيكية ، وكذلك الفرنسية إذ أكد مجلس الدولة في قراره الصادر في ١٧/حزيران/١٩٣٥ بأنه ليس للممثل الدبلوماسي الذي يحمل الجنسية الفرنسية أي حق في الإعفاء الضريبي : وهو ما قررته محاكم بروكسل في العديد من القضايا المعروضة أمامها في عدم تمتع الدبلوماسي الذي يرتكب أخطاء ناتجة عنها مسؤولية جنائية، بالحصانات القضائية. وكذلك ما أعلنته المحكمة العليا في أرغواي التي أصدرت حكمها بأن الدبلوماسي لا يتمتع في بلاده فيما يتعلق بقضايا القانون الخاص، بالامتيازات والحصانات .

وإن غياب الحصانة القضائية أمام السلطات القضائية للدولة المعتمدة يمتد إلى إجراءات التحقيق التي يمكن التماسها من قبل هؤلاء الدبلوماسيين لدى السلطات القضائية لدى الدولة المعتمد لديها .

ثانيا - مشكلة مسكن الدبلوماسيين

إن مسألة معرفة أين يوجد مسكن أعضاء البعثة ، أثارت العديد من الأجوبة

المختلفة . وفي الواقع ، أن مقر إقامة الوزراء المفوضون في الخارج لا يشكل لهم مسكنا في الدولة التي يمارسون فيها مهامهم. ولكن هذا الاتجاه في التحليل من الصعب أن يتطابق مع التصورات المعاصرة التي تستبعد بالكامل فكرة نظرية الامتداد الإقليمي . وأنه أكثر منطقية في مقابلة للمفهوم التقليدي للمسكن المقتضيات الخاصة بالمهنة الدبلوماسية .

وحسب المادة ١٠٢ من القانون المدني البلجيكي

((فإن مسكن كل بلجيكي من جهة ممارسة حقوقه المدنية هو في المكان حيث تقع مؤسسته الأصلية)).

وبدون شك ، فإن مفهوم ((المؤسسة الأصلية)) لم يكن واضحا. يضاف إلى ذلك فإن المادة ١٠٦ من نفس القانون المدني الذي نص :

((أن المواطن الذي يدعو إلى وظيفة عامة مؤقتة أو غير قابلة للفسخ ، سيحتفظ بالمسكن الذي يمتلكه آنفا ، إلاّ إذا لم يعلن عكس ذلك)) .

وبناء على ذلك فإنه يلاحظ بأن هناك نص يطبق على المهنة الدبلوماسية التي تتميز عادة من خلال طبيعة مؤقتة ، وعلى الأقل من حركة دائمة .

وبصدد الأحكام القضائية الفرنسية فقد أوجدت اتجاه تم الأخذ به . إذ أعلنت محكمة باريس في قرار صادر في ٢٢/تموز/١٨٠٥ بأن تركة الدبلوماسي الأجنبي المتوفي في فرنسا خلال مهمته ، تكون مباحة بدلا من مسكنه الحقيقي الذي لم يفقده .

أما محكمة التمييز الفرنسية قد أيدت رأيها في قرار صادر في ٥/نوفمبر/١٨٩٩ بأن المعتمد الدبلوماسي ((لا يفقد مسكنه الأصلي ذلك الذي تركه في ولادته منذ سنوات طويلة للقيام في الخارج في تنفيذ المهام المرتبطة بالسفارة)) .

وفي الواقع ، فإن جوهر هذه الأحكام القضائية هو أن الرغبة في تحديد المؤسسة الأصلية في دولة المقر الغائبة لأن أعضاء السلك الدبلوماسي الذين يتغيرون بشكل منتظم في مقر البعثة لا يندمجوا في النظام القضائي للدولة التي اعتمدتهم .

ومع ذلك فإنه يجب التخلي عن هذه الأحكام فيما إذا تأكد بأن المعتمد الدبلوماسي أقام فعلا مسكنه في مكان آخر من دولته الأصلية . وهكذا في حالة الشخص البرتغالي الذي أقام في بريطانيا منذ ١٨١٨ كمصدر للكحول وفي ١٨٥٧ أصبح ملحق في سفارة البرتغال في لندن ، وتوفي في عام ١٨٦٠ . فقد أصدرت المحكمة في لندن قرارها في ٩/أيار/١٨٦٢ بان الدبلوماسي سبق وأن امتلك مسكنا إنكليزيا مما يجعله خاضعا إلى ضريبة التركة اللازمة.

وفي الواقع ، فإن هذه الحالات تبدو متكررة في لندن ، وباريس ، وجنيف ، حيث أن هناك العديد من الدبلوماسيين الأجانب ، الذين ينهون أعمالهم يقيمون في هذه العواصم . والأمثلة كثيرة لهذا الوضع وخصوصا عندما تطرح مسألة الحصانات بعد نهاية المهمة المناطة بالدبلوماسي كما مر ذكرها في الصفحات السابقة .

وأنه يمكن أن يحدث أيضا بأن المسكن الأصلي للدبلوماسي لم يوجد في الدولة المعتمدة. وهذا ما رأت فيه محكمة ليما (بيرو) في القضية المرفوعة أمامها في ١٣/أيار/١٩٢١ فيما يتعلق بتركة Dona Goyeneche بأنه قبل أن يعين وزيرا مفوضا لدى الفاتيكان فإن الدبلوماسي في سفارة بيرو يقيم وقت طويل واختياريا في الخارج وليس له أي مسكن في بيرو .

ومما يلاحظ في إطار الخدمة الخارجية فإن هناك عدد من المعتمدين الدبلوماسيين والقناصل ذوو الخبرة الطويلة لا يفضلون البقاء لفترة طويلة في نفس المكان، بعكس ما يرغب به الموظفين الدوليين الذين يستطيعون قضاء كل حياتهم المهنية في نفس المكان.

القسم الثالث - الاحتلال العسكري للدولة المعتمد لديها

عندما يتم احتلال الدولة المعتمد لديها عسكريا من قبل دولة ثالثة ، فإن الحكومة التي احتلت يمكن أن تقرر البقاء على الجزء غير المحتل من إقليمها الوطني أو تترك البلاد نهائيا إلى المنفى .

وما يطرح بهذا الصدد بالنسبة للاختيار الذي طرحته حكومة المارشال بيتان Pétain في فرنسا ، حيث أن المارشال قرر الإقامة في مدينة فيشي- Vichy في المنطقة غير المحتلة وقد تبعته الهيئات الدبلوماسية . وقد قررت الحكومة البلجيكية ما بين ١٩١٤-١٩١٨، وكذلك ما بين ١٩٤٠-١٩٤٤. إذ أنه خلال الحرب العالمية الأولى فإن الملك ألبرت Roi Albert والحكومة قرر الإقامة في مدينة هافر الفرنسية Havre ، وقد تبعه السلك الدبلوماسي . وقد بقي في بروكسل سفارتين تشرفان على أوضاع السكان المدنيين من خلال الاتفاق الضمني مع السلطات الألمانية المحتلة . إذ أن لجنة Commission for Relief of Belgium ، تحت إشراف الولايات المتحدة والتي تطلب الاحتفاظ بسفارة الولايات المتحدة في بروكسل . وأن الوزير المفوض مطلق الصلاحية Whit lock احتفظ بامتيازاته والحصانات حتى قطع العلاقات الدبلوماسية ما بين ألمانيا والولايات المتحدة في ٣/شباط/١٩١٧. وبقي في بروكسل حتى نهاية آذار حتى استسلم أمر وزارة

الخارجية الأمريكية بترك الأراضي البلجيكية.

وخلال الحرب العالمية الثانية فإن أغلبية البعثات الدبلوماسية التحقت بالحكومة البلجيكية في لندن حيث أن القانون الخاص البريطاني منحها الامتيازات والحصانات اللازمة لمزاولة أعمالها.

وفي حالة الاحتلال الكامل للإقليم من قبل القوات الأجنبية واختفاء الحكومة المستقلة ، فإن بعثات الدول المتنازعة تغلق وتضع تحت حماية دولة ثالثة.

من جهة البعثات المحايدة فليس أمامها أي مجال في البقاء إلاّ لحماية رعاياها . وأحيانا فإن القوة المحتلة تستطيع ، حسب القانون الدولي العرفي ، أن تطالب البعثات الدبلوماسية للدول الثالثة بوقف نشاطها ، وإن حماية مصالح هذه الدول ورعاياهم يتم ضمانها من قبل بعثاتهم الدبلوماسية المعتمدة لدى الدولة المحتلة . وهذا ما كان موقف دول الحلفاء عندما قامت باحتلال ألمانيا في عام ١٩٤٥.

وبالقياس ، فإنه يفترض أن تعتبر بأنه من المناسب أن تمنح بعثات الدولة الثالثة وضعا على الأقل مساوٍ لذلك الدبلوماسي في حالة عبور ومنحهم الفترة المعقولة لترك الإقليم . وفي الحالة الحاضرة للقانون الدولي ، يمكن أن نرى بأن الاحتلال الشرعي لإقليم أجنبي ، حتى في حالة من العمل العسكري، لا يسمح للقوة المحتلة أن تحرم بعثات الدول الثالثة غير المتنازعة من حصاناتها والموجودة في الإقليم المحتل . وفي هذه الحالة فإن القوة المحتلة تحل محل الدولة المعتمد لديها في حالة الالتزامات ، حيث أنها تمارس ولفترة مؤقتة السلطات المختصة بذلك . وبالمقابل إذا كان الاحتلال غير شرعي فإن كل ضرر يمس الامتيازات والحصانات الخاصة بالممثلين الدبلوماسيين للدول الثالثة سوف لا يكون إلاّ خرقا إضافيا للقانون الدولي .

وهذا ما تمثل في قيام الولايات المتحدة في ٢٩/كانون الأول/١٩٨٩ خلال احتلال بنما بمحاصرة السفارتين الكوبية وبيرو وتفتيش مقر إقامة سفير نيكاراغوا في بنما وحاصرت أيضا مقر السفارة البابوية حيث التجأ إليها الجنرال نوريغا . وقد أدانت الجمعية العامة للأمم المتحدة الغزو الأمريكي لبنما ووصفته بأنه ((انتهاك فاضح)) للقانون الدولي وخرقا للقانون الدبلوماسي (44/240/1989) .

الفصل الثامن

الحصانة Ration Materiae

مفهوم التصرف الوظيفي (المهمة)

حقل تطبيق مفهوم تصرف المهمة:

في الواقع من الصعب معالجة مشاكل الحصانات الشخصية بدون التطرق سريعا لمفهوم متباعد جدا، وهو مسألة إثباتات الوظيفة. وحقل تطبيقه واسع جدا، وهذا المفهوم في الحقيقة، يمتد إلى الدبلوماسيين والقناصل والموظفين الدوليين. بشرط الاختلافات في النصوص التي من المفروض أن تأخذ بنظر الاعتبار في كل حالة خاصة، فإن المسائل المطروحة تبدو مسائل مشتركة مهما كانت طبيعة الوظائف أو المهام. وهكذا فإن الموضوع يتطلب معالجة شاملة.

مبدئيا، تعتبر الحصانة القضائية للمعتمد الدبلوماسي حصانة شخصية (Personae Ration) وليس مادية أو وظيفية (Ratione Materieae)، وأنها توجد عندما يتصرف المعتمد أو يمتنع عن ذلك في إطار ممارسة وظائفه. وأحيانا في بعض الأوضاع الخاصة فإن الحصانة تنحصر في التصرف المنفذ في إطار ممارسة المهام، حيث نجد أنفسنا أمام حصانة حقيقية(ratione Materiae):

أ - حدود الاستثناءات في الحصانة القضائية المدنية والإدارية:

في بعض الظروف، فقد تم تحديد الحصانة القضائية للمعتمد الدبلوماسي (المادة ٣١ من اتفاقية فينا).وفي كل استثناء في الحصانة القضائية المدنية الإدارية للمعتمد الدبلوماسي يناظر الاستثناء الفرعي في الفرضية حيث المعتمد الدبلوماسي يعمل لحساب الدولة: وعندما يمتلك عقارا لحساب الدولة المعتمدة لغايات البعثة، وعندما يذكر في ميراث اسم الدولة المعتمدة، أو عندما يمارس نشاط تجاري في إطار ممارسته لوظائفه الرسمية.

ب- المعتمد الدبلوماسي الذي يحمل جنسية الدولة المعتمد لديها أو الذي لديه إقامة دائمة في الدولة المعتمد لديها.

إن الدبلوماسي الذي يقع تحت حكم المادة ٣٨ من اتفاقية فينا لا يتمتع إلا

بالحصانة القضائية وبالحرمة للتصرفات الرسمية المنفذة في إطار ممارسته لوظائفه. وما يشـار إليه هو أن المفهوم يبدو متشددا بشكل خـاص. فالممثل الـدبلوماسي يصـان لـيس بالنسبة للأعمال المنفذة في إطار ممارسته لوظائفه، ولكن فقط بالنسبة للتصرفات أو الأعمال الرسمية المنفذة في إطار هذه الممارسة.

جـ- تصرفات الطاقم الإداري، الفني والتنظيمي:

ما يقصد بالحصانة القضائية للطاقم الإداري والفني والتنظيمي قد أوضحته المادة ٣٧، الفقرة الثانية صراحة إذ أشارت إلى أن (الحصانة القضائية المدنية والإدارية للدولة المعتمد لديها التي ذكرت في البند الأول من المادة ٣١ لا تطبق على التصرفات المنجزة خارج إطار ممارسة وظائفهم).

د- حصانة انتهاء المهمة:

لقد اعترفت المادة ٣٧، الفقرة الثالثة مـن اتفاقيـة فينا بالحصانة القضائية لطاقم الخدمـة بالنسبة للتصرفات المنفذة في إطار ممارسة الوظائف بشرط أن لا يكونـوا مـن رعايـا الدولـة المعتمد لديها وليس لديهم إقامة دائمة.

هـ- حصانة انتهاء المهمة:

حسب المادة ٢٩، الفقرة الثانية من اتفاقية فينا قد أشـارت إلى أن الحصانة القضائية تنتهـي بعد رحيل المعتمدون الدبلوماسيون من الدولة التي اعتمدوا فيها بالنسبة للتصرفات ذات الطبيعـة الخاصـة قبـل أو خـلال ممارسـتهم لوظائفهم، وبالمقابـل، فإنهـا تبقـى إلى انتهـاء الوظائف بالنسبة للتصرفات المنفذة في إطار ممارستهم لوظائفهم.

و- الحصانة القضائية المحدودة بالتصرفات التي تتعلق بممارسة الوظيفة الدبلوماسية بالنسبة للدبلوماسيين بصورة عامة:

وفي الواقع، فإن هناك بعض الدول، وبشكل خاص قبل أن ترتبط باتفاقية فينا تبنت وجهة نظر بأن الحصانة الدبلوماسية يجب أن تكون مقيدة أو محـددة بالتصرفات المتعلقة بممارسـة الوظيفـة. وهذا ما أخذت به الحكومة الإيطالية قبل أن تغـير محكمة الاستئناف الموقف، في عـام ١٩٤٠، مـن خلال قرارها المشهور في قضية Forzano. كذلك الموقف الذي عبرت عنه تركيا في قرار لمحكمة التمييـز في قرارها الصادر في ٢٩/حزيران/ ١٩٥٧.

وفي الواقع، فإن هذه المواقف، خارجا عن فادتها التاريخية، تبدو دائما وثيقة الصلة بالموضوع الذي تعالجه، لأنها تسمح بالكشف في أي الظروف تعتقد المحاكم بضرورة إثباتات الوظيفة.

ويضاف إلى ذلك فإنه من المفروض الإشارة إلى أن مفهوم إثباتات الوظيفة ظهر في أوضاع أخرى مشابهة.

أ - بموجب الاتفاقيات الثنائية أو المتعددة الأطراف فإن للموظفين ذوي المراتب العليا للمنظمات الدولية نظام مشابه لذلك الذي ينظم وظيفة المعتمدون الدبلوماسيون، وأن مفهوم إثبات الوظيفة ظهر إذن من ناحيتهم في نفس الشروط بالنسبة للدبلوماسيين.

ب - ترى البعثات الدائمة لدى المنظمات الدولية أحيانا حصانتها القضائية المحددة في إثباتات الوظيفة. وهكذا، في البداية، فإن بعض الاتفاقيات المتعددة الأطراف، مثل التي حول الحصانات والامتيازات الخاصة بالأمم المتحدة في ١٣/شباط/ ١٩٤٦، قد حددت الحصانة القضائية لممثلي الدول الأعضاء بالأعمال المنفذة بصفتهم في التمثيل (القسم الثاني، البند الأول). ومع ذلك، بسرعة جدا، وبشرط بعض الاستثناءات فإن أغلبية الاتفاقيات الموقعة مع الدول المضيفة أقرت بالنسبة لهذه الفئة من الدبلوماسيين الحصانة الدبلوماسية المذكورة. وأيضا، وخلال التحضير لاتفاقية فينا في ١٤/آذار/ ١٩٧٥ حول تمثيل الدول في علاقاتها مع المنظمات الدولية في الخاصية الشاملة قد تبنت بالنسبة للامتيازات والحصانات تعديل ما يكن تعديله (Mutatis Mutandis)، أحكاما مشابهة لتلك التي تبنتها اتفاقية فينا لعام ١٩٦١: تحدد للاستثناءات في الحصانة القضائية للدبلوماسيين (مادة ٣٠)، الطاقم الإداري والفني (مادة ٣٦)، وأعضاء البعثة الأخرى (مادة ٣٦)، والرعايا أو الذين لهم إقامة دائمة في الدولة المضيفة (مادة٣٧) ونهاية المهمة (مادة ٣٨).

جـ- ويلاحظ وجود أحكام مشابهة إلى تلك التي جاءت بها اتفاقية فينا لعام ١٩٦١ في اتفاقية الثامن من كانون الأول / ١٩٦٩ حول البعثات الخاصة.

د - ما قصد بالموظفين والمستخدمون القنصليون فإن تحديد الحصانات القضائية إلى إثبات الوظائف يبدو أمرا تقليديا. وهي جزء من القانون الدولي وقننت من قبل اتفاقية فينا لعام ١٩٦١ (الحصانة القضائية مادة ٤٣، ب. التزام الإجابة كشاهد: مادة ٤٤، الظروف القاهرة ٣ ونهاية الامتيازات والحصانات، مادة ٥٣، الفقرة ٤، الرعاية أو الإقامة الدائمة في الدولة المضيفة.

هـ- والتحديد يبدو أيضا تقليديا بالنسبة للموظفين الدوليين.

وهذه الاتفاقيات المختلفة، وبشكل خاص الخاصة بالأمم المتحدة، جـديرة بتحديد المصطلح في هذا المجال. والصياغات التي تم إقرارها من قبل اتفاقية فينا لعام ١٩٦١ بهذا الصدد هي كالآتي:

- الأعمال المنفذة خارجا عن ممارسة وظائفهم (مادة ٣٧، فقرة ٢).

- الأعمال المنفذة في إطار ممارسة وظائفهم (مادة ٣٧، فقرة ٣).

- الأعمال المنفذة في إطار ممارسة وظائفهم كعضو في البعثة (مادة ٣٩، فقرة٢).

وهكذا (الأعمال الرسمية المنفذة في إطار وظائفهم) (مادة ٣٨).

لقد استعملت الصياغات المماثلة في الاتفاقيات الأخرى من فينا، وحتى بالنسبة للقناصل. إذ أن العبارات الثلاثة الأولى يمكن اعتبارها مقتصرة على ازدواج فريد: التصرف المنجز (في) أو (خارجـا) عـن ممارسة الوظائف. والتصرف المنفذ خارجا عن ممارسة الوظائف يعـود إلى مفهوم التصرف المنفـذ في إطار ممارسة الوظائف، وحتى من جهة إضافة عضو في العبارة (كعضو في البعثـة) يمكن أن تعتبر كعبارة ضمنية في كل الحالات، وإذن عبارة مسهبة. والصياغات تقتصر على عبارتين: الأعمال الرسمية والأعمال المنفذة في إطار ممارسة الوظيفة.

هل يوجد اختلاف ما بين (العمل الرسمي) و(تصرف الوظيفة)؟

بعض المختصون اعتبروا بأن هاتين الفئتين تقتصران إلى فئة واحدة، والاستعارة الأولى ازدرأت من الاستعمال الاختياري للعبارتين في نفس الاتفاقيات. وإن هذا الاستعمال الاختياري أنعـش، بـدون أي غموض من قبل محكمة التمييز الإيطالية، متخذتها كدليل للتعارض في اتفاقيـة فينـا حـول العلاقـات القنصلية من المادة ٤٣، الفقرة الأولى ومن المادة ٧١.

وهذا المفهوم يعد أكثر تقيدا من مفهوم الأعمال المنفذة في إطار ممارسة الوظائف. وهكذا فـإن مخالفة مرورية أثناء الخدمة أو تأجير مبنى في نهاية الوظيفة يمكن أن يعتبر تصرفات منفذة في إطـار ممارسة الوظيفة. وإن هذه لم تكن بالتأكيد تصرفات رسمية.

هذه الصياغة حددت التصرفات المحمية، لا بل الأعمال الدبلوماسية Stricto Sens، (المقيدة) عـلى الأقل إلى كل الأعمال المنفذة لحساب دولته.

ولكن نادرا ما صادقت السلطات القضائية مفهوم التصرف الرسمي بالنسبة

للمعتمدين الدبلوماسيين، وأن هذا لا يمكن إلا أن يكون إلا من خلال تفسير المادة ٣٨ من اتفاقية فينا.

إذ أن المحكمة الإدارية النمساوية رفضت طلب الحصانة لقنصل الشرف الدنماركي الذي يحمل الجنسية النمساوية بصدد خرق عام للسير، لأن ذلك لم يكن تصرف رسمي، وأن قيادة السيارة لم يشر ـ في قائمة الوظائف في المادة الخامسة من اتفاقية فينا لعام ١٩٦٣ (١٨/حزيران/ ١٩٨٢). وأن مفهوم التصرف الرسمي قد استعمل قبل التوصل إلى اتفاقية فينا وذلك في عام ١٨٥٨ في فنزويلا بصدد قضية القائم بأعمال السفارة البريطانية في فنزويلا.

وأكثر حداثة، فقد تم التأكيد على القاعدة نفسها من خلال محكمة الاستئناف في لندن، في ٢٤/آذار/ ١٩٦٤ في قضية .Zoernsch.W، حيث أن المحكمة رأت بأن الحصانات تبقى إلى نهاية الوظائف.

ويبقى أخيرا مفهوم (الأعمال المنفذة بالصفة الرسمية) الذي استعمل عندما يتعلق بالموظفين الدوليين. وأن هذا المفهوم أكثر اتساعا من مفهوم الأعمال الرسمية في المعنى المحدد. ويمكن اعتباره كشيء مرادف للأعمال المنفذة في إطار ممارسة الوظائف. ومثل ذلك، في كل فرضية، هو المعنى المتمسك به في تطبيق الأمم المتحدة.

ومع ذلك فإن هناك نقطة مشتركة بشكل مؤكد في كل الأنظمة من حصانات المعتمدين، وأن هؤلاء الذين يتمتعون بنظام مفرط، ليس لفائدتهم الشخصية، ولكن في مصلحة الدولة أو المنظمة حيث أنهم أعضاءها. وهذا ما يبدو صحيحا خاصة بالنسبة لهذه النواة من الحصانات التي لا يمكن تخفيضها والتي تمثل تصرف الوظيفة.

القسم الأول:

مفهوم التصرف المنفذ في إطار ممارسة الوظائف خلال التطبيق:

في الواقع، أن التطبيق القضائي يشير إلى أن المغالاة ليس من الصعوبة مطابقتها. أنها مجموعة من الأعمال التي تمتد، عمليا بدون استثناء، إلى وصفها بتصرفات الوظيفة مثلما أن هناك مجموعة من الأعمال التي يستبعدها هذا التوصيف عادة (التصرفات أو الأعمال الخاصة). وأحيانا توجد منطقة رمادية مهمة والتي بصدد تنوع الأحكام القضائية. وهذا ما يتضح جليا بالنسبة لهذه المنطقة الرمادية التي من المناسب البحث عن المعايير العامة للحل الذي سوف تطرحه في الأخير.

المطلب الأول: الأوضاع التي لا تكون فيها الأحكام القضائية محل تنازع:

١- الحالة التي تمنح فيها الحصانة القضائية:

أولا: العقود الموقعة لحساب البعثة:

في فرنسا، فإن محكمة باريس قد أعلنت في ٢٩ حزيران/ ١٨١١ في قضية Angelo Poulos.F.، "بما أنه أقر في فرنسا بأن السفراء والوزراء المفوضون للقوى الأجنبية لا يمكن مرافعتهم أمام المحاكم الفرنسية بسبب تسديد الديون التي تعاقدوا عليها أثناء ممارستهم لوظائفهم بالنسبة لمصالح غير أجنبية بالخاصية التي أضيفت عليهم.

وبناء على ذلك، فإن المحكمة أبطلت الحكم الذي صدر بإدانة ملحق السفارة بدفع دين لأمر الذي سجل لمنفعة تاجر البقالة لبعض المواد التي لم تبعث إليه شخصيا، ولكن في بريطانيا، فإن Law Officers of The Crown تسأل حول فيما إذا كان- على الافتراض أنه استدعي من قبل حكومته- الوزير الإسباني المفوض في لندن يمكن أن يتحمل مسؤولية العقود الموقعة من قبله لحساب الحكومة الإسبانية في تلك الفترة، وفيما إذا كان يمكن مقاضاته أمام المحاكم البريطانية بهذا الصدد. فقد أجيب بالنفي.

وفيما يتعلق بالقناصل، فإن هؤلاء يمكنهم القيام بإبرام العقود لحساب دولهم في إطار ممارسة مهامهم ويمتعون بهذا الصدد بالحصانة القضائية. وأن المادة ٤٣، الفقرة الثانية من اتفاقية فينا لعام ١٩٦٣ نصت خاصة على هذا الوضع وألزمت بأن صفة تفويض الدولة تبدو مؤكدة:

"٢- ومع ذلك، لا تسري أحكام الفقرة الأولى من هذه المادة في حالة الدعوى المدنية على أي مما يلي:

أ - الناتجة عن عقد مبرم بمعرفة عضو أو موظف قنصلي ولم يكن هذا التعاقد صراحة أو ضمنا بصفته وكيلا عن الدولة الموفدة".

وهذا يسري بالنسبة لكل العقود وأيضا بالنسبة لعقد الإيجار الذي سيتم التطرق إليه. وأن هذه يطبق أيضا بالنسبة للعقود الموقعة من قبل الموظفين الدوليين لحساب منظماتهم.

ثانيا: إيجار مبنى البعثة:

لقد أقرت المحاكم بأن عقد إيجار مقر البعثة يعتبر تصرفا منفذا في إطار ممارسة

الوظيفة. وهكذا، في هولندا، فإن محكمة مقاطعة لاهاي في ١٤/شباط/ ١٩١٨ أقرت بأن عقد الإيجار الموقع من قبل المعتمد الدبلوماسي الذي يتعلق بمقر البعثة اعتبر تصرفا منفذا في إطار ممارسة وظائفه.

وموقف مشابه أخذت به المحكمة المدنية في مدينة ليل (الفرنسية) في١٩٣١، وكذلك محكمة أثينا في ١٩٣١، ومحكمة التمييز التركية في ٣٠/أيلول/ ١٩٥٥. وموقف مشابه يتعلق بالقنصلية، من جهة المحكمة الكبرى في السين في عام ١٩٦٤، وقد أكدت محكمة التمييز الفرنسية في ٢٧/كانون الثاني/ ١٩٦٩ بحصانة القنصل بالنسبة لعقد إيجار المباني المبرم، وذلك فيما يتعلق بالقنصلية العامة البرتغالية. ما أخذت به المحكمة العليا البرازيلية فيما يتعلق بمباني القنصلية في ٩/نوفمبر/ ١٩٩٥.

ثالثا: علاقات الاستخدام مع طاقم البعثة (الطاقم الإداري والفني أو طاقم الخدمة) أو المنظمة الدولية:

وبهذا الصدد فإن هناك العديد من القرارات القضائية التي أقرت بحصانة رئيس البعثة أو وضعه خارج الدعوى، بمواجهة النزاعات المتعلقة بانتهاء العقود. وهذا ما رأت فيه محكمة الاستئناف في نابولي في قضية المستخدم الذي يعمل في مكتب خدمات الهجرة في القنصلية الأمريكية، في ٧/نيسان/ ١٩٣١.

كما أن الحصانة القضائية قد تم الاعتراف بها إلى سكرتير الصندوق العام للإعانات التابع للأمم المتحدة خلال محاولة حجز ما للمدين من نفقات الخدمة من قبل هذه المنظمة للموظف، وهي الدعوى التي نظرت فيها المحكمة العليا في نيويورك في ١٩/أيار/ ١٩٧٨ (رسالة السكرتير العام للأمم المتحدة في ٣/أكتوبر/١٩٧٨).

رابعا: ممارسة الاختصاصات الوظيفية:

وقد أخذت الأحكام القضائية بنظرها الذين يتمتعون بالحصانة المعنيون بصدد ممارسة اختصاصاتهم الوظيفية. وهكذا هل تبرز تنازعات تتعلق بتقديم حسابات ما بين القنصل ونائب القنصل. وفي الوقت نفسه تتعلق بالاعتراضات المتعلقة بتصفية التركة من قبل القنصل.

وهكذا فإن محكمة الجنح في السين وجدت نفسها في ١٨/شباط/١٨٩٩ أمام قضية Christidis C. Consorts السكرتير الثاني في المفوضية اليونانية حيث أنيطت به وظائف القنصل، الذي تكلف بصفته وكيلا في تصفية تركة أحد مواطني اليونان الأب Verissi.

إذ أن شركاء هذا الأب أقاموا دعوى حسابات على كريستيدس، ومن ثم استحضروه أمام القضاء لاستغلال النفوذ من خلال الإعلان الصادر في ٢٨/نوفمبر/١٧٩٨. ومنذ تعيينه من قبل حكومته في هذا المنصب ٣/آب/١٨٩٨ وهو مكلف بعمل خلفه. وقد أثار حصانته أمام المحكمة التي أعلنت بأن الحصانة لا تحجب عن الدبلوماسي القديم الذي، انتهت مهماته، ويستمر في الإقامة في فرنسا. ولكن أضافت"

"وحيث أن ما يقصد بالنسبة للمحكمة في تعيين العمليات التي يديرها القنصل في ممارسة وظائف القنصل (....) في مراقبة الحسابات لهذا القنصل وتقدير المكافأة الشرفية الخاصة به، فإن المحكمة غير مختصة لمحاكمة التصرفات التي يقوم بها القنصل الأجنبي في فرنسا في حدود صلاحياته، بصدد أحد من مواطني دولته (....) ولأسباب هذه تعلن المحكمة عدم اختصاصها.

وهناك أيضا العديد من القرارات الخاصة بتسديد الضمانات إلى البحارة من قبل القناصل. وفي منح أو رفض الجوازات أو التأشيرة، أو التأييدات الرسمية حول الوضع الشخصي- نفسه الذي يتعلق بطلب إجراء دراسة من قبل الحكومة، وهي النقطة التي كانت تعتبر جدلا واسعا، إلا أن جميع لمحاكم تستند في قراراتها في إضفاء الحصانة على المادة الخامسة الفقرة م(١٣) التي جاء فيها:

"ممارسة جميع الأعمال الأخرى التي توكل إلى بعثة قنصلية بمعرفة الدولة الموفدة والتي لا تحظرها قوانين ولوائح الدولة الموفد إليها أو التي لا تعترض عليها هذه الدولة أو التي ورد ذكرها في الاتفاقيات الدولية المبرمة بين الدولة الموفدة والدولة الموفد إليها".

٢- الأوضاع التي يرفض فيها منح الحصانة القضائية.

أولا: الجرائم والجنح لأسباب شخصية:

هناك العديد من الأمثلة التي تزخر بها ملفات القضاء الوطنية بالحالات التي يكون فيها القناصل أو أحد أفراد أسر المعتمدون الدبلوماسيون محل اتهام بتهمة السرقة. وفي المحاكم الأوروبية ما يفيض بالعديد من الكتب لمثل هذه الحالات. إضافة إلى نقل وتداول العملات المزورة، وهو ما قدم أمام محكمة لاهاي في نيسان /١٩٣٠. وحيازة الأسلحة تمثل أيضا من الأوضاع التي ترفض فيها السلطات القضائية منح الحصانة حيث هناك العديد من الحالات.

- اعتقال السفير الفلبيني السابق لدى الفاتيكان في ٢٢/آب/١٩٨٦ من قبل السلطات الإيطالية.

- حيازة الأسلحة بشكر غير شرعي من قبل نائب القنصل الفرنسي في ولاية كودويا في الأرجنتين، حيث رأت المحكمة العليا في الأرجنتين في ٣/حزيران/١٩٧٤ بأن حيازته لا يمثل عملا من أعمال الوظيفة.

لقد رأت محكمة روما في قرارها الصادر ١٦/شباط /١٩٦٦ بأن الحصانة القضائية الجنائية لا يمكن الاستناد إليها بعد الانتهاء المهام بصدد الأعمال المنفذة خلال المهام ولكن بدون أن تكون لها صلة بها.

كما لا يمكن منح الحصانة في حالة هتك الحرمة وتخريب الأبنية العامة حيث أن محكمة الجنح في فرساي أدانت في ١٥/آذار/١٩٨٣ ثلاثة مستخدمين أعضاء في الطاقم الإداري والفني في سفارة إيران لقيامهم بكتابات معادية على جدران الأبنية العامة.

وكذلك لا يمكن منح الحصانة القضائية في حالات التزوير، وهو ما قررته المحكمة العليا في الأرجنتين في ٢٤/ نوفمبر /١٩٤٤، وكذلك في حالات النصب والاحتيال، وهي الحالات الكثيرة التي يقوم بها موظفي الأمم المتحدة في نيويورك، حيث أن ملفات مثل هذه الحالات تتكدس في المحكمة العليا في ولاية نيويورك، إضافة إلى الحالات الأخرى التي يرتكبها أعضاء البعثات الدبلوماسية في العديد من الدول.

ثانيا: تصرفات مختلفة ناتجة من العلاقات الخاصة:

إن التصرفات الناجمة حصرا عن العلاقات الخاصة تبدو عديدة جدا:

- الدين الخاص التعاقدي، هي القضية التي نظرت فيها المحكمة المختلطة المصرية في ٣/نيسان/ ١٣٤ بصدد ديون أعضاء عائلة المعتمد.
- النفقة الشرعية ما بين الزوجين.
- الطلاق.
- الحجز المؤقت على الممتلكات المشتركة ما بين الزوجين.
- العقد الخاص. لقد أعلنت محكمة روما في ١٣/ تموز/ ١٩٥٣ في قضية المؤسسة السينمائية Arcthusa F. لا تمنح الحصانة بالنسبة للمستخدمين إلا في حالة تصرفات الوظيفة.

ثالثا: الخطأ الشخصي أثناء ممارسة الوظائف أو التجاوز في الوظيفة ينجم عنه شبه جنحة تجاه الغير:

وفي الواقع، أن محيط العلاقات الدبلوماسية زاخر بالأخطاء الشخصية المرتب عليها المسؤولية المدنية لمرتكبيها. وهذا ما أشارت إليه محكمة نيس في قرارها الصادر في

٢١/كانون الثاني/١٧٩٦ بأنه سيكون من الجدير فيما إذا أسس بأن لا يتصرف ممثل القنصل في حدود التفويض إلا إذا خوله القنصل بذلك.

المطلب الثاني: الأوضاع التي اختلفت فيها الأحكام القضائية:

أولا: مخالفات أنظمة المرور والتعويضات عن حوادث المرور:

من المناسب التمييز بين ما يقوم به سائق المركبة- حيث الوظيفة هي في قيادة المركبة، والأشخاص الآخرين حيث ليس هناك مهمة قيادة المركبة.

١- المخالفة المرتكبة من قبل عضو في طاقم الخدمة حيث المهمة تنصب في قيادة المركبات.

إذ قررت محكمة باريس في ٩/نيسان/١٩٢٥ في قضية Loperdrix Perguer بعدم منح الحصانة القضائية إلى السائق. وأن العرض الذي جرى أمام المحكمة لم يكشف فيما إذا كان التصرف الذي نجم عن حادثة المرور قد حصل أثناء ممارسة السائق لأعماله. حيث أنه وحسب رأي المحكمة لم يقم في ارتكاب الحادثة وهو يقود سيارة سكرتير بعثة الولايات المتحدة في باريس، وبذلك لا يمكن منحه الحصانة القضائية.

ولكن بالمقابل، فإن المحكمة العليا في هولندا رأت في القضية التي عرضت أمامها في ٥/أيلول/١٩٧٥، بأنه من المفروض أن تمنح الحصانة القضائية إلى خادم السفارة الإيطالية التي اعتقل لقيادته مركبته وهو في حالة سكر.

وقد عبرت الأمانة العامة للأمم المتحدة بأن موظف المنظمة "لا يتمتع بهذه الحصانة (القضائية) في حالة مخالفة أنظمة السير إلا إذا، في حالة ارتكابه المخالفة، كان منفذا للأعمال الرسمية"(رأي المجلس القانوني في ٢٥/أيار/١٦٦).

٢- المخالفة المرتكبة من قبل الممثل حيث التصرف لم يكن من خلال قيادة مركبة.

وفي تلك الفترة التي كانت فيها الأحكام القضائية الإيطالية لا تعترف للمعتمدين الدبلوماسيين بالحصانة إلا فقط بالنسبة لتصرفات الوظيفة، فإن الحصانة لم تمنح إلى سفير شيلي لدى الكرسي الرسولي في القضية التي ثبتت مسؤوليته المدنية في حادثة مرورية في ٣/آب/١٩٣٤.

وفي قضية عرضت على محكمة روما في ٢٢/أيار/١٩٥١، فإن المحكمة لم تعترف بالحصانة القضائية إلى خادم الدبلوماسي الذي دهس شخصا في قيادته للمركبة، معلنة بان "الحادثة نتجت عن ظروف أخرى، وأن المدعى عليه لم يمارس أعماله، وأنه كان بإمكانه أن يرتكب مثل هذه الحادثة في إطار ممارسته لأعماله.

وقد اتبعت محكمة العدل الأوروبية في قضية Sayag وجهة نظر اللجنة الأوروبية التي اعتبرت:

"الموظفون والمعتمدون حيث الوظيفة لا تتركز في قيادة المركبات الخاصة بالمجموعة وأنهم يستعملون مركباتهم الشخصية بحرية (....) حتى إذا أذنت لهم المجموعة بذلك، فإنهم لا ينفذوا أعمالا بصفتهم الرسمية، وليس من الممكن المطالبة بالتمتع بالحصانة القضائية".

٣- مشاكل التعويض:

لقد تعرض أحد الأطباء لحادثة دهس بمركبة القنصل البولوني في مدينة ليل الفرنسية، مما دفع الطبيب إلى إقامة دعوى وطلب تعويضات من القنصل. إلا أن محكمة الجنح في ليل أعلنت في ١٧/نوفبمر/١٩٣٣ عدم اختصاصها لأنه قد أقر بأن: "المركبة موضوع الحادث كانت في مهمة رسمية من قبل الحكومة البولونية" وبموجب نصوص الاتفاقية الفرنسية- البولونية في ٣٠/كانون الأول/ ١٩٢٥ فإن القناصل لا يمكن أن يقدموا لمحاكم الدولة التي يقيمون فيها نتيجة لتصرفات الوظائف التي يقومون بها في حدود صلاحياتهم التي تم الاعتراف بها من قبل الاتفاقية. واليوم فإن مسألة تعويضات حوادث المركبات قد تم تسويتها من خلال اتفاقية فينا حول البعثات الخاصة وحول العلاقات القنصلية.

ثانيا: إيجار المبنى وتأجير الأثاث للإقامة الدائمة:

هناك بعض القرارات التي تكون إيجابية معتبرة هذا النشاط مرتبطا بالوظيفة.

في قضية Salme, Frazier فإن محكمة الاستئناف قامت بالتمييز في الدعوى المرفوعة أمامها في ١٢/ تموز/١٩٣٣. إذ أن فريزر كان معتمدا منذ ١٣/أيلول/١٩٢٩ من قبل الحكومة الأمريكية في النمسا، وبالتدريج بصفته المندوب السامي، ومن ثم قائم بالأعمال حتى ٢٢/تموز/١٩٢٢، التاريخ الذي أعلن فيه استقالته.

أقيمت هذه الدعوى من قبل Salme أمام السلطات القضائية النمساوية تتعلق بإيجار مبنى وأثاث لفريزر وعائلته وخدمه أثناء مهمته في النمسا. وقد أدانت هذه السلطات القضائية فريزر وحملته الأضرار: وطلب أمر التنفيذ في فرنسا حيث يقيم الدبلوماسي السابق. فقد أعلنت المحكمة في جلستها الأولى بعد اختصاصها وقد صادقت محكمة الاستئناف على هذا القرار حيث أعلنت:

"بينما أن (....) القرارات (.....) تتعلق بالأعمال المنفذة من قبل فريزر عندما كان معتمدا دبلوماسيا وفي صلة بتنفيذ وظائفه، وحيث أن الحصانة مرتبطة بالوظائف أكثر مما هي مرتبطة بشخص المعتمد الدبلوماسي ولا تستمر أبعد من نهاية وظائفه مع أن هذا التفسير لا يسري إلا بالأعمال المنفذة بعد نهاية مثل هذه الوظائف.

وبالمقابل فإن هناك بعض القرارات التي تعتبر الإيجار للاستعمال الشخصي- عمل متصل بالوظيفة.

- المحكمة المدنية في فورنسا في ٣/آب/١٩٣٤ في قضية الدبلوماسي Balloni في سفارة شيلي.

- محكمة الجزائر في ١٨/نوفمبر/ ١٩٤٨.

- محكمة التمييز التركية في ٢٩/حزيران/١٩٥٧.

- محكم باريس في ٣٠/ كانون الثاني/١٩٦٣. وفي ١٩/حزيران/ ١٩٦٥.

وفي الواقع، فإن هناك أيضا عدد من المختصين الذين يرون بأن إيجار العقار أو المبنى للاستعمال الشخصي لأعضاء البعثة أو للموظفين الدوليين لا يعتبر تصرف وظيفي، لأنه لا يمكن أن يستند إلى الدولة أو إلى المنظمة التي تستخدمه. ولا يمكن أن يكون شيء آخر إلا إذا عقد الإيجار مباشرة من قبل الدولة أو المنظمة لسكن موظفيها.

إن التمسك من قبل المعتمد بالشرط الدبلوماسي في الإيجار ارتبط أيضا في ممارسة الوظيفة.

ثالثا: التصرفات غير الشرعية في دولة المقر ولكن محمية من قبل حكومة الدولة الموفدة:

هل من الممكن الاعتقاد بأن التصرف غير المنفذ في إطار ممارسة الوظائف عندما يكون مخالفا لقوانين دولة المقر، حجة تأخذ بأن مثل هذا الخرق لا يمكن أن يكون عملا لعضو البعثة الأجنبي؟

وفي الواقع، فإن هذا السؤال قد طرح مع كثير من الوضوح في قضية Rissmann من قبل محكمة Genes في قرارها الصادر في عام ١٩٧٠. إذ أن قنصلا من ألمانيا الاتحادية سبق وأن منح تأشيرة دخول لألمانيا إلى فتاة في العشرين عاما حيث أن والديها مطلقان وتتمتع بازدواجية الجنسية، الإيطالية من قبل والدتها والألمانية من قبل والدها. وأن كل واحد من الزوجين حصل على قرار بحضانة الصغيرة من قبل محكمة بلاده وحسب تشريعاتهما، الأول في الفترة كان القرار الألماني. وأن الأم القنصل بالتواطئ بالخطف

الدولي للطفلة. وقد حصلت على تأييد سفارتها، ومع مصداقة الحكومة الإيطالية وأن القنصل تمسك في أنه تصرف في حدود مهماته في منحه التأشيرة إلى أحد الرعايا الألمان حيث الوصي الشرعي حسب القانون الألماني كان أيضا من الرعايا الألمان. وأنه استند خاصة على المادة الخامسة، الفقرتان د،هـ من اتفاقية فينا لعام ١٩٦٣.

وعلى كل حال، فإن محكمة التمييز الإيطالية وبعد عدة سنوات فيما بعد، في عام ١٩٧٧، قد أكدت بكل وضوح بأن تصرف الوظيفة يعد غريبا، في النظام القضائي لدولة المقر.

ويمكن أن تقدم المساعدة أيضا من قبل القنصل إلى الرعايا الذين يطاردهم البوليس في الدولة المعتمد لديها. والقضية المشهورة، بهذا الصدد، كانت قضية الفارين من الجندية في الدار البيضاء. والحالة هذه فقد تم الاعتراف بمسؤولية الدولة الموفدة بالنسبة للتصرفات الجنائية لأعضاء القنصلية. وبهذا فإن مسألة الحصانة لم تطرح.

بالمقابل، فإنه كان في مركز قضية الدولة الهندية State of Indian V. Per. L.Strom، وفي الحالة هذه، فإن قنصل السويد في شيكاغو قد منح تأشيرة وسهل الدخول إلى السويد لأحد رعاياها Linblad الذي تورط في جريمة قتل. وقد تم محاكمة القنصل جزائيا. وإن الحكومة السويدية قد أيدت وجهة النظر بأن القنصل تصرف في إطار ممارسته لمهماته. إلا أن المحكمة الأمريكية قد استندت في قرارها إلى المادة ٥٥ من اتفاقية فينا للعلاقات القنصلية لعام ١٩٦٣ في فقرتها الأولى التي نصت:

"مع عدم المساس بالامتيازات والحصانات، يجب على الأشخاص الذين يتمتعون بها أن يحترموا قوانين ولوائح الدولة الموفد إليها وعليهم كذلك عدم التدخل في الشؤون الداخلية لتلك الدولة". وكذلك بالرجوع إلى المادة ٤٣ من نفس الاتفاقية، حيث يتأكد بأن القنصل انتهك قانون الدولة الداخلي (محكمة الجنايات العليا lake Gounty في ٣٠/أيلول/١٩٨٨).

وفي الوقت الذي اعترفت فيه محكمة الاستئناف في بيروت في عام ١٩٦٠ بالحصانة القضائية لحراس مبنى Unrwa الذين أبعدوا لاجئا الذي دخل من خلال تحطيم المكتب، فإن المحكمة الجنائية في نيويورك قد رأت بأنها المحكمة المختصة في النظر في القضية فيما إذا الموظف قد تجاوز سلطاته وتصرف خارج المهمات المكلفة بها.

وفي حالة السرقة وعدم الأمانة المرتكبة من قبل المعتمد فإن يؤدي إلى إعلان الدولة أو المنظمة بالنسبة لممثليها الذي يتمتع بالحصانة بأن الدولة المنظمة ترى بأن الخطأ يبدو بسيطا في هذه الحالة ويمكن معالجته من خلال عقوبة تأديبية وان الدعوى الجنائية تؤدي إلى اضطراب عمل البعثة أو الخدمة العامة الدولية أو أن الدولة أو المنظمة ترى بأن الخطأ موضوع النزاع لم يكن له أي دليل وأنه من المناسب حماية ممثلها.

وهذا الذي حصل في القضية Ministerte Public B. من خلال الحكم الصادر في ٢٣/أيلول/١٩٥٧ حيث أن محكمة الدرعا السورية قد أقرت بالحصانة لموظفي Unrwa، الذين تصرفوا في إطار ممارستهم لمهامهم.

وهناك مثال أكثر خطورة، بخصوص جريمة التجسس، وذلك ما أعلنت عنه الدائرة السياسية الفيدرالية السويسرية في ١٢/ أيار/ ١٩٦١:

"من المقبول في القانون الدولي العام بأن الحصانات تنتهي عندما تنتهي مهمة المعتمد الدبلوماسي، ما عدا فيما يتعلق بالتصرفات المنفذة في إطار ممارسة المهام الرسمية، وفي هذه الحالة. فإن الحصانات تستمر مع المهمات. وبما أن، المعتمد الدبلوماسي الذي ارتكب، في إطار ممارسة مهماته، في سويسرا جريمة، جريمة التجسس مثلا، لا يمكن أن يحاكم إلا عاد شخصا عاديا، وترك البلاد، لأن الحصانة القضائية التي يتمتع بها في لحظة ارتكابه الجريمة مستمر في وظائفه".

ومع ذلك فإنه في رأي لاحق، في٣١/ كانون الثاني/ ١٩٧٩، فقد تبنى قسم القانون الدولي العام في الدائرة السياسية الفيدرالية السويسرية موقفا معاكسا يتعلق بجريمة التجسس والتي، حسب الدائرة، لا يمكن أن تكون بصفة التصرف المنفذ في إطار ممارسة المهمات كعضو في البعثة الدبلوماسية في استنادها أساسا على حقيقة أن مهمات البعثة الدبلوماسية تتركز في الإطلاع من خلال كل الوسائل الشرعية (المادة٣، الفقرة من الاتفاقية لعام ١٩٦١) وبناء عليه فإن الحصول على المعلومات من خلال الطرق غير الشرعية لا يمكن أن يشكل من مهمات البعثة.

سواء يمكننا القبول بأنه في مثل هذه الفرضية، فإن يستمر حظر الدخول إلى الدولة وأن الاستبعاد يلازم كل مخالفه من قبل المعني بهذا المنع، وسواء رفض الحصانة يبدو مثيرا للتنازع فيما إذا تصرف المعتمد حسب توجيهات الحكومة التي اعتمدته.

وفي الممارسة، في قضايا من هذا النوع، فإذا كان التجسس قد نفذ لحساب الدولة

الموفدة، وأن هذه الأخيرة لا تقبل برفع الحصانة، فلدولة المقر أن تطلب باستدعاء هذا الممثل الدبلوماسي.

وفي الواقع، فأن هذه المسألة تبدو غاية في التعقيد وتثير الشكوك حول محاولات الاتهام بالتجسس، وما أكثرها في محيط العلاقات الدبلوماسية وخصوصا خلال الحرب الباردة ما بين الشرق والغرب، وآخرها ما جرى بين واشنطن وموسكو في آذار ٢٠٠١، حيث كان الاستيعاب بالجملة من جانب الطرفين كما تم الإشارة إلى ذلك.

رابعا: تجاوز المهمات الدبلوماسية لغايات شخصية:

بدون شك، فإن عملية تقدير فرصة الاختصاص تتغير من حالة إلى حالة أخرى.

حيث أن نائب القنصل الإسباني في مدينة Mardel Plata في الأرجنتين قد اقترح على أحد الأرجنتينيين بتقديم رشوة إلى دائرة الشرطة للحصول على بطاقة هوية وقدم رشوة لتصديقها. وقد رأت المحكمة العليا في الأرجنتين بأن هذا التصرف مخالفة مرتكبة بمقتضى- مهماته القنصلية أو في إطار ممارستها، وأن الموضوع كان قد ارتبط وديا في إطار ممارسته للوظيفة(٣/حزيران/١٩٣٨).

وبالمقابل، في وضع حيث القنصل العام الصيني في نيويورك قد اتهم باختلاس مبلغا من المال قد حولته له حكومته لينقله إلى طرف ثالث، وقد رأت محكمة الاستئناف في الولايات المتحدة بأن القنصل لا يتمتع بالحصانة بهذه المناسبة وأن الدولة الصينية لم تكن في حالة اتهام (١٠/حزيران/١٩٤٠).

خامسا: القذف والإهانات:

لقد كرست العديد من القضايا لمسائل من هذا النوع، وقد ذكر منها العديد. لكنها بالمقابل كشفت عن الصعوبات في تأشير ابتداء من أي حالة من هذا النوع يمكن أن يعتبر التصرف المعني عملا في إطار ممارسة المهمة.

على سبيل المثال، فقد صرح قنصل الولايات المتحدة للصحافة عن الأسباب التي من خلالها رفض إعطاء تأشيرة الدخول إلى الولايات المتحدة إلى الأميرة Zizanoof وذلك لاتهامها بأنها كانت جاسوسة ألمانية لحساب السوفيت (٥/ نيسان/ ١٩٢٧ محكمة الجنح في السين). وبهذا الصدد فإن محكمة الاستئناف في باريس قد عبرت عن رأيها في ٢٨/كانون الثاني/١٩٢٨ بأن قنصل الولايات المتحدة تصرف ليس باعتباره قنصلا ولكن

بصفته الشخصية، وهو مسؤول عن ما صرح به، وأن تصريحاته من شأنها أن تؤدي إلى تصرفات تعاقب عليها القوانين الفرنسية.

وفي قضيةArcaya (١٩٥٧) فقد اشتكى أحد اللاجئين الفنزويليين من قنصل بلاده في نيويورك الذي قام بنشر وتوزيع مقالات الصحافة الفنزويلية التي تكيل له السب والإهانات. وقد قامت المحاكم الأمريكية بمصادرتها واعتبرت بأن هذه التصرفات لا يمكن أن تغطي بالحصانة القضائية.

وقد رأت محكمة التمييز المصرية في قرار صادر في ١٠/آذار/١٩٥٦ بأن ما قام به مدير منظمة الفاو FAO، من وصف الطبيب المصري بأنه غير كفوء في المعالجة قد تم أثناء قيامه بأداء مهامه.

سادسا: انتهاك القانون الدولي:

لقد رفضت محكمة الاستئناف في الولايات المتحدة الاستثناءات لأعضاء القنصلية المكسيكية في لوس أنجلوس، الذي استندوا لحصانتهم على أثر الدعوى المقامة ضدهم من قبل شخص تظاهر أمام القنصلية والذي تعرض للإهانة من قبلهم. وقد رأت المحكمة حسب المادة الخامسة من اتفاقية فينا لعام ١٩٦٣بأن مهمات القناصل قد حددت من خلال احترام القانون الدولي أو من خلال احترام وقوانين دولة المقر، وبهذه المناسبة، فإن هناك تدخل في الشؤون الداخلية الأمريكية وفي منع أحد الأشخاص وبالقوة من التعبير عن أراءه، وانتهاك لمختلف القوانين الجنائية الأمريكية (ضرب، تهديد، خطف، مصادرة المنشورات وآلة التصوير، والتحقيق)، (١٨/حزيران/١٩٨٧).

القسم الثاني:

محاولة لتنظير التصرف الوظيفي:

المطلب الأول: تصرفات الوظيفة المعبرة عن مسؤولية الدولة الموفدة أو المنظمة الدولية:

أولا: التصرفات المنسوبة للدولة الموفدة أو المنظمة الدولية:

أ - تصرف الوظيفة هو تصرف الدولة (المنظمة الدولية).

في هذه الفرضية الأولى فالفكرة التي هي على أساس الاستثناء في القضاء بالنسبة للتصرفات المنفذة من قبل المعتمدين في إطار ممارسة مهامهم، تعتبر هؤلاء

المعتمدون لم يكونوا إلا أجهزة الدولة التي يمثلونها أو لحساب الجهة التي يتصرفون بموجبها.

وإذا ما تم استحضار المعتمد أمام السلطة القضائية لدولة المقر، وليس فقط لإجباره على القيام بتصرفات لم يكن مسؤولا عنها شخصيا، ولكن أيضا، لإخضاعه لاستجواب من قبل القاضي، وهذا هو السلوك الخاص للدولة الأجنبية.

قد أشار الأستاذ روبرتو أيغو Roberto Ago، في عام ١٩٥٧ أمام لجنة القانون الدولي أثناء مناقشة مشروع المواد المتعلقة بالعلاقات الدبلوماسية:

"أن التصرفات الرسمية المنفذة من قبل المعتمد الدبلوماسي في إطار ممارسة مهامه تعتبر تصرفات الدولة".

وقد حظي هذا الرأي بتأييد واسع من قبل المختصين في العلاقات الدبلوماسيين وخصوصا Eileen Denza عندما عبر عن الاتجاه نفسه. إذ أنه في قضية Sayag ، فإن لجنة المجموعة الأوروبية قد تبنت موقفا مماثلا.

"من أجل أن يكون موضوعا للحصانة القضائية، فإن يفترض أن نكون أمام تصرف، واتخاذ موقف شفهي الذي يعتبر موقف المجموعة الأوروبية نفسها". وهذا ما عبرت عنه أيضا قرارات المحاكم الإيطالية، وكذلك المحكمة العليا في كاليفورنيا.

ويبدو هذا صحيحا (Mutatis Mutandis)، بالنسبة للموظف الدولي بصدد المنظمة الدولية التي يمثلها:

ب- التصرف الذي يقحم الحصانة الخاصة للدولة (أو المنظمة الدولية).

تتمتع الدولة أيضا، حسب الطرق الخاصة، بالحصانة القضائية. استحضار المعتمد أمام القضاء في هذه الظروف، والعودة إلى استحضار الدولة التي يمثلها أو لحساب الذي يتصرف له ، وينتهك أيضا، عند الاقتضاء، الحصانة القضائية للدولة نفسها.

إذ أن محكمة روما قد أبدت رأيها في عام ١٩٢٧، فيما يتعلق بمعرفة فيما إذا كان القس مستشار السفارة الألمانية لدى الكرسي الرسولي يتمتع بالحصانة القضائية بموجب نص المادة ١١ من قانون الضمانات الثالثة عشر ـ من مايو/ ذار/ ١٨٧١- الذي نص على الحصانة القضائية للممثلين الأجانب لدى الكرسي الرسولي. والمحكمة التي قررت بأن المستشار يتمتع بالحصانة نفسها للأفعال المتعلقة بقضاياهم الخاصة، بينت ذلك الذي ينتج بالنسبة للتصرفات المنفذة كمفوضين للدولة.

وفي الواقع فإن الصلة ما بين حصانة المعتمد ومسألة حصانة الدولة تعتبر عنصرا جوهريا في التحليل، ويدخل عنصرا إضافيا معقدا من جهة التحرير القانوني للاستحضار أمام القضاء وتحديد المدعى عليه الحقيقي، وبالتالي في الفرضية التي لا تعترف فيها السلطات القضائية في هذه الحالة، بحصانة الدولة عندها يقصد بالتصرف (Jure Gestionis) الذي يعتبر تصرفا خارج عن التصرف الوظيفي.

١- تحديد المدعى عليه الحقيقي:

مثلما لاحظنا في الصفحات السابقة الإجراء الذي يمكن أن يعتبر فيه المعتمد الدبلوماسي كممثل للدولة في الدعاوى القضائية كمدعى عليه. وما يقصد بالقناصل فإن المسألة المطروحة تبدو مختلفة. إذ أنه ليس من المناسب استدعاء الدولة في الحالة التي يكون فيها القنصل هو الشخص المقصود عن تصرفاته الشخصية، وجاهل بوظيفته، حيث من الصعوبة رد الدعوى. وبناء عليه فإن الأحكام القضائية واضحة في هذا الاتجاه.

ولكن ليس من المفروض، ومن غير الجائز استدعاء القنصل، فيما إذا كان يقصد بالتصرف الذي يعبر عن الدولة. وفيما إذا كانت هناك بعض الشكوك التي يمكن التعبير عنها بهذا الصدد متعلقة بالدبلوماسيين، فإنها بالنسبة للقناصل. فهؤلاء المجردين من صفة تمثيلية ليس لهم منزلة في استلام الاستدعاء الموجة ضد حكوماتهم. وهذا ما أخذت به المحاكم الكندية، والأمريكية، والاسترالية.

٢- حصانة الدولية Jure Imperii أو Uure Gestionis:

إذا اتصف التصرف بعناصر القانون العام أو الإداري الخارجي فإن عدم اختصاص المحاكم سيكون عدم اختصاص Ration Materiae.

وقد أرسى الأستاذ Herbert Briggs الموضوع بالأسلوب التالي:

"في الإطار الذي يتصرف فيه عضو البعثة بصفته الرسمية، فإن حصانته تنسجم مع حصانة الدولة المعتمدة نفسها. وأنها لا تعتمد على شخصية الممثل ولكن على الطبيعة الأصلية للفعل المنفذ. أن القانون الدولي يفرض على محاكم الدولة المعتمد لديها عدم الاختصاص الحصانة المادية (Ration Materiae) في حالة التصرفات العامة.

والحصانة بالنسبة للأفعال الرسمية، سواء كانت قابلة للتطبيق على المبدأ العام للقانون الدولي ومرتبطة بالطبيعة الأصلية لهذه الأفعال نفسها لا تشكل جزءا من "نظرية الامتداد الإقليمي" أو من الحصانة الدبلوماسية بالمعنى المجرد التي تفرض على

المحاكم كعدم اختصاص الحصانة الشخصية (Ration Personae)، وأنها تطبق على كل الأفعال الرسمية، مهما كانت الشخصية التي ترتكبها، وبالنسبة لكل معتمدي الدولة سواء كانوا دبلوماسيون أو لا.

وقد عبر الأستاذ J.P. Niboyet عن فكرة قريبة- وهي عدم الاختصاص بالاختصاص-وحسب وجهة نظره فإن الحصانة ترتبط بصفة أو بشخصية المدعى عليه: الدولة، الدبلوماسي، القنصل، المنظمة الدولية، وبالمقابل فإن عدم الاختصاص بالاختصاص يعتمد بالموضوع نفسه المتنازع عليه" تصرف الوظيفة المنفذ من قبل الخدمة العامة الخارجية، المعتمد الدبلوماسي، القنصل أو المنظمات الدولية.

ولقد أضاف بأن:" تصرف الوظيفة للإداري الأجنبي لا يمكن أن يكون محل مراقبة من قبل القضاء الفرنسي. فقد القضاء الدولي، وفي حدود اختصاصاته، وفيما إذا الموضوع قدم أمامها بشكل منتظم من قبل دولة أخرى، يمكن أن تقرر فيما إذا ارتكبت الدولة أو، لا خطأ ضد القانون الدولي وانتهكت التزاماته أو، لا، ولكن المحكمة الوطنية لا يمكنها محاكمة المجموعة العامة الأجنبية الذي لا يتعلق بها. وأن هذا خارجا تماما عن اختصاصاتها، وليس من المفروض الاعتقاد بدلا من الحصانات القضائية، فإن للمحاكم المدنية، وفي النظام الدولي، السلطة القضائية الكاملة بصدد المجموعات الأجنبية: وأن ذلك يصطدم بمبدأ جوهري هو استقلال الدول واحترام السيادات المتنوعة.

والأستاذ فيليب كاييه Philippe Chair، في كتابه الكلاسيكي تبنى الموقف المماثل عندما عارض بأنه في حالة تصرفات الوظيفة، فإن ما يقصد بعدم مسؤولية المعتمدين الدبلوماسيين وعدم اختصاص المحاكم أكثر مما يقصد بالحصانة القضائية. ومع ذلك، فإن في هذه الحالة أو غيرها، وسواء كان الفعل ذو طبيعة خاصة، فإن هذا النشاط يعزو للدولة وحدها. وعند الاقتضاء وضع المعتمد خارج الدعوى بسبب الحصانة التي تبدو خاصة بالنسبة له. ومن الخطأ كما ترى بعض المحاكم الإيطالية التي حددت الاعتراف بحصانة المعتمدين الدبلوماسيين بالتصرفات العامة فقط للدولة الأجنبية. وهكذا فإن محكمة روما وفيما يتعلق بعضو الطاقم الإداري والفني، في سفارة الولايات المتحدة، بخصوص عقد خاص مع مؤسسة (١٩٥٣).

وقد أيدت محكمة التمييز الإيطالية الأطروحة نفسها في قضية جمهورية بنما في ٧/تموز/١٩٧٧، حيث أعلنت بأنه ليس من الممكن تفسير حصانة طاقم الخدمة بالنسبة

للأفعال الناتجة عن وظائفهم. وليس لمهماتهم إلا صلات بعيدة مع القانون العام وممارسة السيادة.

جـ- التصرف الملزم لمسؤولية الدولة وليس لمسؤولية المعتمد:

ينشأ عن تصرف المعتمد في إنجازه لحساب دولته تصرف عام أو تصرف خاص، ملزم لمسؤولية الدولة. وبنفس الشكل، فإن التصرف الوظيفي المنفذ من قبل الموظف يلزم مسؤولية المنظمة الدولية. وأن هذا قد تم الاعتراف به صراحة بموجب المادة ٢١٥، البند الثاني من معاهد المجموعة الأوروبية التي نصت:

"بخصوص المسؤولية غير التعاقدية، فإن يلزم المجموعة بالتعويض، طبقا للمبادئ العامة المشتركة في قوانين الدول الأعضاء، الأضرار الناتجة من مؤسساتها أو من قبل ممثليها في إطار ممارستهم لمهامهم".

فالصلة ما بين تصور حصانة المعتمد وعدم مسؤوليته تبدو صلة معقدة. هل من المفروض رؤية مفهومين متميزين؟ وهذا ما أيده السويسريون في ملاحظاتهم في عصبة الأمم، في٢٩/كانون الأول/١٩٢٦، في الإجابة على مسائلة للجنة الخبراء:

"بما هو موافق عليه.. بعدم التجاهل، بأنه لا يجوز مسائلة المعتمد الدبلوماسي، مثل بقية المعتمد القنصلي، عن الأفعال التي يقوم بها بصفته الرسمية، وفي حدود اختصاصاته. ويجب التمييز خاصة بعدم المسؤولية هذه عن الحصانة القضائية، والامتيازات الدبلوماسية".

وأن مشروع مدرسة القانون في هارفرد Harvard Law School ، في مادته ١٨ قد نص " لا يمكن للدولة المضيفة أن تحمل شخصا مسؤولية التصرف المنفذ من قبله في إطاره ممارسته لمهامه كعضو في البعثة أو كعضو في طاقمها الإداري.

وقد أوضح المذهب القانوني الإيطالي هذه المسألة بشكل جلي منذ وقت طويل. إذ أن قرار محكمة روما في القضية المعروضة أمامها في ٢٠/نوفمبر/ ١٩٥٣، حيث رأت عدم المسؤولية المدنية والجنائية لكل أجهزة الدولة الأجنبية بالنسبة للأعمال المنفذة في إطار ممارسة اختصاصاتهم.

وفي الواقع أن صلة الحصانة بالمعتمد- ومسؤولية المنظمة الذي تستخدمه قد تم توضيحها بشكل وافٍ من قبل المدعي العام لمحكمة العدل للمجموعة الأوروبية في قضي:Sayag .

"وفيما يتعلق بموضوع الحصانة فإنه من المفروض أن نجد أنفسنا أما تصرف، واتخاذ موقف شفهي أو تحريري والذي يمثل حقا تصرف المؤسسة نفسها، والذي يلزمها رسميا. وأنها هي التي تقصد بالحماية، والحصانة لا يتمتع بها على كل حال إلا من أجل تحرير ممثليها، حيث المجوعة تعبر من خلالهم عن وجهة نظرها، وحيث ينفذون أعمالا تخص المجموعة وينفذون سلطاتها".

وأن المدعي العام يطرح السؤال التالي"

بما أنه ثبت بأن التصرف يتمتع بالحصانة لأنه نفذ من قبل المعتمد بصفته الرسمية، كيف لا يمكن القبول بأن الفعل الذي ارتكب في إطار ممارسة المعتمد لمهامه والأضرار الناتجة ملزمة للمسؤولية المباشرة للمجموعة؟

ويبدو أن المدعي العام ومحكمة لوكسبمورغ رفضا دفع الاتجاه المماثل حتى نهايته. إذ أن المدعي العام أبقى المسألة قيد النقاش ولا سيما أنه لم يستبعد إلا مسؤولية المجموعة الملتزمة للأفعال غير المحمية بالحصانة. ومن جهتها فإن المحكمة قد أكدت بأن "توصيف الفعل بالقياس إلى الحصانة القضائية وكذلك بالنسبة للقرار الذي اتخذ عند الضرورة من قبل المؤسسة المختصة حول رفع الحصانة لا يستبق المسؤولية المتوقعة للمجموعة، والتي تنظم من خلال قواعد خاصة، تجيب عن هدف متميز عن ذلك الذي تقرره نصوص البروتوكول حول الحصانات والامتيازات".

ومع ذلك فإن يعتقد من خلال الكشف عن مبررات الحصانة يحب أن تتبع المسؤولية وبأنه في كل مرة فأن مسؤولية الدولة أو المنظمة يتم التمسك بها، فإن فعل الدولة يجب أن يحمى بالحصانة.

وعكس ذلك لا يبدو في الواقع صحيحا، إذ أن الفعل الشخصي للمعتمد يمكن أن يصان بالحصانة بينما لا تلتزم مسؤولية الدولة أو المنظمة.

ونماذج الأفعال التي تلزم مسؤولية الدولة تبدو كالآتي:

الفرضية الأولى: التصرف الوظيفي المقيد Stricto Sensu:

إن التصرف الوظيفي Stricto Sensu هو الذي ينشأ مباشرة وحصرا من المهمة التي حددت عند الاقتضاء من قبل الاتفاقيات الثنائية أو المتعددة الأطراف. وقد حدد هذا التصرف أو الفعل الوصف الرسمي لمهام أعضاء البعثات. أي ما قصد إذن بالمحتوى

الذي سيغير حسب المهمة المحددة لكل معتمد. وهكذا بالنسبة للبعثات الدبلوماسية، نستند إلى المادة ٣ من اتفاقية فينا لعام ١٩٦١. هذه المادة التي تنحصر بالدبلوماسيين أكثر مما تعني الطاقم الإداري والفني أو طاقم الخدمة في البعثة.

وفي إطار اتفاقية فينا حول العلاقات القنصلية لعام ١٩٦٣، في المادة ٤٣، فإن كلمات "ممارسة المهام" قد وصفت من قبل الصفة "القنصلية" ومثلما تم تحديد هذه المهام القنصلية في المادة الخامسة من الاتفاقية، وفقط الأفعال أو التصرفات التي تصب في إطار المهام المذكورة تتمتع بالحصانة القضائية. وهكذا: منح التأشيرة، تحرير عقد رسمي لبطاقة الهوية عقد تحريري.

وبالمقابل، فإنه في اتفاقيه فينا لعام ١٩٦١ حول العلاقات الدبلوماسية فإن صفة "الدبلوماسية" لا تحدد أهمية كلمات "ممارسة الوظيفة". وبدون شك فإنه، من المناسب الاحتفاظ بها ضمنيا. ومع ذلك فإن مهام الدبلوماسي لم تكن محدودة جدا. وعمليا يمكن أن يكلف المعتمد الدبلوماسي من قبل الدولة المعتمدة بمهمات متنوعة. ومثل هذه ستكون حالة الاستنتاج من العقود التي تهم ليس البعثة، ولكنها تنفذ لحساب المستفيدين من الخدمات الأخرى للدولة.

وفي قضية Heirs of Pierre فإن المحكمة العليا النمساوية من خلال القرار الذي أصدرته في ١٧/شباط/١٩٨٢، رأت بأن حادثة الصيد المرتكبة من قبل السفير النمساوي خلال الحفلة المنظمة من قبل رئيس جمهورية يوغسلافيا، كانت تصرف منفذ في إطار ممارسة المهام للدولة النمساوية.

وأن المتغير قد تم تخصيصه أيضا من خلال المهام المختلفة والموزعة في داخل البعثة نفسها: الدبلوماسي، الموظف القنصلي، الطاقم الإداري والفني، مستخدم الخدمة في البعثة، الخ، والسائق الذي يمارس وظيفة سائق، والطابعة، وظيفة طابعة.

إن عدم اختصاص المحاكم في القانون يطابق عند الاقتضاء اختصاص المحاكم في الدولة الموفدة، وهكذا فإن اللجوء إلى المحاكم ضد خطأ الدبلوماسي أو القنصل خلال التوقيع على عقد تحريري أو عقد مأمور الأحوال المدنية يعتمد على اختصاص المحاكم في الدولة الموفدة حيث أنه يتوجب على الممثلين الدبلوماسيين تطبيق القوانين.

الفرضية الثانية: لا صلة للمسؤولية الدولية في شرعية التصرف بموجب القانون للدولة المقر:

إن خاصية التصرف الوظيفي لم تعين من خلال الخاصية الشرعية أو غير الشرعية لدعوى المعتمد من وجهة نظر تشريع دول القانون. وعندما يطبق المعتمد

تشريعه الخاص، فإن هذه الدعوى يمكن أن تكون في تناقض مع النظام العام للقانون. مثلا تصرف مأمور الأحوال المدنية بينما منعت دولة المقر هذا النوع من الوظائف على إقليمها. وعدم الشرعية هذه لا تحجب الخاصية الدولية لدعوى المعتمد.

ويبدو هذا صحيحا حتى وإذا كان وصف المهام يقتضي ـ مصدرا لضرورة تنفيذ هذه المهام بشكل شرعي أو يتطابق مع القوانين وأنظمة دولة المقر. وهكذا بالنسبة لوسائل إطلاع المعتمد (مادة٣١، الفقرة الرابعة) من اتفاقية فينا لعام ١٩٦١) أو بالنسبة لمختلف المهام للقنصل (المادة الخامسة، الفقرة الخامسة) المعلومات، فقرة ٦ مهام التحرير التوفيقي ومأمور الأحوال المدنية، الفقرة ٧)، شركة الصغار والقصر وناقصي الأهلية، تسليم الأوراق القضائية وغير القضائية التحقيق، والتفتيش وكل المهام الأخرى التي توكل إلى المقر القنصلي من قبل الدولة الموفدة.

وأن هناك تقيد مماثل يمكن أن يوجد يتعلق بالحدود المقبولة من قبل القانون الدولي (اتفاقية فينا حول العلاقات القنصلية، المادة الخامسة، الفقرة الأولى) بالنسبة لحماية رعاياها.

إن قيام المعتمد الدبلوماسي بانتهاك قانون دولة المقر أو القانون الدولي لم يؤد به إلى فقدان حصاناته فيما إذا بقي هذا التصرف يمثل تصرف الدولة. ومثل هذه التصرفات، المنفذة لخدمة حكومة الدولة الموفدة، تلزم أكيدا مسؤولية هذه الدولة. وفيما إذا ربطنا المسؤولية والحصانة، فإنه من المناسب، ما عدا الاتفاقية الجنائية الدولية أو القاعدة الغربية للقانون الدولي الجنائي المبرر لتسلم تركة محاكم القانون، فإن هذه المحاكم تعلن عن عدم اختصاصها. وهذا ضد الدولة نفسها التي من المفروض أن يلجأ إليها.

ما يتعلق بشرعية التصرف من وجهة نظر القانون الداخلي للدولة المضيفة، فإن لجنة المجموعة الأوروبية قد عبرت عن الرأي في أن شرعية التصرف على المستوى الداخلي لا يستبعد إمكانية الاستناد إلى الحصانة. وهناك العديد من الأمثلة المذكورة من قبل اللجنة أو المدعي العام:

- يجب على الطبيب- المستشار في المجموعة أن يمارس مهامه في الدولة التي لا يكون من مواطنيها بدون أن يتعرض للمحاكمة للممارسة غير الشرعية للطب.

- يجب على الموظفين المحافظة على العقود لحساب مع موظفي الدول الأخرى، بدون أن ينتج تعرض إلى الفضولية غير المتحفظة لخدمات دوائر البوليس.

ومثلما لاحظنا فإن مسألة الشرعية بصدد قانون دولة المقر يطرح في مرات مختلفة. وهكذا عندما يصاحب التصرف غير الشرعي تصرف الوظيفة، فإنه أنجز من

قبل المعتمد الذي يتصرف بحسن نية وبدون قصد سيئ من أجل الدفاع عن رعاياهم أو بعثاتهم. مثلا:

- القذف.
- التورط في خطف الأطفال.
- التورط في رحيل الرعايا المطلوبين إلى البوليس.
- حالة المعتمدون الذين يعبرون عن حالة الغضب من المتظاهرين ضد البعثة القنصلية. ومثل هذه ستكون أيضا فرضية خطأ الخدمة. وهكذا فإن الأخطاء الناتجة من إفشاء المعلومات السرية أو غير الصحيحة، والوعود غير المحترمة، الأخطار الناتجة عن قصور الإدارة. وفي هذه الحالات من أخطاء الطاردة لكل خطأ شخصي، نجد أنفسنا في الفرضية حيث الخدمة العامة تعمل بشكل خاطئ، بشرط أن لا تنسب مسؤولية هذا العمل الضار إلى أي من مفوضيها.

إن خطأ المعتمد، لا بل اعتذاراته أو تجاوزاته في إطار ممارسة المهام يمكن أن تأخذ بالاعتبار كالتزام لمسؤولية الدولة. ومثل هذا سيكون حالة البواب الذي طرد مشاغب أو متظاهر بالقوة أو التجاوز في سرعة المركبة التي يقوم بها المعتمد في حالة قيادته المركبة لخدمة وفي حالات خطرة جدا يمكن أن ينتج في الأخير أفعال تجسسية، حالات التزوير والاحتيال، مخالفات الاستيراد أو التصدير، وتجارة المخدرات، أو الإرهاب، ودائما في فرضية العمل المنفذ لحساب الدولة الموفدة. وفي المنطق الصحيح، ما زال يوجد تصرف الوظيفة ومسؤولية الدولة الموفدة بالنسبة لتصرف أجهزتها. ما عدا قاعدة القانون الدولي الجنائية التي تسمح بتفكيك المسؤولية الشخصية للمعتمد حتى وأن تصرف حسب التوجيه وتعليمات دولته [*]، فيجب أن يكتسب الحصانة الشخصية وتوجه العقوبات ضد الدولة.

(*) تعليمات دبلوماسية instructions diplomatique .هي التوجيهات الخطية أو الشفهية التي يتلقاها الممثل الدبلوماسي أو المندوب المفوض من حكومته للعمل بموجبها وعلى هداها، بحيث لا يحق له الخروج عنها تحت طائلة المسؤولية التي قد تصل إلى حد الإقالة. وإذا طرأ عند المباحثات أو المفاوضات ما يقتضي- تعديل هذه التعليمات.السابقة، وعلى الممثل أو المندوب أن يكون في مثل هذه المناسبات جريئا وحكيما، فلا يخرج عن تعليمات حكومته ولا يتقيد بها بصورة عمياء إذا اقتضت مصلحة بلاده طلب تعديلها.

الفرضية الثالثة: لا صلة للمسؤولية الدولية في اختصاص المعتمد شريطة أن يتصرف كعضو (**):

مثلما لاحظنا فإن الأحكام القضائية أخذت بحصانة المعتمد بالنسبة للتصرفات التي يزعم بها والخارجة عن اختصاص المعتمد. وهكذا الحالات المشار إليها سابقا والمؤدية إلى عقود لا تعني البعثة، ولكن منفذة لحساب الجهات الأخرى في الدولة حسب أوامر حكومته أو بالاتفاق الضمني مع الحكومة.

والقواعد المنسوبة للقانون الدولي تجعل من الدولة هي المسؤولية أيضا عن تصرفات معتمديها حتى وإذا قام هؤلاء بتجاوز صلاحياتهم حسب القانون الداخلي أو تطابقت مع التوجيهات المتعلقة بنشاطاتهم، ومع ذلك إذا تصرفوا كعضو. وبهذا الصدد، يمكن الإشارة إلى المادة العاشرة من مشروع المواد حول المسؤولية التي تم إقرارها من قبل لجنة القانون الدولي والذي يقرأ:

"سلوك عضو الدولة (....) العضو الذي يتصرف بهذه الصفة، يعتبر كتصرف للدولة حسب القانون الدولي حتى إذا، في هذا المناسبة، تجاوز العضو اختصاصه حسب القانون الداخلي أو تطابق مع التوجيهات المتعلقة بنشاطه". إذ أن قرارات الحكم الصادرة والتطبيق الدولي قد تم تثبيته في هذا الاتجاه بالنسبة للمعتمدين الدبلوماسيين والقناصل. وهناك العديد من القضايا التي ذكرت في هذا الاتجاه.

فقد سبق وان قام قنصل الولايات المتحدة- بدون توجيه من حكومته- قد كلف مكتب خدمات المحامي للترافع في دعوى ضد شخص زور العملة الأمريكية في الهند. وقد رفضت الحكومة الأمريكية مكافأة المحامي. أما اللجنة المختلطة الهندية- البريطانية فقد أعلنت عن خطأ الحكومة الأمريكية (١١/ كانون الأول/ ١٩٢٠).

(**) المسؤولية الدولية International Responsibility وهي مبدأ قانوني يترتب بموجبه على الدولة التي ارتكبت عملا عدائيا أو قامت بتصرفات غير مسؤولة يحرمها القانون الدولي، إزالة الضرر الذي لحق بالدولة المعتدى عليها. المسؤولية الدولية التي تنشأ بين الدول فقط وأن كانت تتوالد عن تصرفات أجهزة الدولة وموظفيها وممثليها. وتثار المسؤولية عندما تتقدم إحدى الدول بشكوى طالبة إزالة الضرر الذي لحق بها سواء أكان معنويا (كشتم العلم أو إهانة رئيس الدولة)، مما يقتضي الترضية الأدبية والاعتذار بالطرق الدبلوماسية، رعاية للدولة أمام الرأي العام العالمي، أم ماديا نتيجة للإضرار بواجب يفرضه القانون الدولي (كخرق أحد أحكام المعاهدات)، الاعتداء على سفارة أجنبية أو إعادة الحالة إلى ما كانت عليه سابقا.

فيما إذا تم ربط الحصانة القضائية والمسؤولية الدولية، فإنه يفترض أن يتمتع المعتمد أيضا في هذا الوضع بالحصانة. ولا يفترض تطبيق غير ذلك إلا إذا نصت الأحكام المتعلقة بالحصانة القضائية صراحة بأنه لا وجود للحصانة فيما إذا خرج المعتمد عن اختصاصاته. ومثل هذه الأحكام تبدو نادرة. وقد صادق مجلس أوروبا في ٢/أيلول / ١٩٤٩ على المشروع الذي تنص المادة ٨ منه كالآتي:

"مفوض مجلس أوروبا:

أ - يتمتعون بالحصانة القضائية للتصرفات المنفذة من قبلهم بما فيه تصريحاتهم وكتاباتهم، بصفتهم الرسمية وفي حدود اختصاصاتهم".

وكذلك في المادة ٢٠ من الاتفاقية حول وضع السوق الأوروبية المشتركة في ١١/ أيار/مايو/ ١٩٥٥:

"موظفي المنظمة (....)

أ - سيتمتعون بالحصانة القضائية بالنسبة للتصرفات المنفذة من قبلهم بصفتهم الرسمية وفي حدود سلطاتهم بما فيها تصريحاتهم وكتاباتهم".

ثانيا: التصرفات الملزمة للمسؤولية الشخصية للمعتمد الدبلوماسي:

عندما يتصرف المعتمد لغايات شخصية خالصة، فإن تصرفه لم يكن منسوبا إلى الدولة، ويلتزم بمسؤوليته الخاصة. ومثل ذلك تكون الحالة".

- النشاطات الخاصة حصرا.

- المخالفات المرتكبة في مباني البعثة ولكن بدون صلة مع المهام.

- المخالفات المرتكبة لحساب الدولة الثانية.

وهكذا فإذا ما تم القيام بالتجسس لحساب الدولة الثالثة، فإن ذلك لم يعد تصرفا في مهمة الدولة الموفدة وبناء عليه فإنه لا يشمل بأي حصانة بالنسبة للتصرف الوظيفية.

وهذا بالنسبة للسبب نفسه فإن موظفي الأمم المتحدة الذين يتهمون بالتجسس لصالح الدولة لا يمكن أن يعتبروا كأعضاء يتمتعون بالحصانة التي تمنح لهم من خلال ممارسة مهامهم كمعتمدين للمنظمة الدولية، لأن هذه الدولة، فيما إذا كانت عضو، تعتبر طرف ثالث بالنسبة للمنظمة. وهناك العديد من الأحكام القضائية التي صدرت بخصوص القضايا المماثلة التي عرضت أمام المحاكم الأمريكية بوجه خاص.

ب- تصرفات الوظيفة لا تلزم مسؤولية الدولة أو المنظمة الدولية ولكن لأسباب أخرى، فإنه من الفائدة بهذا الشأن حق المطالبة بالحصانة لممثلها.

أولا: الخطأ الشخصي للمعتمد:

وفي الواقع، فإن هناك الأمثلة العديدة التي تعبر عن ذلك، ولا سيما المخالفات المرورية المرتكبة خلال ممارسة المهام، والوقوف غير المسموح به وغير المنتظم في الساحات. وهذا هو الموقف الذي اتخذته محكمة التمييز الإيطالية في قضية Hess.P.Trieste وكذلك دليل النص المأخوذ من المادة ٤٣، الفقرة٣، من اتفاقية فينا لعام ١٩٦٣.

ثانيا: تصرف بدون علاقة مع المهمة التي يقوم بها المعتمد ولكنها تنفذ لأسباب مرتبطة بممارسة الوظائف:

في قضية Keita، حيث أن سائق سفارة مالي قتل سفيره لظروف خاصة بالعمل، فإن الإدعاء العام في محكمة الاستئناف في بروكسل، من خلال قراراها المرقم ١٤/حزيران/١٩٧٧ رفض الحصانة التي طالبت بها جمهورية مالي التي رغبت الحصول على الاستبعاد وأو طرد Keika إلى مالي:

"ما نتج بشكل واضح من دراسة ملف القضية بأن التصرف الذي قام به Keika نحو الشخصية الضحية والذي كان بهذه المناسبة نزاعا مع رئيس العثة ولا توجد أي علاقة مع التصرف الذي قام به وممارسة مهام السائق التي يقوم بها.

وبما أن الحصانة القضائية لا يمكن تصورها إلا بالنسبة للتصرفات التي يقوم بها في إطار المهام المذكورة، أي بالنسبة لكل تصرف ينتج من هذه المهمة، أو أيضا بالنسبة لكل تصرف يرتكب في الممارسة الفعلية لهذه المهمة، وفيما إذا كان التمييز من الصعب أن يحصل ما بين التصرفات الخاصة والتصرفات الرسمية، فإنه يكفي من التحقق فيما إذا كان يعتبر بأن المتهم تصرف، بهذه المناسبة، من كونه شخص خاص أو في إطار ممارسة مهامه ... وبما أن فعل القتل التي قام بها المتهم ليس لها علاقة مع المهام التي يمارسها، وأنه لم يقترفها لا في إطار عمله ولا في مصلحة البعثة التي يعمل فيها كسائق في السفارة، وأنه لم يكن إلا الدلالة النهائية للكراهية الشخصية المسببة لمبررات في الأنظمة الخاصة.

وقد أثار هذا القرار العديد من الاعتراضات لأنه تجاهل الأسباب الحقيقية للقتل

التي نشأت مباشرة من شروط العمل للقاتل، وأثارت موجة حادة من الهيئات الدبلوماسية في بروكسل. ومن الواضح، فإن مثل هذا الوضع لا ينتج عنه أي مسؤولية عن الدولة الموفدة بالنسبة لتصرف المعتمد.

ثالثا: الأخطار الشخصية المقطوعة التي لا يمكن الإبلاغ عنها إلا بشهادة طاقم البعثة أو بالوثائق الموجودة في أرشيف البعثة:

وفي هذه النقطة هناك العديد من الأمثلة التي حفلت بها البعثات الدبلوماسية حيث قيام محاسبي البعثات باختلاس الأموال، والمعتمد الذي يستفاد من مهامه للقيام بتصرفات الفساد المالي، وقبول الرشاوي. وكذلك حالات السرقة التي ترتكب من قبل بعض الموظفين في البعثة. وبهذا فإن التحقيق القضائي من الصعب إجراءه بدون رفع الحصانات المتعلقة بالشهادة أو حرمة الوثائق والأرشيف.

أ - مشكلة الشهادة:

في أهداف المادة ٣١، الفقرة الثانية من اتفاقية فينا لعام ١٩٦١:

"لا يجوز إجبار الممثل الدبلوماسي على الإدلاء بالشهادة".

وفي بريطانيا فقد سمح للدبلوماسيين الإدلاء بشهاداتهم في القضايا التي ليس لها علاقة بمهامهم الرسمية. وفي الحالة المخالفة فإنه يجب على البعثة الدبلوماسية طلب التعليمات من لندن. وهذا النظام يتضمن بأنه يجب على البعثة، وفي كل حالة خاصة، أن تقدر فيما إذا كان التصرف الذي تورط فيه عضو البعثة ارتبط أو، لا بممارسة الوظائف المحددة.

وبخصوص أهداف المادة ٤٤، الفقرة الأولى من اتفاقية فينا حول العلاقات القنصلية لعام ١٩٦٣:

"لا يجوز أن يطلب من أعضاء قنصلية الحضور للإدلاء بالشهادة أثناء سير الإجراءات القضائية أو الإدارية ..." ومع ذلك، وحسب الفقرة الثالثة:

"أعضاء البعثة القنصلية ليسوا ملزمين بتأدية الشهادة عن وقائع تتعلق بمباشرة أعمالهم ولا بتقديم المكاتبات والمستندات الرسمية المتعلقة بها ...".

وقد رأت محكمة فرجينيا في الولايات المتحدة بأنه "يعود لعضو الطاقم القنصلي تحديد فيما إذا كانت تتعلق أو لا بممارسة أعمالهم" (٢٩/أيلول/١٩٥٥).

وفي محكمة ساراكوتا في ولاية نيويورك فقد رأت في قرار لها ١٩/شباط/ ١٩٦٠ بأنه "لا يجوز إجبار القنصل على الإفشاء بالمعلومات التي حصل عليها بصفته الرسمية ولا بتقديم الوثائق الرسمية إلى حكومته".

ب- مشكلة حرمة الأرشيف:

في هذا المجال فإن قرار حكومة الدولة الموفدة في رفع هذه الحصانات يبدو موضوعا ظرفيا ومعقدا. وخاصة أن ما يتم إقحامه في ذلك هو مسؤولية الدولة بالنسبة لتصرف المعتمد الدبلوماسي فيما إذا كانت هناك أطراف ثالثة ضحية.

جـ- توصيف التصرف المنفذ في مباشرة الوظائف:

فيما يتعلق بتوصيف التصرف المنفذ في إطار مباشرة الوظائف تطرح معضلتان: من هو الذي يختص بالتوصيف وأي المعايير يمكن أن تستعمل كمرشد لهذا التوصيف.

أولا: من الذي يوصف وحسب أي نظام قانوني:

لقد بقيت اتفاقيات فينا صامتة إزاء هذه النقاط:

- تفسير القانون، والقواعد العرفية أو الاتفاقية الدائمة والمتعلقة بالدول المعنية.

- تقدير الوقائع وتوصيفها يجب أن يتعلق بالأحرى بالدولة التي تقوم التصرف، أما الدولة الموفدة، وعمليا، رئيس البعثة والمعين من خلال الدعوى المقامة ضد المعتمد، وأن هؤلاء هم الذين يمكن أن يقيموا فيما إذا كان التصرف قد ارتكب في إطار مباشرة الوظائف وفيما إذا تلزم مسؤولية الدولة. ولكن من المفروض الاعتراف بأن هذا التوصيف يمكن أن يكون كيفي ونفذ لغايات وحيدة لخروج هذا المعتمد من خطوة سيئة.

ويرى الأستاذ Luke، في كتابه الصادر تحت عنوان "Consula law and Practice، أكسفورد عام ١٩٩١" لأنه من المفروض أن تتفق الدولتان حول التوصيف. وبالتأكيد فإن هذا يبدو مقبولا، ولكن لا يحل المشكلة حيث أو وجهات النظر بين الدولتين من الصعب التوفيق بينها.

وفي تقرير الأمانة العامة للأمم المتحدة الصادر في ٤/نوفمبر/ ١٩٨١ حول احترام الامتيازات والحصانات لموظفي المنظمة، حيث رأى بان "... التمييز ما بين التصرفات المنفذة بصفة رسمية والتصرفات المنفذة بصفة خاصة الذي هو في مركز مفهوم الحصانات المرتبطة بالمهام، يعتبر الموضوع الذي يعتمد على الظروف في كل حالة

خاصة. ويبدو أن موقف منظمة الأمم المتحدة هو الذي يتحتم على السكرتارية العامة في تحديد اتساع الواجبات ومهمات الموظفين في الأمم المتحدة".

وفي رأي المجلس الصادر بتاريخ ١٢/كانون الأول/١٩٧٧، إذ أعلن "بأنه وحدها التي يتعلق بها في إقرار ذلك الذي يشكل تصرفا رسميا ومتى يمكن الاستناد أو بالعكس رفع الحصانة. وكذلك إعلان المجلس القانون للجنة الخامسة في الجمعية العامة للأمم المتحدة في الأول من كانون الأول/١٩٨١.

ثانيا: المعايير التي تستعمل كمرشد للتوصيف:

هناك العديد من المعايير التي يمكن أن تستعمل كمرشد للتوصيف.

أ - التصرف المنفذ خلال ممارسته لوظائفه (المعيار المؤقت الوحيد):

في الواقع، فإن تصرف أو فعل الوظيفة لا يتحدد من خلال معيار واحد مؤقت وفي هذا الاتجاه فإن:

والحقيقة أن التصرف الذي نفذ في غضون الفترة والتي خلالها الموظف يكون في مهمة لا يمكن اعتباره بصراحة كمعيار كافٍ لأنه من الممكن تماما بأن هذا الموظف يتصرف بدون علاقة مع أي من مهامه. خلال هذه الفترة. والاقتراح الذي كان قد جرى في لجنة القانون الدولي هو أن الاحتفاظ بالحصانات بعد نهاية المهمة يطبق بالنسبة للأفعال المنفذة "خلال مباشرة المهام". وقد تم رفض هذا الاقتراح. وبالمقابل، فإن التصرف الذي حصل خارج ساعات الخدمة يمكن أن يكون مساهمة للمستفيد من الحصانة في مباشرة المهام في المؤسسة التي يتبعها.

ب- التصرف المنفذ في المباني الرسمية (المعيار الجيوغرافي الوحيد):

والحقيقة فإن التصرف الذي حصل في المباني الرسمية للبعثة أو في المنظمة التي تستخدم المعتمد لا يمكن أخذه كمعيار كافٍ لأنه من الممكن تماما بأن سلوكيات المعتمد التي تحصل في المباني الرسمية ليس لها أي علاقة مع المهام. وهناك الأمثلة العديدة حول الاغتيال أو الاحتيال.

جـ- المجال المرتبط بطبيعة التصرف:

لقد عبرت محكمة العدل الأوروبية عن محتوى هذا المعيار في قضية Sayag عندما رأت بأن:

"الحصانة القضائية الممنوحة للموظفين والمعتمدين الآخرين في المجموعة لا تحمي (...)إلا الأعمال التي، من خلال طبيعتها، تمثل اشتراك المستفيد من الحصانة في مباشرة مهام المؤسسة التي يتبعها".

د - المجال الواسع: يجب أن يرتبط التصرف بالمهام وبشكل معقول:

وهذا الرأي ما أخذ به الأستاذ Satow في تناوله لموضوع الحصانة الممنوحة إلى الطاقم الإداري والفني في البعثات الدبلوماسية. وكذلك وجهة النظر نفسها التي جاء بها Denza الذي أضاف حالة سائق السفارة في قيادته المركبة خلال الخدمة الرسمية.

هـ- المعايير القابلة للاستعمال فيما إذا ارتبط فعل المهمة بفعل الدولة:

فيما إذا تمسكنا بالتحليل السابق فإن فعل المهمة أو الوظيفة، في الفرضية الطبيعية هو الفعل المنسوب للدولة. والعناصر التي تأخذ بنظر الاعتبار هي تلك العناصر التي تؤكد هذا النسب. ومن هنا فإن سيتم الأخذ بالمعايير التالية:

- شكل الفعل أو التصرف:

من خلال الصفة التي يتصرف بها المعتمد، فإن المحكمة الكبرى في السين قد أعلنت في ١٧/كانون الثاني/١٩٦١ن بإمكانية مقاضاة المعتمدين الدبلوماسيين أمام المحاكم الفرنسية بموجب القانون العام، كأجانب بصورة عامة، فيما يتعلق بالالتزامات المتعاقدين عليها لمصلحتهم وبأسمهم.

- الطرق المستعملة من قبل المعتمد أثناء تنفيذه للفعل المثار للجدل.

- وجود الإذن المسبق.

- وجود التوجيهات الرسمية.

- الموافقة اللاحقة التي أعطيت من قبل المراتب المتسلسلة في الدولة الموفدة أو المنظمة الدولية، وبشكل خاص من رئيس البعثة، أو المراتب العليا.

وفيما إذا رأى هذا الشخص، الذي يتمتع بمكانة ومشورة مهمة، بأنه ليس هناك من فعل المهمة في هذه الحالة، فإنه سيتم الأخذ بهذا التوصيف.

وبخلاف هذه الحالة، عمليا، وحسب الأستاذ Denza، فإذا أيد رئيس البعثة بأن الأفعال موضوعة الجدل قد نفذت في إطار مباشرة المهام أو الوظائف، فإنه من الصعب محاولة تأكيد العكس، بدون إهانة الدولة المعتمدة. ومع ذلك فإن هناك مختلف الأحكام

القضائية التي لا تردد في اجتياز هذه الخطوة. وبصدد تجاوز الوظيفة المحددة، فإنه فيما إذا تمت المطالبة رسميا بالحصانة من قبل الدولة أو المنظمة، فإنها (الدولة أو المنظمة) تتحمل المسؤولية عن الفعل، وبالمقابل، فيما إذا لم يتم الاستناد إلى الحصانة رسميا، فإن ذلك يشير كم هو الفعل غريب عن الدولة أو المنظمة.

- كل الدلائل الأخرى حول رغبة المعتمد في التصرف بحسن نية في إطار مهماته.

- في بعض الحالات، فإن المحاكم، وبدلا من الإثباتات المكتوبة لمعتمد معترض عليه من قبل المدعى عليه، خضع هذا الأخير، الذي ادعى المبلغ أعطي له من قبل المدعى في سبيل رد القوانين القنصلية، إلى اليمين القانونية. وهذا ما أخذت به محكمة بروكسل في ٢٠/أيار-مايو/١٨٢٩.

- دراسة ظروف الفعل يمكن أن يوصل استنتاج المحكمة، لاعتبار فيما إذا عومل القنصل كوسيط للمجهزين أو كقنصل في إعطاءه أمر عملية الإنقاذ. وهو ما أفصحت عنه محكمة بواتييه في ٤/نوفمبر/١٨٨٦.

د - الحصانة القضائية وعقوبات التجاوز:

هل أن الاعتراف بالحصانة القضائية للتصرف الوظيفي في الفرضيات المتنوعة اعتبر شكلا من أشكال التخلص من العقاب الذي لا مجال للإفلات منه؟ في الواقع، لا يعتقد إلا بأنها هي الحالة.

إن النقطة الأولى الجديرة بالإشارة هي أنه في الفرضية التي يعتبر فيها التصرف هو تصرف منسوب إلى الدولة أو المنظمة الدولية، فإنه يجب أن ينسب التصرف لهما. وهذا لا ينتج إلا تراجع المشكلة، لأنه يمكن عرض الصعوبة الناتجة من حصانة الدولة أو المنظمة. ويفترض إذن بالدعوى أن تقام عند الاقتضاء على المستوى الدولي من خلال لعبة الحماية الدبلوماسية للأشخاص الذين يتم مقاضاتهم ضحية التصرف الوظيفي الذي يلزم مسؤولية الدولة أو المنظمة.

وبعض أفعال المهمة للدبلوماسي أو القنصل- ومن خلال التجاوز أو الإسراف في صلاحية مباشرة المهمة- تتعلق طبعا بالنظام القضائي للدولة الموفدة ويجب إقامة الدعوى أمام محاكم هذه الدولة: ومثل ذلك هي حالة الدعوى المتعلقة بالوظيفة العامة (في حالة إعادة إرسال المعتمد)، أو متعلقة بنشاط مأمور الأحوال المدنية أو بكاتب العدل للمعتمد الدبلوماسي أو القنصلي، والأضرار الناجمة عن الرفض التعسفي

للتأشيرة، ومن إدارة وتنظيم التركة، الخ.

وفي حالة التصرف المنسوب إلى الدولة، فإن فرضية رفع الحصانة لا يمكن أن يستبعد. وبالمقابل فإنها مقبولة أكثر في حالة التصرف المنفذ في إطار مباشرة المهام بدون أن ينسب إلى تصرف الدولة أو إلى المنظمة.

وفي الواقع، أن مباشرة الدعوى ضد الدولة يتم من غير المساس بدعوى الرجوع للدولة ضد ممثلها.

وفي إطار فرضية التصرف الوظيفي أو المهمة المنسوب للدولة والذي يعد مخالفا لقانون الدولة المعتمد لديها أو المستقبلة فإن الإعلان شخص غير مرغوب فيه Persona non grata أو الإعلان بأن الشخص غير مقبول يعتبر عقوبة ملائمة بالكامل. وهكذا فإن سائق سفارة أنغولا في باريس الذي وصل مطار رواسي شارل ديغول Roissy وفي حقائبه عدد من الأسلحة حيث أن السفير شهد بأن هذه الأسلحة موجهة لتأمين الحماية الداخلية في السفارة قد أدت إلى إطلاق سراحه بسبب وضعها ولكن مغادرته الفورية قد أوصت بها الحكومة الفرنسية.

وهناك من الأمثلة العديدة مثل التجسس لصالح الدولة الموفدة، انتهاك قانون دولة الاستقبال في موضوع الأحوال المدنية وبمناسبة منح تأشيرة المغادرة لأشخاص متهمين في الدولة المضيفة، وإلى مخربين، وإلى أطفال صغار لخطفهم من قبل آبائهم بسبب الحضانة.

وفي الواقع فإن مفهوم تصرف أو فعل الوظيفة يبدو مفهوما متباعدا في وجهات النظر ومعقدا. وما نصادفه في أكثر الأحيان في حالة التصرفات المنسوبة مباشرة إلى الدولة أو إلى المنظمة الدولية التي يعنيها المعتمد، والحالة حيث معايير التحقق تبدو بسيطة نسبيا. ولكن أيضا يمكن مصادفة في الفرضيات الأخرى حيث الدولة أو المنظمة تحاول حماية مصالحها الخاصة من أجل أن لا يضطرب عمل البعثة ne impediature legatio أو من أجل أن لا يتم الإخلال بالخدمة العامة الدولية. وأن معايير التحقق تبدو من الصعب إحصاءها.

الجزء الرابع

عقوبات انتهاكات القانون الدبلوماسي ونهاية المهمات الدبلوماسية

الفصل الأول

العقوبات الخاصة بالقانون الدبلوماسي

لقد تطرقنا في الصفحات السابقة للمشاكل التي أثارتها حالات تجاوز الامتيازات والحصانات والحلول المقدمة بهذا الخصوص . وفي هذا الفصل سيتم تناول العقوبات الخاصة بالقانون الدبلوماسي .

القسم الأول - نظام العقوبات

لقد تم دراسة هذه المسألة بدقة متناهية من قبل محكمة العدل الدولية (C I J) في القضية المتعلقة بالطاقم الدبلوماسي والقنصلي للولايات المتحدة في طهران .

وفي الأزمة التي نشبت بين إيران والولايات المتحدة ، فإن إيران قد عبرت عن وجهة نظرها في احتلال الطلبة للمباني الدبلوماسية واحتجاز الطاقم الدبلوماسي والقنصلي الأمريكي كرهائن ، وأن ذلك لا يمثل ((إلا عنصر هامشي وقانوني في مجموع المشكلة)) ، وأن المشكلة تكمن من بين الأسباب الأخرى ، في ((أكثر من خمسة وعشرين عاما من التدخلات المستمرة للولايات المتحدة في الشؤون الداخلية لإيران)).

ونسبت إيران للولايات المتحدة مسألة تواطؤ المخابرات المركزية الأمريكية في انقلاب ١٩٦٣ وتنصيب الشاه . وأن محكمة العدل الدولية وبدون أن تعلن حول حقيقة مثل هذه الاتهامات ، رأت بأن ذلك لا يمكن أن يشكل مبررا للتصرف الذي قامت به إيران . وأعلنت:

((في الواقع أن القانون الدبلوماسي نفسه يقدم وسائل الدفاع الضرورية وكذلك العقوبات ضد النشاطات غير الشرعية لأعضاء البعثات الدبلوماسية أو القنصلية)).

((وأن اتفاقيات فينا لعام ١٩٦١ و ١٩٦٣ تشتمل على نصوص صريحة بالنسبة للحالات التي يقوم بها أعضاء الهيئات الدبلوماسية بتجاوز مهماتهم ، تحت غطاء الامتيازات والحصانات الدبلوماسية مثل التجسس والتدخل في الشؤون الداخلية...)). وإن علاج هذه التجاوزات تكمن في الإعلان بأن الدبلوماسي شخص غير مرغوب فيه Persona non grata أو ضمن صفة غير مقبول لكل عضو آخر في البعثة(المادة ٩ من اتفاقية فينا) أو من خلال قطع العلاقات الدبلوماسية التي تشكل

صلاحية تمييزية . وحسب رأي محكمة العدل الدولية فإن:

((قواعد القانون الدولي تشكل نظاما كافٍ بنفسه الذي يتبصر في الاستعمال السيء الذي يقوم به أعضاء البعثة (للامتيازات والحصانات) وتحديد الوسائل التي تملكها الدولة المعتمد لديها لوقف مثل هذه التجاوزات . وأن هذه الوسائل بطبيعتها تبدو فعالة)).

وقد أشار الكثير من الكتاب بأن في حالة التصرفات الخطرة، مثل الإرهاب، فإن الدولة المتضررة يمكن أن تأخذ إجراءات مضادة، كما حصل في قيام الولايات المتحدة بحجز الممتلكات الإيرانية في الولايات المتحدة . ولكن هذه النقطة لا تبدو تحظى بالقبول ، لأن محكمة العدل الدولية قد أعلنت بأنه يتطلب من الدولة المعتمد لديها أن لا تقوم بأعمال تضر بالبعثات الدبلوماسية وإلى طاقمها من خلال وسائل أخرى إلا ما نص عليه في القانون الدبلوماسي، وأوضحت بأن هذه الوسائل كانت مانعة لكل الإجراءات المضادة في المجال الآخر من العلاقات ما بين الدول المتخاصمة، لكنها لم تعبر عن رأيها فيما يتعلق بالإجراءات التي تأخذ خارج إطار القانون الدبلوماسي.

وقد أشار الأستاذ B. Simma بأن القانون الدبلوماسي هو القانون المؤسس على المعاملة بالمثل حيث أن حالات الثأر والانتقام جارية . ولكن هذه المعاملة بالمثل حجة تخلط سلوك الدول وحق هذه الدول نفسها في أن تتصرف بهذا الشكل . وأن المادة ٤٧ من اتفاقية فينا التي تنظم بشكل ضبابي المعاملة بالمثل، تقر بالتدابير المقابلة ولكن لم تفرد مكانا للانتقام. ومع ذلك فإن كل ما يجري من إجراءات مضادة على أساس المعاملة بالمثل فهي إجراءات انتقامية وخصوصا يتم تحويل المقر الدبلوماسي إلى مستودع الأسلحة .

القسم الثاني - الإعلان عن شخص غير مرغوب فيه

أولا - حق الإعلان عن عضو البعثة شخص غير مرغوب فيه*

في الحقيقة فقد جرت العادة على موافقة رئيس البعثة بعدم منع الدولة المعتمدة

---

* أن عبارة شخص غير مرغوب فيه person non grata ، عبارة لاتبنية الأصل ومعناها (شخص لا يرحب بقدومه) وكذلك بالنسبة لعبارة شخص مقبول person grata وهي أيضاً عبارة لاتينية الأصل تعني (شخص يرحب بقدومه) .

لديها بابلاغ الدولة المعتمد بأن رئيس البعثة لم يعد شخصا مرغوبا . ونفس الإمكانية قائمة بالنسبة للأعضاء الآخرين من البعثة ، إذ أنه ، وفي أية لحظة ، وعندما ترى الدولة المعتمد لديها بأن لديها بعض الملاحظات الشخصية حول أي عضو في الطاقم الدبلوماسي ، فإنه يمكنها أن تعلن بأنه شخص غير مرغوب فيه (فيما إذا قصد أحد أعضاء الطاقم الإداري) أو شخصا غير مقبول (عندما يقصد بكل عضو من طاقم البعثة).

هذه القاعدة العرفية قد تم عرضها في المادة التاسعة، الفقرة الأولى من اتفاقية فينا:

((يمكن للدولة المعتمد لديها ، في أي وقت ، وبدون ذكر الأسباب ، أن تبلغ الدولة المعتمدة أن رئيس البعثة أو أي عضو من طاقم بعثتها الدبلوماسية أصبح شخصا غير مرغوب فيه أو أي عضو آخر من البعثة شخصا غير مقبول . وعلى الدولة المعتمدة أن تستدعي الشخص المعني أو تنهي أعماله لدى البعثة حسب الحالة . ويمكن أن يصبح الشخص غير مرغوب أو غير مقبول قبل أن يصل إلى أراضي الدولة المعتمد لديها)).

ثانيا - التصرف التمييزي الذي لا يبرر

في الواقع ، هل يمكن أن يبرر طلب الاستدعاء ؟

قبل المصادقة على اتفاقية فينا ، فإن المسألة كانت مثار جدل واسع . ليس لرفض الموافقة من وجود الدبلوماسي ، ولكن هل يمكن أن نستنتج بأن الوضع هو نفسه بالنسبة للاستدعاء؟

إذ أن المشرعين قد أجابوا بالنفي حول هذه المسألة ، ولعدة أسباب :

أن رفض الموافقة تمس الشخص الذي ما زال لم يدخل في البعثة الدبلوماسية واسمه اشخصي- ما زال لم يدرج بعد في اللائحة الدبلوماسية . وأن طلب الموافقة يتم شفويا وأن الرفض لا يترك من آثار ، وإذا قد لوحظ التمييز الذي فرض ، فإن الشروط تبدو أقل مهينة وأن الدبلوماسي لا يمكن أن يبرر سلوكه .

وبالمقابل ، فإنه بالنسبة للاستدعاء ، فإنه يعلن عن الدبلوماسي بأنه شخص غير مرغوب للأسباب التي تستوضح من خلال سلوكه والتي نسبت إليه شخصيا ، وهو التصرف الخطير الذي يضع حدا لصفته كدبلوماسي على الأقل في العلاقات ما بين الدولتين المعنيتين، ويجب أن يبرر سلوكه أمام رحيله وعند الاقتضاء أمام الرأي العام

في بلاده ، والدعاية تبدو في هذه الحالة واسعة جدا . والحالتان لم تكونا متشابهتان، بسبب النتائج المهمة ، وجزء كبير من هذا المفهوم قد طالب بتعلل الاستدعاء .

لقد رأت بريطانيا في القرن التاسع عشر بأنه من الضروري أن يتم الإعلان عن مبررات الاستدعاء ، وأن الحكومة البريطانية قد احتفظت بحق دراسة طلب الاستدعاء قبل اتخاذه .

ومن الأمثلة المشهورة بهذا الصدد وخصوصا في إطار العلاقات الإسبانية – البريطانية هو ما يتعلق بالوزير المفوض البريطاني (١٨٤٨) Buluer الذي نقل إلى ملكة إسبانيا توصية اللورد بالمرستون Lord Palmerston بتوسيع القاعدة السياسية لوزارتها لكي تضم الحزب الليبرالي ، الأمر الذي جعل الملكة تعتبر ذلك تدخلا في الشؤون الداخلية الأسبانية وتطلب استدعاء السفير. إلا أن بالمرستون أصر على معرفة مبررات الرفض الإسباني ، مما أدى إلى قطع العلاقات الدبلوماسية بين الدولتين لمدة سنتين.

وعلى كل حال ، فإن اتفاقية فينا بتت في المسألة لصالح مؤيدي عدم الإعلان عن التبريرات حسب المادة التاسعة : ((بدون أن تقدم تبريرا لقرارها)) وقد حصلت هذه المادة على ٢٨ صوتا ضد ١٦ صوت وامتناع ٢٦ دولة عن التصويت .

وأن هذه الأرقام قد أشارت إلى أن التطبيق لم يكن متناسقا بهذا الصدد . فقد أنشأت الاتفاقية طلب الاستدعاء في تصرف تقديري . وعمليا ، فإن الحكومات تتبادل الأسباب الموجبة للاستدعاء .

ثالثا – مبررات إعلان شخص غير مرغوب فيه

في الواقع ، فإنه يمكن تقسيم مبررات طلبات الاستدعاء إلى مجموعتين ، المجموعة التي تتصل بسلوك المعتمد الدبلوماسي والتي تنسب إليه ، وتلك المجموعة الثانية التي تتعلق بسلوك الدولة المعتمدة بشرط أن لا يكون الدبلوماسي متورط شخصيا .

أ – المبررات المتعلقة بسلوك المعتمد

من الجائز تمييز الأسباب التي تشكل انتهاكا من قبل المعتمد لواجباته بصدد الدولة المعتمد لديها وتلك التي تتعلق بالسلوكيات الشرعية ولكن المزعجة .

ب- المبررات المتعلقة بانتهاك المعتمد لواجباته بصدد الدولة المعتمد لديها

١- الجرائم ، الجنح ، والانتهاكات الأخرى لقانون الدولة المعتمد لديها .

- المبررات الأكثر تكرارا والتي يمكن إثارتها في محيط العلاقات الدبلوماسية

هي بدون شك حالات التجسس السياسي ، العسكري أو الاقتصادي . وهـذه الحـالات كانـت مثار جدل واسع خـلال الحـرب البـاردة مـا بـين الشرق والغرب وكـذلك بالنسـبة للـدول المنضوية تحت المظلة الأمريكية أو السوفيتية من دول العالم الثالث .

إذ سبق وأن قامت الكونغو في عام ١٩٦٣ بإعلان شخص غير مرغوب فيه لحـوالي ١٣٠ شخص من أعضاء السفارة السوفيتية في ليبولدفيل.

وقامت بريطانيا في عام ١٩٧١ باستبعاد ١٠٥ شخصا من موظفي السفارة السوفيتية في لندن .

- ممارسة التجارة غير الشرعية

إذ قامت الـدول الاسكندنافية بإبعاد إثنا عشرـ دبلوماسيا مـن كوريـا الشـمالية لمتاجرتهم بالكحول والسكائر (١٩٧٧) .

- الاحتيال والتزوير

إذ قامت السلطات السويسرية بإبعاد الدبلوماسي البريطاني لقيامه في عام ١٩٧٣ بخرق مبـدأ السرية المصرفية .

- اختطاف ، تهديد ، اغتيال من قبل الدبلوماسيين ضد رعاياهم

قيام عضو السفارة الكوبية في مدريد بمحاولة خطف أحد رعاياه .

- تصرفات أرهابية

إذ أن هناك العديد من الأمثلة التي تلصقها الولايات المتحدة بدبلوماسي الدول التـي تعـارض سياستها الخارجية .

- جنح مختلفة

القيـام بمسـاعدة بعـض الأشخاص بمغـادرة البـلاد سرا ، أو القيـام بشـتم وقـذف الجماهـير المحتشدة على أبواب السفارة . أو إطلاق النار ، أو عدم احترام الالتزامـات التعاقديـة التـي تـؤدي إلى الإعلان شخص غير مرغوب فيه .

وفي منشور وزعته وزارة الخارجية البريطانية في عام ١٩٨٧ قد أعلنت فيه بأنـه في حالـة عـدم رفع الحصانة الدبلوماسـية ، فـإن الاسـتدعاء يطبـق عـلى كـل المخالفـات التالية : جـرائم، انتهـاك ، التحريض على العنف ، التجسس ، تجارة المخدرات وطلب الترحيل

بالنسبة للتصرفات التالية : مخالفات التشريع حول حمل السلاح ، والكحول، والسرقة، والمخالفات المرورية الخطيرة ، أو أي انتهاكات جدية أخرى للقانون الجنائي ورفض الوفاء بالتزاماته على أثر اعتراضات القانون المدني .

٢- التدخل في الشؤون الداخلية للدولة المعتمد لديها

إن قيام الدولة المعتمد لديها بالإعلان عن أن أحد الدبلوماسيين أو أعضاء من البعثة شخص غير مرغوب فيه Persona non grata أضحت من الحالات الاعتيادية والمتكررة . والأمثلة التاريخية كثيرة وخصوصا ما كانت تحصل ما بين إسبانيا وملوك فرنسا . أما فيما يتعلق بالأمثلة المعاصرة تبدو أيضا متكررة كما أكدنا بسبب الحالات التي أشرنا إليها فيما سبق ، إضافة إلى حالات :

أ- الدعاية

ب- إثارة الإضطرابات الاجتماعية أو العلاقات مع القوى السياسية المعارضة للنظام السياسي .

ومن الأمثلة التقليدية ما ذكر في قضية السفير السوفيتي في باريس Rakousky الذي كان موجودا في موسكو في أكتوبر ١٩٢٧ حيث أعلنت الحكومة الفرنسية بأنه شخص غير مرغوب فيه وذلك لقيامه بالتوقيع على بيان يدعو بروليتاريا العالم لحمل السلاح ضد حكومات الدول التي تهاجم الاتحاد السوفيتي ، الأمر الذي اعتبرته باريس موقفا يشكل انتهاكا لالتزامات عدم التدخل التي أعلنتها الحكومة السوفيتية في عام ١٩٢٤ عندما تم تبادل الاعتراف بين الدولتين ، مما دفع موسكو في الأخير إلى عدم إرساله إلى مقر عمله في باريس .

جـ- النشاطات الهدامة

وهي الحالات المتكررة التي كانت ما تثار ضد الدبلوماسيين السوفيت في الدول الإسلامية ، أو ما بين دول العالم الثالث نفسها ، حيث الآيديولوجيات المختلفة ، وخصوصا خلال الحرب الباردة .

د- المبررات المتعلقة بالسلوكيات الشرعية ولكنها مزعجة

١- السلوك العام الذي يستحق اللوم أو المزعج بالنسبة للدولة

وينتج عن هذا السلوك اعتياديا على أثر فلتات لسان من كلام غير لائق أو أرعن صرح به أمام الجمهور . وعنصر الدعاية في ذلك يبدو مهما جدا.

ويكفي بأن الأشياء المذكورة تبدو مغيظة أو سريعة التأثير . إذ أنه ليس هناك من داعٍ للجوء إلى الأكاذيب . وهناك العديد من الأمثلة التي عكرت من صفو العلاقات الدبلوماسية بـين الـدول ، ووصل الأمر إلى طلب استدعاء الدبلوماسي المعني أو طرده .

إذ سبق وأن قام السفير الأمريكي في موسكو Renan بعقد مؤتمـر صحفي في مطـار بـرلين في ٩/أيلول/١٩٥٢ بالإعلان بأنه من المستحيل على المواطنين الأمريكيين القيام بخطوة واحدة مـن خـارج موسكو وليس هناك أي اتصال مع الشعب ويمكن أن نعتبر بأنه هناك قطيعة في العلاقات الاجتماعية ما بين الروس والأمريكيين . ويجب الإشارة ، حسب رأي السفير ، إلى أن السفراء الغربيون يعيشون في موسكو في نفس الوضع المشابه الذي وجدوا أنفسهم فيه أيام هتلر . هـذا التصريح دفع السلطات السوفيت أن تطلب استدعاءه في ٣/أكتوبر/١٩٥٢.

ومن الأمثلة الأخرى هو رفض الدبلوماسي الصيني في جاكارتا بعد انقلاب سوهارتو في عـام ١٩٦٧ تحية رئيس الجيش الأندونيسي ، الأمر الذي طلب استدعاءه.

- وفي عام ١٩٥١ قام السفير التركي في بون بدعوة استقبال للسيد فون بابن Von Papen السفير الألماني السابق في تركيا خلال عهد هتلر الأمر الذي دفع المستشار الألماني أيدنهاور بطلب استدعاءه .

٢- الموقف الأحمق أو الجاف غير العلني ولكن المنوه به

ومن الأمثلة على ذلك ، هو ما قام به السفير السوفيتي في بـاريس M. Souritz بإرسـاله برقيـة باللغة الفرنسية في آذار ١٩٤٠ صريحة وواضحة قال فيها بأن فرنسا وبريطانيا مـن الـدول الامبرياليـة المسؤولة عن الحرب ، الأمر الذي دفع باريس إلى تقديم طلب استدعاءه.

وفي تقرير سري للسفير الإيطالي في برن ، حول الوضع في سويسرا ، وقع في أيدي الصحافة التي نشرته ، وعلى الرغم من قيام السلطات الإيطالية بالاعتذار عن ذلك إلا أنها قامت بنقل السفير .

هـ- الأسباب المتعلقة بسلوك الدولة المعتمدة بشرط أن الدبلوماسي متورط شخصيا

إن الإعلان عن شخص غير مرغوب فيه Persona non grata هو عقوبة عـن سـلوك الـدبلوماسي الذي يجعل من شخصية هذا الدبلوماسي غير ملائم للقيام بالمهمة

الموكول لها . وهذا الإجراء بما أنه غير مناسب ، من خلال شخصيته الدبلوماسية ، إلا إذا قصدت الدولة المعتمدة لديها أن تضرب الدولة المعتمدة . وهناك أوضاع مختلفة يمكن أن تصنف في إطار هذا الاستعمال المظلل لعقوبة الاستدعاء .

١- عندما يتم معاقبة سياسة الدولة المعتمدة حيث أن المعتمد الدبلوماسي لم يكن إلا الناطق الرسمي باسمها في الدولة المعتمدة لديها . والأمثلة كثيرة في الإعلان عن أن الدبلوماسي شخص غير مرغوب فيه . إذ سبق وأن قامت السلطات البرتغالية بالإعلان عن أن السفير الكوبي في لشبونة عام ١٩٨١ بأنه شخص غير مرغوب فيه وذلك لاتهامه القائم بالأعمال البرتغالي في هافانا بالتواطئ مع المخابرات المركزية الأمريكية ضد السلطات الكوبية .

٢- ومهما كان شرعيا، فإن الإعلان عن أن الدبلوماسي شخص غير مرغوب فيه هو عمل تمييزي ، تلجأ إليه الدولة المعتمدة لديها عادة بهدف طلب استدعاء المعتمد الدبلوماسي، ويمثل في الواقع وسيلة أخرى للتعارض في السياستين، حيث أن المعاملة بالمثل بالإعلان من قبل الدولة المعتمدة لأحد الدبلوماسيين بأنه شخص غير مرغوب فيه، وأن هذه الحالات كانت كثيرا ما يتم الإعلان عنها في العلاقات ما بين الشرق والغرب ، وقد تؤدي في بعض الأحيان إلى قطع العلاقات الدبلوماسية.

وقد برزت بعض الآراء التي أيدت معارضتها لمثل هذه الممارسة في محيط العلاقات الدبلوماسية . إذ رأت الحكومة الهولندية بأن هذا التطبيق يتعارض مع روح اتفاقية فينا.

٣- الاستعمال الثالث القابل للنقاش هو قيام الدولة المعتمد لديها بطلب الاستدعاء (أو الابعاد) لعدد كبير من دبلوماسيي الدولة المعتمدة وذلك رغبة من الدولة الأولى في مساواة عدد دبلوماسييها مع الدول الثانية ، أو بهدف تخفيض عدد الدبلوماسيين إلى عدد يمكن مراقبته من قبل الدولة المعتمدة لديها. وكثيرا ما يحصل ذلك في حالات التجسس ، أو قيام دبلوماسيي القوى الكبرى ، ومن بينها الولايات المتحدة ، في التدخل في الشؤون الداخلية للدول الأخرى . وهذا ما حصل بين السودان والولايات المتحدة في نهاية عام ٢٠٠٠ ، عندما قامت الخرطوم بطرد السكرتير السياسي في السفارة الأمريكية عندما أعلنت في ٦/كانون الأول/٢٠٠٠ بأنه شخص غير مرغوب فيه . وقد رغبت واشنطن أن تقوم بالرد ضد

إجراء الخرطوم إلا أنها لم تجد في السفارة السودانية إلا دبلوماسي واحد في السفارة.

كما أن القرار الذي اتخذته بريطانيا عام ١٩٧١ بطلب استدعاء ١٠٥ من موظفي السفارة السوفيتية في لندن لم يخفِ الهدف الحقيقي الذي كانت تسعى إليه السلطات البريطانية لتخفيض العدد إلى العدد المساوي للدبلوماسيين البريطانيين في موسكو.

رابعا – عقوبات الإعلان : شخص غير مرغوب فيه .

- الاستدعاء

عندما يتم الإعلان عن شخص غير مرغوب فيه فإن العقوبة الطبيعية لذلك هي الاستدعاء وليس إعادته أو استبعاده والتي استندت عليها الدولة المعتمدة في احتجاجها.

فعندما قررت الحكومة المصرية بتأمين كل الممتلكات للعائلة الملكية السابقة فإن السفير التركي في القاهرة حيث أن زوجته تنتمي إلى هذه العائلة قد عبر عن انتقاده لهذا القرار الذي اعتبرته انتهاكا للملكيات الخاصة وأن هدفها سياسي أكثر مما يكون أي هدف آخر، الأمر الذي دفع السلطات المصرية إلى إعطائه مهلة ٢٤ ساعة بترك الأراضي المصرية ، مما قابله احتجاج تركي مماثل ، حيث أن مثل ذلك التصريح يتطلب الاستدعاء وليس الطرد .

وإن حالات الاستبعاد كثيرا ما تتم بين الدول حيث العلاقات وصلت إلى حالة من التردي، وتحدد فترتها اعتياديا ما بين ٤٨ ساعة أو ٧٢ ساعة .

وهناك العديد من الآراء التي طالبت في مناقشات مؤتمر فينا بخصوص المادة التاسعة، هو أن يتم الإعلان عن أن الدبلوماسي شخص غير مرغوب فيه قبل وصول الدلوماسي.

وإن الإجراء الصحيح هو التالي :

إذا كان للدبلوماسي تصرف يبرر أن يعلن عنه بأنه شخص غير مرغوب فيه، فيجب على حكومة الدولة المعتمد لديها أن لا تلجأ إلى طرده ، فإنه يجب أن تقدم طلب استدعاءه . وبالمقابل فإن حكومة الدولة المعتمدة ملتزمة بتسوية المسالة بشكل ودي . وأن ذلك لم يمنعها من الاحتجاج فيما إذا اعتبر ذلك الإجراء غير مبرر.

والسؤال الذي يطرح بهذا الخصوص هو: هل من المناسب تنفيذ طلبات الاستدعاء؟

لقد سبق أن تطرقنا إلى جواب هذا السؤال ، والذي يتعلق بموقف الدولة

وقوتها ، وخصوصا بالنسبة لبريطانيا التي كانت مهيمنة في القرن التاسع عشر ـ والـذي يـرتبط أيضا بالظروف التي تحيط بذلك . وبعد المصادقة على اتفاقية فينا ، وعنـدما تكـون الأسباب مـبررة ، فإنه من الضروري تنفيذ هذا الاستدعاء بهدف الاحتفاظ بالعلاقات الجيدة ما بين الدول . إذ أنه ليس من المعقول في ظل علاقات ودية استمرار الاحتفاظ بدبلوماسي غير مقبول من قبل الدولة المعتمدة لديها ، حيث تسود حالة من الجمود نتيجة لذلك .

وحسب المادة التاسعة ، الفقرة الثانية من اتفاقية فينا :

((٢- فإذا رفضت الدولة المعتمدة التنفيذ ، أو لم تنفذ في فترة معقولة الالتزامات المفروضة عليها في الفقرة الأولى من هذه المادة ، فلدولة المعتمد لـديها أن تـرفض الاعتراف للشـخص المعنـي بوصفه عضوا في البعثة)).

مع مراعاة مفهوم المهلة المعقولة التي تبدو مفتوحة (وحسب التطبيـق الجـاري في الحـالات الأكثر خطورة ، فإن هذه المهلة متغيرة ما بين ٢٤ ساعة إلى ١٥ يوما) ، وأن الفقرة الثانية مـن المـادة التاسعة تبدو واضحة . فإذا انتهت هذه المدة ، فإن على الدولة المعتمد لديها أن تتوقف في الاعـتراف بصفته كعضو في البعثة كشخص معني بذلك ، وأنه سـوف يعامـل كـأي أجنـبي عـادي ، ويفقـد كـل الامتيازات والحصانات ، وأنه يمكن أن يستبعد مع مراعاة القواعد العرفية أو الاتفاقية للقانون الدولي المتعلق بحق الأجانب أو مقاضاته أمـام المحـاكم ، مـا عـدا التصرفات الخاصة بالمهمـة . وقـد تـم الاعتراف بهذه النتيجة من قبل المحاكم قبل إقرار اتفاقية فينا .

الفصل الثاني

نهاية مهمات المعتمد الدبلوماسي والبعثات الدبلوماسية

في هذا الفصل سيتم التطرق إلى الأسباب التي تدفع إلى وضع نهاية لعمل المعتمد الدبلوماسي في الدولة المعتمد لديها ، إضافة إلى قطع العلاقات الدبلوماسية، وتاريخ نهاية هـذه المهمـات ، وانقضـاء المهمات ، والنتائج القانونية لقطع العلاقات الدبلوماسية.

أولا – الأسباب التي تضع حدا لمهمات المعتمد الدبلوماسي

إن مهمات البعثة الدبلوماسية يمكن أن تنتهي لأسباب خاصة بالمعتمد أو مـن جـراء إنهـاء مهمات البعثة الدبلوماسية وخصوصا في قطع العلاقات .

أ- الأسباب الخاصة بالمعتمد

١- النقل (نقل المعتمد إلى بعثة أخرى أو استدعاءه لوظيفة في حكومته) .

٢- التغير في مرتبة المعتمد، وهذه الحالة تحصل على أثر بعض الأحداث أو على أثر النقل.

٣- الاستقالة المقبولة .

٤- الاستدعاء النهائي مـن قبـل حكومتـه في إطار الإجـراءات التأديبيـة أو الوقائيـة . فيمـا أذا ارتكـب المعتمد بعض الأخطاء في تنفيذ مهمته أو يتوقـف أمـا الصلاحيات المحـددة لـه ، مـما يتطلـب استدعاءه ، أو عزله من قبل الدولة المعتمدة .

وهناك من الأمثلة العديدة التي يحفل بها محيط العلاقات الدبلوماسية . إذ سبق وأن قامـت ألمانيا الغربية في عام ١٩٦٢ باستدعاء سفيرها في واشـنطن الـذي أظهـر موقفـا عـدائيا لسياسـة بـلاده المتقاربة مع المعسكر الشرقي .

كما أن التغيرات الحكومية في الدولة المعتمدة عـلى أثر الانقـلاب العسكري أو إقامـة نظـام جديد على أثر الانتخابات ، تؤدي ومـن الطبيعـي إلى تغيـير في السـلك الـدبلوماسي الخـارجي ، سـواء بالنقل أو الاستقالة وغير ذلك .

٥- الإحالة على التقاعد .

٦- الوفاة

٧- ويمكن أيضا أن يوضع حدا لمهمة المعتمد الدبلوماسي من خلال القرار الذي تصدره الدولة المعتمد لديها عندما تعلن بأنه أصبح شخصا غير مرغوب فيه وعند الاقتضاء يتم استبعاده .

ب – الأسباب الخاصة بنوع البعثة

هناك العديد من الحالات التي يتم فيها إنهاء عمل البعثة :

أ - في الواقع، تنشأ العلاقات الدبلوماسية ما بين الدولة المستقلة، وهي نموذج لعلاقاتهم الخارجية . وأن فقدان هذا الاستقلال، من خلال الاحتلال أو الضم أو الانصهار، سوف تنتهي العلاقات الدبلوماسية من تلقاء نفسها ولم يعد لها وجود ولا حتى لبعثاتها الدبلوماسية إلا في الحالات الاستثنائية. إذ عندما ضمت النمسا إلى الرايخ الألماني في ١٩٣٨ فإن كل العلاقات مع فينا والدول الأخرى قد توقفت .

وفي الوحدة الاندماجية بين مصر وسوريا في الجمهورية العربية المتحدة في عام ١٩٥٨ إلى عام ١٩٦١ فإن الدول الجديدة اضطلعت بمهمة العلاقات الدبلوماسية حيث تم دمج السفارتين السورية والمصرية في الخارج .

وعندما تفكك الاتحاد السوفيتي إلى سلسلة من الجمهوريات ، فإن البعثات الدبلوماسية للاتحاد السوفيتي السابق تغيرت إلى البعثات الدبلوماسية للاتحاد الروسي، واستمر في تحمل المسؤولية القانونية للاتحاد السوفيتي السابق ، ولكن الجمهوريات الأخرى قد تم الاعتراف بها وتبادلت العلاقات الدولية مع المحيط الخارجي كدول جديدة ومن خلال اتفاقيات متميزة .

وعندما اختفت ألمانيا الديمقراطية كدولة ، فقد تم إغلاق كل البعثات الدبلوماسية المتعلقة بها .

بعد الحرب العالمية الثانية ، حيث انهيار الرايخ الألماني الثالث ، فقد قرر الحلفاء إغلاق كل البعثات الدبلوماسية والقنصلية الألمانية في الخارج .

وإذا كان الاحتلال لم يضع حدا للصراع القائم ، فإن حكومة الدول المحتلة تلجأ إلى المنفى وتتبعها أغلبية البعثات الدبلوماسية التي تبقى لها علاقات جيدة ومعارضة للاحتلال. وهذا ما حصل خلال الحرب العالمية الثانية في احتلال فرنسا عام ١٩٤٠ ، حيث التجأت حكومة الجنرال بيتان إلى فيشي ، ومن ثم حكومة الجنرال ديغول في الجزائر ولندن . وكذلك في حالات الضم التي لا تحظى بموافقة وتأييد الدول الأخرى فتبقى الحكومة في المنفى تمثل تلك الدولة .

ب - فيما يخص التغير المتعلق بشخص رئيس الدولة في الدول ذات الأشكال الملكية الدستورية ، أو عندما يتوفى رئيس الدولة المعتمدة أو المعتمد لديها ، أو في حالة

الاعتزال أو نزع العرش ، فإنه يتطلب من رئيس البعثة أن يقدم أوراق اعتماد جديدة . ومبدئيا ليس هناك تغير في الطاقم وليس هناك تغيير فيما يتعلق بالأسبقيات . وإن تبديل رئيس الجمهورية أو وزير الخارجية لا يحمل أي تغيير في البعثات الدبلوماسية المعتمدة لديها .

جـ- وفي حالة تغيير شكل الحكومة - التبديل من الملكية إلى الجمهورية أو العكس - فإن هناك تغيير في رسائل الاعتماد (وخصوصا عندما أصبحت الهند جمهورية)، وعندما ينطوي هذا التغيير في تبدلات في السياسة الخارجية فإن هذا ينطوي على نهاية بعض العلاقات الدبلوماسية بمبادرة من هذا الطرف أو ذاك ، وهذا ما كان خلال الثورات المسلحة التي تحدث في بعض دول العالم الثالث وإقامة أنظمة ماركسية ، أو مناوئة للسوفيت . وهذا ما حصل في اليمن عام ١٩٦٢ عندما رفضت بريطانيا الاعتراف بالنظام الجديد ، فقد أجبرت صنعاء حكومة لندن على سحب طاقم بعثتها الدبلوماسية في اليمن.

ولكن في بعض الحالات فإن التغيير في شكل النظام لا يحصل بالضرورة. ومن هنا فإن انتقال النظام السياسي في فيجي Fidji ، التي تحولت من النظام الملكي تحت عرش بريطانيا إلى النظام الجمهوري ، لم يؤدِ إلى تغيير العلاقات ما بين نيوزلنده وفيجي . إذ أن البعثة الدبلوماسية لفيجي احتفظت بكل الحقوق الناتجة من اتفاقية فينا لعام ١٩٦١ .

د - ويمكن أن تحصل نفس النتائج من خلال تطابق المبررات ، في حالة من الثورات المضطربة للوضع السياسي للبلاد ، وخصوصا في الانقلاب العسكري ، لنظام الوحدة الشعبية برئاسة اليندي Allende من قبل الجنرال بينوشيت Pinochet . إذ أن العديد من دول العالم سحبت اعترافها بالنظام الجديد الأمر الذي أدى إلى قطع العلاقات الدبلوماسية. وكذلك الحال عندما قامت بريطانيا بسحب اعترافها بنظام بول بوت Pol Pot في كانون الأول من عام ١٩٧٩ .

هـ- هناك من المذاهب القانونية التي طرحت في محيط العلاقات الدولية ، من أنه ليس من المفروض الاعتراف أو إقامة علاقات دبلوماسية مع الأنظمة التي تتولى الحكم عن طريق الثورة ، أو الانقلاب العسكري . إلا أن وجهة النظر هذه نادرا ما تم الأخذ بها ، وفي حالات محددة جدا وخصوصا من قبل الولايات المتحدة تجاه الأنظمة السياسية في أمريكا اللاتينية ، لكن هذا التطبيق قد تم التخلي عنه ،

وأصبح مسألة تقديرية ، وتمييزية من وجهة نظر مصالح الدول . على سبيل المثال قطع العلاقات الدبلوماسية بين فنزويلا والبرازيل على أثر الانقلاب العسكري الذي حصل في عام ١٩٦٤.

ز - ومن الحالات الأخرى عندما تتغير مرتبة البعثة (مفوضية تتحول إلى سفارة أو بعثة يرأسها قائم بالأعمال) فإنه يجب تقديم أوراق اعتماد جديدة ، وأن المهمات الجديدة يجب أن يضطلع بها طاقم آخر.

ح- قطع العلاقات الدبلوماسية من خلال الاتفاق المتبادل لأسباب اقتصادية وهذا ما لجأت إليه البحرين في غلق عدد من بعثاتها الدبلوماسية ، وكذلك بالنسبة للعراق من خلال السنوات الأولى من الحصار .

ثانيا - قطع العلاقات الدبلوماسية

في الحقيقة ، هناك العديد من الآراء التي طرحت بصدد قطع العلاقات الدبلوماسية، ومن بينها رأي الأستاذ Lucienfez الذي رأى بأن ((قطع العلاقات الدبلوماسية هو تصرف أحادي الجانب ، تعبير للصلاحية التقديرية للدول حيث المعنى والأشكال تتغير حسب الأسباب والرغبات التي تتبادلها الأطراف المعنية ، والذي يؤدي إلى نهاية عمل البعثة الدبلوماسية الدائمة التي ينجم عنها بعض الآثار القانونية المحددة)).

وبدون شك ، فإن صيغة ((قطع العلاقات الدبلوماسية)) تبدو صيغة تقليدية، وتسترجع في أغلبية الوقت ليس القطع في كل اتصال دبلوماسي ، ولكن قطع العلاقات من قبل ممثل البعثات الدبلوماسية الدائمة . إذ أن قطع العلاقات الدبلوماسية تصرف أحادي الجانب . وعندما يحصل قطعا للعلاقات الدبلوماسية من خلال الاتفاق المتبادل ، فإن ذلك لم يكن بصيغة ((قطع)) ولكن من خلال قرار ودي بغلق بعثات الدول المعنية ، وأن الاتصالات الدبلوماسية تستمر من خلال قنوات أخرى .

وأن السؤال الذي يطرح هو : متى نستطيع التحدث ، بحصر المعنى ، عن قطع العلاقات الدبلوماسية؟

في هذه الحالة ، هناك بعض الآراء التي طرحت بأن تعليق العلاقات ما بين فرنسا والفاتيكان لم يكن قطعا للعلاقات الدبلوماسية ، وخصوصا بعد أن أعلن الكرسي الرسولي بأن سفير فرنسا لدى الفاتيكان شخص غير مرغوب فيه وأن السفارة البابوية أغلقت أبوابها في باريس (١٩٠٧) . وكذلك بالنسبة للسفارة في روما التي لم يبقَ منها غير الحارس .

إن المادة ٤٥ من اتفاقية فينا قد حددت في فقراتها الثلاث نوع المباني والأرشيف في حالة قطع العلاقات الدبلوماسية بين دولتين وخلطت بين إذا ما استدعيت بعثة بصفة نهائية أو بصفة وقتية .

ويقصد أيضا باختصاص تقديري بالنسبة للدولة التي تأخذ المبادرة في القطع . وبصورة عامة فإن قرار قطع العلاقات يعتبر كتصرف قانوني شرعي وليس متناقضا للالتزامات الدولية . وهذا ما حصل من مناقشات في عصبة الأمم عندما قطعت العلاقات الدبلوماسية بين الأرغواي والاتحاد السوفيتي السابق ما قبل الحرب العالمية الثانية . ولكن في الوقت الحاضر قد تم التأكيد عليه في المادة الثانية من اتفاقية فينا لعام ١٩٦١ التي حددت :

((تنشأ العلاقات الدبلوماسية بين الدول وتوفد البعثات الدبلوماسية الدائمة بناء على الاتفاق المتبادل بينهما)).

وفي الواقع ، فإن عملية قطع العلاقات الدبلوماسية التي اعتبرت من القرارات الخطيرة جدا في العلاقات الدولية ، حيث لا يتم اللجوء إليها إلا في تردي الأوضاع إلى درجة لا يمكن استمرار العلاقات في ظلها إلا بقطعها ، أصبحت في الوقت الحاضر من الحالات المتكررة ، لا بل المعتادة .

وأن الأسباب التي تقود الدولة إلى اتخاذ مثل هذا القرار لا يمكن دائما التعبير عنها . ولكن بصورة عامة ، فإن هناك بعض الأسباب التي يتم الإعلان ، وأنها متغيرة وحيث حفل بها محيط العلاقات الدبلوماسية:

أ – الحركة الاحتجاجية على أثر النزاعات المسلحة أو الإقليمية

- قطع العلاقات الدبلوماسية ما بين العراق وأمريكا وفرنسا ، وبريطانيا خلال العدوان العسكري عام ١٩٩١ .

- قطع العلاقات ما بين ماليزيا والفلبين عام ١٩٦٣ .

- الحرب التي اندلعت ما بين الهند والصين في عام ١٩٦٢ .

- الحرب الهندية ، الباكستانية في ١٩٦٥ ، وكذلك في عام ١٩٧١

- الحرب التي اندلعت ما بين فيتنام والصين عام ١٩٧٩ .

ب- الموقف الاحتجاجي على أثر الاعتراف من قبل الدولة الثالثة بالأوضاع الإقليمية منفصلة عن الحكومة أو الدولة .

-قطع العلاقات ما بين المغرب وتونس على أثر اعتراف الحكومة التونسية بدولة موريتانيا.

- قطع العلاقات الدبلوماسية ما بين عدد من الدول العربية وعدد من الدول التي اعترفت بإسرائيل .

-قطع العلاقات الدبلوماسية ما بين ألمانيا الاتحادية وأي دولة تعترف بدولة ألمانيا الديمقراطية.

- قطع العلاقات الدبلوماسية ما بين الصين الشعبية وأي دولة تعترف بنظام تايوان.

جـ- الموقف الاحتجاجي على أثر انتهاك القانون الدولي أو المطالبة باحترام القانون الدولي.

- الأضرار التي سببتها السلطات الألبانية للممتلكات السوفيتية دفعت موسكو إلى قطع علاقاتها الدبلوماسية .

- قطعت غانا علاقاتها الدبلوماسية مع بلجيكا بسبب السياسة التي انتهجتها في الكونغو عام ١٩٦٠ .

- قيام الدولة الاشتراكية بعد حرب ١٩٦٧ بقطع علاقاتها الدبلوماسية مع إسرائيل ما عدا رومانيا .

- قيام ثمان دول عربية بقطع علاقاتها الدبلوماسية مع الولايات المتحدة لقيامها بالانحياز في حرب حزيران ١٩٦٧ إلى جانب إسرائيل .

د- السخط المعنوي

- قطع العلاقات الدبلوماسية ما بين فرنسا وبريطانيا على أثر قيام فرنسا بإعدام لويس السادس عشر- وهناك بعض الحالات النادرة في الوقت الحاضر .

هـ- تدهور العلاقات التدريجي والنزاعات الآيديولوجية

- قطع العلاقات الصينية - السوفيتية .

- قطع العلاقات الصينية مع عدد من الدول بعد الثورة الثقافية الصينية .

- قطع العلاقات الدبلوماسية ما بين ألبانيا وعدد من الدول الاشتراكية السابقة .

وفي الواقع هناك حالة في قطع العلاقات الدبلوماسية تحت شكل من العقوبات الجماعية . إذ أنه في إطار منظمة الأمم المتحدة ، فإن المادة ٤١ فقط من ميثاقها قد أكد على قطع العلاقات الدبلوماسية بقرار من مجلس الأمن بصدد الدولة التي تحت طائلة الفصل السابع من الميثاق (تهديد السلم والأمن الدوليين).

وقد تم استعمال هذه المادة في الوضع الذي ترتب على روديسيا في عام ١٩٦٥،

وضـد ليبيـا في ٣٠/آذار/١٩٩٢ ، حيـث دعـا القـرار إلى تخفيـض التمثيـل الـدبلوماسي مـع الجماهيرية ، وبالمقابل أيضا ، ومراقبة حركة الدبلوماسيين الليبيين المعتمدين لـدى الـدول الأخرى والمنظمات الدولية . وكذلك ما اتخذ من قرار في ٣٠/أيار/١٩٩٢ ضد جمهورية يوغسلافيا الاتحادية .

وقد أعلنت الجمعية العامة للأمم المتحدة في قرار لها في ٢٦/أكتوبر/١٩٦٢ بقطع العلاقـات الدبلوماسية مع جنوب أفريقيا ، والامتناع عن إقامة أيـة علاقة معهـا. وقـد قـررت منظمة الوحـدة الأفريقيـة في ٢٢-٢٥/أيار/١٩٦٥ في مؤتمرها الـذي عقـد في أديـس أبابا بقطع العلاقـات الدبلوماسية والقنصلية ما بين كل الدول الأفريقية والحكومة البرتغالية وجنوب أفريقيا.

وقد قررت دول منظمة أمريكا اللاتينية في ٢٦/تموز/١٩٦٤ بقطع العلاقـات الدبلوماسية مـع كوبا لاتهامها بالقيام بأعمال تخريبية في فنزويلا ، حيث نفذ القرار ما عدا بوليفيا ، وشيلي والمكسيك والأرغواي .

وقد قررت جامعة الدول العربية قطع العلاقـات الدبلوماسـية مـع مصر ـ علـى أثـر توقيعهـا اتفاقية كامب ديفيد مع إسرائيل في عام ١٩٧٩ .

وهنـاك حـالات عديـدة مـن حـالات تجميـد العلاقـات الدبلوماسـية كدلالـة علـى الاحتجـاج ، وتخفيـض العلاقـات الدبلوماسـية إلى مسـتوى قـائم بـالأعمال ، واسـتدعاء رئيس البعثـة للتشـاور ، وتخفيض عدد أعضاء البعثة من قبل الدولة المعتمدة ، واستدعاء الطاقم بدون قطع العلاقات.

ثالثا - تاريخ نهاية مهام أعضاء البعثة

في الاستناد إلى المادة ٤٣ من اتفاقية فينا يتضح بأنه :

((تنتهي مهمة المعتمد الدبلوماسي كما يلي :

أ - إذا ما أبلغت الدولة المعتمدة الدولة المعتمد لديها بانتهاء أعمال المعتمد الدبلوماسي.

ب- من خلال إبلاغ الدولة المعتمدة الدولة المعتمدة لديها ، وتطبيقا للبند الثاني مـن المـاد ٩ ، بأنهـا ترفض الاعتراف بالمعتمد الدبلوماسي كعضو في البعثة)).

وإذا كانت المادة ٤٣ قد حررت بشكل مختصر ولا تنص إلا على وضعين يتم فيهما إنهاء مهمة المعتمد الدبلوماسي وعلى أثر أحداث متنوعة ، فإن المادة العاشرة من

اتفاقية فينا ألزمت الدولة المعتمدة بالإبلاغ عن رحيل أو توقف مهام كل أعضاء البعثة وعوائلهم ، وخصوصا في البند الأول ، الفقرة أ .

وفي الواقع ، فإنه من المصلحة الكبيرة في التطبيق إمكانية تحديد إلى أي فترة يمكن أن يستمر رئيس البعثة ممثلا للدولة المعتمدة فيما يتعلق بالتصرفات القانونية ذات الطبيعة الملزمة للدولة (عقود ، دعاوى قضائية).

وإن تاريخ نهاية المهام يمكن أن تنتج من الأحداث التي تفرض نفسها على الدولة المعتمدة مثلما على الدولة المعتمد لديها : وفاة الدبلوماسي أو نهاية استقلال إحدى هذه الدول. وفيما يتعلق بسلسلة من الأحداث ، فإن تاريخ نهاية المهام سوف يتحدد من خلال الإبلاغ التي تقوم به الدولة المعتمدة. وهكذا بالنسبة للنقل ، الاستقالة ، التقاعد، الاستدعاء، عزل المعتمد. وعندما يتم تشكيل حكومة جديدة على أثر الانقلاب العسكري ، فإذا قررت الحكومة هذه الاحتفاظ برئيس البعثة في مقره لكي يمثلها ، أو أن رئيس البعثة يعارض هذه الحكومة الجديدة فإنه سيقدم على الاستقالة .

وأن التاريخ سيحدد أيضا من قبل الدولة المعتمدة لديها فيما إذا قررت بأن الممثل الدبلوماسي أصبح شخصا غير مرغوب فيه ، وفي الفرضية التي تتوقف فيه الدولة المعتمد لديها الاعتراف بحكومة الدولة المعتمدة أو رفض الاعتراف بحكومة هذه الدولة ، أو اتخاذ قرار بقطع العلاقات الدبلوماسية للأسباب المذكورة . وأحيانا ، عندما يترك المعتمد جواز سفره وديعة لدى وزير الخارجية ، فهنا يمكن الحديث ، في هذه الأوضاع - عن ((تسليم الجواز)).

وفي الوقت الحاضر فإن حكومة الدولة المعتمد لديها هي التي تبلغ بشكل أحادي الجانب عن شروطها . وهكذا فقد قامت حكومة الرئيس كارتر في ٧/نيسان/١٩٨٠ بقطع العلاقات الدبلوماسية مع إيران على أثر قيام الطلبة الإيرانيين باحتجاز الطاقم الدبلوماسي والقنصلي الأمريكي. وقد أعطت مهلة ٢٤ ساعة لترك الدبلوماسيين الإيرانيين الأراضي الأمريكية . وطلبت في ٦/أيار/١٩٨١ بغلق مكتب الأخوة الليبي في واشنطن وأعطت مهلة خمسة أيام لرحيل طاقم المكتب نهائيا .

وفيما يتعلق برؤساء البعثات ، فإن الطريقة الطبيعية لانقضاء المهمات هو في تسليم أوراق الاستدعاء ، على أثر النقل أو التقاعد ، إذ أن رئيس البعثة مستعد لترك مقره ، ويتوجب عليه تسليم أوراق استدعاءه بشكل مطابق مع البروتوكول المحلي . إذ

أنه يطلب تحريريا من وزير الخارجية ، مقابلة رئيس الدولة من أجل إجراء تسليم هذه الأوراق حيث النسخة المرفقة معها. وهذا التسليم يمكن أن يتم بدون طلب مسبق عندما أصبح الدبلوماسي من أصدقاء رئيس الدولة، وفي هذه الحالة ، فإنه يصاحبه عادة تسليم وسام .

ويمكن أيضا تسليم أوراق الاستدعاء من قبل خلفه ، وفي هذه الحالة فإن الدبلوماسي السابق قد اصبح شخصا غير مرغوب فيه ، أو أنه يتم استدعاءه بدون مهلة من قبل حكومته . وأن الدبلوماسي الجديد يسلم أوراق استدعاء سلفة في نفس الوقت الذي يتم فيه تقديم أوراق اعتماده.

ويتم مغادرة رئيس البعثة بشكل طبيعي incognito ولكن من المعتاد بأنه يتم توديعه في المغادرة ، فيما إذا كان سفيرا من قبل ممثل رئيس الدولة أو من قبل رئيس المراسم ، وإذا كان وزيرا مفوضا من قبل وزير الخارجية .

وبالنسبة للقائم بالأعمال فإنه يلتمس في طلبه مقابلة وزير الخارجية ، أما بالنسبة للدبلوماسيين الآخرين فإنهم لا يلتمسون مقابلة أي شخص . وإن مغادرة الدبلوماسي يجب أن يتم الإعلان عنها شفويا من قبل البعثة إلى دائرة المراسم . ويجب على البعثة إعادة بطاقات الهوية الدبلوماسية في الفترات المناسبة .

رابعا - نظام المعتمدون في انقضاء مهامهم

دائما ، ومثلما لاحظنا ، فإنه بموجب المادة ٣٩ ، البند الثاني من اتفاقية فينا ، تبقى الحصانات والامتيازات حتى مغادرة المعتمد الدبلوماسي :

((عندما تنقضي مهمة الشخص الذي يتمتع بالامتيازات والحصانات ، تنتهي عادة هذه الامتيازات والحصانات من وقت مغادرة هذا الشخص لأراضي الدولة المعتمد لديها ، أو عند انتهاء المهلة المعقولة التي منحت له لهذا السبب ، ويستمر سريانها لهذا الوقت حتى عند قيام نزاع مسلح)).

يضاف إلى ذلك ، فإن المادة ٤٤ تمسكت في تأمين ، مهما كانت الظروف ، رحيل المعتمدين الدبلوماسيين أراضي الدولة المعتمدين لديها في أفضل الشروط :

((على الدولة المعتمد لديها ، حتى وإن كانت في حالة قيام الحرب ، أن تمنح التسهيلات للأشخاص المتمتعين بالمزايا والحصانات ، بخلاف من هم من رعاياها ،

وكذلك أعضاء أسر هؤلاء الأشخاص مهما كانت جنسياتهم ، لتيسر لهم مغادرة أراضيها في أسرع وقت ، ويجب عليها إذا ما استدعى الأمر أن تضع تحت تصرفهم وسائل النقل اللازمة لأشخاصهم ولمتعلقاتهم)).

فخلال الحرب العالمية الثاني شهد محيط العلاقات الدبلوماسية تزايد حالات تطبيق مفهوم المعاملة بالمثل والذي تم من خلاله تبادل المعتمدين الدبلوماسيين ، وخصوصا عندما قامت الجيوش الألمانية باحتلال الدول الأوربية مثل بلجيكا ، بولونيا ، تشيكوسلوفاكيا، الدانمارك، حيث تم احتجاز عدد من السفراء البريطانيين أو من جنسيات أخرى ، قسم منهم تم تبادلهم والقسم الآخر بقي سجينا حتى انتهاء الحرب مثل السفير البريطاني في بلجيكا السير Loncelot Oliplant .

خامسا - النتائج القانونية لقطع العلاقات الدبلوماسية

في الواقع ، أن من بين النتائج التي تترتب على قطع العلاقات يمكن تلمسها بشكل أساس على أداء مهمة البعثة ، ووضعية مبانيها ، ووثائقها . فالقطع يؤدي إلى وضع حد للبعثات الدبلوماسية في الدولتين . وفي التاريخ الذي تقرر فيه كل دولة ، ولكن مبدئيا بتأثير مباشر ، فإنه على البعثات أن توقف كل نشاط وعلى طاقم البعثة أن يتم استدعاءه - أو طلب المغادرة ، خلال فترة محددة من قبل الدولة المعتمد لديها .

أما فيما يتعلق بوضعية المباني ووثائق البعثة فقد تم معالجتها من المادة ٤٥ من اتفاقية فينا:

((في حالة قطع العلاقات الدبلوماسية بين دولتين ، أو إذا ما استدعيت بعثة بصفة نهائية أو مؤقتة :

أ- تلتزم الدولة المعتمد لديها حتى في حالة نزاع مسلح أن تحترم وتحمي مباني البعثة وكذلك منقولاتها ومحفوظاتها .

ب- يجوز للدولة المعتمدة أن تتعهد بحراسة مباني بعثتها وما يوجد فيها من منقولات ومحفوظات إلى دولة ثالثة توافق عليها الدولة المعتمد لديها .

جـ - يجوز للدولة المعتمدة أن تعهد بحماية مصالحها ومصالح مواطنيها إلى دولة ثالثة توافق عليها الدولة المعتمدة لديها .

وفي هذه الحالة ، فإنه من المناسب التمييز ما بين المباني ، والممتلكات ، ووثائق العثة الدبلوماسية (الأرشيف) .

أ- المباني

إذ كان نص الاتفاقية في مادتها المذكورة في أعلاه قد أكد على ((احترام وحماية المباني))، فإنه لم يستعمل أهداف المادة ٢٢ من نفس الاتفاقية ((حرمة المباني)) أو ((الحماية الخاصة لمباني البعثة)). ولكن الشيء الملاحظ بأن الحماية تكون سارية ولا يمكن أن تكون إلا إذا كانت هناك بعثة قائمة في مهمتها ، وفي افتراض اختفاء البعثة، فإن المباني لم تعد مباني البعثة . والتحديد الذي قدمته المادة الأولى من الاتفاقية في فقرتها الأخيرة (ط) يبدو أنه يتطابق مع وجهة النظر هذه .

((اصطلاح " مباني البعثة " يشمل المباني وأجزاء المباني والأراضي الملحقة بها التي تستعملها البعثة - أيا كان المالك – كما تشمل مقر إقامة رئيس البعثة)).

ولكن إذا عدنا إلى المادة ٣٩ من الاتفاقية فيما يتعلق بالطاقم الدبلوماسي ، فإن الحرمة تستمر خلال فترة معقولة . وأن هذا الحل قد تم الإشارة إليه صراحة في الاتفاقية حول البعثات الخاصة في ٨/كانون الأول/١٩٦٩ حيث أن المادة ٤٦ ، البند الأول قد نص :

((عند انتهاء مهمة البعثة الخاصة ، على الدولة المضيفة احترام وحماية مباني البعثة الخاصة ، بما أنها عائدة إليها ، وكذلك الممتلكات والوثائق خلال مهلة معقولة)). وفي اتفاقية ١٤/آذار/١٩٧٥ حول تمثيل الدول في علاقاتها مع المنظمات لدولية ذات الطبيعة الشاملة فإن المادة ٤١ قد نصت :

((١- عندما يتم استدعاء البعثة بشكل نهائي أو بصفة مؤقتة فعلى الدولة المضيفة احترام وحماية المباني ، والممتلكات والوثائق العائدة للبعثة ، وعلى الدولة الموفدة أن تأخذ كافة الإجراءات المناسبة لإعفاء الدولة المضيفة من هذا الالتزام الخاص قدر الإمكان . ويمكنها أن تعهد بحراسة هذه المباني والممتلكات والوثائق الخاصة بالبعثة إلى المنظمة ، فيما إذا وافقت على ذلك ، أو إلى طرف ثالث توافق عليه الدولة المضيفة .

٢- على الدولة المضيفة ، وحسب طلب الدولة الموفدة ، أن تمنح لهذه الأخيرة كافة التسهيلات لنقل الممتلكات ووثائق البعثة إلى خارج إقليمها)).

ومن الصعب جدا محاولة تفسير اتفاقية من خلال مقارنتها باتفاقية أخرى وسواء كان هذا صحيحا فإنه لا توجد أي قاعدة لتقرير في أي إجراء يجب أن تفسر به الاتفاقية السابقة على ضوء الاتفاقية الثانية وإن الثانية يمكن أن تقدم كحل جديد أو بالمقابل ،

كاصطلاح للتطبيق الذي يتم من خلاله تحديد جوهر الاتفاقية الأولى . وفي هذا الاتجاه فإنه من الصعب الاستدلال من ذلك الذي نص عليه مفهوم الفترة المعقولة في الاتفاقيات الجديدة ، ومهما يكن فإن المادة ٤١ عبرت بكل وضوح بأن حماية المباني تبقى حماية خاصة، بعد أن كانت مؤقتة.

وإذا ما أكدنا بأن الحماية الخاصة تختفي بعد إخلاء المبنى ، حيث أن المباني قد استأجرت من قبل الدولة المعتمدة أو من ممتلكات هذه الدولة . فإذا كانت مستأجرة، وإن الإيجار لم يدفع فعند هذه الحالة لا يمكن منع المالك من استعادة المباني ، حيث لا يمكن أن يمنح إلى هذه المباني الحصانات الدبلوماسية اللازمة . وإذا كانت هذه المباني من مكية الدولة المعتمدة السابقة فإنها تتمتع بالحماية التي خصها القانون الدولي إلى مباني الدولة بصورة عامة لا أكثر ولا أقل.

ولكن وجهة النظر عادت مع ذلك لتقع في مأزق حول الالتزام الذي يبقى على كل حال ، طبقا للمادة ٤٥ من اتفاقية فينا في ((احترام وحماية المباني)). وقد كان للخارجية الفرنسية وجهة نظرها الخاصة عندما أعلنت فيما يتعلق بقضية السفارة الكمبودية في باريس ، بأنه ((طبقا لهذا الالتزام - الذي تفرضه المادة ٤٥ - فإن الحكومة الفرنسية وضعت الأختام على المبنى وتأمن الحماية الكاملة لها)). إلا أن هناك العديد من القرارات القضائية التي تؤدي إلى نزع ملكية مباني السفارات ، ولاسيما ، على سبيل المثال ، القرار الذي أصدرته الحكومة الكوبية في ٢٤/تموز/١٩٦٣ بنزع ملكية أرض ومبنى سفارة الولايات المتحدة الأمريكية في هافانا.

ب- الممتلكات

لقد تم معالجة هذه النقطة من خلال البند الثالث من المادة ٢٢ من اتفاقية فينا التي تحمي الأثاث والمفروشات الأخرى التي توجد في مباني البعثة ضد كل تفتيش أو حجز، مصادرة ، أو أي إجراء تنفيذي . وأن المادة ٤٥ تحتفظ بمفهوم الحماية ورعاية الممتلكات .

وقد طرحت المسألة على بساط البحث في عام ١٩٧٥ فيما إذا كان بالإمكان في حالة استدعاء البعثة ، - عندما يقصد بالبعثة لدى المنظمة الدولية في جنيف - سحب قسم من حساب البعثة المصرفي المحجوز المبالغ الضرورية لدفع قوائم الديون الخاصة ، إلا أن وجهة النظر السويسرية قد جاءت بالنفي ، وكذلك قسم من الدول الأخرى ، حيث تأسس هذه الرؤيا على أساس التزاماتها في حماية ورعاية الممتلكات .

جـ- الوثائق والسجلات الخاصة بالبعثة

لقد كانت المادة ٢٤ من اتفاقية فينا واضحة وصريحة فيما يتعلق بوثائق وسجلات البعثة الدبلوماسية التي تم الاعتراف بحرمتها في أي مكان وفي أي وقت . وأن ما يجب التأكيد عليه ، إضافة إلى الاعتبارات السابقة هو تلك الأهمية التي تنص عليها المادة ٤٥ في الفقرة ب ، والتي تسمح للدولة المعتمدة أن تعهد بحراسة مباني بعثتها وما يوجد فيها من منقولات ومحفوظات ووثائق وسجلات وغيرها إلى دولة ثالثة توافق عليها الدولة المعتمدة لديها .

وبهذا الصدد ، فإن قطع العلاقات لا يمكن أن يحمل أي ضرر للمظاهر الأخرى من العلاقات ما بين الدولتين المعنيتين . وكذلك فإن القطع لا يشرك أو لا يقحم الاعتراف بالسيادة الأجنبية ، وبشكل خاص طبيعة ((السيادة الخارجية)) لرئيسها.

كما أن قطع العلاقات لا ينطوي على انتهاء الاعتراف بالدولة أو بالحكومة التي تم قطع العلاقات معها . والدولة الأجنبية ، الممثلة من قبل حكومتها ، تحتفظ بحقها في الدفاع عن نفسها أما القضاء في الدولة المعتمدة لديها السابقة ، ولا يمكن استعمال ممثل رئيس بعثتها الدائمة لهذه الغاية ، ولكن يمكن استخدام دوائر الوساطة ad li tem المسموح بها .

ومن خلال التحقيق عن السبب ، فإن حكومة الدولة المعتمدة السابقة يمكنها أن تحضر- أمام القاضي ، في حدود احترام قواعد القانون الدولي المتعلقة بالحصانة القضائية للدولة .

وفي الواقع ، فإن قطع العلاقات لا يمتد إلى العلاقات القنصلية . وهذا ما جاء في المادة الثانية ، الفقرة ٣ من اتفاقية فينا في ٢٤/نيسان/١٩٦٣ حول العلاقات القنصلية .

((قطع العلاقات الدبلوماسية لا يترتب عليه تلقائيا ipso facto قطع العلاقات القنصلية))* .

وفيما يتعلق باتفاقية ١٨/ كانون الأول/١٩٦٩ حول البعثات الخاصة ، فإن المادة ٢٠ ،

---

* بحكم الواقع ، بطبيعة الحال (ipso faeto) عبارة لا تينية تستعمل للدلة على تطبيق حكم ما ، وتوقع نتيجة معينة بمجرد وقوع حادث معين .

الفقرة الثانية قد نصت :

(لا يترتب على قطع العلاقات الدبلوماسية أو القنصلية ما بين الدولة الموفدة والدولة المستقبلة من تلقاء نفسها نهاية البعثات الخاصة الموجودة في لحظة قطع العلاقات).

وليس للقطع من تأثير آخر على المعاهدات إلا ما منصوص عليه في اتفاقية فينا حول قانون المعاهدات لعام ١٩٦٩ ، حيث المادة ٦٣ قد نصت :

((ليس لقطع العلاقات الدبلوماسية أو العلاقات القنصلية ما بين الأطراف في معاهدة أي تأثير على العلاقات القانونية المنشأة بينها من خلال المعاهدة، ما عدا في النطاق الذي يبدو فيه وجود العلاقات الدبلوماسية أو القنصلية ضروريا في تطبيق المعاهدة)).

وبدون شك ، فإن نصوص المعاهدات التي يمكن تنفيذها هي تلك التي نصت على الطريق الدبلوماسي كحل وحيد فني في تنفيذ المعاهدة ، وقد كانت هذه الحالة ، سابقا بالنسبة لمعاهدات تسليم المجرمين .

لقد نصت المادة ٧٤ من الاتفاقية حول قانون المعاهدات :

((لا يشكل قطع العلاقات الدبلوماسية أو العلاقات القنصلية أو غياب مثل هذه العلاقات ما بين دولتين أو عدة دول عقبة في التوصل إلى المعاهدات ما ين الدول المذكورة . وليس لعقد المعاهدة من أثر فيما يتعلق بالعلاقات الدبلوماسية أو العلاقات القنصلية)). ومن الأمثلة على ذلك من المعاهدة المعقودة ما بين مصر وفرنسا عام ١٩٥٨ في الوقت الذي كانت فيه العلاقات الدبلوماسية قد قطعت سابقا.

الجزء الخامس

النشاطات الدبلوماسية الخاصة

الفصل الأول
الصلات ما بين العلاقات الدبلوماسية والعلاقات القنصلية

القسم الأول - المبادئ القانونية المنظمة للصلات ما بين العلاقات الدبلوماسية والعلاقات القنصلية

أولا - التمييز بين العلاقات الدبلوماسية والقنصلية

في الواقع ، مبدئيا ، فإن العلاقات الدبلوماسية والعلاقات القنصلية تبدو متميزة الواحدة عـن الأخرى ، على الرغم من أنهما صيغتان للعلاقات ما بين الدول. إذ أنه في الحالتين يتم إقامـة العلاقات من خلال الموافقة المتبادلة للدولتين فالمادة الثانية من اتفاقية فينا في ٢٤/نيسان/١٩٦٣ قد نصت :

((١ - تنشأ العلاقات القنصلية بين الدول بناء على اتفاقها المتبادل .

٢- الاتفاق على إنشاء علاقات دبلوماسية بين دولتين تتضمن الموافقة على إنشاء علاقات قنصلية، ما لم ينص على خلاف ذلك اتفاق إنشاء العلاقات الدبلوماسية)).

مثلما أن النموذجين من العلاقات متميزين ، فإنه من الجائز للدولتين أن تنشأ بينهما علاقات قنصلية في الوقت الذي لا توجد بينهما علاقات دبلوماسية .

وهذا ما حصل في سنوات ١٩٦٧ و ١٩٧٠ بين إسبانيا ودول أوربـا الاشـتراكية السـابقة التـي لم يكن بينها علاقات دبلوماسية في الوقت الذي تم فيه إقامة علاقات دبلوماسية . وكذلك ما بـين الهنـد وألمانيا الديمقراطية حيـث أقيمـت بينهمـا علاقات قنصلية في عـام ١٩٧٢ . وكـذلك إنشـاء العلاقات القنصلية ما بين الاتحاد السوفيتي السابق وإسرائيل في عـام ١٩٨٧ في الوقـت الـذي لا توجـد بيـنهما علاقات دبلوماسية، حيث تم إنشاء قسم لرعاية المصالح الإسرائيلية في السفارة الهولندية في موسكو ،

في الاتجاه نفسه فإن قطع العلاقات الدبلوماسية لا يترتب عليه بالضرورة قطع العلاقات الدبلوماسية.

وهذا ما تنص عليه صراحة المادة الثانية، الفقرة الثالثة من اتفاقية فينا لعام ١٩٦٣:

((لا يترتب على قطع العلاقات الدبلوماسية IPSO FaCTO قطع العلاقـات القنصلية)). وإن قطع العلاقات القنصلية تبدو من الحالات النادرة الحدوث من قطع

العلاقـات الدبلوماسـية . وللدولـة الموفـدة ودولـة المعتمـد مصـالح متبادلـة في عـدم معانـاة رعاياهم من جراء قطع علاقـاتهم الدبلوماسـية. ومـا تبقـى فـإن هـذا الحـل يحـتفظ بقنـاة الاتصـال المناسبة ما بين الدولتين . ومع أن العلاقات القنصلية تستمر أما من خـلال أعضـاء الهيئـات القنصـلية الذين يبقون في مقر عملهم ، وأما من خلال أقسـام رعايـة المصـالح المنظمـة في البعثـة الدبلوماسـية للدولة الثالثة (حيث يوجد عند الحاجة القائمون بالأعمال للمسائل القنصلية قبل قطع العلاقات) .

- عندما قطعـت الـدول العربيـة علاقاتهـا الدبلوماسـية مـع ألمانيـا الاتحاديـة في ١٩٦٥ بعـد اعترافهـا بإسرائيل ، بقيت العلاقات القنصلية على حالها من خلال مكتب رعاية المصالح الملحقة في سفارات الدول الثالثة .

-قطع العلاقات الدبلوماسية بين لندن والقاهرة بسبب السياسة البريطانية المؤيدة لروديسيا.

- قطع العلاقات الدبلوماسية ما بين لندن وتايوان بسبب الاعتراف البريطاني بالصين.

- قطع العلاقات الدبلوماسية ما بين الولايات المتحدة وبنما بسبب مظاهرات ١٩٦٤ ,

وهناك العديد من الأمثلة التي لا تعد والتي يتم فيها قطع العلاقات الدبلوماسية إلا أنـه يـتم الاحتفاظ بالعلاقات القنصلية ضمن قسم رعاية المصالح الملحق بسـفارة إحـدى الـدول التـي تنتـدب لرعاية المصالح . ويمكن أن تحصل حالة يتم فيها إنشاء العلاقات الدبلوماسية بدون علاقات قنصلية ، أو قطع العلاقات القنصلية قبل العلاقات الدبلوماسية كما حصل مـا بـن الولايـات المتحـدة وإيطاليـا وألمانيا في عام ١٩٤١ وما بين الولايات المتحدة ونيكـاراغوا في عـام ١٩٨٣. ويمكـن أن يحصـل في نفـس الوقت قطع للعلاقات الدبلوماسية والقنصلية في وقـت واحـد كـما حصـل مـا بـين الولايـات المتحـدة وإيران على أثر قيام الأخيرة باحتجاز أعضاء البعثة الدبلوماسية والقنصـلية الأمريكيـة في طهـران عـام ١٩٨٠ .

ثانيا - ممارسة العلاقات القنصلية

لقد حددت المادة الثالثة لاتفاقية فينا لعام ١٩٦٣ حول العلاقات القنصلية ، الآليـة التـي يـتم بموجبها مباشرة المهام القنصلية ، حيث نصت :

((تمارس الأعمال القنصلية من خلال بعثات قنصلية ، ويمكن أن تمارس أيضا مـن قبـل بعثـات دبلوماسية تطبيقا لأحكام هذه الاتفاقية)).

إذ من الممكن أن تكون هناك علاقات قنصلية من خلال ممثـل البعثـة الدبلوماسـية. وحسـب وزارة الخارجية الأمريكية ، وفي هذا الافتراض الأخير ، فإن الدائرة القنصلية

التي توجد تحت سلطة البعثة الدبلوماسية لم تكن بعثة قنصلية حسب مفهوم المادة الأولى من اتفاقية عام ١٩٦٣ التي حددت البعثة القنصلية التي تمتد بمعنى ((أية قنصلية عامة أو قنصلية أو نيابة قنصلية أو وكالة قنصلية)).

هذا الشكل من ممارسة العلاقات القنصلية هو نتيجة للتطبيق الذي اعتادت عليه العلاقات الدبلوماسية ما بين الدول . حيث يلاحظ وفي أغلبية الدول خلط في الخدمات الخارجية ما بين المسلك الدبلوماسي والمسلك القنصلي . وهذا ما حصل في فرنسا ابتداء من عام ١٨٨٠ ، وكذلك في الولايات المتحدة في عام ١٩٢٤، وفي بريطانيا ابتداء من عام ١٩٤٣ ، واتضح فيما بعد بأن هناك العديد من البعثات القنصلية ترأسها مدير قنصلي مكلف بمختلف الوظائف القنصلية المعتادة: منح التأشيرة ، جوازات سفر، تصديق الوثائق، وبطاقة لأحوال المدنية .

وأثناء التحضير لاتفاقية فينا لعام ١٩٦١ ، فقد تواجهت ثلاثة تيارات بصدد هذه المشكلة. فقد رأت الدول الاشتراكية بأنه لا يمكن للدولة المعتمد لديها رفض هذه الصيغة الدبلوماسية في العلاقات القنصلية التي كانت صيغة قانونية ، وبالنسبة لإيطاليا وفنزويلا فقد أكدتا على عدم إمكانية إنشائها بدون الموافقة الصريحة للدولة المعتمد لديها . والأطروحة أو التيار الثالث ممثلا بإسبانيا ، التي تثبت وجهة النظر القائلة بأنه يمكن للبعثات الدبلوماسية أن تمارس الوظائف القنصلية بشرط أن لا تعارض الدولة المعتمد لديها صراحة.

ويبدو أن هذه الأطروحة هي التي فازت بأن تكون نصا للمادة الثالثة البند الثاني والتي تم إقرارها في النهاية في اتفاقية فينا لعام ١٩٦١:

((لا يفسر أي نص من نصوص هذه الاتفاقية بأن يحرم البعثة الدبلوماسية من مباشرة الأعمال القنصلية)).

وبناء عليه ، فإن الدولة المعتمدة مؤهلة قانونيا في تعيين مدير قنصلي مرتبط بالبعثة الدبلوماسية بدون طلب أخذ الأذن من الدولة المعتمدة لديها ، ولكن يمكن للدولة المعتمد لديها أن تعارض ذلك . وأن هذه الإشارة قد تم التأكيد عليها من قبل المادة الثالثة من اتفاقية فينا لعام ١٩٦٣. وهناك العديد من الدول التي تمسكت بتطبيق أحكام هذه المادة لأنها تسمح لها بممارسة أعمالا قنصلية في بعثاتها الدبلوماسية ، بدون الحاجة إلى فتح دائرة قنصلية منفصلة، وخصوصا للدول التي تعاني من نقص في الطاقات البشرية ، أو حتى الإمكانيات المادية .

وفي هذه الحالة ، يجب التمييز ما بين القنصل المسلكي والقنصل الفخري، وهناك بهذا الصدد نائب القنصل ، ووكيل قنصل أو قنصلي. والقناصل المسلكيون موظفون رسميون تعينهم الدولة في بعض مدن الدول الأجنبية ومرافئها العامة بقصد رعاية مصالحها التجارية وحماية رعاياها المقيمين أو المسافرين والقيام ببعض المهام الإدارية والقضائية وتقديم المعلومات ، ومنح الجوازات ، والتأشيرات العادية . ويتمتع القناصل ودورهم ومكاتبهم بامتيازات وحصانات محدودة بالنسبة إلى المعتمدين الدبلوماسيين . والقناصل المسلكيون يتقاضون رواتبهم من دولتهم خلافا للقناصل الفخريين . ويخضع القناصل أما لوزارة الخارجية الموفدة مباشرة أو لسفارة دولتهم في حالة وجودها في مركز عملها .

والقنصل الفخري يمارس نفس اختصاصات القنصل المسلكي سواء قنصلا عاما أم قنصلا أم نائب قنصل أو ممثلاً قنصليا . ويعهد عادة بهذا المنصب إلى بعض الشخصيات التجارية أو الاجتماعية من رعايا الدولة الموفدة أو رعايا الدولة المضيفة دون أن يتقاضوا أي راتب والقنصل الفخري يأتي في المرتبة الثانية بعد القناصل المسلكيين ويتمتع بامتيازات محددة ذكرت في اتفاقية فينا للعلاقات القنصلية .

وبناء عليه ، فإن الفوارق الجوهرية ما بين القنصل الفخري والقنصل الملكي هو فيما يتعلق بالحصانات الدبلوماسية الواسعة التي يتمتع بها القنصل المسلكي والذي لا يجوز له ممارسة أية وظيفة أخرى غير الوظيفة القنصلية المحددة في براءة تعيينه وبشرط أن يكون من مواطني الدولة الموفدة ويحمل جنسيتها .

وفي الواقع ، فإذا كانت لجنة القانون الدولي قد تركت الحرية لكل دولة أن تحدد المعايير الخاصة للقنصل الفخري والقنصل المسلكي ، فإن اتفاقية فينا لعام ١٩٦٣ قد أصرت أن تتبع هذا المقترح وتقننه في نص المادة ٦٨ :

((كل دولة حرة في اتخاذ القرار فيما إذا عينت أو قبلت موظفين قنصليين فخريين،)).

يضاف إلى ذلك فإن المادة ٢٢ ، البند الثاني من اتفاقية ١٩٦٣ قد أكدت :

((لا يجوز اختيار الموظفين القنصلين من بين رعايا الدولة الموفد إليها إلا بالموافقة الصريحة من هذه الدولة والتي يجوز لها في أي وقت سحب هذه الموافقة)).

ويجوز للدولة الموفدة أن تغطي بدوائرها القنصلية أو من قبل السفير كل أراضي الدولة المعتمد لديها أو جزءا من إقليمها ، ويتوقف ذلك على أهميتها السياسية، وكبر مساحتها ، مثل الولايات المتحدة ، فرنسا ، إسبانيا.

ثالثا: النظام القانوني للعلاقات القنصلية الممارسة من قبل البعثة الدبلوماسية

عندما يتم ممارسة العلاقات القنصلية من قبل مقر البعثة الدبلوماسية ، ما هو النظام الذي ينبغي أن يطبق عليها ، النظام الذي أوجدته اتفاقية فينا لعام ١٩٦١ أو نظام اتفاقية عام ١٩٦٣ ؟

في الحقيقة ، أن الإجابة عن هذا السؤل يتطلب الرجوع إلى المادة ٧٠ ، الفقرة الأولى من اتفاقية عام ١٩٦٣:

((١- تسري أحكام هذه الاتفاقية أيضا ، في حدود ما تسمح به نصوصها ، في حالة مباشرة البعثة الدبلوماسية للأعمال القنصلية)).

وهذا يعني ، مثلا ، بالنسبة لممارسة النشاط القنصلي ، فإنه من المناسب الرجوع إلى المادة الخامسة من اتفاقية عام ١٩٦٣ ، والشروط التي أعلنتها . وللتحقيق من الأسباب التي يمكن تطبيق الاتفاقيات القنصلية الثنائية . وأن المسألة تطرح لمعرفة فيما إذا كان يفترض ، في ممارسة مثل هذه الوظائف ، بالدبلوماسي أن يكون معنيا بشكل خاص من الدولة الموفدة ، واستلام براءة الاعتماد التي تصدر عادة أما عن رئيس الدولة أو عن وزير الخارجية وتتضمن اسم القنصل المعتمد والمحافظات الداخلة في اختصاصه ، مع طلب تسهيل مهمته وفقا للقوانين والأعراف الدولية .

ويبدو أن وجهة النظر هذه قد سبق وأن سيطرت على أعمال لجنة القانون الدولي، ولكن الرأي الذي تم التعبير عنه بأن ذلك لم يكن ضروري بالنسبة لمنطقة التدخل ما بين الوظيفتين.

وقد عبرت وزارة الخارجية الأمريكية عن الرأي في حالة غياب البعثات القنصلية يجوز للدبلوماسيين القيام بمختلف الوظائف التي تمارس طبيعيا من قبل الموظفين القنصليين ، فيما إذا لم يكن لدولة المعتمد أي اعتراض على ذلك .

وعمليا ، فإن براءة التعيين أو الاعتماد مطلوبة بشكل اعتيادي . وقد عبرت بلجيكا في عدم معارضتها في ممارسة البعثات الدبلوماسية للدول الثالثة الأعمال القنصلية بشرط أن تكون هناك براءة التعيين. وبعض الدول المعتمد لديها لا تعبر ذلك إلزاميا بالضرورة .

وقد عبر المجلس الفيدرالي السويسري في جوابه على طلب الوزير المفوض البلجيكي المعين في برن في ١٤/أيار/١٩٢٣ ، عن رأيه بإقراره بممارسة رؤساء البعثات الدبلوماسية المعتمدة لديه ، وعند الحاجة ، الأعمال القنصلية ، ويرى بأنه ليس من الضروري أخطاره بأوراق التعيين عن ذلك .

أما المادة ٧٠ ، الفقرة الثانية من اتفاقية ١٩٦٣ فقد نصت :

((تبلغ أسماء أعضاء البعثة الدبلوماسية المعينين للقسم القنصلي أو المكلفين بالقيام بالأعمال القنصلية في البعثة إلى وزارة خارجية الدولة المعتمد إليها أو إلى السلطة التي تعينها هذه الوزارة)).

وفي حالة العلاقات الدبلوماسية فإن السلطة الوحيدة التي تتصل به البعثة وملزمة في ذلك هي وزارة الخارجية ، وكما حددتها المادة ٤١ ، الفقرة الثانية من اتفاقية فينا لعام ١٩٦١ . أما فيما يتعلق بالدوائر القنصلية ، فإن المادة ٧٠ ، البند الثالث قد أوضح القنوات التي يتم الاتصال ما بين القنصليات وسلطات الدول المعتمدة لديها :

((٣- عند القيام بالأعمال القنصلية يجوز للبعثة الدبلوماسية أن تتصل :

أ - بالسلطات المحلية في دائرة اختصاص القنصلية .

ب- بالسلطات المركزية في الدولة المعتمدة لديها إذا سمحت بذلك قوانين ولوائح وعرف الدولة المعتمد لديها أو تبعا للاتفاقيات الدولية في هذا الصدد .

لقد طلبت بعض الدول بمنح براءة الاعتماد أو التعيين من أجل أن تكون البعثات على اتصال مباشر مع السلطات المركزية .

وبالمقابل ، فيما يتعلق بالامتيازات والحصانات ، والذي ينبغي أن ينص عليه النظام الدبلوماسي . فإن المادة ٧٠ ، البند الرابع قد نص :

((امتيازات وحصانات أعضاء البعثة الدبلوماسية المذكورين في الفقرة الثانية من هذه المادة يستمر تحديدها وفقا لقواعد القانون الدولي الخاصة بالعلاقات الدبلوماسية . والأمر نفسه كما مثبت فيما يتعلق بنظام الأسبقية أو حق التصدر الذي نظمته المادة ١٦ من اتفاقية ١٩٦٣.

رابعا - النظام القانوني للعلاقات الدبلوماسية الممارسة من الدائرة القنصلية

في الواقع ، أن الذي يميز أساسا وظيفة القنصل عن تلك الوظيفة التي يقوم بها المعتمد الدبلوماسي هو أنه ليس للقنصل ، وبخلاف المعتمد الدبلوماسي ، أي طبيعة تمثيلية ، وليس له أي اختصاص بصدد السياسة العامة للدولة التي يمثلها .

إذ أن القنصل لا يمثل الدولة الموفدة لدى الدولة التي توجد فيها الدائرة القنصلية ، وأنه لم يكن معتمدا لدى السلطات المركزية ، حيث ليس له أي اتصال معها ، وليس له علاقات إلا مع السلطات المحلية في دائرة اختصاصه . ولمهامه خاصية معينة وذات طبيعة داخلية وإدارية.

وإن غياب الصفة التمثيلية ينجم عنه بان وظائف أو مهام القنصل لا تتأثر بالأوضاع السياسية المضطربة للعلاقات الدبلوماسية : تغير الحكومة ، احتلال ، ضم لإقليم الدولة من قبل دولة أخرى لم يتم الاعتراف بها . ويضاف إلى ذلك فإن تعيين القنصل لا ينطوي على اعتراف الدولة الموفدة من قبل الدولة التي يعمل فيها إلا إذا كانت هناك رغبة من دولة المقر . وهناك العديد من الأمثلة على ذلك . إذ سبق وأن استقبلت الجمهورية العربية المتحدة قنصل ألمانيا الديمقراطية إلا أنه لم يكن هناك اعتراف متبادل بين الدولتين . وكذلك الحال بالنسبة للفليبين التي كانت لم تعترف بماليزيا بسبب النزاع على جزء صباح .

إلا أن الوضع يبدو أكثر حساسية عندما لا تعترف الدولة الموفدة بحكومة أو دولة المقر. فالمسألة في هذه الحال تبدو محلولة طالما أن الاحتفاظ بالقنصلية لا ينطوي على الاعتراف بالسلطة التي لها السيطرة الفعلية في دائرة الاختصاص . إذ سبق وأن احتفظت بريطانيا بقنصلية في تايوان على الرغم من أن لندن سحبت اعترافها من دولة فرموزا ، بعد اعترافها بحكومة الصين الشعبية ,

وقد أشارت هولندا الى الطبيعة غير التمثيلية لقنصليتها الموجودة في روديسيا واعتبرت ذلك لا يبرر الاعتراف بالنظام العنصري ، على الرغم من أن مجلس الأمن قد ألزم جميع الدول بسحب بعثاتها الدبلوماسية والقنصلية (١٩٧١).

ويكفي تجنب طلب براءة اعتماد جديدة والتي تتضمن الاعتراف بسلطتها . فإن ذلك يجري بشرط أن دولة المقر - ولمصلحتها أحيانا - أن تخضع إلى لعبة عدم وضع نهاية للاعتراف بالقنصل ، كما حصل وأن قامت السلطات الإيطالية عندما حاولت احتلال أثيوبيا في عام ١٨٨٨ بإنهاء الاعتراف بالحقوق القنصلية .

وفي الواقع ، فإنه عندما يتم إقامة العلاقات القنصلية أو تعيين قناصل جدد فإن صيغة براءة الاعتماد أو التعيين تصبح عمليا ضرورية ، وفيما إذا أصرت دولة المقر بأن هذا الإجراء يتضمن الاعتراف، فليس للدولة الموفدة من خيار ما بين الاعتراف بالوضع أو التخلي عن إقامة العلاقات القنصلية مع دولة المقر . وهناك من الدول التي تعاني من فقدان الشرعية الدولية في وجودها في بعض المدن التي احتلتها ، وخصوصا بالنسبة لإسرائيل في احتلاها وضمها للقدس لا تطالب ببراءة الاعتماد، وإنما فقد مجرد الإعلان. إذ أن هناك بعض الدول التي توجد لديها قناصل قد نصت في براءة الاعتماد بأن ذلك لا ينطوي على اعترف بالوضع القائم. وهذا ما حصل خلال الحرب العالمية الثانية .

وإن غياب الصفة التمثيلية من القناصل ناتج أيضا من عدم تمتعهم بأي صلاحية أو اختصاص لاستلام خطابات استدعاء أمام القضاء في دعاوى مقامة ضد دولهم . ما عدا استلامهم لتوكيل خاص من حكوماتهم لإجراء مساومة خاصة . فالمادة ١٧ من اتفاقية ١٩٦٣ وصفت بشكل محدد الشروط التي من خلالها يستطيع الموظف القنصلي إنجاز الأعمال الدبلوماسية والوضع القانوني الذي ينتج عن ذلك :

((إذا لم يكن للدولة الموفدة بعثة دبلوماسية في دولة ما ، ولا تمثلها فيها بعثة دبلوماسية لدولة ثالثة ، فإنه يجوز للموظف القنصلي ، بموافقة الدولة الموفد إليها ، ودون أن يؤثر ذلك على وضعه القنصلي ، أن يكلف بالقيام بأعمال دبلوماسية . وقيامه بمثل هذه الأعمال لا يخوله أي حق في الامتيازات والحصانات الدبلوماسية)). ولتوضيح بعض من هذه النقاط :

إن الشرط الأول هو أن لا توجد بعثة دبلوماسية ولا تمثيل من قبل دولة ثالثة. وهذا يخول القنصل بالتدخل حيث الطبيعة المساعدة أساسا . ويضاف إلى ذلك فإنه في إطار هذا الوضع يمكن أن يحصل الافتراض بأنه يمكن لرئيس الدائرة القنصلية أن يكلف بإنجاز الأعمال السياسية المنفردة . وهذا ما قام به القنصل البريطاني الموفد إلى بطرسبرغ قبل ثورة ١٩١٧ الذي بقي في لينينغراد بعد رحيل السفير البريطاني لمباشرة العلاقات الرسمية مع السلطة السوفيتية حتى إعادة العلاقات الدبلوماسية في عام ١٩٢١. وهناك العديد من الأمثلة في الوقت الحاضر .

وإذا كانت الدائرة القنصلية هي الجهاز الوحيد للدولة الموفدة على أرض دولة المقر فبهذه الحالة ، فإن القنصل سيعمل على ترتيب الصلات السياسية في الوضع المحلي ، وإذا كان من الصعب تمييز العمل السياسي عن ((العلاقات التجارية ، الاقتصادية ، الثقافية والعلمية)) والتي يستطيع القنصل الاطلاع عليها (المادة الخامسة من اتفاقية ١٩٦٣) وتنمية ((العلاقات الودية)) ما بين الدولتين (المادة الخامسة ، الفقرة جـ من اتفاقية ١٩٦٣) .

والقنصل الذي يقوم بممارسة الأعمال الدبلوماسية الظرفية يبقى قنصلا بالنسبة للامتيازات والحصانات . وقد صدرت العديد من القرارات القضائية في هذا الاتجاه . وهذا ما حصل للقنصل العام في أورغواي الذي قتل زوجته في عام ١٩٥٩ وقد حكم عليه بالسجن المؤبد لمدة خمسة وعشرين عاما ولم تأخذ المحكمة في مدينة Anvers بوجهة نظره من أنه يتمتع بالحصانة الدبلوماسية لكونه دبلوماسي مسلكي إلا أن المحكمة ردت بأنه لا يتمتع إلا بحصانات القنصل المحددة في ممارسة الوظائف القنصلية.

وليس هناك من استثناء إلا إذا غير القنصل وضعه وأصبح عضوا في السلك الدبلوماسي، مثلا كقائم بالأعمال أو أحد أعضاء البعثة الدائمة لدى المنظمات الدولية.

ولكن هل من المفروض أن يقبل تغيير وضع القنصل من قبل وزارة خارجية الدولة المعتمد لديها. إن ذلك يعتمد على مستوى العلاقات بين الدول، حيث سبق وأن رفضت وزارة الخارجية البلجيكية بالتغيير الذي طرأ على الوضع القانوني لقنصل بيرو الذي أصبح ((قنصلا تجاريا ad honorem)). وهناك من الدول التي تضع الحصانات القنصلية بجانب الحصانات الدبلوماسية، وهو ما أخذت به الحكومة السوفيتية.

القسم الثاني - الوظائف القنصلية الممارسة من قبل المعتمدين الدبلوماسيين

في الواقع، تبدو الوظائف أو المهام القنصلية الممارسة من قبل المعتمدين الدبلوماسيين متغيرة ومتنوعة حسب تنوع الظروف : فيما إذا كانوا معنيون أو لا كقنا صل، وفيما إذا وجدت اتفاقية قنصلية تربط الدولة الموفدة ودولة المقر أو أي اتفاقيات خاصة أخرى قضت بتفويضهم (تسليم المجرمين، خدمة عسكرية، نقل المعلومات .. الخ). مثال ذلك الاتفاقية الأوروبية حول المهام القنصلية التي أعدت من قبل المجلس الأوروبي في ١١/كانون الأول/١٩٦٧.

وكمقدمة لهذه النقطة فإنه من الضروري التمسك بالشرط المزدوج الذي يؤشر كل اختصاص قنصلي. فإنه يجب أن تمنح من قبل الدولة الموفدة وأن الدولة المضيفة يجب أن لا تثير أي عقبة في ممارسة مهامها على إقليمها.

وهكذا، فقد سمح لبعض البعثات الدبلوماسية من خلال قانون الدولة المعتمدة في تنظيم، وداخل مباني البعثة، العمليات الانتخابية في هذه الدولة بالنسبة لرعاياها المقيمين في دولة المقر : انتخابات وطنية، استفتاء، انتخابات أوروبية. وأحيانا بأن الدولة المعتمدة لديها تعارض شكليا في إجراء على إقليمها هذه الأعمال السياسية التي تعتبر غير منسجمة مع سيادتها.

وتعتبر سويسرا من الدول التي ثبتت هذا الموقف، وقد رفضت الطلبات المقدمة من مختلف الدول (دنمارك، فرنسا، إيطاليا..) في محاولة السماح لرعايا هذه الدول المقيمين على الأراضي السويسرية الاشتراك في عمليات الاقتراع أو التصويت.

وفيما يتعلق بالوظائف القنصلية فقد حددتها المادة الخامسة صراحة في فقراتها المتعددة والتي جاءت بها اتفاقية عام ١٩٦٣، حتى أصبح من غير المجدي عقد اتفاقيات

ثنائية لتنظيم العلاقات القنصلية خارج نطاق هذه المادة :

أ- حماية مصالح الدولة الموفدة ورعاياها ، أفرادا كانوا أم هيئات في الدولة مالعمتدة لديها وفي حدود ما يقضي به القانون الدولية .

ب- العمل على تنمية العلاقات التجارية والاقتصادية والثقافية والعلمية بين الدولتين وتوثيق علاقات الصداقة بينهما .

جـ- تقديم التقارير عن تطور الحياة التجارية والاقتصادية بجميع الطرق المشروعة .

د- منح جوازات السفر وسمات الدخول والمرمر .

هـ- تقديم العون والمساعدة لرعايا الدولة الموفدة .

و- القيام بمهام كاتب العدل ومأمور الأحوال المدنية .

ز- حماية حقوق الإرث الخاصة لرعايا الدولة الموفدة وطبقا لقوانين ولوائح هذه الدولة.

ح- حماية مصالح القصر وناقصي الأهلية من رعايا الدول الموفدة .

ط- تمثيل رعايا الدول الموفدة أو اتخاذ التدابير اللازمة لضمان تمثيلهم أمام المحاكم المحلية حماية حقوقهم ومصالحهم بسبب الغياب أو لأي سبب آخر مع مراعاة التقليد والإجراءات المنبثقة في الدولة المعتمدة لديها .

ي-تسليم الأوراق القضائية وغير القضائية والقيام بالإنابة، بشكل يتمشى مع دولة المقر.

ك- ممارسة حقوق الرقابة والتفتيش المنصوص عليها في قوانين ولوائح الدولة الموفدة على سفر الملاحة الجوية والشهرية، والطائرات العائدة للدولة الموفدة وعلى طاقمها.

ل- تقديم المساعدة للسفن والطائرات المذكورة في ك وفحص أوراقها وتأشيرها وأجراء التحقيق بشأن الأحداث الطارئة أثناء رحلتها ، وتسوية جميع الخلافات لناشبة بين طاقمها.

م- ممارسة جميع الأعمال الأخرى التي توكل الى بعثة قنصلية بمعرفة الدولة الموفدة والتي لا تحضرها قوانين ولوائح الدولة المعتمدة لديها أو التي لا تقترض عليها هذه الدولة أو التي ورد ذكرها في الأتفاقات الدولية السير من بين الدولة الموفدة والدولة الموفد اليها .

الفصل الثاني

البعثات الخاصة

إن موضوع البعثات الخاصة أو الدبلوماسية(ad hoc) لم يعد موضوعا واسعا ومتعدد الأشكال . وهذا المفهوم هو في أصل الدبلوماسية التي ابتدأت خطواتها الأولى في إطار العلاقات ما بين مدينتين ، أو إمبراطوريتين ، حيث كانت تتم من خلال بعثات خاصة ولم تأخذ الصيغة التي تحولت بها إلى بعثة دبلوماسية دائمة إلا خلال القرون الأخيرة .

وإذا كانت هذه الظاهرة المتعددة الأشكال قد حددت قبل الحرب العالمية الثانية، إلا أنها ازدادت في السنوات التي أعقبتها ، وتسارعت اليوم بالشكل الذي أضفى عليها طابعا خاصا من الأهمية التي تحتلها، والمهام التي تقوم بها، سواء من جراء تعدد التطبيق وسهولة وسائل التنقل الدولية ، أو من المؤسسة المتقدمة للعلاقات الدولية في المجالات التي استدعت الوسائل الفنية أكثر من الدبلوماسية ، ما عدا التوجيهات الخاصة .

وفي الواقع ، فإن تصور الدبلوماسية ad hoc يغطي أيضا بالإضافة إلى الأوضاع المختلفة اجتماعات القمة والمبعوثين المتجولين و executir , la shulte diplomacy , agents ، والمراقبين ، ومندوبي الندوات أو المؤتمرات الدولية (مؤتمر حقوق الإنسان ، مؤتمر الأمن والتعاون الأوروبي، مؤتمر نزع الأسلحة)، الزيارات الرسمية لرؤساء الدولة، ورؤساء الحكومات، وزراء الخارجية، أو الأعضاء الآخرين من الحكومة والدوائر الأخرى، والبعثات البروتوكولية والاحتفالية ، والمراسلون ، وا لمبعوثين الخاصين للحكومات de facto ، للأطراف المتنازعة ، أو المتحاربة ، إذ البعثات المحاكم الدولية .

أولا - القانون الدولي

يؤكد الأستاذ CAHIER في كتابه القانون الدبلوماسي المعاصر ، بأنه من خلال تنوع طبيعة البعثات المذكورة ، وندرة القرارات العرفية بأنه ليس هناك من عرف فيما يتعلق بهذا الموضوع ، ما عدا يمكن أن يوجد بالنسبة لرؤساء الدول الأجنبية .

- الممثليات التجارية

بجانب الأشخاص الذين يشكلون جزءا مندمجا في البعثة الدبلوماسية الملحقين أو مستشارون تجاريون الذين يصنفون في فئة المعتمدين الدبلوماسيين أو الخبراء

التجاريين الذين يتبعون الطاقم الإداري والفني في البعثة ، فإن التطبيق في إطار العلاقات الدبلوماسية قد شهد ممثليات متميزة في البعثة الدبلوماسية ، حتى وإن كان مقرها في مكاتب البعثة الدبلوماسية .

وهذا ما أخذ به الاتحاد السوفيتي السابق ، ومن ثم الدول الاشتراكية الأخرى. وفي غياب الاتفاقية ، فإن الأحكام القضائية لا تعترف للبعثة في نشاطاتها التجارية أو بطاقمها بأي حصانة . وهذا هو قرار محكمة الاستئناف في روما في ٢٠/أيار/١٩٢١ ، وكذلك الموقف الذي اتخذته وزارة الخارجية الفرنسية .

ومن هنا ، فإن الاتحاد السوفيتي توصل إلى العديد من الاتفاقيات الخاصة قبل الحرب العالمية الثانية من أجل التوصل إلى وضع خاص بالنسبة لممثلياتها التجارية . ومن بينها الاتفاقية السوفيتية - الفرنسية في ١١/كانون الثاني/١٩٣٤ ، وكذلك الاتفاقية البلجيكية - السوفيتية في ١٤/تموز/١٩٧١.

ومع أنه لا يقصد بالوضع الدبلوماسي ، فإن الممثليات تتمتع بالحصانات والامتيازات المتغيرة والتي يتم التفاوض بصددها بمناسبة كل اتفاقية . ولكن ما هو أساسي هو أن مباني هذه الممثليات تتمتع بالحرمة ، طبقا للاتفاقيات الخاصة التي تعترف بحرمة المباني . ولكن بدون حصانة مالية . وأن رئيس البعثة ، وعند اللزوم أحد أو اثنان من نوابه ، يتمتعون بالنظام الدبلوماسي ولكن ليس لمعاونيه الآخرين.

وبهذا الصدد فإن للمحاكم الأهلية في النظر بالدعاوى الخاصة بالنشاطات التجارية للممثلية (actes jure gestionis) . وهو ما قررت به المحاكم الألمانية عام ١٩٣١، وكذلك الفرنسية في عام ١٩٢١ ، ومحكمة التمييز الإيطالية في ١٩٥٣ ، المحكمة العليا الباكستانية في ١٩٨١ . ولكن المحاكم عبرت عن عدم اختصاصها بالنسبة للنشاطات الخاصة بالقانون العام (jure imperii) للممثلية .

لقد سبق وأن منحت الحكومة البلجيكية الممثلين التجاريين للمستعمرات البريطانية قبل الحرب الحصانات الممنوحة إلى القناصل المسلكيين . وكذلك ما قررته كندا عندما تبنت في عام ١٩٦٣ بالنسبة للممثلين التجاريين لدول الكومنولث .

- المكاتب الخاصة

ومما يذكر بهذا الصدد لجنة الممتلكات الفرنسية في مصر- التي تشكلت بموجب اتفاقية زيورخ Zürich في ٢٢/آب/١٩٥٨ ما بين فرنسا والجمهورية العربية المتحدة في الفترة التي كانت فيها العلاقات الدبلوماسية مقطوعة بين الدولتين .

- البعثات الدبلوماسية أو البروتوكولية الخاصة

في الواقع ، أن البعثات البروتوكولية هي أحد الأشكال التقليدية للبعثات الخاصة . حيث يمكن ملاحظتها بمناسبة الاحتفالات الرسمية : التوييج ، المأتم ، الزواج الأميري. وهناك من البعثات الخاصة المكلفة بالمفاوضات الخاصة بقصد المعاهدات أو للتسويات السياسية . ويضطلع بأعمال هذه البعثات الخاصة أما دبلوماسيون أو وزراء . وبمقدار ما أنها مهمات خاصة يمكن القيام بها من الدبلوماسيين فإن الامتيازات والحصانات لم تكن ضرورية إلا خلال فترة محددة من الوقت فالولايات المتحدة تمنح وضعا متميزا فيما إذا كان المبعوث قد عين للقيام بأعمال وصفت ((دبلوماسية)) .

- المشاركة في المؤتمرات والاجتماعات الدولية

بغية تسهيل المشاركة في المؤتمرات والاجتماعات الدولية فقد لجأت العديد من الدول إلى إصدار التشريعات الخاصة التي تنظم وضعية المشاركين فيها . إذ أصدرت بريطانيا في عام ١٩٦٨ International Organization Act ، وكندا في عام ١٩٧٠ ، حيث أن الهدف من ذلك هو التوجه نحو الاعتراف بالامتيازات والحصانات . وهذا ما أخذت به بلجيكا من منحها الامتيازات والحصانات إلى مبعوثي الدول الموفدة لحضور المؤتمرات والاجتماعات وذلك فيما يتعلق بتأشيرة الدخول ، وحرية التنقل ، وحرمة الشخص والوثائق الرسمية.

- رؤساء الحكومات ، وزير الخارجية والشخصيات الأخرى من المناصب العليا

وفي الواقع ، من النادر أن يثير رؤساء الحكومات ، ورئيس الجمعية ، أو أي رئيس للحكومات الانتباه في هذه النقطة من البعثات الخاصة . حيث أن الكثير من المختصين في العلاقات الدبلوماسية والفقه القانوني الدولي يعتقدون بأن هؤلاء يتمتعون بحرمة شخصيتهم ومقر إقامتهم، والحماية الخاصة ، والحصانة القضائية الجنائية والمدنية خلال إقامتهم الرسمية في الدولة المضيفة . وأن الحصانة القضائية خفضت إلى أعمال الوظيفة فيما إذا لم تكن حاضرة على إقليم الدولة المعنية . وقد أخذ بهذا المقترح وزارة الخارجية الفيدرالية السويسرية، حيث المنظمات ، والمؤتمرات والاجتماعات الدولية التي تعقد على أرضها ، وخصوصا تمتعها بالحياد يمنحها الميزة التي تسهل عملية انعقاد مثل هكذا مؤتمرات على أرضها بين أطراف ثالثة .

فقد أبلغت وزارة الخارجية الأمريكية محكمة دائرة هاواي بأن تسير على وفق القواعد العرفية في القانون الدولي المعترف والمنطبق من قبل الولايات المتحدة في حالة الزيارة الرسمية لرئيس الحكومة ، ووزير خارجيته والأشخاص الذين يتم تعيينهم ، ويتمتعون بالحصانات القضائية أمام المحاكم الفيدرالية وفي محاكم الولايات، الأمر الذي جعل المحكمة تسير وفق هذا المنشور في ٩/أيلول/١٩٦٣ في القضية المرفوعة أمامها .

وقد جاء في المادة ٢٢ ، الفقرة الثانية من اتفاقية ٨/كانون الأول/١٩٦٩ حول البعثات الخاصة ما يلي* :

((يتمتع رئيس الحكومة ، وزير الخارجية ، والأشخاص الآخرين في المناصب العليا ، عند مشاركتهم في البعثة الخاصة للدولة الموفدة ، في الدولة المضيفة أو في دولة ثالثة بالتسهيلات ، الامتيازات والحصانات المعترف بها من قبل القانون الدولي ، إضافة إلى ما تمنحه الاتفاقية الحالية)).

وقد ذكر وزير الخارجية بين قائمة الأشخاص الذي يتم حمايتهم بشكل خاص من خلال اتفاقية ١٤/كانون الأول/١٩٧٣ حول الوقاية وردع المخالفات ضد الأشخاص الذين يتمتعون بالحماية الدولية ، حتى وإن لم يكن في زيارة رسمية .

- موظفون في البعثة

لقد أثارت هذه النقطة العديد من وجهات النظر المختلفة بصدد الموظفين العاملين في البعثة أو الذين يتم استخدامهم ، فيما إذا كان بالإمكان تمتعهم بالحصانة القضائية . وإذا كانت محكمة التمييز في بلجيكا قد أجابت بالنفي في القضية المرفوعة أمامها في ١٨٩٧، فإن محكمة بوردو في فرنسا قد اتبعت الموقف نفسه . كما أن بريطانيا رفضت منح الإعفاءات الضريبية إلى أحد أعضاء اللجنة الأمريكية . إذ أن غياب التفويض الشكلي كدبلوماسي يعتبر عاملا أساسيا في اتخاذ القرار .

---

* بعثة خاصة mission speciale هي الوفد المكلف بمهمة خاصة سياسية (كإجراء مباحثات سرية أو على مستوى عالٍ) ، مراسمية (بروتوكولية) (كالتهنئة بتتويج الملك أو استلام رئيس الجمهورية زمام لحكم أو التحرير والاستقلال أو الاحتفال بذكرى تاريخية أو لتقديم التعازي والاشتراك ... في تشييع رئيس دولة أو رئيس حكومة . وتتمتع البعثة الخاصة بمظاهر الحفاوة والاكرام اللائقين ، ويتقدم رئيسها على سفراء الدولة المعتمدين اذا كان برتبة وزير دولة أو سفير ، كما يتمتع أعضاءها بمعظم الحصانات والامتيازات السياسية .

ولكن بالمقابل ، فإن القضاء المدني في بوينس آيرس قد أعلن قراره المؤيد لصالح منح الحصانة إلى عضو اللجنة الألماني في المعرض الدولي للفن في الأرجنتين الذي أقيم في ١٩١١.

ويبدو أن الحل الوحيد المعقول هو في الاعتراف بالحصانة القضائية بالنسبة للأعمال الخاصة بالمهمة وحرمة الوثائق الرسمية، وهذا ما أخذت به لجنة القانون الدولي من أجل أن يتم تقنينه في مقدمة مشروع الاتفاقية من خلال أن ((قواعد القانون الدولي تستمر في تنظيم القضايا التي لم يتم تسويتها من خلال أحكام الاتفاقية الحالية)).

ثانيا - الأنظمة أو الاتفاقيات ad hoc الخاصة بأمر معين

أمام الطبيعة القاصرة للعرف في هذا الموضوع ، فإن الحل الأكثر انتباها يتركز في نص التشريع الداخلي أو الاتفاقيات الدولية ad hoc في كل مرة يبدو ذلك ممكنا وخاصة عندما تبدو العلاقات مع الدولة المضيفة غير مستقرة .

ومن هذه الحالات ما حصل بين الولايات المتحدة وجمهورية الصين الشعبية حيث تم التوصل من خلال اتفاقية خاصة أفضت إلى إقامة مكاتب اتصال رسمية في بكين وواشنطن وذلك من خلال البيان المشترك الذي صدر في ٢٢/شباط/١٩٧٣. إذ قرر الرئيس نيكسون بموجب قرار رئاسي في ١٩٧٤/٣/١٤ مبلغ إلى وزارة الخارجية بمنح أعضاء المكتب الصيني ((نفس الامتيازات والحصانات بشروط التزامات المعاملة بالمثل)) بتلك التي تتمتع بها البعثات الدبلوماسية المعتمدة لدى الولايات المتحدة .

كما أن بريطانيا أقرت العديد من النصوص الخاصة المتنوعة لحماية مفتشي- ومراقبي آليات نزع الأسلحة المنصوص عليها في مؤتمر ستوكهولم ومعاهدة الولايات المتحدة والاتحاد السوفيتي حول إلغاء صواريخهم ذات المديات المتوسطة والقصيرة (١٩٨٨) . وقد توصلت بلجيكا مع الاتحاد السوفيتي بهذا الخصوص في ١٩/شباط/١٩٨٨.

ثالثا - اتفاقية ١٩٦٩ حول البعثات الخاصة . (الخاصة بأمر معين)

مثلما لاحظنا ، فإن مفهوم الدبلوماسية ad hoc تغطي تطبيق متنوع ، والذي ليس من الممكن التجرؤ على تسويته من خلال نص وحيد . وهذا ما توصلت إليه لجنة القانون الدولي. وقد كان الموضوع صلب الاتفاقية التي تم التوصل إليها تحت رعاية الأمم المتحدة ، وقد تم إقرارها من قبل الجمعية العامة للأمم المتحدة في ٨/كانون

الأول/١٩٦٩، وافتتحت للتوقيع عليها في نيويورك في ١٦/كانون الأول/١٩٦٩ ، ودخلت حيز التنفيذ في ٢١/حزيران/١٩٨٥. وحتى ٣١/كانون الأول١٩٩٢ لم يوقع عليها إلا ٢٧ دولة . وقد قاطعت الاتفاقية أغلبية الدول الأوربية، ما عدا النمسا وسويسرا. وقد تلجأ بعض الدول إلى الالتزام بتطبيق هذه الاتفاقية ، وخصوصا في الحالات التي يعقد على إقليمها مؤتمرات مهمة وحساسة ، وخاصة مؤتمر مدريد الذي عقد في ١٩٩١ .

وبهذا الصدد فإنه من الضروري تحديد البعثة الخاصة، والاعتراف، ووضع البعثة الخاصة ، إضافة إلى ما يطرح بصدد الامتيازات والحصانات الممنوحة للبعثة وأعضاءها.

- تحديد البعثة الخاصة

حسب هذه الاتفاقية التي أقرتها الجمعية العامة للأمم المتحدة المذكورة في أعلاه فإن المادة الأولى ، الفقرة أ قد حددت البعثة الخاصة :

((إن مصطلح " البعثة الخاصة " يتفق مع البعثة المؤقتة ذات الصفة التمثيلية للدولة الموفدة من قبل الدولة لدى دولة أخرى بموافقة هذه الدولة الثالثة)) .

وهذا التحديد لا ينظر إلا للعلاقات ما بين الدول : مبعوثة من قبل دولة لدى الدول الأخرى)) . وبناء عليه ، فإنها تستبعد العلاقات مع الأشخاص الآخرين في القانون الدولي إلا الدول : أعضاء الاتحادات ، المنظمات الدولية ، المتمردون ، الجماعات الانفصالية ، ممثلي حركات التحرر الوطني .. الخ .

مع أن المصطلح يشير إلى أن المسألة قد تم معالجتها في زاويتها الأحادية ، فإنه ينتج من المادة ١٦ (المتعلقة بتعددية البعثات في نفس الإقليم) ، بأن الاتفاقية يمكن تطبيقها أيضا في حالة المؤتمرات والاجتماعات الدولية والتي لم تغطِ باتفاقية ١٤،/آذار/١٩٧٥ حول تمثيل الدول في علاقاتها مع المنظمات الدولية بطبيعتها الشاملة.

وأنها تغطي شبكة واسعة من الافتراضات المتأملة في أعلاه ، بشرط أن البعثة هي :

- ممثلة للدولة ، ولكن هذه الصيغة لم تكن محددة ، وتستبعد البعثات المؤلفة من موظفين عاديين.
- خاصية ad hoc ، لمناقشة المسائل المحددة أو ((لإنجاز مهمات محددة)) ، وليس عامة، وهي الخاصية التي تتمتع بها الدبلوماسية الدائمة .
- مؤقتة . وهي الحالة الغالبة على وضعية هذه البعثة التي تحدد مهمتها في فترة محددة ولموضوع غير دائم ، وما عدا ذلك لا يمكن أن تنطبق عليها الاتفاقية .

- البعثة الخاصة والاعتراف

لقد نصت المادة السابعة بأن ((وجود العلاقات الدبلوماسية أو القنصلية لا يتطلب بالضرورة إيفاد أو استقبال البعثة الخاصة)) . (وينظر أيضا المادة ٢٠ ، الفقرة الثانية في حالة قطع العلاقات الدبلوماسية والقنصلية). وأنها تفرق أيضا وجود الدولة من اعترافها . أن ضرورة الموافقة الثنائية للإيفاد أو للاستقبال للبعثة الخاصة لا ينطوي بالضرورة على الاعتراف بالدولة أو بالحكومة . وهو الإجراء الذي يتعلق برغبة أي من الدولتين.

وفي الواقع ، فإن البعثة الخاصة هي في أغلب الأحيان شكلا للعلاقات التي تم إقرارها بدلا من أحد هذين الاعترافين الكبيرين . وهذا ما حصل في قبول الممثلين التجاريين لألمانيا الديمقراطية والتي لم يتم الاعتراف بها من قبل الدول الأوربية الغربية.

- وضع البعثة الخاصة

وفي الواقع ، أن الموافقة المتبادلة للدولة الموفدة والدولة المستقبلة تلعب دورا جوهريا لتكوين البعثة ، وبالنسبة لتحديد أعمالها وكذلك للأهمية العددية وبالنسبة لاختيار أعضاءها.

إذ سبق وأن رفضت بريطانيا في عام ١٩٥٣ بأن ابنة الجنرال Trujillo البالغة من العمر ١٤ سنة ، التي عينت رئيس البعثة الخاصة في جمهورية الدومنيكان لدى عرش الملكة إليزابيث . وقد نظمت المادة ١١ ، البند ٨ من الاتفاقية تكوين البعثة ، والوصول، والمغادرة النهائية لأعضائها الذي يجب أن يتم الإعلان عن أعضاء البعثة بأنهم شخص غير مرغوب فيه أو لا يمكن استقبالهم .

وأعمال البعثة تتعلق منذ دخول البعثة في اتصال رسمي مع وزير الخارجية أو أي جهاز آخر مشابه في الدولة المضيفة إذا كان ذلك مناسبا ، وحسب المادة ١٣. وأن هذه الأعمال تنتهي ، وحسب المادة ٢٠ ، من خلال اتفاق الدولة المعنية ، وإنجاز المهمة، وانقضاء الفترة المحددة لها ، وإبلاغ الدولة الموفدة بانتهاء عمل البعثة الخاصة أو الاستدعاء أو إبلاغ الدولة المضيفة التي تعتبر في أية لحظة بأن عمل البعثة قد انتهى ، أو لا جدوى من وجودها أو استمرار عملها .

كما أن الاتفاقية نصت صراحة على الوضع الذي تجتمع فيه البعثة الخاصة في

إقليم الدولة الثالثة (مادة٢١) ، وهنا يجب الحصول على موافقة الدولة الثالثة ، والتي يفترض أن تكون موافقة صريحة . وهذه الحالة التي تفتح فيه الدولة الثالثة أبوابها للأطراف المتنازعة أن تتفاوض على أرضها لتسوية نزاعها ، أو حربها من خلال تهيئتها لأجراء إجراء المفاوضات . وهذا ما جعل سويسرا ، وخصوصا جنيف منبرا لاجتماعات البعثات الخاصة .

- امتيازات وحصانات البعثة وأعضاءها

لقد أقرت اتفاقية عام ١٩٦٩ بعض التعديلات المهمة فيما يتعلق بحصانة البعثة الخاصة قياسا إلى اتفاقية فينا لعام ١٩٦١ حول العلاقات الدبلوماسية التي عاملت كل البعثات بنفس المستوى بدون تغير ، حسب الموضوع ، تكوين ومستوى البعثة الخاصة .

ومن هذه التعديلات :

- فيما يتعلق بحرمة المباني (المادة ٢٥) الموافقة على الدخول داخل المباني

((يمكن حصولها في حالة الحريق أو أي مصيبة تهدد الأمن العام وفقط في الحالة التي ليس من الممكن الحصول على الموافقة الصريحة من رئيس البعثة الخاصة أو عند الحاجة ، من رئيس البعثة الدبلوماسية)).

- فيما يتعلق بالحصانة القضائية المدنية والإدارية للدولة المضيفة ، حيث تم إضافة استثناء رابع (المادة ٣١ ، البند الثاني الفقرة جـ(في حالة ((دعوى التعويض للأضرار الناتجة من حادثة طارئة من قبل مركبة تم استعمالها خارج الأعمال الرسمية للشخص المعني)). إذ أن القرار (xxxiv)٢٥٣ من اتفاقية ٨/كانون الأول/١٩٦٩ طلب من الدولة الموفدة بسحب الحصانة فيما بتعلق بالدعاوى المدنية .

- ومن جهة حرية التنقل ، فإنها ارتبطت بممارسة أعمال البعثة ، وأن هذه الصيغة تبدو أكثر تقييدا مما منصوص عليه بالنسبة للدبلوماسيين بصورة عامة .

الفصل الثالث

المنظمات الدولية الحكومية والعلاقات الدبلوماسية

سنتناول في هذا الفصل العديد من النماذج التي ولدت من ظاهرة المنظمات الدولية الحكومية لدى البعثات الدائمة لدى المنظمات الدولية الحكومية ، ومن ثم الممثلون الدبلوماسيون في المنظمات الدولية الحكومية ، وموظفو المنظمات الدولية الحكومية الذين يتمتعون بالامتيازات والحصانات الدبلوماسية .

المطلب الأول - البعثات الدائمة لدى المنظمات الدولية الحكومية

المقدمة

وفي الواقع ، أن العمل في المنظمات الدولية الحكومية ينص على تمثيل الدول الأعضاء في هذه المنظمة . وفي أغلبية الحالات ، فإن هذا التمثيل يتخذ شكلا دائما وحاملا اسم المفوضية ، الممثلية أو البعثة الدائمة . وقد ولد هذا النموذج أو الوضع في فترة عصبة الأمم التي ولدت في ٢٨ نيسان/أبريل/١٩١٨ واضمحلت في ١٨ نيسان/أبريل/١٩٤٦ ، وتطور بشكل أكثر اتساعا مع ولادة الأمم المتحدة في ٢٤/تشرين الأول / أكتوبر/١٩٤٥ مع العديد من منظماتها المتخصصة .

وفي الحقيقة أن ميثاق الأمم المتحدة لم ينص على هذا الشكل من التمثيل إلا في المادة ٢٨ ، البند الأول المتعلق بمجلس الأمن التي نصت بأن :

((١- ينظم مجلس الأمن على وجه يستطيع معه ممارسة وظائفه بشكل دائم، ولهذا الغرض وعلى كل عضو من مجلس الأمن أن يمثل تمثيلا دائما في مقر المنظمة)).

ولكن، ومن خلال الممارسة واتساع العلاقات الدولية حيث التزايد المطرد لعدد الدول قد أوجد بأنه يمكن لكل الدول أن تفتح لها ممثلية دائمة لدى منظمة الأمم المتحدة .

وأن القرار المرقم (III) ٢٥٧A الصادر في ٣/كانون الأول/١٩٤٨ قد أكد على استمرار هذا التطبيق ، ورأى بأن وجود مثل هذه البعثات الدائمة يساهم في تحقيق أهداف ومبادئ الأمم المتحدة ، ويسمح ، بشكل خاص ، بضمان الاتصال الضروري ما بين الدول الأعضاء والأمانة العامة في الفترات ما بين اجتماعات الأجهزة المختلفة للأمم المتحدة . وفي الوقت الحاضر ، فإن هذا النوع من البعثات قد اكتسب أهمية

متعاظمة ، وذلك لكثرة المنظمات الدولية الحكومية في نيويورك ، جنيف ، باريس حيث مقر منظمة اليونسكو وفي بلجيكا حيث مقر الناتو والمجلس الأوروبي للاتحاد الأوروبي، والبرلمان الأوروبي في ستراسبورغ ، ومنظمة الغذاء والزراعة الدولية الفاو في روما ، والطاقة الذرية في فينا ، وبرنامج الأمم المتحدة للبيئة في نايروبي في كينيا وغيرها من المنظمات الأخرى .

وأن اللوائح الوطنية المتعلقة بالسلك الخارجي وضع البعثات أو الممثليات الدائمة بنفس المستوى الذي تتمتع به البعثات الدبلوماسية أو القنصليات العامة . ومن المعتاد ، بأنه ينتقل الدبلوماسي خلال مسلكه ، من البعثة الدائمة إلى السفارة الثنائية ، وبالعكس .

وبهذا الصدد فإنه يمكن تقسيم البعثات لدى المنظمات الدولية إلى مجموعتين: البعثات المشكلة والممثلة للدول الأعضاء في المنظمة المعنية وتلك المشكلة لتمثيل الدول الثالثة في هذه المنظمة .

وفي حالة المجموعة الأولى ، فإن وظائف هذه البعثات مزدوجة ، إذ أنها تكون في الوقت نفسه وظائف داخلية وخارجية في المنظمة . وفي الواقع ، فلأن المنظمة تتمتع بشخصية قانونية متميزة عن أعضاءها ، فأن لهؤلاء الأعضاء مصلحة كبيرة في أن تتمثل لدى هذه المنظمة ، والتي لها هدف خاص ، هو في مناقشة كل القضايا المهمة في إطار تنظيمها ، وتعاون دولي منظم ، وقواعد تم الاعتراف بها . ويضاف إلى ذلك مثل بعض الأجهزة التشاورية التي تكونت من تمثيل الأعضاء ، فإن البعثات تساهم ، في هذا النطاق ، في إعداد السياسة وقرارات هذه المنظمة ، أنها الأجهزة المؤسسة لبعض المنظمات . وهذا ما يعبر هنا عن مهمة مختلفة تماما عن تلك التي كانت تقوم بها الدبلوماسية التقليدية . وهذا ما يلاحظ في الأمم المتحدة ولاسيما بالنسبة لمجلس الأمن والجهة العامة وغيرها .

أما في المجموعة الثانية من بعثات الدول الثالثة ، فإن هذه المشاركة لم يكن لها وجود ، ما عدا بالنسبة للأجهزة المشتركة في المنظمة أو الدول الثالثة (مثلا للأجهزة المنضوية تحت إطار الاتحاد الأوروبي).

والنتيجة الأخرى من هذا التمييز يتعلق بإنشاء البعثة، أي ما يقصد ببعثات الدول الأعضاء ، وأنها نتيجة تلقائية تأتي من انتماء الدول للمنظمة . إذ أنه من اللحظة التي

يتم فيها قبول الدولة عضوا في المنظمة، فإن أي اتفاقية لاحقة مع المنظمة لم تكن ضرورية لافتتاح البعثة. وأنه لم يقصد به ، كما في حالة الدبلوماسية الثنائية ، تبادل للبعثات ما بين الطرفين القانونين ، ولكن تعبير عن رغبة أحادية الجانب للدولة العضو .

فيما يتعلق بالدول الثالثة في المنظمة ، فإن ذلك يعتمد على الشروط المطروحة عند الحاجة من خلال قرار تصدره المنظمة تعطي لهذه الدول التالية هذه الكفاءة (من خلال وضع المراقب في عائلة الأمم المتحدة) .

والذي يميز البعثة أيضا لدى المنظمة الدولية عن البعثة لدى الدولة ، فإن المنظمة هي موضوعا للقانون الدولي العام بدون إقليم وبدون رعايا . وللضرورة فإن للمنظمة الدولية مقرها على أرض الدولة ، سواء كانت عضوا (بالنسبة للولايات المتحدة حيث مقر الأمم المتحدة في نيويورك)، أو ليست عضوا فيها كما هو الحال بالنسبة لسويسرا لمقر الأمم المتحدة في جنيف. وبناء على ذلك فإن ظاهرة البعثات لدى المنظمة الدولية أوجدت تقريبا ودائما علاقة ما بين ثلاثة أطراف في القانون : الدولة الموفدة ، والمنظمة ، ودولة المقر . وبالنتيجة فإنه يترتب على دولة المقر أن تتكلف بكل ما يتعلق بوجود هذه البعثة على إقليمها : تأمين حمايتها ومنحها الامتيازات والحصانات. وهذا الوضع أثار العديد منن المشاكل غير المتساوية وأحيانا قد تم تسويتها بشكل غير ملائم . ولطالما زجت النوايا السياسية في عمل هذه المنظمات التي عطلت الكثير من تحقيق الأهداف والمقاصد ا لتي أنشئت من أجلها .

مزايا وحصانات الأمم المتحدة وممثلي الدول الأعضاء فيها

بخلاف الوضع الذي يتمتع به الدبلوماسي التقليدي ، فإن للموضوع الذي نطرحه له صفة اتفاقية مؤكدة . وأن الوضع الدولي للبعثات وأعضاءها وكذلك امتيازاتهم وحصاناتهم قد تم تحديدها تقريبا ودائما من قبل الاتفاقيات الخاصة التي أنشأت كل منظمة أو التي نظمت امتيازاتها وحصاناتها أو من خلال اتفاقيات المقر التي حددت ا لموضوع بشكل ثنائي ما بين دولة المقر والمنظمة . أي أنه يمكن القول في هذا المجال ، فإنه من المناسب العودة دائما إلى الاتفاقية الخاصة التي تنظم وضع كل منظمة على إقليم الدولة المضيفة .

وفيما يتعلق بالأمم المتحدة ، فإن مصادر الموضوع يمكن تلمسها ، قبل كل شيء في المادة الخامسة ، البند الثاني من ميثاق الأمم المتحدة الذي نص كالآتي :

((٢- يتمتع ممثلو أعضاء منظمة الأمم المتحدة أيضا بالامتيازات والحصانات التي يتطلبها استقلالهم في القيام بمهام ممارستهم وظائفهم المتصلة بالمنظمة)).

وقد تم تقنين هذه الأحكام في الاتفاقية العامة حول الحصانات والامتيازات لمنظمة الأمم المتحدة ، والتي أقرتها الجمعية العامة في ١٣/شباط/١٩٤٦ ، حيث بلغ عدد الدول الموقعة عليها حتى نهاية عام ١٩٩١ حوالي ١٢٦ دولة . فهذه الاتفاقية تناولت في مادتها الرابعة ممثلي الدول الأعضاء لدى الأجهزة الرئيسية والتابعة للأمم المتحدة والمؤتمرات التي تقيمها الأمم المتحدة في الغايات المحددة .

((قسم ١١ يتمتع ممثلو الدول الأعضاء لدى الأجهزة الرئيسية والتابعة للأمم والمؤتمرات التي تقيمها الأمم المتحدة ، وخلال فترة مباشرة وظائفهم وخلال سفرهم ذهابا وإيابا، بالامتيازات والحصانات التالية :

أ -   حصانة التوقيف الشخصي ـ أو الاعتقال ومصادرة الحقائب الشخصية وفيما يتعلق بالأعمال المنفذة من قبلهم بصفتهم التمثيلية (بضمنها الحديث والكتابة)، بالحصانة القضائية.

ب- حرمة السجلات والوثائق .

جـ- الحق في استعمال الرموز واستلام الوثائق أو المراسلات بالبريد أو بالحقائب المختومة بالشمع الأحمر

د - الإعفاء بالنسبة لهم ولزوجاتهم فيما يتعلق بكل إجراءات التقييد المتعلقة بالهجرة، ومن كل صيغة في تسجيل الأجانب ، ومن كل التزامات الخدمة الوطنية في الدول التي يزورونها أو يمرون خلالها في إطار ممارسة أعمالهم .

هـ- منحهم التسهيلات نفسها الممنوحة إلى ممثلي الحكومات الأجنبية في البعثة الرسمية المؤقتة فيما يتعلق بالتسويات النقدية أو التبادل .

و - منحهم التسهيلات والحصانات نفسها الممنوحة إلى المعتمدين الدبلوماسيين فيما يتعلق بحقائبهم الشخصية .

ز - أي امتيازات وحصانات وتسهيلات غير مطابقة مع التي تم ذكره ، والتي يتمتع بها المعتمدون الدبلوماسيون ، ما عدا حق المطالبة بالإعفاء عن الرسوم الكمركية حول الأشياء المستوردة (والأشياء الأخرى التي تشكل جزءا من حقائبهم الشخصية) أو من رسوم الإنتاج أو من رسوم البيع.

القسم ١٢ - مـن أجـل الضـمان لممثلي أعضـاء الأجهـزة الرئيسـة والتابعـة للأمـم المتحـدة وللمؤتمرات التي تقيمها المنظمة الحرية التامة في التحدث والاستقلالية الكاملة في إنجاز أعمالهـم فـإن الحصانة القضائية التي منحت لهم ستستمر في إطار تنفيذهم لأعمالهم ، حتى بعد أن يتوقف هـؤلاء الأشخاص من أن يمثلوا الدول الأعضاء(...).

القسم ١٤- أن الامتيازات والحصانات الممنوحة إلى ممثلي الـدول الأعضـاء ليس لفائـدتهم الشخصية ، ولكن من أجل ضمان كل استقلالية لممارسة أعمالهم المرتبطة بالمنظمة . وبناء عليه ، فإن للدولة العضو ليس فقط الحق ، ولكـن الواجـب، في رفع الحصانـة عـن ممثلهـا، وحسـب رأيهـا، في الحالات التي تعرقل الحصانة العدالة فإنه يمكن فأنه ترفع بدون إنكار الهدف الذي منحت من أجلـه الحصانة)).

والحصانات لا تطبق في الحالة التي يكون فيها ممثـل الدولة مـن الرعايا أو مـن المفوضين المساعدين ، المستشارين ، الخبراء ، وسكرتارية البعثة . والاتفاقية لا تميز إذن الممثلون الـدائميون عـن الممثلين الوقتيون (لاجتماع أحد الأجهزة أو لمؤتمر خاص) . وعـلى غـرار المادة ١٠٥ مـن ميثاق الأمـم المتحدة ، فإن اتفاقية ١٩٤٦ منحت للكل الامتيازات والحصانات المحددة بمعيار الوظيفة أو المهمة .

ومع ذلك ، فقد اتجه التطبيق نحو معنى مختلف . إذ يلاحظ بـأن الـدولتين الرئيسـيتين بمقر الأمم المتحدة نجدهما في وضع خاص بالنسبة للاتفاقية حول الامتيازات والحصانات الخاصة بالمنظمة الدولية . فمن جهة ، فإن الولايات المتحدة لم تصادق عليها إلا في ٢٩/نيسان/١٩٧٠ ، أي بعـد أربعة وعشرون سنة من إقرارها ، ومن جهة أخرى ، فإن سويسرا الدولة غير العضو في المنظمـة الدوليـة لم تصادق عليها أبدا . ومع ذلك ، فإن اتفاقيـات المقـر والتشريـعات الأحاديـة الجانـب لهاتيـن الـدولتين تلعبان دورا حاسما .

فقد وقعت الأمم المتحدة اتفاقية المقر مع الدولة السويسرية في الأول من تموز ١٩٤٦. إذ أن المجلس الفيدرالي السويسري قد أصدر قراران : الأول في ٣١/آذار/١٩٤٨ والثاني في ٢٠/أيار/١٩٥٨ أعلن فيهما عن الوضع القانوني للممثليات الدائمـة لدى المنظمات الدولية وكذلك أعضاءها والـذي يتشابه مع الوضع القانوني الـذي تتمتع بـه البعثـات الدبلوماسيـة في العاصمـة بـرن، وأعضـاء طاقم هـذه البعثات.

أما بالنسبة للولايات المتحدة فقد تم التوصل إلى عقد اتفاقية المقر في ٢٦/حزيران/١٩٤٧ ، والتي صادقت عليها الجمعية العامة للأمم المتحدة في ٣١/أكتوبر/١٩٤٧ وفيما يتعلق بالمؤسسـات الخاصة ، فقد تم تبني اتفاقية من قبل الجمعية العامة للأمم

المتحدة في ٢١/نوفمبر/١٩٤٧ .

ولابد من الإشارة إلى الأعمال التي قامت بها لجنة القانون الدولي المتعلقـة بالعلاقـات مـا بـين الدول والمنظمات الدولية الحكومية ، والتي أدت إلى إقرار الاتفاقية حول تمثيل الدول في علاقاتها مـع المنظمات الدولية ذات الطبيعة الشاملة ، الموقعة في فينا في ١٤/آذار/١٩٧٥.

وإن مستقبل هذه الاتفاقية لا يظهر تحت رعاية أفضل . إذ قد تم إقرارها من قبل ٥٧ صوتا ، ومعارضة صوت واحد ، وتغيبت عن التصويت خمس عشرة دولة بينها سويسرا ، الولايـات المتحـدة ، النمسا ، كندا ، فرنسا ، وبريطانيا ، في الوقت الذي عارضتها بلجيكا . ومما هـو جـديـر بالـذكر بهذا الصدد هو أن أغلبية الدول التي تحفظت على الاتفاقية هي الـدول المضيفة للعديد مـن المنظمات الدولية والإقليمية الحكومية ، ولاسيما وأن أعمال مؤتمر فينا قد أشر بعـض المواقـف المتعارضة حول مختلف النقاط التي أثيرت ما بين الدولة الموفدة والدولة المضيفة أو دولة المقر . وحتى نهايـة ١٩٩٢ لم يصادق على هذه الاتفاقية التي لم تدخل حيز التنفيذ إلا ٢٧ دولة.

وحتى فيما إذا دخلت الاتفاقية حيز التنفيذ ، فإن فرص التصـديق أو انتماء دول مضيفة للمنظمات الدولية الحكومية يبدو ضئيلا ، وبالنتيجة فإن الأنظمة الحالية بصدد كل منظمة سيستمر تطبيقه . وفي الواقع ، فإنه حسب المادة الثانية ، الفقرة الأولى من الاتفاقية ، فإنها لا يمكن تطبيقهـا بالنسبة للمنظمة الدولية المعنية إلا بعد تلقي الموافقة على الاتفاقية من قبل الدولة المضيفة ، حيـث أن إجراء تلقي الموافقة قد أوضحته المادة ٩٠ من الاتفاقية ، والملاحظ أيضا بصدد هذه الاتفاقية هو أنها حددت هدفها بالمنظمة الدولية ذات الطبيعة الشاملة .

وبعد هذه المقدمة التوضيحية سنحاول التطرق إلى النقاط الأساسية الخاصة بهذا الفصل مـن خلال المنهجية التي حددت له .

القسم الأول – البعثات الدائمة للدول الأعضاء

أولا – تنظيم البعثات الدائمة

أ- إنشاء البعثة

في الواقع ، يعتمد إنشاء البعثة على انتماء الدولة كدولة عضو . والدولـة المضيفة لا يمكـن أن تحتج بعدم الاعتراف أو بالعلاقات الدبلوماسية مع دولة محددة من

أجل أن ترفض دخول بعثتها إلى إقليمها . وهذا ما أوضحته اتفاقية المقر بين الولايات المتحدة ، حيث جاء في القسم ١٥ ، البند الرابع من الاتفاقية :

((في الحالة التي تكون فيه حكومة الدولة العضو غير معترف بها من قبل الولايات المتحدة ، فإنه يمكن للولايات المتحدة أن تقيد الامتيازات الخاصة بممثليها وأعضاء طاقمها الدبلوماسي ، في حدود المنطقة الإدارية عوضا عن مقرهم ومكاتبهم، وفيما إذا كانت تقع خارج المنطقة ، وأثناء سفرهم ما بين المنطقة ومكان المقر ومكاتبهم، وكذلك خلال المهمات الرسمية في الذهاب أو الإياب للخارج)).

وقد طبقت الولايات المتحدة هذه القيود على الحكومة المنغولية والألبانية . وبالمقابل فإنه في عام ١٩٩٠ ، فإن باكستان رفضت إعطاء تأشيرة الدخول إلى ممثلي إسرائيل لحضور المؤتمر الاقتصادي لآسيا والشرق الأقصى ، مما جعل الأمم المتحدة ، مما جعل الأمم المتحدة تنقل أعماله إلى بانكوك .

إن المادة ٨٢ من اتفاقية فينا لعام ١٩٧٥ حددت صراحة بأن عدم الاعتراف أو القطع أو غياب العلاقات الدولية ما بين الدولة المضيفة والدولة الموفدة لا يمكن أن يؤثر على حقوقهم والالتزامات المتبادلة . وقد تم الإعلان عن مهمات البعثة الدائمة طبقا لاتفاقية ١٩٧٥ .

أ- ضمان تمثيل الدولة الموفدة لدى المنظمة .

ب- الاحتفاظ بالصلة ما بين الدولة الموفدة والمنظمة .

جـ- إجراء المفاوضات مع المنظمة في الإطار المحدد لها .

د - تعزيز النشاطات في المنظمة واطلاع حكومة الدولة الموفدة بهذا الصدد .

هـ- ضمان مساهمة الدولة الموفدة في نشاطات المنظمة .

و - حماية مصالح الدولة الموفدة لدى المنظمة .

ز - تنمية تحقيق الأهداف ومبادئ المنظمة في التعاون مع المنظمة وفي إطارها .

وباختصار ، فإن العلاقات الدبلوماسية تتعلق في نفس آلوقت بالعلاقات مع المنظمة ومع تلك التي تقيمها مع الدول الأخرى الممثلة لدى المنظمة . وفي هذا الاتجاه فإن الدبلوماسية التقليدية يجري تداولها في إطار هذه المجاميع الإقليمية أو الأخرى ، ولاسيما التي لا توجد بينها علاقات دبلوماسية في إطارها الثنائي .

ب- التعيين والتفويض (أو الاعتماد)

في منظمة الأمم المتحدة ، فإن كل ممثلية دائمة يتم تعيينها من قبل دولتها (أي الدولة الموفدة). وأن سلطات هذه الممثلية يجري إبلاغها إلى السكرتارية العامة للأمم المتحدة . وعلى الرغم من المصطلح الجاري ، فإنه لم يقصد ، بتحديد المعنى ، بالتفويض لدى هذه أو تلك من أجهزة الأمم المتحدة ولكن الإعلام الذي ينتج لها . وإن القرار المرقم A ٢٥٧ الصادر في ٣/كانون الأول/١٩٤٨ يتناول التفويضات Credentials التي يجب أن تحملها الممثليات الدائمة. وفي الدورة الرابعة للجمعية العامة للأمم المتحدة قد تم عرض مشروع نموذج للتفويضات من قبل الأمانة العامة أمام الدول الأعضاء .

وهذا المشروع الذي قدمته الأمانة العامة يتضمن صورة لما سوف يتم بموجبه اتخاذ الإجراءات لإنشاء الممثلية الدائمة في مقر المنظمة، وتحديد اسم وصفة رئيس البعثة لدى المنظمة والسماح بأنه يمثل الدولة الموفدة ، وإبلاغ الأمانة العامة بأي تغيير في الممثلية ، وفي الأسفل تاريخ وتوقيع وثيقة التفويضات أو أوراق الاعتماد بالضرورة من قبل رئيس الدولة ، أو رئيس الحكومة ، أو وزير الخارجية للدولة الموفدة .

وفيما يتعلق باللائحة الداخلية للجمعية العامة ضرورة أن يشار بخصوص التفويضات فيما إذا أن التمثيل يتعلق ببعض الأجهزة الخاصة أو كل الأجهزة . وفي هذه الحالة فإن الأمانة العامة اقترحت على الدول الأعضاء تغيير بداية المقطع الثالث من الصيغة النموذج بالشكل التالي:

((سعادة السفير .. مكلف بتمثيل الحكومة .. لدى كل أجهزة الأمم المتحدة)).

وبصدد اللائحة الداخلية المؤقتة في مجلس الأمن فإنها تقضي بذكر التفويض صراحة إلى مجلس الأمن بالنسبة للأعضاء الذين يشغلون مقاعده ممثلين لدولهم .

فالتفويض لدى الأمانة العامة في نيويورك لا يمتد من تلقاء نفسه إلى منظمة الأمم المتحدة أو اللجنة الاقتصادية ، لأوروبا في جنيف ، ولكي ينشأ التفويض هذه الحقيقة ، فإنه من المناسب أن يكون محل ذكر خاص ، لأن ذكر ((كل الأجهزة)) لا يعني به إلا بالنسبة لمقر المنظمة في نيويورك ، وهذا ما أوضحه المكتب القانوني لمنظمة الأمم المتحدة. وأن الزيادة في تفويضات الممثلين الدائميين يجب أن يتم إبلاغه للأمانة العامة، وصادرا من سلطات عليا مثلما تم الإشارة إليه فيما سبق . ويتم الأخذ بالإجراء نفسه فيما يتعلق بتعيين القائم بالأعمال بالوكالة ad interim وينجم عن كل ذلك بأن

التفويض الذي يحدث لدى منظمة الأمم المتحدة ، لا يتطلب أي إجراء بالموافقة لدى الدولة المضيفة . فالبعثة لا تفوض لدى الدولة الموفدة . ويمكن أن تكون الدولة الموفدة حتى غير معترف بها من قبل الدولة المضيفة أو ليس بينهما علاقات دبلوماسية.

وليس هناك من إجراء للموافقة من ناحية الأمانة العامة التي يجب أن تقبل الأشخاص الذي تعينهم الدولة . يؤكد الأستاذ Virally بأن تعيين ممثل دبلوماسي من قبل الدولة الموفدة لم يكن إلا ((ممارسة في حق المشاركة في أعمال المنظمة)). وإذا حصلت موافقة الأمانة العامة ، فإن ذلك ينطوي على حق الرقابة وحق الرفض للأشخاص الذين تم تعيينهم من قبل الدول الأعضاء ، وربما أن هذه الدول لا ترغب قبولها في الأمم المتحدة . ويمكن للأمانة العامة أن تبدي ملاحظاتها بصدد تكوين البعثة لدى الدولة الموفدة ، وفي الحالة التي سوف تكون فيها مبادئ الهيئة في خطر ، وهكذا ، فإذا وضعت إحدى الدول على قائمة أعضاء بعثتها الدائمة شخصا لا يمارس أي مهمة مرتبطة بأعمال البعثة ، وفقط من أجل تسهيل مهمة دخوله إلى أراضي الدولة المضيفة ، ويتمتع بالتسهيلات الممنوحة إلى مهمة عضو الممثلية الدائمة ، فللأمانة العامة الحق في إبداء ملاحظاتها بهذا الصدد إلى بعثة الدولة الموفدة .

ويجب أن يكون التعيين غير ضار بالمنظمة الدولية ، حيث يتطلب عدم تعيين الشخص الذي له مشاكل قضائية مع دولة المقر . وقد كانت هذه النقطة مثار جدل واسع حيث أن العديد من الدول التي تؤدي على أرضها الكثير من المنظمات الدولية والإقليمية طالبت في لجنة القانون الدولي بضرورة أن يكون للدولة المضيفة من المعارضة على الأشخاص الذين يتم تعيينهم من قبل الدولة الموفدة . إلا أن الجدل قد حسم من أن تعيين رئيس البعثة ليس ممثلا لدى دولة المقر وإنما لدى المنظمة .

وقد حصل أن عبر النواب السويسريون عن سخطهم من تعين حكومة شيلي في آذار/١٩٨٣ للجنرال Washington Carrasco ممثلا لها لدى مقر الأمم المتحدة في جنيف، حيث سبق وأن اتهم بأنه قام بتعذيب عشرات السياسيين التشيليين خلال الانقلاب الذي حصل ضد حكومة الوحدة الشعبية في تشيلي برئاسة الجنرال بينوشيت . وقد أعلنت الحكومة السويسرية بأنه لم يتم إبلاغها مسبقا بتعيين هذا الجنرال كممثل جديد لدى منظمة الأمم المتحدة في جنيف ، وأن هذا الدبلوماسي لم يكن مفوضا لدى السلطات الفيدرالية ، وإنما لدى الأمم المتحدة .

يضاف إلى ذلك لا يوجد إجراء الموافقة الذي يسمح للأمم المتحدة بإبراز معارضتها فيما يتعلق بتعيين الممثل الدائم .

وفيما يتعلق بمنح الامتيازات والحصانات للبعثات الدائمة فإن دول المقر تشترط وجود مقر دائم ، وهو ما تشترطه الحكومة السويسرية أو أن الأشخاص الذين يتمتعون بالحصانة لا يمارسون مهنة حرة أو تجارية على إقليم الدولة المضيفة وهذا ما تشترطه أيضا الولايات المتحدة. وأن ذلك لا يمكن أن يترجم بأنه حق المراقبة على كل تعيين ، ما عدا في الدولة المضيفة ، التأكد من أن التعيين يشكل تعدٍ أو يخفي نشاطات غير شرعية تجاهها .

وبهذا الصدد يمكن الإشارة إلى إمكانية التمثيل المزدوج الذي تضطلع بها البعثة الدائمة لدى المنظمة الدولية ، ولكن بالاتفاق مع الدولة المضيفة ، وهذا ما يلاحظ تطبيقه في بلجيكا لدى الملك ولدى المجموعة الأوروبية .

جـ- إشعار الدولة المضيفة بالتعيين

في الواقع ، ليس من المفروض أن تكون الدولة المضيفة بعيدة عن إجراءات التعيين وإن كانت لم تتعلق بها إلا أن البعثة الدائمة تقيم على أرضها وتتمتع بالحماية الخاصة وبوضع متميز لا يمكن توفيره إلا من قبل الدولة المضيفة . وعلى أساس ذلك فإنه من الضروري إشعارها مسبقا بوصول ومغادرة أعضاء البعثة الدائمة ومن خلال المنظمة الذين اعتمدوا لديها . ومقارنة مع المادتين ١٥ ، ١٦ من اتفاقية عام ١٩٧٥ . فالفقرة الثانية من المادة ١٥ تبدو أقل منطقية في مطالبتها بالإشعار المسبق في ((كل المرات إذا كان ممكنا)). وهذا التحرير يجعل من المستحيل منح الامتيازات منذ لحظة دخول إقليم الدولة المضيفة التي اشترطت من خلال المادة ٣٨ من نفس الاتفاقية. وهناك بعض من اتفاقيات المقر تبدو أكثر تشددا ، وخصوصا تلك الاتفاقية المعقودة بين منظمة الأمم المتحدة والولايات المتحدة ، إذ أن واشنطن تفسر المادة الخامسة ، القسم ١٥ ، البند الثاني من الاتفاقية مع الأمم المتحدة كما يعطيها شكلا من الفيتو على أعضاء البعثات الدائمة الأخرى من رؤساء البعثات . وخصوصا إزاء الدول التي بينها وبين الولايات المتحدة مشاكل سياسية ، وخلال الحرب الباردة كانت من الحدة لم يمضِ يوم إلا وأن هناك دعوى قضائية ضد أحد أعضاء البعثات الدبلوماسية الدائمة لدى المنظمة الدولية في المحاكم الأمريكية وتحت حجج عديدة ، إضافة مع العديد من دول

العالم الثالث الأخرى التي تضعها وزارة الخارجية الأمريكية في ((القائمة السوداء)) ومن بينها كوبا .

ويكون الإشعار أو التبليغ بنشر اسم الأشخاص المعنيين في قائمة توزع من قبل مكتب المراسم في الأمم المتحدة بالاتفاق مع وزارة الخارجية ، القائمة التي تبدو تخمينية متعلقة بوضع الدبلوماسي المعني . والأمانة العامة لا تمارس أي مراقبة على التوصيفات الممنوحة من قبل الدولة الموفدة إلى معتمديها الدبلوماسيين أو الإداريين والفنيين .

د- الجنسية

في الواقع ، فإن الممثل الذي لا يحمل جنسية الدولة الموفدة لا يشكل عقبة في تعيينه . وقد أيدت سكرتارية منظمة الأمم المتحدة في عدة مرات بأن الأحكام المقيدة المتعلقة بقبول المعتمدين الدبلوماسيين ، المنصوص عليها في المادة الثامنة من اتفاقية فينا لعام ١٩٦١ ، لا يمكن تطبيقها على منظمة الأمم المتحدة . ومع ذلك ، فقد أدرجت اتفاقية فينا لعام ١٩٧٥ كقاعدة بأنه ((يفترض مبدئيا أن يكون رئيس البعثة ودبلوماسي البعثة من جنسية الدولة الموفدة (مادة ٧٣ ، الفقرة الأولى) ، وعلى الدولة المضيفة أن تعطي موافقتها فيما إذا كان هذا الشخص الذي يمثل الدولة الموفدة يحمل جنسيتها . وفي هذه الحالة الأخيرة ، فقد تحدد الامتيازات والحصانات من خلال معيار ممارسة الوظيفة .

هـ- ملاك البعثات

في الواقع فإنه من الجائز الأخذ بنظر الاعتبار بالأهمية العددية للبعثة ، بجانب أهمية المهمات التي تقوم بها في المنظمة الدولية واحتياجات هذه البعثة ، وبالظروف المتوقعة في الدولة المضيفة . وهكذا فإن المادة ١٤ من اتفاقية فينا لعام ١٩٧٥ قد أكدت في هذا الصدد :

((على ملاك البعثة أن لا يتجاوز الحدود المعقولة والطبيعية المتعلقة بمهمات المنظمة ، وحاجات البعثة المعنية وبظروف شروط الحياة في الدولة المضيفة)).

إذ سبق وأن طلبت وزارة الخارجية الأمريكية من الحكومة السوفيتية في ٧/آذار/١٩٨٦، وفي سنتين ، تخفيض ملاك البعثات الدبلوماسية الثلاث للاتحاد السوفيتي وأوكرانيا وبلوروسيا من ٢٧٥ عضو إلى ١٧٠ عضوا أي حوالي ٤٠% من الملاك الأساسي

. إذ بررت الولايات المتحدة قرارها هذا بأن وجودهم يتناقض مع الأمن القومي الأمريكي ، الأمر الذي نقل النزاع إلى الجمعية العامة التي عبرت عن قرارها الرافض للتخفيض واعتبرت القرار الأمريكي يمثل انتهاكا لاتفاقية المقر . وقد تم تسوية المشكلة بالطرق الدبلوماسية بين الدولتين.

ثانيا - امتيازات وحصانات البعثة

- مسألة المعاملة بالمثل

في البداية يمكن التساؤل فيما إذا كان بإمكان الدولة المضيفة أن تقوم بتقييد امتيازات وحصانات البعثات أو أعضاءها لأسباب سواء كانت متعلقة بالمعاملة بالمثل، أو لأسباب تتعلق بتردي العلاقات الثنائية ما بين الدولة المضيفة والدولة الموفدة . وفي الملاحظات التي أبدتها الحكومة البلجيكية في لجنة القانون الدولي فإنها عبرت عن رأي بلجيكا لصالح المعاملة بالمثل . والنقطة الجوهرية لا تثير أي شك . فالبعثة قد تم انتدابها لدى الأمم المتحدة وليس لدى دولة المقر . وبناء عليه فإنه لا يفترض أن يعتمد منح الامتيازات والحصانات للبعثات الدائمة على أساس العلاقات القائمة مع الدولة المضيفة.

وقد اعترف المستشار القانوني لوزارة الخارجية الأمريكية في عام ١٩٤٦ :

((من الواضح بأن ميثاق الأمم المتحدة لا يسمح بخضوع منح الامتيازات والحصانات المنصوص عليها في المادة ١٠٥ والميثاق هو في ضمان المنح غير المشروط من قبل الدول الأعضاء لبعض الامتيازات والحصانات إلى منظمة الأمم المتحدة من أجل أن تؤدي عملها بشكل فعال لكونها منظمة عالمية بدون عراقيل في نشاطاتها من خلال الاشتراطات الوطنية للمعاملة بالمثل أو الإجراءات الوطنية للثأر ما بين الدول)).

وفي الواقع ، فإن وجهة النظر هذه تتجاهل حقيقة العلاقات في صورتها الثلاثية وأن التي تمنح الامتيازات والحصانات لم تكن المنظمة ، ولكن الدولة ذات السيادة على إقليمها حيث يوجد مقر المنظمة . وفيما إذا عاملت الدولة الموفدة بشكل تمييزي من ناحية الحصانات والامتيازات ، بعثة الدولة المضيفة في علاقاتها الجانبية ، ليس هناك ما يثير التعجب أن تقوم الدولة المضيفة باللجوء إلى المعاملة بالمثل فيما يتعلق بالتسهيلات التي تمنحها في إقليمها إلى الدولة الموفدة .

ما عدا الالتزام الذي تفرضه الاتفاقيات حول هذه النقطة ، فإنه يبدو بأن لعبة المعاملة بالمثل تبدو شرعية فيما إذا نظرنا إلى المسألة من ناحية الثأر .

يضاف إلى ذلك ، فإن نص المادة ١٠٥ من الميثاق واتفاقية الامتيازات والحصانات حددت الامتيازات إلى ذلك الذي يبدو ضروريا لممارسة المهمات في المنظمة . وأن المعاملة بالمثل لا يمكن أن تكون شرعية فيما إذا ترتب على تطبيقها بعض الأضرار بالمهمات المناطة بالبعثة .

ويبدو أن المستشار القانوني للأمم المتحدة عارض الثنائية خلال الاجتماع الذي عقد في ٦/كانون الأول/١٩٦٧ في اللجنة السادسة للجمعية العامة ، وأكد على وضوح المادة ١٠٥ واتفاقية ١٩٤٦ . وأكد على الطبيعة الخاصة للاتفاقية حول الامتيازات وحصانات الأمم المتحدة، الاتفاقية التي ترجع على الأقل إلى ((الأطراف)) من الأعضاء ، ونصت على أنها الاتفاقية ((ما بين الأمم المتحدة وكل عضو)). والأعضاء يخضعون للمنظمة لا إلى الدول الأخرى الأطراف في الاتفاقية . إذ أكد بأنه ((من مصلحة المنظمة تأمين لممثلي الدول الأعضاء الامتيازات والحصانات الضرورية لهم من أجل الحضور والمشاركة بكل حرية في كل الاجتماعات والمؤتمرات...)).

واستنتج المستشار القانوني بأن ((الالتزامات المفروضة على الدول الأعضاء من قبل الاتفاقية ، بما فيها التي تتعلق بممثلي الدول الأعضاء الأخرى ، فإنها التزامات نحو المنظمة وعلى الأمانة العامة أن تعمل على احترامها وتنفيذها ، وفيما يتعلق بمنح الامتيازات والحصانات التي هي محل نقاشنا يبدو إلزاميا بالنسبة لكل الدول الأعضاء سواء كانت منتمية أو لا إلى الاتفاقية. هذا الالتزام الناجم مباشرة عن المادة ١٠٥ من الميثاق والذي بموجبه التزمت الدول الأعضاء في منح الامتيازات والحصانات الضرورية لتحقيق أهداف المنظمة والمباشرة في مهام الممثلين والموظفين...)).

وفي الواقع ، فإن الاستناد من قبل الولايات المتحدة إلى مسألة المعاملة بالمثل لم يهدف إلا لتحديد حرية حركة البعثات الموجودة لدى المنظمة في نيويورك.

وفي سويسرا أيضا فإن الامتيازات والحصانات ((يمكن أن تكون متغيرة من بعثة إلى أخرى، وفي بلجيكا حيث الرجوع إلى قاعدة المعاملة بالمثل فيما يتعلق ببعض الامتيازات الكمركية. إلا أن المادة ٨٣ من اتفاقية فينا لعام ١٩٧٥ حظرت صراحة الإجراءات التمييزية ما بين الدول . وفي هذا الاتجاه فليس هناك مجال للأعمال الثأرية ،

أو الانتقام التي حذرت منها المادة ٤٧ من اتفاقية فينا لعام ١٩٦١ .

ويبدو أن الامتيازات والحصانات الممنوحة للبعثات هي في جوهرها نفسها التي تمنح للبعثات الدبلوماسية الدائمة . أي ما يقصد بحرية التنقل ، حيث أن المادة ٢٦ من اتفاقية عام ١٩٧٥ نسخة مصورة من تلك التي نصت عليها اتفاقية ١٩٦١ ، والتي تمتد إلى امتياز التنقل لأعضاء عائلة أعضاء البعثات ، لكن ذلك لم يمنع من أن تلجأ الدولة المضيفة إلى اتخاذ إجراءات للأمن ، ومن جهة نظر سياسية ، في تقييد حرية بعض البعثات ، كما تحاول دائما الولايات المتحدة إزاء البعثة الدبلوماسية الكوبية لدى الأمم المتحدة . وأن مسألة حماية الممثليات الدائمة وأعضاءها في الدولة المستقلة ، وبشكل خاص ضد التظاهرات والأعمال العدائية من الأفراد أو جماعات الضغط ، تمثل بشكل مؤكد حالة مقلقة في نيويورك . وهناك الكثير من الحوادث التي تعرض لها الممثلون الدبلوماسيون لدى المنظمة أو غيرها ، سواء كان لأسباب عنصرية أو سياسية، أو طائفية ، الأمر الذي جعل الجمعية العامة مضطرة أن تذكر الدولة المضيفة بالتزاماتها في قرارات عدة ، حتى تم إنشاء في عام ١٩٧١ لجنة للعلاقات مع الدولة المضيفة مكلفة بمتابعة القضايا التي تطرح على المنظمة ما بين البعثات ودولة المقر .

وقد كانت المادة ٢٣ من اتفاقية عام ١٩٧٥ شبيهة بالمادة ٢٢ من اتفاقية فينا من خلال تأكيدها التالي :

((ب- في حالة حدوث اعتداء ضد مباني البعثة ، على الدولة المضيفة أن تتخذ الإجراءات المناسبة لمقاضاة الفاعل وعقاب الأشخاص الذين يرتكبون الاعتداء)). كما أن المادة ٢٤ من اتفاقية ١٩٧٤ قد نصت على الحصانات الضريبية على مباني البعثة ومسكن رئيس البعثة.

ثالثا - امتيازات وحصانات أعضاء البعثة

إن الذين يستفادون من الامتيازات والحصانات الدبلوماسية هم رؤساء البعثات وأعضاء الممثليات الدائمة ويتمتعون بالحرمة الشخصية . واتفاقية الأمم المتحدة حول الامتيازات والحصانات في ١٣/شباط/١٩٤٦ قد نصت على حصانة الاعتقال الشخصي والحجز.

- الحصانة القضائية

لقد حددت الاتفاقية في قسمها الحادي عشر ، فقرة أ الحصانة القضائية :

((قسم ١١ - تتمتع ممثليات الدول الأعضاء ، خلال ممارسة وظائفهم أو خلال السفر في الذهاب أو الإياب من مكان الاجتماع ، بالامتيازات والحصانات التالية :

أ - حصانة الاعتقال الشخصي أو الحجز ومصادرة حقائبهم الشخصية وفيما يتعلق بالأعمال المنفذة من قبلهم وبصفتهم التمثيلية (بضمنها أحاديثهم وكتاباتهم) الحصانة من كل حكم قضائي)).

ومع ذلك فقد اتجه تطبيق اتفاقيات المقر نحو منح الحصانة القضائية الجنائية والمدنية الكاملة مثلما منحت للمعتمدين الدبلوماسيين التقليديين. وهكذا فإن المادة الخامسة، قسم ١٥ من اتفاقية المقر ما بين الولايات المتحدة- الأمم المتحدة التي تناولت الممثليات الدائمة لدى الأمم المتحدة ، وفئات الملاك المرتبطة بالبعثة قد نصت :

((يتمتعون في أراضي الولايات المتحدة ، فيما إذا مكثوا في داخل أو خارج المنطقة الإدارية، بنفس الامتيازات والحصانات التي منحت من قبل الولايات المتحدة إلى المبعوثين المعتمدين لديها مع مراعاة الظروف والالتزامات المناسبة)).

وقد تم الاعتراف بهذه الحصانة من قبل القضاء :

- من وجهة النظر الجنائية

بالنسبة لمخالفات القواعد المرورية ، وبالنسبة لدعوى السب ، وا لسرقة .

- ومن جهة النظر المدنية

الدعاوى المقامة بسبب الطلاق، والحضانة، قضايا تخص المباني، وحقوق التملك.

وفي الواقع ، فإن الحصانة القضائية تسري على كل شيء ما عدا فيما إذا نصت نصوص الاتفاقيات استثنائيا بتحديد الحصانة بالأفعال أو الأعمال المتعلقة بالمهمة . وهذا ما عبرت عنه محكمة باريس في قرارها الصادر في ٢٨/نيسان/١٩٦١ ضد علي رضا الممثل السابق في الجمعية العامة للأمم المتحدة في باريس في عام ١٩٤٧ ، حيث أقرت بعدم تمتعه بالحصانة بموجب اتفاقية المقر ، والتي لا تمنح إلا للأعمال المتعلقة بالمهمة .

- مشكلة إعلان الدبلوماسي شخص غير مرغوب فيه

في حالة تجاوز الامتيازات الممنوحة بموجب الاتفاقية ، فإن السؤال الذي يطرح هو

: هل باستطاعة الدول المضيفة أن تعلن بأن معتمد الدولة الموفدة شخص غير مرغوب فيه Persona non grata . لقد طرحت العديد من الآراء والمقترحات في لجنة القانون الدولي ، ومن بينها بلجيكا التي أصرت على ذلك وخصوصا فيما إذا قام المعتمدون الدبلوماسيون الذين يتمتعون بالامتيازات بارتكاب مخالفات خطيرة .

ومبدئيا ، فإن هناك اعتراضات جدية في التطبيق ، مثل قاعدة إعلان شخص غير مرغوب فيه . فهذا التطبيق ينطوي على معاقبة سلوك الدبلوماسي الذي يؤدي إلى قطع علاقات الثقة بينه وبين سلطات الدولة المعتمد لديها . وبهذه المناسبة فإن البعثة لم تكن معتمدة لدى الدولة المضيفة ولا ترضي هذه الدولة ، ويجب أن تمارس مهمتها لدى المنظمة باستقلالية كاملة. ويمكن أن تكون العلاقات السياسية متوترة ما بين البعثة والدولة المضيفة . وأن أساس الإعلان عن " شخص غير مرغوب فيه الذي يتعلق بالدبلوماسية الثنائية يتضمن مظهران واضحان غير قابلان للتطبيق والحالة هذه (حق الدولة المعتمد لديها في عدم إعطاء مبرراتها ، الخاصية التمييزية في الإجراء ، أهمية العناصر في التمديد أو في الثقة الثنائية الصرفة).

وبهذا الصدد فإن الحكومة النمساوية أقرت أيضا بأن مفهوم شخص غير مرغوب فيه لا ينطبق على الممثليات الدائمة لدى الأمم المتحدة في مقرها في فينا .

وإذا طبق هذا النظام فإن ذلك سيكون إذن ما بين السكرتارية العامة حيث ينتدب لديها الدبلوماسي ، وما بين هذا الدبلوماسي. ومن جهتها، فإن الأمانة العامة للأمم المتحدة قد أكدت تطبيق نظرية ((شخص غير مرغوب فيه)) بين الممثليات الدائمة والمنظمة . ولنفس السبب ليس هناك إجراء للموافقة . والدولة الموفدة تمارس حقها السيادي في المشاركة في المنظمة الدولية وتختار من يمثلها لهذه المهمة.

ومن المؤكد بأنه إذا تمتعت بعثات الدول الأعضاء بالحصانات فإن ذلك من أجل الممارسة الحرة ، وبكل استقلالية لمهماتها وليس من أجل انتهاك قوانين الدولة المضيفة ، وأن الالتزام برفع الحصانة قد نص عليه صراحة من خلال المادة الرابعة ، قسم ١٤ المذكور في الاتفاقية حول الامتيازات وحصانات عام ١٩٤٦ . وأن هذه الاتفاقية لم تنص ضمنيا على إمكانية الاستدعاء. وبالمقابل فالاتفاقية حول الامتيازات والحصانات للمؤسسات الخاصة قد نصت على هذه الاستطاعة في قسمها الخامس والعشرين البند الأول :

((مع أن الحالة التي يتجاوز فيها الشخص امتيازات الإقامة في ممارسة نشاطات في هذه الدولة بدون علاقة مع مهماته الرسمية ، فإنه يمكن أن يجبر على ترك الدولة من قبل حكومتها ... انسجاما مع الإجراء الدبلوماسي المطبق على المبعوثين الدبلوماسيين المعتمدين في هذه الدولة)).

ومن بين الأحكام المشابهة توجد في اتفاقية المقر الولايات المتحدة - الأمم المتحدة التي نصت بأن البعثات تتمتع ((بنفس الامتيازات والحصانات التي منحت من قبل الولايات المتحدة للمبعوثين الدبلوماسيين المعتمدين لديها ، مع مراعاة الظروف والالتزامات المناسبة)). يضاف إلى ذلك ، فإنه بإمكان الولايات المتحدة الطلب برحيل أعضاء البعثات الدائمة فيما إذا قام عضو البعثة بممارسة نشاطات تجاوزت الامتيازات وليس لها علاقة بصفته الرسمية ، وذلك حسب ما نصت عليه المادة ٤ ، قسم ١٣ ، فقرة ب) .

ويوجد نص مماثل في المادة الثالثة من الاتفاقية حول الامتيازات والحصانات ما بين الولايات المتحدة والمنظمة الاقتصادية الأمريكية OEA في ٣٠ آذار/١٩٧٥ .

وإن أغلبية اتفاقيات المقر تحتوي على نص يحتفظ بحق دولة المقر في اتخاذ الإجراءات الضرورية في حماية أمنها القومي . وقد شهد التطبيق مختلف حالات طلب الاستدعاء ، والطرد ومنع الدخول إلى أراضي دولة المقر وخصوصا في الحالات التي يتهم فيها عضو البعثة بالتجسس أو ((النشاطات الإرهابية)) وهي الاتهامات التي كثيرا ما كانت تلصقها الولايات المتحدة بدبلوماسي الدول الاشتراكية خاصة ، والمعادية للسياسة الأمريكية ، وخاصة في حالة قيام الولايات المتحدة في عام ١٩٨٨ باستبعاد الممثل الدائم لنيكاراغوا لدى الأمم المتحدة .

وحتى إذا تم استبعاد التفويض لدى المنظمة ، من ناحية المبدأ ، فبإمكان الحكومة المضيفة أن تجد نفسها في وضع الحكومة المعتمد لديها ، ولا يبقى على الأقل إلا أن تجد نفسها في وضع ثلاثي وليس بالإمكان تجاهل كل مصالح الدولة المضيفة . ومن المناسب إذن إيجاد توازن عادل ما بين المصالح المتقابلة .

ويفترض ، من جهة ، الأخذ بنظر الاعتبار بمصالح المنظمة التي لها الحق مثلما لأعضائها، الذين يجدون أنفسهم في علاقات متوترة مع الدولة المضيفة ، يستطيعون ممارسة حقوقهم في المشاركة المتساوية في المنظمة . والمسألة تطرح بنسبة أقل مع دولة

مثل سويسرا المحايدة مما تطرح مع الولايات المتحدة التي تعتبر تقليديا من الدولة المعروفة بسياستها .

وهنا ، فإنه من المفروض تجنب تجاوز الامتيازات الأكثر خطورة من جهة أعضاء البعثة . وفي مثل هذا الافتراض ، فإنه يتوجب على الدولة الموفدة أن تستدعي الشخص المتهم بكل هدوء . ويجب على الدولة المضيفة أن تدخل في حوار مع المنظمة الدولية المعنية ، وفي حق طلب مغادرة الشخص المتهم وتجريده من الامتيازات والحصانات خلال فترة معقولة ، والتي يمكن أن تنجم من اعتبارات الظروف . هل يمكن التصرف من خلال عدد من الشكوك ، وأقل من إجراءات الثأر ، أو الأفكار المسبقة . ويجب ضمان الانتهاك الخطر ، والمبررات المعروضة . وحد أدنى من المشاورات الجارية بثقة جيدة يجب أن تنجز مع الدولة المعنية ، لكي نبتعد عن الإعلان عن مفهوم شخص غير مرغوب فيه .

إن نص المادة ٧٧ ، الفقرة الثانية الذي أقر من قبل اتفاقية فينا لعام ١٩٧٥ يبدو نصا معقولا لأنه نص على إمكانية الاستدعاء في الحالات المتطرفة :

((في حالة المخالفة الخطيرة والعلنية للتشريع الجنائي للدولة المضيفة من قبل شخص يتمتع بالحصانة القضائية ، فعلى الدولة الموفدة ، إلا إذا لم تلغِ هذه الحصانة، استدعاء الشخص المعني ، وإنهاء المهمات التي يمارسها في البعثة ، المفوضية ، أو بعثة المراقبة ، وضمان مغادرته ، حسب الحالة . وعلى الدولة الموفدة أن تعمل الشيء نفسه في حالة التدخل الخطير والعلني في القضايا الداخلية للدولة المضيفة . وأن نصوص الفقرة الحالية لا تطبق في حالة التصرف المنفذ من قبل الشخص المعني في مباشرة وظائف البعثة أو في تنفيذ مهمات المفوضية)).

- حصانات الممثلين في حالة المرور

على الدول الأعضاء في الأمم المتحدة أن لا تسبب أي ضرر للمفوضين الذين يمرون بأراضيها . وأن التزاماتها لا تقبل المناقشة في هذا الصدد بموجب المادة ١٠٥ من اتفاقية عام ١٩٤٦ . وهناك الكثير من الحالات التي تم فيها انتهاك هذه المادة من قبل بعض الدول التي قامت باعتقال أو حجز عدد من أعضاء الممثليات المنتدبة لدى المنظمات الدولية والإقليمية ، ومن بينها ، على سبيل المثال ، قيام السلطات الغانية باعتقال ١٩ عضوا من مفوضية غينيا لحضور مؤتمر منظمة الوحدة الأفريقية في ١٩/أكتوبر/١٩٦٦ لدى مرورهم في مطار اكرا . وإن هذه الحوادث دفعت الجمعية العامة

للأمم المتحدة أن تصدر قرارها المرقم ٢٣٢٨ في ١٨/كانون الأول/١٩٦٧ التي عبرت عن أسفها في عـدم احترام قواعـد القانون الـدولي المنظمـة للامتيازات والحصانات الدبلوماسية، والامتيازات والحصانات الخاصة بالأمم المتحدة.

رابعا – نظام الاتحاد الأوروبي والممثليات الدائمة للدول الأعضاء

في إطار الاتحاد الأوروبي (أو ما كان يطلق عليها اسم المجموعـة الأوروبيـة) فإن الممثليـات الدائمة اقتصرت على الدول الأعضاء في الاتحاد . وفيما يتعلق بالدول غير الأعضاء، فإنه يمكن الإشارة إلى البعثات ، مـا عـدا بالنسبة للـدول المنضوية بالاتحاد بموجب المـادة ٢٣٨ والتي يطلق عليها مفوضيات دائمة مثل تركيا ، وفيما يتعلق بالدول المرتبطة بالمجموعة بموجب اتفاقيات لـومي والتي يطلق عليها الممثليات.

- الأساس القانوني

إن تأسيس الممثليات الدائمة لم تنص عليه المـادة ١٥١ مـن معاهـدة المجموعـة الأوروبيـة إلا بشكل غير مباشر والمادة ١٢١ من معاهدة Eurotom .

((يمكن أن تنص (اللائحة الداخلية للمجلس) اللائحة على تكوين اللجنة المشكلة للممثليات الدائمة من الدول الأعضاء .

وأن معاهدة الاتحاد المؤسسة لمجلس واحد ، ولجنة واحدة للمجموعة الأوروبية في ٨ نيسـان ١٩٦٥ قد منحت أساسا إتفاقيا إلى هذه اللجنة من خلال مادته الرابعة :

((اللجنة المكونة من الممثليات الدائمة للدول الأعضاء مهمة تحضـير أعمال المجلـس وتنفيـذ الأوامر التي عهدت إليها من قبل المجلس)).

- إجراء مباشرة الخدمة

ليس هناك من إجراء للتفويض . ويمكن لكل دولة أن تعين أعضاء الممثليات الدائمة واختيارها . وأن مباشرة الخدمة للممثلية الدائمة يعتبر تصرف أحادي الجانب من جهة الدولة الموفدة والتـي لا يصاحبها لا إجراء ولا موافقـة ولا تسـليم أوراق الاعتماد . وإن قـرار التعيين يـتم إبلاغـه ببسـاطة للمعنيين (رئيس المجلس، رئيس اللجنة والبعثات الدائمة الأخرى وإلى الدولة المضيفة).

- الامتيازات والحصانات

منذ عام ١٩٥٨ فإن الحكومة البلجيكية أعلمت حكومات الدول الأعضاء بأنها ترى بأن المـادة العاشرة من البروتوكول حول الامتيازات والحصانات قـد تـم تطبيقهـا علـى الممثليات الدائمـة للـدول الأعضاء ، وكذلك على أعضاء ممثلياتهم .

((تتمتع ممثليات الدول الأعضاء المساهمة في أعمال المؤسسات الأوروبية وكذلك مستشاريها والخبراء الفنيون بالامتيازات والحصانات خلال مباشرة وظائفهم وأثناء سفرهم ذهابا وإيابا إلى الاجتماع)).

وقد حل محل هذا البروتوكول بروتوكول آخر حول الامتيازات والحصانات الخاصة بالمجموعة الأوروبية الملحقة بمعاهدة الاتحاد المنشأة للمجلس الاتحادي واللجنة الاتحادية في المجموعة ، الموقع في بروكسل ٨/نيسان/١٩٦٥ ، حيث أن المادة ١١ التي تبدو مماثلة للكلمات ((المجموعة)) التي حلت محل كلمات ((المجموعات)). وقد تم إضافة مقطع آخر ((المادة الحالية تطبق أيضا على أعضاء الأجهزة التأسيسية للمجموعة)).

وقد تم تفسير صيغة ((الامتيازات ، الحصانات ، أو التسهيلات المستعملة)) من مثل هذا الطراز بأنه قد تم الاعتراف بالوضع الدبلوماسي لأعضاء المثليات الدائمة للدول الأعضاء في نفس الإجراء وفي نفس الشروط لأعضاء البعثات الدبلوماسية المعتمدة في بلجيكا ونفس الجنسية. أي أن المعاملة بالمثل تلعب دورا في ذلك . وبالمقابل، فإن أعضاء الممثلية البلجيكية لدى الاتحاد الأوروبي في بلجيكا مماثلين إلى الموظفين البلجيكيين ولا يتمتعون بأي امتياز أو حصانة .

وهذا الوضع يبدو اعتياديا (حيث اتفاقية عام ١٩٤٦ حول الامتيازات والحصانات الخاصة بالأمم المتحدة ، قسم ١٥ ، اتفاقية ١٩٤٧ حول امتيازات وحصانات المؤسسات الخاصة، قسم ١٧ ، المادة ١٦ من الاتفاقية المنشأة لحلف شمال الأطلسي الناتو (OTAN) .

خامسا - البعثات الدائمة للدول الثالثة

أولا – وضع المراقبون الدائميون

لم يتم النص على المراقبين الدائمين لا من قبل الميثاق ، ولا من قبل اتفاقيات الامتيازات وحصانات الأمم المتحدة . إلا أنه بمرور الوقت فإن هذه الظاهرة أخذت في الظهور مع تطور العلاقات الدولية من خلال الارتباط بالتكتلات والتنظيمات الدولية والإقليمية . وقد تمثل هذا أولا تحت شكل من المراقبين للدول غير الأعضاء، وبالتالي ، المراقبين لكيانات لم تصل بعد إلى مستوى الدولة المعترف بها. وقد تم الأخذ بهذا النوع من الأشكال التمثيلية الذي نما على المستوى الدولي . واعتمدت الامتيازات والحصانات على مجال واسع من اتفاقيات المقر أو القرارات الأحادية الجانب من الدول المضيفة .

- مراقبو الدول غير الأعضاء

في الأمم المتحدة، ومنذ عام ١٩٤٦، فإن الحكومة السويسرية عينت مراقبا للمنظمة الدولية. وقد تم تعيين مراقبون من مختلف الدول أصبحت فيما بعد أعضاء بكامل عضويتها في المنظمة. فقد مثلت النمسا بصفة مراقب ما بين ١٩٤٩-١٩٥٥ وإيطاليا ما بين ١٩٤٩-١٩٥٥، كوريا الجنوبية مـا بـين ١٩٤٩-١٩٩١، فنلندا ما بين ١٩٥٢-١٩٥٥، ألمانيا الغربية مـا بـين ١٩٥٢-١٩٧٣، اليابان ١٩٥٢-١٩٥٥، إسبانيا ١٩٥٣-١٩٥٥، موناكو ١٩٥٦-١٩٩٣، بنغلاديش ١٩٧٢-١٩٧٤، ألمانيا الديمقراطيـة ١٩٧٢-١٩٧٣ ـ كوريا الشمالية ١٩٧٣-١٩٩١، غينيا بيساو ١٩٧٤-١٩٧٤، فيتنام الشمالية ١٩٧٥-١٩٧٧. وحتى الوقت الحاضر لم تبقَ دولة ممثلة بصفة مراقب غير الدولة السويسرية.

وفي اليونسكو، وعلى أثر انسحابهما، فإن الولايات المتحدة وبريطانيا احتفظتا بوضع مراقب ومثل السفير في العلاقات الثنائية، فإن المراقب ((يؤمن صلة التمثيل ما بين كيانين خارجيين أحدهما عن الآخر)).

- مراقبو الكيانات غير الدولتية

كان الكرسي الرسولي (الفاتيكان) أول كيان لا يتمتع بصفة دولة منح وضع المراقب. وقد كان منذ ١٩٥١ عضوا في المجلس التنفيذي للمندوب السامي للأمم المتحدة للاجئين. وفي عـام ١٩٦١ أنشأ بعثة دائمة بصفة مراقب في الأمم المتحدة في نيويورك، وفي عـام ١٩٦٧، بعثـة أخـرى لـدى المكتـب الأوروبي للأمم المتحدة في جنيف. وعندما أرادت الأمم المتحدة دعوة بعـض حركـات التحـرر الـوطني لكي تمثل في المنظمة الدولية بصفة مراقب أثيرت بعض الاعتراضات من قبل عدد من الـدول الأوربيـة مستندة على حجج قانونية وقد أصدرت الجمعية العامة للأمم المتحدة في عام ١٩٧٤ قرارها المـرقم ٣٢٣٧ والذي أقرت فيه وضع العضو المراقب لمنظمـة التحرير الفلسطينية ودعوتها للمشاركة في اجتماعات وأعمال الجمعية العامة، وفي كل أعمال مؤتمراتها الدولية التي تقام تحت رعايـة الجمعيـة العامة.

وقد كانت حجج الدول المعارضة لمنظمـة التحريـر الفلسطينية منصبة في أن وضع العضـو المراقب يجب أن يمنح إلى الدول والمنظمات الإقليمية. إلا أن هذه المعارضة قد فشلت أمام الإجماع الذي حصلت عليه المنظمة من الجمعية العامة، مما فسح المجال إلى كـل حركـات التحـرر الـوطني التي اعترفت بها منظمة الوحدة الأفريقية وجامعة الـدول العربية. كما حصلت بعض المنظمات الإقليمية على هذا الوضع القانوني في الأمم المتحدة (السوق الأوروبية، مجلـس أوربـا، جامعة الـدول العربية، منظمة المؤتمر الإسلامي).

وأن صفة المراقب التي تتعلق بالدولة غير العضو أو الكيان السياسي غير الدولتي يفترض وجود دعوة من جهاز المنظمة . إذ أنها تعطي الحق في حضور جلساتها والتحدث من على منبرها ولكن بدون التصويت ، وبدون استثناء .

وفي الواقع ، فإنه لم ينص على الامتيازات وحصانات المراقبين الدائميين في أي نص، ويمكن أن يستنتج بأن صفتهم تعتمد على اتفاقيات المقر ، بدلا من مجاملة الدول المضيفة . وبالنسبة لبعثات المراقبة للدول غير الأعضاء فقد اعترفت الدول المضيفة بشكل اعتيادي بنفس الامتيازات والحصانات التي منحت إلى البعثات الدائمة ، أي لا يمكن الاعتراف بهذه الحصانات المتعلقة بالوظيفة وهو ما أخذت به المحكمة العليا في نيويورك في الدعوى المقامة ضد عضو الممثلية الإيطالية التي تتمتع بصفة مراقب في عام ١٩٥٣.

وفيما يتعلق ببعثات المراقبة لحركات التحرر الوطني ، وحسب اتفاقية المقر بين الأمم المتحدة والولايات المتحدة المؤرخة في ١٩/نوفمبر/١٩٧٩ ، فإن المراقب الدائم لمنظمة التحرير الفلسطينية يُضمن من خلال نصوص اتفاقية المقر التالية :

- على السلطات الفيدرالية أو المحلية الأمريكية وبموجب القسم ١١ عدم فرض قيود على تنقل ذهابا وإيابا ... على الأشخاص المدعوين إلى مقر المنظمة وأن على ((السلطات الأمريكية المختصة منح كل حماية ضرورية إلى هؤلاء الأشخاص خلال تنقلهم ذهابا وإيابا إلى مقر المنظمة.
- وإن القسم ١٢ الذي نص بأن القسم ١١ يطبق بغض النظر من وجود علاقات ما بين حكومة الأشخاص المدعوين بموجب القسم ١١ والدولة المضيفة .
- القسم ١٣ الذي نص بأن الدولة المضيفة سوف تمنح التأشيرات المجانية والسريعة قدر الإمكان إلى الأشخاص المقصودين في القسم ١١ وتعفي أيضا هؤلاء الأشخاص من التزام ترك الولايات المتحدة لأسباب تتعلق بالنشاطات المنفذة من قبلهم بصفتهم الرسمية .

((يضاف إلى ذلك فإن الامتيازات والحصانات المذكورة والتي اعتقد بأنها ناجمة بالضرورة من الالتزامات المفروضة من قبل المادة ١٠٥ من ميثاق الأمم المتحدة حيث أن العضو المراقب لمنظمة التحرير الفلسطينية يتمتع بالحصانة القضائية فيما يتعلق بالتصريحات ، الكتابات ، أو كل التصرفات المنفذة من قبل أعضاء المفوضية بصفته الرسمية لدى الأجهزة المختصة)).

وقد تبنت سويسرا موقفا صحيحا جدا حول التزامات الدولة المضيفة ، وهو ما عبر عنه الإعلان الصادر عن المجلس الفيدرالي في ٢١/أيار/١٩٨٦ ، بصدد العضو المراقب لمنظمة التحرير الفلسطينية في المنظمة الدولية عندما طلب من القسم السياسي الفيدرالي بمنح منظمة التحرير ((التسهيلات والحصانات والامتيازات الضرورية لإنجاز مهمتها .. طبقا لالتزاماتها كدولة مضيفة . كما سمح المجلس الفيدرالي في ٢٥/حزيران/١٩٧٥ بفتح مكتبا لمنظمة التحرير في جنيف . ومثلما الحال بالنسبة للبعثات الدائمة وأعضاءها في جنيف ، فإن هذا المكتب وأعضاء المنظمة مفوضون لدى المنظمة الدولية وليس لدى المجلس الفيدرالي . وطلبا للمبدأ الأساسي لاستقلالية المنظمات الدولية ، فإنه ليس بوسع المجلس الفيدرالي اتخاذ أي إجراء ضد مكتب منظمة التحرير ...)) .

ولكن بالمقبل ، فإن الولايات المتحدة تبنت موقفا متناقضا وسلبيا بصدد منظمة التحرير الفلسطينية ولا ينسجم مع اتفاقية المقر بينها وبين منظمة الأمم المتحدة . إذ لم تسمح الولايات المتحدة لأعضاء بعثة منظمة التحرير الفلسطينية التنقل إلا في حدود ٢٥ ميل من مركز مدينة نيويورك . وقد طرح في أيار/١٩٨٧ مشروع قانون على الكونغرس الأمريكي نص على عدم شرعية إنشاء أو الاحتفاظ بمكتب منظمة التحرير في الولايات لمتحدة . وقد عبرت الأمانة العامة للأمم المتحدة في وقتها عن قلقها إزاء هذا المشروع الذي يتنافى مع اتفاقية المقر. وهذا ما أكدته قرارات الجمعية العامة في ١٧/كانون الأول/١٩٨٧ المرقم ٤٢/٢/٠ ، وكذلك قرارها المرقم ٤١/٢٢٤٨ في ٢/آذار/١٩٨٨ ، إضافة إلى ما طرح من تحكيم أمام محكمة العدل الدولية التي أقرت بالإجماع بمن فيها القاضي الأمريكي أحقية مكتب المنظمة بالوجود وممارسة نشاطه، وضرورة التزام الولايات المتحدة باتفاقية المقر .

وإن اتفاقية فينا لعام ١٩٧٥ لم تنص إلا على نموذج بعثات المراقبة ، وهي الدول غير الأعضاء . وهذا ناتج من نص مختلف المواد في الاتفاقية :

المادة الأولى ، الفقرة الثانية :

((يمتد مفهوم أو مصطلح " البعثة الدائمة بصفة مراقب " إلى البعثة ذات الطبيعة الدائمة ولها خاصة تمثيلية للدولة ، تبعث لدى المنظمة الدولية من قبل الدولة غير العضو في المنظمة)).

المادة الخامسة ، الفقرة الثانية :

((يمكن للدول غير الأعضاء ، إذا كانت قواعد المنظمة تسمح بذلك ، بإنشاء

بعثات دائمة بصفة مراقب لإنجاز المهمات المحددة في المادة ٧)). وهذه المهمات المنصوص عليها في المادة السابعة متعلقة بوظائف البعثة الدائمة بصفة مراقب والتي تتمثل في :

((أ- ضمان تمثيل الدولة الموفدة ، ورعاية مصالحها لدى المنظمة الدولية واستمرار الصلة معها.

ب- الاطلاع على نشاطات المنظمة ، وإعلام حكومتها من خلال تقارير دورية)).

وقد منحت الاتفاقية إلى البعثات بصفة مراقب نفس الوضع ، خاصة فيما يتعلق بالامتيازات والحصانات ، الذي منح للبعثات الدائمة ، أي بمعنى الحصانات الدبلوماسية التقليدية. ومنحت المفوضيات بصفة مراقبة في الأجهزة وفي المؤتمرات التي تقام تحت رعاية المنظمة الدولية ، الوضع نفسه ، خاصة فيما يتعلق بالامتيازات والحصانات الممنوحة إلى المفوضيات الأخرى من الدول الأعضاء في الأجهزة أو المؤتمرات الدولية . أي ما يقصد بالحصانات المحددة في ممارسة وظائفها الرسمية .

ومن خلال قرار تم المصادقة عليه في نفس الوقت الذي أقرت فيه الاتفاقية ، فإن مؤتمر فينا طلب من الجمعية العامة بدراسة ، بدون تأخير ، إمكانية تسوية مشاركة حركات التحرر الوطني كعضو بصفة مراقب لدى المنظمة الدولية وأوصى :

((في غضون ذلك على الدولة المعنية أن تمنح المفوضيات ((هذه)) حركات التحرر التسهيلات ، الامتيازات والحصانات الضرورية لإنجاز مهماتهم في استلهام النصوص الملائمة في الاتفاقية التي تم إقرارها من قبل المؤتمر)). وفي الواقع ، فإن هذا القرار ، وغيرها من القرارات الأخرى الصادرة من الجمعية العامة أو الاتفاقيات الأخرى التي ما زالت لم تصادق عليها الدول ، واتفاقيات المقر تخضع للاعتبارات السياسية أكثر من الالتزام القانوني.

ثانيا – نظام الاتحاد الأوروبي : البعثات الدائمة (للدول الثالثة)

- الأساس القانوني :

لقد أشهرت بعثات الدول غير الأعضاء بقدرتها في إقامة العلاقات الدبلوماسية. ولكن هذه الكفاءة أو المقدرة لم ينص عليها في معاهدات روما في ٢٥/آذار/١٩٥٧ ، وإذا لم يكن هذا من خلال المادة ١٦ من البروتوكولات حول الامتيازات والحصانات في الاتحاد الأوروبي ومنظمة C E E A . وهذه المواد قد حل محلها المادة ١٧ من بروتوكول حول الامتيازات والحصانات في المجموعة الأوروبية الملحقة بمعاهدة الاتحاد ، المؤسسة

للمجلس الموحد واللجنة الموحدة للمجموعة الأوروبية الموقعة في بروكسل في ٨ نيسان ١٩٦٥ التي تنص :

((على الدولة العضو حيث يقع على إقليمها مقر المجموعة أن تمنح إلى بعثات الدول الثالثة المفوضة لدى المجموعة الامتيازات والحصانات الدبلوماسية المعتادة)).

وفي الواقع ، فإن للمجموعة خصوصية واضحة قياسا إلى المنظمات الدولية التي تحتفظ ببعثات بصفة مراقب للدول الثالثة في المنظمة . هذا المصطلح لم يتم الأخذ به من قبل المجموعة الأوروبية . وهذا يأتي من نزعتها الشبه - فيدرالية وممارسة بعض المهمات الدولية من قبلها ، وخصوصا في مجال الاتفاقيات التجارية .

- إجراء الإنشاء

وعوضا عن نصوص محتوى الاتفاقية ، فقد تم تحضير إجراء إنشاء بعثات الدول الثالثة من خلال الرجوع إلى الإجراء الدبلوماسي التقليدي . ويجب أن تصدر الاتفاقية من المجلس حول مبدأ إنشاء العلاقات . وهذا الإجراء لا يبدو ضروريا بالنسبة للممثليات أو مفوضيات الدول المنتمية . ومن خلال التطبيق الدولي ، فإن إنشاء البعثة الدبلوماسية يتم لدى رئيس الدولة المعتمد لديها . ولكن كيف يمكن تطبيق هذه القاعدة في المجموعة الأوروبية ؟ إن المادة ١٦٢ من السوق الأوروبية المشتركة والمادة ١٣١ Euratom نصتا ببساطة على نظام عام توجيهي :

((يجري المجلس واللجنة مشاورات متبادلة، وينظما اتفاقية مشتركة حول كيفية إعدادها)).

حتى عام ١٩٦٦ ، فإن الدور الرئيس ترك إلى اختصاص اللجنة . إلا أن ذلك قد تغير من خلال اتفاقية لوكسمبورغ في ٢٨-٢٩/كانون الثاني/١٩٦٦ :

((٣- تقدم أوراق اعتماد رؤساء بعثات الدول الثالثة المعتمدة لدى المجموعة إلى رئيس المجلس ورئيس اللجنة المجتمعان لهذا الغرض)).

ويكون الإجراء كالآتي : طلب إقامة العلاقات الدبلوماسية مع المجموعة يرسل إلى اللجنة التي تحوله مع إبداء الرأي إلى المجلس الذي يقرر في النهاية . وأن هذا الإجراء لم يتبع بالنسبة للممثليات أو مفوضيات الدول المنتمية . ويتبع إجراء تحري الاعتماد الطريق نفسه . وإن غياب العلاقات الدبلوماسية ما بين الدولة العضو والدولة الثالثة لم يكن سببا لرفض إقامة العلاقات مع المجموعة أو تحري اعتماد السفير. وهذا ما حصل في قيام فرنسا برفض اعتماد سفير تايوان لدى المجموعة في عام ١٩٦٤ بعد أن أقامت باريس علاقات دبلوماسية مع بكين . وقد التجأت فرنسا إلى نفس

أسلوب رفض اعتماد السيد Nandan ممثلا لجزر فيجي لدى السوق الأوروبية المشتركة في عام ١٩٧٦ وذلك لقيام ناندان عندما كان ممثلا لبلاده في الأمم المتحدة بانتقاد التجارب النووية في الباسفيك . وعلى الرغم من أنه ليس للدولة المضيفة من موافقة خاصة يمنحه ، ولكن لها كلمتها التي تقولها داخل المجلس الأوروبي حيث تجري المشاورات في إطاره والذي تكون قراراته بالإجماع في قبول أية دولة أخرى .

وحتى عام ١٩٦٦ كانت أوراق الاعتماد تقدم إلى اللجنة الأوروبية في إطار مراسيم خاصة بالدول . ومنذ تلك الفترة وحتى الآن فإن أوراق الاعتماد تقدم بنسخ منفصلة إلى رئيس المجلس ونسخة أخرى إلى رئيس اللجنة وفي نفس اليوم بدون مراسم ، حيث يؤكد استلامها في نظام واحد من أجل تجنب المشاكل الحالية .

ويلاحظ بأن السلك الدبلوماسي لدى المجموعة الأوروبية اعتاد الاعتمادات المتعددة. فحسب قائمة السلك الدبلوماسي المعتمدة لدى المجموعة الأوروبية حتى أكتوبر ١٩٩٢: ١٤٨ دولة كانت معتمد لدى السوق الأوروبية ، ١٣٣ دولة لدى C. E. C. A و ١٣٢ دولة لدى C. E. E. A . وفقط هناك ١٤ دولة لديها بعثة وحيدة لدى .C. E. E ، وهناك ١٢٠ بعثة مشتركة معتمدة لدى بلجيكا .

- الامتيازات والحصانات

في الواقع ، ليس هناك من اتفاقية ما بين الحكومة البلجيكية والمجموعة الأوروبية مثلما هي موجودة ما بين الولايات المتحدة والأمم المتحدة وكذلك مع سويسرا . وأن بعثات الدولة الثالثة بإمكانها التفاوض مع أجهزة المجموعة ليس فقط في بلجيكا ولكن في كل الدول الأعضاء في المجموعة حيث النشاطات المتعددة والتي تتطلب الاتصال مع هذه البعثات المذكورة . وأن امتيازات وحصانات بعثات الدول الثالثة قد تم تنظيمها من خلال المادة ١٧ من البروتوكول حول الامتيازات والحصانات الخاصة بالمجموعة الأوروبية الصادرة في ٨/نيسان/١٩٦٥ .

((تمنح الدولة العضو حيث يقع على أرضها مقر المجموعة الأوربية لبعثات الدولة الثالثة المعتمدة لدى المجموعة الامتيازات والحصانات الدبلوماسية المعتادة)).

وفي بلجيكا، التي تعتبر دولة المقر للمجموعة الأوروبية ، فإن النظام المطبق على البعثات هو نفسه ذلك الذي يحتفظ به للبعثات الدبلوماسية الدائمة المعتمدة لدى المملكة أي أن قاعدة المعاملة بالمثل تلعب دورا في حالة اتساع هذه الامتيازات والحصانات .

واليوم فإن امتيازات وحصانات هذه البعثات قد أوضحت في اتفاقيات المقر

الموقعة ما بين اللجنة الأوروبية وكل دولة ثالثة في حالة إنشاء مفوضية للجنة في إقليم الدولة الثالثة . وقد نصت المادة الثالثة من اتفاقية النموذج على وصف الامتيازات وحصانات المفوضيات حول النظام المنصوص عليه من قبل اتفاقية ١٨ نيسان ١٩٦١ حول العلاقات الدبلوماسية .

((شرط أن ، وطبقا لنصوص المادة ١٧ من البروتوكول حول الامتيازات وحصانات المجموعة الأوربية الملحقة بالمعاهدة المؤسسة للمجلس الموحد اللجنة الموحدة للمجموعة الأوروبية الموقعة في بروكسل في ٨/نيسان/١٩٦٥ ، تمنح الدول الأعضاء في المجموعة الأوروبية نفس الحقوق والامتيازات والحصانات الدبلوماسية للبعثة في ... وإلى رئيسها وأعضاءها وكذلك لأعضاء أسرهم المعتبرين)).

سادسا - وضع المدعوون والمفوضون المؤقتون

أولا- المفوضون المؤقتون

إن هذه الفئة من الأشخاص تضم ((كل المفوضون ، والمفوضون المساعدون ، المستشارون ، والخبراء الفنيون ، وسكرتيرو المفوضون)) (قسم ١٦ من اتفاقية عام ١٩٤٦). وأنه لم يقصد بالمفوضين الدائميين ، ولكن بالمفوضين المؤقتين الذين يساهمون في اجتماعات المجموعة، مثلما الجمعية العامة في الأمم المتحدة . وأن القسم ١١ من اتفاقية ١٣ شباط ١٩٤٦ حول الامتيازات وحصانات الأمم المتحدة لا تميز حسبما تكون ممثليات الدول الأعضاء دائمة أو مؤقتة . وأن هؤلاء المفوضون يتمتعون بمختلف الامتيازات الوظيفية الصرفة :

((...خلال مباشرة مهماتهم وأثناء سفرهم ذهابا أو إيابا إلى مكان الاجتماع)).

ويحصل الشيء نفسه في القسم ١٣ من اتفاقية ٢١/نوفمبر/١٩٤٧ حول ا لامتيازات وحصانات المؤسسات الخاصة .

ومن أخطر المشاكل الجدية التي طرحت على الأمم المتحدة هو رفض الولايات المتحدة في ٢٧/نوفمبر/١٩٨٨، منح السيد ياسر عرفات رئيس منظمة التحرير الفلسطينية تأشيرة الدخول لأمريكا للمشاركة في الدورة ٤٣ للجمعية العامة . حيث أثارت واشنطن مسألة الأمن الأمريكي والصفة ((الإرهابية)) التي لصقتها بالمنظمة. وقد رفض المستشار القانوني للأمم المتحدة هذه ((التحفظات)) الأمريكية .

ومن خلال قرارها المرقم ٤٣/٤٨ في ٣٠/نوفمبر/١٩٨٨ فإن الجمعية العامة للأمم المتحدة قد عبرت عن رأيها ، وأكدت على :-

١- حق منظمة التحرير الفلسطينية في تسمية أعضاء مفوضيتها التي يجب أن تساهم في اجتماعات وأعمال الجمعية العامة .

٢- وتأسف لعدم قيام الدولة المضيفة بمنح تأشيرة الدخول المطلوبة .

٣- وترى بأن قرار الحكومة الأمريكية، الدولة المضيفة، يشكل انتهاكا للالتزامات القانونية الدولية للبلد المضيف، بموجب اتفاقية المقر بين الولايات المتحدة والأمم المتحدة..)).

ومن خلال قرارها المرقم ٤٣/٤٩، في ٢/كانون الأول/١٩٨٨، فإن الجمعية العامة أكدت:

على حق الأشخاص المقصودين في القسم ١١ من الاتفاقية بالدخول بدون أي عقبة للولايات المتحدة للمرور ذهابا أو إيابا إلى المنطقة الإدارية .

وقررت تحت ضغط الظروف وبدون الإضرار بالتطبيق الطبيعي ، في مناقشة القضية الفلسطينية .. في جلسة اعتيادية في مكتب الأمم المتحدة في جنيف في ١٣-١٥/كانون الأول/١٩٨٨ (١٥٤ صوت ضد صوتان ، وغياب دولة واحدة ، وقد وصفت اتفاقية فينا لعام ١٩٧٥ وضع المفوضون المؤقتون مع الممثليات الدائمة .

ومع ذلك فقد حددت الجلسات القضائية المدنية ((بالتصرفات المنفذة في إطار مباشرة مهماتهم الرسمية)) (المادة ٦٠)

ثانيا - وضع المدعوون

عندما تتطلب أعمال الأمم المتحدة حضور الأشخاص الذين لم يكونوا مندوبون عن دولهم ، فإن ما يطرح أيضا هو امتيازاتهم وحصاناتهم ، وهي حالة المندوبين للدول غير الأعضاء للمنظمة ، وممثلي حركات التحرر الوطني ، وقوى المعارضة لبعض أنظمة الحكم . وقد طرحت المسألة في عام ١٩٦٣ عندما قامت اللجنة الرابعة في الجمعية العامة بمناقشة إمكانيات مثول Henrique Calvo أمامها ، في الفترة التي كان لاجئا في البرازيل، خلال نقاشاتها حول الإقليم الذي كان تحت الإدارة البرتغالية .

وقد عبر المستشار القانوني للأمم المتحدة عن وجهة النظر بأنه من غير الممكن أن نضمن بأن السيد كالفو سوف لا يتعرض لاعتقال بناء على طلب تسليم المجرمين من قبل الحكومة البرتغالية ، وذلك خلال إقامته في الولايات المتحدة أو خلال نقطة وصوله أو مغادرته الولايات المتحدة، ومقر المنظمة الدولية. وقد اتهمته الحكومة البرتغالية

باختطاف الباخرة سانتا-ما ريا ، مع العلم أن البرتغال والولايات المتحدة وقعتا على اتفاقية تسليم المجرمين في ٧/أيار/١٩٠٨ ، ويمكن أن تطبق في هذه الحالة . وأن أي نص في اتفاقية المقر لا يمكن أن يحمي المدعوون للأمم المتحدة ضد مثل هذه الأوضاع .

القسم الثاني - الممثليات الدبلوماسية للمنظمات الدولية

أولا - حالة منظمة الأمم المتحدة والمنظمات الدولية التقليدية

ليس للأمم المتحدة ، بتحديد المعنى ، بعثات دبلوماسية تمثلها في الخارج ، إذ هناك ممثليات ظرفية على غرار البعثات الخاصة ، وفي إطار هذه الفكرة ، يجب ذكر التنقلات الشخصية للسكرتير العام للأمم المتحدة حيث الهدف الدبلوماسي يبدو واضحا أحيانا . وهناك أيضا العديد من البعثات الخاصة المنفذة من خلال تمثيل شخص السكرتير العام . ومن المناسب الإشارة أيضا هناك تقريبا في كل العالم موظفين كبار على رأس الأجهزة المساعدة ولا مركزية أو مكاتب معلومات أو أيضا ممثليات مقيمة أو رؤساء قوات حفظ السلام ، فإن كل هذه الشخصيات يمكن أن تقود إلى لعب دور دبلوماسي . إذ أن هناك فرصة في التمثيل الدبلوماسي النشيط .

وفي بلجيكا ، فإن وضع مكتب المعلومات التابع للأمم المتحدة قد نظم من خلال اتفاقية ما بين المنظمة والحكومة البلجيكية في ٢٢/كانون الثاني/١٩٧٦ . والظاهرة يمكن أن توجد ، وإن كانت بشكل محدد جدا ، مع المنظمات الأخرى ، حيث السكرتارية العامة لحلف الناتو في بروكسل وغيرها . وأن الامتيازات وحصانات هذه الشخصيات قد تم إقرارها من قبل الاتفاقيات العامة أو اتفاقيات المقر الخاصة بالامتيازات وحصانات المنظمات أو بعض الأجهزة المساعدة المرتبطة بالدول المضيفة . وهناك الأمثلة العديدة في الكتاب السنوي القانوني للأمم المتحدة.

ثانيا - مفوضيات الاتحاد الأوروبي لدى الدول الأخرى

وحيدة هي المجموعة الأوروبية التي عرفت شكلا من حق التفويض الفعال ، مع غموض اعتيادي يتعلق بتوزيع الاختصاصات ما بين المفوضية الأوروبية والمجلس الأوروبي.

أ - لدى الدول الثالثة

لقد تم تدشين ممارسة حق التفويض الفعال في عام ١٩٥٦ ، من خلال إنشاء ممثلية بسلطة عليا في C. E C. A. في بريطانيا . وقد تحولت في ١٩٦٨ بعد انضمام الأجهزة

التنفيذية في مفوضية اللجنة للمجموعة الأوروبية لدى بريطانيا . وقد تم إلغاءها أثناء انتماء بريطانيا إلى المجموعة عام ١٩٧٣ بعد موت الجنرال ديغول .

وبالاتفاق مع المجلس، فقد أنشأت المفوضية الأوروبية ممثليات لدى الدول الثالثة. وفي البداية فقد تم تحديد الظاهرة في بعض الدول : الجزائر ، استراليا ، كندا، مصر، الولايات المتحدة (مكتب اتصال C E C A ، الذي افتتح في واشنطن عام ١٩٦٠ ، والذي امتد إلى كل التكتلات في عام ١٩٦٧ ، واتخذت اسم مفوضية لجنة المجموعة لدى الدول الثالثة في ١٩٧١) ، الأردن ، اليابان ، المغرب ، سوريا . وقد تسارعت حركة التمثيل ، حيث بحلول عام ١٩٨٦ بلغ عدد الممثليات ٨٢ ممثلية ، ثم ازدادت لتصل إلى ١٢٠ ممثلية في منتصف عام ١٩٩٣ . وبموجب اتفاقية لومي حيث تم التوقيع على بروتوكول ملحق بالاتفاقية ينظم إنشاء الممثليات لدى هذه الدول ، والتي تلعب دورا خاصا في تنفيذ سياسات المجموعة . وطبقا لمبدأ المعاملة بالمثل فإن ممثليات اللجنة في الدول الثالثة تتمتع أيضا بالحصانات والامتيازات الدبلوماسية المعتادة ، سواء من خلال تصرف أحادي الجانب للدولة المضيفة ، أو من خلال نص اتفاقي . وفي الوقت الحاضر ، فإن المفوضية الأوربية وقعت اتفاقية المقر مع كل الدول حيث تم إقامة ممثلية فيها . وقد نصت هذه الاتفاقية على الامتيازات وحصانات الممثلية .

في كل مكان ، فقد اعتبر أعضاء الممثليات جزءا من السلك الدبلوماسي المعتمدين لدى رئيس الدولة . ومن وجهة النظر الحالية ، فقد وضع رئيس الممثلية في نهاية القائمة الحالية لسفراء الدول ، ومن خلال نظام الأبجدية . وعلى أي حال فإنه لا يمكن أن تضع بين المنظمات الدولية .

ب- لدى بعض المنظمات الدولية

وقد أنشأت المفوضية الأوروبية ممثلية دائمة لدى المنظمات الدولية في جنيف (الأمم المتحدة ، والغات A T T) ، في عام ١٩٦٥ ، وتحولت في عام ١٩٦٧ إلى بعثة للمفوضية للمجموعة الأوروبية .

وفي الاتجاه نفسه ، فقد أنشأت المفوضية الأوروبية ممثليات لدى منظمة التعاون الاقتصادي والتنمية O C D E في باريس، ولدى الأمم المتحدة في نيويورك ، ولدى الفاو F A O في روما . وأن الممثلية الموجودة في فينا لدى الحكومة النمساوية قبل انتماء النمسا للاتحاد الأوروبي في عام ١٩٩٥ فإنها أيضا معتمدة لدى المنظمات الدولية في فينا مثل الأمم المتحدة ، الطاقة الذرية وغيرها .

وليس للممثليات المفوضية الأوروبية احتكار التمثيل ا لخارجي للمجموعة مع الخارج . إذ أن الممثلية الدبلوماسية للدولة التي تضطلع برئاسة المجموعة أو الاتحاد الأوروبي لمدة ستة أشهر دورا تمثيليا متوازيا ، وفعالا ، وحسب مكانة الدولة وخصوصا عندما تضطلع بها دول مثل فرنسا وألمانيا .

وإن عدة نصوص من معاهدة ماستريخيت لعام ١٩٩٢ ، متعلقة بالسياسة الخارجية والأمن المشترك (P E S C) ركزت على دور الرئاسة الذي ((يعبر في المبدأ عن موقف الاتحاد الأوروبي في المنظمات الدولية ، وفي داخل المؤتمرات الدولية))، ((الرئاسة المساعدة ، وعند الاقتضاء ، من قبل الدولة العضو التي اضطلعت بالرئاسة السابقة ومن خلال تلك التي تضطلع بالرئاسة التالية (وهذا ما يطلق عليه بالترويكا Troika))). وأن ((المفوضية الأوروبية تشترك في هذه المهمات)) (المادة ـ٥ .J ، البند الثاني ، والثالث) . ((تتفق معا البعثات الدبلوماسية والقنصلية للدول الأعضاء وممثليات المفوضية الأوروبية في الدول الثالثة والمؤتمرات الدولية ، من أجل ضمان احترام وتنفيذ المواقف المشتركة والأعمال المشتركة الصادرة من قبل المجلس الأوروبي (مادة ٦ .J) .

القسم الثالث : الموظفون الساميون في المنظمات الدولية الحكومية والحصانات الدبلوماسية

أولا - مصادر الموضوع

ما يقصد بذلك أساسا الاتفاقيات العامة حول الامتيازات والحصانات للمنظمات الدولية التي تم الإشارة إليها وكذلك اتفاقيات المقر الموقعة ما بين هذه المنظمات والدول التي توجد فيها.

خلال عصبة الأمم ، ارتبطت سويسرا باتفاقيتين Modus ricendi : الاتفاقية الأولى عقدت من خلال تبادل الرسائل ما بين ١٩ تموز - ٢٤/أكتوبر/١٩٢١ ، ما بين الدائرة السياسية الفيدرالية والسكرتارية العامة لعصبة الأمم، متعلقة بالنظام المؤقت المطبق على عصبة الأمم وطاقمها المقيم في جنيف ، والاتفاقية الثانية ، من خلال مذكرة دبلوماسية مؤرخة في ١٨/أيلول/١٩٢٦ ، أرسلتها الدائرة السياسية الفيدرالية إلى السكرتارية العامة لعصبة الأمم وكذلك للمدير العام للمكتب الدولي للعمل (منظمة العمل الدولية) B I T . وحسب هذه النصوص فإن طاقم عصبة الأمم ومكتب العمل قد تم تصنيفهم إلى فئتين . فالفئة الأولى تضم كل الموظفين الذين يعتبرون موظفون عامون ، والفئة

الثانية تشمل الطاقم الفني أو الذي يعمل بأجر شهري . إذ أن الفئة الأولى تتمتع بوضع يوصف ((بالامتداد الإقليمي)) أي بالامتيازات والحصانات الدبلوماسية.

وأن نظام الحصانات الذي تم إقراره بعد الحرب العالمية الثانية يبدو نظاما مقيدا جدا . إذ لا يتمتع الموظفون الدوليون ، إلا بالامتيازات والحصانات الوظيفية . فقط الموظفون الساميون ، السكرتارية العامة ، والمساعدة ، المدراء والمدراء المساعدون في المنظمات الدولية الذي اعترف لهم بالوضع الدبلوماسي .

وهكذا وحسب اتفاقية الأمم المتحدة للامتيازات والحصانات ، القسم ١٩ :

((بالإضافة إلى الامتيازات والحصانات المنصوص عليه في القسم ١٨ ، يتمتع السكرتير العام ، وكل نواب السكرتير العام ، فيما يتعلق بهم ، وفيما يتعلق بمساعديهم والأطفال الصغار ، بالامتيازات والحصانات ، والإعفاءات والتسهيلات الممنوحة طبقا للقانون الدولي والمبعوثين الدبلوماسيين)). وكذلك الحال بخصوص المؤسسات الخاصة ، حيث القسم ٢١ من الاتفاقية المذكورة قد نص :

((بالإضافة إلى الامتيازات والحصانات المنصوص عليها في القسمين ١٩ و ٢١، يتمتع المدير العام لكل مؤسسة خاصة ، وكذلك كل موظف يعمل باسمه وخلال غيابه ، سواء فيما يتعلق بهم، وفيما يتعلق بمساعديهم ، والأطفال الصغار ، بالامتيازات والحصانات، والإعفاءات، والتسهيلات الممنوحة، طبقا للقانون الدولي، وللمبعوثين الدبلوماسيين)).

وينتج من ذلك بأنه إذا كان يتمتع بعض الموظفون الساميون بالنظام الخاص من الحصانات الذي دائما هو نظاما ناتجا من اتفاقيات ، فإنه من المناسب الرجوع في كل مرة إلى النص لتحديد أي الأشخاص أو الفئات التي تتمتع بها .

ثانيا - الأحكام القضائية

في الواقع ، تنوع المصادر لا يقضي- بتعددية الأنظمة . وهذه النصوص تعود إلى الوضع الدبلوماسي التقليدي والذي يعني ، في الوقت الحاضر ، اتفاقية فينا لعام ١٩٦١. إضافة إلى الأحكام القضائية المتعلقة بهذه الفئة من الطاقم التي ذكرت سابقا. إذ أن هناك العديد من القضايا التي نظرت فيها المحاكم الوطنية من خلال الدعاوى المقامة ضد موظفي الأمم المتحدة ، وممثليات المنظمات الدولية والإقليمية ، مما أدى إلى صدور العديد من القرارات التي أضحت مصدرا قانونيا في البنت بمسألة منح الامتيازات والحصانات لهؤلاء الأشخاص أو حرمانهم منها ، حيث القواعد الاعتيادية المتعلقة برفع الحصانة .

الفصل الرابع

وضع رئيس الدولة

في الواقع ، لم يكن الوضع القانوني لرؤساء الدول الأجانب موضوعا لأية اتفاقيـة متعـددة الأطراف أو لجهود التقنيين ما بين الدول . في مشروعها حـول حصانات الـدول ، فقـد اقتصرت لجنـة القانون الدولي في الإشارة إلى نص (المادة ٣ البند الثاني) الذي حدد بأن مشروع المواد لم يخصص ((الامتيازات والحصانات التي اعترف بها القانون الدولي ratione Personae لرؤساء الدول)) . وهذا يعني ضمنيا بأن الموضوع يتعلق بالقانون العام . وأن وضع رؤساء الدول وحاشيتهم من شـأنها أن تتغيـر في التطبيق حسب مختلف الافتراضات .

أ - رئيس الدولة في مهمة

- في كل الظروف .   - في زيارة رسمية .

- في الزيارة الخاصة أو السرية .   - في حالة الغياب عن البلد .

ب- رئيس الدولة السابق .

المطلب الأول - رئيس الدولة في مهمة

القسم الأول - في كل الظروف

أولا – الاغتيالات والمؤامرات

بدون شك ، فإن هناك العديد من التشريعات الداخلية التي تحمـي رئيس الدولة أو رئيس الحكومة الأجنبية ضد الاغتيالات وأيضا ضد الوسائل التي ترتكب بحضوره . إذ سبق وأن أصـدرت بلجيكا قانونا في عام ١٨٥٨ نصت مادته الأولى بمعاقبة الشخص الذي يقوم بمحاولـة التهديـد بأغتيـال رئيس حكومة الدولة الأجنبية بالأشغال الشاقة المؤبدة ، وكذلك التآمر ضد حياة أو ضد شخص رئيس حكومة الدولة الأجنبية ، حيث يعاقب مرتكبها أو المتورط فيها بالأشغال الشاقة والحبس الانفرادي ، ولمدة تتراوح بين سنتين وخمس سنوات .

وفي أغلبية الدول، اعتبرت محاولات اغتيال رئيس الدولة الأجنبي كعمل إجرامي ولم يكن ضحية سياسية، والتزمت في تسليم الأشخاص الذين يرتكبون هذه الأعمال كمتهمين.

ثانيا – إهانة رئيس الدولة

لما كان رئيس الدولة هو الممثل المباشر لدولته ورمز سيادتها ، فليس من الجائز

أن يكون محل هجوم أو إهانة من قبل السلطات أو رعايا الدول الأخرى ، إلا في الحالات التي تكون فيه العلاقات قد تدهورت بين هذه الدولة أو تلك . ولما كان القانون الدولي العام من صنع أوروبا ، فإن هناك العديد من القوانين الأوروبية التي صدرت لحماية رؤساء الدول . وحكومات الدول الأجنبية من أي إهانة ، حتى وإن كان في إطار التعبير عن ((حرية الصحافة))، إلا أن لذلك حدود معينة لا يمكن تجاوزها . وحتى إن الدفاع عن بعض مبادئ القانون الدولي مثل حق الشعوب في تقرير مصيرها بنفسها، واحترام حقوق الإنسان، أو الحق الإنساني، لم تكن إلا مبادئ تركن على الرف، عندما تتقدم مصالح الدولة الحيوية . وحتى أيضا الاتفاقية الأوروبية لحقوق الإنسان ، وقانون حرية التعبير ، والدفاع عن الديمقراطية ، لا تسري إلا في الإطار الأوروبي .

ثالثا - التصرفات خارج الإقليم

من المؤكد بأنه يجوز لرئيس الدولة أن ينفذ في إقليم أجنبي حيث يوجد ، رسميا أو لا ، المهمات الخاصة بحكومته والتي تكون منسجمة مع السيادة الإقليمية للدولة التي يوجد فيها وبحيادته المعروفة - ويجب على كل رئيس دولة عندما يوجد في الخارج أن يحتفظ بموقف حذر من أجل عدم عرقلة العلاقات الدولية للدولة المضيفة، وبشكل خاص عندما يكون في حالة لجزء . وفي افتراض الحكومة في المنفى ، يمكن للدولة ا لمضيفة أن تمنح حقوق الامتداد الإقليمي إلى رئيس الدولة الأجنبية . وأن رؤساء الدول في المنفى في إقليم الدولة الحليفة بينما إقليمهم تم احتلاله من قبل عدو ، فإنهم لا يفقدون صفتهم السيادية .

القسم الثاني - حالة الزيارة الرسمية

أولا - الحرمة والحماية الخاصة

لقد نصت المادة ٢١، الفقرة الأولى من اتفاقية ٨/كانون الأول/١٩٦٩ حول البعثات الخاصة:

((١- يتمتع رئيس الدولة الموفدة ، عندما يكون على رأس البعثة الخاصة ، في الدولة المستقبلة أو في دولة ثالثة ، بالتسهيلات ، الامتيازات والحصانات المعترف بها في القانون الدولي إلى رؤساء الدول في زيارة رسمية)).

وفي التمعن في هذا النص يلاحظ بأنه يتضمن ، على كل حال ، حرمة الشخص والوثائق وكذلك الحماية الخاصة.

وأن الاتفاقية حول الإجراءات الوقائية ، والرادعة للمخالفات ضد الأشخاص الذين يتمتعون بالحماية الدولية ، بما فيهم المعتمدون الدبلوماسيون، والموقعة في نيويورك في ١٤/كانون الأول/١٩٧٣ ، قد نصت في مادتها الأولى :

((يفهم من عبارة (الشخص الذي يتمتع بالحماية الدولية) :

أ - كل رئيس دولة ، بما فيهم كل عضو لجهاز إقليمي ينفذ ، بموجب دستور الدولة المعينة ، وظائف رئيس الدولة (...) عندما يوجد مثل هذا الشخص في دولة أجنبية وكذلك أعضاء عائلته الذين يصاحبونه)).

وإن المادة الثانية ، الفقرة الأولى تذكر صراحة كمخالفة القتل ، الخطف أو أي هجوم آخر ضد الشخص المحمي. وأن الفقرة الثالثة تضيف بأن الفقرات السابقة لا تطعن فيها.

((وبموجب القانون الدولي ، فإن الالتزامات التي تحتم على الدول الأعضاء اتخاذ كل الإجراءات المناسبة لاستدراك الأضرار الأخرى على الشخص ، الحرية ، أو كرامة الشخص الذي يتمتع بالحماية الدولية)).

إن رئيس الدولة مصون ، وعلى الدولة التي تمنحه حق الضيافة أن تسهر على حمايته بشكل خاص واحترام شخصيته ، ومعاقبة كل الذين يمكن أن يسيئوا إليه بأي ضرر. وفي حالة قطع العلاقات الدبلوماسية ؟ في مثل هذا الافتراض فإنه ليس بوسع رؤساء الدول غير تجنب مثل هذه الظروف ، وخاصة في حالة الزيارات السرية incognito . *

* متنكرا متخفيا Sans etre connu - incogito ، هذا العبارة ايطالية الأصل ومعناها (بشكل غير معروف) ، وتستعمل في حالة رغبة الشخصيات العظمى كرؤساء الدول أو رؤساء الحكومات أو الوزراء أو السفراء في دول أجنبية بصفة شخصية وغير رسمية ، إما انتجاعا للراحة أو لتفادي مقتضيات المراسم الراهنة وأسئلة الصحفيين الملحة والمزعجة ، فيتخذون اسما مستعارا وصفة ثانوية يضفان لهم تحقيق هذا الهدف . ويترتب على هؤلاء الشخصيات إبلاغ الحكومة المضيفة مسبقا عن مجيئهم ، من باب اللياقة ، ولكي يتسنى لهم تأمين راحتهم واتخاذ إجراءات الأمن الضرورية للحفاظ على حياتهم بشكل سري ولا يلفت النظر لأنها مسؤولة عن سلامتهم بكل الأحوال ، وعليها أن تمنحهم جميع الامتيازات والحصانات المتعلقة بشخصيتهم ولو تنازلوا عنها ظاهرا مؤقتا .

ولا بد من الإشارة الى ان هذا النوع من السفر أصبح نادرا في عصرنا هذا نظرا ليقظة وخبرة الصحفيين ووكالات الأنباء ومندوبي الإذاعات العالمية الذين يتبعون حركات وسكنات كبار المسؤولين ، ويملكون حاسة تلقف الأنباء بسبب اتساع افق علاقاتهم وشدة ملاحظتهم ومقدرتهم على التكهن والاستنتاج في ضوء الاحداث المحلية والإقليمية والعالمية، فضلا عن اللجوء الى استدراج المسؤولين وإحراجهم . اما أذا سافر أحد كبار المسؤولين باسم مستعار وصفة منتحلة ، فأنه يتحمل وحده مع مكتومة - نتيجة ما قد يتعرض له عند وصوله واثناء اقامته من سوء معاملة أو اعتداء . ولا يدخل في نطاق هذا الموضوع الأسلوب الذي انتشر منذ الحرب العالمية الثانية يتنقل رؤساء الدول أو مندوبيهم سرا بمهمة عاجلة ومكتومة ثم يذيعونها بعد عودتهم مع بيان الغاية من هذه الرحلة او النتائج التي تم تحقيقها ، أو يكتمونها ويتركون لصحفيين ورجال السياسة التكهن بموضوعها إلى أن تذاع حقيقتها في الوقت المناسب .

ثانيا - الامتيازات والحصانات

- الحصانة القضائية

في الواقع ، عندما يكون رئيس الدولة في زيارة رسمية ، فإنه من المبدأ الجوهري والأساسي على الدولة المضيفة أن تضمن له نفس المعاملة التي يحظى بها الدبلوماسي أي الحصانة القضائية الجنائية المطلقة . وإذا كانت هناك بعض الآراء التي تشير إلى أنه يجوز لرئيس الدولة أن يتنازل عن حقه في الإعفاء من الخضوع للقضاء المدني ويكون ذلك إذا رفع هو الدعوى أمام القضاء أو رفعت عليه وقبل أن تفصل المحكمة في موضوعها ، فإن المذهب السويسري يرى بأنه يجب أن تكون الحصانة القضائية مطلقة .

وفي مشروعه التنظيمي الصادر في ١١/أيلول/١٨٩١ فإن معهد القانون الدولي أشار إلى بعض الإعفاءات من الضرائب والرسوم الكمركية وعدم خضوعه للقضاء، إلا أنه لم يميز فيما إذا كانت الدعوى المقامة ضد رئيس الدولة الأجنبية على إقليم الدولة المضيفة خلال زيارته الرسمية أو لا . وقد حدد في مشروعه الإعفاءات الخاصة بالدعاوى العينية ، ا لملكية ، والتركة، المؤسسة التجارية أو الصناعية ، وفي الدعاوى التي تبدي فيها المحاكم اختصاصها في القضايا التي يتورط فيها رئيس الدولة، والدعاوى التي منشأها العقود ، ودعاوى الأضرار .

- حصانة التنفيذ

وقد تناول مشروع معهد القانون الدولي هذا الموضوع بتأمل واسع خلال اجتماعه في هامبورغ /أيلول/١٨٩١ ، حيث أن المادة الأولى نصت :

((١- غير قابلة للحجز أو المصادرة الأموال المنقولة ، بما فيها الخيول ، السيارات ، والعربات العائدة لرئيس الدولة الأجنبية التي وضعت لخدمته بشكل مباشر أو غير مباشر والتي تصاحبه .

فالدار التي يسكنها رئيس دولة أجنبية لا يجوز لسلطات الدولة المضيفة دخولها أو التعرض لها إلا بإذن خاص منه .

القسم الثالث : حالة الزيارة الخاصة أو السرية

لقد كانت هذه الحالة والوضع الذي يكون فيه رئيس الدولة محل نقاش واسع، وآراء متعددة . إذ يرى صادق علي أبو هيف في القانون الدولي العام بأنه لا يمنع تمتع

رئيس الدولة في الإقليم الأجنبي بالامتيازات المتصلة بصفة وجوده متخفيا تحت اسم مستعار incognito ، ويكفي لذلك أن يكشف عن شخصيته إذا حاولت السلطات المحلية التعرض له .

أما موسوعة القانون الدولي العام الصادرة في بريطانيا عام ١٩٨٦ فقد رجعت إلى قرار محكمة الاستئناف في إنكلترا الصادر في ٤-٢٩/ نوفمبر/١٨٩٣ عندما اعترفت بعبارات واضحة ومطلقة بحصانة رئيس الدولة المقيم تحت اسم مستعار في بريطانيا . وقد واجه هذا القرار انتقاد بعض فقهاء القانون الدولي العام الذين رأوا في أن سفر رئيس الدولة بشكل سري يجرده من صفته العامة يصبح شخصا عاديا مثل الآخرين . وقد عبر المكتب القضائي لوزارة الخارجية الفيدرالية السويسرية عن رأيه في ١٩٢١ الذي اعتبر رئيس الدولة الذي يقوم بزيارة سرية incognito قد تخلى عن حصانته .

أقل تنازعا حالة الإقامة المعلومة . وهذه يمكن أن تنجم من أن رئيس الدولة يتعلق بهذه الدولة ليتخذها مكانا للاستجمام والراحة في إجازاته الرسمية . وهذا ما أخذت به المحكمة العليا في النمسا عندما منحت أمير ليشنشتاين Liechtenstein الحصانة المطلقة خلا ل الدعوى المقامة ضده في حادثة مرور مطالبة بتعويض الأضرار الناتجة عن الحادثة (٢٥ حزيران/١٩٦٤).

وهناك بعض الحالات الاستثنائية والصعبة ، ولاسيما بعد الحرب العالمية الثانية حيث تهاوت العديد من العروش الملكية في أوروبا خلال الاحتلال أو بعد الحرب . وخاصة بالنسبة للإمبراطور شارل ملك النمسا . والمجر الذي بقي ملك هنغاريا بعد ١٩٤٨ . وعلى أساس نظرية الامتداد الإقليمي قد تم الاعتراف له بالحصانات والامتيازات التي يتمتع بها سابقا .

القسم الرابع: الدعاوى المقامة في غياب رئيس الدولة عن إقليم الدولة المضيفة

أولا - الحصانة القضائية الجنائية

على أساس المبدأ القانوني الذي تعترف به كل الدول وذلك لما يتمتع به رئيس الدولة من سيادة وسلطان ويقتضيان عدم خضوعه لقانون الدول الأجنبية التي يكون موجودا في إقليمها ، فإنه أيضا يتمتع بالحصانة القضائية الجنائية في الدعاوى المقامة في حالة غيابه ، وتبقى هذه الحصانة مطلقة بالنسبة لكل رئيس دولة خلال ممارسته لمهماته.

وقد عبرت المحكمة الفيدرالية السويسرية عن رأيها في القرار الصادر في ٢/نوفمبر/١٩٨٩ في قضية الرئيس الفلبيني فرديناند وأميلدا ماركوس .

ثانيا – الحصانة القضائية المدنية

ولكن ، عندما يوجد رئيس الدولة خارج إقليم الدولة المضيفة ، لا يمكن تطبيق الحصانة القضائية المدنية إلا فيما يتعلق بالتصرفات العامة . وليس هناك أي سبب ما يدعو إلى الاعتراف بهذه الحصانة بالنسبة للأعمال الخاصة . وهنا يؤدي هذا التحليل إلى الاستنتاج بأنه يجب الاعتراف لرؤساء الدول وأفراد أسرهم أيضا بنفس الحصانات المعترف بها للمعتمدين الدبلوماسيين الذين لا يتمتعون بالحصانة العامة إلا على الإقليم الذين يعتمدون إليه وخلال فترة مباشرتهم للمهمة .

وليس هناك من سبب تمكن رئيس الدولة من التملص من القضاء المدني للدولة المضيفة ليس فقط بصدد الدعوى العينية المتعلقة بالعقار الذي يملكه في الدولة الأجنبية ، وبصدد قضايا التركة ، أو فيما يتعلق بالنشاط المهني والتجاري ، ولكن أيضا بصدد الأعمال المنفذة بنفس الصفة التي يكون عليها الشخص الخاص في كل ديونه المدنية . وأن الأحكام القضائية الفرنسية ، الإيطالية ، السويسرية قد أكدت هذا الاتجاه .

إذ أن الوزارة الفيدرالية السويسرية للشؤون الخارجية قد أعلنت عن رأيها في المذكرة المؤرخة ٩/آذار/١٩٨٣ ما يلي :

((يجوز ملاحقة رئيس الدولة قضائيا أمام المحاكم السويسرية ، وفي كل الحالات، بشرط أن لا يكون مقيما في سويسرا، ولاسيما في النزاعات المتعلقة بالممتلكات العقارية أو الدعاوى المقامة ضده بصفته وريث ، أو أيضا ، على سبيل المثال ، في حالة التصرف غير القانوني الذي يرتكبه بصفته كشخص خاص . وبشكل عام ، فإن الوزارة تعلن بأن أعضاء أسرته المقربين (باستثناء زوجته التي تتمتع بنفس الوضع الذي يتمتع به زوجها ، رئيس الدولة) وحاشية رئيس الدولة لا يتمتعون أمام المحاكم السويسرية بالحصانة القضائية المدنية فيما يتعلق بالأعمال التي يقومون بها بصفة خاصة .

وقد أقرت المحكمة الفيدرالية السويسرية في قرارها الصادر ٢/نوفمبر/١٩٨٩ بالإعفاء المطلق لرئيس الدولة ratione personae ، من كل الضغوط ، والملاحقات

القضائية في الدولة الأجنبية عن كل الأعمال التي يرتكبها ، بصفته ، أو في ممارسة الأعمال الرسمية)).

وبالمقابل فقد يتم الاعتراف بالحصانة بالنسبة للتصرفات العامة أو تصرفات الوظيفة ولكن أيضا يمكن أن تختفي الحصانة بمجرد الإعلان عن إلغاءها لظروف خاصة تتعلق بأوضاع رئيس الدولة السياسية .

ثالثا - حصانة التنفيذ

هناك العديد من الآراء التي أكدت بضرورة مماثلة حصانة التنفيذ لرؤساء الدول في المنصب - خارج فرضية الزيارة الرسمية - بتلك التي منحت إلى المعتمدين الدبلوماسيين والتي حدد بثلاثة إعفاءات اعتيادية : الحقوق العينية ، قضايا التركة ، النشاطات التجارية أو المهنية - وفي قضية رفعت ضد رئيس دولة زائير السابق موبوتو سيسيكو فإن محكمة بروكسل قد كشفت بأنه ليس هناك أي نص في التشريع البلجيكي يعالج هذا الموضوع . ولكن بالرجوع إلى قواعد القانون الدولي ، ونص اتفاقية فينا لعام ١٩٦١ ، فإن الحصانة يمكن أن تضفي على رئيس دولة زائير ولكن ليس للأشخاص الأخيرين المطلوبين.

المطلب الثاني : رئيس الدولة السابق

أولا - الوضع القانوني

في الواقع ، أن المبادئ العامة لحق الحصانات تجد تطبيقها سواء بالنسبة :

- للحصانات التي منحت لمباشرة المهمة ، حيث أنها تنتهي بانتهاء هذه المهمة .
- تبقى هذه الحصانات بالنسبة للأعمال المنفذة في إطار ممارسة المهمة .
- في النطاق الذي تستمر فيه ، فيجوز للحصانة أن ترفع من قبل الدولة الموفدة .

وعلى كل حال ، فقد تنتهي الحصانة القضائية إذن مع انتهاء مهمات رئيس الدولة ، بشرط أن لا تكون الدعوى ذات علاقة مع المهمات السابقة. ويؤكد الأستاذ صادق علي أبو هيف بأنه يبطل تمتع رئيس الدولة الأجنبية بالامتيازات والحصانات المتقدمة إذا ما زالت عنه الصفة بعزله أو بتنازله إذا كان متوجا أو بانتهاء رئاسته إذا كان منتخبا ، على أنه ليس هناك ما يمنع الدولة من قبول استمرار رئيس دولة أجنبية في التمتع بامتيازاته السابقة بعد زوال صفته عنه من باب المجاملة ومراعاة لشخصه .

وهناك العديد من الأحكام القضائية التي أقرت باستمرار الحصانة القضائية بالنسبة للرؤساء أو الملوك السابقين في الدعاوى المقامة ضدهم في الدول التي يقيمون فيها أما أذا فقد رئيس الدولة صفته الرسمية وطلب اللجوء الى الدولة التي يستضيفها أو اية دولة أخرى ، فأن ذلك يتطلب موافقة تلك الدولة على اللجوء . وعندما يصبح رئيس دولة سابق زالت عنه امتيازاته وحصاناته . وهذا ما أخذت به محكمة الاستئناف في باريس في ١١/نيسان/١٩٥٧ في الدعوى المقامة ضد ملك مصر السابق فاروق . حيث رفضت المحكمة منحه الحصانة في الدعوى المقامة ضده مطالبة إياه بتسديد ديونه .

وبالأحرى هل الأمر كذلك عندما تقوم حكومة رئيس الدولة السابق بإقامة دعوى ضده ساحبة ، على الأقل ضمنيا حصانته الدبلوماسية عندما يكون ذلك ضروريا. إذ أن مثل هذه الدعاوى أثارت الكثير من الفضائح التي ارتكبها العديد من رؤساء الدول الذين قاموا بتهريب الأموال العامة أو ارتكبوا مختلف جنح الفساد وحاولوا التخلص من هذه الثروات في تهريبها إلى الخارج. وهناك العديد أيضا من الدعاوى التي أقيمت ضد ماركوس ، وشاه إيران ، وبوكاسا ، وآخرين من رؤساء الدول الذين أطيحت بعروشهم الانقلابات.

وإذا كانت الأفعال الجنائية أو شبه الجنائية التي لصقت برئيس الدولة السابق قد تم تنفيذها من قبله في ممارسة مهماته ، فإنه يفترض سحب حصانته صراحة من قبل الدولة التي عزلته . ومثل هذا الإلغاء قد تم تأكيده من قبل المحكمة الفيدرالية السويسرية في قرارها الصادر في ٢/نوفمبر/١٩٨٩ فيما يتعلق بقضية الرئيس ماركوس وزوجته خلال الدعوة التي أقامتها حكومة الفلبين ضده .

ثانيا – استرجاع الأموال المهربة من قبل رئيس الدولة السابق

برزت في محيط العلاقات الدبلوماسية العديد من الصعوبات الخاصة عندما تقوم الدولة التي تعزل رئيسها السابق برفع دعوى ضده في دولة ثالثة (التي يلجأ إليها رئيس الدولة السابق أو توجد فيها ممتلكاته وأمواله)، وذلك بهدف استرجاع الأموال المهربة بطرق غير شرعية من قبل هذا الرئيس أو الملك عندما كان في السلطة . وقد طرحت بهذا الصدد ثلاثة أفكار أو ثلاث فرضيات :

أ- فرضية أو مفهوم تصرف الدولة Act of state

وحسب مفهوم Acte of state ، يفترض بمحكمة الولايات المتحدة أن لا تبدي رأيها حول شرعيـة الأعمال الرسمية للدول المستقلة المنفذة على أرضها . وقد كان هذا المفهوم قد طبـق في حالـة القرار الأمريكي في قضية الرئيس ماركوس الصادر من محكمة الاستئناف في ٤/حزيران/١٩٨٧ . وحسب هـذا القرار فإنه ليس من اختصاص هذه المحكمة أن تشك في شرعية تصرفات الـرئيس مـاركوس في احـترام القانون الفلبيني ، ولكنها رفضت استدعاءه أمام المحكمة نفسها . وأن الطبيعة العامة للفعل لم يتم التأكد منها وترى وزارة الخارجية بأن المفهوم لا يمكن أن يطبق في هذه المرحلة على القضية .

ب- ادعاءات الدولة الأجنبية المستندة للقانون العام

في قراره المشهور ، الذي تم إقراره في أوسلو في الأول مـن أيلـول/١٩٧٧ ، فـإن معهـد القـانون الدولي حرر التعليمات التالية :

((أ - من وجهة نظر دولة القانون ، وفي النطاق الذي يرتبط غرضها في الخارج بالسلطة العامة ، فإن ادعاءات السلطة الأجنبية أو المنظمة العامة الأجنبية المؤسسة على نصوص قانونها العـام ، يجب اعتبارها مبدئيا ادعاءات مرفوضة)).

((ب- ومع ذلك فإنه يجوز اعتبار هذه الادعاءات مقبولة ، من وجهة نظر دولـة القـانون، مع الأخـذ بنظر الاعتبار حق المدعى عليه بالمعاملة المتوازنة في علاقاته مع هذه السلطة أو المنظمـة ، إذا كان الهدف الخاص لهذا الادعاء ، مقتضيات التضامن الدولي أو تقارب المصالح المعروضـة أمام العدالة)).

وهكذا فإنه إذا كان يفترض بالقاضي أن يحترم قانون دولته ، فإنه ليس من المفروض أن يقـوم بتنفيذه في سيادة دولة أجنبية . وهكذا سيرفض طلـب تغطيـة الضريبـة الأجنبيـة أو تنفيـذ العقوبـة الجنائية الأجنبية . وأن القاضي سيرفض بشكل خاص الطلبات التي تقدم له من قبل السلطة الأجنبيـة ضد الملك المعزول ، عندما يبدو له بأن لهذه الطلبات أو الادعاءات خاصية المصادرة .

هل يفترض التصرف على غرار ذلك عندما يستند طلب الدولة الأجنبية على الحـق في اسـترداد المبالغ المستولى عليها بشكل منحرف من قبل رئيس الدولة السـابق ، عندما يقصد بإعـادة إنشـاء بأمواله كيان أجنبي مغتصب ؟

وقـد رأت محكمـة أكـس إن - يروفـانس بعـدم جـواز ذلـك في قضـية دولـة هـايتي في ٢٥/نيسان/١٩٨٨ . عمليا ، فقد توصلت المحكمـة إلى هذه النتيجة في وصف القانون المطبق من قبـل الدولة الهايتية بالقانون الخاص . وأن طلب الاسترداد لم يكن إذن مستندا على القـانون العـام للدولـة الهايتية :

((... لطلبات الادعـاء هـدف استرجاع أو تعـويض الأمـوال المنقولـة مـن قبـل المـدعين عليـه ولغايات شخصية ، وتستند على خطأ شخصي ارتكب من قبل المـدعين عليهم عنـدما كـانوا يمارسـون السلطة في هايتي .

وبناء عليه فـإن الطلبـات (لم)تسـتند في صياغتها عـلى أي قاعـدة أو مبـدأ في القـانون العـام الهايتي)).

جـ- قاعدة الميدان غير المعترف به

حسـب هـذه القاعـدة ، المطبقـة في الولايـات المتحـدة ، يمكـن للمحكمـة أن تـدفع بعـدم اختصاصها عندما لا تكون لقضية الدعوى علاقـة إقليميـة أو شخصـية واضحة مـع محكمـة القـانون ويظهر بأن هناك قضاء آخر يمكن أن يختص بشكل أفضل .

وحول هذه القاعدة ، فإن محكمة الاستئناف في نيويورك رفضت طلب الحكومة الإيرانية ضد شاه إيران السابق وضد عائلته. وقد رأى قاضٍ مخالف بأنه لا يمكن تطبيق هـذه القاعـدة لأنـه لـيس هناك قضاء آخر يمكن الاستعانة به بشكل فعال . وفي الواقع أن التوترات الحادة في العلاقات الإيرانية - الأمريكية بسبب تـأثيرات أزمـة الرهـائن هـي التـي رمـت بثقلهـا عـلى ملابسـات مواقـف القضـاة الأمريكيين من الدعوى الإيرانية .

الفصل الخامس

دبلوماسية المستقبل ودبلوماسية علم النفس

المطلب الأول - دبلوماسية المستقبل

أكدت العديد من الأدبيات السياسية التي تناولت مواضيع الأمن القـومي والمصـالح الحيويـة للدول ، بأن هناك جهود جهات ثلاث يفترض أن تتكامل لتحقيق هـذه المصـالح أو المحافظـة عليهـا ، وهي :

- الدبلوماسية . - العمل الاستخباري. - القوة العسكرية . *

وضمن إطار هذا المثلث تقف الدبلوماسية في خط الدفاع الأول ، حيث الـدور الوقـائي الـذي تلعبه على صعيد استباق وقوع الأزمات . وقد ظهرت في الآونة الأخيرة ، وخصوصا ما بعد فترة الحرب الباردة ظاهرة جديدة في العلاقات الدولية ، وهي تراجع الفعل الدبلوماسي ، وتقدم القوة العسـكرية كأداة لحسم الكثير من النزاعات ، أو الأزمات ، مـن جانـب الولايـات المتحـدة التـي دفعـت بـالإدارة الدبلوماسية إلى الخلف ، ليرتفع ذراع القوة العسكرية سواء كـان في بـنما ، أو في الحـرب التـي شـنت ضد العراق عام ١٩٩١ ، وحرب كوسوفو .

وإذا كان هناك من دور يعول على الدبلوماسية بهدف تعزيز فـرص التعـاون الاقتصـادي فـإن ذلك لم يأتِ إلا بعد أن استنفذت القوة العسـكرية كـل مـبررات اسـتعمالها أو أنهـا وصـلت إلى الهـدف المركزي الذي استخدمت من أجله ، ولاسيما حماية المصالح الحيويـة ، والمحافظـة عـلى الوضـع الـذي أفرزته الحرب ، كما حصل في كوسوفو ، حيث كان للدبلوماسـية التـي قادتهـا الأمـم المتحـدة وبعـض الأطراف الدولية دورا في اختفـاء ((الشرعية)) عـلى مـا قامـت بـه الولايـات المتحـدة ودول التحـالف الأطلسي.

فلقد نشأت بعد طوي الحـرب البـاردة صـفحاتها، ولاسـيما خـلال عقـد التسـعينات، ومـا زالـت تحملها الآن في إطلالة القرن الحادي والعشرين ، أساليب جديدة لمعالجة

---

* فيصل يوسف ، النظام الدبلوماسي يحتاج الى نظام ، دنيا الاتحاد ، صحيفة الاتاحد الاماراتية ، ٨/ كـانون الأول / ٢٠٠٠ ، ص١٨ .

القضايا الدولية بحسب روية تلك القوى المهيمنة على الوضع الدولي، حيث :

- انتشار أسلحة الدمار الشامل .
- تطبيق اتفاقية التجارة الدولية وإزاحة الحواجز الكمركية في إطار العولمة .
- انتشار ظاهرة الإرهاب الدولي .
- تجارة المخدرات وتفشي تجارة الجنس وغسل الأموال .
- النزاعات العرقية والدينية .
- قضايا البيئة والانفجار السكاني والاحتباس الحراري والتلوث .
- المحافظة على استمرار اقتصاد السوق .
- الديمقراطية وحقوق الإنسان ، وحقوق الأقليات .

وهذه القضايا إضافة إلى تلك التي تصدرت قائمة الأجندة الدولية ، لا يمكن حلها أو إرساء الأسس الواقعية للتعاون الدولي ، إلا من خلال تكاتف جهود كل الدول صغيرها وكبيرها، وخصوصا مثل قضايا الهجرة غير الشرعية ، والبيئة ، والأمراض الأخرى العابرة للحدود مثل جنون البقر ، أو الإيدز ، والحمى القلاعية . ومن هنا تبرز الدبلوماسية من بين الركائز الأساسية بين أدوات العمل الجماعي الأخرى ، الأمر الذي يتطلب تحديث وإصلاح نظامها القائم حاليا وجعلها تتماشى أو تتناسب مع ما يطرح من مشكلات وقضايا يشهدها عالم اليوم ، وإدارة ومعالجة التحديات التي تواجه طبيعة العلاقات الدولية في ظل العولمة المفروضة قسرا.

وفي الواقع ، ومثلما يرى قطاعا واسعا من ا لمختصين ، فإن عملية إصلاح وتحديث النظام الدبلوماسي القائم حاليا تفرض نفسها في خضم التطورات الجديدة، وتتطلب تغييرا مفاهيميا يأخذ بنظر الاعتبار عناصر القوة في ثقافة وتقاليد إدارة العلاقات الخارجية . وضمن هذا الإطار فإن الحاجة تقتضي تحديث الممارسة الدبلوماسية وأدواتها بما يتناغم ويستجيب لعالم أضحى مخترقا من كل جهاته ، وتتحكم به أدوات هي غير تلك التي شهدتها العقود الماضية . ومن هنا ، فإن على دبلوماسي المستقبل أن يتوفروا على معرفة ودراية واسعتين ومهارات تفوق نظرائهم في القرون ا لماضية ، حيث الإلمام في مجال السياسة . وإدارة الموارد البشرية والمادية ، حيث الحاجة إلى رؤية واضحة لطبيعة التفاعل بين السياسة والثقافة والأمن القومي والقضايا الاقتصادية ، والتكنولوجية والبيئية .

وفي الدراسة التي طرحها الأستاذ فيصل يوسف حول ((النظام الدبلوماسي يحتاج لنظام)) السالفة الذكر ، فإن هناك ثلاث دراسات أمريكية انصبت جهودها في توضيح ملامح وسمات دبلوماسية المستقبل ، والتي جاءت من خلال تقارير أعدتها مراكز متخصصة وقريبة من مراكز تخطيط السياسة الخارجية والأمن القومي الأمريكي :

١- تقرير مركز ستيمسون

لقد أعد هذا التقرير فريق متخصص استنادا إلى توصيات لجنة ((ليرد - جودلستر - أودين)) الصادرة في الثمانينات من القرن العشرين والتي شكلت أساس لائحة ((جولدووتر - نيكولاس)) لإصلاح وزارة الدفاع الأمريكية .

٢- تقرير ((سي . إس . إي . إس))

وقد أعدت هذا التقرير لجنة مؤلفة من ٦٣ خبيرا أمريكيا . إذ أوصت اللجنة بإدخال إصلاحات جذرية على أسلوب ممارسة الديبلوماسية بالتركيز على الإمكانات الهائلة التي وفرتها ثورة المعلومات وتوسيع نطاق المساهمة الشعبية في إدارة الشؤون الدولية .

٣- تقرير الهيئة الاستشارية

وقد تشكلت بغية إصدار هذا التقرير الهيئة الاستشارية من الوجود الأمريكي خارج الحدود ، وقد ضمت : رجال أعمال ، سياسيين ، ورسميين متخصصين بمجالات الدفاع أشرفت عليها وزيرة الخارجية الأمريكية السابقة ما دين أورلبرايت بعد حوادث التفجيرات التي تعرضت لها المصالح الأمريكية في الخارج ، وخصوصا سفارتي أمريكا في شرق أفريقيا آب ١٩٩٨ ، وازدادت أهمية هذه اللجنة بعد أن تعرض الوجود العسكري الأمريكي في الخارج إلى العديد من الهجمات من قبل((الجماعات الإسلامية)) في الرياض، وقاعدة الخبر السعودية ، وفي اليمن في نهاية ٢٠٠٠ . وقد توصلت الهيئة الاستشارية إلى العديد من التوصيات التي أطرت كدليل عمل للبعثات الدبلوماسية والسياسية الأمريكية في الخارج ، وأشرت العناصر التي من شأنها إصلاح وتحديث الممارسة الدبلوماسية الأمريكية ، وخصوصا بعد أن اضطرت الولايات المتحدة إلى غلق العديد من سفاراتها ودوائرها القنصلية في منطقة الشرق الأوسط، وبعض المناطق التي تواجه فيها المصالح الأمريكية بعض التحديات الخطيرة ، ولاسيما في منطقة جنوب شرق آسيا .

وقد وردت في تقرير الهيئة الاستشارية أهم النقاط الأساسية التي يجب أن تأخذ بنظر الاعتبار في تحديد سمات ديبلوماسية المستقبل:

١- تقنية المعلومات

لقد أولت الهيئة الاستشارية اهتماما واسعا بهذه النقطة عندما وضعت في اعتبارها مسألة نظم المعلومات السرية وغير السرية بين السفارات ورئاساتها. وأكدت الهيئة على ضرورة تزويد المحطات بأحدث أدوات تقنية المعلومات من الانترنيت ووسائل اتصالية أخرى وإقامة شبكة تربط المؤسسات والدوائر الحكومية ذات الصلة بالعمل الخارجي مع بعضها البعض ، وتخصيص الاعتمادات المالية للاستفادة من خدمات الخبراء المتخصصين بالشؤون الخارجية ، وتطوير قدرات ومهارات العاملين بتكنولوجيا المعلومات في البعثات باستمرار على نحو يمكنهم من مواكبة إحدى التقنيات ، وزيادة الموازنات الخاصة بالعمل الدبلوماسي من خلال استقطاب مساهمات كافة الوكالات المستفيدة أو العاملة بهذا المجال .

٢- قوة عاملة بحسب الحاجة

لقد ركزت الهيئة الاستشارية على ضرورة إجراء دراسات علمية شاملة لتحديد حاجة كل بعثة على حدة بما يمكن من حماية مصالح الدولة الباعثة ويسمح في الوقت نفسه بتوسيع تمثيل الدولة في معظم بلدان العالم إن لم يكن كلها .

٣- قنوات سالكة بالجهاز التشريعي .

لقد أوصت الهيئة الاستشارية بإنشاء مكاتب اتصال تربط مباشرة بين وزارات الخارجية والأجهزة التشريعية حيث الدعم المطلوب واستجاباتها الفورية للقضايا الدبلوماسية وأجهزة تنفيذ السياسة الخارجية .

٤- الدبلوماسية الشعبية

أكدت الهيئة الاستشارية على إعطاء دور فعال ، ومساهمة واسعة من أجل مساهمة القوى الجماهيرية ومنظماتها في ممارسة الديبلوماسية الشعبية بما يعزز دور القنوات الرسمية على صعيد إدارة العلاقات الخارجية والإفادة من علاقات المنظمات غير الحكومية والجمعيات الأكاديمية في تطوير الممارسة الديبلوماسية وتشجيع السفراء وأعضاء السلك الدبلوماسي على خلق علاقة إيجابية مع وسائل الإعلام

٥- تخطيط القوى العاملة بالبعثات

لقد أبرزت الهيئة الاستشارية في توصياتها النهائية ضرورة إجراء مراجعة شاملة لفحص القوى العاملة بالبعثات ودواوين الرئاسة وتحديد المهارات التي ينبغي أن يتمتع

بها الـدبلوماسي بما يمكنـه مـن مجابهـة التحـديات المطروحـة في القـرن الحـادي والعشرـين ، واستقطاب الكفاءات ، والتركيز على اللغات ، والمهـارات الإداريـة والقياديـة ، وتحفيـز العـاملين بالسـلك الدبلوماسي ، وتحصينهم بما يحول دون انزلاقهم في كمائن القوى المعاديـة، وخصوصـا وأن الأخطـار التـي يقع فيها الدبلوماسي بدون قصد يمكن أن تستخدم ضده وتكون له مصيدة لتوظيفه في قضـايا وعمليـات تجسسية وما أكثر الحالات التي يقع فيها موظفو الخدمة الخارجية للعديد من الدول .

٦- الديبلوماسية التجارية

وفي هذه النقطة ، فإن المسألة لم تكن متعلقة فقـط بالجهـاز الـدبلوماسي أو بـوزارة واحـدة، وإنما الأمر يقتضي تظافر جهود وزارة الخارجية والبرلمان وقطاع رجال الأعمال لبلورة رؤية مشتركة من شأنها معالجة السلبيات وتطوير الإيجابيات المؤثرة على مصالح الشركات والمؤسسات الخاصة وإضافة إلى القطاع العام في الأسواق الأجنبية ، والتوصل إلى سياسة قائمة على حماية هذه المصالح، ومن خلال مشاركة فعالة للديبلوماسيين الذين يطلعون على الأنشطة التجارية وأسـاليب الترويج،وإعـداد الـدورات التدريبية لهذا الغرض.

٧- لا مركزية السلطات

إن ما يعطي هذه المحاولات الإصلاحية ثمارها أن يتمتع السفير بصـلاحيات كاملـة تمكنـه مـن تنفيذ السياسات التي يقرها المركز وأداة استراتيجيات البلاد ، حيث أنـه ومـن خـلال اطلاعـه الميـداني يكـون الأجـدر في تقيـيم سياسـة التنفيـذ وتحديـد الإمكانيـات المتاحـة لـذلك مـن خـلال المؤسسـات والوكالات المختلفة التي تعمل في نطاق تمثيله وإخضاع ممثليها لسلطته ، بشرط أن يكون هذا السفير الذي يفوض تفويضا كاملا مدربا تدريبا كافيا يؤهله للاضطلاع بهذه المهمة المركبة .

٨- التنسيق المحكم بين الوكالات

إن مما له دلالته الكبيرة فيما تطرحه الهيئة الاستشارية من عناصر عملية هو مسألة التنسيق ، وبغير ذلك ، لا يمكن تحقيق ما تم إدراجه في أعلاه . وهذا التنسيق بين وحـدات مختلفـة اكتسـبت خبرة واسعة في عملها في إطار المؤسسات الحكوميـة في الـداخل والخـارج ، وخاصـة في إطـار الأجهـزة الأجنبية ، الاستخبارية ، والتي ينصـب جهـدها في منطقـة التمثيـل بمـا يسـاعد عـلى اتخـاذ إجـراءات الوقاية والحذر ، وإدارة الأزمات على نحو فاعل ، وحماية مصالح الدولـة . وإن ديبلومـاسي المسـتقبل لابد أن يكون مطلعا على هذه العناصر الجوهريـة للاضـطلاع بالمهـام التـي تفرضـها تحـديات القـرن الحادي والعشرين .

المطلب الثاني - دبلوماسية علم النفس

في خضم الصراع العربي - الصهيوني الطويل بحروبه العديدة ، ومسارات التفاوض التي دخل فيها عقب كل حرب في معركة ما زالت إلى الآن قائمة ، تولدت ما يطلق عليه لدى العديد من الدارسين بدبلوماسية علم النفس ، والتي تقتضي قبل كل شيء تفهم العقد النفسية في شخصية العدو المفاوض قبل الجلوس على طاولة المفاوضات ، والدراية الكافية بعوامل الضعف والقوة في أوراق الطرف المفاوض ، والتي من خلالها يستطيع المفاوض أن يعبث بهذه الأوراق ويحاول خلطها من جديد لكي يتمكن بالأخير من التحكم بمسارات التفاوض اندفاعا وتقدما .

وقد علت صيحة تحذير أطلقتها مجموعة من علماء النفس المصريين خلال الندوة التي نظمها المجلس الأعلى للثقافة المصري حول ((علم النفس والسياسة))*، حيث أكدت الندوة وبإجماع العلماء على ضرورة إنشاء آلية لأحداث تفاعل وتعاون بين الدبلوماسية العربية وعلم النفس إذا أرادت الحكومات العربية - فعلا - علاج هذا الخلل الخطير الذي يجعل المفاوض العربي في موقف لا يحسد عليه ، حيث يجهل أدوات التأثير النفسي في شخصية المفاوض الصهيوني والتي هي أهم بكثير من الأدوات الخاصة بالنواحي الاجتماعية والاقتصادية .

وقد أشار الدكتور قدري حفني عميد معهد الدراسات العليا للطفولة بجامعة عين شمس سابقا ، إلى أن القرارات السياسية التي تتخذها العديد من الدول المتقدمة بالنسبة للعلاقات الدولية تتم بعد دراسة متأنية للحالة النفسية لمواطني الدولة المراد بها هذه القرارات بحيث تحدد ما إذا كانت هذه القرارات سوف تؤدي إلى الهدف المطلوب منها .

وقد استخدمت الولايات المتحدة الأمريكية في عدوانها ضد العراق، وخلال كل مسارات الأزمة الدراسات النفسية، ووظفت كل كوادر مراكزها أولا خلال الستة أشهر الأولى من الأزمة وقبل الحرب، مصورة المسألة لا تعدو من أن تكون حماية للسعودية، ومن ثم أعقبتها بالترويج لما يسمى ((بتحرير الكويت)) بعد أن دمرت البنية التحتية للاقتصاد العراقي، والبنية العسكرية والتكنولوجية، لتعقبها في مرحلة ما بعد الحرب

---

* علاء العربي ، دبلوماسية علم النفس سلاح فعال في مواجهة الصهاينة ، دنيا الاتحاد ، صحيفة الاتحاد الاماراتية ، ١٢ / كانون الثاني/ ٢٠٠١ ، ص١٨ .

للتخلص من أسلحة التدمير الشامل. ولعبت من خلال ماكنة إعلامية عملاقة بمشاعر العالم العربي بشكل خاص، ومشاعر العالم عامة من خلال استخدام ذكي لعلم النفس السياسي الذي ما زال مجهولا لدى أغلبية الدول العربية ، على الرغم من أنه علم شديد التفاعل مع السياسة لفهم النظريات النفسية وكيفية تطويرها ، ومد السياسة بالتفسيرات التي تجعل القادة يتفهمون الظواهر السياسية سواء في أوقات الحرب أو السلم ، لذلك فإن لهذا العلم دورا بارزا في تزويد صناع القرار بالمعلومات الخاصة باتجاهات الرأي العام ، وكذلك تزويد المفاوض بما يملكه للتأثير في الآخر .

ويؤكد الأستاذ قدري حفني بأنه في التطرق إلى نتائج المفاوضات العربية - الإسرائيلية منذ عام ١٩٩٠ نجد أن إسرائيل حققت بعض الخطوات مستغلة العديد من نقاط الضعف في الوضع العربي ، ومن خلال المفاوضات المنفصلة لكل دولة عربية على حدة ، تمكنت من توقيع اتفاقية سلام مع الأردن ، وفتح مكاتب تجارية وإعلامية في بعض دول الخليج والمغرب العربي، وتعزيز سياسة التطبيع ، واللعب على الجانب القطري الذي انغرس في عقلية بعض الأنظمة العربية .

فالصراع العربي - الصهيوني ، كما يقول الأستاذ قدري حفني ، لم يكن صراعا مسلحا في كافة النواحي ، وإنما في جانبه الآخر صراعا نفسيا في المقام الأول يهدف إلى دراسة الآخر والقضاء عليه نفسيا أولا ومن ثم عسكريا ثانيا . إذ أن هناك العديد من الدراسات العربية التي حذرت من هذا الجانب الذي تحاول إسرائيل اختراقه لدى العرب ، وتصور القضية بأنه من المستحيل القضاء على القدرة العسكرية الإسرائيلية مقابل ضعف وتمزق الصف العربي ، وخصوصا في حرب ١٩٤٨ ، ١٩٥٦ ، ١٩٦٧ ، وحتى في حرب ١٩٧٣ التي كانت حرب تحريك لمسارات تطبيع تخرج إسرائيل من دائرة حرب الاستنزاف التي دخلت فيها ومن نظرية الحدود الآمنة المكلفة التي انحشرت فيها وعطلت كل قوتها الاقتصادية . إذ أن النصر الذي تم تحقيقه في العبور قد تم سرقته في اتفاقية كامب ديفيد وتمزيق الصف العربي الذي لم يتوحد إلا في تأييده للانتفاضة الفلسطينية التي اندلعت في عام ١٩٨٧ حتى ١٩٩٣ ، وكذلك انتفاضة الأقصى- التي انفجرت في تشرين الأول/ ٢٠٠٠ ، حيث أعادت للجسد العربي ا لحياة من جديد ، وأعطت زخما واضحا للتضامن العربي الذي انطلق من جديد في قمة عمان.آذار/ ٢٠٠١ ، رغم حالات التراخي في بعض الأطراف.

وتساءل الدكتور قدري حفني ، إلا تعلم الأنظمة العربية أهمية علم النفس في إحداث وقاية ثقافية للشعوب العربية ضد الغزوات النفسية للأعداء ؟

فعلم النفس ، يمثل حائطا منيعا لأي تأثيرات نفسية يريد أي أحد شق النفس العربية من خلالها مثل الشائعات والترهيب الذي تمارسه وسائل الإعلام الغربية والصهيونية ضد الأمة العربية ، وتشويه صورة العرب بما تجعله ((الإرهابي المطارد)) لتشعر الأمة دائما بالضعف والجهل إزاء ما يحيطها من تقدم تكنولوجي . ويؤكد الدكتور قدري بأن علم النفس يجعلنا نفهم استراتيجيات حل الصراعات ويحيط بأساليب توفير الثقة المتبادلة بين أطراف النزاع وهي أمور مهمة جدا للدبلوماسي ولا يمكن أن ينتفع بها إلا من خلال علاقته بعلم النفس . وإن وزارة الخارجية السورية أدركت هذه الأهمية وأنشأت قسما للعلوم النفسية بها لمجابهة ما تقوم به إسرائيل والمكانة الإعلامية الغربية التي تسندها .

أما الأستاذ مصطفى سويف رئيس لجنة علم النفس بالمجلس الأعلى للثقافة في مصر- فقد أكد على الرأي العام مشيرا إلى أنه قرين القرار السياسي في المجتمعات الديمقراطية . إذ أن القياس الدقيق لاتجاهات الرأي العام لدى الجمهور أو لدى فئات مختارة منه يتيح الفرصة للمنظمات المختلفة في اتخاذ قراراتها على قاعدة معلوماتية تؤكد قبول الجمهور لها كما يسمح للدولة بأن توجه الرأي العام توجيها سليما وأن تحشد قواته نحو أنماط التنمية السياسية والاقتصادية والاجتماعية المستهدفة .

ولذلك عندما تهاجم دولة ما دولة أخرى وتريد التأثير سلبا في استقرارها تقوم بدراسة طبيعة النظام ومدى رفض الشعب أو قبوله ودراسة الأسلوب الأمثل للمواجهة خصوصا عن طريق اللعب على ((الوتر النفسي)) الذي يجعل هؤلاء المواطنين يستجيبون لهذه ((الحرب)) النفسية داخل هذه الدولة بما تؤدي إلى نتائج قد رسمت في سيناريوهات هذه الحرب قبل الانتقال إلى المراحل الأخرى من الصراع .

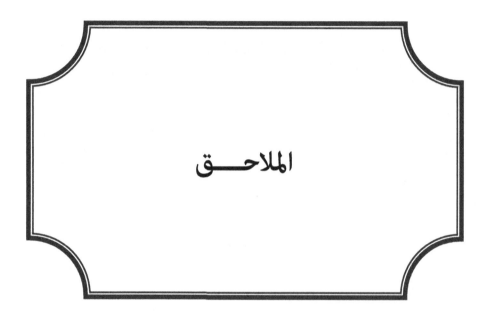

الملاحــــق

اتفاقية فينا وبروتوكول اكس لاشابيل
(للأصناف الدبلوماسية)

المصادق عليها في ١٩ آذار (مارس)١٨١٥ و ٢١ تشرين الثاني (نوفمبر)١٨١٨ .

(١) اتفاقية فينا (١٩ آذار (مارس)١٨١٥)

نظام بخصوص المراتب بين الممثلين الدبلوماسيين

رغبة في تحاشي الارتباكات والمجادلات التي حدثت غالبا والتي يمكن أن تحدث أيضا من ادعاء الأسبقية بين مختلف الممثلين الدبلوماسيين . فإن السفراء فوق العادة المطلقي الصلاحية للدول الموقعة على معاهدة باريس قد وافقوا على المواد التالية وهم يعتقدون بأنه يجب دعوة ممثلي بقية الدول الملكية لاتباع هذا النظام نفسه :

المادة الأولى :

يقسم الموظفون الدبلوماسيون إلى ثلاثة أصناف :

(١) صنف السفراء وسفراء البابا وممثليه .

(٢) صنف الموفدين (وزراء أو غيرهم المعتمدين لدى الملوك) .

(٣) صنف القائمين بالأعمال المعتمدين لدى الملوك .

المادة الثانية :

إن السفراء وسفراء البابا وممثليه هم الذين يتمتعون بصفة التمثيل فقط .

المادة الثالثة :

إن الموظفين الدبلوماسيين الموفدين بمهمة فوق العادة لا يتمتعون بأية أسبقية (في درجات المراتب) بمناسبة هذا الإيفاد .

المادة الرابعة :

ينظم الموظفون الدبلوماسيون درجات مراتبهم بينهم حسب أصنافهم وحسب تاريخ قدومهم رسميا .

إن النظام الحالي لا يحدث أي تغيير بخصوص ممثلي البابا .

المادة الخامسة :

تعين كل دولة نوع القيافة الواجب الظهور بها في مراسم قبول الموظفين الدبلوماسيين لكل صنف منهم .

المادة السادسة :

إن وشائج القرابة أو المصاهرة بين العائلات المالكة لا تمنح أية درجة أو مرتبة خاصة لموظفيهم الدبلوماسيين .

المادة السابعة

في المعاهدات والاتفاقيات التي تتم بين دول عديدة والتي تقبل نظام التناوب. تكون القرعة القاعدة التي تقرر بين الممثلين الترتيب الذي يجب اتباعه عند التوقيع .

يسجل النظام الحالي في بروتوكول السفراء فوق العادة المطلقي الصلاحية للدول الثمانية الموقعة على معاهدة باريس في جلستها المؤرخة ١٩مارس سنة ١٨١٥.

(٢) بروتوكول اكس لاشابييل (٢١ تشرين ثاني سنة ١٨١٨)

ورغبة في تجنب المجادلات والمناقشات المزعجة التي يمكن أن تحدث في المستقبل بخصوص آداب الرسميات الدبلوماسية فإن ملحق فينا الذي نظم قضايا المراتب لم يتدارك أمر تلك المجادلات ، لهذا فقد تقرر بين الحكومات الملكية الخمس بأن الوزراء المقيمين والمعتمدين في بلاطات تلك الدول المالكة يشكلون بالنسبة إلى مرتبتهم طبقة وسطى بين وزراء الدرجة الثانية وبين القائمين بالأعمال .

حررت في فينا في اليوم التاسع عشر من شهر مارس
(مارت) عام ١٨١٥ ، وبروتوكول أكس لاشابيل في اليوم
الحادي والعشرين من تشرين الثاني (نوفمبر) عام ١٨١٨

اتفاقية هافانا حول الموظفين الدبلوماسيين
٢٠ شباط (فبراير) ١٩٢٨

المادة (١) : بند عام

للدول حق التمثيل قبل الدول الأخرى بواسطة الموظفين الدبلوماسيين .

القسم الأول : رؤساء البعثات

المادة (٢)

يصنف الموظفون الدبلوماسيون إلى اعتياديين وفوق العادة ، أن الدبلوماسيين الـذين يمثلـون باستمرار حكومة دولة واحدة من قبل حكومة دولة أخرى هم الدبلوماسيون الاعتياديون.

أما الدبلوماسيون الذين يعهد إليهم بمهمة خاصة ، أو الذين يعتمدون لتمثيـل الحكومـة في المؤتمرات أو الهيئات الدولية الأخرى فهم الدبلوماسيون فوق العادة .

المادة (٣)

باستثناء قواعد الأسبقية الخاصةبالمجاملة يتمتع الموظفون، مهما كانت مراتبهم، بـنفس الحقـوق والامتيازات والحصانات . تعتمد قواعد المجاملة على العرف الدبلوماسي بصورة عامة وكذلك على قوانين وأنظمة البلاد التي يعتمد الموظفون (الدبلوماسيون) لديها .

المادة (٤)

للموظفين (الدبلوماسيين)الاعتياديين ، بالإضافة إلى الوظائف المشار إليها في كتب اعتمادهم ، المزايا التي تسبغها عليها أنظمة وقرارات البلدان المذكورة . ولهم أن يتمتعوا بتلك المزايا بأسـلوب لا يتعارض مع قوانين البلاد التي يعتمدون لديها.

المادة (٥) :

بإمكان كل دولة أن تعهد بتمثيلها لدى حكومة واحدة أو أكثر إلى موظف دبلوماسي واحـد . وتستطيع عدة دول أن تعهد بتمثيلها لدى دولة أخرى إلى موظف دبلوماسي واحد.

المادة (٦) :

يستطيع الموظفون الدبلوماسيون ، بتخويل من حكوماتهم وبعـد موافقـة الحكومـة المحليـة وتلبية لرجاء حكومة لا يمثلها موظف (دبلوماسي) اعتيادي في تلك العاصمة ، أن يأخذوا على عـاتقهم الحماية المؤقتة أو الطارئة لمصالح تلك الحكومة .

المادة (٧) :

الدولة حرة في اختيار موظفيها الدبلوماسيين غير أنها لا تستطيع أن تكلف بهذه الوظائف مواطن الدولة التي ستعمل فيها البعثة دون موافقتها .

المادة (٨):

لا يحق لأية دولة أن تعتمد موظفيها الدبلوماسيين لدى دولة أخرى دون اتفاق مسبق معها . ومن حق الدول أن ترفض قبول موظف (دبلوماسي) من دولة أخرى ، كما وأنه من حقها أن تطلب بسحبه بعد قبوله دون أن تكون ملزمة بإعطاء الأسباب لقرار من هذا النوع .

المادة (٩) :

يمنح الموظفون الدبلوماسيون فوق العادة بنفس الامتيازات والحصانات التي يتمتع بها الدبلوماسيون الاعتياديون .

القسم الثاني : أعضاء البعثات

المادة (١٠) :

لكل بعثة من الأعضاء ما تقرره حكومتها .

المادة (١١) :

حين يتغيب الموظفون الدبلوماسيون عن مقر أعمالهم أو حين يتعذر عليهم القيام بتلك الأعمال ، يحل محلهم مؤقتا أشخاص تعينهم حكوماتهم لتلك الغاية .

القسم الثالث : واجبات الموظفين الدبلوماسيين

المادة (١٢):

لا يجوز تدخل الموظفين الدبلوماسيين الأجانب في الشؤون الداخلية أو السياسة الخارجية للدولة التي يمارسون فيها أعمالهم .

المادة (١٣):

يتوجه الموظفون الدبلوماسيون في مراسلاتهم إلى وزير العلاقات الخارجية أو كاتم سر الدولة في البلد الذي يعتمدون لديه ، وتكون اتصالاتهم بالسلطة الأخرى عن طريق نفس الوزير أو كاتم السر.

القسم الرابع : حصانات وامتيازات الموظفين الدبلوماسيين

المادة (١٤) :

للموظفين الدبلوماسيين حصانتهم التي تشمل أشخاصهم ومقرهم الخاص

والرسمي وممتلكاتهم ، يتمتع بهذه الحصانة :

(أ) جميع أصناف الموظفين الدبلوماسيين .

(ب) جميع الأعضاء الرسميين في البعثة الدبلوماسية .

(ج) أفراد عائلات الأعضاء الرسميين الذين يعيشون معهم تحت سقف واحد .

(د) أوراق ومحفوظات ومراسلات البعثة .

المادة (١٥) :

على الدول أن تهيأ للموظفين الدبلوماسيين جميع التسهيلات اللازمة لقيامهم بأعمالهم. خاصة ما تعلق منها بحرية الاتصال مع حكوماتهم .

المادة (١٦) :

لا يدخل أي مأمور قضائي أو إداري ، أو أي موظف في الدولة التي يعتمد لديها الموظف الدبلوماسي ، دار الأخير أو مقر البعثة بدون موافقة .

المادة (١٧) :

يلتزم الموظفون الدبلوماسيون بأن يسلموا السلطة المحلية المختصة حين تتقدم بطلب كل مجرم أو متهم بجريمة عادية كان قد التجأ إلى مقر البعثة .

المادة (١٨):

يعفى الموظفون الدبلوماسيون في الدولة التي يعتمدون لديها من

١-   جميع الضرائب الشخصية ، وطنية أو محلية .

٢-   جميع ضرائب الأرض بالنسبة لمقر البعثة إذا كان ملكا لحكوماتها .

٣-   الرسوم الكمركية بالنسبة للأشياء المستعملة رسميا من قبل البعثة أو شخصيا من قبل الموظف الدبلوماسي أو عائلته.

المادة (١٩):

يعفى الموظفون الدبلوماسيون إعفاء كاملا من القضاء المدني أو الجزائي في الدولة التي يعتمدون لديها .ولا يحق لهم أن يتنازلوا عن هذه الحصانة إلاّ بموافقة حكومتهم ، كما ولا يجوز مقاضاتهم أو محاكمتهم إلاّ من قبل محاكم دولتهم نفسها.

المادة (٢٠):

تستمر الحصانة القضائية بعد انتهاء المهام الرسمية للموظفين الدبلوماسيين بالنسبة للأفعال المتصلة بممارسة هذه المهام، ولا يمكن الدفع بالحصانة القضائية بالنسبة للأفعال الأخرى إلاّ خلال أداء تلك المهام الدبلوماسية.

المادة (٢١):

للأشخاص المتمتعين بالحصانة القضائية أن يرفضوا الحضور كشهود أمام المحاكم المحلية.

المادة (٢٢):

يبدأ الموظفون الدبلوماسيون بالتمتع بحصاناتهم في اللحظة التي يعبرون فيها حدود الدولة المعتمدين لديها ويعلنون عن هويتهم .

تستمر الحصانات خلال الفترة التي تعطل فيها البعثة ، وحتى بعد انتهائها ، لفترة زمنية كافية لانسحاب المبعوث مع بعثته .

المادة (٢٣):

يتمتع أعضاء البعثة بنفس الحصانات والامتيازات في الدول التي يمرون به أو في طريقهم إلى مركز وظيفتهم أو إلى بلادهم ، وكذلك في أية دولة قد يوجدون فيها أثناء قيامهم بأعمالهم وبعد تبليغ الحكومة هناك بصفتهم الرسمية .

المادة (٢٤):

إذا توفي الموظف الدبلوماسي فإن أسرته تبقى متمتعة بالحصانة لفترة زمنية معقولة وحتى مغادرتها للبلاد.

القسم الخامس : انتهاء البعثة الدبلوماسية

المادة (٢٥):

تنتهي بعثة الموظف الدبلوماسي :

١- بالتبليغ الرسمي من حكومته إلى الحكومة الأخرى بأن مهمته قد انتهت .

٢- بانتهاء المدة الزمنية المحددة لإتمام المهمة .

٣- بحل المشكلة ، إذا كانت البعثة قد كونت من أجل قضية معينة .

٤- بتسليم جواز السفر إلى المبعوث من قبل الحكومة المعتمد لديها .

٥- بطلب الموظف الدبلوماسي لجواز سفره من الحكومة المعتمد لديها .

تعطى في الحالات المشار إليها أعلاه ، فترة زمنية معقولة للموظف الدبلوماسي وللأعضاء الرسميين في البعثة ، ولعوائلهم ، كي يغادروا الدولة .

ومن واجب الحكومة التي كان المبعوث معتمدا لديها أن تتخذ من الإجراءات ما يصون سلامتهم الشخصية وممتلكاتهم خلال تلك الفترة، ولا ينهي بعثة الموظفين الدبلوماسيين موت أو استقالة رئيس الدولة ، أو تغير الحكومة أو النظام السياسي في البلدين .

عصبة الأمم : مجموعة المعاهدات ، الجزء (١٥٥)لسنة ١٩٣٤-١٩٣٥

اتفاقية امتيازات وحصانات الأمم المتحدة (لعام ١٩٤٦)

لما كانت المادة (١٠٤) من ميثاق الأمم المتحدة تنص على أن المنظمة تتمتع في أراضي كل من أعضائها بالأهلية الحقوقية الضرورية لها للقيام بأعمالها وتحقيق غاياتها .

ولما كانت المادة (١٠٥) من ميثاق الأمم المتحدة تنص على أن المنظمة تتمتع في أراضي كل من أعضائها بالامتيازات والحصانات الضرورية لها للوصول إلى أهدافها ، وعلى أن ممثلي الدول ، أعضاء المنظمة ، وموظفي المنظمة يتمتعون أيضا بالامتيازات والحصانات التي تقتضيها ممارستهم مهامهم لدى المنظمة باستقلال تام .

لذلك فقد أقرت الجمعية العامة بقرارها الصادر في ١٣ شباط (فبراير)١٩٤٦ الاتفاقية التالية وعرضتها على كل من الدول الأعضاء للانضمام إليها .

مادة ١- الشخصية الحقوقية

فقر ١- لمنظمة الأمم المتحدة شخصية حقوقية ولها الأهلية :

أ- للتعاقد .

ب- لشراء وبيع الأموال المنقولة وغير المنقولة .

ج- للتقاضي

مادة ٢- الأموال ، الأملاك والموجودات

فقرة ٢- أملاك وعائدات منظمة الأمم المتحدة أينما وجدت وأيا كان حائزها تتمتع بالحصانة القضائية إلاّ إذا تنازلت المنظمة عنها صراحة في حالة خاصة ، على أن يفهم أن هذا التنازل لا يمكن أن يمتد إلى التدابير التنفيذية .

فقرة ٣ _ مباني المنظمة مصونة حرمتها وتعفى أملاكها وممتلكاتها أينما وجدت وأيا كان حائزها من التفتيش والحجز ونزع الملكية ومن أي نوع من أنواع الضغط التنفيذي ، إداريا كان أم قضائيا أم تشريعيا.

فقرة ٤- أوراق المنظمة وبصورة عامة كل الوثائق التي تملكها أو التي بحوزتها، تتمتع بالحرمة أينما وجدت .

فقرة ٥- تستطيع المنظمة ، دون أن تخضع لأية رقابة مالية أو تنظيم أو تأجيل وفاء ماليين :

أ - أن تحوز الأموال أو الذهب أو أي نوع من أنواع القطع وأن تكون لديها

حسابات بأي نوع من أنواع العملة .

ب- أن تنقل بحرية أموالها وذهبها وقطعها من بلد إلى آخر وفي داخل البلد ذاته أيا كان ، وأن تستبدل القطع التي لديها بعملة أخرى .

فقرة ٦- على المنظمة ، عند ممارستها الحقوق الممنوحة لها بموجب الفقرة (٥) أعلاه أن تأخذ بعين الاعتبار كل اعتراض مقدم من قبل دولة من أعضائها إذا رأت إمكانية تحقيقه بدون أن يضر ذلك بمصالحها الخاصة .

فقرة ٧- منظمة الأمم المتحدة وممتلكاتها ودخلها وسائر أموالها :

أ- معفاة من كل ضريبة مباشرة ، مع العلم أنه ليس للمنظمة أن تطلب الإعفاء من الضرائب التي لا تزيد عن كونها أجور خدمات ذات نفع عام .

ب- معفاة من جميع الرسوم الجمركية والتدابير المانعة والمقيدة للاستيراد والتصدير فيما يتعلق بالأشياء المستوردة والمصدرة من قبل منظمة الأمم المتحدة لاستعمالها الرسمي مع العلم أن الأشياء المستوردة والمعفاة على هذا ا لشكل لا تباع في أراضي البلاد الداخلة إليها، إلاّ إذا قيد هذا البيع بشروط تقبلها حكومة هذه البلاد .

ج- معفاة من جميع الرسوم الجمركية ومن جميع التدابير المانعة لاستيراد وتصدير منشوراتها.

فقرة ٨- بالرغم من أن منظمة الأمم المتحدة لا تطلب مبدئيا إعفائها من الضرائب غير المباشرة على الأشياء القابلة للاستهلاك ومن رسوم البيع الداخلة في ثمن الأموال المنقولة وغير المنقولة ، فإن الدول الأعضاء تعمل ما في وسعها ، كلما كان ذلك ممكنا ، لاتخاذ التدابير اللازمة لإعادة هذه الرسوم أو حسمها عندما تقوم المنظمة لاستعمالها الرسمي بمشتريات هامة تدخل ضمن أثمانها رسوم من هذا النوع .

<u>مادة ٣- التسهيلات المتعلقة بالمواصلات :</u>

فقرة ٩- تتمتع منظمة الأمم المتحدة على أراضي كل من الدول الأعضاء فيما يتعلق بمخابراتها الرسمية بمعاملة مماثلة على الأقل لمعاملة هذه الدولة لحكومة أية دولة أخرى ولبعثتها الدبلوماسية من حيث الأسبقية والتصرفات وأجور البريد والرسائل البرقية العادية والبرقيات بواسطة الراديو والتصوير البرقي والمخابرات الهاتفية ، وغيرها من الاتصالات وكذلك التصرفات الصحفية من أنبائها بالصحف أو الإذاعة ، كما أن المخابرات والمراسلات الرسمية للمنظمة لا يمكن أن تخضع للرقابة .

فقرة ١٠- لمنظمة الأمم المتحدة حق استعمال المخابرات الرمزية وكذلك حق استلام مراسلاتها بواسطة رسل أو بحقائب تتمتع بذات الحصانة والامتيازات الخاصة بالرسل الدبلوماسيين والحقائب الدبلوماسية .

مادة ٤- ممثلو دول الأعضاء

فقرة ١١- يتمتع ممثلو الدول الأعضاء لدى الهيئات الرئيسية والهيئات المتفرعة عن منظمة الأمم المتحدة ولدى المؤتمرات المدعو إليها من قبل الأمم المتحدة، أثناء قيامهم بوظائفهم وأثناء أسفارهم من والى مقر الاجتماع الحصانات والامتيازات التالية:

أ- بالحصانة من التوقيف الشخصي- ومن حجز ومصادرة أمتعتهم الشخصية وفيما يتعلق بالأعمال التي يقومون بها بوصفهم ممثلين (ومن ذلك أقوالهم وكتاباتهم) بالحصانة من كل مقاضاة.

ب- بحرمة الأوراق والوثائق .

ج- بالحق في استعمال الرموز واستلام الوثائق أو الرسائل بواسطة رسول خاص أو بحقائب مختومة .

د- بإعفائهم وإعفاء زوجاتهم من التدابير المقيدة للهجرة ومن كافة إجراءات قيد الأجانب والتزامات الخدمة الوطنية في البلاد التي يزورونها أم يمرون بها لدى قيامهم بأعمالهم.

هـ- بنفس التسهيلات التي يتمتع بها ممثلو الحكومات الأجنبية المكلفون بمهمات رسمية مؤقتة فيما يتعلق بالأنظمة الخاصة بالعملة أو القطع .

و - بنفس الحصانات والتسهيلات المعطاة للممثلين الدبلوماسيين فيما يتعلق بأمتعتهم الشخصية.

ز - بجميع ما يتمتع به الممثلون الدبلوماسيون من امتيازات وحصانات وتسهيلات ، على أن لا يتعارض ذلك مع ما سبق ذكره باستثناء حق المطالبة بالإعفاء من الرسوم الجمركية عن الأشياء المستوردة الخارجة عن كونها أمتعة شخصية ومن الضرائب غير المباشرة على الأشياء القابلة للاستهلاك ومن الرسوم المفروضة على البيع .

فقرة ١٢- تستمر الحصانة القضائية الممنوحة لممثلي الدول الأعضاء لدى هيئات منظمة الأمم الرئيسية ولدى تلك التي تتفرع منها ولدى المؤتمرات المدعو إليها

من قبل الهيئة، فيما يتعلق بالأموال والمخطوطات والأعمال الصادرة عنهم ولذلك بغية تأمين الحرية المطلقة لهم في القول والكتابة واستقلالهم التام لدى قيامهم بمهماتهم ، حتى بعد انقضاء صفتهم التمثيلية للدول الأعضاء .

فقرة ١٣- في حالة توقف تطبيق ضريبة ما على شرط إقامة المكلف لا تعتبر مدة الإقامة ، المدة التي يقضيها في إقليم إحدى الدول الأعضاء بغية القيام بمهماتهم ، ممثلو الدول الأعضاء لدى هيئات منظمة الأمم المتحدة الرئيسية ولدى تلك التي تتفرع عنها ولدى المؤتمرات التي تدعو إليها المنظمة .

فقرة ١٤- إن الامتيازات والحصانات إنما تمنح لممثلي الدول الأعضاء لا لصالحهم الشخصي بل بغية تأمين قيامهم باستقلال تام بمهامهم لدى المنظمة ، ولذلك ليس لكل دولة من الأعضاء الحق بل من واجبها رفع الحصانة عن ممثلها في كل الحالات التي ترى فيها أن الحصانة ستكون حائلا دون قيام العدالة وحيث يمكن رفعها دون أن يضر ذلك بالغاية التي أعطيت من أجلها .

فقرة ١٥- لا تطبق أحكام الفقرة ١١ ، ١٢ ، ١٣ على الممثل بالنسبة لسلطات الدولة التي يخضع لرؤيتها أو على الممثل الذي يقوم أو كان يقوم بتمثيل هذه الدولة .

فقرة ١٦- إن لفظة ((ممثلين)) تشمل جميع المندوبين والمساعدين والمشاورين والخبراء الفنيين وسكرتيري الهيئات المنتدبة .

مادة ٥- الموظفون :

فقرة ١٧- يحدد الأمين العام فيما بعد، فئات الموظفين الذين تشملهم تدابير هذه المادة والمادة (٧) ويقدم قائمة بهم إلى الجمعية العامة ، تبلغ بعدها إلى حكومات الدول الأعضاء، كما أن أسماء الموظفين في هذه الفئات تبلغ دوريا إلى حكومات الدول الأعضاء.

فقرة ١٨- يتمتع موظفو منظمة الأمم المتحدة بالحقوق التالية :

أ – الحصانة القضائية فيما يتعلق بالأعمال التي يقومون بها بصفتهم الرسمية أضف إلى ذلك ما يتفوهون به ويكتبونه .

ب- الإعفاء من كل ضريبة مفروضة على الرواتب والماهيات التي يتقاضونها من قبل منظمة الأمم المتحدة .

ج- الإعفاء من الواجبات المتعلقة بالخدمة الوطنية .

د- عدم خضوعهم وأزواجهم وأفراد عائلاتهم الذين يعيشون على عاتقهم للتدابير الخاصة بتقييد الهجرة وللإجراءات المتعلقة بتسجيل الأجانب .

هـ - الامتيازات نفسها الممنوحة للموظفين الذين يعادلونهم مرتبة والتابعين للبعثات الدبلوماسية لدى الحكومة صاحبة الشأن وذلك فيما يتعلق بتسهيلات القطع .

و- التسهيلات نفسها لهم ولأزواجهم ولأفراد عائلاتهم الذين يعيشون على عاتقهم التي يتمتع بها المبعوثون السياسيون أثناء الأزمات الدولية والخاصة بالترحيل إلى الوطن.

ز- بإدخال آثاثهم وأمتعتهم معفية من الرسوم وذلك عند أول استلام وظائفهم في البلاد صاحبة الشأن .

فقرة ١٩- إن الأمين العام وجميع الأمناء العامين المساعدين ، علاوة على الامتيازات والحصانات الواردة في الفقرة (١٨) يتمتعون وأزواجهم وأولادهم القصر بنفس الامتيازات والحصانات والتسهيلات والإعفاءات الممنوحة للمبعوثين الدبلوماسيين بموجب القانون الدولي.

فقرة ٢٠- إن الامتيازات والحصانات إنما تعطي للموظفين لمصلحة الأمم المتحدة وليس لمصلحتهم الشخصية ، ويستطيع الأمين العام بل يجب عليه رفع الحصانة عن الموظف في جميع الحالات التي يرى فيها أن هذه الحصانة تحول دون قيام العدالة ، وحيث يمكن رفعها دون أن يضر ذلك بمصالح المنظمة . أما بخصوص الأمين العام فلمجلس الأمن حق رفع الحصانة عنه .

فقرة ٢١- تتساعد منظمة الأمم المتحدة في كل وقت مع السلطات التابعة للدول الأعضاء بغية تسهيل حسن تطبيق العدالة وتأمين مراعاة أنظمة الشرطة وتجنب كل سوء استعمال قد تؤدي إليه الحصانات والامتيازات والتسهيلات الواردة في هذه المادة .

<u>**المادة السادسة – الخبراء القائمون بمهمات لحساب منظمة الأمم المتحدة**</u>

فقرة ٢٢- يتمتع الخبراء أو هم غير الموظفين المذكورين في المادة الخامسة في حال قيامهم بمهمات خاصة بمنظمة الأمم المتحدة وخلال مدة هذه المهمة مضافة إليها مدة السفر بالحصانات والامتيازات الضرورية للقيام بهذه المهام باستقلال تام ، وهم يتمتعون بصورة خاصة بالامتيازات والحصانات التالية :

أ- بالحصانة من التوقيف الشخصي ومن حجز ومصادرة أمتعتهم الشخصية .

ب- بالحصانة من كل مقاضاة فيما يتعلق بالأعمال التي يقومون بها أثناء مهماتهم (أضف إلى ذلك ما يقولون ما يحررون) . وتستمر هذه الحصانة إلى ما بعد انتهاء مهماتهم لحساب منظمة الأمم المتحدة .

ج- بحرمة الأوراق والوثائق .

د- بالحق في استعمال الرموز واستلام الوثائق أو الرسائل بواسطة رسول خاص أو بحقائب مختومة في مخابراتهم مع منظمة الأمم المتحدة .

هـ- بنفس التسهيلات التي يتمتع بها ممثلو الحكومات الأجنبية المكلفون بمهمات رسمية مؤقتة ، فيما يتعلق بالأنظمة الخاصة بالعملة أو القطع .

و – بنفس الحصانات والتسهيلات المعطاة للممثلين الدبلوماسيين فيما يتعلق بأمتعتهم الخاصة.

فقرة ٢٣ – أن الامتيازات والحصانات إنما تعطي للخبراء لمصلحة الأمم المتحدة وليست لمصلحتهم الخاصة ويستطيع الأمين العام ، بل يجب عليه رفع الحصانة الممنوحة للخبير ، في جميع الحالات التي يرى فيها أن هذه الحصانة تحول دون قيام العدالة وحيث يمكن رفعها دون أن يضر ـ ذلك بمصالح المنظمة .

مادة ٧ – إجازات المرور الصادرة عن الأمم المتحدة

فقرة ٢٤- تستطيع منظمة الأمم المتحدة منح إجازات مرور لموظفيها، تعترف بها وتقبلها سلطات الدول الأعضاء كوثيقة صالحة للسفر مع مراعاة أحكام الفقرة (٢٥).

فقرة ٢٥- إن طلبات التأشير (في حال ضرورة هذا التأشير) الصادرة عن حاملي إجازات المرور هذه ، والمرفقة بشهادة تثبت سفر هؤلاء الموظفين لحساب المنظمة ، يجب أن ينظر فيها خلال أقصر مهلة ممكنة ، فضلا عن وجوب منح تسهيلات السفر السريع لحاملي هذه الإجازات.

فقرة ٢٦- تمنح تسهيلات مماثلة للتي ذكرت في الفقرة (٢٥) للخبراء وسائر الأشخاص الذين وإن لم يحملوا إجازة مرور من منظمة الأمم ، لديهم شهادة تثبت أنهم يسافرون لحساب المنظمة .

فقرة ٢٧- إن الأمين العام والأمناء العامين المساعدين والمدراء ، الذين يسافرون لمصلحة المنظمة والذين يحملون إجازة مرور معطاة من قبلها يتمتعون بما يتمتع به المبعوثون الدبلوماسيون من تسهيلات .

فقرة ٢٨- يمكن تطبيق أحكام هذه المادة على الموظفين ، من رتب مماثلة ، والذين ينتمون لمؤسسات متخصصة ، إذا كانت الاتفاقات المحددة لعلاقات هذه المؤسسات ، عملا بنص المادة ٦٣ من الميثاق ، حاوية لنص بهذا الشأن .

<u>مادة ٨- نظام تسوية المنازعات</u>

فقرة ٢٩- على المنظمة أن تضع أنظمة ملائمة لأجل تسوية ما يلي :

أ – المنازعات في مواضيع العقود وسائر المنازعات التي تخضع للحقوق الخاصة والتي تكون المنظمـة طرفا فيها .

ب- المنازعات التي يشترك فيها موظف تابع للمنظمة يتمتع بحكم مركزه الرسمي بالحصـانة ، إذا لم يرفعها منه الأمين العام .

فقرة ٣٠- يرفع كل خلاف في تفسير أو تطبيق هذه الاتفاقية أمام محكمة العدل الدولية ، ما لم يتعلق الطرفان في حالة معينة ، في اللجوء إلى طريقة أخرى للتسوية ، وإذا نشأ خـلاف بـين هيئـة الأمم المتحدة من جهة وبين إحدى الدول الأعضاء من جهة أخرى فيلجأ إلى طلب رأي استشاري مـن المحكمة حول كل نقطة حقوقية قد أثيرت ويقبل رأي المحكمة من قبل الطرفين كحل فاصل للخلاف
.

المادة الأخيرة:

فقرة ٣١ – تعرض هذا الاتفاقية على كل من أعضاء المنظمة للانضمام إليها.

فقرة ٣٢- يتم الانضمام بإيداع وثيقة لدى الأمين العام للمنظمة تصبح بعدها الاتفاقية نافذة بالنسبة لكل عضو من تاريخ إيداعه وثيقة الانضمام.

فقرة ٣٣- يبلغ الأمين العام جميع أعضاء المنظمة لدى إيداع كل وثيقة انضمام.

فقرة ٣٤- من المعلوم ، أنه عند إيداع وثيقة الانضمام ، من قبل عضو من الأعضاء، يجب أن يكون هذا العضو في وضع يسمح له ، بمقتضى قوانينه الخاصة ، بتطبيق أحكام هذه الاتفاقية .

فقرة ٣٥- تبقى هذه الاتفاقية سارية المفعول بين المنظمة وكل عضو أودعها وثيقة انضمامه طيلة استمرار عضويته في المنظمة ، أو إلى أن تقر الجمعية العامة اتفاقية عامـة ثانيـة يكون العضـو المذكور طرفا فيها.

فقرة ٣٦- باستطاعة الأمين العام أن يعقد مع عضو أو عـدة أعضاء اتفاقية إضافية يشغل فيها ، بالنسبة لهذا العضو أو لهؤلاء الأعضاء ، أحكام هذه الاتفاقية ، وتعرض هذه الاتفاقية الإضـافية في كل الأحوال على الجمعية العامة لإقرارها .

اتفاقية فينا للعلاقات الدبلوماسية (١٩٦١)

إن الدول الأطراف في هذه الاتفاقية إذ تشير إلى أن شعوب جميع البلدان قد اعترفت منذ القدم بمركز المبعوثين الدبلوماسيين .

وإذ نذكر مقاصد ومبادئ ميثاق الأمم المتحدة بشأن المساواة المطلقة بين الدول، وصيانة السلم والأمن الدوليين وتعزيز العلاقات الودية بين الأمم.

وإذ نعتقد أن عقد اتفاقية دولية للعلاقات والامتيازات والحصانات الدبلوماسية يسهم في إنماء العلاقات الودية بين الأمم ورغم اختلاف نظمها الدستورية والاجتماعية.

وإذ نذكر أن مقصد هذه الامتيازات والحصانات ليس إفادة الأفراد بل ضمان الأداء الفعال لوظائف البعثات الدبلوماسية بوصفها ممثلة للدول.

وإذ تؤكد ضرورة استمرار قواعد القانون الدولي العرفي في تنظيم المسائل التي لم تنظمها صراحة أحكام هذه الاتفاقية قد اتفقت على ما يلي :

المادة (١)

يقصد في هذا الاتفاقية بالتعابير التالية ، المدلولات المحددة لها أدناه :

(أ) يقصد بتعبير رئيس البعثة الشخص الذي تكلفه الدولة المعتمدة بالتعرف بهذه الصفة.

(ب) يقصد بتعبير ، أفراد البعثة ، رئيس البعثة وموظفو البعثة .

(ج) يقصد بتعبير ، موظفو البعثة ، الموظفون الدبلوماسيون ، والموظفون الإداريون والفنيون ومستخدمو البعثة .

(د) يقصد بتعبير، الموظفون الدبلوماسيون ، موظفو البعثة ، ذوو الصفة الدبلوماسية.

(هـ) يقصد بتعبير المبعوث الدبلوماسي، رئيس البعثة أو أحد موظفيها الدبلوماسيين .

(و) يقصد بتعبير الموظفون الإداريون والفنيون ، موظفو البعثة العاملون في خدمتها الإدارية والفنية .

(ز) يقصد بتعبير ، الخادم الخاص ، من يعمل في الخدمة المنزلية لأحد أفراد البعثة ولا يكون من مستخدمي الدولة المعتمدة .

(ح) يقصد بتعبير ((دار البعثة)) المباني وأجزاء الأبنية والأراضي الملحقة بها بغض النظر عن مالكها ، المستخدمة في أغراض البعثة، بما فيها منزل رئيس البعثة.

مادة (٢)

تقام العلاقات الدبلوماسية وتنشأ البعثات الدبلوماسية الدائمة بالرضا المتبادل.

المادة (٣)

١- تتألف أهم وظائف البعثة الدبلوماسية مما يلي :

(أ) تمثيل الدولة المعتمدة في الدولة المعتمدة لديها .

(ب) حماية مصالح الدولة المعتمدة ومصالح رعاياها في الدولة المعتمدة لديها، ضمن الحدود التي يقرها القانون الدولي .

(ج) التفاوض مع حكومة الدولة المعتمدة لديها .

(د) استطلاع الأحوال والتطورات في الدولة المعتمدة لديها بجميع الوسائل المشروعة وتقديم التقارير اللازمة عنها إلى حكومة الدولة المعتمدة .

(هـ) تعزيز العلاقات الودية بين الدولة المعتمدة والدولة المعتمد لديها وإنماء علاقاتها الاقتصادية والثقافية والعلمية.

٢- يحظر تفسير أي حكم من أحكام هذه الاتفاقية على أنه يمنع البعثة الدبلوماسية من مباشرة الوظائف القنصلية .

المادة (٤)

١- يجب على الدولة المعتمدة التأكد من قبول الدولة المعتمد لديها للشخص المزمع اعتماده رئيسا للبعثة المنشأة فيها .

٢- لا تلزم الحكومة المعتمد لديها بإبداء أسباب رفض القبول للدولة المعتمدة .

المادة (٥)

١- يجوز للدولة المعتمدة ، بعد ارسالها الإعلان اللازم إلى الدول المعتمد لديها المعنية ، اعتماد رئيس بعثة أو انتدب أحد الموظفين الدبلوماسيين، حسب الحالة، لدى عدة دول ، ما لم تقم إحدى الدول المعتمد لديها بالاعتراض صراحة على ذلك .

٢- يجوز للدولة المعتمدة لرئيس بعثة لدى دولة أو عدة دول أخرى أن تنشئ بعثة دبلوماسية برئاسة قائم بالأعمال مؤقت في كل دولة لا يكون لرئيس البعثة فيها مقر دائم.

٣- يجوز لرئيس البعثة أو لأي موظف دبلوماسي فيها تمثيل الدولة المعتمدة لدى أية منظمة دولية .

المادة (٦)

يجوز لدولتين أو أكثر اعتماد شخص واحد رئيس بعثة لدى دولة أخرى ، ما لم تعترض الدولة لمعتمد لديها على ذلك .

المادة (٧)

يجوز للدولة المعتمدة مع مراعاة أحكام المواد ٥ و ٨ و ٩ و ١١ تعيين موظفي البعثة بحرية .

ويجوز للدولة المعتمد لديها أن تقتضي ـ في حالة الملحقين العسكريين أو البحريين أو الجويين ، موافاتها بأسمائهم مقدما للموافقة عليها.

المادة (٨)

١- يجوز مبدئيا أن يحمل الموظفون الدبلوماسيون جنسية الدولة المعتمدة .

٢- لا يجوز تعيين موظفين دبلوماسيين ممن يحملون جنسية الدولة المعتمد لديها إلاّ برضاها، ويجوز لها سحب هذا الرضا في أي وقت .

٣- يجوز للدولة المعتمد لديها الاحتفاظ بهذا الحق بالنسبة إلى مواطني دولة ثالثة لا يكون في الوقت نفسه من مواطني الدولة المعتمدة .

المادة (٩)

١- يجوز للدولة المعتمد لديها ، في جميع الأوقات ودون بيان أسباب قرارها أن تعلن للدولة المعتمدة أن رئيس البعثة أو أي موظف دبلوماسي فيها شخص غير مرغوب فيه أو أن أي موظف آخر فيها غير مقبول . وفي هذه الحالة ، تقوم الدولة المعتمدة، حسب الاقتضاء أما باستدعاء الشخص المعني أو بإنهاء خدمته في البعثة ، ويجوز إعلان شخص ما غير مرغوب فيه و غير مقبول ، قبل وصوله إلى إقليم الدولة المعتمد لديها .

٢- يجوز للدولة المعتمد لديها ، أن ترفض الاعتراف بالشخص المعين فردا في البعثة ، إن رفضت الدولة المعتمدة أو قصرت خلال فترة معقولة من الزمن عن الوفاء بالتزاماتها المترتبة عليها بموجب الفقرة (١) من هذه المادة .

المادة(١٠)

١- تعلن وزارة خارجية الدولة المعتمدة لديها ، أو أية وزارة أخرى قد يتفق عليها ، بما يلي :

(أ) تعيين أفراد البعثة ووصولهم ومغادرتهم النهائية أو إنهاء خدمتهم في البعثة .

(ب) وصول أي فرد من أسرة أحد أفراد البعثة ومغادرته النهائية أو حصول أي نقص أو زيادة في عدد أفراد تلك الأسرة حسب الاقتضاء.

(ج) وصول الخدم الخاصين العاملين في خدمة الأشخاص المشار إليهم في البند (أ) مـن هذه الفقرة ومغادرتهم النهائية وتركهم خدمة هؤلاء الأشخاص عند الاقتضاء .

(د) تعيين وفصل الأشخاص المقيمـين في الدولة المعتمـد لـديها ، كـأفراد في البعثـة أو كخدم خاصين يحق لهم التمتع بالامتيازات والحصانات .

٢- يرسل كذلك عند الإمكان - إعلان مسبق بالوصول أو المغادرة النهائية.

المادة (١١)

١- يجوز للدولة المعتمد لديها ، عند عدم وجود اتفاق صريح بشـأن عـدد أفـراد البعثـة ، اقتضاء الاحتفاظ بعدد أفراد البعثـة في حـدود مـا تـراه معقـولا وعاديـا، مـع مراعـاة الظروف والأصول السائدة في الدولة المعتمدة لديها وحاجات البعثة المعنية .

٢- ويجوز كذلك للدولة المعتمد لديها أن ترفض ، ضمن هذه الحدود وبدون تمييـز ، قبـول أي موظفين من فئة معينة .

المادة (١٢)

لا يجوز للدولة المعتمدة ، بدون رضا سابق من الدولة المعتمد لديها ، إنشاء مكاتب تكون جزءا من البعثة في غير الأماكن التي أنشأت فيها البعثة.

المادة (١٣)

١- يعتبر رئيس البعثة متوليا وظيفته في الدولة المعتمد لديها منذ تقديم أوراق اعتماده أو منـذ إعلانـه وصوله وتقـديم صـورة طبـق الأصل مـن أوراق اعتمـاده إلى وزارة خارجية تلك الدولة أو أية وزارة أخرى قد يتفق عليها ، وذلك وفقـا لـما جـرى عليـه العمل في الدولة المذكورة مع مراعاة وحدة التطبيق .

المادة (١٤)

١- ينقسم رؤساء البعثات إلى الفئات الثلاث التالية :

(أ) السفراء أو القاصدون الرسوليون المعتمدون لـدى رؤسـاء الـدول ورؤسـاء البعثـات الآخرين ذوي الرتب المماثلة .

(ب) المندوبون ، والوزراء المفوضون والقاصدون الرسوليون الـوكلاء المعتمـدون لـدى رؤساء الدول .

(ج) القائمون بالأعمال المعتمدون لدى وزارة الخارجية .

٢- لا يجوز التمييز بين رؤساء البعثات بسبب فئاتهم ، إلاّ فيما يتعلق بحق التقدم ((والإتيكيت))

المادة (١٥)

تتفق الدول فيما بينهما على الفئة التي ينتمي إليها رؤساء البعثات .

المادة (١٦)

١- يرتب تقدم رؤساء البعثات المنتمين لفئة واحدة حسب تاريخ وساعة توليهم وظائفهم بمقتضى أحكام المادة (١٣).

٢- لا يتأثر تقدم رئيس البعثة بأية تعديلات تتناول أوراق اعتماده ولا تستتبع تغيرا في فئته .

٣- لا تخل أحكام هذه المادة بأي حل تجري عليه الدولة المعتمدة لديها فيما يتعلق بتقديم مندوبي الكرسي البابوي.

المادة(١٧)

يقوم رئيس البعثة بإعلام وزارة الخارجية أو أية وزارة أخرى قد يتفق عليها بترتيب تقدم الموظفين الدبلوماسيين في البعثة .

المادة (١٨)

ترعى كل دولة أتباع إجراء واحد في استقبال رؤساء البعثات المنتمين إلى فئة واحدة.

المادة (١٩)

١- تستند رئاسة البعثة مؤقتا إلى قائم بالأعمال مؤقت ، إذا شغر منصب رئيس البعثة أو تعذر على رئيس البعثة مباشرة وظائفه، ويقوم رئيس البعثة أو وزارة خارجية الدولة المعتمدة إن تعذر عليه ذلك بإعلام وزارة خارجية الدولة المعتمد لديها أو أية وزارة أخرى قد يتفق عليها باسم القائم بالأعمال المؤقت.

٢- ويجوز للدولة المعتمدة ، عند عدم وجود أي موظف دبلوماسي لبعثتها في الدولة المعتمد لديها ، إن تعين برضا هذه الدولة ، أحد الموظفين الإداريين والفنيين لتولي الشؤون الإدارية الجارية للبعثة .

المادة (٢٠)

يحق لرئيس البعثة رفع علم الدولة المعتمدة وشعارها على دار البعثة بما فيها منزل رئيس البعثة ، وعلى وسائل نقله .

المادة (٢١)

١- يجب على الدولة المعتمد لديها أما أن تيسر ، وفق قوانينها ، اقتناء الـدار اللازمـة في إقليمها للدولة المعتمدة ، أو أن تساعدها على الحصول عليها بأية طريقة أخرى .

٢- ويجب عليها كذلك أن تساعد البعثات عند الاقتضاء على الحصول عـلى المسـاكن اللائقة لأفرادها .

المادة (٢٢)

١- تكون حرمة دار البعثة مصونة . ولا يجوز لمأموري الدولة المعتمـد لـديها دخولهـا إلاّ برضاء رئيس البعثة.

٢- يترتب على الدولة المعتمد لديها التزام خاص باتخاذ جميـع التـدابير المناسبة لحمايـة دار البعثة من أي اقتحام أو ضرر ومنع أي إخلال بأمن البعثة أو مساس بكرامتها.

٣- تعفى دار البعثة وآثاثها وأموالها الأخرى الموجودة فيها ووسائل النقل التابعة لهـا مـن إجراءات التفتيش أو الاستيلاء أو الحجز أو التنفيذ .

المادة (٢٣)

١- تعفى الدولة المعتمدة ورئيس البعثة من جميع الرسوم والضرائب القومية والإقليمية والبلدية، المتعلقة بالأماكن الخاصة بالبعثة المملوكة أو المستأجرة ، عـلى أن لا تكون ضرائب أو رسوم ناجمة عن تأدية خدمات معينة.

٢- لا يسري الإعفاء المنصوص عليه في هذه المادة على تلك الرسـوم والضرائب الواجبة ، بموجب قوانين الدولة المعتمدة لديه على المتعاقدين مع الدولة المعتمـدة مـع رئيس البعثة .

المادة (٢٤) تكون حرمة محفوظات البعثة ووثائقها مصونة دائماً أيا كان مكانها .

المادة (٢٥) تقوم الدولة المعتمد لديها بتقديم جميع التسهيلات اللازمة لمباشرة وظائف البعثة.

المادة (٢٦)

تكفل الدولة المعتمد لديها حرية الانتقال والسفر في إقليمها لجميع أفراد البعثة ، مع عـدم الإخلال بقوانينها وأنظمتهـا المتعلقـة بالمنـاطق المحظورة أو المـنظم دخولهـا لأسـباب تتعلـق بـالأمن القومي.

المادة (٢٧)

١- تجيز الدولة المعتمد لديها للبعثة حرية الاتصال لجميع الأغراض الرسمية وتصون

الحرية. ويجوز للبعثة ، عند اتصالها بحكومة الدولة المعتمدة وبعثاتها وقنصلياتها الأخرى ، أينما وجدت ، أن تستخدم جميع الوسائل المناسبة ، بما في ذلك الرسائل الدبلوماسية المرسلة بالرموز أو الشفرة ، ولا يجوز مع ذلك ، للبعثة تركيب أو استخدام جهاز إرسال لاسلكي إلاّ برضا الدولة المعتمد لديها.

٢- تكون حرمة المراسلات الرسمية للبعثة مصونة . ويقصد بالمراسلات الرسمية جميع المراسلات المتعلقة بالبعثة ووظائفها .

٣- لا يجوز فتح الحقيبة الدبلوماسية أو حجزها.

٤- يجب أن تحمل الطرود التي تتألف منها الحقيبة الدبلوماسية علامات خارجية ظاهرة تبين طبيعتها ولا يجوز أن تحتوي إلاّ على الوثائق الدبلوماسية والمواد المعدة للاستعمال الرسمي.

٥- تقوم الدولة المعتمدة لديها بحماية الرسول الدبلوماسي أثناء قيامه بوظيفته ، على أن يكون مزودا بوثيقة رسمية تبين مركزه وعدد الطرود التي تتألف منها الحقيبة الدبلوماسية ، ويتمتع شخصه بالحصانة ولا يجوز إخضاعه لأية صورة من صور القبض أو الاعتقال.

٦- يجوز للدولة المعتمدة أو للبعثة تعيين رسول دبلوماسي خاص ، تسري في هذه الحالة أيضا أحكام الفقرة (٥) من المادة ، وينتهي سريان الحصانة المذكورة فيها بقيام مثل هذا الرسول بتسليم الحقيبة الدبلوماسية الموجودة في عهدته إلى المرسل إليه .

٧- ويجوز أن يعهد بالحقيبة الدبلوماسية إلى ربان إحدى الطائرات التجارية المقرر هبوطها في إحدى موانئ الدخول المباحة . ويجب تزويد هذا الربان بوثيقة رسمية تبين عدد الطرود التي تتألف منها الحقيبة الدبلوماسية ، ولكن لا يعتبر رسولا دبلوماسيا ويجوز للبعثة أيفاد أحد أفرادها لتسلم الحقيبة الدبلوماسية من ربان الطائرة بصورة حرة مباشرة.

المادة (٢٨)

تعفى الرسوم والمصاريف التي تتقاضاها البعثة أثناء قيامها بواجباتها الرسمية من جميع الرسوم والضرائب .

المادة (٢٩)

تكون حرمة شخص المبعوث الدبلوماسي مصونة . ولا يجوز إخضاعه لأية صورة من صور القبض أو الاعتقال. ويجب على الدولة المعتمد لديها معاملته بالاحترام اللائق واتخاذ جميع التدابير المناسبة لمنع أي اعتداء على شخص أو حريته أو كرامته.

المادة (٣٠)

١- يتمتع المنزل الخاص الذي يقطنه المبعوث الدبلوماسي بذات الحصانة والحماية اللتين تتمتع بهما دار البعثة .

٢- تتمتع كذلك بالحصانة أوراقه ومراسلاته : كما تتمتع بها أمواله مع عدم الإخلال بأحكام الفقرة ٣ من المادة ٣١ .

المادة (٣١)

١- يتمتع المبعوث الدبلوماسي بالحصانة القضائية فيما يتعلق بالقضاء الجنائي للدولة المعتمد لديها . وكذلك فيما يتعلق بقضائها المدني والإداري إلاّ في الحالات الآتية :

(أ) الدعاوى العينية المتعلقة بالأموال العقارية الخاصة الكائنة في إقليم الدولة المعتمد لديها ، ما لم تكن حيازته لها بالنيابة عن الدولة المعتمدة لاستخدامه في أغراض البعثة.

(ب) الدعاوى المتعلقة بشؤون الإرث والتركات والتي يدخل فيها بوصفه منفذا أو مديرا أو وريثا أو موصى له ، وذلك بالأصالة عن نفسه لا بالنيابة عن الدولة المعتمدة .

(ج) الدعاوى المتعلقة بأي نشاط مهني أو تجاري يمارسه في الدولة المعتمد لديها خارج وظائفه .

٢- يتمتع المبعوث الدبلوماسي بالإعفاء من أداء الشهادة .

٣- لا يجوز اتخاذ أية إجراءات تنفيذية إزاء المبعوث الدبلوماسي إلاّ في الحالات المنصوص عليها في البنود (أ) و (ب) و (ج) من الفقرة (١) من هذه المادة ، ويشترط إمكان اتخاذ تلك الإجراءات دون المساس بحرمة شخصه أو منزله .

المادة (٣٢)

١- يجوز للدولة المعتمدة أن تتنازل عن الحصانة القضائية التي يتمتع بها المبعوثون الدبلوماسيون والأشخاص المتمتعون بها بموجب المادة ٣٧ .

٢- يكون التنازل صريحا في جميع الأحوال .

٣- لا يحق للمبعوث الدبلوماسي أو للشخص المتمتع بالحصانة القضائية بموجب المادة ٣٧ ، إن أقام أية دعوى الاحتجاج بالحصانة القضائية بالنسبة إلى أي طلب عارض يتصل مباشرة بالطلب الأصلي .

٤- إن التنازل عن الحصانة القضائية بالنسبة إلى أية دعوى مدنية أو إدارية لا ينطوي على أي تنازل عن الحصانة بالنسبة إلى تنفيذ الحكم بل لابد في هذه الحالة الأخيرة من تنازل مستقل.

المادة (٣٣)

١- يعفى المبعوث الدبلوماسي ، بالنسبة إلى الخدمات المقدمة إلى الدولة المعتمدة ، من أحكام الضمان الاجتماعي التي قد تكون نافذة في الدولة المعتمدة لديها ، وذلك مع عدم الإخلال بأحكام الفقرة ٣ من هذه المادة .

٢- كذلك يسري الإعفاء المنصوص عليه في الفقرة (١) من هذه المادة على الخدم الخاصين العاملين في خدمة المبعوث الدبلوماسي وحده .

(أ)- إن لم يكونوا من مواطني الدولة المعتمد لديها أو من المقيمين فيها إقامة دائمة.

(ب)- وكانوا خاضعين لأحكام الضمان الاجتماعي التي قد تكون نافذة في الدولة المعتمدة أو في أية دولة أخرى .

٣- يجب على المبعوث الدبلوماسي الذي يستخدم أشخاصا لا يسري عليهم الإعفاء المنصوص عليه في الفقرة ٢ من هذه المادة ، أن يراعي الالتزامات التي تفرضها أحكام الضمان الاجتماعي على أرباب الأعمال .

٤- لا يمنع الإعفاء المنصوص عليه في الفقرتين ١ و ٢ من هذه المادة من الاشتراك الاختياري في نظام الضمان الاجتماعي الساري في الدولة المعتمد لديها إن أجازت مثل هذا الاشتراك .

٥- لا تخل أحكام هذه المادة باتفاقية الضمان الاجتماعي الثنائية أو المعتمدة الأطراف القائمة ولا تحول دون عقد مثلها في المستقبل.

المادة (٣٤)

يعفى المبعوث الدبلوماسي من جميع الرسوم والضرائب الشخصية أو العينية أو القومية أو الإقليمية أو البلدية ، باستثناء ما يلي :

(أ) الضرائب غير المباشرة التي تدخل أمثالها عادة في ثمن الأموال أو الخدمات.

(ب) الرسوم والضرائب المفروضة على الأموال العقارية الخاصة الكائنة في إقليم الدولة المعتمد لديها ، ما لم تكن في حيازته بالنيابة عن الدولة المعتمدة لاستخدامها في أغراض البعثة.

(ج) الضرائب التي تفرضها الدولة المعتمد لديها على التركات ، مع عدم الإخلال بأحكام الفقرة ٤ من المادة ٣٩ .

(د) الرسوم والضرائب المفروضة على الدخل الخاص الناشئ في الدولة المعتمد لديها والضرائب المفروضة على رؤوس الأموال المستثمرة في المشروعات التجارية القائمة في تلك الدولة .

(هـ) المصاريف المفروضة مقابل خدمات معينة .

(و) رسوم التسجيل والتوثيق والرهن العقاري والدمغة والرسوم القضائية بالنسبة إلى الأموال العقارية ، وذلك مع عدم الإخلال بأحكام المادة (٢٣)

المادة (٣٥)

تقوم الدولة المعتمد لديها بإعفاء المبعوثين الدبلوماسيين من جميع أنواع الخدمات الشخصية والعامة ، ومن الالتزامات والأعباء العسكرية كالخضوع لتدابير الاستيلاء وتقديم التبرعات وتوفير السكن.

المادة (٣٦)

١- تقوم الدولة المعتمد لديها ، وفقا لما تسنه من قوانين وأنظمة ، بالسماح بدخول المواد الآتية وإعفائها من جميع الرسوم الكمركية والضرائب والتكاليف الأخرى غير تكاليف التخزين والنقل والخدمات المماثلة.

(أ)   المواد المعدة لاستعمال البعثة الرسمي .

(ب)   المواد المعدة للاستعمال الخاص للمبعوث الدبلوماسي أو لأفراد أسرته من أهل بيته ، بما في ذلك المواد المعدة لاستقراره .

٢- تعفى الأمتعة الشخصية للمبعوث الدبلوماسي من التفتيش ، ما لم توجد أسباب تدعو إلى الافتراض بأنها تحتوي مواد لا تشملها الإعفاءات المنصوص عليها في (١) من هذه المادة ، أو مواد يحظر القانون استيرادها أو تصديرها ، أو مواد تخضع لأنظمة الحجر الصحي في الدولة المعتمد لديها ز ولا يجوز إجراء التفتيش إلاّ بحضور المبعوث الدبلوماسي أو ممثله المفوض.

المادة (٣٧)

١- يتمتع أفراد أسرة المبعوث الدبلوماسي من أهل بيته ، إن لم يكونوا من مواطني الدولة المعتمد لديها ، بالامتيازات والحصانات المنصوص عليها في المواد ٢٩-٣٦.

٢- يتمتع موظفو البعثة الإداريون والفنيون ، وكذلك أفراد أسرهم من أهل بيتهم ، إن لم يكونوا من مواطني الدولة المعتمد لديها أو المقيمين فيها إقامة دائمة ، بالامتيازات والحصانات المنصوص عليها في المواد (٢٤-٣٥) ، شرط أن لا تمتد الحصانة المنصوص عليها في الفقرة (١) من المادة (٣١) فيما يتعلق بالقضاء المدني والإداري للدولة لديها إلى الأعمال التي يقومون بها خارج نطاق واجباتهم ، ويتمتعون كذلك بالامتيازات المنصوص عليها في الفقرة (١) من المادة (٦) بالنسبة إلى المواد التي يستوردونها أثناء أول استقرار لهم .

٣- يتمتع مستخدمو البعثة الذين ليسوا من مواطني الدولة المعتمد لديها أو المقيمين فيها إقامة دائمة بالحصانة بالنسبة إلى الأعمال التي يقومون بها أثناء أدائهم واجباتهم ، وبالإعفاء من الرسوم والضرائب فيما يتعلق بالمرتبات التي يتقاضوها لقاء خدمتهم وبالإعفاء المنصوص عليه في المادة (٣٣).

٤- يعفى الخدم الخاضعون العاملون لدى أفراد البعثة ، إن لم يكونوا من مواطني الدولة المعتمد لديها أو المقيمين فيها إقامة دائمة ، من الرسوم والضرائب فيما يتعلق بالمرتبات التي يتقاضونها لقاء خدمتهم . ولا يتمتعون بغير ذلك من الامتيازات والحصانات إلاّ بقدر ما تسمح به الدولة المعتمد لديها . ويجب على هذه الدولة مع ذلك أن تتحرى ، في ممارسة ولايتها بالنسبة إلى هؤلاء الأشخاص عدم التدخل الزائد فيما يتعلق بأداء وظائف البعثة .

المادة (٣٨)

١- لا يتمتع المبعوث الدبلوماسي ، الذي يكون من مواطني الدولة المعتمدة لديها أو المقيمين بها إقامة دائمة ، إلاّ بالحصانة القضائية وبالحرمة الشخصية بالنسبة للأعمال الرسمية التي يقوم بها بمناسبة ممارسة وظائفه ، وذلك ما لم تمنحه الدولة المعتمد لديها امتيازات وحصانات.

٢- لا يتمتع موظفو البعثة الآخرون والخدم الخاصون الذين يكونون من مواطني الدولة المعتمد لديها أو المقيمين فيها إقامة دائمة بالامتيازات والحصانات إلاّ بقدر ما تسمح به الدولة المذكورة. ويجب على هذه الدولة مع ذلك أن تتحرى في ممارسة ولايتها بالنسبة إلى هؤلاء الأشخاص عدم التدخل الزائد في أداء وظائف البعثة.

المادة (٣٩)

١- يجوز لصاحب الحق في الامتيازات والحصانات أن يتمتع بها منذ وصوله إقليم

الدولة المعتمد لديها لتولي منصبه ، أو منذ إعلان تعيينه إلى وزارة الخارجية أو أية وزارة أخرى قد يتفق عليها ، إن كان موجودا في إقليمها .

٢- تنتهي عادة امتيازات وحصانات كل شخص انتهت مهمته ، بمغادرته البلاد أو بعد انقضاء فترة معقولة من الزمن تمنح له لهذا الغرض ولكنها تظل قائمة إلى ذلك الوقت ، حتى في حالة وجود نزاع مسلح . وتستمر الحصانة قائمة ، مع ذلك ، بالنسبة إلى الأعمال التي يقوم بها هذا الشخص أثناء أداء وظيفته بوصفه أحد أفراد البعثة .

٣- يستمر أفراد أسرة المتوفى من أفراد البعثة ، في التمتع بالامتيازات والحصانات التي يستحقونها حتى انقضاء فترة معقولة من الزمن ممنوحة لمغادرة البلاد.

٤- تسمح الدولة المعتمدة لديها أن توفي أحد أفراد البعثة ولم يكن من مواطنيها أو المقيمين فيها إقامة دائمة ، أو توفي أحد أفراد أسرته من أهل بيته ، بسحب أموال المتوفى المنقولة ، باستثناء أية أموا ل يكون قد اكتسبها في البلاد ويكون تصديرها محظورا في وقت وفاته . ولا يجوز استيفاء ضرائب التركات على الأموال المنقولة التي تكون موجودة في الدولة المعتمد لديها لمجرد وجود المتوفى فيها بوصفه أحد أفراد البعثة أو أحد أفراد أسرته .

المادة (٤٠)

١- تقوم الدولة الثالثة المعنية بمنح الحصانة الشخصية وغيرها من الحصانات التي يقتضيها ضمان المرور أو العودة لكل مبعوث دبلوماسي يحمل جواز سمة لازمة منها ويكون مارا بإقليمها أو موجودا فيه في طريقه إلى تولي منصبه في دولة أخرى أو في طريق العودة إلى بلاده ذات الحكم على أي فرد من أسرته يكون متمتعا بالامتيازات والحصانات ومسافرا صحبته أو بمفرده الالتحاق به أو للعودة إلى بلاده.

٢- لا يجوز للدولة الثالثة ، في مثل الظروف المنصوص عليها في الفقرة (١) من هـذه المـادة، إعاقـة مرور الموظفين الإداريين والفنيين أو المستخدمين في إحدى البعثات وأفراد أسرهم بأقاليمها .

٣- تقوم الدولة الثالثة بمنح جميع أنواع المراسلات الرسمية المارة بإقليمها بما فيها الرسـائل، المرسلة بالرموز أو الشفرة، نفس الحرية والحماية الممنوحتين لها في الدولة المعتمدة لـديها ، وكـذلك تمنح الرسل الدبلوماسيين الذين تحمل جوازاتهم السمات اللازمة، والحقائب الدبلوماسية، أثنـاء المرور بأقاليمها ، نفس الحصانة، والحماية اللتين يتعين على الدولة المعتمدة منحها .

٤- تترتب كذلك على الدولة الثالثة ذات الالتزامات المترتبة عليها بموجب الفقرات ١ و ٢ و ٣ من هذه المادة إن كانت القوة القاهرة هي التي أوجدت في إقليمها الأشخاص والمراسلات الرسمية والحقائب الدبلوماسية المنصوص عليهم أو عليها في تلك الفقرات على التوالي .

المادة (٤١)

١- يجب على جميع المتمتعين بالامتيازات والحصانات مع عدم الإخلال بها ، احترام قوانين الدولة المعتمد لديها وأنظمتها ، ويجب عليم كذلك عدم التدخل في شؤونها الداخلية .

٢- يجب في التعامل مع الدولة المعتمد لديها بشأن الأعمال الرسمية ، التي تسندها الدولة المعتمدة إلى البعثة ، أن يجري مع وزارة خارجية الدولة المعتمد لديها أو عن طريقها ، أو أية وزارة أخرى قد يتفق عليها.

٣- يجب ألاّ تستخدم دار البعثة بأية طريقة تتنافى مع وظائف البعثة كما هي مبينة في هذه الاتفاقية أو غيرها من قواعد القانون الدولي العام أو في أية اتفاقات خاصة نافذة بين الدولة المعتمدة والدولة المعتمد لديها .

المادة (٤٢)

لا يجوز للمبعوث الدبلوماسي أن يمارس في الدولة المعتمد لديها أي نشاط مهني أو تجاري لمصلحته الشخصية .

المادة (٤٣)

من حالات انتهاء مهمة المبعوث الدبلوماسي ما يلي :

(أ) إعلان الدولة المعتمدة للدولة المعتمد لديها بانتهاء مهمة المبعوث الدبلوماسي.

(ب) إعلان الدولة المعتمد لديها للدولة المعتمدة برفضها وفقا لأحكام الفقرة ٢ من المادة ٩ ، الاعتراف بالمبعوث الدبلوماسي فردا في البعثة .

المادة (٤٤)

يجب على الدولة المعتمد لديها ، حتى في حالة وجود نزاعه مسلح ، منح التسهيلات اللازمة لتمكين الأجانب المتمتعين بالامتيازات والحصانات ، وتمكين أفراد أسرهم أيا كانت جنسيتهم، من مغادرة إقليمها في أقرب وقت ممكن . ويجب عليها ، بصفة خاصة وعند الاقتضاء ، أن تضع تحت تصرفهم وسائل النقل اللازمة لنقلهم ونقل أموالهم .

المادة (٤٥)

تراعى ، في حالة قطع العلاقات الدبلوماسية بين دولتين أو الاستدعاء المؤقت أو الدائم لإحدى البعثات ، الأحكام التالية :

(أ) يجب على الدولة المعتمد لديها حتى في حالة وجود نزاع مسلح ، احترام وحماية دار البعثة ، وكذلك أموالها ومحفوظاتها .

(ب) يجوز للدولة المعتمدة أن تعهد بحراسة دار البعثة، وكذلك أموالها ومحفوظاتها، إلى دولة ثالثة تقبل بها الدولة المعتمدة لديها .

(ج) يجوز للدولة المعتمدة أن تعهد بحماية مصالحها ومصالح مواطنيها إلى دولة ثالثة تقبل بها الدولة المعتمدة لديها .

المادة (٤٦)

يجوز لأية دولة معتمدة تطلب إليها ذلك أية دولة ثالثة غير ممثلة في الدولة المعتمد لديها، أن تتولى مؤقتا وبعد موافقة الأخيرة حماية مصالح تلك الدولة الثالثة وحماية موكلها .

المادة (٤٧)

١- لا يجوز للدولة المعتمد لديها التمييز ين الدول في تطبيق أحكام هذه الاتفاقية .

٢- ولا يعتبر مع ذلك ، أن هناك أي تمييز .

(أ) إذا طبقت الدولة المعتمد لديها أحد أحكام هذه الاتفاقية تطبيقا ضيقا بسبب تطيقه الضيق على بعثتها في الدولة المعتمدة .

(ب) إذا تبادلت الدول ، بمقتضى العرف أو الاتفاق ، معاملة أفضل مما تتطلبه أحكام هذه الاتفاقية .

المادة (٤٨)

تعرض هذه الاتفاقية لتوقيع جميع الدول الأعضاء في الأمم المتحدة أو في إحدى الوكالات المتخصصة أو الأطراف في النظام الأساسي لمحكمة العدل الدولية . وجميع الدول الأخرى التي تدعوها الجمعية العامة للأمم المتحدة إلى أن تصبح طرفا فيها وذلك حتى ٣١ تشرين الأول (أكتوبر)١٩٦١ في وزارة الخارجية المركزية للنمسا ، وبعدئذٍ حتى ٣١ آذار (مارس) ١٩٦٢ في مقر الأمم المتحدة بنيويورك.

المادة (٤٩)

تخضع هذه الاتفاقية للتصديق، وتودع وثائق التصديق لدى الأمين العام للأمم المتحدة.

المادة (٥٠)

تظل هذه الاتفاقية معروضة لانضمام جميع الدول المنتمية إلى إحدى الفئات الأربع المنصوص عليها في المادة ٤٨ وتودع وثائق الانضمام لدى الأمين العام للأمم المتحدة .

المادة (٥١)

١- تنفذ هذه الاتفاقية في اليوم الثلاثين من تاريخ إيداع الوثيقة الثانية والعشرين من وثائق التصديق أو الانضمام لدى الأمين العام للأمم المتحدة .

٢- وتنفذ هذه الاتفاقية بالنسبة إلى كل دولة تصدق عليها أو تنظم إليها بعد إيداع الوثيقة الثانية والعشرين من وثائق التصديق أو الانضمام في اليوم الثلاثين من إيداعها وثيقة تصديقها أو انضمامها .

المادة (٥٢)

ينهي الأمين العام إلى جميع الدول المنتمية إلى إحدى الفئات الأربع المنصوص عليها

في المادة ٤٨ ما يلي :

(أ) التوقيعات والإيداعات الحاصلة وفقا للمواد ٤٨ ، ٤٩ و ٥٠ .

(ب) تاريخ نفاذ هذه الاتفاقية وفقا للمادة (٥١).

المادة (٥٣)

يودع أصل هذه الاتفاقية ، المحرر بخمس لغات رسمية متساوية هي الإسبانية والإنكليزية والفرنسية والروسية والصينية ، لدى الأمين العام للأمم المتحدة ، الذي يقوم بإرسال صورة مصدقة عنه إلى جميع الدول المنتمية إلى إحدى الفئات الأربع المنصوص عليها في المادة ٤٨ .

وإثباتا لما تقدم قام المفوضون الواردة أسماؤهم أدناه بتوقيع هذه الاتفاقية بعد تقديم تفويضاتهم التي وجدت مستوفية للشكل حسب الأصول .

حررت في فينا في اليوم الثامن عر من شهر نيسان (أبريل)عام ألف وتسعمائة وواحد وستين (١٩٦١).

اتفاقية فينا للعلاقات القنصلية (١٩٦٣)

إن الدول الأعضاء في هذه الاتفاقية .

إذ تذكر بأن العلاقات القنصلية كانت قائمة بين الشعوب منذ العصور القديمة .

مدركة أهداف ومبادئ ميثاق الأمم المتحدة المتعلقة بسيادة المساواة بين الدول، وصيانة السلم والأمن الدوليين ، ونمو العلاقات الودية بين الأمم .

معتبرة أن مؤتمر الأمم المتحدة حول العلاقات و الحصانات الدبلوماسية قد تبنى اتفاقية فينا بشأن العلاقات الدبلوماسية التي فتحت للتوقيع بتاريخ ١٨ نيسان ١٩٦١.

مقتنعة بأن اتفاقية دولية بشأن العلاقات والامتيازات والحصانات القنصلية تساهم هي أيضا في تنشيط علاقات الصداقة بين البلدان مهما اختلفت أنظمتها الدستورية والاجتماعية .

مقتنعة بأن الهدف من هذه الامتيازات والحصانات ليس لتفضيل الأفراد بل لتأمين إنجاز مهامهم بشكل ناجح في المراكز القنصلية باسم دولة كل منها .

مؤكدة بأن قواعد القانون الدولي العرفي ستستمر في تنظيم القضايا التي لم تسوَ صراحة في أحكام هذه الاتفاقية .

قد اتفقت على ما يلي :

المادة الأولى : تعاريف –

١- لأغراض هذه الاتفاقية تفسر التعابير التالية وفق ما هو مبين أدناه :

(أ) يقصد من تعبير (مركز قنصلي) كل قنصلية عامة ، أو قنصلية أو نيابة قنصلية أو وكالة قنصلية .

(ب) يقصد بتعبير (دائرة قنصلية) الأراضي الممنوحة لمراكز قنصلية لممارسة المهام القنصلية فيها .

(ج) يقصد بتعبير (الموظف القنصلي) كل شخص ، بما في ذلك رئيس المركز القنصلي ، يكلف بهذه الصفة بممارسة المهام القنصلية .

(د) يقصد بتعبير (رئيس مركز قنصلي) الشخص المكلف بالعمل بهذه الصفة .

(هـ) يقصد بتعبير (مستخدم قنصلي) كل شخص يستخدم ي دوائر المركز القنصلي الإدارية والفنية

(و) يقصد بتعبير(عضو في هيئة الخدم) كل شخص يلحق بخدمة المركز القنصلي المنزلية.

(ز) يقصد بتعبير (عضو المركز القنصلي) الموظفون القنصليون ، والمستخدمون القنصليون وأعضاء هيئة الخدم .

(ح) يقصد بتعبير (عضو في الهيئة الخاصة) الشخص المستخدم حصرا في الخدمة الخاصة لأحد أعضاء المركز القنصلي

(ط) يقصد بتعبير (المحال القنصلية) الأبنية أو أجزاء الأبنية والأراضي التابعة ، أيا كان مالكها ، المستعملة لأغراض المركز القنصلي.

(ي) يشتمل التعبير (المحفوظات القنصلية)(أرشيف) على الأوراق والوثائق والمراسلات والكتب والأفلام وشرائط التسجيل وسجلات المركز القنصلي، ورسائل الشيفرة والبطاقات والآثاث المعد لصيانتها وحفظها .

٢- توجد فئتان من الموظفين القنصليين وهما : موظفو السلك القنصلي والموظفون القنصليون الفخريون ، وتطبق أحكام الفصل الثاني من هذه الاتفاقية على المراكز القنصلية التي يديرها موظفو السلك القنصلي ، أما أحكام الفصل الثالث فتطبق على المراكز القنصلية التي يديرها موظفون قنصليون فخريون .

٣- تنظم المادة ٧١ من هذه الاتفاقية الوضع الخاص لأعضاء المراكز القنصلية الذين هم من مواطني دولة محل الإقامة أو المقيمين فيها بصورة دائمة .

الباب الأول

العلاقات القنصلية بشكل عام

القسم الأول : إقامة وإدارة العلاقات القنصلية

المادة الثانية

١- تتم إقامة العلاقات القنصلية بين الدول بالاتفاق المتبادل .

٢- يتضمن الاتفاق على إقامة علاقات دبلوماسية بين دولتين الموافقة على إقامة علاقات قنصلية ما لم ينص على خلاف ذلك .

٣- لا يؤدي قطع العلاقات الدبلوماسية إلى قطع العلاقات القنصلية حتما وبصورة آلية.

المادة الثالثة - ممارسة المهام القنصلية

يمارس المهام القنصلية مراكز قنصلية ، كما تمارسها بعثات دبلوماسية وفق أحكام هذه الاتفاقية.

المادة الرابعة - إنشاء مركز قنصلي

١- لا يمكن إنشاء مركز قنصلي في أراضي دولة الإقامة إلاّ بموافقة هذه الدولة .

٢- يحدد مقر البعثة القنصلية ، ودرجتها ودائرة اختصاصها القنصلي من قبل الدولة الموفدة بعد موافقة دولة الإقامة (الدولة المستقبلة).

٣- لا يمكن إجراء تعديلات لاحقة من قبل الدولة الموفدة على مقر ودرجة ودائرة اختصاص البعثة القنصلية إلاّ بموافقة دولة الإقامة .

٤- تطلب أيضا موافقة دولة الإقامة في حالة رغبة إحدى القنصليات العامة أو القنصليات فتح نيابة قنصلية أو وكالة قنصلية في منطقة أخرى غير المنطقة التي توجد فيها .

٥- ينبغي أيضا الحصول على موافقة دولة الإقامة . المسبقة على فتح مكتب يكون جزءا مـن القنصلية القائمة خارج مقرها .

المادة الخامسة - الوظائف القنصلية

تنحصر الوظائف القنصلية فيما يلي :

أ- حماية مصالح ا لدولة الموفدة ومصالح رعاياها ومصالح الأشخاص الطبيعيين والمعنـويين في أراضي دولة الإقامة وفي حدود نصوص القانون الدولي .

ب- تنمية العلاقات التجارية والاقتصادية والثقافية والعلمية بين الدول الموفدة ودولـة الإقامـة ، وتشجيع وتمتين علاقات الصداقة بين الـدولتين بأيـة وسـيلة أخرى في إطار أحكـام هـذه الاتفاقية .

ج- الاستعلام بكل الطرق المشروعة عن أوضاع وتطور الحياة التجاريـة والاقتصاديـة والثقافيـة والعلمية في دولة الإقامة وتقديم تقارير عن ذلك لحكومة الدولة الموفدة وإعطاء المعلومات إلى الأشخاص المعنيين .

د- إصدار جوازات سفر ووثائق السفر لرعايا الدولة الموفدة ، ومنح السـمات والوثائق اللازمة للأشخاص من الراغبين في زيارة الدولة الموفدة .

هـ- تقديم العون والمساعدة لرعايا الدولة سواء أكانوا أشخاصا طبيعيين أم معنويين .

و - العمل بصفة كاتب العدل وبصفة ضابط الأحوال المدنية ، وممارسة المهام المماثلة وبعـض المهـام الإدارية ، بقدر ما تسمح به قوانين وأنظمة دولة الإقامة .

ز- رعاية مصالح رعايا الدولة الموفدة ، طبيعيين كانوا أم معنويين في شؤون الإرث فوق

أراضي دولة الإقامة وفق قوانين وأنظمة دولة الإقامة .

ح- رعاية مصالح القاصرين وناقصي الأهلية من رعايا الدولة الموفدة ولاسيما في حالة وجوب إقامة وصاية أو قوامة عليهم في حدود قوانين وأنظمة دولة الإقامة .

ط - تمثيل رعايا الدولة الموفدة ، أو اتخاذ التدابير لتأمين تمثيلهم الملائم أمام المحاكم أو سلطات دولة الإقامة الأخرى ، من أجل طلب اتخاذ إجراءات مؤقتة لصيانة حقوق هؤلاء الرعايا ، حينما لا يستطيعون الدفاع عن حقوقهم ومصالحهم في الوقت المناسب، بسبب غيابهم أو لأي سبب آخر ، وذلك وفق قوانين وأنظمة دولة الإقامة.

ي- تحويل الصكوك القضائية وغير القضائية ، أو تنفيذ الإنابات القضائية وفق الاتفاقات الدولية المرعية الإجراء، أو في حالة عدم وجود مثل هذه الاتفاقات بأية طريقة تتلاءم مع قوانين وأنظمة دولة الإقامة .

ك- ممارسة حق المراقبة والتفتيش المنصوص عنهما في قوانين وأنظمة الدولة الموفدة على السفن في عرض البحار ، وعلى السفن النهرية من جنسية الدولة الموفدة ، وعلى الطائرات المسجلة في هذه الدولة وعلى طاقم ملاحيها .

ل- تقديم المساعدة للسفن والبواخر والطائرات المذكورة في الفقرة (ك) من هذه المادة، وإلى ملاحيها، وتلقي تصاريح سفر هذه البواخر والسفن وفحص أوراقها وتأشيرها دون النيل من صلاحيات سلطات دولة الإقامة ، وإجراء التحقيق في الحوادث الطارئة خلال الرحلة، وتسوية الخلافات الناشئة بين القبطان والضباط والبحارة من أي نوع كانت ، وذلك بقدر ما تسمح به قوانين وأنظمة الدولة الموفدة .

م - ممارسة كل الوظائف الأخرى التي تكلف بها البعثة القنصلية من قبل الدولة الموفدة والتي لا تحظرها قوانين وأنظمة دولة الإقامة ، أو التي لا تعترض عليها دولة الإقامة أو المذكورة في الاتفاقات الدولية المرعية الإجراء بين الدولة الموفدة ودولة الإقامة .

المادة السادسة- ممارسة الأعمال القنصلية خارج دائرة الاختصاص القنصلي

يجوز للموظف القنصلي ، في ظروف خاصة ، وبموافقة دولة الإقامة أن يمارس وظائفه خارج دائرته القنصلية .

المادة السابعة - ممارسة الأعمال القنصلية في دولة الإقامة

يجوز للدولة الموفدة بعد إخطار الدول المعنية ، وما لم تعترض إحدى هذه الدول على ذلك صراحة ، أن تكلف بعثة قنصلية قائمة في إحدى الدول ، بممارسة الوظائف القنصلية في دولة أخرى .

المادة الثامنة - ممارسة الأعمال القنصلية لحساب دولة ثالثة

بعد أن يتم الإبلاغ المقتضي لدولة الإقامة ، وما لم تعترض هذه على ذلك ، يجوز للبعثة القنصلية للدولة الموفدة ، أن تمارس الوظائف القنصلية في دولة الإقامة لحساب دولة ثالثة.

المادة التاسعة - درجات رؤساء البعثات القنصلية

١- ينقسم رؤساء البعثات القنصلية إلى أربع درجات هي

أ- قناصل عامون . ب- قناصل

ح- نواب قنصل د- وكلاء قنصليون

٣- لا تحد الفقرة الأولى من هذه المادة ، بشكل من الأشكال ، حقوق أحد الأطراف المتعاقدة بتحديد نسبة موظفيه القنصليين من غير رؤساء البعثات القنصلية .

المادة العاشرة - تسمية وقبول رؤساء البعثات القنصلية

١- يعين رؤساء البعثات القنصلية من قبل الدولة الموفدة ، ويقبلون لممارسة وظائفهم من قبل دولة الإقامة .

٢- مع مراعاة أحكام هذه الاتفاقية ، تحدد شروط وإجراءات تعيين قبول رئيس البعثة القنصلية وفق أحكام قوانين وأنظمة وعادات الدولة الموفدة ودولة الإقامة .

المادة الحادية عشرة - البرءاة القصلية أو إبلاغ التعيين

١- يزود رئيس البعثة القنصلية من قبل الدولة الموفدة بوثيقة على شكل كتاب (براءة قنصلية)، أو بصك مماثل ينظم لكل تعيين ويثبت صفته ويشير ، كقاعدة عامة، إ لى اسمه ولقبه وفئته ودرجته ودائرة اختصاصه القنصلي ، ومركز البعثة القنصلية .

٢- ترسل الدولة الموفدة البراءة القنصلية أو الصك المماثل بالطرق الدبلوماسية أو بأية طريقة مناسبة أخرى إلى حكومة الدولة التي سيمارس رئيس البعثة القنصلية مهام وظائفه فوق أراضيها.

٣- تقبل دولة الإقامة هذه البراءة ويجوز للدولة الموفدة أن تستبدل البراءة أو الصك المماثل بإبلاغ يتضمن المعلومات المنصوص عنها في الفقرة الأولى من هذه المادة.

المادة الثانية عشرة - الإجازات القنصلية

١- يقبل رئيس البعثة القنصلية لممارسة مهام وظائفه بموجب ترخيص تمنحه دولة الإقامة يسمى (إجازة قنصلية) مهما كان شكل هذا الترخيص .

٢- لا تلزم الدولة التي ترفض منح الإجازة القنصلية بإبلاغ الدولة الموفدة أسباب رفضها.

٣- مع مراعاة المادتين ١٣ و ١٥ لا يحق لرئيس البعثة القنصلية أن يباشر مهام أعماله قبل أن يتسلم الإجازة القنصلية .

المادة الثالثة عشرة - القبول المؤقت لرؤساء البعثات القنصلية

بانتظار استلام الإجازة القنصلية يجوز أن يسمح لرئيس البعثة القنصلية بممارسة مهام وظيفته بصفة مؤقتة . وفي هذه الحالة تطبق عليه أحكام هذه الاتفاقية .

المادة الرابعة عشرة - الإبلاغ عن دائرة الاختصاص القنصلي إلى السلطات

منذ أن يسمح لرئيس البعثة القنصلية ، حتى ولو بصفة مؤقتة بممارسة مهام وظائفه، يترتب على دولة الإقامة أن تعلم السلطات المختصة فورا عن دائرة الاختصاص القنصلي . وعليها أيضا أن تسهر على اتخاذ التدابير الضرورية ليتسنى لرئيس البعثة القنصلية أن ينجز واجبات مهمته ، ويستفيد من المعاملة المنصوص عنها في أحكام هذه الاتفاقية.

المادة الخامسة عشرة - ممارسة وظائف رئيس البعثة القنصلية بشكل مؤقت

١- إذا تعذر على رئيس البعثة القنصلية أن يمارس مهام وظائفه أو إذا شغر منصبه، يحق لوكيله بالنيابة أن يعمل مؤقتا بصفة رئيس البعثة القنصلية .

٢- يبلغ اسم ولقب الوكيل بالنيابة إلى وزارة خارجية دولة الإقامة ، أو إلى السلطة التي تعينها هذه الوزارة من قبل البعثة الدبلوماسية للدولة الموفدة أو إذا لم تكن هناك بعثة دبلوماسية لهذه الدولة لدى دولة الإقامة من قبل رئيس البعثة القنصلية أو إذا تعذر ذلك عليه فمن قبل أية سلطة مختصة في الدولة الموفدة . وكقاعدة عامة، يجب أن يجري هذا التبليغ مسبقا ، ويحق لدولة الإقامة أن تخضع لموافقتها أمر قبول الوكيل بالنيابة لشخص لا يتمتع بالصفة الدبلوماسية أو القنصلية للدولة الموفدة لدى دولة الإقامة .

٣- على السلطات المختصة لدى دولة الإقامة أن تقدم مساعدتها وحمايتها إلى الوكيل بالنيابة وخلال فترة إدارته لشؤون البعثة القنصلية . تطبق على الوكيل أحكام هذه الاتفاقية بنفس الصفة التي يتمتع بها رئيس البعثة القنصلية نفسها. على أن دولة الإقامة غير ملزمة بأن تمنح الوكيل بالنيابة التسهيلات والامتيازات

والحصانات التي يخضع التمتع بها من قبل رئيس البعثة القنصلية لشروط لا تتوفر في الوكيل بالنيابة .

٤- عندما يعين أحد الموظفين الدبلوماسيين في البعثة الدبلوماسية للدولة الموفدة لدى دولة الإقامة وكيلا بالنيابة من قبل الدولة الموفدة ، وفق الشروط المنصوص عليها في الفقرة الأولى من هذه المادة ، إذا لم تعارض دولة الإقامة في ذلك .

المادة السادسة عشرة - الأسبقية بين رؤساء البعثات القنصلية

١- يجري ترتيب رؤساء البعثات القنصلية ، في كل درجة حسب تاريخ منح (الإجازة القنصلية).

٢- ومع ذلك ففي حالة السماح لرئيس البعثة القنصلية . قبل منحه الإجازة القنصلية بممارسة مهام أعماله بصفة مؤقتة ، فإن تاريخ هذه السماح المؤقت يحدد ترتيب الأسبقية ويحافظ على هذه الترتيب بعد منح الإجازة القنصلية .

٣- يحدد ترتيب الأسبقية بين إثنين أو أكثر من رؤساء البعثات القنصلية الذين حصلوا على الإجازة القنصلية ، أو على الترخيص المؤقت في نفس التاريخ حسب تاريخ براءاتهم أو وثائقهم المماثلة أو حسب تاريخ الأخطار المنصوص عنه في الفقرة الثالثة من المادة الحادية عشرة المرسل إلى دولة الإقامة .

٤- يحدد ترتيب وكلاء رؤساء البعثات بالنيابة بعد جميع رؤساء البعثات القنصلية. أما فيما بينهم فيتحدد ترتيبهم حسب تاريخ استلام كل منهم مهام وظائفه كوكلاء بالنيابة ، وهو التاريخ المبين في الإخطارات التي ارسلت بموجب أحكام الفقرة الثانية من الما دة الخا مسة عشرة .

٥- أما الموظفون القنصليون الفخريون ممن هم رؤساء بعثات قنصلية فيجري ترتيب أسبقيتهم في كل درجة ، بعد رؤساء البعثات القنصلية المسلكيين ، وذلك وفقا للنظام والقواعد المبينة في الفقرات السابقة .

٦- لرؤساء البعثات القنصلية الأسبقية على الموظفين القنصليين الذين هم لا يتمتعون بصفة (رئيس بعثة).

المادة السابعة عشرة - إدارة أعمال دبلوماسية من قبل موظفين قنصليين

١- إذا لم يكن للدولة الموفدة بعثة دبلوماسية في إحدى الدول ، ولا تمثلها فيها بعثة دبلوماسية لدولة ثالثة ، فيحق للموظف القنصلي بعد موافقة دولة الإقامة ،

وبدون أن يؤثر ذلك على وضعه القنصلي أن يكلف القيام بأعمال دبلوماسية ، ولا يمنح أداء هذه الأعمال الدبلوماسية من قبل موظف قنصلي ، أي حق لهذا الموظف بالتمتع بالامتيازات والحصانات الدبلوماسية.

٢- يجوز للموظف القنصلي وبعد إخطار دولة الإقامة ، أن يكلف بتمثيل الدولة الموفدة لدى أية منظمة دولية ، ويحق لهذا الموظف ، بهذه الصفة التمتع بجميع الامتيازات والحصانات التي يمنحها القانون الدولي العرفي ، باستثناء الاتفاقات الدولية للممثلين لدى منظمة دولية ما ، وفيما يتعلق بأية وظيفة قنصلية قد يمارسها ، فلا يحق له حصانة قضائية أكثر شمولا من الحصانة التي يتمتع بها الموظف القنصلي بموجب هذه الاتفاقية .

المادة الثامنة عشرة - تعيين نفس الشخص موظفا قنصليا لدولتين أو أكثر

يجوز لدولتين أو أكثر ، وبعد موافقة دولة الإقامة ، أن تعين نفس الشخص بصفة موظف قنصلي لدى دولة الإقامة هذه .

المادة التاسعة عشرة - تعيين أعضاء الهيئة القنصلية

١- مع مراعاة أحكام المواد ٢٠ و ٢٢ و ٢٣ تعين الدولة الموفدة حسب اختيارها أعضاء الهيئة القنصلية .

٢- تبلغ الدولة الموفدة دولة الإقامة أسماء وألقاب وفئات ودرجة جميع الموظفين القنصليين غير رئيس البعثة القنصلية وذلك خلال فترة مسبقة كافية ليتسنى لدولة الإقامة أن تمارس الحقوق الممنوحة لها بموجب الفقرة الثالثة من المادة ٢٣ ، إذا رغبت ذلك .

٣- يجوز للدولة الموفدة ، إذا اقتضت ذلك قوانينها وأنظمتها ، أن تطلب إلى دولة الإقامة منح(الإجازة القنصلية) لموظف قنصلي دون أن يكون رئيسا للبعثة القنصلية.

المادة العشرون - جهاز الهيئة العامة

في حالة عدم وجود اتفاق صريح حول جهاز الهيئة القنصلية في البعثة القنصلية، يحق لدولة الإقامة أن تفرض أن تكون هذه الهيئة في حدود النفوذ التي تعتبره معقولا مع مراعاة الظروف والأوضاع السائدة في دائرة الاختصاص القنصلي، ومراعاة حاجات البعثة القنصلية المعنية .

المادة الحادية والعشرون - الأسبقية بين الموظفين القنصليين في بعثة قنصلية

تبلغ البعثة الدبلوماسية للدولة الموفدة ، أو في حالة عدم وجود بعثة دبلوماسية لها في دولة الإقامة ، يبلغ رئيس البعثة القنصلية . لوزارة خارجية دولة الإقامة أو إلى

السلطة التي تعينها هـذه الـوزارة ، ترتيب الأسبقية ، بـين المـوظفين القنصليين في البعثة القنصلية ، وكل تبديل يطرأ عليه مستقبلا .

المادة الثانية والعشرون - جنسية الموظفين القنصليين

١- يتمتع الموظفون القنصليون من حيث المبدأ ، بجنسية الدولة الموفدة .

٢- لا يجوز انتقاء الموظفين القنصليين من بين مواطني دولة الإقامة إلا بموافقة صريحة مـن هـذه الدولة التي يحق لها أن تسحب موافقتها هذه في أي وقت كان .

٣- يحق لدولة الإقامة أن تحتفظ لنفسها بنفس الحق فيما يتعلق بمواطني دولة ثالثة والـذين هـم من غير مواطني الدولة الموفدة .

المادة الثالثة والعشرون - الشخص المعتبر غير مرغوب فيه

١- يحق لدولة الإقامة في كل لحظة ، إبلاغ الدولة الموفدة بأن أحد الموظفين القنصليين شخص غـير مرغوب فيه أو أن أيا من أعضاء الهيئة القنصلية غير مقبول ، وحينئذ تستدعي الدولة الموفـدة الشخص المعني أو تنهي مهامه في هذه البعثة القنصلية ، حسب مقتضى الحال .

٢- إذا رفضت الدولة الموفدة تنفيذ الالتزامات المفروضة عليها بموجب أحكـام الفقـرة الأولى مـن هذه المادة ، أو لم تنفذها خلال مهل معقولة يحق لدولة الإقامة ، حسب مقتضى الحال أما أن تسحب الإجازة القنصلية من الشخص المعني أو التوقف عن اعتباره عضوا في الهيئة القنصلية .

٣- يمكن أن يعتبر شخص عين عضوا في بعثة قنصلية ، غـير مقبـول قبـل وصوله إلى أراضي دولـة الإقامة ، وإذا سبق دخوله إليها فقبل استلام مهـام عملـه في البعثة القنصلية . وعلى الدولة الموفدة في هذه الحالة أن تسحب تعيينه .

٤- في الحالات المنوه بها في الفقرتين ١ و ٣ من هـذه المـادة لا تضـطر دولة الإقامة لإبلاغ الدولة الموفدة أسباب قرارها .

المادة الرابعة والعشـرون - إخطار دولة الإقامة بالتعيينات والوصول والمغادرة

١- تبلغ إلى وزارة خارجية دولة الإقامة أو إلى السلطة التي تعينها هذه الوزارة :

أ-   تعيينات أعضاء البعثة القنصلية ، وتاريخ وصولهم بعد تعيينهم في البعثة القنصلية وتاريخ مغادرتهم النهائية ، أو إنهاء مهام وظائفهم ، وكل تبديل هام يطرأ عـلى أوضـاعهم خـلال فترة خدمتهم في البعثة القنصلية .

ب-   تاريخ الوصول والمغادرة النهائية لأي شخص من أسرة أحد أعضاء البعثة

ج-   القنصلية تعيش في كنفـه ، وإذا اقتضى ـ الأمـر ، انتماء أحد الأشخاص إلى هـذه الأسرة أو انتهاء عضويته فيها .

د-   تاريخ وصول أعضاء الخدمة الخاصة ومغادرتهم نهائيا ، وإذا اقتضى ـ الأمـر ، تـاريخ انتهـاء خدمتهم بهذه الصفة .

ه-   استخدام وتسريح أشخاص يقيمون في دولة الإقامة كأعضاء في البعثة القنصلية أو أعضاء في الخدمة الخاصة ممن تحق لهم الامتيازات والحصانات .

٢- يجب أن يكون تاريخ الوصول والمغادرة النهائية،موضوع إبلاغ مسبق كلما أمكن ذلك.

القسم الثاني : إنهاء الوظائف القنصلية

المادة الخامسة والعشرون- إنهاء وظائف عضو في البعثة القنصلية

تنتهي مهام أحد أعضاء البعثة القنصلية كما يلي ولاسيما :

أ-   بإبلاغ الدولة الموفدة دولة الإقامة أن مهمته قد انتهت .

ب- سحب الإجازة القنصلية .

ج-   إبلاغ دولة الإقامة الدولة الموفدة بأنها لم تعـد تعتبـر الشخص موضع البحث عضوا في البعثة القنصلية .

المادة السادسة والعشرون - مغادرة أراضي دولة الإقامــة

على دولة الإقامة، حتى في حالة النزاع المسلح ، أن تمـنح أعضـاء البعثـة القنصلية وأعضـاء الخدمة الخاصة من غير رعايا دولة الإقامة وأفراد أسرهم الـذين يعيشـون في كنفهم ، مهـما كانـت جنسيتهم، الوقت والتسهيلات الضرورية لإعداد رحيلهم ومغادرة أراضيها خلال أفضل وسيلة ممكنـة بعد انتهاء مهام وظائفهم ، وعلى هذه الدولة أيضا أن تضع حين الاقتضاء تحت تصرفهم وسائل النقل الضرورية لأشخاصهم وأموالهم باستثناء الأموال المكتسبة في دولة الإقامة المحظور تصديرها وقت الرحيل .

المادة السابعة والعشرون - حماية المباني والمحفوظات القنصلية ومصالح الدولة الموفدة في الظروف الاستثنائية

١- في حالة قطع العلاقات القنصلية بين دولتين :

أ-   على دولة الإقامة حتى في حالة النزاع المسلح أن تحترم وتحمي المبـاني القنصلية وأموال البعثة والمحفوظات القنصلية

ب- يمكن للدولة الموفدة أن تعهد بحماية مصالحها ومصالح رعاياها إلى دولة ثالثة

تقبل بها دولة الإقامة .

٢- في حالة الإغلاق المؤقت أو النهائي للبعثة القنصلية ، تطبق أحكام البند (أ) من الفقرة الأولى من المادة الأولى بالإضافة إلى ما يلي :

أ- عندما يكون للدولة الموفدة بعثة قنصلية أخرى في أراضي دولة الإقامة يمكن أن يعهد لهذه البعثة الأخرى بحراسة مباني البعثة القنصلية التي أغلقت وأموالها والمحفوظات القنصلية الموجودة فيها وبممارسة الأعمال القنصلية في دائرة اختصاص البعثة المغلقة .

ب- إذا لم يكن للدولة الموفدة بعثة دبلوماسية أو بعثة قنصلية أخرى في دولة الإقامة تطبق أحكام البندين (ب ، ج) من الفقرة الأولى من هذه المادة .

الباب الثاني

التسهيلات والامتيازات والحصانات العائدة للبعثة القنصلية والموظفين القنصليين المسلكيين ، وباقي أعضاء البعثة القنصلية

القسم الأول

التسهيلات والامتيازات والحصانات العائدة للبعثة القنصلية

المادة الثامنة والعشرون - التسهيلات الممنوحة للبعثة القنصلية لممارسة نشاطها

تمنح دولة الإقامة جميع ا لتسهيلات لإنجاز مهام البعثة القنصلية :

أ- عندما يكون للدولة الموفدة بعثة قنصلية أخرى في أراضي دولة الإقامة بالرغم من أنه ليس لها بعثة دبلوماسية تمثلها لدى دولة الإقامة يمكن أن يعهد لهذه البعثة الأخرى بحراسة مباني البعثة القنصلية التي أغلقت وأموالها والمحفوظات القنصلية الموجودة فيها وبممارسة الأعمال القنصلية في دائرة اختصاص البعثة المغلقة .

ب- إذا لم يمكن للدولة الموفدة بعثة دبلوماسية أو بعثة قنصلية أخرى في دولة الإقامة تطبق أحكام البندين (ب ، ج) من الفقرة الأولى من هذه المادة .

المادة التاسعة والعشرون - استعمال العلم والشعار الوطنيين

١- يحق للدولة الموفدة استعمال علمها الوطني وشعارها القومي في أراضي دولة الإقامة عملا بأحكام هذه المادة.

٢- يمكن رفع علم الدولة الموفدة ووضع شعارها القومي على البناء الذي تشغله البعثة القنصلية ووسائط النقل حينما تستعمل لغايات مصلحة البعثة .

٣- تراعى في ممارسة الحق الممنوح بموجب هذه المادة أحكام القوانين والأنظمة والأعراف النافذة لدى دولة الإقامة .

المادة الثلاثون - السكن

١- على دولة الإقامة أما تسهيل اقتناء الأبنية اللازمة للبعثة المرخصة فوق أراضيها في إطار قوانينها وأنظمتها وأما مساعدة الدولة الموفدة على تأمين المباني اللازمة بأية طريقة أخرى.

المادة الحادية والثلاثون - حرمة المباني القنصلية

١- للمباني القنصلية حرمة مصانة في حدود ما تنص عليه هذه المادة .

٢- لا يحق لسلطات دولة الإقامة دخول أقسام المباني القنصلية التي تستعملها البعثة القنصلية حصرا لصالح أعمالها إلاّ بموافقة رئيس البعثة القنصلية أو الشخص المعني أو رئيس البعثة الدبلوماسية للدولة الموفدة ، علما أنه يمكن أن تعتبر موافقة رئيس البعثة القنصلية ممنوحة في حالة الحريق أو الكوارث التي تقتضي إجراءات حماية فورية .

٣- مع مراعاة أحكام الفقرة الثانية من هذه المادة ، يقع على عاتق دولة الإقامة التزام خاص باتخاذ جميع التدابير المناسبة لمنع اقتحام وتضرر المباني القنصلية ولمنع تعكير سلام البعثة القنصلية وامتهان كرامتها .

٤- إن المباني القنصلية ومفروشاتها وممتلكاتها ووسائل نقلها لا يمكون أن تكون بشكل من الأشكال موضوع مصادرة لغايات الدفاع الوطني أو الصالح العام . وفي حالة الاستيلاء الضروري لهذه الغايات ، تتخذ جميع الإجراءات المناسبة لتجنب وضع العقبات أمام ممارسة الأعمال القنصلية ، كما يدفع للدولة الموفدة تعويض منصف كافٍ .

المادة الثانية والثلاثون - إعفاء المباني القنصلية من الرسوم المالية والبلدية

١- تعفى المباني القنصلية ومسكن رئيس البعثة القنصلية الأصيل (المسلكي) التي تمتلكها أو تستأجرها الدولة الموفدة أو أي شخص يعمل لحسابها من جميع الضرائب والرسوم مهما كان نوعها ، الوطنية منها والإقليمية أو البلدية . ما لم تكن هذه الرسوم مجباة لقاء خدمات تقدم للدولة الموفدة .

٢- لا يطبق الإعفاء المنصوص عليه في الفقرة الأولى من هذه المادة على هذه الرسوم حينما تقع بموجب قوانين وأنظمة دولة الإقامة ، على عاتق الشخص الذي تعاقد مع الدولة الموفدة، أو مع الشخص الذي يعمل لحساب هذه الدولة .

المادة الثالثة والثلاثون - حرمة المحفوظات والوثائق القنصلية

للمحفوظات والوثائق القنصلية حرمة مصانة في أي وقت كان وفي أي مكان وجدت.

المادة الرابعة والثلاثون- حرية الحركة

مع مراعاة أحكام قوانينها وأنظمتها المتعلقة بالمناطق التي يحرم أو ينظم دخولها ، لأسباب تتعلق بالأمن الوطني ، تؤمن دولة الإقامة حرية التنقل والمرور في أراضيها لجميع أعضاء البعثة القنصلية .

المادة الخامسة والثلاثون - حرية المواصلات

١- تسمح دولة الإقامة وتحمي حرية مواصلات البعثة القنصلية للغايات الرسمية . وفي اتصالاتها مع الحكومة ، ومع البعثات الدبلوماسية والبعثات القنصلية الأخرى للدولة الموفدة أينما وجدت ، يمكن للبعثة القنصلية أن تستعمل جميع وسائل المواصلات المناسبة ، بما في ذلك حاملي الحقيبة الدبلوماسية أو القنصلية ولا يحق لها أن تقيم وتستعمل جهاز راديو مرسل إلاّ بموافقة دولة الإقامة.

٢- مراسلات البعثة القنصلية الرسمية مصانة ، ويقصد بتعبير (المراسلات الرسمية) جميع المراسلات العائدة للبعثة القنصلية ووظائفها .

٣- لا يجوز فتح أو حجز الحقيبة القنصلية على أنه إذا كان لدى السلطات المختصة في دولة الإقامة أسباب جوهرية للاعتقاد بأن الحقيبة تحتوي على أشياء أخرى غير المراسلات والوثائق والأشياء المدرجة في الفقرة الرابعة من هذه المادة ، يحق لهذه السلطات أن تطلب فتح الحقيبة بحضورها من قبل ممثل معتمد للدولة الموفدة ، وإذا أعربت سلطات الدولة الموفدة عن رفضها لهذا الطلب ، تعاد الحقيبة إلى مصدرها.

٤- يجب أن تحمل الطرود التي تتألف منها الحقيبة القنصلية ، علامات خارجية ظاهرة تدل على طبيعتها ، ولا يمكن أن تحتوي إلاّ على المراسلات الرسمية والوثائق والأشياء المخصصة حصريا للاستعمال الرسمي .

٥- يجب أن لا يكون حامل الحقيبة القنصلية من رعايا دولة الإقامة ولا مقيما فيها بصورة دائمة، ما لم توافق دولة الإقامة على ذلك ، إلاّ إذا كان من رعايا الدولة الموفدة .

وفي ممارسة مهام وظيفته ، يتمتع حامل الحقيبة بحماية دولة الإقامة ، كما يتمتع بحرمة شخصه ولا يمكن أن يخضع لأي شكل من أشكال التوقيف أو القبض عليه.

٦- يحق للدولة الموفدة ولبعثتها الدبلوماسية أو القنصلية أن تعين حاملي حقائب خاصين (adhoc) . وتطبق في هذه الحالة أحكام الفقرة الخامسة من هذه المادة ، مع مراعاة أن الحصانات المبينة فيها تتوقف عندما يسلم حامل الحقيبة القنصلية إلى المرسل إليه .

٧- يمكن أن يعهد بالحقيبة القنصلية إلى قبطان سفينة أو طائرة تجارية تصل إلى نقطة دخول مسموح بها . ويجب أن يحمل هذا القبطان وثيقة رسمية تبين عدد الطرود التي تتألف منها الحقيبة ، ولكنه لا يعتبر حامل حقيبة قنصلية ، ويمكن أن ترسل البعثة القنصلية أحد أعضائها ليتسلم الحقيبة من يد قبطان الباخرة أو الطائرة مباشرة وبكل حرية ، بالاتفاق مع السلطات المحلية المختصة .

المادة السادسة والثلاثون - الاتصالات مع رعايا الدولة الموفدة

١- لتسهيل ممارسة المهام القنصلية العائدة لرعايا الدولة الموفدة :

أ- يجب أن يتمتع الموظفون القنصليون بحرية الاتصال مع رعايا الدولة الموفدة بنفس حرية الاتصال مع الموظفين القنصليين وحرية الذهاب إليهم .

ب- إذا قدم صاحب العلاقة طلبا بذلك ، يترتب على السلطات المختصة في دولة الإقامة إخطار البعثة القنصلية للدولة الموفدة دون تأخير عن توقيف أحد رعايا الدولة الموفدة في دائرة اختصاص البعثة القنصلية أو سجنه أو القبض عليه وقائيا ، أو توقيفه بشكل من الأشكال . وكل رسالة يوجهها إلى البعثة القنصلية الشخص الموقوف أو السجين أو المقبوض من قبل السلطات المذكورة . وعلى هذه السلطات أن تبلغ الموقوف على الحقوق الممنوحة له بموجب هذا البند .

ج- يحق للموظفين القنصليين أن يقابلوا أحد رعايا الدولة الموفدة المسجون أو الموقوف احترازيا ، أو بأي شكل آخر ، وأن يتحدثوا إليه ويراسلوه ، وأن يؤمنوا له وكيلا أمام القضاء، كما يحق لهم أيضا مقابلة أحد رعايا الدولة الموفدة في دائرة اختصاصهم القنصلي ، أو الموقوف تنفيذا لحكم قضائي . على أنه يجب عليهم أن يمتنعوا عن التدخل لصالح أحد الرعايا المسجون أو الموقوف احترازيا أو المقبوض عليه بشكل آخر ، إذا عارض المذكور بذلك صراحة .

٣- يجب أن تمارس الحقوق المدرجة في الفترة الأولى من هذه المادة في حدود قوانين وأنظمة دولة الإقامة ، علما بأن هذه القوانين والأنظمة يجب أن تسمح بأن تحقق كامل الأهداف التي منحت من أجلها هذه الحقوق بموجب هذه المادة.

المادة السابعة والثلاثون - المعلومات في حالة الوفاة ، الوصاية، أو الولاية ، والغرق والحادث الجوي

إذا توفرت لدى السلطات المختصة في دولة الإقامة، معلومات تتعلق بذلك فعليها :

أ- في حالة وفاة أحد رعايا الدولة الموفدة ، أن تبلغ دون تأخير ، البعثة القنصلية التي حدثت الوفاة في دائرة اختصاصها .

ب- أن تبلغ البعثة القنصلية المختصة دون تأخير عن كل الحالات التي يتوجب فيها تعيين وصي ، أو ولي لأحد رعايا الدولة الموفدة القاصر أو العاجز أو الناقص الأهلية ، على أنه يراعى في ذلك تطبيق قوانين وأنظمة دولة الإقامة فيها يتعلق بتعيين هذا الوصي أو الولي .

ج- إذا غرقت إحدى البواخر أو السفن التي تحمل جنسية الدولة الموفدة أو جنحت في بحر دولة الإقامة الإقليمي أو مياهها الداخلية وإذا طرأ حادث لإحدى طائرات الدولة الموفدة فوق أراضي دولة الإقامة يجب أن تبلغ ذلك إلى أقرب بعثة قنصلية لمكان وقوع الحادث دون تأخير.

المادة الثامنة والثلاثون - الاتصالات بسلطات دولة الإقامة

يحق للموظفين القنصليين خلال ممارسة أعمالهم أن يتصلوا :

أ- بالسلطات المحلية المختصة في دائرة اختصاصهم .

ب- بالسلطات المركزية المختصة في دولة الإقامة ، إذا كان ذلك مسموحا به وبقدر ما هو مسموح بموجب قوانين وأنظمة وعادات دولة الإقامة أو بموجب الاتفاقات الدولية في هذا الشأن .

المادة التاسعة والثلاثون - الرسوم والضرائب القنصلية

أ- يحق للبعثة القنصلية أن تتقاضى فوق أراضي دولة الإقامة الضرائب والرسوم التي تنص عليها قوانين الدولة الموفدة على الصكوك القنصلية .

ب- تعفى المبالغ المحصلة باسم الضرائب والرسوم المنصوص عنها في الفقرة الأولى من هذه المادة والإيصالات العائدة لها من كل ضريبة أو رسم في دولة الإقامة .

القسم الثاني

التسهيلات والحصانات والامتيازات العائدة للموظفين القنصليين العاملين في السلك والأعضاء الآخرين في البعثة القنصلية.

المادة الأربعون - حماية الموظفين القنصليـن

على دولة الإقامة أن تعامل الموظفين القنصليين بالاحترام المستحق لهم وأن تتخذ جميع الإجراءات اللازمة لمنع الاعتداء على شخص وحريتهم وكرامتهم .

المادة الحادية والأربعون - حرمة الموظفين القنصليين الشخصية

١- لا يجوز توقيف الموظفين القنصليين أو حجزهم احتياطيا إلاّ في حالة الجـرم الخطير وبموجب قرار من السلطة القنصلية المختصة .

٢- باسـتثناء الحالة المنصوص عنها في الفقرة الأولى مـن هـذه المـادة لا يمكن حـبس المـوظفين القنصليين ، كما لا يجوز أن يخضعوا لأي شكل من أشكال تقييد حريتهم الشخصية إلاّ تنفيذا لقرار قضائي قطعي .

٣- إذا رفعت دعوى جزائية ضد أحد الموظفين القنصليين فعلى هذا الموظف أن يمثل أمام السلطات المختصة . على أن الإجراءات يجب أن تتم باحترام المستحق للموظف القنصلي بالنظر لمركزه الرسمي ، وباستثناء الحالة المنصوص عليها في الفقرة الأولى من هذه المادة، بحيث لا تعيق بقدر الإمكان ، ممارسة أعمال القنصلية وحينما يصبح ضروريا في الظروف المدرجة في الفقرة الأولى من هذه المادة ، حجز الموظف القنصلي احتياطيا يجب أن يباشر في الإجراء المتخذ في أقرب وقت ممكن .

المادة الثانية والأربعون - الإبلاغ عن حالات التوقيف والحجز أو الملاحقة

في حالة توقيف أو حجز أحد الأعضاء القنصليين احتياطيا أو في حالة ملاحقته جزائيا فعلى دولة الإقامة أن تبلغ ذلك في أقر ب وقت ممكن إلى رئيس البعثة .. وإذا كان رئيس البعثة القنصلية هو المقصود من إحدى هذه الإجراءات فعلى دولة الإقامة أن تبلغ ذلك إلى الدولة الموفدة بالطرق الدبلوماسية .

المادة الثالثة والأربعون - حصانة التشريع(الحصانة القضائية)

١- لا يخضع الموظفون القنصليون، ولا المستخدمون القنصليون، إلى السلطة القضائية والإداريـة في دولة الإقامة عن الأعمال التي أدوها في ممارسة الأعمال القنصلية .

٢- على أن أحكام الفقرة الأولى من هذه المادة لا تطبق في حالة الدعوى المدنية :

أ- الناجمة عن عقد وقعه الموظف القنصلية أو المستخدم القنصلي دون أن يكون قد تم عقده صراحة أو ضمنا باعتباره مندوب الدولة الموفدة .

ب- إذا كانت الدعوى مرفوعة للمطالبة بعطل وضرر ناجم من حادث وقع في دولة الإقامة وتسببت به سيارة أو باخرة أو طائرة .

المادة الرابعة والأربعون - الالتزام بأداء الشهادة

١- يجوز أن يدعى أعضاء البعثة القنصلية لأداء الشهادة خلال الإجراءات القضائية والإدارية وعلى المستخدمين القنصليين وأعضاء هيئة الخدمة أن يرفضوا الإجابة كشهود ، إلاّ في الحالات المنصوص عنها في الفقرة الثالثة من هذه المادة. وإذا رفض الموظف القنصلي أداء الشهادة، فلا يمكن أن يطبق عليه أي إجراء إكراهي أو عقوبة.

٢- على السلطة التي تستدعي لأداء الشهادة أن تتجنب إعاقة الموظف القنصلي عن أداء واجبات مهمته ، وبوسعها أن تسجل الشهادة في محل إقامته أو في مقر البعثة القنصلية ، أو أن تقبل إفادة خطية من قبله كلما أمكن ذلك .

٣- لا يجيز أعضاء البعثة القنصلية على الأداء بإفادة عن وقائع تتعلق بممارسة مهام أعمالهم وعلى إبراز المراسلات والوثائق الرسمية العائدة لها ، ولهم الحق أيضا أن يرفضوا أداء الشهادة بصفة خبراء في الحقوق الوطنية للدولة الموفدة .

المادة الخامسة والأربعون - التخلي عن الامتيازات والحصانات

١- يحق للدولة الموفدة أن تتخلى ، بالنسبة لأحد أعضاء البعثة القنصلية عن الامتيازات والحصانات المنصوص عنها في المواد ٤١ و ٤٣ و ٤٤ .

٢- يجب أن يكون التخلي صرحا مع مراعاة الفقرة الثالثة من هذه المادة ويجب أن يبلغ خطيا إلى دولة الإقامة .

٣- إذا رفع الدعوى أحد الموظفين القنصليين أو المستخدمين القنصليين في مادة يستفيد فيها من الحصانة القضائية بموجب المادة ٤٢ فلا يقبل بالادعاء بالحصانة القضائية بالنسبة لكل دعوى فرعية ترتبط مباشرة بالدعوى الأصلية .

٤- لا يعني التخلي عن الحصانة القضائية في الدعوى القضائية في الدعوى المدنية أو الإدارية أنه يتضمن التخلي عن الحصانة بالنسبة لإجراءات تنفيذ الحكم ، التي تستوجب تخليا خاصا بها.

المادة السادسة والأربعون - الإعفاء من قيود تسجيل الأجانب وترخيص الإقامة

١- يعفى الموظفون القنصليون والمستخدمون القنصليون وأعضاء أسرهم الذين يعيشون في كنفهم من جميع الالتزامات المنصوص عنها بقوانين وأنظمة دولة الإقامة فيما يتعلق بتسجيل الأجانب وتراخيص الإقامة .

٢- على أن أحكام الفقرة الأولى من هذه المادة لا تطبق لا على المستخدم القنصلي الـذي هـو ليس مستخدما دائما للدولة الموفدة ، والذي يمارس عملا خاصا ذا صيغة مأجورة في دولة الإقامـة ولا على أفراد أسرته .

المادة السابعة والأربعون - الإعفاء من تراخيص العمـــــل

١- يعفى أعضاء البعثة القنصلية في الخدمات التي يؤدونها للدولة الموفدة ، مـن الالتزامـات التـي تفرضها قوانين وأنظمة دولة الإقامة العائدة لاستخدام اليد العاملة الأجنبيـة وبالنسبة لرخصة العمل.

٢- يعفى من الالتزامات المبحوث عنها في الفقرة الأولى من هذه المادة أعضاء الخدمة الخاصة لدى الموظفين والمستخدمين القنصليين ، إذا كانوا لا يمارسون عملا خاصا آخر ذا أجر في دولة الإقامة .

المادة الثامنة والأربعون - الإعفاء من نظام التأمين الاجتماعي

١- مع مراعاة أحكام الفقرة الثالثة من هذه المـادة ، يعفى أعضـاء البعثـة القنصلية فيمـا يتعلق بالخدمات التي يؤدونها للدولة الموفدة ، وأعضاء أسرهم الذين يعيشون في كنفهم ، مـن أحكام التأمين الاجتماعي التي يمكن أن تكون نافذة في دولة الإقامة .

٢- ينطبق الإعفاء المـدرج في الفقرة الأولى مـن هذه المـادة على أعضـاء الخدمـة الخاصة الـذين يقومون حصرا على خدمة أعضاء البعثة القنصلية شريطة :

أ - أن لا يكونوا من رعايا دولة الإقامة، أو أن لا يكون فيها محل إقامتهم الدائم.

ب-أن يكونوا خاضعين لأحكام التأمين الاجتماعي النافذ في الدولة الموفدة أو في دولة ثالثة .

٣- على أعضاء البعثة القنصلية الـذين يستخدمون لخدمتهم أشخاصا لا ينطبق عليهم الإعفاء المنصوص عنه في الفقرة الثانية من هذه المادة ، أن يتقيـدوا بالالتزامات التي تفرضها أحكام التأمين الاجتماعي في دولة الإقامة على رب العمل .

٤- لا يمنع الإعفاء المنصوص عنه في الفقرتين ١ و ٢ من هـذه المـادة مـن الاشتراك الطوعي بنظام التأمين الاجتماعي لدولة الإقامة بالقدر الذي تقبل به هذه الدولة .

المادة التاسعة والأربعون - الإعفاء من الضرائب الأميريـــة

١- يعفى الموظفون القنصليون ، والمستخدمون القنصليون وأفراد أسرهم الذين يعيشون في كنفهم ، من جميع الضرائب والرسوم الشخصية والعينية الوطنية والإقليمية والبلدية باستثناء:

أ- الضرائب غير المباشرة التي يكون من طبيعتها أن تدمج في أسعار البضائع أو الخدمات.

ب- الضرائب والرسوم المفروضة على الأموال غير المنقولة الخاصة ، الواقعة في أراضي دولة الإقامة مع مراعاة أحكام المادة الثانية والثلاثين .

ج- من ضريبة الإرث ونقل الملكية التي تجبيها دولة الإقامة مع مراعاة أحكام الفقرة (ب) من المادة (٥١) .

د- الضرائب والرسوم المفروضة على الدخل الخاص بما في ذلك ربح رأس المال التابع في أراضي دولة الإقامة والضرائب المفروضة على رأس المال والمقتطعة من التوظيفات الجارية في مشاريع تجارية أو مالية تقع في أراضي دولة الإقامة .

هـ- الضرائب والرسوم المجباة لقاء تقديم خدمات خاصة .

٢- يعفى أعضاء الخدمة الشخصية من الضرائب والرسوم المفروضة على الأجور التي يتقاضونها عن خدماتهم .

٣- على أعضاء البعثة القنصلية الذين يستخدمون أشخاصا لا تعفى أجورهم ورواتبهم من ضريبة الدخل في دولة الإقامة ، أن يحترموا الالتزامات التي تفرضها قوانين وأنظمة دولة الإقامة على أرباب العمل فيما يتعلق بجباية ضريبة الدخل .

المادة الخمسون - الإعفاء من الرسوم الجمركية والتفتيش الجمركي

١- وفق الأحكام التشريعية والتنظيمية التي تتبناها ، تسمح دولة الإقامة بالدخول ، وتمنح الإعفاء من جميع الرسوم الجمركية والرسوم وغيرها من العائدات التابعة لها، غير نفقات الإيداع والنقل والنفقات العائدة لخدمات ممثلة .

أ- الأشياء المخصصة للاستعمال الرسمي في البعثة القنصلية .

ب- الأشياء المخصصة للاستعمال الشخصي للموظفين القنصليين وأفراد عائلتهم الذين يعيشون في كنفهم ، بما في ذلك الحوائج العائدة للإقامة ،

ويجب أن لا تتجاوز المواد الاستهلاكية الكمية اللازمة للاستعمال المباشر من قبل أصحاب العلاقة .

٢- يستفيد المستخدمون القنصليون من الامتيازات والإعفاءات المنصوص عنها في الفقرة الأولى من هذه المادة فيما يتعلق بالأشياء المستوردة خلال تأسيس إقامتهم الأولى .

٣- يعفى المتاع الشخصي المستقدم بصحبة الموظفين القنصليين وبرفقة أفراد أسرهم الذين يعيشون في كنفهم من التفتيش الجمركي ولا يجوز إخضاعهم للتفتيش إلاّ في حالة وجود أسباب جدية للاعتقاد بأنها تتضمن أشياء غير هذه الأشياء المدرجة في البند (ب) من الفقرة الأولى من هذه المادة أو أشياء تحظر قوانين دولة الإقامة استيرادها أو تصديرها ، أو يخضع لنظام الحجر الصحي فيها . ولا يمكن أن يجري هذا التفتيش إلاّ بحضور الموظف القنصلي أو عضو أسرته صاحب العلاقة .

المادة الحادية والخمسون - تركة أحد أعضاء البعثة القنصلية أو أحد أعضاء أسرته

في حالة وفاة أحد أعضاء البعثة القنصلية أو أحد أعضاء أسرته الذي كان يعيش في كنفه فعلى دولة الإقامة أن :

أ- تسمح بتصدير أموال المتوفي باستثناء ما كان فيها مقتنى في دولة الإقامة وما كان تصديره محظورا في وقت الوفاة .

ب- لا تجبى رسوم وطنية أو إقليمية أو بلدية على التركة ، أو على نقل ملكية الأموال المنقولة التي يكون مرد وجودها في دولة الإقامة وجود المتوفي في هذه الدولة بصفة عضو في البعثة القنصلية أو كعضو في أسرهم أحد أعضاء البعثة القنصلية .

المادة الثانية والخمسون - تاريخ بدء وانتهاء الامتيازات والحصانات القنصلية

١- يستفيد كل من أعضاء البعثة القنصلية من ساعة دخول أراضي دولة الإقامة ليلتحق بمركز عمله ، أو إذا كان مقيما فيها سابقا من ساعة استلام مهام عمله في البعثة القنصلية .

٢- يستفيد أفراد أسرة عضو البعثة القنصلية المقيمون في كنفه ، وأعضاء خدمته الخاصة ، من الامتيازات والحصانات المنصوص عنها في هذه الاتفاقية اعتبارا من آخر التواريخ التالية : التاريخ الذي بدأ فيه عضو البعثة القنصلية في الاستفادة من الحصانات والامتيازات وفق أحكام الفقرة الأولى من هذه المادة ، تاريخ دخولهم إلى أراضي دولة الإقامة أو التاريخ الذي اصبحوا فيه أعضاء في أسرته أو في خدمته الشخصية .

٣- حينما تنتهي خدمات أحد أعضاء البعثة القنصلية ، فإن امتيازاته وحصاناته ، وامتيازات وحصانات أفراد أسرته الذين يعيشون في كنفه ، وأفراد خدمته الشخصية ، تتوقف بشكل طبيعي في إحدى التواريخ التالية : في لحظة مغادرة عضو البعثة أراضي دولة الإقامة ، أو بانقضاء مهلة معقولة تمنح له لهذه الغاية ، ولكنها تبقى نافذة المفعول حتى لحظة مغادرتهم البلاد .

٤- أما فيما يتعلق بالأعمال التي يقوم بها الموظف القنصلي والمستخدم القنصلي أثناء ممارسته مهام عمله فتبقى الحصانة القضائية نافذة المفعول بدون تحديد مدة لها .

٥- في حالة وفاة أحد أعضاء البعثة القنصلية ، يستمر أفراد أسرته الذين يعيشون بكنفه في التمتع بالامتيازات والحصانات التي يستفيدون منها حتى إحدى التواريخ التالية زمنا : تاريخ مغادرتهم أراضي دولة الإقامة أو تاريخ انتهاء المهلة المعقولة الممنوحة لهم لهذه الغاية .

المادة الرابعة والخمسون - التزامات الدولة الثالثة

١- إذا عبر موظف قنصلي أراضي دولة ثالثة ، أو وجد فيها ، وكانت قد منحته سمة الدخول في حالة وجوب مثل هذه السمة ، ليتوجه إلى مقر عمله أو ليمارس عمله أو ليعود إلى بلاد الدولة الموفدة فعلى الدولة الثالثة أن تمنحه الحصانات المنصوص عنها في المواد الأخرى من هذه الاتفاقية تلك الحصانات التي يمكن أن تكون ضرورية للسماح له بالمرور أو العودة . وتطبق الدولة الثالثة نفس الحصانات على أعضاء أسرة هذا الموظف الذين يعيشون في كنفه والمستفيدين من الامتيازات والحصانات والذين يرافقون الموظف القنصلي أو يسافرون على حدة للحاق به أو العودة إلى بلد الدولة الموفدة .

٢- في الأوضاع المماثلة تلك التي نص عليها في الفقرة الأولى من هذه المادة على الدولة الثالثة أن لا تعرقل مرور أعضاء البعثة القنصلية الآخرين وأفراد أسرهم الذين يعيشون في كنفهم، فوق أراضيها .

٣- تمنح الدولة الثالثة المراسلات الرسمية وغيرها من الاتصالات الرسمية الأخرى المارة بأراضيها، بما في ذلك المراسلات الرمزية أو الشيفرة ، نفس الحماية التي يتوجب على دولة الإقامة منحها بموجب أحكام هذه الاتفاقية ، كما تمنح حاملي الحقائب القنصلية الذين منحتهم سمة دخول في حالة توجبها ، والحقائب المارة فوق أراضيها

نفس الحرمة ونفس الحماية التي يتوجب على دولة الإقامة منحها بموجب أحكام هذه الاتفاقية

٤- تطبق أيضا الالتزامات المنصوص عنها في الفقرات ١ و ٢ و ٣ من هذه المادة على الأشخاص المذكورين في كل من الفقرات الثلاث المذكورة ، وعلى المواصلات الرسمية والحقائب القنصلية ، حينما يكون وجودها فوق أراضي الدولة الثالثة ناشئا من إحدى حالات القوة القاهرة .

المادة الخامسة والخمسون - احترام قوانين وأنظمة دولة الإقامة

١- يتوجب على جميع الأشخاص الذين يستفيدون من الحصانات والامتيازات ودون المساس بحصاناتهم وامتيازاتهم ، إن يحترموا قوانين وأنظمة دولة الإقامة ، كما يتوجب عليهم عدم التدخل في شؤون هذه الدولة الداخلية .

٢- لا تستعمل المباني القنصلية بشكل لا يتماشى مع ممارسة المهام القنصلية .

٣- لا تمنع أحكام الفقرة الثانية من هذه المادة من استعمال جزء من المبنى الذي توجد فيه مكاتب البعثة القنصلية ، كمكاتب لهيئات أو وكالات أخرى شريطة أن تكون أمكنة هذه المكاتب منفصلة عن الأمكنة المذكورة التي تستعملها البعثة القنصلية ، من حيث تطبيق أحكام هذه الاتفاقية .

المادة السادسة والخمسون - تأمين الأضرار التي تصيب الأغيار

على أعضاء البعثة القنصلية أن يتقيدوا بجميع الالتزامات التي تفرضها قوانين وأنظمة دولة الإقامة فيما يتعلق بتأمين المسؤولية المعنية الناجمة عن استعمال أية مركبة أو باخرة أو طائرة .

المادة السابعة والخمسون - أحكام خاصة تتعلق بالعمل الخاص ذي الطابع المأجور

١- لا يجوز للموظفين القنصليين العاملين أن يمارسوا في دولة الإقامة أي نشاط مهني أو تجاري لفائدتهم الشخصية .

٢- لا تمنح الحصانة والامتيازات موضوع هذا الفصل .

أ- إلى المستخدمين القنصليين وأفراد الخدمة الخاصة الذين يمارسون في دولة الإقامة عملا خاصا ذا أجر .

ب- إلى أعضاء أسرة أحد الأشخاص المذكورين في البند (١) من هذه الفقرة وإلى أعضاء خدمتهم الخاصة .

ج- إلى أفراد أسرة أحد أعضاء البعثة القنصلية الذين يمارسون هم أنفسهم في دولة الإقامة ، عملا خاصا ذا أجر .

الباب الثالث

النظام المطبق على الموظفين القنصليين الفخريين وعلى البعثات القنصلية التي يشرفون عليها

المادة الثامنة والخمسون - أحكام عامة تتعلق بالتسهيلات والامتيازات والحصانات

١- تطبق أحكام المواد ٢٨ و ٢٩ و ٣٠ و ٣٤ و ٣٥ و ٣٦ و ٣٧ و ٣٨ و ٣٩ وأحكام الفقرة٣ من المادة ٥٤ ، والفقرتين ٢ و ٣ من المادة ٥٥ على البعثات القنصلية التي يشرف عليها موظف قنصلي فخري . وبالإضافة إلى ذلك فإن التسهيلات وامتيازات وحصانات هذه البعثات تنظمها أحكام المواد ٥٩ و ٦٠ و ٦١ و ٦٢ .

٢- تطبق أحكام المادتين ٤٢ و ٤٣ وأحكام الفقرة الثالثة من المادة ٤٤ وأحكام المادتين ٤٥ و ٥٣ ، وأحكام الفقرة الأولى من المادة ٥٥ على الموظفين القنصليين الفخريين. وبالإضافة إلى ذلك فإن التسهيلات والامتيازات والحصانات العائدة لهؤلاء الموظفين القنصليين ، تنظمها أحكام المواد ٦٣ و ٦٤ و ٦٥ و ٦٦ و ٦٧ .

٣- لا تمنح الامتيازات والحصانات المنصوص عنها في هذه الاتفاقية لأفراد اسرة الموظف القنصلي الفخري ولأفراد أسرة مستخدم قنصلي استخدم في بعثة قنصلية يشرف عليها موظف قنصلي فخري.

٤- لا يسمح بتبادل الحقائق القنصلية بين بعثتين قنصليتين في بلدين مختلفين ويشرف عليها موظفون قنصليون فخريون إلاّ بموافقة بلدي الإقامة المعنيين .

المادة التاسعة والخمسون - حماية الأمكنة القنصلية

تتخذ دولة الإقامة التدابير اللازمة لحماية الأمكنة القنصلية لبعثة قنصلية يشرف عليها موظف قنصلي فخري ولمنع اقتحامها أو الإضرار بها ولعدم تعكير سلام البعثة القنصلية أو الحط من كرامتها .

المادة الستون - إعفاء الأمكنة القنصلية من الضرائب الأميرية

١- تعفى الأمكنة القنصلية العائدة لبعثة قنصلية يشرف عليها موظف شكلي فخري والتي تمتلكها وتستأجرها الدولة الموفدة من جميع الضرائب والرسوم مهما كان

نوعها ، وطنية أو إقليمية أو بلدية شريطة أن لا تكون رسوما تستوفي مقابل خدمات خاصة .

٢- لا تطبق الإعفاء من الضرائب المنصوص عنه في الفقرة الأولى من هذه المادة على الضرائب والرسوم ، حينما تكون هذه الضرائب والرسوم مفروضة على الشخص الذي تعاقد مع الدولة الموفدة ، بموجب قوانين وأنظمة دولة الإقامة .

المادة الحادية والستون

تصان حرمة المحفوظات والوثائق القنصلية العائدة لبعثة قنصلية يشرف عليها موظف قنصلي فخري، في كل وقت وفي كل مكان توجد فيه، شريطة أن تكون مفصولة عن الأوراق والوثائق الأخرى ولاسيما غير المراسلات الخاصة برئيس البعثة القنصلية، أو بأي شخص معه وعن الأموال والكتب والوثائق المتعلقة بمهنتهم أو تجارتهم .

المادة الثانية والستون - الإعفاء الجمركي

تمنح دولة الإقامة ، وفق الأحكام التشريعية والتنظيمية التي تتبناها الدخول والإعفاء من جميع الرسوم الجمركية والرسوم والعائدات الأخرى التابعة لها غير نفقات المستودع والنقل ومصاريف الخدمات المماثلة عن الأشياء التالية ، شريطة أن تكون مخصصة حصريا للاستعمال الرسمي في البعثة القنصلية التي يشرف عليها موظف قنصلي فخري : الشعارات والأعلام والرايات والأختام والطوابع والكتب والمطبوعات الرسمية وآثاث المكتب ومواد وأدوات المكتب والأشياء المماثلة التي توردها الدولة الموفدة للبعثة القنصلية أو التي تورد إليها بناء على طلبها .

المادة الثالثة والستون

إذا بوشرت إجراءات جزائية ضد موظف قنصلي فخري ، فعلى هذا الأخير أن يمثل أمام السلطات المختصة على أنه يجب أن تجري هذه الإجراءات بالاحترام المتوجب للموظف القنصلي الفخري بسبب مركزه الرسمي وبحيث تعرقل أقل ما يمكن ممارسة المهام القنصلية ، إلاّ إذا كان صاحب العلاقة في حالة توقف أو اعتقال .

وإذا اصبح ضروريا توقيف موظف قنصلي فخري احترازيا ، يجب أن تباشر الإجراءات الموجهة ضده في أقصر وقت .

المادة الرابعة والستون - حماية الموظف القنصلي الفخري

يتوجب على دولة الإقامة أن تمنح الموظف القنصلي الفخري الحماية التي يمكن أن تكون ضرورية بسبب وضعه الرسمي (مركزه الرسمي).

المادة الخامسة والستون - الإعفاء من قيود تسجيل الأجانب ورخصة الإقامة

يعفى الموظفون القنصليون من جميع الالتزامات المنصوص عليها في قوانين وأنظمة دولة الإقامة بشأن تسجيل الأجانب وترخيص الإقامة باستثناء أولئك الذين يمارسون في دولة الإقامة عملا مهنيا أو تجاريا لحسابهم الخاص .

المادة السادسة والستون - الإعفاء من الضرائب

إن الموظف القنصلي الفخري معفى من جميع الضرائب والرسوم المفروضة على التعويضات والرواتب التي يتقاضاها من الدولة الموفدة بسبب ممارسة مهام أعماله القنصلية.

المادة السابعة والستون

يتوجب على دولة الإقامة أن تعفي الموظفين القنصليين الفخريين من كل خدمة شخصية ، أو من كل خدمة ذات نفع عام من أي نوع كانت ، ومن الأعباء العسكرية كالمصادرة والمساهمة في الجهود العسكرية وإيواء الجنود .

المادة الثامنة والستون - الصيغة الاختيارية بقبول موظفين قنصليين فخريين

لكل دولة حرية تقرير إذا كانت تعيين أو تقبل موظفين قنصليين فخريين .

أحكام عامة

المادة التاسعة والستون - الوكلاء القنصليون من غير رؤساء البعثات القنصلية

١- لكل دولة حرية تقرير ما إذا كانت ستقيم أو تقبل وكالات قنصلية يشرف عليها وكلاء قنصليون لم يعينوا رؤساء بعثة قنصلية من قبل الدولة الموفدة .

٢- تحدد بموجب اتفاق بين الدولة الموفدة ودولة الإقامة ، الشروط التي يحق للوكالات القنصلية بالمعنى المقصود في الفقرة الأولى من هذه المادة ، أن تمارس نشاطها ، كما تحدد بموجب ذلك أيضا الامتيازات والحصانات التي يمكن أن يتمتع بها الوكلاء القنصليون الذين يشرفون على هذه الوكالات .

المادة السبعون - ممارسة المهام القنصلية من قبل بعثة قنصلية

١- تطبق أيضا أحكام هذه الاتفاقية ، بقدر ما يسمح النص ، على ممارسة المهام القنصلية من قبل بعثة دبلوماسية .

٢- تبلغ أسماء أعضاء البعثة الدبلوماسية الملحقين بالقسم القنصلي أو خلاف ذلك،

المكلفين بممارسة مهام البعثة القنصلية ، إلى وزارة الخارجية لدى دولة الإقامة أو إلى السلطة التي تعينها هذه الوزارة .

٣- يمكن للبعثة الدبلوماسية في ممارسة المهام القنصلية أن تتصل :

أ- بالسلطات المحلية في دائرة الاختصاص القنصلي .

ب- بالسلطات المركزية في دولة الإقامة إذا سمحت بذلك قوانين وأنظمة وتقاليد دولة الإقامة أو الاتفاقات الدولية .

٤- تبقى امتيازات وحصانات أعضاء البعثة الدبلوماسية المشار إليهم في الفقرة الثانية من هذه المادة محددة بموجب قواعد الحقوق الدولية المتعلقة بالعلاقات الدبلوماسية.

المادة الحادية والسبعون - رعايا دولة الإقامة أو المقيمين الدائميين

١- ما لم تمنحهم دولة الإقامة تسهيلات وامتيازات وحصانات إضافية لا يستفيد الموظفون القنصليون من رعايا دولة الإقامة أو من المقيمين الدائميين فيها إلاّ من الحصانة القضائية والحرمة الشخصية في الأعمال الرسمية التي يؤدونها خلال ممارستهم أعمالهم ومن الامتياز المنصوص عنه في الفقرة الثالثة من المادة الرابعة والأربعين كما يتوجب على دولة الإقامة فيما يتعلق بهؤلاء الموظفين القنصليين أن يتقيدوا بالالتزام المنصوص عنه في المادة ٤٢ وحينما ترفع دعوى جزائية ضد موظف قنصلي من هذا النوع يجب أن تتم الإجراءات بشكل يعرقل أقل ما يمكن ممارسة أعمال القنصلية إذا كان صاحب العلاقة في حالة توقيف أو اعتقال.

٢- لا يستفيد أعضاء البعثة القنصلية من رعايا دولة الإقامة أو من المقيمين الدائميين فيها وأفراد أسرهم وكذلك أفراد أسر الموظفين القنصليين المبحوث عنهم في الفقرة الأولى من هذه المادة من التسهيلات والامتيازات والحصانات ، إلاّ بقدر ما تعترف لهم بها دولة الإقامة، كما لا يستفيد أفراد أسرة أحد أعضاء البعثة القنصلية وأعضاء الخدمة الخاصة الذين هم من رعايا دولة الإقامة أو من المقيمين الدائميين فيها من التسهيلات والامتيازات والحصانات إلاّ بالقدر الذي تعترف لهم بها دولة الإقامة . على أنه يتوجب على دولة الإقامة أن تمارس صلاحياتها القضائية على هؤلاء الأشخاص بصورة لا تعوق ممارسة أعمال البعثة القنصلية كثيرا .

المادة الثانية والسبعون - عدم التمييز

١- يتوجب على دولة الإقامة ، عند تطبيقها أحكام هذه الاتفاقية أن لا تميز بين الدول.

٢- على أنه لا يعتبر من الأعمال التمييزية :

أ- تطبيق أحد أحكام هذه الاتفاقية من قبل دولة الإقامة تطبيقـا حصريا لأن هـذا الحكـم يطبق على هذا الشكل على بعثاتها القنصلية لدى الدولة الموفدة .

ب- منح بعض الدول بعضها بعضا ، أو بالتبادل عن طريق العرف أو الاتفاق معاملـة أكثـر رعاية مما تقتضيه أحكام هذه الاتفاقية .

المادة الثالثة والسبعون - العلاقة بين هذه الاتفاقية والاتفاقات الدولية الأخرى

١- لا تمس أحكام هذه الاتفاقية ، الاتفاقات الدولية الأخرى النافذة في علاقـات الـدول الأعضـاء في هذه الاتفاقات .

٢- لا يمكن لأي حكم من أحكام هذه الاتفاقية أن يحول دون أن تعقد الدول اتفاقات دولية ، وتتم أو تطور أحكامها ، أو توسع مجال تطبيقها .

أحكام ختامية

المادة الرابعة والسبعون - التوقيع

تبقى هذه الاتفاقية مفتوحة لتوقيع جميع الـدول الأعضـاء في منظمة الأمـم المتحدة أو في إحدى مؤسساتها المختصة ، وأمام كل دولة عضو في نظام محكمة العـدل الدوليـة وكـل دولة أخرى تدعوها منظمة الأمم المتحدة لتصبح طرفا في الاتفاقية ، وذلك بالشكل التالي :

حتى ٣١ تشرين الأول ١٩٦٣ لدى وزارة الخارجية الاتحادية للجمهورية النمساوية ومـن ثـم حتى ٣١ آذار ١٩٦٤ في مقر منظمة الأمم المتحدة في نيويورك .

المادة الخامسة والسبعون - الإبرام (التصديق)

تخضع هذه الاتفاقية لإجراء الإبـرام (التصـديق) وتـودع وثـائق إبرامهـا لـدى الأمـين العـام لمنظمة الأمم المتحدة

المادة السادسة والسبعون

تبقى هذه الاتفاقية مفتوحة لانضمام كل دولة تنتمي إلى إحـدى الفئـات الأربـع المدرجـة في المادة الرابعة والسبعين وتودع وثائق الانضمام لدى الأمين العام لمنظمة الأمم المتحدة .

المادة السابعة والسبعون - تاريخ نفاذ الاتفاقية

١-	تصبح هذه الاتفاقية نافذة المفعول في اليوم الثلاثين الـذي يـلي تـاريخ إيـداع وثـائق الإبـرام أو الانضمام لدى الأمين العام لمنظمة الأمم المتحدة من قبل الدولة الثانية والعشرين .

٢-	بالنسبة لكل الدول التي تبرم هذه الاتفاقية أو تنضم إليها بعد إيداع وثائق الإبـرام أو الانضمـام الثانية والعشرين ، تدخل هذه الاتفاقية في حيز التنفيذ في اليوم الثلاثين الذي يلي إيـداع وثيقـة إبرامها أو انضمامها من قبل هذه الدولة.

المادة الثامنة والسبعون - التبليغات من قبل الأمين العام

يبلغ الأمين العام لمنظمة الأمم المتحدة جميع الدول التـي تنتمـي إلى إحـدى الفئـات الأربـع المذكورة في المادة الرابعة والسبعين ما يلي :

أ-	التواقيع الممهورة على هذه الاتفاقية وإيداع وثائق إبرامها أو الانضمام إليها وفق أحكام المواد ٧٤ و ٧٥ و ٧٦ .

ب-	تاريخ دخول هذه الاتفاقية في حيز التنفيذ ، وفق أحكام المادة السابعة والسبعين.

المادة التاسعة والسبعون - النصوص المعتمدة

يودع أصل هذه الاتفاقية ، ونصها الإنكليزي والصيني والإسباني والفرنسي والروسي موثوق بـه ومعتمد بالتساوي ، لدى الأمين العام لمنظمة الأمم ا لمتحدة الـذي يرسـل صـورة منهـا مصـدقة طبـق الأصل إلى جميع الدول المنتمية إلى إحدى الفئات الأربع المذكورة في المادة الرابعة والسبعين .

وإثباتا لذلك فإن المفوضين الموقعين أدناه ، المعتمدين أصولا من قبل حكومة كـل مـنهم قـد وقعوا على هذه الاتفاقية .

نظمت في فينا في الرابع والعشرين من نيسان (أبريل) عام ١٩٦٣ .

المصادر

أولا - المصادر باللغة العربية

أ- الاتفاقيات والمعاهدات الدولية

١- اتفاقية فينا و اكس لاشابيل لعام ١٨١٥ و ١٨١٨

٢- اتفاقية لاهاي لعام ١٩٢٦ .

٣- اتفاقية هافانا حول الموظفين الدبلوماسيين لعام ١٩٢٨ .

٤- اتفاقية الأمم المتحدة للامتيازات والحصانات لعام ١٩٤٦ .

٥- اتفاقية فينا للعلاقات الدبلوماسية لعام ١٩٦١ .

٦- اتفاقية فينا للعلاقات القنصلية لعام ١٩٦٣ .

٧- اتفاقية البعثات لعام ١٩٦٩ .

٨- اتفاقية فينا لعام ١٩٧٥ .

ب- الكتب العربية .

١- أودنيس العكرة ، من الدبلوماسية إلى الاستراتيجية ، دار الطليعة ، بيروت ، ١٩٨١.

٢- بطرس بطرس غالي ، دراسات في القانون الدبلوماسي والقنصلي ، جامعة القاهرة، ١٩٥٦ .

٣- ثامر كامل محمد ، الدبلوماسية المعاصرة ، واستراتيجية إدارة المفاوضات ، دار المسيرة، عمان/ ٢٠٠٠ .

٤- جمال بركات ، الدبلوماسية ، ماضيها ، وحاضرها ومستقبلها ، الرياض ، ١٩٨٥ .

٥- حسن صعب ، الدبلوماسي العربي ، دار العلم للملايين ، بيروت / ١٩٧٢ .

٦- خليل إسماعيل الحديثي ، الوسيط في التنظيم الدولي ، مطبعة جامعة الموصل ، ١٩٩١.

٧- سموحي فوق العادة ، موجز الدبلوماسية ، القاهرة / ١٩٤٧ .

٨- سموحي فوق العادة ، الدبلوماسية والبروتوكول ، القاهرة / ١٩٦٠ .

٩- سموحي فوق العادة ، الدبلوماسية الحديثة ، دار اليقظة العربية ، دمشق ، ١٩٧٣ .

١٠- صادق عي أبو هيف ، القانون الدولي العام ، منشأة المعارف الإسكندرية ، ١٩٦٦.

١١- صادق علي أبو هيف ، القانون الدبلوماسي والقنصلي ، الإسكندرية ، ١٩٨٧ .

١٢- عائشة راتب، التنظيم الدبلوماسي والقنصلي، دار النهضة العربية، القاهرة، ١٩٦١.

١٣- عبد الحسين القطيفي ، القانون الدولي العام ، بغداد ، ١٩٧٠ .

١٤- عبد المنعم جنيد ، دراسات في القانون الدبلوماسي ، مكتبة عين شمس ، القاهرة، ١٩٧٥.
١٥- عدنان البكري ، العلاقات الدبلوماسية والقنصلية ، دار الشراع ، الكويت ، ١٩٨٥ .
١٦- عز الدين فوده ، النظم الدبلوماسية ، الكتاب الأول في تطور الدبلوماسية وتقنين قواعدها، دار الفكر العربي ، القاهرة ، ١٩٦١ .
١٧- عصام العطية ، القانون الدولي ، دار الحكمة ، بغداد / ١٩٩٣ .
١٨- فاضل زكي ، الدبلوماسية في النظرية والتطبيق ، مطبعة أسعد ، بغداد /.١٩٦٠
١٩- فاضل زكي، السياسة الخارجية أبعادها في السياسة الدولية، مطبعة شفيق، بغداد/.١٩٧٥
٢٠- فاضل زكي ، دراسة الدبلوماسية المعاصرة ، مطابع الفرزدق ، الرياض ، ١٩٨٩ .
٢١- فاضل زكي ، الدبلوماسية في عالم متغير ، دار الحكمة ، بغداد ، ١٩٩١ .
٢٢- محمد طلعت النعيمي ، الأحكام العامة في قانون الأمم ، الإسكندرية / .١٩٧٠
٢٣- محمد طه بدوي، مدخل إلى علم العلاقات الدولية، بيروت، دار النهضة الحديثة/١٩٧٢ .
٢٤- محمود خلف ، الدبلوماسية ، النظرية والممارسة ، دار زهران / عمان/١٩٩٧ .
٢٥- محمود سامي ، القانون الدولي العام ، القاهرة / ١٩٣٨ .
٢٦- هشام الشاوي ، الوجيز في فن المفاوضة ، مطبعة شفيق ، بغداد/١٩٦٩ .

جـ- المعاجم

١- سموحي فوق العادة، معجم الدبلوماسية والشؤون الدولية ، مكتبة لبنان ، بيروت/.١٩٧٤
٢- مجدي وهبة ، وصبري غالي ، معجم العبارات السياسية الحديثة، مكتبة لبنان/١٩٧٨.

د- الوثائق والمجلات

١-الوثائق الفرنسية .DF .
٢-وثائق الأمم المتحدة بالحصانات والامتيازات الخاصة بالدول الأعضاء D N U D .
٣-السنوية الفرنسية للقانون الدولي A. F .D. I .
٤-سنوية لجنة القانون الدولي A. C. D. I
٥-السنوية السويسرية للقانون الدولي A. S. D. I
٦- المجلة البلجيكية للقانون الدولي R. B. D. I
٧- المجلة الفرنسية للقانون الدولي R. F. D. I
٨- المجلة السويسرية للقانون الدولي والقانون الأوروبي .RSDIDE
٩- مصنف معاهدات الأمم المتحدة .

المصادر الفرنسية :

1- Al- KALIFI, " le problème des immunitès dipiomatiqnes du personal de service des amklassades, KCDIP, 1960 .

2- Philip AMIGURT, l'age d'or de la diplomatie : Machivaelli et lesvinitiens, Paris, Albein Michel, 1963 .

3- M. BEDJAAUI, fonction publique international et influences nationales, Paris, Pedone, 1958.

4- H. BONEILS, manuel droit international, Paris publiqe, Paris, 1968.

5- Boutros .G. BOUTROS, cours de diplomtie et de droit diplomantique et consulare, le caire, 1954 .

6- CHIER, Philipe, le drot diplomutique contemporain, Droz, Gèneve, 1962 .

7- Charles CALVO, Dictiounaine de droit international publiqe et privè, Paris, 1885 .

8- CORTESE, G. les effets de la rupture des relations diplomatiques sur les agents diplomatiques, Paris, Pèdone, 1972 .

9- P. CHAPAL, le courrier diplomatique et du valise diplomatique, Aspects rècents du droit de relations diplomatiques, Paris, 1989 .

10- Lebel, CLAUDE, " l'organisation et services du ministere des Affaires Etrangères " les Affaires etrangères, Paris, 1959 .

11- Paul, GENET, traitè de diplomatique et de droit diplomatie, Paris, 1931 .

12- DEHAUSSY, " de linviolabilitè des hÔtels diplomatiques, Clunet, 1956.

13- Christian, DOMINICE, " reprèseilles et droit diplomatique " Bern, 1981 .

14- Leon, DUGUIT, traitè de droit internetioal, Paris, 1921 .

15- DECAU, X,E. " le statut du chef d'etat dèchu, Paris, 1980 .

16- DEMANTCLOS, C. MERLE, M. " Lèglise catholique et les relations internationales, le centarion, Paris, 1988 .

17- P. Fauchille, trdietè de droit international, Paris, 1922 .

18- K. STRUPP, Elements de droit international, Publique, Paris, 1930.

19- GUGGENIEN, P., rèpertoire suisse de droit international publique, 1914 - 1939, 4e VOL; Bàle, 1975 .

20- M. GLULIANO, les relarions et immunitès diplomatiques, RCADI, 1960, 4 tome 100.

21- FODERE, P. coure de droit diplomatque, Paris, 1899 . 2VOL .

22- ELERLANA, " ;Les confèrenees et les conventionsur la reprèsentution des Etats dans leurs relations avec les orgnisations internationles, AFDI, 1975 .

23- J. GROUX et P. MAN,N., les communatès europèenne dans l'ordre interationale, commission des communautès, Bruxelles, 1984 .

24- GRAS, A., " la nègociation diplomatique " institut d'ètudes juidique de nice, les Affaires ètrangènes, Paris, MPUF, 1959 .

25- KARL DEVTSCH ,The Analysis of international Relation, 2e edilion USA ,Haveral UP. 1978.

26- LEHK, E., " Quelques mots sur le fondemant des immunitès diplomatiques , RDILC, 1905 .

27- LEFUR, le saint - sièges et le droit des gens, sirey Paris, 1930 .

28- LASRONNE, J., " l'immunite diplomat'que, les traitès, la jurisprudence et la pratiyque, etat du probleme, travant du comitè Français de droit internationale, Paris, 1964 - 1971 .

29- F. MOUSSA, manuel de pratique diplomatique, l'ambassade, braxelle, 1972 .

30- NOEL, " la politique èxtèrieure et diplomatique les aftaires ètrangères, IFRI, Paris, 1959 .

31- NUMELIN, les origines de la diplomatie, Paris, 1945 .

32- NUCCTTELAA, N., le fonelement jurid'que des rappots diplomatiques entre le saint - siège et les nations unies, paris, Pèdone, 1956 .

33- OZANAM, charles, l'immunitè civile de juridiction des agents diplomatiques, Paris, Pèdene, 1911 .

34- PAPINI, R. et CORTESE, G. la rupture des reltions diplomatiques et ses consèquences, Paris, Pèdone, 1972 .

35- PAUL BASTID, cour Detroit international publique, Paris, 1965 .

36- PERRENOUD, G. le règime des priviliges et immunitès des missions diplomatiqes ètrangère, et des organisation internationale, Lausanne. 1949 .

37- PRZETACZNIR, F., " les devoirsur de l'agent diplomatique à l'agent de l'etat accretitaire RED. I. Paris, 1975 .

38- PLATED, du la ploitique ent'ne les etats, prineipe de diplomatie, Paris, Pèdone, 1987 .

39- Jean, SALMAN, " immunitè de la fonction, AFDI, 1992 .

40- J. SAMAN, S. Sucharitroi, " les missions diplomatiques entre deux chases : immunitè diplomatique ou immunitè dètat, AFDI, 1887 .

41- SALMAN, J. " Quelques remarques sur les classes des chefs de-demissions diplomatiques en belgique, RABDI, 1965 .

42- SCHMIDI, C. " Le protocole sur privilèges et immunitès des communautès europèennes, cnliers de droit europèen, 1991 .

43- SERRES, Jean, Manuel pratique de protocole, de l'Arqebuse, vitry - le franceis, Marne, 1965 .

44- STUART, G.H., " le droit et la pratique diplomatique et   comsulaire, RCAD, 1934, voll .

45- STRISOWER, " territorialitè etses principales application, " RCAD, 1923 .

46- Sociètè Française de droit internationl aspects rècents du droit des relations diplomatiques, pèdone, Paris, 1989 .

47- G, TRENER, de droit international communautès fèdèrales dans la Greece des citès, RCAD, vol 40, 1956 .

48- VANDER,ESSEN, L.,La diplomatie, ses origines et son organisation jusqul à la fin de l'ancien règime, bruxelles, 1953 .

49- VENNEMAN, R. " la fin des consulats, RABDI, 1965 .

50- L. WECRMANN, " les prigines des missions diplomatiques permanents, RGDIP, 1952 .

51- ZOLLER, E., " sècuritè nationale et diplomatie multilatèral, AEDI, 1988 .

المصادر الإنكليزية

1- Adam WATSON, Diplomacy the dialogue between states, New press, New York, 1983.

2- James DONALD, Internalionl Politics Today, New York D.M.Co. 1971.

3- Luduvike DEMBINSK ,The modern Law of diplomacy, Martinus Nijhoff ,1988.

4- Norman Hill, International organization, Mucmillan, Co. NewYork, 1972 .

5- William Hayter, the diplomacy of great power, Mucmillan, con, NewYoek, 1961 .

6- CH. Rausseau, droit international publique , Tom. I. Paris, 1970 .

7- FELTHAR, R. G. diplomatic hand book, 4ed, London, 1982 .

8- E. Plisehke, the new diplomacy changing process, viriginia, Quarterly Review, Vo49, 1937 .

9- C. Philipson, the international law and custom of ancient Greece and, London, 1911.

10- Charles. ROETLER, the diplomacy Art, Mac raesmith, Philadelphia, 1963 .

11- Ernest. Satow, A-guide to diplomatic Praetice Fourth edition, London, 1958 .

12- Wilson, G. Diplomatic privilege and immunities ; Tucson, Arizona, university of Arizona, press

   1967 .

Printed in the United States
By Bookmasters